SANCTI
EUSEBII HIERONYMI
EPISTULAE

PARS III:

EPISTULAE CXXI–CLIV.

EDIDIT

ISIDORUS HILBERG

EDITIO ALTERA SUPPLEMENTIS AUCTA

VINDOBONAE

VERLAG DER ÖSTERREICHISCHEN AKADEMIE
DER WISSENSCHAFTEN

MCMXCVI

Vorgelegt von w. M. Adolf Primmer in der Sitzung am 12. Juni 1996

ISBN 3-7001-2602-6

Druck: Druckhaus Grasl, 2540 Bad Vöslau

LECTORI BENEVOLO SALVTEM.

Bello post hominum memoriam atrocissimo professores uniuersitatis Cernouiciensis ter in exilium eiecti nefaria direptione
omnibus rebus, quae hostibus alicuius pretii esse uidebantur,
spoliati sunt. Inter quos ego diram inprimis expertus sum sortem,
quod infirma insuper usus ualetudine per quattuor fere iam
annos exul a penatibus meis absum carens cum ceteris libris ad
litterarum studia mea necessariis tum copiis ad Hieronymi epistulas edendas ingenti cum sudore per decennia paratis.

His ipsis demum diebus certior factus hostes barbaros bona
fortunasque mihi abstulisse omnes, sed abstinuisse uideri litterarum monumentis tam impressis quam manu scriptis me reliquam uitae rationem inuito quidem Mercurio sed propitia Mi-
nerua conformare posse sperare audeo. Itaque, si dis placet,
breui Cernouicios reuersus et chartas meas Hieronymianas nactus
primum impiger ad Hieronymi epistulas prolixe praefandas acce-
dam, deinde indices ad epistularum corpus tam uberes confi-
ciam, ut eos una cum praefatione peculiari uolumine publici
fieri iuris par sit. Neque enim hoc uolumen quamquam minus
amplum diutius in typothetae horreis iacere otiosum uolui mihique assensus est et opem tulit Augustus Engelbrecht,
uir de studiis meis Hieronymianis optime meritus. Benignus
igitur interim accipe, candide lector, recensionem extremae
huius epistularum partis iam ante belli initia anno MCMXIV
a me absolutam atque fore ut ea, quae etiamnunc desiderantur,
haud ita longo tempore interiecto ad faustum finem perdu-
cantur, mecum laetus spera.

Vindobonae, Kal. Mart. MCMXVIII.

ISIDORVS HILBERG.

CORRIGENDA ET ADDENDA.

IN APPARATU CRITICO:

ad p. 152, 20 lege: conibuerat *A* cohibuerat *D*

LOCIS CITATIS ADDE:

ad p. 91, 12: cf. Cicero, Cato M. 24.

S. EVSEBII HIERONYMI

EPISTVLAE CXXI—CLIV.

CXXI.

AD ALGASIAM LIBER QUAESTIONUM UNDECIM.

1. Cur Iohannes discipulos suos mittit ad dominum, ut inter-
rogent eum: t u   e s,   q u i   u e n t u r u s   e s,   a n   a l i u m   e x-
5 p e c t a m u s?   cum prius ipse de eodem dixerit: e c c e   a g n u s
d e i,   e c c e,   q u i   t o l l i t   p e c c a t a   m u n d i? — 2. Quid
significet, quod in Mattheo scriptum est: h a r u n d i n e m   q u a s-
s a t a m   n o n   c o n f r i n g e t   et   l i n u m   f u m i g a n s   n o n

---

4 Matth. 11, 3 etc.   5 *Ioh. 1, 29   7 Matth. 12, 20

G = *Neapolitanus VI. D. 59 s. VII (continet initium epistulae usque ad p. 15, 18*
eiusdem).
A = *Berolinensis lat. 17 s. IX.*
$\mathfrak{B}$ = *Caroliruhensis Augiensis 105 s. IX—X.*
D = *Vaticanus lat. 355 + 356 s. IX—X.*
Φ = *Guelferbytanus 4156 s. IX—X (continet partem epistulae a p. 24. 8 bene*
fuerit *usque ad finem*).
C = *Vaticanus lat. 5762 s. X (continet initium epistulae usque ad p. 20, 7 in lege).*
B = *Berolinensis lat. 18 s. XII.*

i̅n̅c̅ ad agalsiam (*sic*) questionum XI *G* incipiunt capitula questionum
(questio *D*) ad algasiam *et post capitulorum enumerationem* ad algasia(ex u *A*)m
questionum MMIKIωN (= *ovµµíxtwv*) incipiunt questiones s̅c̅i̅ hieronimi ad
algasiam *AD* hi̅e̅r̅ ad algasiam liber quaestionum. incipiunt capi̅u̅la *et post*
capit. enumer. incipit praefatio *et post praefationem* incipit textus huius libri $\mathfrak{B}$
incipiunt ca̅p̅la ad galafiā *C* ieronimi ad algasiam *et post capit. enu-ner.* explicit capitula; incipit prefactio (*sic*) *et post praefationem* explicit prclogus. incipit liber · I · *B*; *titulus periit una cum priore parte epistulae in* Φ; *Hieronymi*
nomen exhibent tituli in $A\mathfrak{B}DB$

---

3 *capitulorum enumeratione caret C*   iohannis $\mathfrak{B}$ interrogarent $A\mathfrak{B}D$
6 peccatum *D*   7 mattheo (matthaeo) *semper G* matheo *semper fere cet.*   scribtum *semper fere G$\mathfrak{B}$*   harundinem *AD* arund. *cet., cf. ad p. 6, 11. 8, 19. 9, 2)*
8 non *om. D*   et *om. G*

LVI. Hieron. Epist. III, Hilberg.   1

e x t i n g u e t. — 3. Quem sensum habeat, quod in euangelista
Mattheo scriptum est: s i q u i s u u l t p o s t m e u e n i r e,
a b n e g e t s e i p s u m. quae est sui abnegatio aut quomodo,
qui sequitur saluatorem, se ipsum negat? — 4. Quid uult significare, quod in eodem Mattheo scriptum est: u a e p r a e g n a n- 5
t i b u s e t n u t r i e n t i b u s i n i l l i s d i e b u s et: o r a t e,
u t n o n f i a t f u g a u e s t r a h i e m e u e l s a b b a t o? —
5. Quid sibi uelit, quod scriptum est in euangelio secundum Lucam:
e t n o n r e c e p e r u n t e u m, q u i a f a c i e s e i u s e r a t
u a d e n s H i e r u s a l e m. — 6. Quid sit uilicus iniquitatis, qui 10
domini uoce laudatus est. — 7. Quo sensu accipiendum sit, quod in
epistula legimus ad Romanos: u i x e n i m p r o i u s t o q u i s
m o r i t u r; n a m p r o b o n o f o r s i t a n q u i s a u d e a t
m o r i. — 8. Quid sibi uelit, quod ad Romanos scribit apostolus:
o c c a s i o n e a c c e p t a p e c c a t u m p e r m a n d a t u m 15
o p e r a t u m e s t i n m e o m n e m c o n c u p i s c e n t i a m.
— 9. Quare apostolus Paulus in eadem ad Romanos scribit epistula:
o p t a b a m e g o i p s e a n a t h e m a e s s e a C h r i s t o
p r o f r a t r i b u s m e i s et reliqua? — 10. Quid uelit intellegi,
quod idem apostolus scribit ad Colosenses: n e m o u o s s u p e- 20
r e t u o l e n s i n h u m i l i t a t e m e n t i s e t r e l i g i o n e
a n g e l o r u m et reliqua. — 11. Quid est, quod idem apostolus
ad Thessalonicenses scribit: n i s i d i s c e s s i o u e n e r i t · p r i-
m u m e t r e u e l a t u s f u e r i t h o m o p e c c a t i et
reliqua?   25

---

2 *Matth. 16, 24   5 Matth. 24, 19   6 *Matth. 24, 20   9 *Luc. 9, 53
10 cf. Luc. 16, 1—8   12 Rom. 5, 7   15 Rom. 7, 8   18 Rom. 9, 3
20 *Col. 2, 18   23 *II Thess. 2, 3

1 hab̄ 𝔅 habet ς   in om.B   euangelio ς   matheo s.l.m2A Matthaei ς
2 pos G   3 abneget—4 negat om.B   semet ipsum A   sui ex sua 𝔅
4 qui om.𝔅 quis A p.c.m2   salu.] add. si s.l.m2A qui s.l.m1𝔅   quid ex qui D
6 et orate—sabbato om.B   7 in hieme ς   8 uellit A   9 eum om.ς   quia ex
qui m2A   10 quid] qui D   uillicus B   11 laudatur G   sit] est ς   12 epist.]
add. est G   13 moriatur B   nam—mori om.B   14 uult ς   19 uel. int.] sibi
uelit ς   20 ad Col. scribit ς   scribit s.l.𝔅 scribens AD   colosenses (colo-
censes B) codd. Colossenses ς   21 uolens—reliqua om.B   relegione A,𝔅a.c.
22 est] sit B   23 tessalon. G thesalon. 𝔅DB t(h s.l.)esalon. A   dissensio B
24 peccati] seq. filius (del.) 𝔅

PRAEFATIO.

Filius meus Apodemius, qui interpretationem nominis sui longa
ad nos ueniens nauigatione signauit et de oceani litore atque ultimis
finibus Galliarum Roma praeterita quaesiuit Bethleem, ut inueniret
5 in ea caelestem panem et saturatus eructuaret in domino ac diceret:
e r u c t a u i t c o r m e u m u e r b u m b o n u m, d i c c e g o
o p e r a m e a r e g i, detulit mihi in parua scidula maximas quaestiones, quas a te datas mihique tradendas diceret. ad quarum 2
lectionem intellexi studium reginae Saba in te esse completum,
10 quae de finibus terrae sapientiam uenit audire Salomonis   non
quidem ego Salomon, qui et ante se et post se cunctis hominibus
praefertur in sapientia, sed tu regina appellanda es Saba, in cuius
mortali corpore non regnat peccatum et quae ad dominum tota
mente conuersa audies ab eo: c o n u e r t e r e, c o n u e r t e r e,
15 S u n a m i t i s. etenim Saba in lingua nostra 'conuersionem' sonat.
simulque animaduerti, quod quaestiunculae tuae de euangelio tan- 3
tum et de apostolo positae indicant te ueterem scripturam aut non
satis legere aut non satis intellegere, quae tantis obscuritatibus et
futurorum typis inuoluta est, ut omnis interpretatione egeat et porta
20 orientalis, de qua uerum lumen exoritur et per quam pontifex ingreditur et egreditur, semper clausa sit et soli Christo pateat, q u i
h a b e t c l a u e m D a u i d, a p e r i t e t n e m o c l a u d i t,
c l a u d i t e t n e m o a p e r i t, ut illo reserante introeas cubiculum eius et dicas: i n t r o d u x i t m e r e x i n c u b i c u l u m
25 s u u m. praeterea satis miratus sum, cur purissimo fonte uicino 4

---

4 Bethleem = domus panis   6 Ps. 44, 2   9 cf. III Reg. 10, 1—13
10 cf. Matth. 12, 42   13 cf. Rom. 6, 12   14 *Cant. 6, 12   15 cf. Onom. s. 10,
14; 60, 2   20 cf. Ezech. 43, 1—4 et 44, 1—2   22 *Apoc. 3, 7   24 *Cant. 1, 3

1 *de praefationis titulis cf. supra*   2 apodemus *B*   3 beniens *G, cm. ADC*
de *om. B*   4 gall. finibus *C* gallie finibus *D* finibus galileorum *G*   5 eructaret *C*
ructuaret (*ex—rit*) 𝔅   dnm *G* dm *ADB*   6 eructuauit *A* eructuabit *D*   ego
*om.*𝔅   7 scedula *AB* scedola 𝔅 schedula ς   8 a quarum lectione *ADCB,*𝔅*p.r.*
9 istudium *G*   sabba *B*   10 uen. aud. sap. ς   salamonis *G*   11 solbmon *G*
12 in *om. C*   adpell. *G*   14 audis 𝔅   15 sunamites *D* salamitis 𝔅*a.c.*   17 et
om. B   propositae 𝔅*B*   indicant te] indicantem *C*   18 aut non sat. int. *om. B*
et *om. AD*   19 obuoluta *B*   interpretationem *Aa.r.D*   20 exortus *B*
22 Dauid] *add.* qui *DC, As.l.m2*   cludit *utroque loco G*   24 dicis *B*   25 uicino
relicto ς e uicino 𝔅*B*

1*

nostri tam procul riuuli fluenta quaesieris et omissis aquis Siloe,
q u a e   u a d u n t   c u m   s i l e n t i o, desideres aquas Sior, quae
turbidis saeculi huius uitiis sordidantur. habes ibi sanctum uirum
Alethium presbyterum, qui uiua, ut aiunt, uoce et prudenti disertoque
sermone possit soluere, quae requiris, nisi forte peregrinas merces   5
desideras et pro uarietate gustus nostrorum quoque condimentorum
te alimenta delectant. aliis dulcia placent, nonnullos subamara delectant, horum stomachum acida renouant, illorum salsa sustentant.
5 uidi ego nauseam et capitis uertiginem antidoto, quae appellatur
πικρά, saepe sanari et iuxta Hippocraten contraria contrariorum   10
remedia. itaque nostram amaritudinem illius nectareo melle curato
et mitte in Merram lignum crucis senilemque pituitam iuuenili
austeritate conpesce, ut possis laeta cantare: q u a m   d u l c i a
g u t t u r i   m e o   e l o q u i a   t u a,   s u p e r   m e l   o r i   m e o.
     1. *Cur Iohannes discipulos suos mittit ad dominum, ut inter-*   15
rogent eum: t u   e s,   q u i   u e n t u r u s   e s,   a n   a l i u m   e x-
p e c t a m u s? cum prius ipse de eodem dixerit: e c c e   a g n u s
d e i,   e c c e,   q u i   t o l l i t   p e c c a t a   m u n d i? — De hac
quaestione in commentariis Matthei plenius diximus — unde

---

1 Esai. 8, 6   2 cf. Hier. 2, 18; Onom. s. 30, 13; 55, 13   10 cf. Hippocra-
tem apud Galenum ὑγιεινῶν λόγων I 7 (VI 34 Kuehn)   12 cf. Ex. 15, 25
13 *Ps. 118, 103   16 Matth. 11, 3 etc.   17 * Ioh. 1, 29   19 cf. Hieron. comm.
in Matth. 11, 3

     1 siloae *GA* syloe *D*   2 uadent *Ga.c.Aa.c.m2D*   desiderares *B*   aquas
*om.*𝕭*B*   seor *B* sibor *C*   3 ibi] istic ς   4 aletium *B* alechium 𝕭   disserto-
que *Aa.c.*𝕭   5 posset *B*   peregrina *C*   merce *Aa.c.* mercedes *D*   6 ueritate *Ga.c.*
7 alliamenta ς   aliis—*alt.* delect. *in mg.*𝕭,*om.B alt.* delectent *Aa.c.m2C*   8 sto-
macum *Ga.c.* sthomacum *A a.c.m2*   falsa *B*   9 ego] g̊ (= ergo) *B*   nausiam
*Ap.c.m2*𝕭*CB*   anthidoto *D* anthido (*add.* do *s.l.m2*) *A*   quod *D* qui 𝕭*B*
appellantur *AC*   10 INXPA *G*   et *eras.A*   hippocraten *GD*—tem *C* hyppo-
cratem 𝕭 ipp(ip *B*)ocratem *AB*   contrariorum contraria (*add.* esse ς) remedia
*C*ς, *om.AD, unde mihi suspicio oritur uerba tradita et a me recepta merum inter-*
pretamentum esse, Hieronymum ipsum scripsisse: τὰ ἐναντία τῶν ἐναντίων
ἰάματα   11 nestorio (s *ex* c) 𝕭   12 merram *G* myrram *A*𝕭*C* murram *D* mir-
ram *B* Mara ς   s(*eras.*)anilemque *A*   pituitam *s.l., in lin. uocabulum erasum*
(p··tam, *fort.* poetam) *A* uitam *D* uita (*del., s.l.* pituitam) 𝕭   iuuenali 𝕭*B* iu-
uenalia *Aa.c.m2*   13 auctoritate *GAD*   14 orio *C*   mei *Gp.r.*   15 *de titulo*
*speciali in*𝕭*B cf.supra p. 1*   suos *om.ADC*   interroget *G* interrogarent *ADCB*
18 ecce *om.GAD* (*cf. p. 1, 6*)   peccatum *G*

apparet, quae haec interrogas, ipsa te uolumina non habere —,
tamen stringendum est breuiter, ne omnino tacuisse uideamur.
Iohannes mittebat discipulos suos in uinculis constitutus, ut
sibi quaerens illis disceret et capite truncandus illum doceret
5 esse sectandum, quem interrogatione sua magistrum omnium fate-
batur. neque enim poterat ignorare, quem ignorantibus demonstra- 2
uerat et de quo dixerat: q u i h a b e t s p o n s a m, s p o n s u s
e s t et: c u i u s n o n s u m d i g n u s c a l c i a m e n t a p o r-
t a r e et: i l l u m o p o r t e t c r e s c e r e, m e a u t e m mi-
10 n u i, deumque patrem audierat intonantem: h i c e s t f i l i u s
m e u s d i l e c t u s, i n q u o m i h i c o n p l a c u i. quod autem
dicit: t u e s, q u i u e n t u r u s e s, a n a l i u m e x p e c t a-
m u s? hunc quoque sensum habere potest: scio, quod ipse sis, qui
tollere uenisti peccata mundi, sed, quia ad inferos descensurus sum,
15 etiam hoc interrogo, utrum et illuc ipse descendas an inpium sit
hoc de filio dei credere aliumque missurus sis. hoc autem scire de- 3
sidero, ut, qui te in terris hominibus nuntiaui, etiam in inferis
nuntiem, si forte uenturus es. tu enim es, qui uenisti dimittere captiuitatem et soluere eos, qui in uinculis tenebantur. cuius sciscitati-
20 onem dominus intellegens operibus magis quam sermone respondit et
Iohanni praecipit nuntiari, uidere caecos, ambulare claudos, leprosos
mundari, surdos audire, mortuos surgere et — quod his maius est —
pauperes euangelizari, pauperes uel humilitate uel diuitiis, ut nulla
inter pauperem diuitemque distantia sit salutis, sed omnes uocentur
25 aequaliter. quodque infert: b e a t u s, q u i n o n f u e r i t s c a n- 4
d a l i z a t u s i n m e, non Iohannem, sed discipulos eius percutit,
qui prius accesserant ad eum dicentes: q u a r e n o s e t p h a r i-

7 Ioh. 3, 29   8 Matth. 3, 11   9 Ioh. 3, 30   10 Matth. 3, 17   12 Matth.
11, 3 etc.   13 cf. Ioh. 1, 29   21 cf. Matth. 11, 4—5 etc.   25 *Matth. 11, 6 etc.
27 Matth. 9, 14

1 qui B   2 tam G   3 constitutos Aa.c.m2C   4 illi discerent Ba.c.B
5 fatebantur B   6 dem.] ante (antea Bp.c.m2) monstrauerat BB   8 calceam. ς
10 int. aud. ADC   11 dilectissimus (is ex u D) ADC   complacuit B   14 peccatum AD   disc. B dec. B   15 hoc om. B   utrum] uirum B   discendas B
inpium] ipsum AD   16 dei filio AD   17 alt. in om. BCB   inforis B   19 tenebant D   20 operis Ba.c. operi B   respondet ς   21 prae(e)cepit ABD
nuntiaret (alt. t eras.)B nuntians B   23 euangelizare ABa.c.,D   pauperes
autem ς   ut] et Aa.c.DC   24 pauperem—25 aeq. om. D   25 quoque D tunc
quoque A   beatus est BB

saei ieiunamus frequenter, discipuli autem
tui non ieiunant? et ad Iohannem: magister, cui tu
praebuisti testimonium iuxta Iordanen, ecce
discipuli eius baptizant et plures ueniunt ad
eum. quo dicto liuorem significant de signorum magnitudine et 5
inuidiae mordacitate uenientem, cur baptizatus a Iohanne ipse
audeat baptizare et multo amplior ad eum turba concurrat, quam
5 prius uenerat ad Iohannem. et ne forsitan plebs nesciens hoc dicto
Iohannem suggillari arbitraretur, in illius laudes perorat et coepit
de Iohanne ad turbas dicere circumstantes: quid existis ad 10
desertum uidere? harundinem uento agita-
tam? et quid existis in solitudinem uidere?
hominem mollibus uestitum? et reliqua. cuius dicti
hic sensus est: numquid ad hoc existis in heremum, ut uideretis
hominem instar harundinis uentorum flatu in partes uarias in- 15
clinari? ut, quem ante laudauerat, de eo nunc dubitet et, de quo
prius dixerat: ecce agnus dei, nunc interroget, utrum ipse an
6 alius sit, qui uel uenerit uel uenturus sit. et quia omnis falsa praedicatio sectatur lucra et gloriam quaerit humanam, ut per gloriam
nascantur conpendia, adserit eum camelorum uestitum pilis nulli 20
posse adulationi succumbere et, qui lucustis uescitur ac melle sil-
uestri, opes non quaerere rigidamque et austeram uitam aulas
uitare palatii, quas quaerunt, qui bysso et serico et mollibus uestiun-
tur. dicitque eum non solum prophetam, qui soleat uentura prae-
dicere, sed plus esse quam prophetam, quia, quem illi uenturum 25
esse dixerunt, hic uenisse monstrauit dicens: ecce agnus dei,

2 *Ioh. 3, 26   10 *Matth. 11, 7—8   17 Ioh. 1, 29 et 36   cf. Matth.
11, 3 etc.   20 cf. Matth. 3, 4; Marc. 1, 6   26 *Ioh. 1, 29

3 iordanen D —annen G —anem cet.   5 liborem GC   et] ex ς   8 et —
9 Ioh. om.D   forsitam A   9 sugillari ADB suggillare 𝔅a.c.   10 alt. ad] in
Ap.c.CB   11 arund. 𝔅B   12 et] sed ς   14 hic in ras.m2G   heremum] deserto 𝔅   15 arund. GCB   16 antea D   nunc] non 𝔅a.c.m2B   17 nunc non B
18 praed. falsa ς   19 ut] et 𝔅   20 uestium A   21 subc. ADB   et]ut GD,Aa.c.
lucustis G locustis cet.   ac] et 𝔅   22 opes non] nec opes neque alias terrenas
delicias ς   austeram (add. ducere s.l.m2) uitam (add. ducere s.l.m2, eras.) A
23 bisso 𝔅B purpura et bysso C   sirico AC syrico D   24 qui—25 proph. om.A
praedicare G   25 profetam G propheta D   26 dixert B dixer 𝔅 dixerant C
monstratur B

q u i   t o l l i t   p e c c a t a   m u n d i, praesertim cum ad fastigium
prophetale baptistae accesserit; priuilegium, ut, cui dixerat: e g o   a
t e   d e b e o   b a p t i z a r i, ipse eum baptizauerit non praesumptione maioris, sed oboedientia discipuli ac timore seruili. cumque 7
5 inter natos mulierum nullum adserat Iohanne surrexisse maiorem,
se, qui de uirgine procreatus est, maiorem esse commemcrat siue
omnem angelum, qui in caelis minimus est, in terris cunctos homines anteire. nos enim in angelos proficimus et non angeli in nos,
sicut quidam stertentes sopore grauissimo somniant. nec sufficit
10 hoc in Iohannis laudibus, nisi ipse praedicans baptismum paenitentiae primus dixisse referatur: p a e n i t e n t i a m   a g i t e,
a d p r o p i n q u a u i t   e n i m   r e g n u m   c a e l o r u m. unde a 8
diebus praedicationis eius regnum caelorum uim patitur, ut, qui homo
natus est, angelus esse desideret et terrenum animal caeleste quaerat
15 habitaculum. lex enim et prophetae usque ad Iohannem propheta-
uerunt, non quod Iohannes prophetarum sit finis et legis, sed ille,
qui Iohannis testimonio praedicatus est. Iohannes autem secun- 9
dum mysterium, quod in Malachia scriptum est, i p s e   e s t   H e-
l i a s,   q u i   u e n t u r u s   e s t, non quo eadem anima, ut heretici
20 suspicantur, et in Helia et in Iohanne fuerit, sed quod eandem habuerit sancti spiritus gratiam zona cinctus ut Helias, uiuens in heremo ut Helias, persecutionem passus ab Herodiade, ut ille sustinuit
ab Iezabel, ut, quomodo Helias secundi praecursor aduentus est,
ita Iohannes uenturum in carne dominum saluatorem non solum

---

2 Matth. 3, 14   5 cf. Matth. 11, 11   7 cf. Matth. 5, 19   9 quidam] sc.
Origenes et Origenistae   11 Matth. 3, 2   12 cf. Matth. 11, 12   15 cf. Matth.
11, 13 et Luc. 16, 16   16 cf. Rom. 10, 4   18 cf. Mal. 4, 5   Matth. 11, 14
21 cf. Matth. 3, 4; Marc. 1, 6 et IV Reg. 1, 8   22 cf. Matth. 14, 1—11 et
III Reg. 19, 2—3

1 peccatum *Ap.c.D*   2 prophetalem *A𝔅DB*   accessit *B*   cui] qui *C*
3 uaptiziauerit *G*   praesumtione *G* praesumptionis *C*   4 maiori *GAD*   oboe-
dientiae𝔅   serui ς   6 se 𝔅*p.r.B* sed *cet.*   7 in coelis qui ς   9 stertenti
Aa.c.m2 sternentis *D*   11 prius *ADC*   refertur *Aa.c.m2D*   12 adpropinquabit *A𝔅B*;   15 prophetarunt *C*   16 quo 𝔅   17 est *om.A*   18 malachi *G*
malchia *C*   *pr.* est *exp.A*   elias *Da.c.m2C*   19 quod *ADCB*   ut] quo 𝔅*a.c.*
20 elia *CB*   eadem *G,Aa.c.m2*   21 elias *utroque loco C*   in her. uiuens 𝔅
eremo *C* heremum *G*   22 Helias] *seq. ras. 5 litt.A*   herode *A*   ipse *ADC*
23 hiezabel 𝔅 h(i *s.l.*)ezauel *G*   elias *C*   secundi] *seq. ras. 2 litt.A*   24 deum *AC*

in heremo, sed et in matris utero saltu et exultatione corporis
nuntiarit.

2. *Quid significet, quod in Mattheo scriptum est: harun-*
dinem quassatam non confringet et linum fu-
migans non extinguet. — Ad cuius expositionem loci 5
totum, quod Mattheus de Esaia propheta adsumpsit, testimonium ponendum est et ipsius uerba Esaiae iuxta septuaginta
interpretes ipsumque Hebraicum, cui Theodotio, Aquila Symma-
chusque consentiunt. sic ergo de quattuor euangelistis solus
Mattheus posuit: I e s u s a u t e m s c i e n s r e c e s s i t i n d e 10
e t s e c u t i s u n t e u m m u l t i e t c u r a u i t e o s
o m n e s e t p r a e c e p i t e i s, n e m a n i f e s t u m e u m
f a c e r e n t, u t i n p l e r e t u r, q u o d d i c t u m e s t
p e r E s a i a m p r o p h e t a m d i c e n t e m: e c c e p u e r
m e u s, q u e m e l e g i, d i l e c t u s m e u s, i n q u o b e n e 15
c o n p l a c u i t a n i m a m e a. p o n a m s p i r i t u m m e-
u m s u p e r e u m e t i u d i c i u m g e n t i b u s n u n t i-
a b i t. n o n c o n t e n d e t n e q u e c l a m a b i t n e q u e
a u d i e t q u i s q u a m i n p l a t e i s u o c e m e i u s. h a-
r u n d i n e m q u a s s a t a m n o n c o n f r i n g e t e t l i- 20
n u m f u m i g a n s n o n e x t i n g u e t, d o n e c e i c i a t
a d u i c t o r i a m i u d i c i u m; e t i n n o m i n e e i u s
g e n t e s s p e r a b u n t. pro quo in Esaia iuxta septuaginta
interpretes sic scriptum est: I a c o b p u e r m e u s, s u s c i-
p i a m e u m; I s r a h e l e l e c t u s m e u s, s u s c e p i t 25
e u m a n i m a m e a. d e d i s p i r i t u m m e u m s u p e r
e u m, i u d i c i u m g e n t i b u s p r o f e r e t. n o n c l a m a-

　　1 cf. Ioh. 1, 29 etc. et Luc. 1, 41—45　　3 Matth. 12, 20　　10 *Matth. 12,
15—21　　24 *Esai. 42, 1—4

　　1 eremo *C*　　*pr. et om. A* etiam *C*　　saltu et $\mathfrak{B}$ salutet *G* salutarit et *DCB*
salutauerit et *A*　　2 nuntiaret $\mathfrak{B}$; *seq.* - || · capitula *B*　　3 significat $\mathfrak{B}$　　arund.
GCB　　6 hesaia *B* isaia *C* isai *Aa.c.m2*　　ad(s *B*)sump(p *om. G*)sit *G$\mathfrak{B}$B* assumit *C*
adsumi (*add.* t *s.l.m2*)*A*　　7 esaye *B* isaiae *C*　　8 hebreicum *Da.c.m2* hebreacum *C*
theodotio *G$\mathfrak{B}$* —tion *D* —cion *AB* tehodotion *C*　　simm(m *A*)ach(c *GB*)usque
GA$\mathfrak{B}$B　　9 quatuor *GCB*　　10 secessit $\mathfrak{B}CB$　　13 faceret *A*　　adimpleretur $\mathfrak{B}B$
14 eseiam *G* isaiam $\mathfrak{B}C$　　15 electi *B*　　bene] mihi *A*　　16 anima meae maeae *G*
animae meae $\mathfrak{B}p.c.m2B$　　17 nunt(c)iauit *GB,A$\mathfrak{B}$Da.c.m2*　　18 contendit *Aa.c.m2$\mathfrak{B}$*
19 arund. *C*　　21 fumigatis *B*　　23 isaia *C*　　24 sic *om. G$\mathfrak{B}$*　　25 dilectus *D*
suscipit *Aa.c.m2B* suscipiam *C*　　27 profert *Aa.c.D*　　clamauit *GD,Aa.c.m2*

bit neque dimittet nec audietur foris uox
eius. harundinem confractam non conteret
et linum fumigans non extinguet, sed in ueritate proferet iudicium. splendebit et non
5 quassabitur, donec ponat super terram iudicium; et in nomine eius gentes sperabunt.
nos autem ex Hebraeo ita uertimus: ecce puer meus, sus- 4
cipiam eum, electus meus, conplacuit sibi in
illo anima mea. dedi spiritum meum super
10 eum; iudicium gentibus proferet. non clama-
bit neque accipiet personam nec audietur foris uox eius. calamum quassatum non conteret et linum fumigans non extinguet; in ueritate educet iudicium. non erit tristis neque
15 turbulentus, donec ponat in terra iudicium;
et legem eius insulae expectabunt. ex quo apparet 5
Mattheum euangelistam non ueteris interpretationis auctoritate
constrictum dimisisse Hebraicam ueritatem, sed quasi Hebraeum
ex Hebraeis et in domini lege doctissimum ea gentibus protulisse,
20 quae in Hebraeo legerat. si enim sic accipiendum est, ut septuaginta interpretes ediderunt: Iacob puer meus, suscipiam
eum; Israhel electus meus, suscepit eum anima mea,
quomodo in Iesu intellegimus esse conpletum, quod de Iacob et de
Israhele scriptum est? quod beatum Mattheum non solum in hoc 6
25 testimonio, sed et in alio fecisse legimus: ex Aegypto uocaui
filium meum, pro quo Septuaginta transtulerunt: ex Aegypto uocauit filios suos. quod utique, nisi sequamur Hebraicam ueritatem, ad dominum saluatorem non pertinere manifestum

7 *Esai. 42, 1—4   18 cf. Phil. 3, 5   21 *Esai. 42, 1   25 Matth. 2, 15.
Os. 11, 1   26 *Os .11, 1

1 neque A   uox] uxor B   2 arund. C   fractam AD   teret GA   4 profert DCB   10 profert Aa.c.m2D   clamauit G,Aa.c.m2   11 nec AD
neque C   12 cassatum B   13 et om.B   extinḡ B   14 educit B docet B
iudicium tuum A   non—15 iud. om.G   18 hebraeicam G hebr(a)eam AC
19 ex om.BB   et om.AD   lege domini C   ea Bp.c.m2C a (ercs.A)cet.
23 hesu G ihm A   alt. de om.B   24 israhele G israhel cet.   25 et s.l. B,om.B
etiam C   alio loco ADC   et ex A   27 uocabit D uocaui Ba.c.ς   suos] eius ς
hebream A

est. sequitur enim: i p s i a u t e m i m m o l a b a n t B a a l i m.
quod autem de adsumpto testimonio in euangelio minus est:
s p l e n d e b i t e t n o n q u a s s a b i t u r, d o n e c p o n a t
s u p e r t e r r a m i u d i c i u m, uidetur mihi accidisse primi scrip-
toris errore, qui legens superiorem sententiam in uerbo iudicii esse 5
finitam putauit inferioris sententiae ultimum uerbum esse 'iudicium' et pauca uerba, quae in medio, hoc est inter 'iudicium' et 'iudi-
7 cium', fuerant, praetermisit. rursumque, quod apud Hebraeos legitur: e t i n l e g e e i u s s p e r a b u n t i n s u l a e, Mattheus sensum potius quam uerba interpretans pro lege et insulis nomen 10
posuit et gentes. et hoc non solum in praesenti loco, sed, ubicumque de ueteri instrumento euangelistae et apostoli testimonia pro-
tulerunt, diligentius obseruandum est non eos uerba secutos esse,
sed sensum et, ubi Septuaginta ab Hebraico discrepant, Hebraeum
8 sensum suis expressisse sermonibus. puer igitur dei omnipotentis 15
iuxta dispensationem carnis adsumptae, qua ad nos mittitur, saluator est appellatus. ad quem et in alio loco dicit pater: m a-
g n u m t i b i e s t u o c a r i p u e r u m m e u m, u t c o n g r e g e s
t r i b u s I a c o b. hic est uinea Sorech, quae interpretatur 'electa',
hic filius amantissimus, in quo sibi conplacuit anima dei, non quo 20
deus animam habeat, sed quod in anima omnis dei monstretur affectus. et non mirum, si in deo anima nominetur, cum uniuersa humani
corporis membra secundum leges tropologiae et diuersas intelle-
9 gentias habere dicatur. posuit quoque spiritum suum super eum,
spiritum sapientiae et intellegentiae, spiritum consilii et fortitudinis, 25
spiritum scientiae et pietatis et timoris dei, qui in specie columbae

---

1 *Os. 11, 2   3 *Esai. 42, 4   9 *Esai. 42, 4   17 *Esai. 49, 6
19 cf. Esai. 5, 1—7. Onom. s. 33, 24; 50, 24   20 cf. Matth. 12, 18
25 cf. Esai. 11, 2—3   26 cf. Matth. 3, 16 etc.

1 bahalim *G*𝔅 bhalim *D*   2 autem] aut 𝔅   ads. 𝔅 ass. (assumto *G*) *cet.*
4 in terram *G* in terra *D* inter (r *eras.*) *A*   5 errorem *Aa.r.D*   iudicium *B*
6 finitum *C*   7 in] inter *G*   8 praetermittit *C*   12 strumento *AD*   13 secutus *B*   14 ab] ad *Aa.c.m2B*   16 adsumtae *G* assumptae *DCB*   qua] quod *AD*
17 in *s.l.G*   18 tibi] ubi *B*   greges *B*   19 hoc *ex* hec *m2A* haec ς   uineā
Ap.c.m2   sorec *C*   qui *B*   20 hic *GB* hic est *cet.*   filius meus amant. *A*
alt. quo *G* quod *cet.*   21 deus] ipse 𝔅*a.c.m2*   monstratur 𝔅*a.c.*   22 dn̄o 𝔅
cum in uniuersa *A*   23 membra] mensa *B*   tropholo(o *ex* e *A*)giae(e *B*) *AB*
26 scientiae] sapientiae *C*   et pietatis *om.G*   dei *G*(*cf. LXX*) domini *cet.*

descendit super eum, de quo et Iohannes Baptista a deo patre audisse se narrat: s u p e r   q u e m   u i d e r i s   s p i r i t u m   s a n c-
t u m   u e n i e n t e m   e t   m a n e n t e m   i n   e o,   i p s e   e s t.   e t
i u d i c i u m   g e n t i b u s   n u n t i a b i t, de quo et in psalmis
5 legimus: d e u s,   i u d i c i u m   t u u m   r e g i   d a   e t   i u s t i t i a m
t u a m   f i l i o   r e g i s. qui et ipse loquitur in euangelio: n o n   e n i m
p a t e r   i u d i c a t   q u e m q u a m,   s e d   o m n e   i u d i c i u m
d e d i t   f i l i o. n o n   c o n t e n d e t sicut agnus ductus ad uictimam, 10
n o n   c o n t e n d e t in subuersione audientium. n e q u e   c l a m a-
10 b i t iuxta illud, quod Paulus apostolus scribit: o m n i s   c l a m o r
e t   i r a   e t   a m a r i t u d o   a u f e r a t u r   a   u o b i s. n o n   c l a-
m a b i t, quia Israhel non fecit iudicium, sed clamorem. n e q u e
a u d i e t   q u i s q u a m   i n   p l a t e i s siue foris u o c e m   e i u s.
o m n i s   enim   g l o r i a   f i l i a e   r e g i s   a b   i n t u s et arta
15 et angusta uia est, quae ducit ad uitam. unde in plateis uox
illius non audietur, in quibus confidenter agit sapientia latam spa-
tiosamque uiam non ingrediens, sed arguens atque condemnans.
unde et illis, qui foris erant, non sua uoce, sed per parabolas loque- 11
batur: h a r u n d i n e m, inquit, q u a s s a t a m   n o n   c o n f r i n-
20 g e t siue, ut Septuaginta transtulerunt, c a l a m u m   f r a c t u m
n o n   c o n t e r e t. calamus fractus, qui fuit ante uocalis et in laudes
domini concinebat, appellandus est Israhel, qui quondam inpegit in
angularem lapidem et cecidit super eum fractusque in illo est; propterea dicitur de eo: i n c r e p a,   d o m i n e,   b e s t i a s   c a l a m i

---

2 *Ioh. 1, 33   3 Matth. 12, 18   5 Ps. 71, 2   6 *Ioh. 5, 22
8 Matth. 12, 19   cf. Esai. 53, 7 et Act. 8, 32   9 Matth. 12, 19   cf. II Tim. 2, 14
10 *Eph. 4, 31   11 Esai. 42, 2   12 *Matth. 12, 19   cf. Esai. 42, 2
14 *Ps. 44, 14   cf. Matth. 7, 14   16 cf. Matth. 7, 13   18 cf. Marc. 4, 11 etc.
19 Matth. 12, 20   20 *Esai. 42, 3   23 cf. Esai. 28, 16 etc.   24 *Ps. 67, 31

---

1 discendit 𝕭   et] add. in (eras.) G   iohanne G   2 se s l.rñ∠∠,om.D
uiderit B   3 uen.] discendentem 𝕭   in eum C super eum 𝕭   4 iudicium
tuum A   et om.𝕭B   5 legimus om.C   tuum om.C   8 contendit 𝕭   ductus
est codd. praeter G𝕭   9 contendit A contend̄ 𝕭   clamauit GA   11 clamauit A
13 platheis B   15 unde] add. et A (exp.) 𝕭B   16 audietur (e eras.) G auditur
cet.; add.,sed eras. in quibus uox illius non audietur G   in om.𝕭   lata D non
latam C   18 illis scripsi in his GADB his 𝕭C   per om.A   19 arund GC,𝕭a.c.
21 antea ADC   in om.A   22 continebat Aa.c.m2C concinnabat B   qm 𝕭
quoniam ς

et in Iesu uolumine torrens appellatur Cane, id est 'calami', qui
12 aquas habet turbidas, quas elegit Israhel. purissima Iordanis
fluenta contemnens reuersusque mente in Aegyptum et desiderans caenosam ac palustrem regionem peponesque et caepe et
alia et cucumes ollasque Aegyptiarum carnium rectissime per 5
Esaiam appellatur calamus fractus, cui qui inniti uoluerit, pertun-
detur manus eius. qui enim post aduentum domini saluatoris euan-
gelicae interpretationis spiritum derelinquens in Iudaicae litterae
13 morte requiescit, istius cuncta opera uulnerantur. l i n u m quoque
f u m i g a n s n o n e x t i n g u e t, populum de gentibus congrega- 10
tum, qui extincto legis naturalis ardore fumi amarissimi et qui no-
xius oculis est tenebrosaeque caliginis inuoluebatur erroribus. quem
non solum non restinxit et redegit in cinerem, sed e contrario de parua scintilla et paene moriente maxima suscitauit incendia ita, ut totus orbis arderet igne domini saluatoris, quem uenit mittere super 15
14 terram et in omnibus ardere desiderat. secundum tropologiam quid
nobis uidetur de hoc loco, in commentariolis Matthei breuiter ad-
notauimus. iste autem, qui harundinem quassatam non confregit
et linum fumigans non extinxit, iudicium quoque perduxit ad uictoriam, cuius iudicia uera sunt, iustificata in semet ipsis, ut iustifi- 20

1 cf. Ios. 16, 8 sec. cod. Alex. et Onom. s. 26, 9   4 cf. Num. 11, 5 et
Ex. 16, 3   6 cf. Esai. 42, 3   cf. Esai. 36, 6   8 cf. II Cor. 3, 6   9 Esai. 42, 3
Matth. 12, 20   10 cf. Ps. 105, 47   11 cf. Prou. 10, 26   15 cf. Luc. 12, 49
17 cf. Hieron. comm. in Matth. 12, 20   18 cf. Esai. 42, 3 et Matth. 12, 20
19 cf. Matth. 12, 20   20 cf. Ps. 18, 10   cf. Ps. 50, 6

1 hiesu $G\mathfrak{B}$ torren apellatur B   canae $\mathfrak{B}$ canne B cannae ς 2 cont.
fl. iord. ADC   iordannis G   contempnens $\mathfrak{B}B$ 4 coen. ADC cen. B
p*eponesque A   coepę D cepe GCB   5 halia ex halea m2 (s.l. allia m2)A
halea D allia CB   cucumes G (cf. Neue-Wagener I³ 273) cocumeres Aa.c.m2D
cucumeres cet.   recentissime (s.l. et rectissime m2)A   6 isaiam$\mathfrak{B}B$ uolerit A
pertunditur $\mathfrak{B}p.c.m2$ perturdetur (exp.,s.l. perforetur m2)A   9 cunta C   10 gent.]
add. non A(exp.)D   11 extinctus ex extinctum m2A   12 que s.l.$\mathfrak{B}$ 13 alt. non
om.B   re(s s.l.m2)tincxit A estinxit C extinxit $\mathfrak{B}B$ redegit ex rediit m2A
redigit $\mathfrak{B}$ e] est D*t(corr. in e m2)A,om.B   14 suscitabit Dp.c.   15 orbis om.B
ardere B   16 trophologiam AB   quid ex quod m2A quicquid D   17 uidere-
tur $\mathfrak{B}p.c.B$ com(n D)mentariis AD   adnotabimus Dp.c.   18 arund. $\mathfrak{B}CB$
ras. 3 litt. (s.l. con m2) fregit A confringet B   19 extincxit A istinxit Ga.c.m2
iud. quoque perd. om.G

cetur in sermonibus suis et uincat, cum iudicatur, et tam diu lumen
praedicationis eius in mundo resplendeat nulliusque conteratur et
uincatur insidiis, donec ponat in terra iudicium et inpleatur illud,
quod scriptum est: f i a t u o l u n t a s t u a s i c u t i n c a e l o
5 e t i n ˅ e r r a. e t i n n o m i n e e i u s g e n t e s s p e r a- 15
b u n t s i u e i n l e g e e i u s s p e r a b u n t i n s u l a e. quo
modo enim insulae turbine flatuque uentorum et crebris tempesta-
tibus feriuntur quidem, sed non subuertuntur in exemplum euan-
gelicae domus, quae super petram robusta mole fundata est, ita
10 et ecclesiae, quae sperant in lege et in nomine domini saluatoris,
loquuntur per Esaiam: e g o c i u i t a s f i r m a, c i u i t a s,
q u a e o b p u g n a t u r.

3. *Quem sensum habeat, quod in euangelista Mattheo scriptum est:*
s i q u i s u u l t p o s t m e u e n i r e, a b n e g e t s e i p s u m. q u a e est
15 *sui abnegatio aut quomodo, qui sequitur saluatorem, se ipsum negat?*
— De quo in tertio commentariorum eiusdem Matthei libro ita
breuiter locutus sum: q u i d e p o n i t u e t e r e m h o m i n e m
c u m o p e r i b u s e i u s, n e g a t s e i p s u m d i c e n s:
'u i u o a u t e m n o n e g o, u i u i t u e r o i n m e C h r i s t u s',
20 t o l l i t q u e c r u c e m s u a m e t m u n d o c r u c i f i g i t u r.
c u i a u t e m m u n d u s c r u c i f i x u s e s t, s e q u i t u r
d o m i n u m c r u c i f i x u m. quibus nunc haec addere possu- 2
m u s: p o s t q u a m o s t e n d i t d i s c i p u l i s s u i s, q u o d
o p o r t e r e t e u m i r e H i e r u s a l e m e t m u l t a p a t i a
25 s a c e r d o t i b u s e t s c r i b i s e t p r i n c i p i b u s s a c e r-
d o t u m e t o c c i d i, a d s u m e n s e u m P e t r u s c o e p i t

1 cf. *Esai. 42, 4   4 Matth. 6, 10   5 Matth. 12, 21   6 *Esai. 42, 4
8 cf. Matth. 7, 24 etc.   11 *Esai. 27, 3   14 *Matth. 16, 24   17 Hieron.
comm. in Matth. 16, 24   cf. Eph. 4, 22   19 *Gal. 2, 20   20 cf. Matth. 16, 24
21 cf. Matth. 16, 24 etc.   23 *Matth. 16, 21—23

1 dum *ADC*   iudicaret 𝔅*B* —rit *G*   2 nullius quoque *A*   5 *alt.* et *om.C*
7 uent.] uentu *C*   et *s.l.*𝔅   8 sed] et *AB*   9 qui *B*   supra *C*   petram(m *exp.)A*
robustam *B*   mole *ex* ole *m2A*   10 qui *B*   sperabunt *B* s⁎perant 𝔅 superat *C*
alt. in *om.G*   11 esayam *B* isaiam 𝔅*a.c.C*   12 qui *B* quae non *D*   cpp. *GC*
13 habet *Ga.c.* h̄t 𝔅*B*   14 uenire post me *C*   semet *C*   15 qui seq.] quis
sequens *Ap.c.m2*   salu.] *add.* si *m2A*   abnegat ς   16 commentariolo 𝔅
17 sum loc(q𝔅)utus 𝔅*B*   18 eius] suis *AC,om.D*   19 iam non ς   22 haec *om.C*
23 suis *om.CB*   24 oportet *D*   ire] in *ADC*   et *om.ADC*

increpare et dicere: absit a te, domine, non
eriç tibi hoc. qui conuersus dicit Petro: uade
post me, satanas, scandalum es mihi, quia non
sapis, quae dei sunt, sed quae hominum. humano
quippe timore perterritus passionem domini formidabat. et quo 5
modo audiens 'multa pati' et 'occidi' timebat, sic audiens: et
tertia die resurget gaudere debuerat et tristitiam passi-
3 onis resurrectionis gloria mitigare. unde illo pro timore correpto
loquebatur ad omnes 'discipulos' siue conuocauit turbam
cum discipulis suis, ut Marcus posuit, aut iuxta Lucam 10
dicebat ad cunctos: si quis uult post me uenire, abneget se ipsum et tollat crucem suam
et sequatur me. cuius exhortationis hic sensus est: non est
delicata in deum et secura confessio. qui in me credit, debet suum
sanguinem fundere. qui enim perdiderit animam suam in praesenti, 15
lucri eam faciet in futuro. cottidie credens in Christo tollit crucem
suam et negat se ipsum. qui inpudicus fuit, uersus ad castitatem
temperantia luxuriam negat; qui formidolosus et timidus, adsumpto
robore fortitudinis priorem esse se nescit. iniquus, si sequatur
iustitiam, negat iniquitatem; stultus, si Christum confiteatur dei 20
4 uirtutem deique sapientiam, negat stultitiam. quod scientes non
solum in persecutionis tempore et necessitate martyrii, sed in omni
conuersatione, opere, cogitatione, sermone negemus nosmet ipsos,
qui ante fuimus, et confiteamur eos, qui in Christo renati sumus.
idcirco enim dominus crucifixus est, ut et nos, qui credimus in eum 25
et peccato mortui sumus, crucifigamur cum ipso dicamusque, quod
Paulus apostolus docuit: cum Christo crucifixus sum

6 cf. Matth. 16, 21   Matth. 17, 22. 20, 19   9 cf. Matth. 16, 24   *Marc. 8, 34
11 *Luc. 9, 23   15 cf. Matth. 10, 39 etc.   16 cf. Luc. 9, 23   20 cf. I Cor. 1, 24
26 cf. Rom. 6, 2   27 *Gal. 2, 19

3 satana *Aa.c.m2DC*   5 formidauit *AD* —bit *C*   **6 *alt.* et *om.GAD***
7 resurget (—git 𝔅)] resurgere ç (*cf. Matth. 16, 21*)   8 mitigaret *Aa.c.m2C*
10 lucan *D*   12 semet *C*   13 exort. *GADB*   non] nos *C*   14 delicta *Aa.c.m2C*
delecta *Ap.c.m2* delictum *D*   deum et] deo sed *D*   credet *B*   15 suam] *add.*
propter me *B*   16 lucrif. eam ç   futurum *B*   cot. *AD* quot. *C*   x͞p͞m *GC*
18 temperantiam 𝔅*Da.c.* —tiae *A*   luxoriam *A*𝔅   formidulosus *G*   tumidus *B*
19 se esse 𝔅*C*   si *s.l.A*   20 confitetur 𝔅*B*   21 deique] et dei ç   22 solum
om.B   in *om.*ç   24 *pr.* qui] quid *B* quod ç   26 que *s.l.*𝔅   27 apost. paul. *C*

et: mihi autem absit gloriari nisi in cruce domini mei Iesu Christi, per quem mihi mundus
crucifixus est et ego mundo. qui cum Christo cruci- 5
fixus est, despoliet principatus et potestates et triumphet eas in
5 ligno. unde et [in euangelio secundum Iohannem] in typum eorum,
qui in domino credituri erant et se cum illo crucifixuri, Simon
Cyrenaeus portat crucem eius [quam iuxta alios euangelistas prior
ipse portauit].

4. *Quid uult significare, quod in eodem Mattheo scriptum est:*
10 *uae praegnantibus et nutrientibus in illis die-*
bus et: orate, ne fiat fuga uestra hieme uel sab-
bato? — Quod ex superioribus pendere manifestum est. cum
enim euangelium Christi cunctis gentibus fuerit praedicatum et
uenerit consummatio uiderintque abominationem deso-
15 lationis, quae dicta est a Danihele propheta,
stantem in loco sancto, tunc praecipitur his, qui in
Iudaea sunt, ut fugiant in montes, et, qui in tecto, ne descendant tollere aliquid de domo sua, et, qui in agro, ne reuertantur
auferre tunicam suam. de quibus in commentariis eiusdem Matthei 2
20 plenius diximus. statimque coniungitur: uae praegnantibus
et nutrientibus in illis diebus. in quibus diebus? quando
abominatio desolationis steterit in loco sancto. quod quidem iuxta
litteram de aduentu antichristi praedicari nulli dubium est, quando
persecutionis magnitudo conpellit fugere et graues uteri paruulique

1 Gal. 6, 14   4 cf. Col. 2, 15   5—8 cf. Ioh. 19, 17. Matth. 27, 32. Marc.
15, 21. Luc. 23, 26   10 Matth. 24, 19   *Matth. 24, 20   12 cf. Matth. 24, 14
14 Matth. 24, 15   cf. Dan. 9, 27   16 cf. Matth. 24, 16—18 etc.   19 cf. Hieron.
comm. in Matth. 24, 15—18   20 Matth. 24, 19   22 cf. Matth. 24, 15 et Dan. 9, 27

2 nostri ς   4 dispoliet 𝔅 spoliet *ADC*   pr. in *om.GAD*   5 in eu. sec.
Ioh. *et* quam—portauit *e nota marginali male intellecta in Hieronymi textum
irrepserunt* Ioh.] Matthaeum ς   6 symon *D*𝔅*B*   7 cy(ci*B*)reneu(*ex* c *m2A*)s
codd.   iux *B*   8 portabit *D*   11 ne] ut non 𝔅   12 exuperioribus *GD*
14 consumatio *B*   que *s.l.G*   abhomin. 𝔅*DB*   15 daniele *GC* damihelo 𝔅
17 fugiant] fiant (sint *m2*)*A*   in montes *G* (*cf. Marc. 13, 14 et Luc. 21, 21*)
in montibus *AD* ad montes 𝔅*B* (*cf. Matth. 24, 16*) ad montibus *C*   quae *C*
ne] non *A*𝔅*B*   discendant 𝔅 descendat *AD*   18 reuertatur *GAD*   19 eiusdem]
hic desinit G   20 subiungitur *Ap.c.m2*   21 in quibus diebus *om.D*   22 abhomi-
natio 𝔅*DB* abhominatione *C*   23 anthicristi *Aa.c.m2D* antixristi *Ap.c.m2*
est *om.B*   24 conpellet *Ap.c.m2*   fuge *A*

lactantes fugam retardant, licet quidam Titi et Uespasiani aduersus Iudaeos et praecipue Hierusalem obsidionem pugnamque signi-
3 ficari uelint. hiemem quoque et sabbatum sic interpretantur, ne eo tempore fugere conpellantur, quando duritia frigoris in agris et in desertis locis fugientes latere non patitur et obseruatio 5 sabbati aut praeuaricatores facit, si fugiant, aut hostium gladiis
4 subiacere, si sabbati otium et praecepta seruauerint. nos autem audientes dominum saluatorem, ut, qui in Iudaea sunt, ad montana confugiant, ipsi quoque oculos leuamus ad montes, de quibus scriptum est: l e u a u i o c u l o s m e o s a d m o n t e s, u n d e 10 u e n i e t a u x i l i u m m i h i, et in alio loco: f u n d a m e n t a e i u s i n m o n t i b u s s a n c t i s et: m o n t e s i n c i r c u i t u e i u s e t d o m i n u s i n c i r c u i t u p o p u l i s u i et: n o n p o t e s t a b s c o n d i c i u i t a s s u p e r m o n t e m p o s i t a, et discalciamus nos pellem litterae nudisque 15 pedibus cum Moyse ascendentes montem Sina dicimus: t r a n s i e n s u i d e b o u i s i o n e m h a n c m a g n a m, ut possimus intellegere praegnantes animas, quae de semine doctrinarum et sermonis dei initia fidei conceperunt et dicunt cum Esaia: a t i m o r e t u o, d o m i n e, c o n c e p i m u s e t p a r t u r i u i m u s e t 20 p e p e r i m u s, s p i r i t u m s a l u t i s t u a e f e c i m u s s u-
5 p e r t e r r a m. sicuti enim semina paulatim formantur in uteris et tam diu non reputatur homicidium, donec elementa confusa suas imagines membraque suscipiant, ita sensus ratione conceptus, nisi in opera proruperit, adhuc uentre retinetur et cito abortio perit, 25 cum uiderit abominationem desolationis stantem in ecclesia et

---

8 cf. Matth. 24, 16 etc.   10 *Ps. 120, 1   11 Ps. 86, 1   12 Ps. 124, 2
14 *Matth. 5, 14   15 cf. Ex. 3, 5   16 *Ex. 3, 3   19 *Esai. 26, 18
26 cf. Matth. 24, 15 etc. et Dan. 9, 27

1 lactentes $Ap.c.m2\varsigma$ quidem $A\mathfrak{B}a.c.,D$ aduersum $\mathfrak{B}B$ 2 praecipua $\mathfrak{B}$
3 sabbato $Ap.c.m2$ 7 si $om.C$ ex praecepto $\mathfrak{B}$ seruarent $\mathfrak{B}a.c.m2$
9 ipse $\mathfrak{B}$ leuemus $Ap.c.m2\varsigma$ ad] in C 11 ueniat $\mathfrak{B}$ 14 ciuitas latere $\mathfrak{B}B$
latere ciuitas ς 15 disculc(t B)iamus $Aa.c.m2\mathfrak{B}B$ discalciemus $Ap.c.m2C$
pelle $Ap.c.m2CB$ 16 moysen $Aa.r.D$ ascendamus ADC in montem $\mathfrak{B}$ in
montes (s $exp.$)B syna $D,om.\varsigma$ dicemus $Aa.c.m2C$ dicentes $Ap.c.m2$ dicamus ς 19 isaia $\mathfrak{B}C$ isaya B 21 fecimus C faciemus $\mathfrak{B}$ quem fecisti ADB
22 sicut $\mathfrak{B}B$ 23 putatur C homicidium] homo ς 24 membra$_{**}$que (fuit
ra uel ta) A 25 prorumperit B in uentre ς 26 abhom. $\mathfrak{B}DB$

satanan transfigurari in angelum lucis et de istius modi Paulus foetibus loquitur dicens: f i l i o l i m e i, q u o s i t e r u m p a r-
t u r i o, d o n e c C h r i s t u s f o r m e t u r i n u o b i s. has 6
ergo reor iuxta mysticos intellectus esse mulieres, de quibus idem
5 apostolus scribit: m u l i e r s e d u c t a i n t r a n s g r e s s i o n e
f a c t a e s t; s a l u a b i t u r a u t e m p e r f i l i o r u m g e-
n e r a t i o n e m, s i p e r m a n s e r i n t i n f i d e e t c a r i-
t a t e e t s a n c t i t a t e c u m p u d i c i t i a. quae si de sermone diuino aliquando generarint, necesse est, quae generata sunt,
10 crescere et primum accipere lac infantiae, donec perueniant ad solidum cibum et ad maturam aetatem plenitudinis Christi. o m n i s
e n i m, q u i l a c t e a l i t u r, i n p e r i t u s e s t i n r a t i o n e
i u s t i t i a e; p a r u u l u s e n i m e s t. hae igitur animae, 7
quae necdum pepererunt siue quae necdum potuerunt ea, quae
15 generata sunt, alere, cum uiderint sermonem hereticum stantem in
ecclesia, cito scandalizantur et pereunt et in tempestate atque in
persecutionibus permanere non possunt, praesertim si otium habuerint bonorum operum et non ambulauerint in uia, quae Christus
est. de hac abominatione hereticae peruersaeque doctrinae dicebat 8
20 apostolus, quod homo iniquitatis et aduersarius eleuet se contra
omne, quod dicitur deus et religio, ita ut audeat stare in templo
dei et ostendere se, quod ipse sit deus; cuius aduentus secundum
operationem satanae et ea, quae concepta sunt, facit perire abortio
et, quae nata, ad pueritiam et ad perfectam aetatem peruenire
25 non posse. quam ob rem orandus est dominus, ne in exordio fidei
et crescentis aetatis oriatur hiems, de qua scriptum est: h i e m s

---

2 Gai. 4, 19   5 *I Tim. 2, 14—15   10 cf. Hebr. 5, 12   11 cf. Eph. 4, 13
*Hebr. 5, 13   18 cf. Ioh. 14, 6   20 cf. II Thess. 2, 3—4   22 cf. II Thess. 2, 9
26 *Cant. 2, 11

1 satanam CB   et om. C   foet. paul. C   fetibus B, om. AD   2 dicens om. 𝔅 B
4 ego 𝔅 p. r. D   mistico(ex u m2A)AB   idem om. AD   7 si permanserit DC, ⏒p r.
supermanserit Aa. r.   super manser̄ B   9 generarit ς   10 perueniat 𝔅 B
11 ad om. 𝔅   13 iusticię et B   haec 𝔅   14 quae necdum] qui nec B   peper.]
add. siue quae necdum pari s̄ D   siue—potuerunt om. C   alt. quae] qui B
ea om. C   16 alt. in om. C   18 op. bon. AD   non om. C   19 abhom. 𝔅 B
peruersoque B   21 et—22 deus om. B   22 tamquam deus ς   aduentum
Ap. c. m2   24 pr. et s. l. 𝔅, om. B   quae] eaque 𝔅 B quae sunt ς   26 et om. ADB
de qua scriptum est s. l. m2𝔅, om. B   quo Aa. c. m2D   alt. hiems om. B

t r a n s i i t,   a b i i t   s i b i, ne otio torpeamus, sed inminente naufragio suscitemus dormientem dominum atque dicamus: p r a e-c e p t o r,   s a l u a   n o s,   p e r i m u s.

5. *Quid sibi uelit, quod scriptum est in euangelio secundum Lucam: e t*   *n o n*   *r e c e p e r u n t*   *e u m,   q u o n i a m*   *f a c i e s* 5 *e i u s*   *e r a t*   *u a d e n s*   *i n*   *H i e r u s a l e m.* — Festinans dominus Hierusalem pergere, ut conplerentur dies adsumptionis eius et pascha celebraret, de quo dixerat: d e s i d e r i o   d e s i d e r a u i   h o c p a s c h a   c o m e d e r e   u o b i s c u m, et biberet calicem, de quo ait: c a l i c e m,   q u e m   d e d i t   m i h i   p a t e r,   n o n   b i b a m 10 i l l u m? omnemque doctrinam suam patibulo roboraret iuxta illud, quod scriptum est: c u m   e x a l t a t u s   f u e r o,   o m n i a t r a h a m   a d   m e, obfirmauit faciem suam, ut iret Hierusalem.

2 obfirmatione enim et fortitudine opus est ad passionem sponte properantis; unde et Ezechiheli, cui dixerat deus: f i l i   h o m i- 15 n i s,   i n   m e d i o   s c o r p i o n u m   t u   h a b i t a s   e t   n e   t i-m e a s   e o s: o b f i r m a u i, inquit, f a c i e m   t u a m   e t   d e d i f a c i e m   t u a m   a e n e a m   e t   f r o n t e m   t u a m   f e r r e a m, ut, si forsitan surrexisset contra eum malleus uniuersae terrae, quasi incude durissima resisteret malleumque contereret, de quo 20 scriptum est: q u o m o d o c o n f r a c t u s e s t e t c o n t r i t u s 3 m a l l e u s   u n i u e r s a e   t e r r a e? e t m i s i t   n u n t i o s, id est angelos, a n t e   f a c i e m   s u a m. iustum enim erat, ut dei filio angeli ministrarent: siue angelos apostolos uocat, quia et Iohannes, 4 praecursor domini, angelus appellatus est. c u m q u e i n g r e s s i 25

---

2 *Matth. 8, 25 et *Luc. 8, 24   5 *Luc. 9, 53   8 *Luc. 22, 15
10 Ioh. 18, 11   12 *Ioh. 12, 32   13 cf. Luc. 9, 51   15 *Ezech. 2, 6
17 *Ezech. 3, 8—9   19 cf. Hier. 50, 23   21 Hier. 50, 23   22 *Luc. 9, 52
24 cf. Mal. 3, 1 et Matth. 11, 10 etc.   25 *Luc. 9, 52—53

1 imber abiit ς   3 saluos nos fac 𝔅   4 uult *Ap.c.*   5 quia *C*   6 erat] *add.* obfirmata *B*   7 in hier. pergere 𝔅   pergere in hier. *C*   conpleretur *A* et] ut *AD*   7 *et* 9 pasca *B*   9 uobiscum ante quam patiar ς   biberet *Engel-brecht* bibere *codd.*   calicem] de calice (—cē 𝔅) 𝔅*B*   12 fuero a terra ς 13 me ipsum *C*   obfirm.   —Hier. *om.AD*   15 properantes *B* —ti ς   ezechi-heli 𝔅*D* ezechieli *C* zechieli *A* ihezechieli *B*   dn̄s *B*   16 et *om.D* nec *Ap.c.m3* ne *s.l.m2A*   17 obfirmaui *D* obfirma *cet.*   18 aeream *AD* eneam *B*   tuum ferreum *A*   19 ut] et *AD*   20 incudo 𝔅*D* incus ς   conteret *Aa.c.m2C* 21 contritus est *C*   22 et *eras.A*   23 filio dei 𝔅

essent uicum Samariae, ut praepararent ei, non
susceperunt illum, quia facies eius erat ua-
dens in Hierusalem. hostili inter se Samaritani atque Iudaei
discordant odio et, cum omnes oderint gentes, proprio contra se fu-
5 rore bacchantur, dum utrique de legis possessione contendunt et
in tantum se mutuo persequuntur, ut, postquam Iudaei de Babylonia
sunt reuersi, aedificationem templi Samaritani inpedierint. cumque uellent et ipsi cum eis aedificare templum, responderunt Iudaei:
n o n. l i c e t n o b i s e t u o b i s a e d i f i c a r e d o m u m d o-
10 m i n i. denique pro summa iniuria pharisaei exprobrant domino: 5
n o n n e d a e m o n i u m h a b e s e t S a m a r i t a n u s es? et
in parabola de Hierusalem descendentis Hiericho Samaritanus ponitur pro signo atque miraculo, quod malus bene fecerit, et ad puteum
Samaritanae scriptum est: n o n e n i m c o u t u n t u r S a m a-
15 r i t a n i I u d a e i s. uidentes ergo Samaritae dominum Hierusalem
pergere, id est ad hostes suos, quod audierant a discipulis eius, qui
ad parandum hospitium uenerant, Iudaeum esse cognoscunt et
quasi Iudaeum atque alienum et eum, qui ad inimicos pergeret, suscipere noluerunt. quamquam et alia nobis subiciatur intellegentia, 6
20 quod uoluntatis domini fuerit non suscipi a Samaritis, quia festinabat ire Hierusalem ibique pati et sanguinem fundere, ne occupatus
susceptione Samaritica et doctrina gentis illius passionis differret
diem, ad quam uenerat sustinendam. unde dicit et in alio loco:
n o n u e n i n i s i a d o u e s p e r d i t a s d o m u s I s r a-
25 h e l et apostolis praecepit: c i u i t a t e s S a m a r i t a n o r u m

---

9 *I Esr. 4, 3   11 *Ioh. 8, 48   12 cf. Luc. 10, 30—37   14 *Ioh. 4, 9
24 *Matth. 15, 24   25 *Matth. 10, 5

1 praeparent *A* pararent *B*   2 susciperunt 𝔅   4 oderit *C*   5 baccan-
tur 𝔅*DB*   dum] cum 𝔅*B*   utique *A*   6 tanto 𝔅   babil(ll *Aa.r.*)onia *Ap.r.B*
7 sint 𝔅*B*   sammarit. *D* semper samarit. 𝔅*B* Samarit. semper ς   cumque
—8 resp. *om.B*   8 uellint *ex* uelint 𝔅   templum] domum dni (*exp., s.l.* templum) 𝔅   10 prae *A*   exprobant *A* exprobrabant *C*   dūm *AD*   12 para-
bula 𝔅*D*   discend. 𝔅   hiericho *Ap.c.m2*𝔅*a.c.* iericho *C* hierico *Aa.c.m2*
ierico *B* hierichum 𝔅*p.c.D*   13 malis *AD*   et *om. AD*   ad puteum] aput(d *B*)
eum *Aa.c.m2B*   14 script. —15 Sam. *om. B*   15 ergo] autem *ADC*   16 cstis *C*
qui] quia *A*   17 cognoscant *Aa.c m2D*   19 nobis] multa (*exp., s.l.* nobis m2) 𝔅
20 a *super ras. 2—3 litt. m2A*   samaritanis *B*   21 ire in *B,om. AC*   22 samm.
D passim   23 quem *Aa.c m2*   in *om.C*   25 ciuitatem ς

2*

n o n i n t r a b i t i s, uolens tollere omnem occasionem persecutionis Iudaicae, ne postea dicerent: 'crucifiximus eum, quia se inimicis nostris et hostibus iunxerat'. f a c i e s igitur e i u s e r a t p e r g e n- t i s H i e r u s a l e m et idcirco iuxta alteram intellegentiam non receperunt eum Samaritae, quia festinabat ingredi Hierusalem. ut autem non reciperent, fuit dominicae uoluntatis. denique apostoli in lege uersati, in qua tantum iustitiam nouerant o c u l u m p r o o c u l o, d e n t e m p r o d e n t e, ulcisci nituntur iniuriam et imitari Heliam, ad cuius uocem duos pentecontarchas militum ignis absumpserat, dicuntque ad dominum: u i s d i c i m u s, u t i g n i s d e s c e n d a t d e c a e l o e t c o n s u m a t e o s? pulchre u i s, inquiunt, d i c i m u s; nam et Helias dixerat: s i h o m o d e i s u m, i g n i s d e s c e n d a t d e c a e l o s u p e r u o s. ergo, ut apostolorum sermo efficientiam habeat, uoluntatis est domini. nisi enim ille iusserit, frustra dicunt apostoli, ut ignis descendat super eos, et quodam modo uerbis aliis hoc loquuntur: 'si ad serui Heliae iniuriam ignis descendit de caelo et non Samaritas, sed Iudae- os consumpsit incendium, quanto magis ad contemptum filii dei in inpios Samaritas debet flamma saeuire!' e regione dominus, qui non ad iudicandum uenerat, sed ad saluandum, non in potestate, sed in humilitate, non in patris gloria, sed in hominis uilitate, incre- pat eos, quod non meminerint doctrinae suae et bonitatis euan- gelicae, in qua dixerat: q u i t e p e r c u s s e r i t i n m a x i l- l a m, p r a e b e e i e t a l t e r a m et: d i l i g i t e i n i m i- c o s u e s t r o s.

---

3 *Luc. 9, 53   7 Ex. 21, 24 etc.   9 cf. IV Reg. 1, 9—12 et 14   10 *Luc. 9, 54
11 Luc. 9, 54   12 *IV Reg. 1, 10 et 12   19 cf. Luc. 9, 55—56   21 cf. Matth.
16, 27 etc.   23 *Matth. 5, 39 uel *Luc. 6, 29   24 Matth. 5, 44 etc.

1 ne intraueritis A   omnem om. AD   3 erant D   pergens AD   4 aliam ç
5 receperant B   ingredi in 𝔅B   6 autem] hoc (exp.,s.l. autem) 𝔅; add. eum C
7 in lege] hic desinit C   nouerat D   9 uoces B   duas ADB   pentecontarcas B
pentecontadas A a.c.m2𝔅 pentecostadas A p.c.m2D pentecontarchos ç   10 ad-
sumpserat (ms 𝔅B) A a.c.m2B, 𝔅 p.c. ass. D adsumeret 𝔅 a.c.   dicemus D
11 discendat 𝔅   consummat AD   pulcre D   12 dicemus D   13 ego sum 𝔅
discendat 𝔅   uos] eos 𝔅 a.c. B   14 hab. eff. (eff. s.l.m2𝔅) 𝔅B   16 uerbis aliis
s.l.m2𝔅   loquitur AD   17 d(exp.)e caelo 𝔅 ccelo (sic)B   sed et AD   18 fili
a.c.m2A   20 iudicandos 𝔅 a.c. uindicandum A   21 pr. in om. A   alt. in om. B
gloriam B   23 maxilla B

6. Alteram de euangelio Lucae quaestiunculam proposuisti:
qui sit uilicus iniquitatis, qui domini uoce laudatus est. cuius
cum uellem scire rationem et de quo fonte processerit, reuolui
uolumen euangelicum et inter cetera repperi, quod adpropinquan-
5 tibus saluatori publicanis et peccatoribus, u t a u d i r e n t e u m,
m u r m u r a b a n t p h a r i s a e i e t s c r i b a e d i c e n t e s:
q u a r e i s t e p e c c a t o r e s s u s c i p i t e t c o m e d i t c u m
e i s? qui locutus est eis parabolam centum ouium et unius perditae, 2
quae inuenta pastoris humeris reportata est, et, cur esset proposita,
10 statim intulit: d i c o u o b i s: s i c e r i t g a u d i u m i n c a e l o
s u p e r u n o p e c c a t o r e p a e n i t e n t i a m a g e n t e
m a g i s q u a m s u p e r n o n a g i n t a n o u e m i u s t i s, q u i
n o n h a b e n t o p u s p a e n i t e n t i a m. aliam quoque para- 3
bolam decem dragmarum uniusque perditae et repertae cum pro-
15 posuisset, simili eam fine conpleuit: s i c d i c o u o b i s: g a u d i-
u m e r i t c o r a m a n g e l i s d e i s u p e r u n o p e c c a t o r e
p a e n i t e n t i a m a g e n t e. tertiam quoque parabolam proposuit 4
hominis habentis duos filios et diuidentis inter eos substantiam. cumque minor facultatibus perditis egere coepisset et comedere siliquas,
20 porcorum cibum, reuersus ad patrem susceptus ab eo est. frater
quoque inuidens senior patris uoce corripitur, quod laetari debuerit
et gaudere, quia frater eius mortuus fuerat et reuixit, perditus et inuentus est. has tres parabolas contra pharisaeos et scribas locutus 5
est, qui nolebant recipere paenitentiam peccatorum et publicanorum
25 salutem. d i c e b a t a u t e m, inquit, e t a d d i s c i p u l o s s u o s —
haud dubium, quin 'parabolam'—, sicut prius ad scribas et pharisaeos, qua parabola ad clementiam discipulos hortaretur et aliis uerbis
diceret: d i m i t t i t e e t d i m i t t e t u r u o b i s, ut in oratione

1 cf. Luc. 16, 1—8   5 *Luc. 15, 1—2   8 cf. Luc. 15, 3—6   10 *Luc. 15, 7
13 cf. Luc. 15, 8—9   15 *Luc. 15, 10   17 cf. Luc. 15, 11—32   22 cf. Luc. 15, 24
25 Luc. 16, 1   28 *Luc. 6, 37

1 posuisti *B*   2 quis ς   uillicus ς   5 saluatore 𝔅   7 suscepit *A*   8 eis
om. B   9 quae *s.l.* 𝔅 qui *B*   12 iustos 𝔅   13 pae(e)nitentia *A* 𝔅 *Dp.c.,B*   aliam]
add. decem *A(exp.)D(eras.)*   quoque] que *ex* quaque *m2A*   14 drachmarum ς
gemmarum *B*   18 dñs (*del.*) hominis 𝔅   19 silicas *B*   20 cibum *om. B*
21 quoque] que 𝔅   correctus est ς   22 perditus orat *B*   *tert.* et *om.* 𝔅   23 has
ergo *A*   phariseorum et *B*   25 autem *del.* 𝔅   26 haut 𝔅 *D* aud *B*   quin *om.* 𝔅 *B*
27 qua] quę *ex* quia *m2A*   cohortaretur 𝔅 (co *exp.*) *B*   dic. uerbis ς   28 di-
mittite] dimitte *B*   ut] et *AD*

dominica libera fronte poscatis: d i m i t t e   n o b i s   d e b i t a
n o s t r a,   s i c u t   e t   n o s   d i m i t t i m u s   d e b i t o r i b u s
6 n o s t r i s. quae est ergo parabola ad clementiam discipulos prouo-
cantis? h o m o   q u i d a m   e r a t   d i u e s,   q u i   h a b e b a t   u i l i-
c u m   siue dispensatorem; hoc enim οἰκονόμος significat. uilicus 5
autem proprie uillae gubernator est, unde et a uilla 'uilicus' nomen
accepit. οἰκονόμος autem tam pecuniae quam frugum et omnium,
quae dominus possidet, dispensator est. unde et Οἰκονομικὸς Xeno-
fontis pulcherrimus liber est, qui non gubernationem uillae, sed dis-
7 pensationem uniuersae domus Tullio interpretante significat. iste 10
igitur dispensator accusatus est ad dominum suum, quod dissipasset
substantiam eius. quo uocato dixit: q u i d   h o c   a u d i o   d e t e?
r e d d e   r a t i o n e m   d i s p e n s a t i o n i s;   n e q u e   e n i m
u l t r a   m e a   p o t e r i s   d i s p e n s a r e. qui dixit in semet ipso:
q u i d   f a c i a m,   q u i a   d o m i n u s   m e u s   a u f e r t   a   m e 15
d i s p e n s a t i o n e m?   f o d e r e   n o n   u a l e o,   m e n d i c a-
r e   e r u b e s c o. s c i o,   q u i d   f a c i a m,   u t,   q u a n d o s u b-
l a t a   m i h i   f u e r i t   d i s p e n s a t i o,   s u s c i p i a n t   m e
8 i n   d o m o s   s u a s. u o c a u i t q u e   s i n g u l o s   d e b i t o r u m
d o m i n i   s u i   e t   d i x i t   p r i m o: q u a n t u m   d e b e s   d o- 2c
m i n o   m e o?   qui dixit ei: c e n t u m   b a t o s   o l e i. a i t   i l l i:
t o l l e   c a u t i o n e m   t u a m   e t   s e d e n s   c i t o   s c r i b e
q u i n q u a g i n t a. d e i n d e   a d   a l i u m   l o c u t u s   e s t: t u
a u t e m   q u a n t u m   d e b e s?   i l l e   r e s p o n d i t: c e n t u m
c o r o s   t r i t i c i. d i c i t   e i: t o l l e   c a u t i o n e m   t u a m 25

1 Matth. 6, 12   4 Luc. 16, 1   11 cf. Luc. 16, 1—2   12 *Luc. 16, 2
15 *Luc. 16, 3—14

1 dom. lib.] dominicali uera D   3 ad clem.] clementia ad Aa.c.m2D
3 prouoc.] cohortantis 𝔅B   4 uill. B   5 enim] autem AD   OIKONOMOYC A
(s.l. iconomus m2) D   uill. B   6 uillici AB uillicus ς   7 OECONOMOC 𝔅
OIK(OK A)ONOMOYC A (s.l. iconomus m2) D oeconomus B   8 OIKONO-
MOYC A (s.l. iconomus. iconomicus m2) D oeconomikoc(—cus B) 𝔅B   Xeno-
phontis ς   9 pulcherrimus D   11 dissiparet D dispensaret (s.l. dissipasset m2)𝔅
dissiparet uel dispensaret B   12 sustantiam DB   quo ex qui m2A   13 reddere 𝔅   disp. tuae ς   14 mea (m eras.) 𝔅 ea B   quid B   intra semet ipsum ς
15 a me om.B   17 e(ae A)rubescam Aa.c.m2D   18 fuerit mihi A   19 suas]
suos 𝔅a.c.D   uocau(b D)it itaque AD   debitores Ap.c.m2𝔅   21 batos] cha-
dos A   ait (i eras.) ille A   22 tuam om AD   23 ad alium] alio A   24 at ille AD
25 choros AD   dicitque AD dixitque ς

et scribe octoginta. et laudauit dominus uili- 9
cum siue dispensatorem iniquitatis, quod prudenter
fecerit: quia filii saeculi huius prudentiores
sunt filiis lucis in generatione sua. et ego dico
5 uobis: facite uobis amicos de iniquo mamona,
ut, quando defecerit, recipiant uos in aeterna tabernacula. qui fidelis est in paruo, et
in multis fidelis est et, qui in minimo iniquus
est, et in multis iniquus erit. si ergo in iniquo 10
10 mamona fideles non fuistis, quod uerum est,
quis uobis credet? et si in alieno fideles non
fuistis, quod uestrum est, quis dabit uobis?
nemo seruus potest duobus dominis seruire.
aut enim unum habebit odio et alterum dili-
15 get aut unum audiet et alterum contemnet.
non potestis deo seruire et mamonae. audie-
bant autem haec omnia pharisaei, qui erant
auari, et subsannabant illum. totum parabolae huius 11
textum posui, ut non nobis intellegentiam aliunde quaeramus et
20 in parabola certas nitamur inuenire personas, sed interpretemur
eam quasi parabolam, hoc est similitudinem, quae ab eo uocatur,
quod alteri παραβάλλεται, hoc est adsimilatur, et quasi umbra
prooemiumue ueritatis est. si ergo dispensator iniqui mamonae 12
domini uoce laudatur, quod de re iniqua sibi iustitiam praepara-
25 rit, et passus dispendia dominus laudat dispensatoris prudentiam,
quod aduersus dominum quidem fraudulenter, sed pro se prudenter egerit, quanto magis• Christus, qui nullum damnum

23 cf. Luc. 16, 9

1 dn̄s (del.,s.l. dominicus m2)ℬ   uill. DB   5 mā̄mona A passim   6 de-
(exp.)fecerit (add. is s.l.m2) A   defe(defi m2ℬ)cerint ℬD deferint P defeceritis ς
suscipiant B   8 multo ς   est om. B   et om. AD   alt. in om. ς   9 multo ς
erit] est D   alt. in om. Aa.c.m2D   10 uerum ς uestrum codd.   11 uob.
credit ℬ credit uob. AD credet uob. ς   14 habet AD   diligit Aℬ B   15 aut]
ut Aa.c.m2 et ℬa.c.   20 parabo(u ℬ)las Aℬa.r.,DB   21 qui B   22 a.ter B
ΠΑΡΑΒΑΜΕΡ(S D)ΑΙ A (s.l. parabamesai m2) D   adsimulatur ℬ B acsimi-
lata Ap.c.m2   et om. AD   23 prooemiumue scripsi proemium ℬ prohemium D
praemium AB praeuium ς   est uer. A   sic A   24 praeparet A   25 dispen-
dium AD

sustinere potest et pronus est ad clementiam, laudabit discipulos
suos, si in eos, qui sibi crediti sunt, misericordes fuerint! denique
post parabolam intulit: e t e g o d i c o u o b i s: f a c i t e u o b i s
13 a m i c o s d e i n i q u o m a m o n a. iniquus autem mamona non
Hebraeorum, sed Syrorum lingua diuitiae nuncupantur, quod de ini- 5
quitate collectae sint. si ergo iniquitas bene dispensata uertitur in
iustitiam, quanto magis sermo diuinus, in quo nulla est iniquitas,
qui et apostolis creditus est, si bene fuerit dispensatus, dispensatores
suos leuabit in caelum! quam ob rem sequitur: q u i f i d e l i s e s t
i n m i n i m o, hoc est in carnalibus, e t i n m u l t i s f i d e l i s 10
e r i t, id est in spiritalibus. q u i a u t e m i n p a r u o i n i q u u s
e s t, ut non det fratribus ad utendum, quod a deo pro omnibus
est creatum, iste et in spiritali pecunia diuidenda iniquus erit, ut
14 non pro necessitate, sed pro personis doctrinam domini diuidat. 'sin
autem', inquit, 'carnales diuitias, quae labuntur, non bene dispen- 15
setis, ueras aeternasque diuitias doctrinae dei quis credet uobis? et
si in his, quae aliena sunt — alienum est autem nobis omne, quod
saeculi est — infideles fuistis, ea, quae uestra sunt et proprie homini
deputata, quis uobis credere poterit?' unde corripit auaritiam et dicit
eum, qui amat pecuniam, deum amare non posse. igitur et apostolis, 20
15 si uelint amare deum, esse pecunias contemnendas. unde scribae
et pharisaei, qui erant auari, aduersum se dictam intellegentes parabolam subsannabant eum carnalia et certa et praesentia spiritalibus ac futuris et quasi incertis praeponentes. Theophilus, Anti-
ochenae ecclesiae septimus post Petrum apostolum episcopus, qui 25
quattuor euangelistarum in unum opus dicta conpingens ingenii
sui nobis monumenta dimisit, haec super hac parabola in suis

3 *Luc. 16, 9   9 *Luc. 16, 10   21 cf. *Luc. 16, 14

1 laudauit *AD*   2 si in] siue (ue *in ras. m2*) *A*   credituri sibi ç   si (*s.l.m2*)
misericordes fuerunt *A*   3 uobis dico ç   4 iniquo *Ap.c.m2,om.*ç   mamona
autem ç   5 sirorum *Aa.c.m2B*   6 sint] s̄ 𝕭   iniquitas] iniqua *D* res (*s.l.m2*)
iniqua *A*   8 et *om.AD*   bene fuerit] *hic incipit Φ*   9 leuauit *Φ*   11 id] hoc ç
12 non *om.B*   ad] at *Φ*   13 creatum *s.l.Φ* creditum *A*   diuidende *Φ*   ut] si 𝕭
14 si *AD*   15 inquit *om.AD*   carnalis *Φ*   dispensatis ç   16 que *om.B*
credit 𝕭*Φ* det *AD*   17 qui *B*   est autem *Φ* autem est *cet.*   a nobis *ADB*
18 in (*eras.*𝕭) ea 𝕭*ΦB*   19 dep. hom. *AD*   corripit] *add.* etiam (*exp.*) 𝕭
20 amet *B*   21 pec. esse ç   23 subsanabant *D*   *pr. et eras.A* ut ç   incerta *Φ*
cetera *A*   *alt. et s.l.*𝕭*B*   24 qualisi (li *eras.*) 𝕭 qualis *Φ*   incerti *Φ*   theo-
filus *A*𝕭*Φ*   anthiochenae 𝕭*D* antiocene *B* anthiocenaenae *Φ*

commentariis est locutus: d i u e s, q u i h a b e b a t u i l i c u m 16
s i u e d i s p e n s a t o r e m, d e u s o m n i p o t e n s e s t, q u o
n i h i l e s t d i t i u s. h u i u s d i s p e n s a t o r P a u l u s, q u i
a d p e d e s G a m a l i e l s a c r a s l i t t e r a s d i d i c i t, l e g e m
5 d e i s u s c e p e r a t d i s p e n s a n d a m. q u i c u m c o e p i s-
s e t c r e d e n t e s i n C h r i s t o p e r s e q u i, l i g a 1 e, o c c i-
d e r e e t o m n e m d o m i n i s u i d i s s i p a r e s u b s t a n-
t i a m, c o r r e p t u s a d o m i n o e s t: S a u l e, S a u l e, q u i d
m e p e r s e q u e r i s? d u r u m e s t t i b i c o n t r a s t i m u-
10 l u m c a l c i t r a r e. d i x i t q u e i n c o r d e s u o: q u i d f a c i- 17
a m? q u i m a g i s t e r f u i e t u i l i c u s, c o g o r e s s e d i-
s c i p u l u s e t o p e r a r i u s. f o d e r e n o n u a l e o. o m n i a
e n i m m a n d a t a l e g i s, q u a e t e r r a e i n c u b a b a n t,
c e r n o d e s t r u c t a e t l e g e m e t p r o p h e t a s u s q u e
15 a d I o h a n n e m B a p t i s t a m e s s e f i n i t o s. m e n d i c a r e
e r u b e s c o, u t, q u i d o c t o r f u e r a m I u d a e o r u m,
c o g a r a g e n t i b u s e t a d i s c i p u l o A n n a n i a s a l u t i s
e t f i d e i m e n d i c a r e d o c t r i n a m. f a c i a m i g i t u r, 18
q u o d m i h i u t i l e e s s e i n t e l l e g o, u t, p o s t q u a m
20 p r o i e c t u s f u e r o d e u i l i c a t i o n e m e a, r e c i p i a n t
m e C h r i s t i a n i i n d o m o s s u a s. c o e p i t q u e e o s, q u i
p r i u s u e r s a b a n t u r i n l e g e e t s i c i n C h r i s t o c r e-
d i d e r a n t, u t a r b i t r a r e n t u r s e i n l e g e i u s t i f i-
c a n d o s, d o c e r e l e g e m a b o l i t a m, p r o p h e t a s
25 p r a e t e r i s s e e t, q u a e a n t e a p r o l u c r o f u e r i n t,
r e p u t a r i i n s t e r c o r a. u o c a u i t i t a q u e d u o s d e p l u- 19
r i b u s d e b i t o r i b u s. p r i m u m, q u i d e b e b a t c e n t u m

1 Theophil. Antioch. comm. in euang.   3 cf. Act. 22, 3   8 Act.* 9, 4
et 26, 14   12 Luc. 16, 3   14 cf. Luc. 16, 16 etc.   15 Luc. 16, 3   17 cf. Act. 9, 10
23 cf. Gal. 2, 16 et 3, 11   25 cf. Phil. 3, 8

1 loc. est B   uill. B   2 dei B   3 disp. est 𝔅p.c.m2ς   4 gamalihel 𝛷
Gamalielis ς   et legem ς   5 dispensare D   9 tibi est AD   stimulo 𝛷a.c.
—los B   10 quid faciam om. B   11 qui] quia AD quia qui ς   sui B   et s.l. 𝛷
uill. Aa.c.B   13 enim om. AD   incobant mut. in incohabant et in incubant 𝔅
incubebant B   14 distructa 𝔅𝛷   alt. et] atque ς   15 finitus (—tas m2) A
17 cogor 𝔅   annania Aa.c.𝔅𝛷 anania cet.   18 et] ac ς   19 postquam om. B
20 uill. AB   21 eis Ap.c.m2   22 et —23 lege in mg. sup. m2𝔅,om. 𝛷   xpm B
23 ut] ne B   24 dicere AD   abol.] add. et sic in mg.m2𝔅   prophetias ς
25 lucra 𝔅   fuerant 𝔅   26 de] e s.l.m2A   plurimis A   27 debeat B

batos olei, eos uidelicet, qui fuerant ex gentibus
congregati et magna indigebant misericordia
dei, et de centenario numero, qui plenus est atque
perfectus, fecit eos scribere quinquagenarium,
qui proprie paenitentium est iuxta iubeleum 5
et illam in euangelio parabolam, in qua alteri
quingenti, alteri quinquaginta denarii dimit-
20 tuntur. secundum autem uocauit populum Iudaeorum, qui tritico mandatorum dei nutritus erat et debebat ei centenarium numerum, 10
et coegit, ut de centum octoginta faceret, id
est crederet in domini resurrectionem, quae
octauae diei numero continetur, et de octo
conpleretur decadis, ut de sabbato transiret
ad primam sabbati. ob hanc causam a domino prae- 15
dicatur, quod bene fecerit et pro salute sua in euangelii clementiam de legis austeritate mutatus sit.
21 quodsi quaesieris, quare uocetur 'uilicus iniquitatis'
in lege, quae dei est: iniquus erat uilicus, qui bene
quidem offerebat, sed non bene diuidebat credens 20
in patre, sed filium persequens, habens deum omnipotentem, sed spiritum sanctum negans. prudentior
itaque fuit Paulus apostolus in transgressione legis
filiis quondam lucis, qui in legis obseruatione uersati Christum, qui dei patris uerum lumen est, per- 25
22 diderunt. Ambrosius, Mediolanensis episcopus, quid de hoc loco
senserit, in commentariis eius legere poteris. Origenis et Didymi
in hanc parabolam explanationem inuenire non potui et, utrum

---

5 cf. Leu. 25, 10 etc.   6 cf. Luc. 7, 41—42   12 cf. uol. II p. 60, 13 cum
adnot.   18 cf. Luc. 16, 8   22 cf. Luc. 16, 8

2 misericordiam $D\Phi$ 4 quinquagin. $\mathfrak{B}\Phi$ 5 penitentum D iobeleum
$D,\Phi a.c.$ iubileum $Aa.c.$ iubilaeum ς 7 qui(ex a)nquagenta Φ denari B
11 octuag. Φ octoag. $\mathfrak{B}$ 12 credere $Aa\text{-}c.m2D$ resurrectione ΦB qui ΦB
13 octauo B —ua ex ue Φ continet Φ 14 conpleret Φ completur ς decadis
$Ap.c.m2$ decades cet. decadibus ς sabb. legis ς 16 quod ex qui A faceret
ex feceret Φ 18 uilicus $s.l.\mathfrak{B},om.\Phi$ uill. $Aa.r.B$ 19 uill. AB 21 patrem ADB 24 filius B 25 dei $s.l.B$ 26 ambrosius quidem AD 27 conm. $D\Phi$
dydimi Φ didimi cet.   28 hac parabola ADB

abolita sit temporum uetustate an ipsi non scripserint, incertum
habeo. mihi iuxta priorem interpretationem hoc uidetur. quod
de iniquo mamona debeamus nobis amicos facere non quoslibet
pauperes, sed eos, qui nos possint recipere in domos suas et in
5 aeterna tabernacula, ut, cum eis parua praebuerimus, recipiamus
ab illis magna et dantes aliena nostra suscipiamus et seminemus
in benedictione, ut metamus benedictionem; q u i enim p a r c e
s e m i n a u e r i t, p a r c e e t m e t e t.
    7. *Quo sensu accipiendum sit, quod in epistula legimus ad*
10 *Romanos: u i x e n i m p r o i u s t o q u i s m o r i t u r; n a m*
p r o b o n o f o r s i t a n q u i s a u d e a t m o r i. — Duae hereses
ex occasione huius testimonii, quod non intellegunt, diuerso quidem
errore, sed pari inpietate blasphemant. Marcion enim, qui iustum
deum et creatorem legis facit et prophetarum, bonum autem
15 euangeliorum et apostolorum, cuius uult esse filium Christum,
duos introducit deos: alterum iustum et alterum bonum. et pro
iusto adserit uel nullos uel paucos obpetisse mortem, pro bono
autem, id est Christo, innumerabiles martyres extitisse. porro Ar- 2
rius iustum ad Christum refert, de quo dictum est: d e u s, i u d i-
20 c i u m t u u m r e g i d a e t i u s t i t i a m t u a m f i l i o r e g i s —
et ipse de se in euangelio: n o n e n i m p a t e r i u d i c a t q u e m-
q u a m, s e d o m n e i u d i c i u m d e d i t f i l i o et: e g o, s i-
c u t a u d i o, i t a i u d i c o —, bonum autem deum patrem, de
quo ipse filius confitetur: q u i d m e d i c i s b o n u m? n e m o
25 e s t b o n u s n i s i u n u s d e u s p a t e r. cumque hucusque blasphemiae suae deuios calles potuerit inuenire, in consequentibus in-
pingit et corruit. quomodo enim pro patre quis audet mori et pro 3

    3 cf. Luc. 16, 9   7 cf. II Cor. 9, 6   *II Cor. 9, 6   10 Rom. 5, 7
19 Ps. 71, 2   21*Ioh. 5, 22   22*Ioh. 5, 30   24*Marc. 10, 18 uel *Luc 18, 19

    1 temporis 𝔅Φ   3 mammona *codd.praeter*D   4 possunt 𝔅   5 suos 𝔅
6 suspiciamus ς   7 benedictionem (m *exp.*) Φ   ut met. ben. *om.*𝔏 add. ut
met. in benedictione *m2*) Φ   11 duo *Aa.c.m2D* diues B   12 hoccasione 𝔅*a.c.*
hoccasione Φ*a.r.*   13 par 𝔅Φ   phlasphaemant Φ   marchion B martion A
martionem D martium Φ   15 euangelii 𝔅Φ   16 alt. iust. et *s.l.m2*𝔅,*om.*Φ
17 obpet. *ex* pet. 𝔅 obpetissem Φ appet. *ex* oppet. A   18 x̅p̅o *AD* x̅p̅m B
x̅p̅i (*s l.m2*) patre 𝔅 patrem Φ   martyrum Φ   22 et *om.*ς   23 ita] sic ς
ad deum ς (*sed anacoluthon Hieronymo concedendum*)   25 unus] solus AD
26 potuerint AD   27 conruit DΦ

filio uix moritur, cum propter nomen Christi tantus martyrum sanguis effusus sit? qui igitur simpliciter hunc exponit locum, hoc
potest dicere, quod in ueteri lege, in qua iustitia est, uix pauci inuenti sint, qui suum fuderint sanguinem, in nouo autem instrumento, in quo bonitas est atque clementia, innumerabiles extiterint 5
martyres. sed ex eo, quod posuit: f o r s i t a n   q u i s   e t i a m
a u d e a t   m o r i   et pendulo gradu sententiam temperauit, inueniri posse nonnullos, qui audeant mori pro euangelio, ostendit
non sic accipiendum, sed ex superioribus et inferioribus sensum
4 loci huius debere tractari. dicens enim Paulus apostolus se gloriari 10
in tribulationibus, quia   t r i b u l a t i o   p a t i e n t i a m   o p e-
r a t u r,   p a t i e n t i a   p r o b a t i o n e m,   p r o b a t i o   s p e m,
s p e s   u e r o   n o n   c o n f u n d i t, quae ex eo certam habeat promissionem,   q u i a   c a r i t a s   d e i   e f f u s a   e s t   i n   c o r d i b u s
n o s t r i s   p e r   s p i r i t u m   s a n c t u m,   q u i   d a t u s   e s t 15
n o b i s, secundum illud, quod deus dixerat per prophetam: e f f u n-
d a m   d e   s p i r i t u   m e o   s u p e r   o m n e m   c a r n e m, miratur
bonitatem Christi, quod pro infirmis et inpiis et peccatoribus mori
uoluerit et mori oportuno tempore, de quo ipse dicit: t e m p o r e
o p o r t u n o   e x a u d i u i   t e   e t   i n   d i e   s a l u t i s   a u x i l i a t u s 20
s u m   t u i   et rursum: e c c e   t e m p u s   a c c e p t a b i l e,   e c c e
5 d i e s   s a l u t i s. quando omnes peccauerunt, simul inutiles facti
sunt, non fuit, qui faceret bonum, non fuit usque ad unum. incredibilis ergo bonitas et inaudita clementia mori pro inpiis — uix enim
pro iusto aliquem et bono suum sanguinem fundere metu mortis 25
cuncta terrente; nam inueniri interdum, ut aliquis pro re iusta et
bona audeat mori —, caritas autem dei, quam in nobis habuit, hinc

6 *Rom. 5, 7   11 *Rom. 5, 3—5   14 *Rom. 5, 5   16 *Ioel 2, 28
19 *Esai. 49, 8 et *II Cor. 6, 2   21 *II Cor. 6, 2   22 cf. Ps. 13, 3

2 quid *B*   4 sunt *ADB*   fuderunt *Aa.r.Φ*   5 extiter‾ *B*   6 potuit 𝕭*a.c.Φ*
7 et] ex *Φa.c.* in *Aa.c.m2*   temperabit *D*   inuenire *Aa.c.m2Φ*   8 audiant *Φ*
9 ex uperioribus *DB* ex superibus *Φ*   10 tractaturi diens *B*   apostulus *Φ,om.ς*
11 quia] que *B*   12 patientia] pacientiam (m *eras.*) *A*; *add.* autem 𝕭   probatio
uero *AD*   13 uero] autem *AD*   confundat *Φ*   14 qui *B*   dei] d‾i e‾ *Φ*   effus-
sus *Φ* diffusa *A*   sit *ΦB*   16 dix. deus *Φ*   17 mirabatur *AD*   18 imp. et
inf. *AD*   21 ecce nunc *utroque loco* ς   22 dies *om. B*   23 facere *B*   24 clem.
inaud. *AD*   mori non *B*   25 et pro bono *B*   metu‾ *Φ*   26 torrente *B*   interdum potest ς   ut *om.Φ*   pro re] p‾ *B*   27 quam habuit in nobis ς quae in
nobis est *AD*   hic *DΦ*

maxime conprobatur, quod, cum adhuc peccatores essemus,
Christus pro nobis mortuus est et sublata est de
terra uita eius et pro iniquitatibus populi
ductus est ad mortem et portauit peccata no-
5 stra et tradita est in morte anima illius et
cum iniquis reputatus est, ut nos inpios et infirmos
et peccatores pios et robustos et iustos faceret. nonnulli ita inter- 6
pretantur: si ille pro nobis inpiis mortuus est et peccatoribus,
quanto magis nos absque ulla dubitatione pro iusto et bono Christo
10 debemus occumbere! iustum autem et bonum non putemus esse
diuersum nec aliquam proprie significare personam, sed absolute
iustam rem et bonam, pro qua difficulter interdum aliquis inueniri potest, qui suum sanguinem fundat.

8. *Quid sibi uelit, quod ad Romanos scribit apostolus: occasi-*
15 *one accepta peccatum per mandatum operatum*
est in me omnem concupiscentiam. — Ponamus
totum testimonium et singula Christi auxilio disserentes, quid nobis
uideatur, simpliciter indicemus non praeiudicantes tuo sensui, quid
uelis intellegere, sed nostram sententiam breuiter explicantes.
20 quid ergo dicimus? lex peccatum est? absit.
sed peccatum non cognoui nisi per legem. nam
concupiscentiam nesciebam, nisi lex diceret:
non concupisces. occasione autem accepta pec- 2
catum per mandatum operatum est in me omnem
25 concupiscentiam. sine lege enim peccatum
mortuum erat, ego autem uiuebam sine lege aliquando, sed, ubi uenit mandatum, peccatum
reuixit. ego autem mortuus sum et inuentum est
mihi mandatum, quod erat ad uitam, hoc esse ad
20 mortem. peccatum enim occasione accepta per

---

1 Rom. 5, 8   2 *Esai. 53, 8   4 *Esai. 53, 4   5 *Esai. 53, 12   14 Rom. 7, 8
20 *Rom. 7, 7—25

5 mortem ς   6 deputatus ς   9 nos *om. B*   ulla *om. B*   Christo *om. AD*
10 obcumbere *ΦB*   12 et—difficulter *s.l.m2B, om. Φ; add.* sed ς   14 scribsit
B*p.c.m2*   17 quid —18 sensui *om. B*   quid] quod *D*   18 incitemus *Φ*
20 quod *B*   dicemus *B*   23 concupiscis B*a.c. Φ*   24 operatum *om. B*   26 uiu.
—28 autem *om. B*   aliq. sine lege ς

3 mandatum seduxit me et per illud occidit. itaque lex quidem sancta et mandatum sanctum
et iustum et bonum. quod ergo bonum est, mihi
mors est? absit. sed, ut peccatum appareat
peccatum, per bonum mihi operatum est mor- 5
tem, ut fiat supra modum peccans peccatum
per mandatum. scimus enim, quia lex spiritalis est, ego autem carnalis sum, uenundatus
sub peccato. quod enim operor, ignoro. non enim,
4 quod uolo, hoc ago, sed, quod odi, illud facio. si 10
autem, quod nolo, hoc facio, consentio legi, quia
bona est. nunc autem iam non ego operor illud,
sed, quod habitat in me, peccatum. scio enim,
quia non habitat in me, hoc est in carne mea, bonum. uelle enim adiacet mihi, perficere autem 15
bonum nequaquam. non enim, quod uolo, facio
bonum, sed, quod nolo malum, hoc ago. si autem,
quod nolo, hoc facio, non iam ego operor illud,
5 sed, quod habitat in me, peccatum. inuenio igitur legem uolenti mihi facere bonum, quia mihi 20
malum adiacet. condelector enim legi dei secundum interiorem hominem. uideo autem aliam legem in membris meis repugnantem legi
mentis meae et captiuum me ducentem in lege
peccati, quae est in membris meis. infelix ego 25
homo, quis me liberabit de corpore mortis huius? gratia dei per Iesum Christum, dominum
6 nostrum. quomodo medicina non est causa mortis, si ostendat uenena mortifera, licet his mali homines abutantur ad mortem
et uel se interficiant uel insidientur inimicis, sic lex data est, ut pec- 30
catorum uenena demonstret et hominem male libertate sua abuten-

2 sanctum et om.AD　　3 est om.ς　　4 adpareat Φ appereat A　　6 pecca-
tum] peccantum B　　7 per mand. om.B　　spiritualis Ap.c.m2　　13 inhabitat D
14 quia] quod ς　　15 uelle enim del.A　　adiacet—16 nequaq. om.A　　autem]
hoc Φ　　16 nequaq.] non inuenio ς　　non enim s.l.m2A　　17 mal.] facio mal. Φ
autem] hoc Φ　　18 nolo ego ADB　　hoc] autem Φ　　iam non ς　　19 habitet B
20 uolentem ℬΦ　　21 adiecit ℬ　　secundum—23 legi om.B　　24 legem AD
legi Φ　　25 quae] quod ℬΦB　　26 liberauit AℬΦ　　27 deo ς　　31 monstra-
ret AD monstret ς　　libertati Φ

tem, qui prius ferebatur inprouidus et praecipiti ⟨uia⟩ labebatur,
freno legis retineat et conpositis doceat incedere gressibus, i t a u t
s e r u i a m u s   i n   n o u i t a t e   s p i r i t u s   e t   n o n   i n   u e t u-
s t a t e   l i t t e r a e, id est uiuamus sub praecepto, qui prius in
5 modum brutorum animalium dicebamus: m a n d u c e m u s   e t
b i b a m u s; c r a s   e n i m   m o r i e m u r. quodsi subintrante lege, 7
quae docet, quid facere, et prohibet, quid non facere debeamus, uitio
nostro et incontinentia feramur contra scita legalia, uidetur lex
causa esse peccati, quae, dum prohibet concupiscentiam, quodam
10 modo eam inflammare cognoscitur. saecularis apud Graecos sententia
est: q u i c q u i d   l i c e t,   m i n u s   d e s i d e r a t u r. ergo e contrario,
quicquid non licet, fomentum accipit desiderii. unde et Tullius de par-
ricidarum suppliciis apud Athenienses Solonem scripsisse negat, ne
non tam prohibere quam commonere uideretur. igitur lex apud con- 8
15 temptores et legum praecepta calcantes uidetur esse occasio delictorum, dum prohibendo, quod non uult fieri, ligat eos uinculis mandatorum, qui prius absque lege peccantes non tenebantur criminibus.
haec diximus legem, quae per Moysen data est, intellegentes. uerum,
quia in consequentibus scriptum est: 'lex dei et lex carnis atque
20 membrorum, quae pugnat aduersum legem mentis nostrae et capti-
uos nos ducit in lege peccati', simulque quattuor leges contra se dimi-
cantes in uno loco scriptas esse cognosco, non absque re arbitror,
si requiram, quot genera legis in scripturis sanctis esse memorentur.
dicitur lex, quae per Moysen data est, secundum illud, quod scriptum 9
25 est ad Galatas: q u o t q u o t   e n i m   e x   o p e r i b u s   l e g i s

---

2 Rom. 7, 6   5 I Cor. 15, 32   6 cf. Rom. 5, 20   11 cf. Otto, Sprichw.
der Roemer p. 193   12 cf. Cicero pro Roscio Amer. 70   19 cf. Rom. 7, 22—23
23—p. 33, 8 cf. Origenes, Philocalia c. 9, 1—2   25 *Gal. 3, 10]

1 praecipiti uia *scripsi coll. Cic. pro Flacco 105* praecipiti *Aa.c.D* praecipi-
tio *Ap.c.* praecipitia *Ba.c.Φ* per praecipit(c *B*)ia *Bp.c.B*   2 frenos *B*   docere
Aa.c.m2D   4 est *s.l.AD*   5 dicebamur *B* degebamur (*sic*)*BΦ*   6 moriamur
DΦa.c.   quodsi] quod sibi *Φ*   7 et— *alt.* facere *om.B*   *alt.* quid *ex* qui *m2A*
quod *Φ*   8 incont. nostra *B*   10 cognoscatur *BΦa.c.*   11 quicquod *Ap.c.m2*
quidquid *BD*   ergo *om.AD*   12 accepit *Aa.c.m2D*   parricidiarum *AD* pari-
darum *Φ*   13 subpl. *Φp.c.*   aput etheniendis (dis *corr. in* ses) *Φ*   14 quam]
quia *Aa.c.D*   17 tenebatur *A* —bamur *DB*   18 haec *in mg.B,om.Φ*   pro *Φ*
20 aduersus ς   21 *pr.* legem *AD*   22 abs ς   23 quae(e *Φ*)ram *BΦ*   quod *AB*
a.c.m2,DΦ   25 galathas *A*   quodquod *DΦ*

sunt, sub maledicto sunt. scriptum est enim: ma-
ledictus omnis, qui non permanet in omnibus,
quae scripta sunt in libro legis, ut faciat ea. et rursum in eadem epistula: lex propter praeuaricationes
posita est, donec ueniret semen, cui repromis- 5
sum est, disposita per angelos in manu mediatoris. et iterum: itaque lex paedagogus noster
fuit in Christo, ut ex fide iustificemur. postquam autem uenit fides, nequaquam ultra sub
paedagogo sumus. omnes enim filii dei estis 10
10 per fidem, quae est in Christo Iesu. historia quoque, quae praecepta non continet, sed, quid factum sit, refert, ab
apostolo lex appellatur: dicite mihi, qui sub lege uultis esse, non audistis legem? scriptum est enim,
quia Abraham duos filios habuit, unum de an- 15
cilla et alterum de libera. sed qui ex ancilla,
secundum carnem natus est, qui autem per re-
11 promissionem, de libera. sed et psalmi lex appellantur:
ut conpleretur sermo, qui in lege eorum scriptus
est: quia odierunt me gratis. Esaiae quoque propheti- 20
am legem apostolus uocat: in lege scriptum est: quoniam in aliis linguis et in labiis aliis loquar
populo huic et nec sic exaudient me, dicit
dominus. quod iuxta Hebraicum et Aquilam in Esaia scriptum
repperi. appellatur lex et mystica intellegentia scripturarum: 25
12 scimus, quia lex spiritalis est. et extra haec omnia

---

4 *Gal. 3, 19   7 *Gal. 3, 24—26   13 *Gal. 4, 21—23   19 *Ioh. 15, 25
21 *I Cor. 14, 21   24 cf. Esai. 28, 11—12   26 *Rom. 7, 14

3 in (s.l.) libro scripta sunt legis Φ   4 uaricationes Aa.c.m2 praeuaricationē
𝔅p.c.m2   7 pedagoga nostra ΦB fort. recte   8 postquam] post B   10 fuimus B
om 𝔅   12 quod B quidquid D quicquid A   facturum ΦB   13 mihi inquit B
14 legem non legistis ς   16 et om.AD   18 de lib. per repr. 𝔅a.c.ς   19 scriptum A conscriptus ς   20 odio habuerunt ς   esaye B isaiae 𝔅Φ esaiam AD
prophetam A prophetia Dp.c.   22 alt. in om.AD   aliis labiis 𝔅 aliis (seq. ras.
3 litt.) Φ (cf. ad 24)   23 sic exaudiet me ΦB sic me exaudient A sine exaudient D   24 iuxta labiis Φ (cf. ad 22)   hebraeicum D haebrẹ(i s.l.)cum Φ
esaiam Aa.r.D hesayam B isaia 𝔅Φ   scriptum om.AD   25 lex et] etiam
lex ς   script. intellig. ς script. scientia AD   26 omnia haec Φ

naturalem legem scriptam in cordibus nostris idem apostolus
docet: c u m e n i m g e n t e s, q u a e n o n h a b e n t l e g e m,
n a t u r a l i t e r e a, q u a e l e g i s s u n t, f a c i u n t, i s t i
l e g e m n o n h a b e n t e s s i b i i p s i s u n t l e x, c u i in-
5 d i c a n t o p u s l e g i s s c r i p t u m i n c o r d i b u s s u i s
t e s t i m o n i u m p r a e b e n t e i l l i s c o n s c i e n t i a. ista lex,
quae in corde scribitur, omnes continet nationes et nullus hcminum
est, qui hanc legem nesciat. unde omnis mundus sub peccato et uniuersi homines praeuaricatores legis sunt et idcirco iustum iudicium
10 dei est scribentis in corde generis humani: 'quod tibi fieri nolueris,
alteri ne feceris'. quis ignoret homicidium, adulterium, furta et 13
omnem concupiscentiam esse malum ex eo, quod sibi ea nolit fieri?
si enim mala esse nesciret, numquam sibi doleret inlata. per hanc
naturalem legem et Cain cognouit peccatum suum dicens: m a i o r
15 c a u s a m e a, q u a m u t d i m i t t a r. et Adam et Eua co-
gnouerunt peccatum suum et propterea absconditi sunt sub ligno
uitae. Pharao quoque, antequam lex daretur per Moysen, stimulatus
lege naturae sua crimina confitetur et dicit: d o m i n u s i u s t u s,
e g o a u t e m e t p o p u l u s m e u s i n p i i. hanc legem nescit 14
20 pueritia, ignorat infantia et peccans absque mandato non tenetur
lege peccati. maledicit patri et parentes uerberat et, quia necdum
accepit legem sapientiae, mortuum est in eo peccatum. cum autem
mandatum uenerit, hoc est tempus intellegentiae adpetentis bona
25 et uitantis mala, tunc incipit peccatum reuiuiscere et ille mori
reusque esse peccati. atque ita fit, ut tempus intellegentiae, quo dei
mandata cognoscimus, ut perueniamus ad uitam, operetur in nobis
mortem, si agamus neglegentius et occasio sapientiae, seducat nos

2 *Rom. 2, 14—15   10 *Tob. 4, 15 (16); cf. Otto, Sprichw. der Roemer p. 16
14 *Gen. 4, 13   15 cf. Gen. 3, 8   18 *Ex. 9, 27   22 cf. Rom. 7, 8   cf. Rom.
7, 9—10   26 cf. Rom. 7, 10—11

2 legem non habent *AD*   4 ipsi sibi *AD*   6 probente *Φ* perhibente *ς*
7 quae] qui non (n𝔅)𝔅*Φ*   continent 𝔅*ΦB*   8 est] est nisi qui adhuc qui adhuc (*sic*) expers est rationis *B*   legem *om.A*   10 dei *om.A*   hum. gen. *AD*
uolueris *B*   11 quis enim *AD*   furtum *ς*   12 ea *om.AD*   nollit *Aa.r.* nolet *B*
13 nequaquam *ς*   doleret sibi esse *ς*   14 caim *B*   maior est *ς*   17 farao *ADB*
18 natura *Φ*   et *s.l.*𝔅,*om.Φ*   ds *A*   20 pueritiam *Φ*   21 patri et matri *ς*
22 mortuus *B*   25 uitantes *Aa.c.m2D*   reuiuescere *Aa.c.m2* reuiscere *Da.c.*
reuilescere *B*   illi more *Φ*   27 operetur] oportet *B*

LVI. Hieron. Epist. III, H i l b e r g.   3

atque subplantet et ducat ad mortem, non quo intellegentia peccatum sit — lex enim intellegentiae sancta et iusta et bona est — sed per intellegentiam peccatorum atque uirtutum mihi peccatum nascitur, quod, priusquam intellegerem, peccatum esse non noueram.

15 atque ita factum est, ut, quod mihi pro bono datum est, meo uitio 5 mutetur in malum et — ut hyperbolice dicam nouoque uerbo utar ad explicandum sensum meum — peccatum, quod, priusquam haberem intellegentiam, absque peccato erat, praeuaricatione mandati incipiat mihi esse peccatius. prius quaerimus, quae sit ista concupiscentia, de qua lex dicit: non concupisces. alii putant illud esse 10 mandatum, quod in decalogo scriptum est: non concupisces rem proximi tui. nos autem per concupiscentiam omnes perturbationes animae significatas putamus, quibus maeremus

16 et dolemus, timemus et concupiscimus. et hoc apostolus, uas electionis, cuius corpus templum erat spiritus sancti et qui dicebat: 15 an experimentum quaeritis eius, qui in me loquitur, Christi? et in alio loco: Christus nos redemit et rursum: uiuo autem iam non ego, uiuit autem in me Christus, non de se loquitur, sed de eo, qui post peccata uult agere paenitentiam, et sub persona sua fragili- 20 tatem describit condicionis humanae, quae duorum hominum,

17 interioris et exterioris, pugnantium inter se bella perpetitur. interior homo consentit et scriptae et naturali legi, quod bona sit et sancta et iusta et spiritalis; exterior: ego, inquit, carnalis

---

2 cf. Rom. 7, 12   9 cf. Rom. 7, 13   10 Rom. 7, 7   11 *Ex. 20, 17 et *Deut. 5, 21   14 cf. Act. 9, 15   15 cf. I Cor. 6, 19   16 *II Cor. 13, 3   17 Gal. 3, 13   18 *Gal. 2, 20   24 *Rom. 7, 14—15

1 quod *Dp.c.m2ς*   intellegentia] intellegentiae 𝔅𝛷   2 iuxta *D*   sed per] semper *A*   3 intellegentia *Ap.c.*   6 hyp. dicam] hyperbolicam 𝛷 hiperbolicam (*s.l.* ce di *add.m2*)𝔅   hiperbolice *A* yperbolice *B*   7 quod (d *exp.*)*A*   8 eram (*s.l.m2A*)*ADB*   praeuaricatione *scripsi* per (*om.*𝔅𝛷) praeuaricationem *codd.* 9 peccatius *D* peccatus (peccatū *p.c.m2*)*A* peccati 𝔅 (peccatum *p.c.m2*)𝛷 peccatum *B* peccantius peccatum ς   prius *om.AD*   quaeramus ς   10 concupiscis 𝔅*a.c.*𝛷   11 decalogum 𝛷   concupiscis 𝔅𝛷 concupis (*in fine pag.*) *B* 13 signif. esse 𝔅   meremus *ADB* —mur 𝔅𝛷   14 dolemus 𝔅𝛷*B* gaudemus *AD* haec *ex* hac *m2A*   17 Christi] xps *Ap.c.m2*𝔅   nos *ex* non *m2A*   18 iterum *AD* iam 𝔅,*om.cet.*   19 uero *AD*   20 uult post pecc. *AD*   post *om.B*   21 discribit 𝔅   23 scriptae] scripta est 𝛷   *alt.* et *s.l.m2*𝔅,*om.*𝛷   naturale 𝛷   lege 𝔅

s u m, u e n u n d a t u s s u b p e c c a t o. q u o d e n i m o p e-
r o r, n e s c i o e t n o n, q u o d u o l o, h o c a g o, s e d,
q u o d o d i. si autem exterior facit, quod non uult, et operatur,
quod odit, ostendit bonum esse mandatum et non se operari,
5 quod est malum, sed habitans in sua carne peccatum, hoc est
incentiua corporis et desideria uoluptatis, quae propter posteros
et sobolem insita est humanis corporibus et, si fines fuerit egressa,
uertitur in peccatum. se unusquisque consideret et, accusator sui, 18
tractet incentiua uitiorum, quomodo et in sermone et in cogitatione
10 et in calore corporis saepe loquatur et cogitet et patiatur, quod
non uult; nolo dicere 'faciat', ne sanctos uiros uidear accusare, de
quibus scriptum est: e r a t h o m o i l l e u e r u s, i n m a c u-
l a t u s, i u s t u s d e i c u l t o r, r e c e d e n s a b o m n i o p e r e
m a l o, et de Zacharia et Elisabeth: e r a n t a u t e m i u s t i
15 a m b o i n c o n s p e c t u d e i, a m b u l a n t e s i n o m n i b u s
m a n d a t i s e t i u s t i f i c a t i o n i b u s d o m i n i a b s q u e
q u e r e l l a. et praeceptum est apostolis: e s t o t e p e r f e c t i, 19
s i c u t e t p a t e r u e s t e r c a e l e s t i s p e r f e c t u s e s t.
numquam autem hoc apostolis imperaret, nisi sciret hominem posse
20 esse perfectum. nisi forte hoc dicamus, quod 'r e c e d e n s a b
o m n i m a l o' emendationem significet et de erroribus pueritiae
et uitiis lasciuientis aetatis transitum ad correctionem atque uirtutes, iustitiam quoque, quae in Zacharia et Elisabeth praedicatur,
foris esse, concupiscentiam uero, quae nunc habitare in membris
25 nostris dicitur, uersari intrinsecus. sed apostolis non pueris praecipitur, uerum iam aetatis robustae, ut adsumant perfectionem,
quam et nos confitemur in aetate esse perfecta. nec haec dicentes 20
adulamur uitiis, sed auctoritatem sequimur scripturarum, quod

---

12 *Hiob 1, 1   14 *Luc. 1, 6   17 Matth. 5, 48   20 *Hiob 1, 1
23 cf. Luc. 1, 6   25 cf. Matth. 5, 48

3 odii *D*   5 habitant *B*   6 incentiua *scripsi* uita 𝔅*a.c.Φ* uit(e *B*)ia *cet.*
7 sobulem *D*   finis *A*𝔅*D* fine *Φ*   fuerit *om.A*   9 et in cog. *om.AD*   11 nolo
*s.l.*𝔅*,om.Φ*   sancto uiro *Φp.r.*   de] e *AD*   12 est *om.B*   ilie homo *AD*
uerus et ς   14 zacaria *B passim*   helisabeth (—t *D*)*DΦB* Elizabeth ς   autem
om.AD   15 ambulant *Φ*   17 querela *Dp.r.B* quaerella 𝔅   18 et *om.AD*
19 posse *om.AD*   21 emendationem (—c—*D*) *AD*   et *s.l.m2*𝔅*,om.AD*
22 et de uitiis ς   correptionem *D*   atque *om.*𝔅   uirtutis 𝔅*,Φp.c.*   23 quae]
quod *AD*   helisabeth (—t *D*) *DΦB* Elizabeth ς   25 sed et *AD*

nullus homo absque peccato et conclusit deus omnes sub peccato,
ut omnibus misereatur, absque eo solo, qui p e c c a t u m n o n
f e c i t, n e c d o l u s i n u e n t u s e s t i n o r e e i u s. unde et
per Salomonem dicitur, quod serpentis uestigia non inueniantur in
petra. et ipse de se dominus: e c c e, inquit, u e n i t p r i n c e p s 5
m u n d i i s t i u s e t n i h i l i n m e i n u e n i t, id est sui
21 operis suique uestigii. ob hanc causam iubetur nobis, ne exprobre-
mus homini reuertenti a peccatis suis et ne abominemur Aegyptium,
quia et ipsi quondam in Aegypto fuimus et de luto ac lateribus Phara-
oni extruximus ciuitates et quia captiui ducti sumus in Babylonem 10
lege peccati, quod in membris nostris morabatur. cumque uideretur
extrema desperatio, immo aperta confessio omnem hominem
diaboli laqueis inretiri, conuersus in se apostolus, immo homo, sub
cuius persona apostolus loquitur, agit gratias saluatori, quod redem-
ptus sit sanguine eius et sordes in baptismate deposuerit et nouum 15
Christi adsumpserit uestimentum et mortuo uetere homine natus
sit homo nouus, qui dicat: m i s e r e g o h o m o, q u i s m e l i-
b e r a b i t d e c o r p o r e m o r t i s h u i u s? g r a t i a s
a g o d e o p e r I e s u m C h r i s t u m, d o m i n u m n o-
22 s t r u m, qui me de corpore mortis liberauit. quodsi cui non uidetur 20
sub persona sua hoc apostolum de aliis dicere, exponat, quomodo
Danihel, quem iustum fuisse nouimus, quasi de se dicat, cum pro aliis
deprecetur: p e c c a u i m u s, i n i q u e f e c i m u s, i n i u s t e
g e s s i m u s, i n p i e e g i m u s e t r e c e s s i m u s a c d e-

1 cf. Gal. 3, 22 et Rom. 11, 32　　2 *Esai. 53, 9　　4 cf. Prou. 30, 19
5 *Ioh. 14, 30　8 cf. Deut. 23, 7　9 cf. Ex. 1, 11—14　10 cf. IV Reg. 24, 14—16
11 cf. Rom. 7, 23　　17 *Rom. 7, 24—25　　22 cf. Dan. 6, 22　　23 *Dan. 3, 29—31

1 homo sit ç　　et] sed 𝕭　　2 ut —3 fecit *in mg. inf.* Φ　omnium 𝕭
solo *om.*𝕭　3 inu. est dol. ç　6 huius *AD*　7 uestigia Φ　causa *B*　nec Φ
8 reuertente *A*　abhom. (—tur *A*) *codd.*　9 qui *AD*　latere *AD*　10 ciu.
extr. ç　abstruimus Φ　fuimus *B*　babilonem *B* bal(1 *eras.*)billonem *A*
ces (*del.*)
11 de lege *B*　moratur 𝕭Φ　12 disper. *A*　confessio *B*　13 inriteri Φ in-
retiti *B*　14 loquebatur *AD*　15 eius *om.* Φ salu (*del.*) eius 𝕭　baptismatis Φ
—smo *AD*　disposuerit Φ　16 ueteri Φ　17 ego *s.l.m2A*　liberauit (*corr.m2A*)
codd.　18 grat. ago deo] gratia d̄i (dn̄i *A*)*AD*　20 corporis morte 𝕭*p.c.*Φ*B*
mortis corpore *D*　21 apostolus ç　22 daniel *B*　dic̄ *D*　23 deprecatur *AD*
iniusta Φ　24 ac] et 𝕭　declimabimus Φ

clinauimus a mandatis tuis et iudiciis et
non obaudiuimus seruos tuos prophetas, qui
locuti sunt in nomine tuo ad reges nostros
5 et principes et patres et ad omnem populum
terrae. tibi, domine, iustitia, nobis autem confusio. illud quoque, quod in tricesimo primo psalmo dicitur: 23
peccatum meum cognitum tibi feci et ini-
quitatem meam non abscondi. dixi: confite-
10 bor aduersum me iniustitiam meam domino,
et tu remisisti inpietatem peccati mei. pro
hoc orabit ad te omnis sanctus in tempore
oportuno, non Dauid et iusto uiro et — ut simpliciter loquar —
prophetae, cuius uerba narrantur, sed peccatori congruit. cumque
15 iustus sub persona paenitentis talia profudisset, a deo meretur
audire: intellegere te faciam et docebo te in
uia hac, in qua ambulabis; confirmabo super
te oculos meos. in tricesimo quoque septimo psalmo. cuius 24
titulus est: in commemorationem, ut doceat nos semper
20 peccatorum nostrorum memores esse debere et agere paenitentiam,
tale quid legimus: non est pax ossibus meis a facie
peccatorum meorum. quoniam iniquitates
meae eleuatae sunt super caput meum, quasi
onus graue adgrauatae sunt super me. cor-
25 ruptae sunt et putruerunt cicatrices meae a
facie insipientiae meae. adflictus sum et in-
curuatus sum nimis. totus hic apostoli locus et in superi- 25
oribus et in consequentibus, immo omnis epistula eius ad Romanos

8 *Ps. 31, 5—6   16 *Ps. 31, 8   19 *Ps. 37, 1   21 *Ps. 37, 4—7

1 et iudiciis tuis ς   alt. et om.Φ   2 audiuimus AD   5 et ad s.!.Ð ad B
6 iusticia tua B   7 tri(e Φ)censimo ℬΦ trincensimo (utrumque n eras.)A   8 iniustitiam Φ   10 aduersus B   12 hac ℬ   orauit codd.   tepore B   15 ad
deum ℬ   16 intellege B   17 in quam Φ qua D quam A   18 mecs om.B
tricensimo A tricisimo ℬ,Φa.c.   19 commemoratione Dp.r.   20 deberet (t eras.)
et A   23 caput —24 super om.B   24 grauatae AD,ℬa.c.   25 cicatri(ce s.l.)s
me Φ   a facie ins. meae om.ℬΦ   26 curuatus ς   27 nimis] usque in (ad D)
finem AD   totus —p. 38, 1 nimiis bis B   apost. loc.] apostolicus D,E (utroque
loco) apostolus A   in (s.l.) superi(o s.l.)bus Φ   28 conseq. sensus B (utroque loco)

nimiis obscuritatibus inuoluta est et, si uoluero cuncta disserere,
nequaquam mihi unus liber, sed multa et magna scribenda erunt
uolumina.

9. *Quare apostolus Paulus in eadem ad Romanos scribit epistula:*
o p t a b a m   e g o   i p s e   a n a t h e m a   e s s e   a   C h r i s t o 5
p r o   f r a t r i b u s   m e i s   e t   p r o p i n q u i s   m e i s   i u x t a
c a r n e m ,   q u i   s u n t   I s r a h e l i t a e ,   q u o r u m   a d o p t i o
e t   g l o r i a   e t   t e s t a m e n t a   e t   l e g i s l a t i o   e t   c u l t u s
e t   r e p r o m i s s i o n e s ,   q u o r u m   p a t r e s ,   e x   q u i b u s
e s t   C h r i s t u s   i u x t a   c a r n e m ,   q u i   e s t   s u p e r   o m- 10
2 *n i a   d e u s   b e n e d i c t u s   i n   s a e c u l a ,   a m e n ?* — Re
uera ualida quaestio, quomodo apostolus, qui supra dixerat: q u i s
n o s   s e p a r a b i t   a   c a r i t a t e   C h r i s t i ?   t r i b u l a t i o
a n   a n g u s t i a   a n   p e r s e c u t i o   a n   f a m e s   a n   n u d i-
t a s   a n   p e r i c u l u m   a n   g l a d i u s ?   et rursum: c o n f i d o 15
a u t e m ,   q u i a   n e q u e   m o r s   n e q u e   u i t a   n e q u e
a n g e l i   n e q u e   p r i n c i p a t u s   n e q u e   p r a e s e n t i a
n e q u e   f u t u r a   n e q u e   f o r t i t u d i n e s   n e q u e   e x-
c e l s a   n e q u e   p r o f u n d u m   n e q u e   a l i a   c r e a t u r a
p o t e r i t   n o s   s e p a r a r e   a   c a r i t a t e   d e i ,   q u a m   h a- 20
b e m u s   i n   C h r i s t o   I e s u ,   d o m i n o   n o s t r o , nunc sub
iureiurando confirmet et dicat: u e r i t a t e m   d i c o   i n   C h r i s t o,
n o n   m e n t i o r ,   t e s t i m o n i u m   m i h i   p e r h i b e n t e
c o n s c i e n t i a   m e a   i n   s p i r i t u   s a n c t o ,   q u o n i a m
t r i s t i t i a   m i h i   e s t   m a g n a   e t   c o n t i n u u s   d o l o r 25
c o r d i   m e o ;   o p t a b a m   e n i m   a n a t h e m a   e s s e   i p s e
a   C h r i s t o   p r o   f r a t r i b u s   m e i s   e t   p r o p i n q u i s
3 i u x t a   c a r n e m   et reliqua. si enim tantae est in dominum

---

5 *Rom. 9,3—5   12 *Rom. 8,35   15 *Rom. 8,38—39   22 *Rom. 9,1—3

1 nimis Φ   obuoluta *AD*   et] ut *AD*   2 magna et multa erunt scribenda *AD*   5 ipse ego *D*   ipso Φ   anatema Φ*a.c.B*   6 et] ac ς   *alt.* meis
*om.*𝔅Φ (*cf. p. 40, 10*)   7 iĥl *AD*   8 et gl. et test. et leg. *om.*Φ   9 promissiones
𝔅*a.c.*ΦB   et ex ς   12 supra] sunt (*exp.*) *A*   quis *ex* qui 𝔅Φ   13 separauit *codd.*
praeter B   a *s.l.*𝔅   14 angustia *in mg.*𝔅   18 fortitudinis 𝔅*a.c.*Φ fortitudo *AD*
21 sub *om.*Φ   22 confirmat 𝔅   Christo] *seq. ras. 3 litt.*𝔅, *add.* iĥu *AD*   24 mea]
prehibente (*sic, exp.*) Φ, *om.B*   25 est mihi *AD*   et *om.B*   26 cordi meo *s.l.*𝔅
corde meo Φ*a.c.*   ipse *om.AD*   28 in deum tantae est ς   tanta *A*Φ   dn̄m *B*
dm̄ *AD* dn̄o 𝔅Φ

caritatis, ut nec metu mortis nec spe uitae nec persecutione nec fame
nec nuditate nec periculo nec gladio possit separari a caritate eius, et,
si angeli quoque et potestates et uel praesentia uel futura et omnes
caelorum fortitudines et excelsa pariter ac profunda et uniuersa simul
5 creatura ei ingruat — quod nequaquam potest fieri —, tamen non
separetur a caritate dei, quam habet in Christo Iesu, quae est ista
tanta mutatio, immo inaudita prudentia, ut pro caritate Christi nolit
habere Christum? et ne ei forsitan non credamus, iurat et confir- 4
mat in Christo et conscientiae suae testem inuocat spiritum sanctum,
10 se habere tristitiam non leuem et fortuitam sed magnam et incredi-
bilem et habere dolorem in corde, non qui ad horam pungat et transeat, sed qui iugiter in corde permaneat. quo tendit ista tristitia? ad
quid proficit incessabilis dolor? optat anathema esse a Christo et
perire, ut alii salui fiant. sed si consideremus Moysi uocem rogantis
15 deum pro populo Iudaeorum atque dicentis: si dimittis eis
peccatum suum, dimitte; sin autem non uis,
dele me de libro tuo, quem scripsisti, perspiciemus
eundem et Moysi et Pauli erga creditum sibi gregem affectum. pastor 5
enim bonus ponit animam suam pro ouibus, mercennarius autem,
20 cum uiderit lupum uenientem, fugit, quia non sunt eius oues. et hoc
ipsum est dicere: optabam anathema esse a Christo
et: dele me de libro, quem scripsisti. qui enim de-
lentur de libro uiuentium et cum iustis non scribuntur, anathema
fiunt a domino. simulque cerne apostolum, quantae caritatis in
25 Christo sit, ut pro illo cupiat mori et solus perire, dum modo
omne in illum credat hominum genus, perire autem non in

15 *Ex. 32,31—32   18 cf. Ioh. 10,11—12   21 *Rom. 9,3   22 *Ex. 32,32
cf. Ps. 68, 29

1 caritatis (ti *eras.*) A   persecutiones (*ex* —nis) B   2 eius] d̄i B   4 *pr.* et
*om.*Φ   ac] et B   simulque Φ   5 creaturae D   ei *om.*𝔅D et A   3 separatur DΦ   Christum Iesum ς   ista *om.*B   7 inprudentia B   8 crederemus B
10 non] et non AD   *pr.* et] ac ς   fortitam A𝔅a.c.m2   11 *pr.* et s.l.Φ   ad s.l.Φ
pugnat *codd. praeter* B   13 perficit Φ   14 si *om.*Φ   Moysis ς   15 dn̄m B
dimittes Φp.c.   eis *ex* ei 𝔅   16 sin] si ς   autem *eras.*Φ   uis autem Φ
17 et me B   18 eandem 𝔅a.c.Φ   Moysis ς   erga] ergo et Φ   pastor enim]
pastorem Φ pastor AD,𝔅a.c.m2   19 ponet Φ   ouibus suis ς   20 uenientem
*om.*AD   22 delere me 𝔅Φ   libro tuo AD   25 Christum ς   26 illo 𝔅

perpetuum, sed inpraesentiarum. qui enim perdiderit animam
6 suam pro Christo, saluam eam facit. unde et de quadragesimo tertio
psalmo adsumit exemplum: q u o n i a m   p r o p t e r   t e   m o r-
t i f i c a m u r   t o t a   d i e,   r e p u t a t i   s u m u s   u t   o u e s
o c c i s i o n i s. uult ergo apostolus perire in carne, ut alii saluen- 5
tur in spiritu, suum sanguinem fundere, ut multorum animae conser-
uentur. quod autem anathema interdum occisionem sonet, multis
7 ueteris instrumenti testimoniis probari potest. et ne leuem putemus
esse tristitiam et modicam causam doloris, iungit et dicit: p r o
f r a t r i b u s   m e i s   e t   p r o p i n q u i s   i u x t a   c a r n e m. 10
quando propinquos appellat et fratres iuxta carnem, in spiritu a se
ostendit alienos. q u o r u m   e s t, inquit, a d o p t i o, quae significantius Graece dicitur *υἱοθεσία*, de quibus quondam dominus loquebatur: f i l i u s   p r i m o g e n i t u s   m e u s   I s r a h e l et:
f i l i o s   g e n u i   e t   e x a l t a u i, nunc dicit: f i l i i   a l i e n i 15
8 m e n t i t i   s u n t   m i h i. et q u o r u m   g l o r i a, ut de cunctis
gentibus eligerentur in peculiarem populum dei. e t   q u o r u m
t e s t a m e n t a, unum in littera, alterum in spiritu, ut, qui prius
in carne seruierant caerimoniis legis abolitae, postea seruirent in
spiritu mandatis euangelii sempiterni. e t   l e g i s l a t i o   ad 20
utrumque respondet: et noui et ueteris testamenti. e t   c u l t u s,
id est uera religio. e t   r e p r o m i s s i o n e s, ut, quicquid repro-
missum est patribus, conpleretur in filiis. et — quod omnibus maius est — e x   q u i b u s   C h r i s t u s, de Maria generatus uirgine.
9 et ut sciremus, quis iste sit Christus, causas doloris sui uno sermone 25
conprehendit: q u i e s t s u p e r   o m n i a   d e u s   b e n e d i c t u s

---

1 cf. Matth. 10, 39 etc.   3 *Ps. 43, 22   9 *Rom. 9, 3   12 cf. Rom. 9, 4
14 *Ex. 4, 22   15 *Esai. 1, 2   Ps. 17, 46   16 cf. Rom. 9, 4   17 cf. Rom. 9, 4
19 cf. Rom. 1, 9   20 cf. Rom. 9, 4   21 cf. Rom. 9, 4   22 cf. Rom. 9, 4
24 cf. Rom. 9, 5   26 Rom. 9, 5

1 inpraes.] *add.* est *s.l.m2A*   2 quadragensimo (*seq. ras. 2 litt.*)*Φ* quadragesimo et *AD*   5 carnē *A*   ut — sanguinem *om.B*   6 s̅p̅m̅ *Φ*   ut] et *Φ*
7 occisionis *Φ*   9 modicum *Φ*   12 significantium grecae *Φ*   17 ele(i *Ap.c.m2D*)ge-
retur *AD*   18 ut] et 𝔅*Φ*   19 carnē *B*   seruierunt *Φ*   caerem. 𝔅   seruie-
rent *Φ* seruierint 𝔅   20 sempiternum *B*   legisdatio *B*   21 respondet *ς*
—dit *codd.* instrumenti *ς*   22 relegio 𝔅*Φ*   repromissionis *Φ* promissiones *AD*
24 genitus *ς*; *add.* est *s.l.*𝔅   25 et *exp.*𝔅,*om.AD*

i n   s a e c u l a,   a m e n, ut iste tantus ac talis ab eis non recipi
perciperetur, de quorum stirpe generatus est. et nihilominus laudat
iudicii ueritatem, ne sententia dei in fratres et propinquos displicere uideatur et uel austera esse uel nimia. in quibus igitur tanta fu-
5 erint bona, dolet, cur nunc tanta mala sint.

10. *Quid uelit intellegi, quod idem apostolus scribit ad Colo-*
senses: n e m o   u o s   s u p e r e t   u o l e n s   i n   h u m i l i t a t e
m e n t i s   e t   r e l i g i o n e   a n g e l o r u m,   q u a e   n o n   u i d i t
a m b u l a n s   f r u s t r a   i n f l a t u s   s e n s u   c a r n i s   s u a e
10 *e t   n o n   t e n e n s   c a p u t,   e x   q u o   t o t u m   c o r p u s   p e r*
n e x u s   e t   c o n i u n c t i o n e s   s u b m i n i s t r a t u m   e t   c o n-
s t r u c t u m   c r e s c i t   i u   a u g m e n t u m   d e i   et reliqua. —
Illud, quod crebro diximus: e t s i   i n p e r i t u s   s e r m o n e, 2
n o n   t a m e n   s c i e n t i a, nequaquam Paulum de humilitate,
15 sed de conscientiae ueritate dixisse etiam nunc adprobamus.
profundos enim et reconditos sensus lingua non explicat et, cum
ipse sentiat, quod loquatur, in alienas aures puro non potest transferre sermone. quem cum in uernacula lingua habeat disertissimum
— quippe ut Hebraeus ex Hebraeis et eruditus ad pedes Gamalie-
20 lis, uiri in lege doctissimi — se ipsum interpretari cupiens inuolui-
tur. sin autem in Graeca lingua hoc ei accidit, quam nutritus in Tarso 3
Ciliciae a parua aetate inbiberat, quid de Latinis dicendum est,
qui uerbum de uerbo exprimere conantes obscuriores faciunt eius

---

7 *Col. 2, 18—19   13 *II Cor. 11, 6   19 cf. Act. 22, 3   cf. Act. 5, 34
21 cf. Act. 22, 3

1 ut] et *B*ς   recipi perciperetur *scripsi* reci(*ex* e *Φ*)peretur *A𝔏LΦ* recipi-
tur *B* (*ex* recipetur) ς   3 iudici *Aa.c.m2D*   in *s.l.Φ*   prop. et fratres *AD*
propinquis *Φ*   dispicere *s.l.𝔅* suos displicere *ADB*   4 fuert *B* fuerunt *D* fuerant *A*   5 tanta nunc *AD*   mala *om.Φ*   6 uellit *Φp.c.*   scribet *Aa.c.m2D*
Colossenses ς   7 nemo] ne *A*   8 religione *A𝔅Φ*   uidet 𝔅*Φ*   11 nexum *AB,*𝔅*p.c.*
coniunctione *Ap.r.B* —ni 𝔅   et constructum *s.l.*𝔅 et coniunctum *AD,om.ΦB*
12 aucmentum *Φ*   13 inperita *Φ*   14 et non tamen *A*   15 sed—uerit. *om.B*
ueritatem *D*   16 sensos *A𝔅Φa.c.*   17 quod] quid 𝔅*p.c.B; add.* cum 𝔅*Φ*
18 que *Φ* quam *Ap.c.m2*   habebat *AD*   diss. *ΦB* disertissimus *Ap.c.m2*
19 ut] ex *Φa.c.,om.*ς   gamalihelis 𝔅*p.c.m2* gamalelis *Φ* gamalihel *AD*   20 in
*s.l.*𝔅*,om.Φ*   doctissimus *Φ*   se] et 𝔅*Φ*   21 si *AD*   qua *AD*   tharso *AD*
22 cyliciae *A* silicie *B*   quid *ex* qui *m2A*   23 uerbum] uerbo *Ac.c.m2D*
exprimire *Φ*   eius sent.] consententias *Φ*

42   Sancti Hieronymi

sententias, ueluti herbis crescentibus frugum strangulant ubertatem? conabimur itaque *παραφραστικῶς* sensum eius euoluere et
tricas inplicati eloquii suo ordini reddere atque iuncturae, ut simplici stamine uerborum fila decurrant puroque subtegmine apostolici
4 sermonis textura subcrescat. n e m o   u o s   s u p e r e t: 'nemo ad- 5
uersum uos brauium accipiat'. hoc enim Graece dicitur *καταβρα*
βευέτω, quando quis in certamine positus iniquitate agonothetae
uel insidiis magistrorum *βραβεῖον* et palmam sibi debitam perdit.
multaque sunt uerba, quibus iuxta morem urbis et prouinciae suae
familiarius apostolus utitur. e quibus exempli gratia pauca ponenda 10
sunt: m i h i   a u t e m   p a r u m   e s t   i u d i c a r i   a b   h u m a n a
d i e, hoc est *ἀπὸ ἀνθρωπίνης ἡμέρας*, et: h u m a n u m   d i c o,
ἀνθρώπινον λέγω, et: *οὐ κατενάρκησα ὑμᾶς*, hoc est 'non grauaui uos', et, quod nunc dicitur: *μηδεὶς ὑμᾶς καταβραβευέτω*,
id est 'nullus aduersum uos brauium accipiat'. quibus et 15
5 aliis multis uerbis usque hodie utuntur Cilices. nec hoc miremur
in apostolo, si utatur eius linguae consuetudine, in qua natus
est et nutritus, cum Uergilius, alter Homerus apud nos, patriae

---

1 cf. Quintilianus i. o. VIII, prooem. 23   5 *Col. 2, 18   11 *I Cor. 4, 3
12 Rom. 6, 19   13 cf. II Cor. 12, 14   15 cf. Col. 2, 18   18 cf. Horat. epist. I 1, 50

. 1 et ueluti *AD*   stranguelant *Φ* stragulant *Aa.c.m2* transgulant *D*   2 conabitur *AD*   *παραφρ. uarie script. in codd.*   sensus *AD*   eius *om.ς*
3 tri(e *s.l.m2*)cias implicitate *A* tricia simplicitate *D*   sui *ΦB*   ordine *Aa.c.m2*
ℬDΦ   4 subtemine *Ap.r.* subtegimine *D*   5 sermone *Φ*   superet] *add.* id est *ς*
6 brachium *Φ*   *KATABPABEYTΩ* (*s.l.m2* catabrabeito *A*) *AD KATABEY*
ETΩ ℬa.c.m2Φ   7 certamine rex *Φ*   agonithe(ae *A*)tae *Aℬ* agonitete *B*
8 *BPABION ℬΦ BPABYON B BPAIΩN* (*s.l.m2* brauium *A*) *AD*   10 familiarias *ADa.c.m2* familiaritas *Dp.c.m2*   11 ab *s.l.Φ*   humano *ς*   12 *ἀπὸ*
—dico *om.ΦB*   *ἀπὸ* (*non ὑπὸ*) *codd.*   *AΠOANPOΠINHCMEPAC* (*s.l.m2*
apoanro pinsmeras *A*) *AD AΠOANΔPΩΠINECECENCYAC ℬ*   dico] *add.*
hoc est *AD*   13 *ANEPΩΠINON DB ANEPΩNINON* (*s.l.m2* aneroninon) *A*
λέγω] *AETΩ* (*s.l.m2* leto *A*) *AD ACTO ℬ ESΩ Φ*   et] *ET DB OT* (*s.l m2* ot)*A*
οὐ] *OI* (*s.l.m2* oi *A*) *AD*   *KATENAPKECA ℬ KATENPKhCA ΦB*; *add.s.l.m2*
catenarcesa *A*   *ὑμᾶς*] *add.s.l.m2* imas *A* *MACℬ*   non grauari *B* ingrauaui *Φ*
14 *MHAEIC* (*s.l.m2* meaeis *A*)*AD*   *ὑμᾶς*] *add.s.l.m2* imas *A*   *KATABEYETΩ*
(*s.l.m2* catabeieto)*A*   15 nullum *Φ*   brau. acc. adu. uos *ς*   aduersus *AD*
16 Cilices] scilicet *ex* scilices *Φ*   nec] ne *Aa.c m2D*   17 consuetudinē *Aa.r.ℬD*
18 uerg. *D* uirg. *cet.*   hom. *B* om. *cet.*

suae sequens consuetudinem 's c e l e r a t u m' frigus appellet.
nemo ergo uos superet atque deuincat uolens humilitatem litterae
sequi et angelorum religionem atque culturam, ut non seruiatis
spiritali intellegentiae, sed exemplaribus futurorum, quae nec ipse
5 uidit, qui uos superare desiderat, siue uidet — utrumque enim
habetur in Graeco —, praesertim cum tumens ambulet et incedat
inflatus mentisque superbiam et gestu corporis praeferat — hoc enim
significat ἐμβατεύων —, frustra autem infletur et tumeat sensu carnis suae carnaliter cuncta intellegens et traditionum Iudaicarum
10 deliramenta perquirens et non tenens caput omnium scripturarum
illud, de quo dictum est: c a p u t u i r i C h r i s t u s e s t, caput
autem atque principium totius corporis eorumque, qui credunt, et
omnis intellegentiae spiritalis. ex quo capite corpus ecclesiae per 6
suas conpages atque iuncturas uitalem doctrinae caelestis accipit
15 sucum, ut omnia paulatim membra uegetentur et per occultos ue-
narum meatus fundatur defaecatus sanguis ciborum et ministretur
atque subcrescat, immo teneatur temperantia corporis, ut de fonte
capitis rigati artus crescant in perfectionem dei, ut inpleatur saluatoris oratio: p a t e r, u o l o, u t, s i c u t e g o e t t u u n u m
20 s u m u s, s i c e t i s t i i n n o b i s u n u m s i n t, u t, postquam nos Christus tradiderit patri, s i t d e u s o m n i a i n o m-
n i b u s. tale quid et in uerbis et in sensibus et in genere elocuti- 7
onis obscurissime scribit ad Ephesios: u e r i t a t e m a u t e m
l o q u e n t e s i n c a r i t a t e c r e s c a m u s i n i l l o p e r
25 o m n i a, q u i e s t c a p u t C h r i s t u s, e x q u o t o t u m

---

1 cf. Uergil. Georg. II 256   2 cf. Col. 2, 18   4 cf. Col. 2, 18   6 cf. Col.
2, 18   7 cf. Col. 2, 18   11 *I Cor. 11, 3   19 *Ioh. 17, 21   20 I Cor. 15, 28
23 *Eph. 4, 15—16

2 ac ς   in humilitate AD   3 et om. B   relione B   cultura B   4 quae]
q A qui B   5 quae nos A   superari 𝔅 separare Φ   uidet 𝔅 uidit cet.   6 cum
tumens] contumens D   incedet Φ   7 superbiam et scripsi superbiet 𝔅Φ superbiam cet.   8 inflatur AD   tumet A(ex cum et m2)D   9 deliramenta A𝔅,Φp c.
10 requirens Φ   11 illum AD   scriptum Φ   12 autem est B   atque ad AD
ac ς que s.l.𝔅   et est B   13 intellegentia 𝔅B   spiritales Φ   quo cm. AD
14 suos 𝔅   15 succum B   uisitentur Φ   occultus Φ —tis Aa.c.m2 cculos B
16 fundantur AD fundatus B   defaecatur Φ defectus B   17 atque s.l.𝔅,om Φ
18 ut] et AD   19 uolo ex uero m2A   20 sit B   ut] et Φ   posquam A   21 x̄p̄s
nos AD   22 tale s.l.𝔅,om Φ   locutionis AD   25 totus Φ

c o r̆p u s   c o n p a c t u m   e t   c o n e x u m   p e r   o m n e m
i u n c t u r a m   s u b m i n i s t r a t i o n i s   s e c u n d u m   o p e-
r a t i o n e m   i n   m e n s u r a m   u n i u s c u i u s q u e   m e m-
b r i   a u g m e n t u m   c o r p o r i s   f a c i t   i n   a e d i f i c a t i-
o n e m   s u i   i n   c a r i t a t e. super quo in commentariis eius- 5
8 dem epistulae diximus plenius. loquitur autem uniuersa contra
eos, qui credentes ex Iudaeis in dominum saluatorem Iudaicas
caerimonias obseruare cupiebant. super qua re et in Actibus
apostolorum non parua quaestio concitata est. unde et supra
Paulus ait: n e m o   u o s   i u d i c e t — de his, qui magistros legis 10
esse se iactant — i n   c i b o   e t   p o t u, quod alia munda sint,
alia inmunda, a u t   i n   p a r t e   d i e i   f e s t i, ut alios dies
festos putent, alios non festos — nobis enim, qui in Christum
credimus resurgentem, iugis et aeterna festiuitas est — a u t   i n
p a r t e   n e o m e n i a e, hoc est kalendarum et mensis noui, quando 15
decrescens luna finitur et noctis umbris tegitur — Christianorum
enim lumen aeternum est et semper solis iustitiae radiis inlustratur
— a u t   i n   p a r t e   s a b b a t o r u m, ut non faciant seruile opus
et onera non portent, quia nos Christi sumus libertate donati et onera
9 peccatorum gestare desiuimus. h a e c, inquit, o m n i a   u m- 20
b r a   s u n t   f u t u r o r u m   et imagines uenturae felicitatis, ut, in
quibus Iudaei iuxta litteram haesitant et tenentur in terra, nos
iuxta spiritum transeamus ad Christum, qui ad distinctionem
umbrarum nunc corpus appellatur. quomodo enim in corpore
ueritas est et in corporis umbra mendacium, sic in spiritali in- 25
tellegentia mundus omnis cibus et potus et tota festiuitas et per-
10 petuae kalendae et aeterna requies expectanda est. quaerimus, quid

---

5 cf. Hieron. comm. in epist. ad Eph. 4, 15—16   8 cf. Act. c. 15
10 *Col. 2, 16   20 *Col. 2, 17   24 cf. Col. 2, 17

5 quo et in ς 6 plen. dix. AD 8 abseruare Φ actis ς 9 sup B
10 de his, qui mag. leg. esse se iactant: nemo uos iudicet ς 11 et in potu $\mathfrak{B}$
et poto Φ quod] quasi ς 12 ut] aut AD 13 in *om.*AD x̄po $\mathfrak{B}$ 14 credidimus $\mathfrak{B}\Phi$ in parte neom. hoc est *s.l.*$\mathfrak{B}$,*om.*Φ 15 numeniae $Aa.c.m2D$
cal. A 16 umbra AD detegitur $\mathfrak{B}$ 17 aeternorum Φ 18 haut B opus *s.l.*$\mathfrak{B}$
19 sumus Christi ς 20 portare ς umbrae (e B)$\mathfrak{B}\Phi B$ 21 in *om.*Φ 22 haes.
iuxta litt. ς 23 spiritum] xpm $\mathfrak{B}a.c.\Phi$ quia ad $\mathfrak{B}\Phi$ 25 est *om.*ς 26 et
ci(y A)bus et AD 27 cal. B exsp. Φ expetenda B quae primus (p *eras.*A)AD
quod Φ

dicere uoluerit: in h u m i l i t a t e et r e l i g i o n e a n g e-
l o r u m aut quem sensum habeat. ex quo dominus locutus est ad
discipulos: s u r g i t e, a b e a m u s h i n c et: r e l i n q u e t u r
u o b i s d o m u s u e s t r a d e s e r t a, et: l o c u s, i n q u o
5 c r u c i̇f i x u s e s t d o m i n u s, s p i r i t a l i t e r Aeg y p t u s
a p p e l l e t u r e t S o d o m a, omnis Iudaicarum obseruationum
cultura destructa est et, quascumque offerunt uictimas, non deo
offerunt, sed angelis refugis et spiritibus inmundis. nec mirum, si hoc 11
post passionem domini faciant, cum per Amos quoque prophetam
10 dicatur ad eos: n u m q u i d h o s t i a s e t u i c t i m a s o b t u-
l i s t i s m i h i q u a d r a g i n t a a n n i s i n d e s e r t o, d o-
m u s I s r a h e l, e t a d s u m p s i s t i s t a b e r n a c u l u m
M o l o c h e t s i d u s d e i R e m p h a m, f i g u r a s, q u a s
f e c i s t i s, u t a d o r e t i s e a s? quod plenius in contione Iu- 12
15 daica Stephanus martyr exponens et reuoluens historiam ueterem
sic locutus est: e t u i t u l u m f e c e r u n t i n d i e b u s i l l i s
e t o b t u l e r u n t h o s t i a s i d o l o e t l a e t a b a n t u r
i n o p e r i b u s m a n u u m s u a r u m. c o n u e r s u s a u-
t e m e s t d e u s e t t r a d i d i t e o s, u t c o l e r e n t m i-
20 l i t i a m c a e l i, s i c u t s c r i p t u m e s t i n l i b r o p r o-
p h e t a r u m. militia autem caeli non tantum sol appellatur et 13
luna et astra rutilantia, sed et omnis angelica multitudo eorumque exercitus, qui Hebraice appellantur sabaoth, id est 'uirtutum'
siue 'exercituum'. unde et in euangelio iuxta Lucam legimus:
25 e t s u b i t o f a c t a e s t c u m a n g e l o m u l t i t u d o
m i l i t i a e c a e l e s t i s l a u d a n t i u m d e u m e t d i c e n-

1 Col. 2, 18   3 *Ioh. 14, 31   *Matth. 23, 38   4 *Apoc. 11, 8   10 *Am.
5, 25—26 et *Act. 7, 42—43   16 *Act. 7, 41—42   23 cf. Onom. ε. 36, 20.
50, 25. 72, 17. 75, 1. 160, 16   25 *Luc. 2, 13—14

1 relegione A𝔅Φ   2 que Φ   habet 𝔅   3 habeamus DΦBa.c. eamus ς
et s.l.Φ   5 dom. crucif. est ς   6 uocatur AD   et] uel 𝔅Φ   7 districta 𝔅
dextructa D   8 spiritalibus Φ   9 faciunt 𝔅Φ   Amos] annos B   12 adsum-
sisti Φ adsumptis Aa.c.m2   13 molohc Φ   dei uestri 𝔅   remfam 𝔅 rem-
pha Φ remfa AD   14 adoraretis Ap.c.m2Φ   quos A   contentione ADB
17 laeteb. Aa.c.m2 leceb. Φ   19 est om. ς   et om.ς   malitiam Φa.c.   21 mi-
liciã B mi(ex ma)litiam Φ   22 alt. et om.AD   23 qui] quae A   hebraicae 𝔅
hebrae(e A)icae AD ebraeice Φ   appellatur 𝔅ΦB   sabbaoth B   uirtutem 𝔅
24 exercitium B   lucan D   25 angelo] euangelio Φa.r. angelo angelorum AD

ιium: gloria in altissimis deo et in terra pax
hominibus bonae uoluntatis. facit enim deus an-
14 gelos suos spiritus et ministros suos ignem urentem.
et ut sciamus
semper eos, qui colebant idola, licet in templo hostias uiderentur
offerre, non deo eas obtulisse, sed angelis, per Hiezechihel plenius 5
discimus: dedi eis iustificationes non bonas et
praecepta non bona. non enim sanguinem hircorum et
taurorum quaerit deus, sed sacrificium domini est
spiritus contribulatus, cor contritum et
15 humiliatum deus non despicit. et propterea, qui 10
uitulum fecerunt in Choreb .et coluerunt sidus dei Rempham,
de quo in propheta Amos plenius disseruimus, adorauerunt figu-
ras, quas ipsi fecerunt, et tradidit eos deus, ut seruirent militiae
caeli, quae nunc ab apostolo religio dicitur angelorum. pro
'humilitate' in Graeco ταπεινοφϱοσύνη legitur, id est humilitas 15
mentis siue sensus. uere enim humilis sensus et miseranda suspicio
deum credere hircorum atque taurorum sanguine delectari et
16 nidore thymiamatis, quem saepe homines declinamus. quod autem
sequitur: si mortui estis cum Christo ab ele-
mentis mundi, quid adhuc tamquam uiuentes 20
in mundo decernitis 'ne tetigeris neque gustaueris neque contrectaueris', quae sunt
omnia in interitum ipso usu secundum praecepta et doctrinas hominum? quae sunt ra-

2 cf. Ps. 103, 4   6 *Ezech. 20, 25   7 cf. Ps. 49, 13   8 *Ps. 50, 19
11 cf. Ps. 105, 19   cf. Am. 5, 26 et Act. 7, 43   12 cf. Hieron. comm. in Amos
5, 26   13 cf. Act. 7, 42   14 cf. Col. 2, 18   15 cf. Col. 2, 18   19 *Col. 2, 20—23

3 alt. suos s.l.A   alt. et om.Φ   scimus Φ   4 excolunt AD   templo] tempore AD   5 hiezechihel (—iel Φ)𝔅Φ iezechiel B ezechihel (—iel D)AD   6 non
bonas om.AD   7 et] aut AD   8 domini] deo ς   est om.AD   10 deus om.Φ
dispicit Aa.c.m2𝔅Φ   qui] quia 𝔅p.c.   11 fecer̄ 𝔅 fecerat Φ fecerant B   co-
reb B Horeb ς   coluer̄ 𝔅Φ coluerant B   dei om.AD   remfam AD   13 fece-
ran(n s.l.Φ)t ΦB   deus om.AD   14 iudicium (exp.) militiae Φ   ab s.l.Φ
dic. rel. ς   15 ταπ. D, uarie scriptum in cet.   16 uere enim humilitas sensus
(sic) in mg. inf. m2𝔅, om.Φ   superstitio ς   17 deo 𝔅Φ   18 thim. ADB tim. 𝔅Φ
quem] que Φ quae A   19 helem. ADB elim. 𝔅Φ   21 ne] neque Φ   teti-
geritis AD   gustaueritis AD   22 contrectaueritis AD,Φp.c.   23 interitu AD
24 et s.l.m2A,om.D

tionem quidem habentia sapientiae in superstitione et humilitate et non ad parcerdum
corpori, non in honore aliquo ad saturita-
tem carnis, hunc nobis habere sensum uidetur. curramus per 17
5 singula et obscuritatem sensuum atque uerborum Christo reserante
pandamus. si baptizati estis in Christo et cum Christo in baptismate mortui, mortui autem 'ab elementis' mundi — pro eo, quod
est 'elementis' —, cur mecum non dicitis: mihi autem absit
gloriari nisi in cruce domini mei Iesu Christi,
10 per quem mihi mundus crucifixus est et ego
mundo, nec audistis dominum dicentem ad patrem: de
mundo non sunt, sicut et ego non sum de mun-
do, et: 'mundus odit eos, quoniam non sunt de mundo, sicut et ego
non sum de mundo', sed e contrario quasi uiuentes in mundo
15 decernitis: 'ne tetigeris corpus hominis mortui, ne uestimentum et
scabellum, in quo sederit mulier menstruata, neque gustaueris
suillam carnem et leporum et sepiarum et lolliginum, murenae et
anguillae et uniuersorum piscium, qui squamas et pinnulas non
habent', quae omnia in corruptione et interitu sunt ipso usu
20 et stercore degeruntur? esca enim uentri et uenter 18
escis, et omne, quod intrat per os, non communi-
cat hominem, sed ea, quae de nobis exeunt.

6 cf. Rom. 6, 3—4   cf. Col. 2, 12   7 cf. Col. 2, 20   8 Gal. 6, 14   11 Ioh.
17, 16   13 cf. Ioh. 15, 19   14 cf. Col. 2, 20—22   15 cf. Leu. 5, 2   cf. Leu.
15, 19—23   16 cf. Leu. c. 11 et Deut. 14, 3—20   20 I Cor. 6, 13   21 *Matth.
15, 11 uel *Marc. 7, 15

2 ad non ς   3 honorem aliquem *ADB* honorem aliqui *Φ*   6 in Christo
om.Φ   7 *pr.* mortui *om.Φ* consepulti *s.l.m2*𝔅,ς   helem. *AD* elim. 𝔅*Φ*
mundi —elem. *om.Φ*   huius mundi ς   8 helem. *B* elim. 𝔅   mecum] meum *B*
9 mei] nostri ς   11 nec −−12 *alt.* mundo *om.AD (cf. ad l. 14)*   nec *s.l.Φ*
dominum *s.l.Φ*   ad patrem *s.l.m2*𝔅,*om.Φ*   12 *alt.* non *s.l.Φ*   13 mundus *ex*
mundos *A*𝔅*Φ*   odit] ostendit *A*   sunt —14 non *om.B*   et *om.A*   14 non
*s.l.m2*𝔅   *pr.* mundo] *seq.* 11 nec −−12 *alt.* mundo *omisso et D*   e *s.l.A*   15 teti-
geri(*ex e A*)tis *AD*   15 corpus—16 menstr. *om.*𝔅   *alt.* ne] nec *Ap.c.m2*ς   et] nec ς
16 scabillum *DΦ*   gustaueris 𝔅 —rit *Φ* —ritis *ADB*   17 carnem suillam ς
pr. et *om.*𝔅*Φ*   luporum *Φ* *alt.* et *s.l.*𝔅   muraene *Φ*   18 quis (s *ercs.*) qua-
mas *D* qui scamas *B*   pinnolas 𝔅 pennulas *AD*   19 corruptionem ς   et in
interitu *D* et interitū *A*ς   20 digeruntur *AD,*𝔅*p.c.*   21 coinquinat 𝔅*a.c.m2 B*

secundum praecepta, inquit, et doctrinas hominum secundum illud, quod Esaias loquitur: populus hic
labiis me honorat, cor uero eius longe est a
me. frustra autem colunt me docentes doctrinas et praecepta hominum, unde et dominus pha- 5
risaeos corripit dicens: irritum fecistis mandatum
dei, ut traditiones uestras statueretis. deus
enim dixit: honora patrem et matrem et: qui
maledixerit patri et matri, morte morietur.
uos autem dicitis: quicumque dixerit patri 10
uel matri:ʻmunus, quodcumque est ex me, tibi
proderitʻ et non honorificauit patrem suum
19 aut matrem et reliqua. quibus infert: et irritum fecistis mandatum dei propter traditionem
uestram. quantae traditiones pharisaeorum sint, quas hodie 15
δευτερώσεις uocant, et quam aniles fabulae, reuoluere nequeo. neque
enim libri patitur magnitudo et pleraque tam turpia sunt, ut erube-
scam dicere. dicam tamen unum in ignominiam gentis inimicae: prae-
positos habent synagogis sapientissimos quosque foedo operi delega-
tos, ut sanguinem uirginis siue menstruatae mundum uel inmundum, 20
20 si oculis discernere non potuerint, gustatu probent. praeterea, quia
iussum est, ut diebus sabbatorum sedeat unusquisque in domo sua
et non egrediatur nec ambulet de loco, in quo habitat, si quando
eos iuxta litteram coeperimus artare, ut non iaceant, non ambulent,

---

1 Col. 2, 22   2 *Esai. 29, 13 et *Matth. 15, 8   4 *Matth. 15, 9   6 *Matth.
15, 3--6   13 Matth. 15, 6   22 cf. Ex. 16, 29

2 isaias 𝔅Φ   3 uero eius] autem eorum ς   a me *s.l.*Φ   4 autem] enim 𝔅
dicentes 𝔅*a.c.*Φ docentes et *AD*   5 hom. et praec. *AD*   corr. phar. ς
7 statueritis *A*𝔅*a.c.m2*,Φ   8 qui *s.l.*Φ   9 et] uel ς; *add.* morti (*del.*) Φ
morte *s.l.*Φ   moriatur ΦB   11 uel] et *AD*   matri *om.B*   12 honorificabit B
14 traditiones uestras ς   15 sint ς sunt *codd.*   16 uocant δευτ. ς   Δ(dΦ)EY-
TEPΩCIC ΦB deyterocic 𝔅 ΔEYSEPΩCEIC D ΔEYCEPΩCEI (*s.l.m2* deis
erosei)*A*   quam] tam 𝔅*a.c.m2*ΦB   euoluere ς   17 ut] et Φ   18 dicam tamen]
dico autem *AD*   in *om.*Φ   ignominia *ADB*   proposito(*ex* u)s Φ   19 foedi Φ
fedi B   operis ΦB   deligatos 𝔅*p.c.* diligatos Φ   20 siue] suae ΦB   21 si]
siue 𝔅*a.r.*Φ   potuerit D*a.c.*Φ   gustu A*p.c.m2*𝔅*p.r.*   propterea Φ   quia]
quibus *ADB*   22 iustum Φ   23 egredietur D   nec] neque ς   24 non amb.
non iac. *AD*

non stent, sed tantum sedeant, si uelint praecepta seruar₃, solent
respondere et dicere: 'Barachibas et Symeon et Helles, magistri
nostri, tradiderunt nobis, ut duo milia pedes ambulemus in sabbato'
et cetera istius modi, doctrinas hominum praeferentes doctrinae dei.
5 non quo dicamus sedendum esse semper in sabbato et de loco, in
quo quis fuerit occupatus, penitus non recedendum, sed quo id, quod
inpossibile legis est, in quo infirmatur per carnem, spiritali obseruatione conplendum sit.

Sequitur: q u a e s u n t r a t i o n e m q u i d e m h ε b e n- 21
10 t i a s a p i e n t i a e. hoc loco 'quidem' coniunctio superflua est,
quod in plerisque locis propter inperitiam artis grammaticae
apostolum fecisse repperimus; neque enim 'sed' sequitur uel aliε coniunctio, quae solet ei propositioni, ubi 'quidem' positum fuerit,
respondere. uidentur igitur obseruationes Iudaicae apud inperitos
15 et uilem plebiculam imaginem habere rationis humanaeque sapientiae, unde et doctores eorum σοφοί, hoc est 'sapientes', uocantur.
et si quando certis diebus traditiones suas exponunt, discipulis suis
solent dicere: οἱ σοφοὶ δευτεροῦσιν, id est 'sapientes docent traditiones'. pro 'superstitione' in Graeco ἐθελοθρησκεία posita est, hoc est 22
20 'falsa religio', et pro 'humilitate' ταπεινοφροσύνη, quae magis uirtutem solet sonare quam uitium; sed hic ταπεινοφροσύνη sic intellegenda, quod humilia sentiant atque terrena. ἀφειδία autem σώμα-
τος, cuius nomen Latinus sermo non explicat, apud nos dicitur 'a d

4 cf. Col. 2, 22   6 cf. Rom. 8, 3   9 Col. 2, 23   19 cf. Col. 2, 23   23 Col. 2, 23

1 praec. seru. sol. *s.l.m2*𝔅*,om.* Φ   2 barrachibas *AD* baracchibas *B*   *alt.* et
*s.l.*𝔅   Hellel ς chelles *B*   3 duo milia] bis mille ς   5 quod *Ap.c.m2 B*   semper
esse ς   6 penitus *om. B*   quo id quod 𝔅*p.c.* quid quod 𝔅*a.c.* quidquid Φ id
quod *ADB* quod id quod ς   7 infirmantur Φ   10 est] *add., sed del.* qui postea Φ
11 in *s.l.m2*𝔅 im Φ   12 reperimus *B*   'sed' sequitur *scripsi* sequitur *ADΦ,*
𝔅*a.c.m2* sequitur 'sed' 𝔅*p.c.m2 B*   13 propositi(ti *s.l.* Φ)oni ΦB praep. *eei.*   ubi
*s.l.m2*𝔅   positum *om.* Φ   15 plebeculam ς   humani(s *s.l.*)que Φ   16 unde *o-n.*𝔅Φ
17 suis *om.*𝔅Φ   18 *dEYTEPOYCITN* Φ *ΔEITEPOYCIN D* deuterosin 𝔅
ΔEΠEPOYCIN (*s.l.m2* deperoisin)*A IΔEPTEPOYCYN B* δευτερῶσιν ς   id
est *in mg. m2*𝔅   docentes trad. *AD,B* (*ex* trad. docentes)   19 superinscits *l.add.*
tu)tione Φ substitutione *AD*   ἐθελ. *uarie scriptum in codd.*   positum *AD* hoc]
autem Φ   20 *et* 21 ταπειν. *uarie scriptum in codd.*   21 ταπεινοφρονεῖν ς
intellegendum *Ap.c.m2* est intellegendum ς   22 sentiunt Φ sentiat 𝔅*p.r.*
AΦIΔIA 𝔅Φ*B AΦINA* (*s.l.m2* afina *A*) *AD*   *CΩMAΘOC* 𝔅 *CAMATOC B*
CΩATOC (*s.l.m2* soatos *A*) *AD*   23 latine Φ   aput *Aa.c.m2*Φ

23 non parcendum corpori'. non parcunt Iudaei corporibus suis in
adsumptione ciborum contemnentes interdum, quae habent, et quaerentes, quae non habent — ex qua necessitate debilitates interdum et
morbos contrahunt —, nec honorant semet ipsos, cum omnia munda
sint mundis nihilque possit esse pollutum, q u o d c u m g r a t i- 5
a r u m a c t i o n e p e r c i p i t u r, et idcirco a domino sit creatum, ut saturitate et adinpletione carnis humanos artus uegetet
24 atque sustentet. elementa autem mundi, a quibus, immo quibus
mortui sumus, lex Moysi et omne uetus instrumentum intellegendum est, quibus quasi elementis et religionis exordiis dominum 10
discimus. quomodo enim elementa appellantur litterae, per quas
syllabas ac uerba coniungimus et ad texendam orationem longa
meditatione procedimus, ars quoque musica habet elementa sua et
geometrica ab elementis incipit linearum et dialectica atque medicina habent εἰσαγωγὰς suas, sic elementis ueteris testamenti, ut ad 15
euangelicam plenitudinem ueniant, sancti uiri eruditur infantia.
25 unde et centesimus octauus decimus psalmus et omnes alii, qui
litteris praenotantur, per ethicam nos ducunt ad theologiam et ab
elementis occidentis litterae, quae destruitur, transire faciunt ad
spiritum uiuificantem. qui ergo mundo et elementis eius mortui 20
sumus, non debemus ea obseruare, quae mundi sunt, quia in altero
initium, in altero perfectio est.

11. *Quid sibi uelit, quod idem apostolus ad Thessalonicenses*
scribit: n i s i d i s c e s s i o u e n e r i t p r i m u m e t r e u e-

4 cf. Tit. 1, 15   5 I Tim. 4, 4   7 cf. Col. 2, 23   8 cf. Col. 2, 20   19 cf.
II Cor. 3, 6   24 *II Thess. 2, 3

4 onerant *AD*   5 et quod *Φ*   quod—9 intelleg. est *om.B*   8 aelem. *AD*
elim. 𝔅*Φ*   munda 𝔅   a *s.l.*𝔅,*om.Φ*   9 moysis *B*   10 aelem. *A* helem.*B*
elim.𝔅*Φ*   deum *AD*   11 enim *s.l.Φ,om.AD*   aelem. *A* helem. *B* elim. *Φ*
12 coniungimur *B*   o(*s.l.*)rationem 𝔅   13 helem. *B* elim. *Φ*   14 geometria *B*
helem. *B* helem. *D* elim. 𝔅*Φ*   15 εἰσαγ. *uarie scriptum in codd.*   sua *AD*
sic *om.Φ*   helem. *B* elim. *Φ*   16 ueniat *AD*   17 *pr.* et *om.AD*   centes. dec.
oct. ς centesimo decimo octabo *D* CXVIIII (*ult. lin. eras.,s.l.m2* centesimus octauus decimus) *A*   18 tehologiam *Φ* theolo(i *s.l.m2A*)cam *AD* theoricam ς
19 hel. *DB* elim. *Φ*   occidentis *s.l.*𝔅,*om.Φ* occidentur *B*   distruitur *Aa.c.m2*𝔅
20 hel. *B* elim. *Φ*   21 non deb. *om.B*   quae] qui *B*   munda *Φ*   22 in
add.m2A,om.D   profectio *A*   23 sibi uel(ll *Φp.c.*)it *ΦB* sibi uult 𝔅 sit *AD*
quod idem apost. *in mg. inf.Φ*   thess. *D* th(t *B*)esalonicenses (—sis *Φ*) *cet.*   24 nisi
discessio *in mg. inf. Φ*   discessio (*s.l.m2* dissensio) *A*

latus fuerit homo peccati et reliqua. — In prima ad
Thessalonicenses scripserat: de temporibus autem et
momentis, fratres, non necesse habetis, ut
uobis scribam; ipsi enim diligenter scitis,
5 quia dies domini sicut fur in nocte ita ueniet.
cum enim dixerint: 'pax et securitas', tunc re-
pentinus illis instabit interitus sicut color
in utero habenti et non effugient. supra enim ad 2
eos scripserat: hoc uobis dicimus in uerbo domini,
10 quia nos, qui uiuimus, qui residui sumus in
aduentu domini, non praeueniemus eos, qui
dormierunt, quoniam ipse dominus in iussu
et in uoce archangeli et in tuba dei descendet
de caelo et mortui, qui in Christo sunt, resur-
15 gent primi. deinde nos, qui uiuimus, qui residui sumus, simul rapiemur cum illis in nubibus obuiam domino in aëra et sic semper cum
domino erimus. itaque consolamini inuicem
in uerbis istis. quod audientes Macedones non intellexerunt, 3
20 quos secum uiuentes apostolus uocet et qui dicantur residui, qui
cum illo rapiantur in nubibus obuiam domino, sed arbitrati sunt,
dum adhuc esset in corpore et antequam gustaret mortem, Christum
in sua maiestate uenturum. quod apostolus audiens rogat eos et
adiurat per aduentum domini nostri Iesu Christi, ut non cito moue-
25 antur neque per spiritum neque per sermonem neque per epistulam
tamquam ab eo scriptam, quasi instet dies domini. duos autem esse 4
aduentus domini saluatoris et omnia prophetarum docent uolumina
et euangeliorum fides, quod primum in humilitate uenerit et postea

2 *I Thess. 5, 1—3   9 *I Thess. 4, 14—17   23 cf. II Thess. 2, 1—2

1 relica *B*   prima] *add.* epła *s.l.m2A*   ad thess. *D* ad th(t *ΦB*)es. *eet.;add.*
epistola *ς*   3 non *om.Φ*   4 scrib. uobis *ς*   enim *om.Φ*   8 habentis *ADB*
et *om.Φ*   10 nos *om.A*   res. sumus] residuimus *Φ*   11 aduentum *A*   12 iusso *A*
13 *pr.* et *om.AD*   *alt.* in *om.D*   descendit *A* discendit *B*   14 sunt *om.B*
15 res. sumus] relinquimur *ς*   16 nubibus] *add.* caeli (*exp.*)*Φ*   17 domino]'
Christo *ς*   19 audientis *Φ*   machedones *B*   22 essent *Ba.r.ΦB*   gustarent
Ba.r.Φp.c.   23 quid *Φ*   aud. apost. *AD*   et *om.B*   26 tamquam *om.A*
4*

sit uenturus in gloria, ipso domino protestante, quae ante consummationem mundi futura sint et quomodo uenturus antichristus,
quando loquitur ad apostolos: cum uideritis abominationem desolationis, quae dicta est a Danihele propheta, stantem in loco sancto — qui 5
legit, intellegat — tunc, qui in Iudaea sunt, fugiant ad montes et, qui in tecto, non descen-
5 dat tollere aliquid de domo sua. et iterum: tunc,
si quis uobis dixerit: 'ecce hic Christus aut
illic', nolite credere. surgent enim pseudo- 10
christi et pseudoprophetae et dabunt signa
magna et prodigia, ita ut in errorem indu-
cantur, si fieri potest, etiam electi. ecce prae-
dixi uobis. si ergo dixerint uobis: 'ecce in
deserto est', nolite exire, 'ecce in penetrali- 15
bus', nolite credere. sicut enim fulgur exit ab
oriente et paret usque in occidentem, ita
6 erit et aduentus filii hominis. ac deinde: tunc
apparebit signum filii hominis in caelo et
uidebunt filium hominis uenientem in nubi- 20
bus caeli cum uirtute multa et maiestate. et
mittet angelos suos cum tuba et uoce magna
et congregabunt electos eius a quattuor
uentis a summo caelorum usque ad terminos
7 eorum. rursumque de antichristo loquitur ad Iudaeos: ego 25
ueni in nomine patris mei et non credidistis
mihi. si alius uenerit in nomine suo, illum

3 Matth. 24, 15—17   8 *Matth. 24, 23—27   18 *Matth. 24, 30—31
25 *Ioh. 5, 43

1 in gloria *in mg. m2* 𝔅   prostante *B*   qui *B*   consumationem *B*   2 mundi
om. Φ   futura] uentura ς   uenturus] uentura sint Φ   3 abhom. 𝔅*DB*   4 daniele
Φ(?)*B* danihelo *Ap.c.m2*   6 fugiunt *ex* fugient 𝔅   7 descendet Φ discindit 𝔅
descendant ς   8 suo Φ   10 pseudoxpo Φ*a.c.*   11 seudoprophetae Φ   12 ut *s.l.*Φ
15 est *om.AD*   penetrabilibus *ADB* penetrabilis Φ   16 fulgor *A*Φ,𝔅*a.c.*
exiit 𝔅 exiet Φ*B*   17 parit 𝔅   18 hominis filii Φ   fili *AD*   ac —19 filii ˙
hom. *om.B*   19 fili *AD*   in caelo —20 hominis *s.l.m2*𝔅,*om.*Φ   20 hominis
om.B   21 caeli *om.AD*   22 mittit 𝔅Φ mitte *B*   turba Φ   25 locutus *B*

s u s c i p i e t i s. igitur Thessalonicensium animos uel occasio non
intellectae epistulae uel ficta reuelatio, quae per somnium deceperat
dormientes, uel aliquorum coniectura Esaiae et Danihelis euangelio-
rumque uerba de antichristo praenuntiantia in illud tempus inter-
5 pretantium mouerat atque turbauerat, ut in maiestate sua tunc
Christum sperarent esse uenturum. cui errori medetur apostolus 8
et exponit, quae ante aduentum antichristi debeant praestolari, ut,
cum illa facta uiderint, tunc sciant antichristum, id est hominem
peccati et filium perditionis, q u i a d u e r s a t u r e t e x t o l l i-
10 t u r s u p e r o m n e, q u o d d i c i t u r d e u s a u t q u o d
c o l i t u r, et qui i n t e m p l o d e i s e d e a t, esse uenturum.
n i s i, inquit, u e n e r i t d i s c e s s i o p r i m u m — quod Graece 9
dicitur ἀποστασία, ut omnes gentes, quae Romano imperio subia-
cent, recedant ab eis — e t r e u e l a t u s f u e r i t — id est ostensus,
15 quem omnium prophetarum uerba praenuntiant — h o m o p e c-
c a t i — in quo fons omnium peccatorum est — e t f i l i u s p e r-
d i t i o n i s — id est diaboli; ipse est enim uniuersorum perditio —,
q u i a d u e r s a t u r Christo et ideo uocatur antichristus, e t
e x t o l l i t u r s u p e r o m n e, q u o d d i c i t u r d e u s, ut
20 cunctarum gentium deos siue omnem probatam et ueram religionem suo calcet pede et i n t e m p l o d e i — uel Hierosolymis, ut
quidam putant, uel in ecclesia, ut uerius arbitramur — sederit o s t e n-
d e n s s e, t a m q u a m ipse s i t Christus et filius dei. nisi, 10
inquit, ante Romanum imperium fuerit desolatum et antichristus
25 praecesserit, Christus non ueniet, qui ideo ita uenturus est, ut

9 *II Thess. 2, 4   12 *II Thess. 2, 3   18 cf. II Thess. 2, 4

1 thesal. A𝔅Φ tessal. B   animas Φ   2 somnum 𝔅Φ   3 aliorum Φ
aesaie AΦ esayę B isaiae 𝔅   danielis ΦB danihel A   4 pronuntia(r s.l.)tia Φ
5 ut om.AD   7 x̅p̅i̅ (del.) antichristi 𝔅 Christi ç   ut] et Φ   8 eum om.A
homini B   10 super] sp B supra ç   pr. quod] quo A   11 et qui A𝔅DB qui et Φ
ita ut ç   templum Φ   12 dissentio B   greci Φ   13 romana Φ   subiaceant
𝔅a.c.   14 fuerit homo peccati AD   15 que Φ quae 𝔅   omnia ç   praen. ç
pron. codd., sed cf. l. 4   16 est om.B   17 diabuli 𝔅Φ   19 supra B   ut s.l.Φ
et AD   20 siue omnium 𝔅a.c. siue omnium siue omnem ΦB   prob. omnem ç
prob.] prauam 𝔅Φ relig. —22 putant om.B   21 uel in 𝔅Φ   hierosolimis A𝔅Φ
22 in s.l.Φ   ę(e)cclesiā ut (ex ecclesiam Φ)𝔅Φ   23 se s.l.Φ se esse AD
24 fuerit rom. ante imp. AD fuerit Rom. imp. ante ç   antixpo Φ   25 ita om.𝔅Φ

54 Sancti Hieronymi

antichristum destruat. meministis, ait, quod haec ipsa, quae nunc
scribo per epistulam, cum apud uos essem, praesenti sermone nar-
rabam et dicebam uobis Christum non esse uenturum, nisi praecessisset antichristus. et nunc quid detineat, scitis,
ut reueletur in suo tempore, hoc est: quae causa sit, 5
11 ut antichristus in praesentiarum non ueniat, optime nostis. nec
uult aperte dicere Romanum imperium destruendum, quod ipsi,
qui imperant, aeternum putant. unde secundum Apocalypsin Iohannis in fronte purpuratae meretricis scriptum est nomen blasphemiae, id est 'Romae aeternae'. si enim aperte audacterque 10
dixisset: 'non ueniet antichristus, nisi prius Romanum deleatur
imperium', iusta causa persecutionis in orientem tunc ecclesiam
consurgere uidebatur.
12 Quodque sequitur: iam enim mysterium iniquitatis operatur, tantum ut, qui tenet nunc, te- 15
neat, donec de medio fiat, et tunc reuelabitur
ille iniquus, hunc habet sensum: multis malis atque peccatis,
quibus Nero, inpurissimus Caesarum, mundum premit, antichristi
parturitur aduentus et, quod ille operaturus est postea, in isto ex
parte conpletur, tantum ut Romanum imperium, quod nunc uni- 20
13 uersas gentes tenet, recedat et de medio fiat. et tunc antichristus
ueniet, fons iniquitatis, quem dominus Iesus interficiet spiritu oris sui, diuina uidelicet potestate et
suae maiestatis imperio, cuius iussisse fecisse est, non in exercitus multitudine, non in robore militum, non in angelorum 25
auxilio, sed, statim ut ille aduenerit, interficietur antichristus.
14 et quomodo tenebrae solis fugantur aduentu, sic inlustratione aduentus sui eum dominus destruet atque delebit,

1 cf. II Thess. 2, 5   4 II Thess. 2, 6   8 cf. Apoc. 17, 3.5   14 *II Thess.
2, 7—8   22 II Thess. 2, 8   27 II Thess. 2, 8

1 distruat 𝔅𝛷   2 epła D   etiam cum B   3 non s.l. B   praecessisset et A
4 nunc ex num D   deteneat 𝔅𝛷   7 distr. 𝔅𝛷 dextr. D   8 unde] ut AD
apocalipsin A𝔅B apocalypsim ς   10 romanae (an eras.)𝔅   12 iuxta ABa.c.m2D
oriente A𝔅D𝛷   e(e)cclesia AD   13 uideretur B   14 que om.D   ministerium 𝛷p.c.   oper. iniq. ς   15 tenent B   teneant B   16 medium 𝔅a.c.m2𝛷
17 ille om.𝛷   18 nero s.l.m2𝔅,om.𝛷   19 operatus AD   21 tenet bis𝔅(corr.)
tenet tene 𝛷   23 diuina uidelicet bona 𝛷   26 interficeretur 𝛷   27 aduentus 𝛷   28 dextruet D

cuius opera satanae sunt opera, et, sicut in Christo plenitudo diuinitatis fuit corporaliter, ita et in antichristo omnes erunt fortitudines et signa atque prodigia, sed uniuersa mendacia. quomodo
enim signis dei, quae operabatur per Moysen, magi suis resistebant
5 mendaciis et uirga Moysi deuorauit uirgas eorum, ita mendacium
antichristi Christi ueritas deuorabit; seducentur autem eius mendacio, qui perditioni sunt praeparati. et quia tacita quaestio poterat 15
commoueri: 'cur enim concessit deus omnem eum habere uirtutem
et signa atque prodigia, per quae seducantur, si fieri potest, etiam
10 electi dei?', solutione praeuenit quaestionem et, quod obponi poterat,
antequam obponatur, absoluit. faciet, inquit, haec omnia non sua
uirtute, sed concessione dei propter Iudaeos, ut qui noluerunt caritatem recipere ueritatis, hoc est Christum, quia caritas dei diffusa
est in corda credentium et ipse dicit: e g o   s u m   u e r i t a s, de
15 quo in psalmis scriptum est: u e r i t a s   d e   t e r r a   o r t a   e s t.
qui ergo caritatem et ueritatem non receperunt, ut saluatore suscepto 16
salui fierent, mittit illis deus non operatorem, sed ipsam operationem,
id est fontem erroris, ut credant mendacio, q u i a   m e n d a x   e s t
ipse   e t   p a t e r   e i u s. et siquidem antichristus de uirgine natus
20 esset et primus uenisset in mundum, poterant habere Iudaei excusationem et dicere, quod putauerint ueritatem et idcirco mendacium pro ueritate susceperint; nunc autem ideo iudicandi sunt,
immo procul dubio condemnandi, quia Christo ueritate contempta
postea mendacium, id est antichristum, suscepturi sunt.

---

1 cf. II Thess. 2, 9   cf. Col. 2, 9   2 cf. II Thess. 2, 9   4 cf. Ex. 7, 8—12
6 cf. II Thess. 2, 10   8 cf. II Thess. 2, 9   9 cf. Matth. 24, 24   13 cf. Rom.
5, 5   14 Ioh. 14, 6   15 Ps. 84, 12   16 cf. II Thess. 2, 10   18 Ioh. 8, 44

2 et om.ADB   erant 𝔅a.c.Φ   3 atque] et ç   prodigia om.D   sed del.D
4 quae] qui 𝔅p.c.   operatur A operabantur B   resistere AD restitere ç
6 ueritatis Φ   deuorauit D   seducuntur AD   7 praeparata ⊿   pot.
questio Φ   9 et om.AD   seducuntur AD   si ex s; B   10 solutio AD
oponi Φa.c.B opponi Φp.c.ç   11 adsoluit Φ   haec om.AD   12 confessione
𝔅a.c.m2Φ   13 hoc est] add. spiritum dei per B   14 corde 𝔅   17 mittet
Ap.c.m2B   18 mendatium Φ   19 ille ipse B   20 poterat Φ   Iud. hab. ç
21 dicerent Aa.c.D   22 suceperint (sic) sed cum non ita sit B   23 in x̄po B x̄pi D
contenta 𝔅   24 sint Ap.r.D;add. explīc ad algasiā questns n̄um - XI - D

56   Sancti Hieronymi

CXXII.
AD RUSTICUM DE PAENITENTIA.

1. Quod ignotus ad ignotum audeo scribere, sanctae ancillae
Christi Hedybiae et sanctae filiae meae, coniugis tuae Artemiae,
immo sororis ex coniuge atque conseruae, fecit deprecatio.
quae ne- 5
quaquam propria salute contenta tuam et ante quaesiuit in patria
et nunc in sanctis locis quaerit salutem imitari cupiens Andreae et
Philippi apostolorum beniuolentiam, quorum uterque inuentus a
Christo fratrem Simonem et amicum Nathanahel inuenire desiderat,
ut alter eorum mereatur audire: t u e s S i m o n, f i l i u s I o- 10
h a n n i s, t u u o c a b e r i s C e p h a s, q u o d i n t e r p r e t a-
t u r P e t r u s, alter 'donum dei' — hoc enim in lingua nostra sonat
Nathanahel — Christi ad se loquentis testimonio subleuetur: e c c e
2 u e r e I s r a h e l i t a, i n q u o d o l u s n o n e s t. optauerat
quondam et Loth cum filiabus saluare coniugem suam et de incendio 15
Sodomae et Gomorrae paene semiustus erumpens educere eam, quae

7 cf. Ioh. 1, 40—46   10 *Ioh. 1, 42   11 cf. Onom. s. 66, 14; 75, 15
12 cf. Onom. s. 19, 14   13 Ioh. 1, 47   14 cf. Gen. 19, 15—26

G = Neapolitanus VI. D. 59 s. VII.
J = Vindobonensis lat. 934 s. IX.
Σ = Turicensis Augiensis 41 s. IX.
D = Vaticanus lat. 355 + 356 s. IX—X.
N = Casinensis 295 s. X.
t = Casinensis 298 s. X—XI.
B = Berolinensis lat. 18 s. XII.

ad rusticum de p(a)enitentia GJ,Σa.c.m2 ad rusticum exhortatoria ad penitentiam Σp.c.m2 ad rusticum exortatoria super poenitentiam (penitente B)DB ad
rusticium super agenda penitentia, quem uxor casta luxuriosus eidem hieronimo
pr(a)esens insinuauit Nt; Hieronymi nomen exhibent tituli in G (eiusdem), DNtB

3 adeo G   4 hedybiae G he(hę— t e— DB)dibiae (-e) cet.   sanctae
G,om.cet.   arthemiae(—e) Dt,Np.c. arteminae G   5 ex in ras. m2B et J
6 contemta N contempta B   7 salutem om.ς   8 philipi Σ   beneu. J,Σa.c.
9 symonem JDB   nat(h s.l.)anael B   desiderabat B   10 alter] uterque Nt
symon Gp.c.m2JΣD   ioannis Σa.c. iohanna D   11 cęphas ΣDN cefas B
12 in om.ς   13 natanahel B Nathanael ς   14 uere] uir Σ   15 lot Ga.c.m2ς
alt. et om.G   16 semustus J,Σa.c.m2   educeret N

pristinis uitiis tenebatur adstricta; sed et trepida desperatio re-
spiciensque postergum aeterno infidelitatis titulo condemnatur et
ardens fides pro una muliere perdita totam Segor liberat ciuitatem.
denique, postquam Sodomiticas ualles ac tenebras derelinquens ad 3
5 montana conscendit, ortus est ei sol in Segor, quae interpretatur
'paruula', ut parua fides Loth, quia maiora non poterat, saltim
minora seruaret. neque enim Gomorrae quondam et erroris habitator
statim ad meridiem poterat peruenire, in qua Abraham, amicus domini, cum angelis suscepit deum et Ioseph fratres pascit in Aegypto
10 sponsusque audit a sponsa: u b i p a s c i s, u b i c u b a s i n
m e r i d i e? Samuhel quondam plangebat Saul, quia superbiae uul- 4
nera paenitentiae medicamine non curabat, et Paulus lugebat Corinthios, qui fornicationis maculas lacrimis delere nolebant. unde et
Hiezechiel librum deuorat scriptum intus et foris carmine et planctu
15 et uae: carmine super laude iustorum, planctu super paenitentibus,
uae super his, de quibus scriptum est: c u m u e n e r i t i m p i u s
i n p r o f u n d u m m a l o r u m, c o n t e m n i t. quos ostendit et 5
Esaias dicens: u o c a u i t d o m i n u s s a b a o t h i n d i e i l l a
f l e t u m e t p l a n c t u m e t d e c a l u a t i o n e m e t a c-
20 c i n c t i o n e m c i l i c i o r u m; i p s i a u t e m f e c e r u n t
l a e t i t i a m e t e x u l t a t i o n e m m a c t a n t e s u i t u l o s
e t o c c i d e n t e s o u e s, u t c o m e d e r e n t c a r n e s, a t-
q u e d i c e n t e s: m a n d u c e m u s e t b i b a m u s; c r a s

---

5 cf. Onom. s. 10, 25   7 Gomorra = caecitas, cf. Onom. s. 72, 31; 73, 19;
74, 13   8 cf. Gen. 18, 1   9 cf. Gen. 50, 21   10 *Cant. 1, 7 (6)   11 cf. I Reg.
15, 11 et 35   12 cf. I Cor. 5, 2 . II Cor. 2, 1—11   14 cf. Ezech. 2, 9—3,3
16 *Prou. 18, 3   18 *Esai. 22, 12—13

1 uitiis *s.l.m2Σ* uestigiis *J*   asstr. *N* astr. *tB*   et] ea ς,*ras.1—2 litt.B*
trep. desperatione *Bp.c.m2* desperatione trep. ς   respiciens quoque *G* respiciens *D*   2 post tergum *Gt*   3 perd. mul. *B*   perditam *D*   5 conscendens *J*,
Σa.c.m2   est om.*D*   6 parua om.*B*   Lot ς   saltem *GNtB*   7 erroris] amor-
re *Gp.c.m2*   8 meridiae *J*   quo *D*   habraham *Σ*   9 suscipit *G*   pasc. fratres *JΣ*   10 et sponsus *t*   a codd., *sed ante* s *impuram ab scribere solet Hier.*
ubi cub. ubi pasc. ς   pasces *J,Σa.c.m2*   11 samuel *ΣB*   Saulem ς   13 lacrimas *J*   nolebat *N*   et om.*JΣ*   14 hiezechihel *J* iezechiel *t,Bmg.m2* ezechihel *Σ*
Ezechiel ς   carmen *Nt*   alt. et *G,om.cet.*   planctum *Nt*   15 et *s.l.Σ*
ue *Dt* ueh *Bmg.m2*   carmen *Nt*   planctus *Nt*   16 ue *D* ueh (h*in ras. m2)B*
superbis *D*   17 profundo *J,Σa.c.m2*   et *G,om.cet.*   18 esaias *t* ysaias *B* Isaias ς
uocabit *NB*   19 ad fletum *B*   accintionem *D*   21 letitia et exultatione *t*
22 atque om.*Nt*

6 e n i m m o r i e m u r. de quibus et Hiezechiel loquitur: e t t u,
f i l i h o m i n i s, d i c d o m u i I s r a h e l: s i c l o c u t i
e s t i s d i c e n t e s: e r r o r e s n o s t r i e t i n i q u i t a t e s
n o s t r a e s u p e r n o s e r u n t e t i n i p s i s c o n t a b e-
s c i m u s; et q u o m o d o s a l u i e s s e p o t e r i m u s? dic 5
e i s: u i u o e g o, d i c i t d o m i n u s; n o l o m o r t e m i n-
p i i, s e d u t c o n u e r t a t u r a u i a s u a. et iterum: r e-
u e r t i m i n i r e c e d e n t e s a u i a u e s t r a; q u a r e m o-
7 r i e m i n i, d o m u s I s r a h e l? nihil ita offendit deum quam
desperatione meliorum haerere peioribus, licet et ipsa desperatio 10
incredulitatis indicium sit. qui enim desperat salutem, non putat
futurum esse iudicium. quod si metueret, utique bonis operibus
se iudici praepararet. audiamus per Hieremiam loquentem deum:
c o n u e r t e p e d e m t u u m a u i a a s p e r a e t g u t t u r
t u u m a s i t i et iterum: n u m q u i d, q u i c a d i t, n o n 15
r e s u r g e t a u t, q u i a u e r s u s e s t, n o n r e u e r t e t u r?
et per Esaiam: q u a n d o c o n u e r s u s i n g e m u e r i s,
8 t u n c s a l u u s e r i s e t s c i e s, u b i f u e r i s. scire non
possumus aegrotationis mala, nisi cum fuerit sanitas consecuta,
et, quantum boni uirtus habeat, uitia demonstrant clariusque fit 20
lumen conparatione tenebrarum. Hiezechiel quoque isdem uerbis,
quia eodem et spiritu: c o n u e r t i m i n i, inquit, e t r e d i t e
a b i n i q u i t a t i b u s u e s t r i s, d o m u s I s r a h e l, e t
n o n e r u n t u o b i s i n t o r m e n t u m i n p i e t a t i s. p r o-

---

1 *Ezech. 33, 10—11   14 *Hier. 2, 25   15 *Hier. 8, 4   17 *Esai. 30, 15
22 *Ezech. 18, 30—32

1 hiezechihel *D* h(*exp.*)ezechihel *Σ* ezechi(h *s.l.*)el *J* ezechiel *tB*   2 filii *B*
sic *ex* si *G* nunc *Σa.c.m2*   4 erunt *s.l.m2Σ,om.J* sunt *Bp.c.m2*   5 esse pot.]
erimus *Nt*   6 inpii] peccatoris *B*   7 ut *s.l.B*   sua] *add.* mala *B*   8 mori-
mini *GJa.c.*   10 desperationem (nem *eras.*) *J* desperatio et desperatione *B*
meliorum] malorum *tp.c.m2*   11 putet *D*   12 esse fut. *JΣ*   iudicii (ii *in ras.*
m2G,ult. i *eras.J*)*GJ*   13 preparet *D*   audimus *Σa.c.m2*   iheremiam *B* Ieremiam *ς*   dn̄m loquentem *t*   15 cadet *GJ,Σa.c.m2*   16 resurgit *Nt*   quia
a(*s.l.m2*)uersus *Σ* quod auersum *B*   ·17 esayam *t* Isaiam *ς*   conuersus *s.l.m2Σ,*
om.J   18 scias *Σa.c.m2* cies *B*   19 egrotationes malas *Nt*   cum *om.Σ*
20 demonstrat *JB,Σa.c.*   clarius *Nt*   sit *G,om.Nt*   21 tenebrarum agnosci-
mus *Nt*   hiezechihel *D* hezechiel *Nt* ezechihel *JΣ* ezechiel *B*   hisdem *G* iisdem *ς*
23 et non —*p. 59, 4* Israhel *om.D*   24 inpiet.] in(m)pietates *Σp.c.m2DB*

icite omnes inpietates uestras, quibus inpie
egistis aduersum me, et facite uobis ccr nouum et spiritum nouum. et quare moriəmini,
domus Israhel? nolo enim mortem pɜccato-
5 ris, dicit dominus. unde et in consequentibus loquitur: 9
uiuo ego, dicit dominus. nolo mortem pecca-
toris, nisi ut reuertatur a uia sua et uiuat,
ne mens incredula bonorum repromissione desperet et seməl perditioni animus destinatus non adhibeat uulneri curationem, quod
10 nequaquam aestimat posse curari. idcirco iurare se dicit, ut, si non
credimus promittenti deo, credamus saltim pro nostra salute ɔuranti.
quam ob causam et iustus precatur ac dicit: conuerte nos, 10
deus salutaris noster, et auerte furorem tuum
a nobis et iterum: domine, in uoluntate tua prae-
15 stitisti decori meo fortitudinem, auertisti
faciem tuam et factus sum conturbatus. post-
quam enim foeditatem delictorum meorum uirtutum decore muta-
ui, infirmitatem meam tua gratia roborasti et te audiam pollicen-
tem: persequar inimicos meos et conprɛhen-
20 dam eos et non reuertar, donec deficiant, ut,
qui te ante fugiebam et inimicus eram, tua conprehendar manu.
ne cesses a persequendo, donec deficiam a uia mea pessima et reuertar 11
ad uirum meum pristinum, qui mihi dabat linteamina mea et oleum
et similam et cibabat me pinguissimis cibis. qui idcirco cbsaepsit
25 atque praeclusit uias meas pessimas, ut eam inuenirem uiam, quae
dicit in euangelio: ego sum uia et uita et ueritas.

6 *Ezech. 33, 11   12 *Ps. 84, 5   14 *Ps. 29, 8   19 *Ps. 17, 33   22 cf.
Ezech. 33, 11   23 cf. Ezech. 16, 13 et 18—19   26 *Ioh. 14, 6

1 in quibus B   2 aduersus Nt   3 alt. et in ras.m2B   4 enim s.l.N
5 dom.] d̄ Σ   et om.B   8 bon. repromissionem ΣNt de bon. reprommssione ς
disperet Jp.c.Σ   ad perditionem B   10 aestimet Nt existimat ς   ɔon s.l.B
11 saltem GNtB   12 et om.B   iustus] seq. spat. 6 litt. t   ac G et cet.   13 iram
tuam t   14 nobis] add. hucusque s.l.m2J   bonitate (pr. t s.l.J)J.Σa.c.m2
15 fortit.] uirtutem B   16 tuam] add. a me J(eras.)ς   17 fed. t fed. DNB   18 et
te] ecce DB   audiam Nt   20 eos] illos DB   conuertar JΣtB   ut] ɔtique B
22 nec G   23 mihi s.l.m2Σ   dabit ς   oleum meum G   24 cibabit ς   ciuis Nt
opsepsit D obrepsit G obsessit NB   25 perclusit J reclusit D   eam] ets Jp.c.m2
inuenire GJ   uiam ex iam (exp. et s.l.m2 nequeam) J   qui J   26 uia et ueritas ·
(add. et uita s.l.m2) B uia, ueritas et uita ς

12 audi prophetam loquentem: q u i   s e m i n a n t   i n   l a c r i m i s,
i n   g a u d i o   m e t e n t. e u n t e s   i b a n t   e t   f l e b a n t   p o r-
t a n t e s   s e m i n a   s u a;   u e n i e n t e s   a u t e m   u e n i e n t
i n   e x u l t a t i o n e   p o r t a n t e s   m a n i p u l o s   s u o s,
et loquere cum eo: l a b o r a u i   i n   g e m i t u   m e o,   l a u a b o 5
p e r   s i n g u l a s   n o c t e s   l e c t u m   m e u m,   i n   l a c r i m i s
s t r a t u m   m e u m   r i g a b o,   et iterum: s i c u t   d e s i d e r a t
c e r u u s   a d   f o n t e s   a q u a r u m,   i t a   d e s i d e r a t
a n i m a   m e a   a d   t e,   d e u s. s i t i u i t   a n i m a   m e a   a d
d e u m   f o r t e m   e t   u i u u m,   f a c t a e   s u n t   l a c r i m a e 10
m e a e   p a n i s   p e r   d i e m   e t   n o c t e m, et in alio loco: d e u s,
d e u s   m e u s,   a d   t e   d e   l u c e   u i g i l o. s i t i u i t   a d   t e
a n i m a   m e a,   q u a m   m u l t i p l i c i t e r   t i b i   c a r o   m e a.
i n   t e r r a   d e s e r t a   e t   i n u i a   e t   i n a q u o s a,   s i c   i n
13 s a n c t o   a p p a r u i   t i b i. quamquam sitierit te anima mea, 15
tamen multo te plus carnis meae labore quaesiui et tibi in sancto ap-
parere non potui, nisi prius in terra deserta a uitiis et inuia aduersariis potestatibus et absque humore et reumate ullius libidinis
commorarer. fleuit et dominus super ciuitatem Hierusalem, quia non
egisset paenitentiam, et Petrus trinam negationem amaritudine abluit 20
lacrimarum inpleuitque illud propheticum: e x i t u s   a q u a r u m
14 d e d u x e r u n t   o c u l i   m e i. plangit et Hieremias populum
paenitentiam non agentem dicens: q u i s   d a b i t   c a p i t i   m e o
a q u a m   e t   o c u l i s   m e i s   f o n t e m   l a c r i m a r u m   e t
p l o r a b o   p o p u l u m   i s t u m   p e r   d i e m   e t   n o c t e m? 25

---

1 *Ps. 125, 5—6   5 *Ps. 6, 7   7 *Ps. 41, 2—4   11 *Ps. 62, 2—3
19 cf. Luc. 19, 41—44   20 cf. Matth. 26, 75 etc.   21 Ps. 118, 136   23 *Hier. 9, 1

2 portantes] mittentes *Gp.c.m2*   4 in] cum *B*   5 lab. in gem. meo *om.DNtB*
6 in *om.Nt*   lacr. meis *Σ*   7 ceru. des. *JΣ*   10 te deum ς   uiuum et
fortem *D*   forte *Ba.c.m2* fontem ς   et *s.l.m2JB,om.Σ*ς   uiuum] *add.*
quando ueniam et apparebo ante faciem dei? ς   sunt] *add.* mihi *Σs.l.m2* ς
11 panis *s.l.N* panes *JΣDB*   12 anima mea ad te ς   13 multiplicetur *G*
tibi] et *Nt*   14 *pr.* et *om.B* et in *Nt*   *alt.* et] et in *Nt*   15 aparuit (t *eras.*) *Σ*
quamquam enim *DNtB*   te *s.l.m2B* in te *Nt*   16 multum *J*   quae(e)sibi *GD*
17 prius] plus *Nt*   deserta *s.l.m2t,om.D*   aduers. et *G* et adu(au *Nt*)ers. *ΣNt*
18 umore *J*   rheumate ς   illius *ΣBa.c.m2*   19 et *s.l.m2Σ,om.J*   20 e(ae*J*)-
gissent *J* (n *exp.*) *DB*   ablit *B* abstulit *Nt*   21 prof. *G passim*   23 dauit *G*
24 aquas *J,Σa.c.m2*

cur autem plangat et defleat, sequenti sermone demonstrat: n o l i t e
f l e r e m o r t u u m n e q u e p l a n g a t i s e u m. f l e t e
p l a n c t u, q u i e g r e d i t u r, q u i a n o n r e u e r t ə t u r
u l t r a. nequaquam igitur gentilis plangendus est atque Iudaeus, qui 15
5 in ecclesia non fuerunt et semel mortui sunt, de quibus saluazor dicit:
d i m i t t e m o r t u o s, u t s e p e l i a n t m o r t u o s s u o s,
sed [eos], qui per scelera atque peccata egrediuntur de ecclesia et
nolunt ultra reuerti ad eam damnatione uitiorum. unde et ad uiros 16
ecclesiasticos, qui muri et turres ecclesiae nuncupantur, loquitur
10 sermo propheticus dicens: m u r i S i o n, p r o f e r t e l ə c r i-
m a s inplentes illud apostoli: g a u d e r e c u m g a u d e n t i-
b u s, f l e r e c u m f l e n t i b u s, ut dura corda peccantium
uestris lacrimis prouocetis ad fletum, ne perseuerantes in ɔalitia
audiant: e g o p l a n t a u i t e u i n e a m f r u c t i f e r a m,
15 o m n e m u e r a m; q u o m o d o c o n u e r s a e s i n a m a r i-
t u d i n e m u i t i s a l i e n a e? et iterum: l i g n o d i x e r ɔ n t:
'p a t e r m e u s e s t u' et l a p i d i: 't u g e n u i s t i m e',
e t a d u e r t e r u n t a d m e d o r s a e t n o n f a c i e ꞇ s u-
a s. et est sensus: noluerunt ad me conuerti, ut agerent paeni-
20 tentiam, sed cordis duritia in iniuriam meam sua terga uerterunt.
quam ob rem et dominus loquitur ad Hieremiam: u i d i s t i, ꞷ u a e 17
f e c e r u n t m i h i, h a b i t a t i o I s r a h e l? a b i e r u n t
s u p e r o m n e m m o n t e m e x c e l s u m e t s u b t e r
o m n e l i g n u m f r o n d o s u m e t f o r n i c a t i s u n t
25 i b i. e t d i x i, p o s t q u a m f o r n i c a t a e s t h a e ꞇ o m-
n i a: 'r e u e r t e r e a d m e', e t n o n e s t r e u e r s a.

1 *Hier. 22, 10   6 *Matth. 8, 22. *Luc. 9, 60   10 *Thɾen. 2, 18
11 Rom. 12, 15   14 *Hier. 2, 21   16 *Hier. 2, 27   21 *Hier. 3, 6—7

3 planctum *GNt*   quia *ex* qui *Σ*   5 morituri(?) *G*   ait *DB*   6 ɪt sep.]
sepelire *ς*   sepelliant *Gp.c.*   7 eos *seclusi* eos ɪˈᵃnge *ς*   10 syon *Nt*   13 per-
seuerantē *B*   in iⅼ   ˉˈⁱᵗia *B*   14 te *s.l.m2Σ,om.J*   uineam meam (ɔneam
del.m2Σ)JΣ   fruct. *Gt* frug. *cet.*   15 omnem ueram] omne semen uerum *B*
uersa *ς*   amaritudine *DNt*   16 alienam *D* aliena *Ba.c.m2*   17 me gə(ie—*B*)-
nuisti *JΣDB*   18 aduert. *scripsi* auert. *G* uert. *cet.*   20 cordis duritiā *t,Bp.c.m2*
per cordis duritiam *ς*   21 ieremiam *B*   22 habitatores *GNt*   23 excəlsum
(*s.l.m2*) montem *Σ*   montem *in mɟ.B*   excelsum *om.J*   subter] super *Nt*
24 omnem *Gt*   sunt *s.l.m2Σ,om.J*   25 forn. est] facta sunt *B*; *add.* ət fecit *ς*
26 ad me reuertere *DB*

2. O clementiam dei, o nostram duritiam! dum et post tanta
scelera nos prouocat ad salutem et nec sic quidem uolumus ad
meliora conuerti: s i r e l i q u e r i t, inquit, u x o r u i r u m
s u u m e t a l i i n u p s e r i t e t u o l u e r i t p o s t e a r e-
u e r t i a d e u m, n u m q u i d s u s c i p i e t e a m e t n o n   **5**
d e t e s t a b i t u r? pro quo scriptum est iuxta Hebraicam ueritatem, quod in Graecis et Latinis codicibus non habetur: e t t u
r e l i q u i s t i m e; t a m e n c o n u e r t e r e e t s u s c i-
2 p i a m t e, d i c i t d o m i n u s. Esaias quoque in eundem
sensum isdem loquitur paene sermonibus: c o n u e r t i m i n i, q u i   **10**
p r o f u n d u m c o n s i l i u m c o g i t a t i s e t i n i q u u m,
f i l i i I s r a h e l. r e u e r t e r e a d m e e t r e d i m a m
t e. e g o d e u s e t n o n e s t a l i u s p r a e t e r m e. i u s t u s
e t s a l u a t o r n o n e s t a b s q u e m e. r e u e r t i m i n i
ad m e e t s a l u i e r i t i s, q u i e s t i s i n e x t r e m i s   **15**
t e r r a e. r e c o r d a m i n i h o r u m e t i n g e m e s c i t e
e t a g i t e p a e n i t e n t i a m, q u i e r r a t i s. c o n u e r t i-
m i n i c o r d e e t m e m e n t o t e p r i o r u m a s a e c u l o,
q u o n i a m e g o s u m d e u s e t n o n e s t a l i u s a b s q u e
3 m e. scribit et Iohel: c o n u e r t i m i n i a d m e e x t o t o   **20**
c o r d e u e s t r o i n i e i u n i o e t l a c r i m i s e t p l a n c-
t u; s c i n d i t e c o r d a u e s t r a e t n o n u e s t i m e n t a
u e s t r a. m i s e r i c o r s e n i m e t m i s e r a t o r e s t d o-
m i n u s e t a g e n s p a e n i t e n t i a m s u p e r m a l i t i i s. quan-
4 tae autem sint misericordiae et quantae ⟨et⟩— ut ita loquar — nimiae **25**

---

3 *Hier. 3, 1   7 *Hier. 3, 1   10 *Esai. 31, 6   12 *Esai. 44, 22
13 *Esai. 45, 21—22   16 *Esai. 46, 8—9   20 *Ioel 2, 12—13

1 clementia *DtB,Σp.c.m2*   nostra duritia *Jp.r.Σp.c.m2tB*   tanta *in mg.*
m2B   2 nec] ne *D*   3 relinquerit *G* reliquerint *D*   inquit *om.B*   4 alio *ΣNt*
6 iuxta] in *J*   hebraica ueritate *Jp.r.*   ebraicam *tB*   7 habentur *Nt* inuenitur *B*
8 relinquisti *G* dereliquisti *D*   9 esayas *t* isayas *B* Isaias *ç*   in eodem sensu *Nt*
10 isdem *B* eisdem *JΣ* hisdem *cet.* iisdem *ç*   pae(e)ne loq. *DNtB*   conuert.
inquit (t *ex* d) *Σ*   qui *in mg.m2Σ*   11 cogitastis *J,Σa.r.*   12 fili *D* filiis *G*
conuertere *JΣ*   13 te] *add.* dicit dominus *JΣ*   14 et s.l.*Σ*   16 ingemiscite
JB,Σa.c.m2   17 errastis *ΣDNB*   20 iohel *ex* ohel *B* Ioel *ç*   ex] in *Σ*
21 uestro *ex* tuo *m2J*   *alt. et s.l.B*   22 et scindite *Σt*   et non uestim.
uestra *om.Nt*   24 et *om.t*   malitia *Nt* —tiā *B*   25 sit *JΣ,Ba.c.m2*   *pr.* et—
nimiae *om.B*   quantae] quam *ç*   *alt. et addidi,om.codd.*

ineffabilisque clementiae, Osee propheta nos doceat, per quem loquitur deus: q u i d t i b i f a c i a m, E f f r a i m, q u o m o d o
t e p r o t e g a m, I s r a h e l, q u i d t i b i, i n q u a m, fac i a m? s i c u t A d a m a m p o n a m t e e t s i c u t Se
5 b o i m. c o n u e r s u m e s t c o r m e u m i n m e, c o r t u rb a t a e s t p a e n i t u d o m e a. n e q u a q u a m f a c i a m
s e c u n d u m i r a m f u r o r i s m e i. unde et Dauid loquitur 5
in psalmo: n o n e s t i n m o r t e, q u i m e m o r s i t t u i;
i n i n f e r n o a u t e m q u i s c o n f i t e b i t u r t i b i? et
10 in alio loco: p e c c a t u m m e u m n o t u m f e c i e t i n iq u i t a t e m m e a m n o n a b s c o n d i. d i x i: 'p r o n u nt i a b o c o n t r a m e i n i q u i t a t e m m e a m d o m i n o'.
e t t u d i m i s i s t i i n p i e t a t e m c o r d i s m e i. p r c h a c
o r a b i t a d t e o m n i s s a n c t u s i n t e m p o r e o p o r
15 t u n o. u e r u m t a m e n n i s i i n d i l u u i o a q u a r u m
m u l t a r u m a d i p s u m n o n a d p r o p i n q u a b u n t.

3. Uide, quanta magnitudo sit fletuum, ut aquarum diluuio
conparetur. quos qui habuerit et dixerit cum Hieremia: n o n s il e a t p u p i l l a o c u l i m e i, statim in illo conplebitur: m i
20 s e r i c o r d i a e t u e r i t a s o b u i a u e r u n t s i b i, ius t i t i a e t p a x d e o s c u l a t a e s u n t, ut, si te iustitia ueritasque terruerint, misericordia et pax prouocent ad salutem. to- 2
tam paenitentiam peccatoris ostendit psalmus quinquagesimus,
quando ingressus est Dauid ad Bethsabee, uxorem Uriae Cethei, et

2 *Os. 11, 8—9   8 Ps. 6, 6   10 *Ps. 31, 5—6   18 *Thren. 2, 18
19 *Ps. 84, 11   24 cf. Ps. 50, 2

1 ineffab(u D)ilisque JD,Ba.c.m2 ineffabilique Σ   clementiae] seq. ras.
2 litt. (et?) J   oseae (ex osaeae J) JΣNt   2 effraym B efraim GD Ephraim ς
3 hisrahel N   tibi s.l.m2B   4 adamantem JD,Bp.c.m2 Adama ς   5 es: s.l.m2Σ,
om. J   meum ex tuum D   me] add. et B   6 mea ex meo m2B tua J,Σa.c.m2
faciam in mg. B   8 psalmis Σ   10 feci tibi J   12 contra me s.l.m2B   13 impietate G iniquitatem B   14 orabit Σp.c.m2B —uit cet.   15 nisi om.B   dilubio GD,Ja.r.   16 propinquabunt Ga.c. approximabunt ς   18 conparatur D
compararetur Nt   ieremia B   non] ne Nt   21 deosc. —pax om.L   osculatae Σa.c.m2B se osculatae G   sunt se Nt   et ueritas B   22 terruerint
(terr m2 in ras. 8 litt.) B terruerint (s.l.m2 seruauerint) Σ   24 beth(t J)sabeae
(—bae Σ) codd. praeter B   Ethaei ς

Nathan prophetante correptus respondit dicens: p e c c a u i statimque meretur audire: e t d o m i n u s a b s t u l i t a t e p e c-
c a·t u m. adulterio enim iunxerat homicidium et tamen conuersus
ad lacrimas: m i s e r e r e, ait, m e i, d e u s, s e c u n d u m
m a g n a m m i s e r i c o r d i a m t u a m et s e c u n d u m 5
m u l t i t u d i n e m m i s e r a t i o n u m t u a r u m d e l e i n i-
3 q u i t a t e m m e a m. magnum enim peccatum magna indigebat
misericordia. unde iungit et dicit: m u l t u m l a u a m e a b i n i-
q u i t a t e m e a et a p e c c a t o m e o m u n d a m e, q u o-
n i a m i n i q u i t a t e m m e a m e g o a g n o s c o et d e l i c- 10
t u m m e u m c o n t r a m e e s t s e m p e r. tibi s o l i p e c-
c a u i — rex enim alium non timebat — e t m a l u m c o r a m t e
f e c i, u t i u s t i f i c e r i s i n s e r m o n i b u s t u i s et u i n-
4 c a s, d u m i u d i c a r i s. c o n c l u s i t e n i m d e u s o m n i a
s u b p e c c a t o, u t o m n i b u s m i s e r e a t u r. tantumque 15
profecit, ut dudum peccator et paenitens transierit in magistrum et
dicat: d o c e b o i n i q u o s u i a s t u a s et i n p i i a d t e
c o n u e r t e n t u r. c o n f e s s i o enim et p u l c h r i t u d o c o r a m e o,
ut, qui sua fuerit peccata confessus et dixerit: c o r r u p t a e s u n t
et c o n p u t r u e r u n t c i c a t r i c e s m e a e a f a c i e i n- 20
s i p i e n t i a e m e a e, foeditatem uulnerum sanitatis decore
conmutet. q u i e n i m a b s c o n d i t i n i q u i t a t e m s u a m,
5 n o n p r o s p e r a b i t u r. Achab, rex inpiissimus, uineam Nabuthae cruore possedit et cum Iezabel non tam coniugio sibi quam
crudelitate coniuncta Heliae increpatione corripitur: h a e c d i- 25

---

1 II Reg. 12, 13   2 *II Reg. 12, 13   4 Ps. 50, 3   8 *Ps. 50, 4—6
14 *Rom. 11, 32 (cf. Gal. 3, 22)   17 Ps. 50, 15   18 *Ps. 95, 6   19 *Ps. 37, 6
22 *Prou. 28, 13   25 *III Reg. 21, 19

1 natan *B* a Nathan *ς*   profeta ante *G*   correptus *s.l.m2Σ,om.J*   dicens
om.ς   2 meruit *DNtB*   abs te abst. *ς*   a te *s.l.m2Σ,om.Nt*   peccatum tuum *Nt*   3 adulteriū *Jp.c.*   omicidium *B* homicidio *J*   4 mei ait *J*   6 mise-
rationem *Σa.c.*   10 cognosco *G*   11 contra] coram *tB*   semper *om.B*
12 enim erat *Nt* enim eram *ς*   timebam *Σp.c.m2ς*   13 et *om.ς*   14 dum
Gp.c.Dt cum *cet.* et *ς*   15 sub *s.l.D*   tantumque (que *s.l.m2*) *Σ*   16 proficit *Jp.c.*
transiret *Nt*   et dicat *s.l.m2B* edicat *Σ*   18 et *in mg.m2B*   pulcr. *GΣDN*
19 conf. fuerit pecc. *ς*   putruerunt et corr. sunt *ς*   21 in san. decorem *DB*
22 commutat *JΣ*   23 achab (c *exp.*) *Σ*   nabute *B*   24 hiezabel *DN*   coniugium *Σa.c.N*   25 coniunctā *N*

cit dominus: occidisti et possedisti. et iterum:
in loco, quo linxerunt canes sanguinem Nabuthae, ibi lingent sanguinem tuum et: Iezabel canes comedent ante muros Hiezrahel.
5 quod cum audisset Achab, scidit uestimenta
sua et ˙posuit saccum super carnem suam
ieiunauitque et dormiuit in cilicio. factus-
que est sermo domini ad Heliam dicens: quoniam reueritus est Achab faciem meam, non
10 inducam malum in diebus eius. unum scelus Achab 6
et Iezabel, et tamen conuersi Achab ad paenitentiam poena differ-
tur in posteros et Iezabel in scelere perseuerans praesenti iudicio
condemnatur. loquitur et dominus in euangelio: uiri Nine-
uitae surgent in iudicio cum generatione
15 hac et condemnabunt eam, quia egerunt paenitentiam ad praedicationem Ionae. non
enim ueni uocare iustos sed peccatores ad
paenitentiam. dragma perit et tamen inuenitur in stercore; 7
nonaginta nouem oues in solitudine relinquuntur et una ouis, quae
20 aberrauerat, pastoris humeris reportatur. unde et laetitia angelorum
est super uno peccatore agente paenitentiam. quanta felicitas, ut
salute nostra exultent caelestia! de quibus dicitur: paeniten-

2 *III Reg. 21, 19   3 *III Reg. 21, 23   5 *III Reg. 21, 27—29   11 cf.
IV Reg. 9, 29—37   13 *Matth. 12, 41   16 *Matth. 9, 13   18 cf. Luc. 15, 8—9
19 cf. Luc. 15, 4—6   20 cf. Luc. 15, 10   22 Matth. 3, 2

2 in quo ς   3 linguent (u *eras.*)*G*   hiezabel *DN*   4 carnes *Gp.r.*   mur.
Hiezr.] portis (*sic*) *J,Σa.c.m2*   iezrah(h *s.l.B*)el *NtB* hiezabel *D*   5 achab
(c *exp.*)*Σ* acab *B*   7 dormibit *D* coruit *ex* doruit *B*   9 achab (c *exp.*)*Σ* acab *Ba.c.*
10 scelus] *add.* et *J,Σ(exp.)*   achab (c *exp.*)*Σ* acab *B*   11 *pr.* et] nec (n *eras.*)*B*
hiezabel *DNpassim   alt.* et *om.ς*   conuerso *B* conuersio *Nt*   ad poen. Achab ς
achab (c *exp.*)*Σ* acab *B*   pena *Σa.c.m2DtB*   13 loq. et] et loq. *D*   niniuitae
(—te) *DNt,B* (*ex* niuite) ninniuite *Jp.c.* Niniuae ς   14 iudicium *G*   15 penitentiam ñ(*eras.*)egerunt *B*   16 in praedicatione *Ba.c.m2*   Ionae] *add.* et iterum ς   17 uenit *JΣDN*; *add.* saluator noster *s.l.m2J*   ad] in *Nt*   18 drach-
ma ς   periit *B*   19 relinquu(qu *B*)ntur in sol. *DB*   relinquen(n *r.l.J*)tur
J,Σa.c.m2   20 oberauerat (*sic*) *B* errauerat *Nt*   21 est *om.Nt*   pe(e *B*)niten-
tiam agente (—tem *Σa.c.*) *ΣB*   agentem *G,Σta.c.*   22 de salute *Σp.c.m2B*
in salute *Jp.c.m1*

tiam agite; adpropinquauit enim regnum
caelorum. nullum in medio spatium; mors et uita sibi contraria
8 sunt et tamen paenitentia copulantur. luxuriosus filius totam
prodegerat substantiam et procul a patre uix porcorum cibis inediam
sustentabat. reuertitur ad parentem, immolatur ei uitulus saginatus, 5
stolam accipit et anulum, ut Christi recipiat uestimentum, quod dudum polluerat, et audire mereatur: candida sint semper
uestimenta tua receptoque signaculo dei proclamet ad dominum: pater, peccaui in caelum et in te et recon-
ciliatus osculo dicat ad eum: signatum est super nos 10
lumen uultus tui, domine. iustitia iusti non
liberabit eum, in quacumque die peccauerit,
et iniquitas iniqui non nocebit ei, in qua-
9 cumque die conuersus fuerit. unumquemque iudicat,
sicut inuenerit, nec praeterita considerat sed praesentia, si tamen 15
uetera crimina nouella conuersione mutentur. septies cadet
iustus et resurget. si cadit, quomodo iustus, si iustus,
quomodo cadit? sed iusti uocabulum non amittit, qui per paenitentiam semper resurgit. et non solum septies, sed septuagies septies de-
linquenti, si conuertatur ad paenitentiam, peccata donantur. cui 20
plus dimittitur, plus diligit. meretrix lacrimis pedes saluatoris
lauat et crine detergit et in typum ecclesiae de gentibus congregatae
meretur audire: dimittuntur tibi peccata tua. phari-
saei iustitia perit superbia et publicani humilitas confessione sal-

---

3 cf. Luc. 15, 11—32   7 *Eccle. 9, 8   9 *Luc. 15, 18 et 21   cf. Luc. 15, 20
10 Ps. 4, 7   11 *Ezech. 33, 12   16 Prou. 24, 16   19 cf. Matth. 18, 21—22
20 cf. Luc. 7, 47   21 cf. Luc. 7, 37—38   23 *Luc. 7, 48   cf. Luc. 18, 10—14

1 adpropinquabit *Σ,Bp.c.m2*   3 copulatur *Nt*   luxoriosus *J,Σa.c.m2*
4 prodigerat *JΣp.c.,Ba.c.m2,Nt*   inaediam *GJΣ* inedia *tp.r.*   5 sustentabatur *t*
patrem *JΣB*   saginatur *B*   6 accepit *JΣ* recepit *B*   ut Christi *s.l.m2B*
Christi *s.l.m2Σ,om.J*   receptat *ex* receptet *m2B*   7 mereatur (atur *in ras.m2*) *B*
mereretur (retur *in ras.m2Σ*)*ΣD* meretur *J*   semper *s.l.m2N*   8 que *s.l.m2Σ*,
om.J   9 pater *bis* B (*corr.*)   *alt. in GJΣ* coram *DNtB*   *alt. et s.l.Σ* recon-
ciliatur (*sic*) *ex* reconciliata *B*   10 dicit *D*   11 domini *D*   12 liberabit *tB*
—uit *cet.*   13 eum *B*   in *om.DB*   14 iud. deus *ς*   16 cadet *J,Σa.c.m2* —dit
cet. (*cf. ad p. 68,17*)   17 et] sed *G*   resurget *JNt,Σa.c.m2* —git *cet.*   17 *et* 18
cadet *J,Σa.c.m2*   19 resurget *Ja.c.Σa.c.m2*   set septuagies septies *in mg.m2B*
sed et *JΣNt*   septuages (*sic*) et *G*   23 farisaei *G*   24 et *om.G*   puplicani *DN*

uatur. per Hieremiam contestatur deus: a d s u m m a m l o- 10
q u a r c o n t r a g e n t e m e t r e g n u m, u t e r a d i c e m
e t d e s t r u a m e t d i s p e r d a m i l l u d. s i p a e n i t e n-
t i a m e g e r i t g e n s i l l a a m a l o s u o, q u o d l o c u-
5 t u s s u m a d u e r s u s e a m, a g a m e t e g o p a e n i t e n-
t i a m s u p e r m a l o, q u o d c o g i t a u i, u t f a c e r e m
e i. e t a d s u m m a m l o q u a r d e g e n t e e t r e g n o,
u t a e d i f i c e m e t u t p l a n t e m i l l u d. s i f e c e r i t
m a l u m i n c o n s p e c t u m e o, u t n o n a u d i a t u o c e m
10 m e a m, p a e n i t e n t i a m a g a m s u p e r b o n o, q u o d ⟩
l o c u t u s s u m, u t f a c e r e m e i. statimque infert: e c c e 11
e g o f i n g o c o n t r a u o s m a l u m e t c o g i t o c o n t r a
u o s c o g i t a t i o n e m. r e u e r t a t u r u n u s q u i s q u e
a u i a s u a m a l a e t d i r i g i t e u i a s u e s t r a s e s s t u-
15 d i a u e s t r a. q u i d i x e r u n t: d e s p e r a u i m u s; p o s t
c o g i t a t i o n e s e n i m n o s t r a s i b i m u s e t u n u s-
q u i s q u e p r a u i t a t e m c o r d i s s u i m a l i f a c i e-
m u s. Symeon iustus loquitur in euangelio: e c c e h i c p o s i-
t u s e s t i n r u i n a m e t i n r e s u r r e c t i o n e m m u l-
20 t o r u m, in ruinam uidelicet peccatorum et in resurrectionem eorum,
qui agunt paenitentiam. apostolus scribit ad Corinthios: a u d i- 12
t u r i n t e r u o s f o r n i c a t i o e t t a l i s f o r n i c a t i o,
q u a l i s n e c i n t e r g e n t e s q u i d e m, i t a u t u x c r e m
p a t r i s a l i q u i s h a b e a t. e t u o s i n f l a t i e s t i s e t
25 n o n m a g i s l u c t u m h a b u i s t i s, u t t o l l a t u r d e
m e d i o u e s t r u m, q u i h o c o p u s f e c i t. et in secunda
ad eosdem epistula, n e a b u n d a n t i o r i t r i s t i t i a p e r e-

1 *Hier. 18, 7--10   11 *Hier. 18, 11—12   18 *Luc. 2, 34   21 *I Cor.
5, 1—2   27 *II Cor. 2, 7

1 ieremiam B hiereamia G   ad sumam J∑B assumam Nt   loquor Ja.c.m2
loquarque N,t a.c.   5 aduersum J∑DB   7 ad sumam J∑,Da.c. assumam Nt
de] super DNtB   gentem et regnum Gt,Bp.c.m2   8 alt. ut s.l.m2∑   ˸2 cogi-
tabo Nt   15 disperamus Ba.c.m2   16 enim in ras.m2B   17 post prauit. ς
sui s.l.m2B   male Nt malum ς   18 simeon ∑B; add. quoque Nt   in eu. loq. ς
dicit in eu. B in eu. G   19 et s.l.m2B   in om.JDN   resurrectione Nt   20 pr.
in —resurr. partim in ras. partim in mg. m2B   pr. in --21 qui om.D   resurrectione Gt   21 corintios B   22 et talis forn. om.G   23 ne J∑a.c.m2   25 tol-
leretur B   27 nec D   hab. JDB abundatiori Ga.c.

5*

a t, q u i   e i u s   m o d i   e s t, reuocat eum et obsecrat, ut confir-
ment super illum caritatem et, qui incestu perierat, paenitentia con-
13 seruetur.   n u l l u s   e n i m   m u n d u s   a   p e c c a t o,   n e c   s i
u n i u s   q u i d e m   d i e i   f u e r i t   u i t a   e i u s;   n u m e r a-
b i l e s   a u t e m   a n n i   u i t a e   i l l i u s.   a s t r a   q u o q u e 5
i p s a   n o n   s u n t   m u n d a   i n   c o n s p e c t u   e i u s   et
a d u e r s u m   a n g e l o s   s u o s   p e r u e r s u m   q u i d   e x-
c o g i t a u i t. si in caelo peccatum, quanto magis in terra! si delictum in his, qui carent temptatione corporea, quanto magis in
nobis, qui fragili carne circumdamur et cum apostolo dicimus: 10
m i s e r   e g o   h o m o,   q u i s   m e   l i b e r a b i t   d e   c o r p o r e
m o r t i s   h u i u s? non enim habitat in carne nostra bonum
nec agimus, quod uolumus, sed quod nolumus, ut aliud anima
14 desideret, aliud caro facere cogatur. quodsi quidam iusti appellantur in scripturis et non solum iusti sed iusti in conspectu 15
dei, iuxta illam iustitiam appellantur iusti, iuxta quam supra
dictum est: s e p t i e s   c a d e t   i u s t u s   e t   r e s u r g e t   et
iuxta quod i n i q u i t a s   i n i q u i   n o n   n o c e b i t ei, i n
q u a c u m q u e   d i e   c o n u e r s u s   f u e r i t. denique et Zacharias, pater Iohannis, qui scribitur iustus, peccauit in eo, quod non 20
credidit, et statim silentio condemnatur et Iob, qui iustus et inmaculatus ac sine querella in principio uoluminis sui scribitur, postea
15 et dei sermone et confessione sui peccator arguitur. si Abraham,

1 cf. II Cor. 2, 8   3 *Hiob 14, 4—5   5 *Hiob 25, 5   7 * Hiob 4, 18
11 *Rom. 7, 24   12 cf. Rom. 7, 17—20   17 Prou. 24, 16   18 *Ezech. 33, 12
19 cf. Luc. 1, 6 et 20   21 cf. Hiob 1, 1

1 huiusmodi B   reuocate Nt   ut om.G   confirmet Ja.c.ΣD   2 super
illum] in eum G   illum s.l.m2B   et] ut ς   incestus Σp.c.m2   paenitentiam G
3 enim] quidem ς   mundus est ς   nec si in ras.m2B   ne JD,om.G   4 fuerit om.G   numerauilis D   5 autem om.Nt   7 aduersus   quod JΣa.c.
cogitauit Ba.c.   8 si —pecc. om.G   in terra —9 in nobis in mg. inf. m2Σ
terrā D terra*B   9 temt. G tent. ς   10 fragile Σp.c.m2   dicimus in mg.m2Σ
11 homo om.Nt   liberabit JB,Σp.c. —uit cet.   13 quod uol. sed in mg.B
aliut utroque loco G   anime D   16 iust.] sentenciam B   quam ex quod m2Σ
supra s.l.G   17 scriptum B   cadet GJ,Σa.c.m2 —dit cet.   resurgit Nt surgit B
alt. et s.l.Σ   18 iniqui] iniqua t   ei s.l.m2B   19 zaccharias G zacarias B
21 qui om.Nt   tert. et om.G   22 quaerella GNt,J (pr. l eras.) querela ΣB   uolu-
mini J   23 et in dei G   dei (i eras.) B   conf. sua J sua conf. G

Isaac et Iacob, prophetae quoque et apostoli nequaquam caruere
peccato, si purissimum triticum habuit mixtas paleas, quid de nobis
dici potest, de quibus illud scriptum est: q u i d   p a l e i s   a d   f r u-
m e n t u m,   d i c i t   d o m i n u s? et tamen paleae futuro reser-
5 uantur incendio et zizania hoc tempore mixta sunt segetibus frumentorum, donec ueniat, qui habet uentilabrum in manu sua et
purgabit aream, ut triticum in horrea congreget et quisquilias
gehennae igne conburat.

　4. Haec omnia quasi per pulcherrima scripturarum prata
10 discurrens in unum locum uolui congregare et de speciosissimis floribus coronam tibi texere paenitentiae, quam inponas capiti tuo et
adsumas pennas columbae et uoles et requiescas et clementissimo
reconcilieris patri. narrauit mihi uxor quondam tua, nunc soror 2
atque conserua, quod iuxta praeceptum apostoli ex consensu abs-
15 tinueritis uos ab opere nuptiarum, ut uacaretis orationi, tuaque
rursum uestigia quasi in salo posita fluctuasse, immo — ut apertius
loquar — esse prolapsa, illam autem audisse a domino cum Moysi:
t u   u e r o   h i c   s t a   m e c u m et dixisse de domino: s t a t u i t
s u p r a   p e t r a m   p e d e s   m e o s, tuam domum, quae funda-
20 menta fidei solida non habebat, postea diaboli turbine concidisse,
porro illius perstare in domino et suum tibi hospitium non negare,
ut, cui prius coniunctus fueras corpore, nunc spiritu copuleris — q u i

3 *Hier. 23, 28　6 cf. Matth. 3, 12 et Luc. 3, 17　12 cf. Ps. 54, 7　14 cf.
I Cor. 7, 5　18 Deut. 5, 31　*Ps. 39, 3　22 *I Cor. 6, 17

　1 ysahac *B* et isaac *Σ* si isaac *Nt*　*pr.* et *om.G*　2 peccata *J*,*Σa.c.m*2
peccatis *B*　tritticum *G*　mixta paleas *D* paleas mixtas *Σ*　3 script. ill. ç
paleę *Bp.c.*　ad *ex* a *B*　4 et] e *Σ*　ob futurum res. incendium *Nt*　5 seg.
mixta sunt *Nt*　frumentorum *s.l.m*2*Σ*,*om.J* futurorum *D*　7 purgabit *Σp.c.m*2*B*
—uit *cet.* —uerit ç　trit. congr. in h(*om.B*)orrea *DB* congr. trit. in horrea ç
tricticum *GN*　in horrea *s.l.m*2*Σ*　8 igni *Σp.c.m*2*DNB*　con(m buret *DNt*
9 per *in ras.m*2*Σ* de *J*　pulcherima *J* pulcerrima *D* pulcherrimas *G*,*Na.r.*
10 de *om.B*　speciosissimis pret(c *Σ*)iosissimis (*add.* que *m*2*Σ*)*JΣ*　12 adsum-
mas *Ga.r.B* adsumes *JΣ*　pinnas *G*　13 quondam uxor *D*　15 uos *om.B*
uacetis *Nt*　16 rursum *s.l.m*2*Σ*,*om.J* sursum *D* rursus *Nt*　quasi *s.l.m*2*B*
solo *G*　fluctuassent *Nt*　17 dicam *B*　essent *Nt*　illa *NtB*　moysi *GJD*
moyse *cet.*　18 de *s.l.m*2*Σ*　19 supra] per *G*　petra *t*　meos *s.l.m*2*Σ*　fundamentum solidae fidei *G*　20 solidata *Nt*　concidisse *Σ*　21 perstares *Nt*
tibi *in ras.m*2*B*,*om.Nt*　ospitium *DB*　negares *Nt*　22 fueris *D*　non (*eras.*)
nunc *G*

70 Sancti Hieronymi

enim adhaeret domino, unus spiritus est —,
cumque uos rabies barbarorum et inminens captiuitas separaret,
sub iuris iurandi testificatione pollicitum, ut ad sancta transeuntem
loca uel statim uel postea sequereris et seruares animam tuam, quam
3 uisus fueras neglegentia perdidisse. redde igitur, quod praesente 5
domino spopondisti. incerta est uita mortalium; ne ante rapiaris,
quam tuam inpleas sponsionem, imitare eam, quam docere debueras.
pro pudor! fragilior sexus uincit saeculum et robustior superatur
a saeculo. tanti dux femina facti est et non sequeris eam,
in cuius salute candidatus es fidei? quodsi te rei familiaris tenent 10
reliquiae, ut scilicet mortes amicorum et ciuium uideas et ruinas
urbium atque uillarum, saltim inter captiuitatis mala et feroces
hostium uultus et prouinciae tuae infinita naufragia teneto tabulam
paenitentiae et memento conseruae tuae, quae tuam cottidie suspirat
4 nec desperat salutem. tu uagaris in patria, immo non patria, quia 15
patriam perdidisti; ista pro te in locis uenerabilibus resurrectionis
et crucis et incunabulorum domini saluatoris, in quibus paruulus
uagiit, tui nominis recordatur teque ad se orationibus trahit, ut, si
non tuo merito, saltim huius salueris fide. iacebat quondam paraly-
ticus in lectulo et sic erat cunctis artubus dissolutus, ut nec pedes 20
ad ingrediendum nec manus mouere posset ad precandum; et tamen
offertur ab aliis et restituitur pristinae sanitati, ut portaret lectu-
5 lum, qui dudum a lectulo portabatur. et te igitur absentem corpore, praesentem fide offert conserua tua domino saluatori et dicit

9 Uergil. Aen. I 364   19 cf. Marc. 2, 3—12 etc.

1 aderet B   deo B   est spiritus J*Σ* spiritu est *N* ;*add.* cum eo ç   2 se-
parasset J*Σ*   3 iuris(*s.l.m2*) iurandi *Σ* iusiurandi ç   testificationem *G*   trans-
euntes*Nt*   4 saluares *B*   6 deo ç   capiaris *B*   7 tuas (*sed seq.* sponsionem)*t*
expleas *G*   9 tantę(e) *Nt*   femine *Nt*   facta *JD,Ba.c.m2* factus *t*   es *Nt*
10 salute] saltem *Bp.c.m2*   candidus *Nt*   est (t*add.m2*) *Σ*   fidei (*alt.* i *eras.*)*B*
quod *ex* quid *B*   11 scilicet et (*eras.Σ*)*J Σ*   12 saltem *GNt,Ja.c.*   14 memen-
tote *t*   tuam] tuae *t*   cottidie (—ae *J*)*GJΣ* cotidie *cet.*   15 nec disperat *ex* ne
desperet *m2Σ,om.DNtB*   uersaris *ex* uaris *B*   non] *add.* in *s.l.m1J*   16 ista]
ita *Σ*   17 incunabularum *Σ* cunabulorum *Ba.c.m2*   18 uagit *Σ*   19 saltem
GNt,Ja.c.   fidem *G* exemplo *J,Σa.c.m2*   paralit. *JtB,Σa.c.m2* paralet. *G*
20 artibus *GΣa.c.m2*   21 gradiendum *t*   possit *JΣD*   praedicandum *J,Σa.r.*
22 perfertur *DNt,Σp.c.m2* profertur *B*   pristini *D*   23 port. a lect. ç   et te]
ecce *J*   24 offerit *G*

cum Chananaea: f i l i a m e a m a l e u e x a t u r c a e m o-
n i o. recte enim appellabo animam tuam filiam animae eius, quae
sexus nescit diuersitatem, quia te quasi paruulum atque lactantem
et necdum ualentem sumere solidos cibos inuitat ad lac infantiae
5 et nutricis tibi alimenta demonstrat, ut possis dicere cum propheta:
e r r a u i s i c u t o u i s p e r d i t a; q u a e r e s e r u u m
t u u m, q u o n i a m m a n d a t a t u a n o n s u m c b l i t u s.

1 *Matth. 15, 22   3 cf. Hebr. 5, 12—14   6 *Ps. 118, 176

1 cananea *DB* chananea *cet.*   uex. a daem. *Dt,Np.c.Bp.c m2* a daem.
uex. *JΣ*   2 an. t. app. (an. t. *s.l.m2*)*Σ*   filiam] *seq.* tuā *eras.J*   eius anime *B*
3 sexu *t*   quia] qui *J,Σ a.c.m2*   latantem *Bp.c.m2* lactentem *t,Ba.c.m2*   4 sol.
cib(u *t*)os sumere *Nt*   cybos *JΣ* ciuos *Dt*   6 perdita] que periit *B*   7 tuum]
add. dñe *s.l.m1J*   quia *JΣ*   manda *J*   oblitus] *add.* amen. expl epistula hironimi ad rusticum de pęnitentia *G* amen *JΣ*

CXXIII.

AD GERUCHIAM DE MONOGAMIA.

1. In ueteri uia nouam semitam quaerimus et in antiqua detritaque materia rudem artis excogitamus elegantiam, ut nec eadem sint et eadem sint. unum iter et perueniendi, quo cupias, multa con- 5 pendia. saepe ad uiduas scripsimus et in exhortatione earum multa de scripturis sanctis exempla repetentes uarios testimoniorum flores

Γ = Lugdunensis 600 s. VI (continet p. 72, 5 unum — conpendia; 73, 5 Annam
—6 retulit; p. 73, 15 sub quorum —17 liberorum; p. 74, 3 quanto —5 praemia; p. 75, 17 ne aliud —19 ocello; p. 78, 1 quibus — oratio; p. 81, 17
omni —20 luxuriam; 22 damnamus —23 laudamus; 24 in arca—p. 82, 3 contumeliam; 5 centenarius —8 testetur contaminata cum p. 83, 11 itaque
—14 secundum; p. 88, 11 libido —14 ducitur; p. 89,6 caue —8 naufragium; 11 fuge —12 suspicio; p. 90, 4 melius est —6 dimittenda sunt; 14 nec
peccator —·15 securus sit; p. 91, 6 nos uero —16 superbiam; p. 92, 15 ipsae
Hispaniae —18 patiuntur; p. 93, 5 praeter —6 libertatem; p. 94, 3 potentiam —13 patimur; p. 95, 4 quae in alieno —5 palpentur).
K = Spinaliensis 68 s. VIII.
A = Berolinensis lat. 17 s. IX.
Π = Turicensis Augiensis 49 s. IX.
D = Vaticanus lat. 355 + 356 s. IX—X.
N = Casinensis 295 s. X.
Ψ = Augustodunensis 17 A s. X.
B = Berolinensis lat. 18 s. XII.

de epistula sci hironimi prbi ad agarurutiam Γ ad ageruciam de monogamia
et (gamia et s.l.K) de uiduitate $K\Psi$ hieronimus ad ag(gg D)eruc(t A)iam de monogamia $A\Pi D$ epła hier ad geruchiam de uiduitate seruandam (sic) N ieronimi
ad angerochiam de monogamia et de uiduitate seruanda B; Hieronymi nomen
exhibent tituli omnium codicum praeter $K\Psi$; uerum feminae nomen Geruchia =
γέρας ἔχουσα (cf. p. 73, 2: quodam uaticinio futurorum ac dei praesidentis
auxilio nomen accepit) solus seruauit uel sagaci coniectura restituit N (simili errore in titulo epist. CVII ex ad Laetam in multis codd. ortum est ad Aletam uel
ad Athletam)

3 uetere $\Pi p.c.D$ detrita (om. que) Ba.c.m3   5 pr. sint om.Π et eadem
sint s.l.m2A   alt. sint] sunt Π unum — conp.] multae sunt uirtutum species,
quae sectatoribus suis tribuunt regna caelorum. unum quidem iter, sed perueniendi multa conpendia Γ cupis $K\Psi$ cupimus B   6 exortatione D,Na.c. exortationem (exh. Ψ) $A\Pi\Psi B$

in unam pudicitiae coronam texuimus. nunc ad Geruchiam nobis 2
sermo est, quae quodam uaticinio futurorum ac dei praesidentis auxilio nomen accepit, quam auiae et matris amitaeque, probatarum
in Christo feminarum, nobilis turba circumstat: quarum auia
5 Metronia per quadraginta annos uidua perseuerans Annam nobis,
filiam Fanuhelis, de euangelio retulit, Benigna mater quartum et
decimum inplens uiduitatis annum centenario uirginum choro
cingitur, soror Celerini, patris Geruchiae, quae paruulam nutriuit
infantem et in suo natam suscepit gremio, per annos uiginti mariti
10 solacio destituta erudit neptem, quod a matre didicit.

2. Haec breui sermone perstrinxi, ut ostendam adulescentulam
meam non praestare monogamiam generi suo sed reddere nec tam
laudandam esse, si tribuat, quam omnibus exsecrandam, si negare
temptauerit, praesertim cum postumus eius Simplicius nomen patris
15 referat et nulla sit excusatio desertae ac sine herede domus, sub
quorum patrocinio interdum sibi libido blanditur, ut, quod propter
intemperantiam suam faciunt, uideantur facere desiderio liberorum.
sed quid ego quasi ad retractantem loquor, cum audiam eam multos 2

5 cf. Luc. 2, 36—38

1 unum D　　corona B　　geruch. N ageruch. AD,Πa.r. ageruc. Πp.r.Ψ
ageroc. K aggeroch. B　　2 quae ex quem A　　futurarum Aa.c.m2L　　praesidentis (sid in ras.m2) B; num praeuidentis?　　3 et KΨ,om.cet.　　4 quorum
Aa.c.m2ΠD auiā D　　5 etronia DN　　sexaginta N　　Annam—6 retulit] fidelis
filia, dum tam integre et sanctae uidui(i ex e m2)tatis pudicitiam seruas annam
nobis, fanuhelis filiam, de euangelio retulisti Γ　　Annam] an non Π　　6 fanuh. Γ
phanuh. ADN fanu. KΨB phanu. Π　　rettulit K　　7 uid. implens N　　8 Geruchiae scripsi ad geruchiā N ageruch(h eras.Π)iae (—ia p.c.m2A)AΠD agerociae
KΨ aggerochie B　　quae ex quem m2A qui ς　　paru(b D)ula Aa.c.m2DN paruulum Ap.c.m2　　9 nata D　　10 destitutam AΠ　　nepte D nepotem (o exp.) B;
add. docens ς　　11 perstrincxi (c exp.) K perstrixi A,Πa.c.m2　　adolesc. Aa.c.m2
ΠDN adulisc.Ψ　　12 non] non tam Kp.c.m2Ψ non tantum N　　mcnogāmiā Ψ
genere Ψ　　13 hominibus D　　execr. DB　　negare tempt.] negauerit B　　15 de-
sertae] de stirpe KΨ　　hac B　　herede domus] heredibus (ibus in ras. ualde di-
ductis litteris, fuit procul dubio e domus) B heredibus domus ς　　sub quor.—17
liber.] frequenter sub patro(ex u m2)cinio posteritatis uiduarum sibi libido blanditur, ut, quod propter intemperantiam suam faciunt, uideantur facere desiderio
(ex —ium m2) liberorum Γ　　17 suam etiam codicis uetustissimi Γ testimonio
defensum om.KΨ　　18 retrectantem ς　　locar ex locor m2B　　ea D

palatii procos ecclesiae uitare praesidio, quos certatim diabolus inflammat, ut uiduae nostrae castitatem probet, quam et nobilitas et
forma et aetas et opes faciunt cunctis appetibilem, ut, quanto plura
sunt, quae inpugnant pudicitiam, tanto uictricis maiora sint
praemia?   5
    3. Et quia nobis de portu egredientibus quasi quidam scopulus
opponitur, ne possimus ad pelagi tuta decurrere, et apostoli Pauli
scribentis ad Timotheum profertur auctoritas, in qua de uiduis disputans ait: u o l o   a u t e m   i u n i o r e s   n u b e r e ,   f i l i o s
p r o c r e a r e ,   m a t r e s   f a m i l i a s   e s s e ,   n u l l a m   o c c a- 10
s i o n e m   d a r e   a d u e r s a r i o   m a l e d i c t i   g r a t i a ;   i a m
e n i m   q u a e d a m   a b i e r u n t   r e t r o   p o s t   s a t a n a n ,
oportet primum sensum tractare praecepti et omnem loci huius
continentiam discutere atque ita apostolicis uestigiis insistentem
ne transuersum quidem, ut dici solet, unguem in partem alteram 15
2 declinare. supra scripserat, qualis uidua esse deberet: unius uiri
uxor, quae liberos educauit, quae in bonis operibus habuit testimonium, quae tribulantibus de sua substantiola ministrauit, cuius
spes deus est et quae permanet in obsecratione et orationibus
nocte ac die. post quae iungit contraria: q u a e   a u t e m   i n 20
d e l i c i i s   e s t ,   u i u e n s   m o r t u a   e s t. statimque infert
et discipulum suum omni munit arte doctrinae: a d u l e s c e n-
t i o r e s   a u t e m   u i d u a s   d e u i t a ,   q u a e ,   c u m   l a s c i-
u i e r i n t   i n   C h r i s t o ,   n u b e r e   u o l u n t   h a b e n t e s

---

9 *I Tim. 5, 14—15   16 cf. I Tim. 5, 9—10   19 cf. I Tim. 5, 5
20 *I Tim. 5, 6   22 *I Tim. 5, 11—12

1 prochos *Ka.r.Ψ* proceres *B* pro uobis *N*   quod *D*   2 probent *AΠD*
pr. et *om.N*   3 forma] fama *B*   quanti plura sunt, quae inpugnant pudici-
(*ex* ti *m2*)tiam, tanto (*ex* tantum *m2*) uictoris maiora sunt praemia *Γ*   4 quae
ex quem *m2A*   pudicitiae *Na.c.m2*   uic*tricis *Ψ* uictoris *Γ*   sunt (*Γ*)*Ψa.r.*
6 scopolus *AB*   7 et *om.B*   8 timoteum *B*   proferatur *B*   9 iuueniores *AΠD*
11 aduers.] diabolo *B*   12 enim *s.l.m2B*   retro habierunt *B*   habierunt *DNB*
satan *Aa.c.m2* sanan *Πa.c.* satanam *ς*   14 insistere *N*   15 quidem *om.B*
16 esse—17 educ. *in mg.m2A*   debet *B*   17 liberis *Ψ*   edocauit *KDΨ*   18 tri-
bulatis *Ap.c.m2B*   substantia *Ka.c.NΨ*   subministrauit *AΠ*   19 *pr.* et *om.B*
et orat. *s.l.m2B*   20 die hac nocte *B*   22 et] ut *AΠD,Bs.l.m2*   omni muniat *AΠDB* muniat omni *ς*   adol. *Ap.c.m2NB*   23 quae *ex* qui *m2A*   cum
om.D   lasciuiate fuerint *B*   24 uolent *D*

d a m n a t i o n e m, q u o d p r i m a m f i d e m i r r i t a m f e-
c e r u n t. propter has igitur, quae fornicatae sunt in iniuriam uiri ₃
sui Christi — hoc enim *καταστϱηνιάσουσιν* Graecus sermo significat
— uult apostolus alterum matrimonium praeferens digamiam forni-
₅ cationi, secundum indulgentiam dumtaxat, non secundum imperium.
4. Simulque singula testimonii uerba tractanda sunt. u o l o,
inquit, a d u l e s c e n t u l a s n u b e r e: cur, quaeso? quia
nolo adulescentulas fornicari. p r o c r e a r e f i l i o s: quam ob
causam? ne metu partus ex adulterio filios necare cogantur.,
₁₀ m a t r e s f a m i l i a s e s s e: quare, obsecro? quia multo tolera-
bilius est digamum esse quam scortum, secundum habere uirum
quam plures adulteros. in altero enim miseriarum consolatio est,
in altero poena peccati. sequitur: n u l l a m o c c a s i o n e m ₂
d a r e a d u e r s a r i o m a l e d i c t i g r a t i a. in quo breui.
₁₅ accinctoque praecepto multa simul monita continentur: ne proposi-
situm uiduae exquisitior cultus infamet, ne oculorum nutibus et
hilaritate uultus iuuenum post se greges trahat, ne aliud uerbo, aliud
habitu polliceatur et conueniat ei uersiculus ille uulgatus:
r i s i t e t a r g u t o q u i d d a m p r o m i s i t o c e l l o.
₂₀ atque ut omnes nubendi causas breui sermone concluderet, cur ₃
hoc praecepisset, ostendit dicens: i a m e n i m q u a e d a m
a b i e r u n t r e t r o p o s t s a t a n a n. ideo ergo secunda et,
si necesse est, tertia incontinentibus aperit matrimonia, ut a satana

---

3 cf. I Tim. 5, 11   4 cf. I Tim. 5, 14—15   5 cf. I Cor. 7, 6   6 *I Tim. 5, 14
8 *I Tim. 5, 14   10 I Tim. 5, 14   13 I Tim. 5, 14   19 Ouidius am. III 2, 83
21 *I Tim. 5, 15

1 dampn. quia *B*   2 in *s.l.Π,om.D*   3 *KA(TA eras.)CTPHNIAϽϽYCIN*
A KACATPHNIACOSCYN B KATACYPHNACϘC N καταστϱηνιάσωσι ς
sign. se(r *s.l.*)mone *B*   4 bigamiam *Dp.c.m2* dignū quā *N*   7 adulisc. *Aa.c.m2*
adolesc. *Ap.c.m2NB*   queso *ex* quero *m2A*   8 nullo (*in mg.m2* nolo) *D*   adol. *A*
p.c.m2NB   filias *D*   9 ex adult.] et adulterii *AΠD*   10 multum *N*   11 est]
esse *B*   bigamum *Dp.c.m2* digamam ς   scortum et ς   12 est *KῬ,om.cet.*
13 peccati] *add.* est *A(exp.)ΠDNB*   17 trahant *N*   ne aliud—19 ocello] detesta-
bilis uidua est, quae aliud uerbo (*ex* —ū *m2*), aliud habitu po(*ex* pu *m2*)llicetur.
huic conuenit uersiculus ille uulgatus: risit et arguto qui(d *s.l.m2*)dam promisit
ocello *Γ*   18 habitu *s.l.m2K*   19 quidam *Γa.c.m2B*   20 omni *D*   21 preci-
pisset *AD*   22 habierunt *N*   sanan *Πa.c.* satanam ς   23 est] esset (t *s.l.m2*)*A*
a *s.l.B*   satana(*add.* n *s.l.*)*K* satanan (*alt.* n *exp.* A)*AD* satan *Π* satana eas *N*

abstrahat, ut magis mulierem qualicumque uiro iunctam faciat esse
quam diabolo. sed et ad Corinthios tale quid loquitur: d i c o
a u t e m i n n u p t i s e t u i d u i s: b o n u m e s t i l l i s, s i
s i c p e r m a n s e r i n t u t e g o. si autem non se con-
t i n e n t, n u b a n t; m e l i u s e s t e n i m n u b e r e [q u a m ⁵
u r i]. cur, apostole? statim infers: quia peius est uri.

5. Alioquin absolutum bonum est et sine conparatione peioris
esse, quod apostolus est, id est solutum, non ligatum, nec seruum
sed liberum, cogitantem ea, quae dei sunt, non ea, quae uxoris. et
protinus in consequentibus: m u l i e r, inquit, a l l i g a t a e s t ¹⁰
u i r o, q u a m d i u u i u i t u i r e i u s. q u o d s i d o r m i e-
r i t u i r e i u s, l i b e r a e s t: c u i u u l t, n u b a t, t a n-
t u m i n d o m i n o. b e a t i o r a u t e m e r i t, s i s i c p e r-
m a n s e r i t s e c u n d u m m e u m c o n s i l i u m. p u t o
2 a u t e m, q u o d e t e g o s p i r i t u m d e i h a b e a m. et in ¹⁵
hoc idem sensus, quia idem et spiritus; diuersae epistulae, sed
unus auctor epistularum. uiuente uiro mulier alligata est et
mortuo soluta. ergo matrimonium uinculum est et uiduitas solutio. uxor alligata est uiro et uir alligatus uxori in tantum, ut
sui corporis non habeant potestatem et alterutrum debitum red- ²⁰
dant nec possint habere pudicitiae libertatem, qui seruiunt domi-
3 natui nuptiarum. quodque addidit: t a n t u m i n d o m i n o,
amputat ethnicorum coniugia, de quibus et in alio loco dixerat:
n o l i t e i u g u m d u c e r e c u m i n f i d e l i b u s. q u a e
e n i m p a r t i c i p a t i o i u s t i t i a e c u m i n i q u i t a t e ²⁵
a u t q u a e s o c i e t a s l u c i c u m t e n e b r i s? q u a e

2 *I Cor. 7, 8—9   9 cf. I Cor. 7, 32—33   10 *I Cor. 7, 39—40   19 cf.
I Cor. 7, 27   20 cf. I Cor. 7, 3—4   22 I Cor. 7, 39   24 *II Cor. 6, 14—16

1 abstrahatur *Ap.c.m2*   faciet *Π*   2 et *s.l.m2A*   corintios *B*   quit *B*
aliquid *AΠD*   4 ut] sicut et *B*   sin autem *N*   se non *AΠD*   5 enim est ς
enim *om.B*   quam uri *ab Hieronymo consulto omissum lector addidisse uidetur*
6 aposto(*ex* u *Π*)lus *AΠNB*   infers *Ψ* inferes *K* intulit *cet.*   7 alioquin *om.D*
et] set *D*   9 et] sed *D,om.N*   10 est *ex* es *m2K*   11 uir eius uiuit *codd. prae-*
terKΨ   12 liberata *Ψ*   14 cons. meum ς   15 *pr.* et *s.l.B*   in *s.l.m2A*
16 sensus] *add.* est *AΠD*   et *om.Aa.c.m2ΠD*   diuerse *ex* diue *B;add.* sunt *N*
sed unus *ex* secundum *m2A*   17 unus est *N*   si uiuente *N*   19 all. uxori *Ka.c.Ψ*
all. est ux. *cet.* ux. all. est ς   20 pot. nun hab. *B*   21 possent *Aa.c.m2ΠD*
23 etnic. *Aa.c.m2* hetnic. *B* ethnic. *Π*   et *om.B*   26 lucis ς

conuentio Christi ad Belial aut quae pars
fideli cum infidele? qui consensus templo
dei cum idolis? ne scilicet aremus in boue et asino, ne tunica
nuptialis uario sit texta subtemine. extemploque tollit, quod con- 4
5 cesserat et, quasi paeniteat eum sententiae suae, retrahit: be-
atior erit, si sic permanserit, suique hoc magis dicit
esse consilii. quod, ne contemnatur ut hominis, spiritus sancti
auctoritate confirmat, ut non indulgens homo fragilitati carnis humanae, sed apostolus praecipiens sancto spiritu audiatur. nec 5
10 sibi in eo annorum puellarium debet uidua blandiri, quod non minus
sexagenariae electionem praecipit. neque enim innuptas uel iu-
uenculas cogit, ut nubant, qui de nuptis quoque loquitur: tempus breue est; superest, ut et, qui habent
uxores, sic sint, quasi non habeant, sed de his
15 uiduis disputat, quae suorum nutriuntur alimentis, quae filiorum et
nepotum ceruicibus inponuntur. quibus imperat, ut discant do- 6
mum suam colere et remunerari parentes et sufficienter eis tribuere,
ut non grauetur ecclesia et possit certis uiduis ministrare, de quibus
scriptum est: honora uiduas, quae uere uiduae
20 sunt, hoc est, quae omni suorum auxilio destitutae, quae manibus
suis laborare non possunt, quas paupertas debilitat aetasque conficit,

---

3 cf. Deut. 22, 10   cf. Leu. 19, 19   5 I Cor. 7, 40   6 cf. 1 Cor. 7, 40
7 cf. 1 Cor. 7, 40   10 cf. I Tim. 5, 9   12 *I Cor. 7, 29   15 cf. I Tim. 5, 4
18 cf. I Tim. 5, 16   19 *I Tim. 5, 3   20 cf. I Tim. 5, 5

1 conuenientia *AΠD*   ad] cum *AΠD*   2 inf.] infideli *Bp.c.m2ς* fideli *ex*
fidele *A*   quis *NB*   3 boue] *add.* simul *s.l.m2N*   4 tecta *B*   subtegmine
(—nae *A*)*AΠa.r.,DNB*   extemplo *Ka.c.m2* extimploque *Kp.c.m2B* exemplo-
que *AΠD*   6 permanserint *N*   dicit *om.AΠD*   7 nec *B*   condemnetur *ΠD*
condempnetur (—atur *m2*)*A*   homines *AΠa.c.,D*   8 fragilitate *Aa.c m2ΠD*
9 in apostolo *ς*   praec. sancto spir. *KΨ* sancto spir. praec. *ADB* spir. sancto
praec. *ΠN* spiritus sanctus praec. *ς*   10 puellarum *Aa.c.N*   11 sexaginariae *KΨ*
sexagenaria(*ex* u *m2A*)m *AΠD,Ba.c.m2*   elect.] eligi *ς*   praecepit *NB*
12 cogerat *B*   nuptiis *KAΠD*   quoque *om.N*   13 et *om.B*   14 quasi] *add.*
qui *N*   sed] et *N*   15 nutrientur *N*   17 remunerare *NB*   alt. et *om.AΠD*
subf. *D*   18 cetis (= ceteris)*B*   ministrari *Aa.c.m2ΠD*   19 uerae *Πa.r.ς*
20 auxilio (auxlio *Π*) suorum *AΠD*   destit.] *add.* sunt *s.l.m2KB*   21 debilitas *K* debilitio (debilis *corr.m2*, debilitas *corr.m3*)*A*   aetasque —oratio *s.l.m2A*
aetas confecit *Am2*

quibus deus spes est et omne opus oratio. ex quo intellegi datur
adulescentulas uiduas exceptis his, quas excusat infirmitas, uel suo
7 labori uel liberorum ac propinquorum ministerio deligari. honor
autem inpraesentiarum uel pro elemosyna uel pro munere accipitur,
ut est illud: p r e s b y t e r i d u p l i c i h o n o r e d i g n i 5
h a b e a n t u r, m a x i m e, q u i l a b o r a n t i n u e r b o e t
d o c t r i n a. et in euangelio dominus disserit mandatum legis, in
quo dicitur: h o n o r a p a t r e m t u u m e t m a t r e m t u-
a m, non in uerborum sono, qui inopiam parentum cassa potest adulatione frustrari, sed in uictus necessariis ministrandis debere in- 10
8 tellegi. iubente enim deo, ut filii alerent parentes pauperes et red-
derent beneficia senibus, quae paruuli acceperant, scribae et pharisaei e contrario docebant filios, ut parentibus responderent: 'corban,
hoc est donum, quod altari pollicitus sum et in templi dona promisi,
si tu a me acceperis cibos, uertetur in tuum refrigerium'. atque ita 15
fiebat, ut egentibus patre et matre sacrificium offerrent filii, quod
sacerdotes scribaeque consumerent. si ergo apostolus pauperes uiduas
— eas tamen, quae adulescentulae sunt et nulla debilitate franguntur — cogit suis manibus laborare, ne grauetur ecclesia et possit anus
uiduas sustentare, qua excusatione utitur, quae opibus mundi affluit, 20
quae potest etiam aliis ministrare et de iniquo mamona facere sibi
9 amicos, qui possint eam in aeterna suscipere tabernacula? simulque considera, quod uidua non eligatur nisi unius uiri uxor. et nos
putabamus sacerdotum hoc tantum esse priuilegium, ut non ad-

1 cf. I Tim. 5, 5   3 cf. I Tim. 5, 3   5 I Tim. 5, 17   7 cf. Marc. 7, 10—13
8 Ex. 20, 12   13 cf. Marc. 7, 11   19 cf. I Tim. 5, 4 et 16   21 cf. Luc. 16, 9
23 cf. I Tim. 5, 9

1 quibus] felices sunt, quibus Γ deus *om.Am2*   dat. int. ς 2 adol.
Ap.c.m2NB   3 prop. ac lib. *B*   ac] et ς delegari *Bp.c.ς*   4 ele(i $K\Psi$)mo-
sina *KAΠDΨ* helemosina *B* eleemosyna ς 5 digni *s.l.B*   6 qui *ex* que *m2A*
quia *D*   et] et in *B*   7 dixerit *Aa.c.m2ΠDN* dixerat *Ap.c.m2*   9 non] ne *D*
10 uictis *Πa.c.m2* iunctis *D* uariis *Aa.c.m2*   11 domino ς ut *s.l.B*   et *s.l.B*
13 e *om.NB*   14 ho est $\Pi \cdot$ i $\cdot$ (= id est) *B*   promissi *D*   15 si *s.l.m2A*
cybo(*s.l.* u *m2*)s *A*   uertitur $K\Psi$ uertentur Π uertet *D*   16 fiebat] flebant *N*
et] aut *N*   offerent *Aa.c.m2*   18 adol. *Ap.c.m2NB*   20 uidua $K\Psi$ utetur *N*,
Bp.c.   quae] qui Ψ affluit *K* fluit *Aa.c.m2ΠD*   21 mammona *Ap.c.m2Π*
sibi facere ς 22 possent *Aa.c.m2ΠD*   susc. tab. $K\Psi$ recipere tab. *cet.* tab.
recipere ς 23 uidua anus *K*   non *s.l.K*   uiri unius *N*   24 putamus ς

mittatur ad altare, nisi qui unam habuerit uxorem. non solum
enim ab officio sacerdotali digamus excluditur, sed et ab elemosyna
ecclesiae, dum indigna putatur stipe, quae ad secunda coniugia deuo-
luta est. quamquam in lege sacerdotali teneatur et laicus, qui
5 talem se praebere debet, ut possit eligi in sacerdotium. non enim eligitur, si digamus fuerit, porro eliguntur ex laicis sacerdotes: ergo
et laicus tenetur mandato, per quod ad sacerdotium peruenit.
6. Aliud est, quod uult apostolus, aliud, quod cogitur uelle. ut
concedat secunda matrimonia, meae est incontinentiae, non illius
10 uoluntatis. uult esse omnes sicut se ipsum et ea cogitare, quae dei
sunt, et solutos nequaquam ultra alligari. sed, si labentes per incon-
tinentiam ad baratrum stupri uiderit peruenire, digamiae porrigit
manum, ut cum una magis quam cum pluribus uolutentur. quod
nequaquam amare dictum et contra apostoli regulam secundus nup-
15 tiator exaudiat. duae enim sunt apostoli uoluntates: una, qua 2
praecipit: d i c o a u t e m i n n u p t i s e t u i d u i s: b o n u m
e s t i l l i s, s i s i c p e r m a n s e r i n t s i c u t e g o, altera,
qua indulget: s i a u t e m n o n s e c o n t i n e n t, n u b a n t;
m e l i u s e s t e n i m n u b e r e q u a m u r i. primum, quid
20 uelit, deinde, quid cogatur uelle, demonstrat. uult nos permanere
post nuptias sicut se ipsum et propositae beatitudinis apostoli ponit
exemplum. sin autem nos uiderit nolle, quod ipse uult, incontinentiae nostrae tribuit indulgentiam. quam e duabus eligimus uolunta- 3
tem? quod magis uult et quod per se bonum est, an quod mali con-

2 cf. I Tim. 3, 2; Tit. 1, 6   4 cf. Tertull. de exhortatione castitatis c. 7 extr.
9 cf. I Cor. 7, 7—8   10 cf. I Cor. 7, 32   11 cf. I Cor. 7, 27   16 *I Cor. 7, 8
18 *I Cor. 7, 9

1 ad *om. B*   enim solum *B*   2 sacerdotii *codd. praeterKΨ*   excludetur *K*
elemosina *KAΠΨ* helemosina *B* eleemosyna *ς*   4 in *om. ς*   5 praebere se *ς*
elegi *A*   elegitur *Aa.c.m2D*   7 a mandato *AD*   perueniat *N* peruenitur *ς*
8 uelle] uellet *B*   ut *om. D*   10 uoluptatis *D* uoluptatis *B*   omnes esse *AΠD;*
add. homines *B*   11 solutus *K,Aa.c.m2*   alligare *N*   sed et si *B* iabentes]
abeuntes *N*   12 barathrum *ΠD*   13 una *N*   *alt.* cum *s.l.AB*   14 ut amare *ς*
amare *s.l.m2K*   aplm *D*   secundum *D* secundos *N*   15 exaudit *D*   uoluptates *N*   quae *N*   16 praecepit *KB*   17 sicut et *DB*   18 indulgit *AΠa.c.,D*
se non *Π*   19 enim *om.Π*   20 uellit *K*   cogitatur *KAa.c.*   21 aposto_us *B*
—licae *Ap.c.m2* —licum *ς*   22 si *AΠDN*   23 duobus *Ψ*   eligimus *AΠa.c.,D*
uoluntate *D*   24 quod mali] quod per se bonum est et malis *N*

paratione fit leuius et quodam modo nec bonum est, quia praefertur
malo? ergo, qui eligimus, quod apostolus non uult, sed uelle con-
pellitur, immo adquiescit deteriora cupientibus, non apostoli sed
4 nostram facimus uoluntatem. legimus in ueteri testamento pon-
tifices semel maritos et filias sacerdotum, si uiduae fuerint, uesci 5
debere de sacerdotalibus cibis mortuisque sicut patri et matri sic
exhibendum inferiarum officium, sin autem alios uiros acceperint,
alienas et a patre et a sacrificiis fieri et inter externas debere reputari.
    7. Quod quidem obseruat et gentilitas in condemnationem 10
nostri, si hoc non exhibeat ueritas Christo, quod tribuit mendacium
diabolo, qui et castitatem repperit perditricem. hierophanta apud
Athenas eiurat uirum et aeterna debilitate fit castus, flamen unius
uxoris ad sacerdotium admittitur, flaminica quoque unius mariti
uxor eligitur, ad tauri Aegyptii sacra semel maritus adsumitur, ut 15
omittam uirgines Uestae et Apollinis Iunonisque Achiuae et Dianae
2 ac Mineruae, quae perpetua sacerdotii uirginitate marcescunt. strin-
gam breuiter reginam Carthaginis, quae magis ardere uoluit quam
Iarbae regi nubere, et Hasdrubalis uxorem, quae adprehensis utraque manu liberis in subiectum se praecipitauit incendium, ne pu- 20
dicitiae damna sentiret, et Lucretiam, quae amissa gloria castitatis
noluit pollutae conscientiae superuiuere. ac ne multa longo sermone contexam, quae potes de primo contra Iouinianum uolumine

5 cf. Leu. 21, 13—15 et 22, 12—13   6 cf. Leu. 21, 2   7 cf. Leu. 22, 12
12 cf. Tertull. de exhort. cast. c. 13   18 cf. Uergil. Aen. IV 20—29   19 cf.
Liuius LI per.   21 cf. Liuius I 58

1 sit *Π*   praefert *D*   2 qui] ł siquid (ł si *eras.*, d *exp.*) *B* si *ς*   elegimus
AΠa.c.,D   3 et non *N*   4 pont. *s.l.B,om.ς*   5 mar. et] maritatas *Ba.c.ς*
6 mortuisquę (mortuis *eras.N*) *DN*   sicut] *add.* mortuis *N*   matri et patri *K*
sic] sicut *Aa.c.m2D* simul *Ap.c.m2*   7 exib. *KΨB*   8 alienas eas *AΠD   pr.* et
s.l.K,om.Ψ   sacrif. fieri *in ras.Π*   sacrificis *N*   deputari *ς*   10 obseruet *Aa.c.m2*
11 mendatium *Ka.c.m2AB*   12 reperit *AD*   hieropanta *KΨ,Ba.c.m2* iero-
phanta *Π*   13 athenas euirat *ABp.c.m2*   14 ammittitur *ς*
quae(e)que *Aa.c.m2D*   15 elig. ux. *Ψ*   tauria *NB*   egipti *Bp.r.* egiptiis *N*
16 uirginis *Aa.c.m2ΠD*   appolli(*ex e A*)nis *KAΨ* apollonis *D*   achiua *Aa.c.m2ΠD*
17 perpetuae *K,Ψa.r.*   marciscunt *KΨ*   18 regina *Ap.c.m2*   cartag. *AD* char-
tag. *N*   19 Hiarbae *ς*   hasdrib. *KΨ* asdri(u *s.l.*)b. *B*   uxor *Ap.c.m2N*
utrāque *N*   20 manus *D*   21 lucret(c *K*)ia *KΨ,Ap.c.m2*   23 contexam] *add.*
habes quam plurima *KΨ*   quae] quia *N*

in aedificationem tuam sumere, unum tantum, quod in patria tua gestum est, repetam, ut scias pudicitiam etiam barbaris ad feris et sanguinariis gentibus esse uenerabilem. gens Teutonum ex ultimis **3** oceani atque Germaniae profecta litoribus omnes Gallias inundauit 5 saepiusque caesis Romanis exercitibus apud Aquas Sextias Mario oppugnante superata est. quorum trecentae matronae, cum aliis se uiris captiuitatis condicione tradendas esse didicissent, primo consulem deprecatae sunt, ut templo Cereris ac Ueneris in seruitium traderentur. quod cum non inpetrarent submouente eas lictore, 10 caesis paruulis liberis mane mortuae sunt repertae suffocatis laqueo faucibus et mutuis conplexibus se tenentes.

8. Quod igitur barbarae castitati non potuit inferre captinitas, hoc matrona nobilis faciet et experietur alterum uirum, quae priorem aut bonum perdidit aut malum experta est, ut rursum 15 contra iudicium dei facere nitatur? quid? si statim secundum perdiderit, sortietur et tertium? et si ille dormierit, in quartum quintumque procedet, ut quo a meretricibus differat? omni ratione uiduae prouidendum est, ne castitatis primos excedat limites. quos si excesserit et uerecundiam ruperit matronalem, in omnem de-20 bacchabitur luxuriam, ita ut prophetam mereatur audire dicentem: f a c i e s   m e r e t r i c i s   f a c t a   e s t   t i b i;   i n p u-d o r a t a   e s   t u. quid igitur? damnamus secunda matrimonia? **2** minime, sed prima laudamus. abicimus de ecclesia digamos? absit, sed monogamos ad continentiam prouocamus. in arca Noe non solum

---

6 cf. Ualer. Max. VI 1, ext. 3   21 *Hier. 3, 3   24 cf. Gen. 7, 2—3

1 in] ad ς   2 referam B   seris A   3 sanguinaris D   uenerabile Aa.c.n.2ΠD Theutonum ς   4 inund. om.D   5 Aquas] quas Ψ   mario KB,Ap.c.m2 marione N mari cet.   6 obpugnanti (—te m2) Π pugnante KNB   7 trahendas AΠD primum codd.praeterKΨ   9 inpetrarint KΨ imperarent N   sub(m N)mouentes KNΨ   lictores Ψ littore Aa.c.m2 litore Na.c.   10 paru. caesis ς   12 cuo B potuit] seq. ras. 3 litt.B   13 faciat ΠD —ant Aa.c.m2   et om.KΨ   15 cuod A a.c.m2ΨB que N   16 sortietur (r eras.Π) societur AD   tertio AΠD   ille si Π 17 ut nihil sit quo ς   quo eras.B   18 ne cast.] necessitatis Γ   excidat K pudicitiae excedat Γ   quod KAΠD   19 superet (ex —rit m2)AΠD   matrimonialem Γ   debach. AΠD debacc. KΨ debac. B dibacch. N bachatur Γ   20 luxoriam ΓAa.c.m2,Ψ   propheta D   22 es tu] aestu A   non damnamus Γ 23 minime om.Γ   24 monogamus Aa.c.m2Ψ   sicut in Γ   archa B

munda, sed et inmunda fuerunt animalia; habuit et homines, habuit
et serpentes. in domo quoque magna uasa diuersa sunt, alia in honorem, alia in contumeliam. est et crater ad bibendum, est et matula
3 ad secretiora naturae. nam cum in semente terrae bonae centesimum
et sexagesimum et tricesimum fructum euangelia doceant et cente- 5
narius pro uirginitatis corona primum gradum teneat, sexagenarius
pro labore uiduarum in secundo sit numero, tricenarius foedera nuptiarum ipsa digitorum coniunctione testetur, digamia in quo erit
numero? immo extra numerum. certe in bona terra non oritur, sed
in uepribus et in spinetis uulpium, quae Herodi inpiissimo conparan- 10
tur, ut in eo se putet esse laudabilem, si scortis melior sit, si publi-
carum libidinum uictimas superet, si uni sit prostituta, non pluribus.
    9. Rem dicturus incredibilem multorum testimoniis adpro-
babo. ante annos plurimos, cum in chartis ecclesiasticis iuuarem
Damasum, Romanae urbis episcopum, et orientis atque occidentis 15
synodicis consultationibus responderem, uidi duo inter se paria

---

2 cf. II Tim. 2, 20   4 cf. Matth. 13, 8   8 cf. Hieron.adu. Iouin. I 3 et
epist. XLIX (XLVIII) 2, 7   10 cf. Luc. 13, 32

---

    1 *pr.* et *om. A   alt.* et *om.* ς enim et $\varGamma$ __ hominis $\varGamma$ boues B 2 in domo quo-
que magna] ita et in domo magna id est x̄p̄ī ae(c *s.l.m2*)clesia $\varGamma$ honore $\varGamma D$
3 contumi(li *s.l.*)a$\varGamma$ *pr.* est et] esset D est ς   cratera $A\varPi D,Ba.r.$ adhibendum $\varPsi$
mattula $\varPi p.c.m2\varPsi$ macula (*in mg.m2* matula) A 4 in semente] sementem $A\varPi D$
centensimus $Ka.c.$ centesimos *ex* —mus $m2\varPsi$ 5 sexagensimus $Ka.c.$ sexagesi-
mos *ex* —mus $m2\varPsi$ tricensimus $Ka.c.$ tricesimos *ex* —mus $m2\varPsi$ trigesimum ς
fructus $Ka.c.\varPsi$ et *om.* $K\varPsi$ centen. —8 *test. contaminata cum p. 83, 11*
itaque —14 *secundum praebet* $\varGamma$: melius illa (*ex* ille *m2*) leguntur scripturarum
testimonia, quibus pudici(*ex* ti *m2*)tia coronatur, quam illa, quibus incon-
ti(*ex* e *m2*)nentibus et miseris subuenitur. centenarius numerus primus est, qui
pro uirginitatis corona uirginibus depu(*ex* o *m2*)tatur. sexagenarius secundo (*ex*
ū *m2*) gradu pro conti(*ex* e *m2*)nentiae labore uiduarum est. tricenarius tertio
loco nuptiarum foedera ipsa digitorum coniunctione testatur. ac sic uiduae amisso primo gradu per tertium perueniunt ad secundum   7 pro labore] pro robore
ex probore *m2A*   sit *s.l.* $\varPi$ faedera $\varPi$ federa DNB fodera $Ka.c.$ 8 digama
$Aa.c.m2\varPi D$ 9 orietur B 10 *alt.* in *om.* $A\varPi DB$ 11 eo se] eos N schortis $K\varPsi$
puplicarum N publicanarum $Ka.c.\varPsi$ 12 uictimam B 13 dict.] *add.* sum
codd. praeter $KN\varPsi$ incred.] *add.* quam $As.l.m2,B,add.$ sed ς   adprobo $\varPi D$
approbatam ς   14 carthis $K\varPsi$ cartis $Aa.c.\varPi D$ 15 atque] ac B 16 sinodicis
$K\varPsi B$ consulationi(*ex* e K)bus $KA\varPsi$ inter se *s.l.m2B*

uilissimorum e plebe hominum conparata, unum, qui uiginti sepe-
lisset uxores, alteram, quae uicesimum secundum habuisset maritum,
extremo sibi, ut ipsi putabant, matrimonio copulatos. summa 2
omnium expectatio uirorum pariter ac feminarum: 'post tantas rudes
5 quis quem primus efferet?' uicit maritus et totius urbis populo con-
fluente coronatus et palmam tenens adoransque per 'singulas sescentas!' clamantes uxoris multinubae feretrum praecedebat. quid
dicimus tali mulieri? nempe illud, quod dominus Samaritanae:
'uiginti duos habuisti maritos et istum, a quo nunc sepeliris, non
10 est tuus.'

10. Itaque obsecro te, religiosa in Christo filia, ut testimonia ista
non noueris, quibus incontinentibus et miseris subuenitur, sed illa
potius lectites, quibus pudicitia coronatur. sufficit tibi, quod perdidisti primum uirginitatis gradum et per tertium uenisti ac secun-
15 dum, id est per officium coniugale ad uiduitatis continentiam.
extrema, immo abiecta ne cogites nec aliena et longe posita exempla
perquiras. habes auiam, matrem, amitam, quarum tibi abundans
imitatio atque doctrina et praecepta uiuendi norma uirtutum est.
si enim multae in coniugio uiuentibus adhuc uiris intellegunt illud 2
20 apostoli: omnia licent, sed non omnia expediunt,
et castrant se propter regna caelorum uel a secunda natiuitate post
lauacrum ex consensu uel post nuptias ex ardore fidei, cur uidua,
quae iudicio domini uirum habere desiuit, non illud laetabunda

9 cf. Ioh. 4, 18   20 *I Cor. 6, 12

1 e *om.N*   sepelisse *KB,Ψa.c.m2*   2 uicensimum *K*   habuis(*add.* et*m2*)*A*
habuisse *B*   3 et extremo *N*   ut sibi *B*   ut *s.l.m2K,om.Ψ*   putabar.tur *N*
4 tantas ς tantos *codd.*   rodes *KΨ*   5 quis quem *N* quisque *D*   primum *AΠD*
prius ς   efferet *KΨ,Aa.c.m2* efferre *D* efferret (*s.l.B*) *cet.*   orbis *AΠa.c.,D*
6 adoreasque *uel* adoreamque ς oras *B*   singula *AΠDN* singulos ς   sescentas clamante(*ex* a *K*)s *Ka.c.m2Ψ* subclamantes *Kp.c.m2* succlamantes *AΠDN*
suo clamates *D* sibi acclamantes ς ('singulas sescentas!' *sc.* effer *uel* sepeli =
sechshundert Stück für Stück!)   7 uxores *KΠ,Aa.c.m2*   prae(e)cedebant *Π,Ba.c.*
8 dicemus *B*   dominus *om.N*   9 uig. duos] · V · *in ras.* 5—6 *litt. m2Π*   iste
NΨ,Bp.c.   a *in mg.K,om.Ψ*   non est *bisD*   11 in xpo religiosa *N*   12 quibus et *B*   13 sufficiat *N*   prim. perd. ς   15 coniugalem *AΠa.r.,D*   16 nec
ex ne *m2B*   17 perquiras] perdas *ex* peroras *D* requiras *N*   matrem et *B*
hab. *ADNB*   18 et *om.B*   et norma *B*   19 in coni.] coniuges *N*   21 et]
ubi *s.l.B*   castrat *Aa.c.m2D*   regnum *K*   a *s.l.B,om.A*   23 dei *Kp.r.*ς   diuisit *Aa.c.m2* desiit ς   illum *Aa.c.m2*   laet.] et habunda *D* gemebunda *B*

congeminet: d o m i n u s d e d i t, d o m i n u s a b s t u l i t et
oblatam occasionem arripiat libertatis, ut sui corporis habeat pote-
3 statem, ne rursum ancilla fiat hominis? et certe multo laboriosius
est non frui eo, quod habeas, quam desiderare, quod amiseris. unde
et uirginitas in eo felicior est, quod carnis incentiua non nouit, 5
et uiduitas in illo sollicitior, quod praeteritas animo recolit uoluptates, maxime si se uirum putet perdidisse, non praemisisse, quorum alterum doloris, alterum gaudii est.

11. Prima hominis creatura nos doceat plures nuptias refutare.
unus Adam et una Eua — immo una ex eo costa — separatur in femi- 10
nam rursumque, quod diuisum fuerat, nuptiis copulatur dicente scriptura: e r u n t d u o i n c a r n e u n a — non in duas nec in tres —;
p r o p t e r q u o d r e l i n q u e t h o m o p a t r e m e t m a t r e m
2 e t a d h a e r e b i t u x o r i s u a e, certe non uxoribus. quod
testimonium Paulus edisserens ad Christum refert et ad ecclesiam, 15
ut et primus Adam in carne et secundus in spiritu monogamus sit.
una Eua mater cunctorum uiuentium et una ecclesia parens omnium Christianorum. sicut illam maledictus Lamech in duas diuisit
uxores, sic hanc heretici in plures ecclesias lacerant, quae iuxta
Apocalypsin Iohannis synagogae magis diaboli appellandae sunt 20
3 quam Christi conciliabula. legimus in carminum libro: s e x a-
g i n t a s u n t r e g i n a e e t o c t o g i n t a c o n c u b i n a e
e t a d u l e s c e n t u l a e, q u a r u m n o n e s t n u m e r u s.
u n a e s t c o l u m b a m e a, p e r f e c t a m e a, u n a e s t
m a t r i s u a e, e l e c t a g e n e t r i c i s u a e. ad quam scribit 25
idem Iohannes epistulam: s e n i o r e l e c t a e d o m i n a e e t
4 f i l i i s e i u s. sed et in arcam, quam Petrus apostolus sub typo

1 Hiob 1, 21   10 cf. Gen. 2, 21—23   12 *Gen. 2, 24   *Gen. 2, 24
15 cf. I Cor. 6, 16 sqq.   18 cf. Gen. 4, 19 et 23—24   20 cf. Apoc. 2, 9
21 *Cant. 6, 7—8   26 *II Ioh. 1   27 cf. I Petr. 3, 20—21

1 congemat N 3 nec Π laboriosus N 4 omiseris $Bp.c.m2$ 5 facilior AD 6 illo] eo ς animo] in animo non (non $exp.K,del.\Psi$) $K\Psi$ 7 put.
uir. $A\Pi D$ 9 primi $\Psi,Bp.c.$ hominum $Kp.c.m2$ 12 carnem unam ς 16 $pr.$
et $om.\varsigma$ $alt.$ et $om.B$ 17 $pr.$ una] sit una $A\Pi DN$ cunctorum] omnium N
18 lamec B lameth Ψ 20 apocalypsim Π —lipsin KA —lipsi B —lypsi Ψ
syn. DN sin. $cet.$ 21 quam] nam N 22 et $om.A\Pi D$ 23 adolesc. ANB
adulisc. Ψ quorum A 25 matris $Aa.c.N$ lecta D genitrici NB sua Ψ
26 idem $om.AD$ electa N 27 filius B et $om.A\Pi D$ arca $Ap.c.\Psi$

interpretatur ecclesiae, Noe cum tribus filiis singulas, non binas
introduxit uxores. etiam de inmundis animalibus bina sumuntur,
masculus et femina, ut ne in bestiis quidem, serpentibus, crocodillis
ac lacertis digamia habeat locum. quodsi de mundis septena ponun-
5 tur, id est inparia, et in hoc uirginitatis ac pudicitiae palma monstratur. egressus enim de arca Noe deo uictimas immolauit, non
utique de pari, sed de inpari numero, quia alterum fetibus atque
coniugio, alterum sacrificio praeparatum est.

12. At patriarchae non singulas habuerunt uxores, immo et
10 concubinas habuere quam plurimas et, ne hoc parum sit, Dauid
multas et Salomon habuit innumerabiles. Iudas ad Thamar quasi
ad scortum ingreditur et iuxta occidentem litteram Osee propheta
non solum meretrici, sed et adulterae copulatur. quod si et nobis
iure conceditur, adhinniamus ad omnes feminas et in exemplum So-
15 domae et Gomorrae ab ultima die deprehendamur uendentes et
ementes, nubentes et nuptum tradentes, ut tunc sit finis coniugii,
quando terminus uitae. quodsi et post diluuium et ante diluuium 2
uiguit illa sententia: c r e s c i t e   e t   m u l t i p l i c a m i n i
e t r e p l e t e   t e r r a m, quid ad nos, i n q u o s f i n e s s a e-
20 c u l o r u m   d e c u c u r r e r u n t, quibus dicitur: t e m p u s
b r e u e   e s t et: i a m s e c u r i s a d r a d i c e s a r b o r u m
p o s i t a   e s t, quae siluam legis et nuptiarum euangelica castitate

---

1 cf. Gen. 7, 13   2 cf. Gen. 7, 2   4 cf. Gen. 7, 2   6 cf. Gen. 8, 20
10 cf. II Reg. 5, 13   11 cf. III Reg. 11, 3   cf. Gen. 38, 6—30   12 cf. II Cor.
3, 6   cf. Os. 1, 2—3 et 3, 1   15 cf. Matth. 24, 38   18 Gen. 1, 28   19 *II Cor.
10, 11   20 I Cor. 7, 29   21 *Matth. 3, 10 etc.

2 ux. introdu(i *Ba.c.m2*)xit *codd.praeterK*Ψ   3 masculina *Aa.c.m2*   ne]
B bisteis *K* uestiis *Da.c.N*   serpentes *Aa.c.m2ΠD* serpentibusque ς   ero-
codillis *Ka.c.m2N* corcodrillis *A*Ψ,*Πp.c.m2* corocodillis *Kp.c.m2* cocod-illis *B*
corcodilis *Πa.c.m2* crocodilis *D*   4 habeat dig. *Π*   digami *Ka.c.m2*Ψ habeant *N*Ψ   5 in *om.AΠD*   uirginitas *A*   6 enim] namque *s.l.m2B*   uti *A*
qui *AD*   alter *A*   foetibus *ΠΨ* fletibus (1 *eras.*) *A*   9 at *in ras. m2K*, seq.
ras. 1 litt. B ut *AΠD*   patriarcae *K*   10 quam *K*Ψ,*om. cet.*   11 salamon *K*
habuit *om.N*   htamar *B*   12 schortum *K*,Ψ*p.c.*   osee (—eae *A*) *AΠD* pro-
fetā *K* prophetam (—ā *D*) *ΠD* prophetę *N*   13 meretricis *D*   etiam ς   et si *A*
14 conciditur *K*,Ψ*a.c.*   15 gomurrae *Aa.c.m2* egomurrae *D*   ad ultimam diem *A*
ultimo ς   16 nuptui *Da.c.*ς   ut] et *AΠD*Ψ   17 quod et si *AΠD*Ψ   18 ista ς
19 quid *ex* qui *K*Ψ   20 decurrerunt *AN* deuenerunt *B*   21 radicem *A*

succidat? t e m p u s a m p l e x a n d i e t t e m p u s l o n g e
f i e r i a b a m p l e x i b u s. Hieremias captiuitate propinqua
uxorem prohibetur accipere. Hiezechiel in Babylone: m o r t u a
e s t, inquit, u x o r m e a e t a p e r t u m e s t o s m e u m.
nec ducturus uxorem nec ille, qui duxerat, possunt in opere con- 5
3 iugali libere prophetare. olim gloria erat illum audire uersiculum:
f i l i i t u i s i c u t n o u e l l a o l i u a r u m i n c i r c u i t u
m e n s a e t u a e et: u i d e a s f i l i o s f i l i o r u m t u o r u m;
nunc de continentibus dicitur: q u i a d h a e r e t d o m i n o,
u n u s s p i r i t u s e s t et: a d h a e s i t a n i m a m e a p o s t 10
t e; m e s u s c e p i t d e x t e r a t u a. tunc oculum pro oculo,
nunc uerberanti malam praebemus et alteram. illo tempore bella-
toribus dicebatur: a c c i n g e r e g l a d i o t u o s u p e r f e m u r
t u u m, p o t e n t i s s i m e; modo audit Petrus: c o n d e g l a-
d i u m t u u m i n u a g i n a s u a; q u i e n i m g l a d i o 15
4 p e r c u s s e r i t, g l a d i o m o r i e t u r. haec dicimus non sepa-
rantes legem et euangelium, ut Marcion calumniatur, sed unum
atque eundem suscipientes deum, qui pro uarietate temporum
atque causarum principio et fini serit, ut metat, plantat, ut habeat,
quod succidat, iacit fundamentum, ut aedificio consummato culmen 20
inponat. alioquin, si ad sacramenta ueniamus et futurorum typos,
non nostro arbitrio, sed apostolo disserente Agar et Sarra, montes

1 Eccle. 3, 5   2 cf. Hier. 16, 2   3 *Ezech. 24, 18   7 *Ps. 127, 3
8 Ps. 127, 6   9 I Cor. 6, 17   10 Ps. 62, 9   11 cf. Ex. 21, 24 etc. Matth. 5, 38
12 cf. Matth. 5, 39 etc.   13 Ps. 44, 4   14 *Matth. 26, 52 et *Ioh. 18, 11
22 cf. Gal. 4, 21—31

1 succidit *ΠD* succidet *ex* succedit *m2A*   2 amplexu *B*   iheremias *B*
3 hiezeciel *K* ezechihel *D* ezechiel *AΠB*   babil(ll *Πa.r.*)one *AΠDB*   4 *pr.* est
om.Ψ   *alt.* est *s.l.B* est inquit (d *D*) *AΠD*   5 illi N   duxerant *N*   possit *D*
6 gloriae *ΠDN*   aud. ill. *Π*   7 nouella (*νεόφυτα ἐλαιῶν LXX*)] nouelle *N,ς*
(—ae) noueilatio *AΠD*   10 est spir. *N*   pos te *N* post (*add.* e *s.l.*) *A*   12 uer-
berati *KAa.c.,B*   malam *KΨ* maxillam *cet.*   in (*eras.K*) illo *KΨ*   14 tuum
om.B   15 uaginam suam *Kp.c.m2,AΠD* uaginam *ς*   16 percutit *ς*   17 marchion *KΨ* marcio *Aa.c.m2*   19 principium *Bp.c.*   fini serit *Aa.c.m2* finis
erit *ΠDN* fine serit *KΨ,Ap.c.m2Ba.c.* finis serit *Bp.c.*   plantet *Ap.c.m2N* et
plantat *D*   20 iaciat (at *s.l.*) *N*   aedificatio *Aa.c.m2ΠD* aedificationi *Ap.c.m2ς*
consummato saeculo *AΠD*   21 alioqui *ς*   22 diserente *N*; *add.* consideremus *ς*
sara *KΠB*   monte *K,Ψa.c.* mons *Ψp.c.* uel mons *ς*

Sina et Sion duo instrumenta significant. Lia lippientibus oculis
et Rachel, quam Iacob amat plurimum, synagogam ecclesiamque
testantur. unde et Anna prius sterilis Fennennae ubertate fecundior
est, licet et monogamia nos in Isaac Rebeccaque praecesserit, cuius
5 solius par̲tus domini reuelatio est. nec ulla alia feminarum deum
per se ipsam consuluit. quid loquar de Thamar, quae Zaram et 5
Phares geminos fudit infantes — in quorum natiuitate diuisa maceria duos populos separauit et ligata manus coccino conscientiam Iudaeorum iam tunc Christi passione respersit —, ac de scorto pro-
10 phetico, cuius similitudo uel ecclesiam significat de gentibus con-
gregatam uel — quod ipsi magis loco conuenit — synagogam primum
adsumptam de idolatris per Abraham et Moysen, dein post adulterium et negationem saluatoris sedentem plurimo tempore sine altari,
sacerdotibus ac prophetis et uiri pristini consortium praestolantem,
15 ut, postquam subintrauerit plenitudo gentium, tunc omnis Israhel
saluus fiat?

13. Quasi in breui tabella latissimos terrarum situs ostendere
uolui, ut pergam ad alias quaestiunculas, quarum prima de Annae
consilio est:

20 s o l a n e   p e r p e t u a   m a e r e n s   c a r p e r e   i u u e n t a
n e c   d u l c e s   n a t o s   U e n e r i s   n e c   p r a e m i a   n o r i s?
i d   c i n e r e m   a u t   m a n e s   c r e d i s   c u r a r e   s e p u l-
t o s?

---

1 cf. Gen. 29, 17—18   3 cf. I Reg. 1, 2   4 cf. Gen. 25, 22—23   6 cf.
Gen. 38, 27—30   9 cf. Ezech. c. 16   15 cf. Rom. 11, 25—26   20 Uergil.
Aen. IV 32—34

1 syna *DN*   testamenta *B*   significat *N*   2 amat iacob *B* iacob amabat
AΠDN   testante *D*   3 faen(n *eras.* *Ψ*)nennae *K Ψ* fennen(*add.* n *s.l.m2*)ae *A* feren-
nę(—e *D*)*ΠDB* phene(n *s.l.*)na *N*   4 nos in] non (*seq. ras. 1 litt.*) *D*   et Rebecca ς
5 partus] paretur *N*   6 tamar *B*   Zaram ς esrom (hesrom *B*) *codd.; Hieronymum
ipsum errasse non uerisimile est*   7 fares *K Ψ* Pharez ς   geminus *D*   maceria *N*
materia *B* macheria *cet.*   9 passione x̄p̄i *K Ψ*   respexit *D*   scortū prophe-
ticū *Bp.c.m2*   schorto *K Ψ*   11 loco magis *codd.praeter K Ψ*   sinagogam *AΠB*
12 idolatriis *DNB* idololatris ς   abrabram *K* habraam *B*   deinde *A,Dp.c.m2*
13 sed.—altari *in mg. inf.* *K*   sedentes *Aa.c.m2ΠD* sedente N   plurimo] primo *D*
altaris *N*   14 uiris pristinis *B*   praestolantes *Aa.c.m2Π*   15 istrahel (t *eras.*) *K*
16 fiet *Ap.c.m2* erit *B*   18 uoluit (t *exp.A*) *AΠD* nolui *B*   19 est *om. AΠD*
20 perpetuo *Aa.c.m2ΠD*   merens *codd.*   carere *N* carpe *B*   uiuenta *A*
22 manis *N*

cui breuiter respondeat ipsa, quae passa est:
tu lacrimis euicta meis, tu prima furentem
his, germana, malis oneras atque obicis
                                        hosti.
non licuit thalami expertem sine crimine 5
                        uitam
degere more ferae tales nec tangere curas.
non seruata fides cineri promissa Sychaeo.
2 proponis mihi gaudia nuptiarum; ego tibi opponam pyram, gladium, incendium. non tantum boni est in nuptiis, quod speramus, 10
quantum mali, quod accidere potest et timendum est. libido transacta semper sui relinquit paenitudinem numquamque satiatur
et extincta redaccenditur. usu crescit et deficit nec rationi paret,
quae impetu ducitur. sed dicis: 'amplae opes et dispensatio rei
familiaris egent auctoritate uiri'. scilicet perierunt domus caelibum 15
et, nisi cum seruulis tuis ipsa seruieris, familiae tuae imperare non
3 poteris. auia tua, mater et amita nonne auctoritatis pristinae honoris-
que maioris sunt, dum eas et tota prouincia et ecclesiarum principes suscipiunt? ergo milites et peregrinantes sine uxoribus sua
hospitiola non regunt et nec inuitant ad conuiuia nec inuitantur? 20
quasi non possis probatae aetatis habere famulos uel libertos, in quorum nutrita es manibus, qui praesint domui, qui ad publicum
respondeant, tributa persoluant, qui te suspiciant ut patronam,
4 diligant ut alumnam, uenerentur ut sanctam. quaere primum re-

---

2 Uergil. Aen. IV 548—552   24 cf. Matth. 6, 33

3 onera N abicis Ψ 5 talami B 7 feretrales ex feretales $m2\Pi$ fera
et alis N 8 sychaeo N sycheo $Kp.c.m2\Pi$ sicheo $cet.$ Sychaei uel Sichaei ς
9 gladium ($add.s.l.$ et $m1$, aut $m2K)K\Psi$ gladium et $cet.$ 10 est $s.l.m2B$ inest
(n $eras.)A$ seperamus $Ka.r.$ separamur Ψ 11 accedere $A\Pi Ba.c.,D$ est $om.B$
lib. transacta] illis, qui tunc habuerint finem luxoriae, quando uitae, transacta
libido Γ 12 plenitudinem $Dp.c.$ numq. sat.] numquam extinguitur numquamque saciatur B numquam quia $\Pi a.r.$ numquam ς saciantur (n $eras.)A$
13 $pr.$ et] sed B remaccenditur (m $eras.$) Γ sed accenditur $Aa.c.m2D$ reaccen-
ditur $\Gamma p.r.Ap.c.m2\Pi p.r.B$ accenditur N defecit $\Gamma Aa.c.m2$ ratione $\Gamma Aa.c.m2$
14 dices Ψ amplae] $add.$ nobis $s.l.(del.)$ D et $s.l.m2A,om.\Pi D$ dispensati-
one ΠD 15 auctoritatem(m $eras.)\Pi$ domos $Aa.c.m2D$ 17 honoreque B
18 eis $\Pi a.c.D$ prou. et eccl.] ecclesia et B 19 suspiciunt D 20 et $om.N$
22 $alt.$ qui] uel $A\Pi D,om.NB$ 23 suspiciant $D\Psi$ suscipiant $cet.$ matronam
$Kp.c.m2Bp.c.$ 24 uenerantur Π

gnum dei et haec omnia adponentur tibi. si de ueste cogitaueris,
lilia tibi de euangelio proponentur; si de cibo, remittere ad aues,
quae non serunt nec metunt et pater tuus caelestis pascit illas.
quantae uirgines et uiduae absque ulla sorde rumoris suam sub-
5 stantiolam gubernarunt?
    14. Caue, ne iungaris adulescentibus, ne his adhaereas, propter
quas apostolus concedit secunda matrimonia, et sustineas in media
tranquillitate naufragium. si Timotheo dicitur: a d u l e s c e n-
t i o r e s   u i d u a s   d e u i t a   et iterum: a n u s   u t   m a t r e s,
10 a d u l e s c e n t u l a s   u t   s o r o r e s   c u m   o m n i   c a s t i-
t a t e, quare tu me non audias commonentem? fuge personas, in
quibus potest malae conuersationis esse suspicio, nec paratum
habeas illud e triuio: 'sufficit mihi conscientia mea; non curc, quid
loquantur homines'. et certe apostolus prouidebat bona non solum 2
15 coram deo sed et coram hominibus, ne per illum nomen dei blasphe-
maretur in gentibus. habebat utique potestatem sorores mulieres
circumducendi, sed nolebat se iudicari ab infideli conscientia. et,
cum posset de euangelio uiuere, diebus ac noctibus laborabat manibus
suis, ne quem grauaret credentium. s i   s c a n d a l i z a t, inquit,

---

1 cf. Matth. 6, 28 et Luc. 12, 27   2 cf. Matth. 6, 26 et Luc. 12, 24   6 cf.
I Tim. 5, 11—15   8 I Tim. 5, 11   9 *I Tim. 5, 2   14 cf. Rom 12, 17
15 cf. Rom. 2, 24   16 cf. I Cor. 9, 5   17 cf. I Cor. 10, 29   18 cf. I Thess. 2, 9
19 *I Cor. 8, 13

---

1 adpon. $KA\Psi$ appon. *cet.* adicientur ς 2 lilia] illa N proponentur
$KN,Ba.c.$ —untur *cet.*   si de cibo —3 illas *partim in ras. partim in mg.* $m2B$
(*erat fort.*: si autem de cibo, manna tibi apponitur; *ultima tria uerba seruata
sunt*)   remiteris (*ex* —res) $Bm2$ mitteris N remitteris ς 3 non] nec $Bm2$
nec] neque $A\Pi D$ metunt] meruit $Bm2$ pascet $Aa.c.m2\Pi D$ 4 humoris B
6 caue —8 naufr.] caueat uidua iu(*ex* io $m2$)uenes, ne illa familiaritate iungatur
adule(*ex* i $m2$)scentibus et susti(*ex* e $m2$)neat in(*ex* im $m2$) media tranquillitate
naufragium Γ adolesc. ANB adulisc. $\Gamma a.c.m2D$ adolescentulis ς 7 quos KN
quod $Aa.c.m2\Pi DB$ secunda *om.* A et] ne B 8 adolesc. ANB 9 anus]
ama anus ς ut] sit D 10 adolesc. (—la B)ANB cast. habeto N 11 qua D
commonente (—uente D —nentem $Ap.c.m2$ $\Pi a.r.B$) non audias (audeas $\Pi a.r.$
codd.praeter $K\Psi$ fuge] fugiat uidua Γ 12 mal. conu. pot. esse Γ pot. esse mal.
conu. N potest] putes B 13 habeas—triuio *in ras.* $m2B$ e] de A 14 loq.
$Ka.c.m2\Psi$ loq. de me B de me loq. *cet.*   praeuidebat A solum] tantum ς
15 et] etiam NB 16 sororem mulierem ς 17 circumducendas N indicare Ψ
18 posset $Ap.c.m2NB$ possit *cet.*   19 graueret A

esca fratrem, non manducabo carnem in aeternum. dicamus et nos: si scandalizat soror illa uel frater non
unum et alterum sed totam ecclesiam, nec sororem uidebo nec
3 fratrem. melius est rem familiarem minui quam animae salutem,
perire, quod — uelimus nolimus — aliquando periturum est, quam id 5
amittere, pro quo omnia dimittenda sunt. quis nostrum non dicam
cubitum, quod enorme est, sed unius unciunculae decimam partem
adicere potest ad staturam suam? et solliciti sumus, quid manducemus aut quid bibamus? ne cogitemus ergo de crastino: s u f f i c i t
4 d i e i m a l i t i a s u a. Iacob fratrem fugiens magnis in patris 10
domo diuitiis derelictis nudus pergit in Mesopotamiam et, ut nobis
fortitudinis suae praeberet exemplum, lapide capiti subposito uidet
scalam ad caelum usque subrectam et dominum innitentem super
eam; per quam ascendebant angeli et descendebant, ut nec peccator
desperet salutem nec iustus in sua uirtute securus sit. atque, ut 15
multa praeteream — neque enim tempus est, ut adsumptis testimoniis omnia disseram — post annos uiginti diues dominus et pater
ditior, qui dudum Iordanen in baculo transierat, cum tribus turmis
5 gregum in patriam reuertitur. apostoli toto orbe peregrini non aes
in zona, non uirgam in manu, non gallicas habuere in pedibus 20
et tamen dicere poterant: n i h i l h a b e n t e s e t o m n i a

6 cf. Matth. 6, 27 et Luc. 12, 25　　8 cf. Matth. 6, 25. 31 et Luc. 12, 22. 29
9 Matth. 6, 34　　10 cf. Gen. 28, 10—13　　17 cf. Gen. c. 31　　18 cf. Gen. 32, 10
21 II Cor. 6, 10

1 fratrem] *add.* meum *s.l.m2B*　　in aet. non mand. carnem *B* in aet. carnem non mand. *AΠDN*　　2 illa *om.B*　　3 un. et alt.] nos *B*　　et] uel *AΠD*
4 sal. an. ç　　5 perire et id contemni *Γ* perire melius est sponte dimittere *B*
perire melius est amittere ç　　uellimus nolumus *Γa.c.m2* uelimus aut nolimus *N*
nolimus *bisD*　　est *om.ΓD* est melius est sponte dimittere ç　　6 pro *om.N*
7 inorme *N*　　unciunculae *KΨ* unc(t *AΠ*)iolae *cet.*　　8 addicere *B*　　9 ergo]
inquit *N*　　crastina *B*　　10 domo patris *KΨ*　　11 deliciis *B*　　relictis *N*　　perrexit *N* perfugit *A*　　mesopoth. *A* mesopot. syrie (*ex* syrii) *B* in Mesopot. ç
12 uidet *KΨ* uidit *cet.*　　13 ad *om.A*　　porrectam *B*　　14 per *s.l.A*　　ascendebat *ANa.c.*　　angeli et descendebant *s.l.m2N*　　nec] ne *Γa.c.m2A*　　15 di
(s *eras.Π*)spere(*ex* i *m2Γ*)t *ΓΠD,Aa.c.m2*　　in] de *ΓN*　　sec. sit] confidat *Γ*
16 ut *s.l.m2B*　　assumpti testimonii *codd. praeter KΨ; add.* ut (*del.m2*)*B*　　17 edisseram ç　　annus *K*　　patre *N*　　18 ditior *s.l.m2* (*in l. ras. 8 litt.*) *A* diuitior *N*
iordanem *AΠD* —ne *B*　　19 peregrinati *Bp.c.*　　20 galicas *Kp.r.* calicas *Ψp.r.*
galliculas *N* caligas *cet.*

p o s s i d e n t e s et: a r g e n t u m et a u r u m non est nobis,
q u o d a u t e m habemus: in n o m i n e d o m i n i n c s t r i
I e s u C h r i s t i s u r g e et a m b u l a. non enim erant diuitiarum sarcina praegrauati et ideo stantes cum Helia in foramine
5 petrae per angustias acus transire poterant et posteriora comini
contemplari. nos uero ardemus auaritia et contra pecunias dis- 6
putantes auro sinum expandimus nihilque nobis satis est et illud,
quod de Megarensibus dicitur, iure miseris coaptari potest: aedifi-
cant quasi semper uicturi, uiuunt quasi altera die morituri. et
10 haec facimus, quia domini uerbis non credimus, quia aetas cptata
cunctis non uiciniam mortis, quae debetur mortalibus lege naturae,
sed cassa spe annorum nobis spatia pollicetur. nemo enim tam
fractis uiribus et sic decrepitae senectutis est, ut non se putet
unum adhuc annum esse uicturum. unde subrepit obliuio conditionis
15 suae, ut terrenum animal et iam iamque soluendum erigatur in
superbiam et animo caelum teneat.

    15. Uerum quid ago? fracta naue de mercibus disputo. qui
tenebat, de medio fit, et non intellegimus adpropinquare antichristum, quem dominus Iesus interficiet spiritu oris sui. u a e
20 p r a e g n a n t i b u s et n u t r i e n t i b u s in i l l a d i e.
quorum utrumque de fructibus nuptiarum est. praesentium miseriarum pauca percurram. quod rari hucusque residemus, non r ostri 2

1 *Act. 3, 6   4 cf. III Reg. 19, 11—13   5 cf. Matth. 19, 24 etc.   8 cf.
Tertull. Apolog. c. 39   18 cf. II Thess. 2, 7—8   19 *Matth. 24, 19

1 *pr. et om.N*   aur. et arg. *AΠDN*   2 hab.] *add.* hoc damus *B, add.* hoc
tibi damus *in mg.Π,ς*   dom. nostri *KΨ* dom. *N,om.cet.*   3 Christi] *add.* Naza-
reni *ς*   4 Elia *ς*   5 angustias (i *eras.*)*A* angustia *Π*   6 nos uero] plerique *Γ*
in auaritia *Ψ,Kp.c.m2Na.r.*   7 sat *N*   et ill. —8 potest] ita ut (*s.l.*) merito
nobis dicatur illa sententia, quae de megarrensi(*ex* e *m2*)bus dicta est *Γ*   ε iure]
tu *N*   coaptare *Π*   potes *N*   9 uiuituri *N*   uiuunt—10 facimus] ideo nonpro-
uidemus in posterum praesentis (*ex* tes *m2*) uitae uolum(m *del.m2*)ptate detenti *Γ*
uiuant *Aa.c.m2ΠD*   die altera *B*   10 credimus et *ς*   11 uicinam *Ψ* uicina
Ap.c.m2 uicinia *ex* uicina *B*   12 spe] per *Ka.c.m1* spe per *Ψ*   nobis *om.Γ*
pollicetur *Bp.c.* pollicemur *Ap.c.m2*   enim *om.Γ*   13 fractis *super ras.* ε *litt.D*
fractus *A*   et] nec *Γ*   putet se *ς*   14 esse *s.l.m2K*   uiuiturum *N*   unde
et *Bp.c.m2* et ideo *Γ*   subripit *A,Bp.c.*   obliuionem *N*   condicionis *DN*
15 suae *om.Γ*   et *om.NB*   16 teneat celum *B*   caecum *ex* caelum *m1A*
18 antichr. approp. *ς*   19 Iesus] *add.* Christus *ς*   interficiat *B* spiritu *s.l.Π*
21 u(*super ras. 2 litt. m2*)trumque *A*   est] et *Aa.c.m2ΠD, ras. 1 litt. B*

meriti sed domini misericordiae est. innumerabiles et ferocissimae
nationes uniuersas Gallias occuparunt. quicquid inter Alpes et
Pyrenaeum est, quod oceano Rhenoque concluditur, Quadus, l'an-
dalus, Sarmata, Halani, Gypedes, Heruli, Saxones, Burgundiones,
Alamanni et — o lugenda res publica! — hostes Pannonii uasta- 5
3 uerunt. e t e n i m   A s s u r   u e n i t   c u m   i l l i s. Mogontiacus,
nobilis quondam ciuitas, capta atque subuersa est et in ecclesia
multa hominum milia trucidata, Uangiones longa obsidione finiti,
Remorum urbs praepotens, Ambiani, Atrabatae e x t r e m i q u e
h o m i n u m   M o r i n i, Tornacus, Nemetae, Argentoratus trans- 10
latae in Germaniam, Aquitaniae Nouemque populorum, Lugdunensis et Narbonensis prouinciae praeter paucas urbes cuncta populata
4 sunt, quas et ipsas foris gladius, intus uastat fames. non possum
absque lacrimis Tolosae facere mentionem, quae ut hucusque non
rueret, sancti episcopi Exsuperii merita praestiterunt. ipsae Hispaniae 15
iam iamque periturae cotidie contremescunt recordantes inruptionis
Cymbricae et, quicquid alii semel passi sunt, illae semper timore
patiuntur.

     6 Ps. 82, 9   9 Uergil. Aen. VIII 727

1 misericordiae $N\Psi$ —dia *cet.*   2 quidquid KD et *om.N*   3 epyreneum N
pyreneum $A\Pi D$ pireneum B pere(piri $Km2$)neum $K\Psi$ occeano A renoque Ψ
et (*s.l.m2*) renoque K et reno (o *s.l.m2B*) ADB et h(*s.l.m2*)reno Π et yhieno N
concluditur $K\Psi$ incl. *cet.*   quandus B 3 uuandalus $A\Pi D$ wandalus N uandi-
lus B 4 alani $A\Pi D$ gypedes $KN\Psi$ gipedes (gipides $m2A$)$A\Pi D$ cipides B
herucli ΠD erucli (c *exp.*) et (*eras.*)A 5 alemanni B Alemani ς o *s.l.m2 B*
puplica ΠD uastarunt ς 6 asur $Aa.c.m2\Pi\Psi$ simul(*exp.*)cum B mogontiacus (a *s.l.K*)$KA\Psi$ mogontiaci N mogantiacus ΠD magontiacus *s.l.B* Mo(a)-
guntiacum ς 7 quaedam N 8 finiti $K\Psi$ deleti *cet.*   9 urbis $Aa.c.m2N$
atrabitae $K\Psi$ Attrebatae ς que *om.B*   10 moreni N tornacos $K\Psi$ ne-
mete ΠD nemitae (—te Ψ)$K\Psi$ argentoratos $K\Psi,Aa.c.m2$ 11 aequitaniae Π
equ. AD 12 pop. sunt cuncta ς cunctę de (*eras.*) populate N cuncta (—te $m2$)
populata (—te $m2$)B cuncta populate (—ta *p.c.*)A 13 in (*eras.*) ipsas A
et (*s.l.m2*) intus B non] nec K 14 tholose B ut *s.l.B* ne *ex* ut N non *om.N*
15 exsup(b Π)erii episcopi $A\Pi D$ ipsae Hisp. —18 pat.] *post* 6 *litteras euanidas*:
tempore pessimo. alii perierunt, alii uero, qui superesse uidentur, per momenta
singula contreme(*ex* i $m2$)scunt et, quod illi semel passi sunt, isti semper timore
patiuntur Γ ipsa et ispanie B hispaniae ipsae $K\Psi$ 16 iam (*s.l.m2*) iamque B
cottidiae Ψ contremiscunt $Ap.c.m2\Pi p.r.$ inruptiones $Aa.c.m2\Pi D$
17 cy(ci $Ap.c.m2$)mbricae (—ce B) $KN\Psi B,Ap.c.m2$ ambricae $Aa.c.m2\Pi D$ quidquid KD illi $K\Psi$ semper] uero Π

16. Cetera taceo, ne uidear de dei desperare clementia. olim
a mari Pontico usque ad Alpes Iulias non erant nostra, quae nostra
sunt, et per annos triginta fracto Danubii limite in mediis Romani
imperii regionibus pugnabatur. aruerant uetustate lacrimae;
5 praeter paucos senes omnes in captiuitate et obsidione generati non
desiderabant, quam non nouerant, libertatem. quis hoc crederet,
quae digno sermone historiae conprehenderent Romam in gremio
suo non pro gloria sed pro salute pugnare, immo ne pugnare quidem sed auro et cuncta superlectili uitam redimere? quo i non 2
10 uitio principum, qui uel religiosissimi sunt, sed scelere semibarbari
accidit proditoris, qui nostris contra nos opibus armauit inimicos.
aeterno quondam dedecore Romanum laborabat imperium, quod
Gallis cuncta uastantibus fusoque apud Alliam exercitu Romam
Brennus intrasset, nec pristinam abolere poterat ignominiam,
15 donec et Gallias, genitale Gallorum solum, et Gallograeciam, in
qua consederant occidentis orientisque uictores, suo imperio subiugasset. Hannibal, de Hispaniae finibus orta tempestas, cum uastas- 3
set Italiam, uidit urbem nec ausus est obsidere. Pyrrhum tanta
tenuit Romani nominis reuerentia, ut deletis omnibus e propinquo
20 recederet loco nec auderet uictor aspicere, quam regum dideerat
ciuitatem. et tamen pro hac iniuria — non enim dicam superbiam,
quae bonos exitus habuit — alter toto orbe fugitiuus tandem Eithy-
niae mortem ueneno repperit, alter reuersus in patriam in suo regno

10 principum] *sc.* Arcadii et Honorii   11 proditoris] *sc.* Stilichonis

3 triginti Ψ 4 aruerunt $A\Pi D\Psi$ 5 praeter—6 libert.] multi miseri sunt,
qui in obsidim(m *eras.*)one et captiuitate generati nec desiderant, quam nesci-
unt, libertatem Γ praeter] pp D captiu. et] captiuitatis B 6 credet ς; *add.*
stiliconem dicit Π 7 quae] quē Π comprehendunt hystorie B conpre(ę D)-
hendent $Aa.c.m2D$ con(m B)pre(ę Π)hendunt (unt *in ras.*Π) $Ap.c.m2\Pi B$ in
om.B 8 gloria sua B nec N non A 9 superlectili $K\Psi$ supellectili ΠD
suppellectili AB suppellecti N supellectile ς uita$N$ 12 dedecore(*pr.* de*exp.*)A
laborat $K,\Psi a.c.$ 13 alliam $\Pi a.c.m2$ aliam $Aa.c.m2D$ galliam $KN\Psi B,\Gamma\Gamma.c.m2$
italiam $Ap.c.m2$ 14 brenus $Aa.c.m2\Pi D,\Psi a.c.$ brennius B brinnus K intra-
ret N intrauit ς pot. abol. ς 16 consederat $K\Psi$ orientis occidentisque $XN\Psi$
subiugasset $Ka.c.m2$ —ent *cet.*   17 horta D ora $Ka.c.$ tempestate $Ap.c.m2$
18 italia K pyrrum AN scribe (*del.m2*) pirrum B 19 ut et $A\Pi D$ e] et
$Aa.r.\Pi D$ 20 audebat ς 21 superb(u N)iam KNB —bia *cet.*   22 bythiniae
$\Pi DN\Psi$ bythaeniae K bit(h *s.l.m2*)iniae A biderine B

occubuit; et utriusque prouinciae Romani populi uectigales sunt.
4 nunc, ut omnia prospero fine eueniant, praeter nostra, quae amisimus,
non habemus, quod uictis hostibus auferamus. potentiam Romanae
urbis ardens poeta describens ait: q u i d   s a t i s   e s t,   s i   R o m a
p a r u m   e s t ? quod nos alio mutemus elogio: quid saluum est, 5
si Roma perit?

> n o n,   m i h i   s i   l i n g u a e   c e n t u m   s i n t   o r a q u e
>   c e n t u m,
> f e r r e a   u o x,   o m n e s   captorum dicere poenas,
> o m n i a   caesorum   p e r c u r r e r e   n o m i n a   p o s s i m.   10

et haec ipsa, quae dixi, periculosa sunt tam loquenti quam audientibus, ut ne gemitus quidem liber sit nolentibus, immo nec auden-
tibus nobis flere, quae patimur.

17. Responde mihi, carissima in Christo filia, inter ista nuptura
es ? quem acceptura uirum ? credo fugiturum aut pugnaturum — quid 15
utrumque sequatur, intellegis — et pro fescennino carmine terri-
bilis tibi rauco sonitu bucina concrepabit, ut, quas pronubas, habeas
forte lugentes, ut quibus deliciis affluas, quae possessionum tuarum
reditus perdidisti, quae obsessam familiolam tuam morbo et fame
2 cernis contabescere ? sed absit, ut de te talia sentiam, ut sinistrum 20
quippiam suspicer de ea, quae suam animam domino consecrauit.
non tam tibi quam sub tuo nomine aliis sum locutus, quae uinosae

---

4 Lucanus V 274   7 Uergil. Aen. VI 625—627   22 cf. I Tim. 5, 13

1 occubuit *ex* occidit *B*   populi Romani ς 2 prospere *K* prospero in *N*
ueniant *KDNΨ*   praeter] pp *B*   3 quid *AΠD*   quondam potentiae romae *Γ*
4 ardens *om.B*   dis(ss *Π*)cribens *Γ,Aa.c.m2ΠD*   satis] salutis *Γ*   romae *Γ*
5 quod—elogio] nos uero dicamus *Γ*   nos *om.B*   eloquio *A*   est] esse potest *Γ*
6 periit *Γ*   7 sint centum *Γ*   9 ferrea uox *om.Γ*   captiuorum *Γ*   10 cessorum
nomina percurrere *Γ*   nomina *super ras. 4 litt.m2A*   possint *N*   11 et haec
—aud.] in haec deuenimus mala *Γ*   loquentibus *N*   12 nec (c *del.m2*) *Γ*   nol.
immo nec] non *Γ*   audientibus *ΓAa.r.,KΠNB*   nobis *om.B*   flere] ferre *B*
quod *Γ*   14 filia in x͞p͞o *Π*   15 cedo ς aut] ut *Da.c.* an ς 16 intellige *B*
ferscennino *D* fescennino nuptiali *B*   17 buccina *Aa.r.B*   concrepauit *Aa.c.m2*
ΠDN   ut] aut *B*   quas] quatenus *N* quas habes ς pronubis *Πa.c.m2*
18 sorte *B*   ut] aut *Ψ,B* (*ex* ait)   affluas *K*   19 redditus ς peditū *N*   20 cer-
nes *K*   de te talia *ex* dote alia *B*   sinistri quipiam *Π*   21 dom. an. ς
22 uinosae] otiosae (ociose *Π*) *AΠD*

et curiosae atque uerbosae domus circumeunt matronarum, quarum
d e u s u e n t e r e s t e t g l o r i a i n c o n f u s i o n e earum,
quae nihil aliud de scripturis nisi digamiae praecepta nouerunt,
quae in alieno corpore sua desideria consolantur, ut, quod ipsae
5 fecerunt, alias facere uideant et malarum societate palpentur. qua- 3
rum cum inpudentiam et propositiones apostolicarum sententiarum interpretatione contriueris, legito, quomodo tibi in ᴐiduitate
uiuendum sit, librum ad Eustochium de uirginitate seruanda et alios
ad Furiam atque Saluinam, quarum altera Probi quondam consulis
10 nurus, altera Gildonis, qui Africam tenuit, filia est. hic libellus 'De
monogamia' sub nomine tuo titulum possidebit.

2 *Phil. 3, 19   3 cf. I Cor. 7, 9. 39; Rom. 7, 2   8 cf. epist. XXII
9 cf. epist. LIV et LXXIX

1 et curiosae *s. l. B, om. AN*   atque uerbosae *s. l. m2 B, om. N*   domos
ANp.c.m2,Ψ dom(*add.* o *s.l.m2*) *B*   circumeunt (m *eras.*) *Π*   2 uenter deus
ΑΠDB   3 nisi de *B*   praecepto *B*   4 quae in alieno —palp.] detestabiles
(*ex* —lis *m2*) sunt, qui mala alios (*sic*) suadent q: in se fecerunt et in alieno peccato sua scelera consolantur, ut (*ex et m2*), dum hoc, quod ipsi admiserunt, alte-
ros (*ex* —rus *m2*) facere uident, quodam modo malorum societate palpe(*ex* ₋ *m2*)n-
tur *Γ*   alieno] aliarum *ΑΠD*   5 fecerint ç   malorum *K*   6 inprudentiam
Dp.c.m2   7 uiduitate seruanda *ΑΠD*   8 eusthoch. *A* estoch. *D*   9 siluinam
ΠD sauinam *B*   10 alt. Gild. *om.N*   galdonis *Ap.c.m2*   11 tuo nomine *B*
poss.] *add.* explicit ad aggeruciam de monogamia *D*

CXXIV.

AD AUITUM.

1. Ante annos circiter decem sanctus uir Pammachius ad me cuiusdam scidulas misit, quae Origenis περὶ ἀρχῶν interpretata uolumina continerent, immo uitiata, hoc magnopere postulans, ut 5 Graecam ueritatem seruaret Latina translatio et in utramque partem, seu bene seu male dixisset ille, qui scripsit, absque interpretis patrocinio Romana lingua cognosceret. feci, ut uoluit, misique ei libros, quos cum legisset, exhorruit et recludens scrinio, ne prolati in uulgus multorum animos uulnerarent, a quodam fratre ⟨ex iis⟩, 10 qui habent zelum dei sed non secundum scientiam, ad legendum rogatus ut traderet quasi statim reddituro, propter angustiam tem-
2 poris fraudem non potuit suspicari. qui acceperat legendos, adhibitis notariis opus omne descripsit et multo celerius, quam promiserat, codicem reddidit. eademque temeritate et — ut leuius dicam — 15 ineptia, quod male subripuerat, peius aliis credidit. et quia difficile grandes libros et de rebus mysticis disputantes notarum possunt ser-

11 cf. Rom. 10, 2

Π = Turicensis Augiensis 49 s. IX.
ℬ = Caroliruhensis Augiensis 105 s. IX—X (continet initium usque ad p. 96, 7 interpretis, deinde post uacuum spatium unius fere columnae finem a p. 117, 15 quis igitur usque ad 19 nouerit his uerbis additis: igitur ego, qui scribere debui, pro prolixitate eplae dimisi. qui uero legere uoluerit, *[seq. ras. 3 litt.]* requirat in loco*).*
D = Vaticanus lat. 355 + 356 s. IX—X.
B = Berolinensis lat. 18 s. XII.

hieronimi (ieronimus *B* incipit liber hieronimi *Π*) ad auitum, in quo (ubi *D,om.B*) ea, quae (*add.* sunt *B*) in libris peri arcon (con *s.l.m2Π*) contra (aduersus *D*) catholicam fidem sunt (catholiam sunt fidem ℬ catolicam fidem *B* fidem catholicam sunt *D*) pandit (pandet ℬ,*om.B*) *codd.*

4 scidulas *scripsi* scidulam *D* scedulam (*ex* sedulam *Π*)*Πℬ* scedulas *B* schedulas *ς* quae *ex* et *Π* originis *Πa.c.*ℬ ΠΕΡΙ ΑΡΚΩΝ (*s.l.* peri arcon) *Π* piarchon *B* itē praxmn ℬ item praxmin *D*   5 continerent (*non* —ret!) *codd.* 6 Lat. seru. *ς* latinam li *D* utraque parte ℬ*B* 8 uolui *Da.c.m2* 9 ei *s.l.m2Π* exorruit *Πa.c.m2B* reclusit *ς*   10 ex iis *addidi,om.codd.*   11 habent *scripsi* habens *codd.* habebat *ς*   12 rog., ut trad. ad leg. *ς* redditurus *ex* —ros *Π* 16 subrepuerat *Πa.c.m2* crediderit *D* deficile *Πa.c.m2*   17 libros *s.l.m2B* libri *ς* et *om.ς* misticis *Πa.c.B*

uare conpendia, praesertim qui furtim celeriterque dictantur, ita in
illis confusa sunt omnia, ut et ordine in plerisque et sensu careant.
quam ob rem petis, Auite carissime, ut ipsum ad te exemplar di-
rigam, quod a me olim translatum et nulli alii traditum a supra
5 dicto fratre peruerse editum est. 2. Accipe igitur, quod petisti, sed ita, ut scias detestanda tibi in
eis esse quam plurima et iuxta sermonem domini inter scorpiones et
colubros incedendum, ut est illud — et statim in primo uolumine —:
Christum, filium dei, non natum esse, sed factum; deum patrem
10 per naturam inuisibilem etiam a filio non uideri; filium, qui sit imago
inuisibilis patris, conparatum patri non esse ueritatem; apud nos
autem, qui dei omnipotentis non possumus recipere ueritatem,
imaginariam ueritatem uideri, ut maiestas ac magnitudo maioris
quodam modo circumscripta sentiatur in filio; deum patrem esse
15 lumen inconprehensibile; Christum conlatione patris splendorem
esse perparuum, qui apud nos pro inbecillitate nostra magnus esse
uideatur. duarum statuarum, maioris et paruulae, unius, quae 2
mundum inpleat et magnitudine sua quodam modo inuisibilis
sit, et alterius, quae sub oculos cadat, ponit exemplum priori patrem,
20 posteriori filium conparans. deum patrem omnipotentem appellat
bonum et perfectae bonitatis, filium non esse bonum sed auram
quandam et imaginem bonitatis, ut non dicatur absolute bonus,
sed cum additamento 'pastor bonus' et cetera; tertium dignitate et
honore post patrem et filium adserit spiritum sanctum. de quo 3
25 cum ignorare se dicat, utrum factus sit an infactus, in posterioribus,
quid sentiret, expressit nihil absque solo deo patre infactum esse

7 cf. Luc. 10, 19   9 cf. Origenes περὶ ἀρχῶν I praef. 4, p. 10 Koeschau
10 cf. ibid. I 2, 6 p. 36   14 cf. ibid. I 2, 6 p. 37   17 cf. ibid. I 2, 8 p. 38
20 cf. ibid. I 2, 13 p. 46   23 cf. Ioh. 10, 11   cf. Orig. π. ἀ. I praef. 4 p. 11
26 cf. ibid. I 2, 6 p. 35

2 ut et *ex* et ut *m2Π*   3 Auite] a me *Π*   4 quo *Π*   a me *in mg Π*   et
(*s.l.*) olim *B*   6 petis *B*   7 esse *s.l.m2B*   8 est *om.D*   et *om.B*   9 patrem
om.B   10 a filio etiam *B*   11 patre *D*   15 collaudatione (uda *eras.*) *D* con-
laudatione (*in mg.* cōparatione *m2*) *Π*   17 unus *Πa.c.m2D*   19 oculos *ex* celos *D*
20 cōparans *s.l.Π*   deum —21 filium *in mg. inf. m2Π*   21 non *om.Π*   25 factum *Πa.c.m2D*   infactus *Πp.c.m2* infectus *cet.*   in post. —26 deo pa *partim*
in ras. partim in mg. m2B   26 quid] qui de *D* quid de eo ς   infactum *Πp.c.m2*
infectum *cet.*

confirmans, filium quoque minorem a patre, eo quod secundus ab
illo sit, et spiritum sanctum inferiorem a filio in sanctis quibusque
uersari atque hoc ordine maiorem patris fortitudinem esse quam
filii et spiritus sancti et rursum maiorem filii fortitudinem esse
quam spiritus sancti et consequenter ipsius sancti spiritus maiorem 5
esse uirtutem ceteris, quae sancta dicuntur.

3. Cumque uenisset ad rationabiles creaturas et dixisset eas
per neglegentiam ad terrena corpora esse delapsas, etiam haec
addidit: g r a n d i s   n e g l e g e n t i a e   a t q u e   d e s i d i a e
e s t   i n   t a n t u m   u n u m q u e m q u e   d e f l u e r e   a t q u e 10
e u a c u a r i,   u t   a d   u i t i a   u e n i e n s   i n r a t i o n a b i l i u m
i u m e n t o r u m   p o s s i t   c r a s s o   c o r p o r e   c o n l i g a r i.
2 et in consequentibus: q u i b u s, inquit, m o t i   d i s p u t a t i o-
n i b u s   a r b i t r a m u r   s p o n t e   s u a   a l i o s   e s s e   i n   n u-
m e r o   s a n c t o r u m   e t   m i n i s t e r i o   d e i,   a l i o s   o b 15
c u l p a m   p r o p r i a m   d e   s a n c t i m o n i a   c o r r u e n t e s
i n   t a n t a m   n e g l e g e n t i a m   c o r r u i s s e,   u t   e t i a m
i n   c o n t r a r i a s   f o r t i t u d i n e s   u e r t e r e n t u r. rursumque nasci ex fine principium et ex principio finem et ita cuncta
uariari, ut et, qui nunc homo est, possit in alio mundo daemon fieri 20
et, qui daemon est, si neglegentius egerit, in crassiora corpora
3 religetur, id est homo fiat. sicque permiscet omnia, ut de archangelo
possit diabolus fieri et rursum diabolus in angelum reuertatur. q u i
u e r o   f l u c t u a u e r i n t   e t   m o t i s   p e d i b u s   n e q u a-
q u a m   o m n i n o   c o r r u e r i n t,   s u b i c i e n t u r   d i s- 25
p e n s a n d i   e t   r e g e n d i   a d q u e   m e l i o r a   g u b e r n a n-

---

1 cf. Orig. π. ἀ. I 3, 5 p. 55   9 ibid. I 4, 1 p. 64   13 ibid. I 5, 5 p. 78
18 cf. ibid. I 6, 2 p. 79 sq.   23 ibid. I 6, 2 p. 81   24 cf. Ps. 72, 2

---

1 a *om.* ς   2 a *om.* ς   4 *pr.* et *s.l.* B   et rurs. —5 spir. sancti *in mg. inf.*
m2Π,om.D   5 sancti spir.] s̄ps s̄ci Π   7 rationales ς   eis D   8 neglig. ΠB
esse corp.Π   dilapsas *codd.*   hoc ς   9 neglig. B neglegentia D   10 esset (t e̲r̲a̲s.)Π
11 uacuari Π   irrationalium B   12 grasso D   coll. Π (*ex col. m2*) B
13 moti] modis Π   14 arbitramus D   sua sponte ς   17 neglig. Πp.r.B
corruisse] deuenisse B   20 et *om.*Π   21 si] et ς   neglig. ΠB   22 relegetur ς
ut homo ς   23 fieri — *alt.* diab. *s.l.m2*Π   rursus ς   anangelum (*pr.* an
eras.)Π angelorum D   24 modis Πa.c.   25 omnino *post* subic. *transp.* ς   26 adque *scripsi* atque D atque que (*eras.*)Π atque ad B   gubern. et regendi Π

di principatibus, potestatibus, thronis, domi-
nationibus; et forsitan ex his hominum con-
stabit genus in uno aliquo ex mundis, quando
iuxta Esaiam caelum et terra noua fient. qui 4
5 uero non fuerint meriti, ut per genus hominum
reuertantur ad pristinum statum, fient diabolus et angeli eius et pessimi daemones ac
pro uarietate meritorum in singulis mundis
diuersa officia sortientur. ipsosque daemones ac rec- 5
10 tores tenebrarum in aliquo mundo uel mundis, si uoluerint ad meliora
conuerti, fieri homines et sic ad antiquum redire principium, ita
dumtaxat, ut per supplicia atque tormenta, quae uel multo uel breui
tempore sustinuerint, in hominum eruditi corporibus rursum ueniant
ad angelorum fastigia. ex quo consequenti ratione monstrari omnes, 6
15 rationabiles creaturas ex omnibus posse fieri, non semel et subito
sed frequentius, nosque et angelos futuros et daemones, si egerimus
neglegentius, et rursum daemones, si uoluerint capere uirtutes,
peruenire ad angelicam dignitatem.

4. Corporales quoque substantias penitus dilapsuras aut certe
20 in fine omnium hoc esse futura corpora, quod nunc est aether et caelum et si quod aliud corpus sincerius et purius intellegi potest.
quod cum ita sit, quid de resurrectione sentiat, perspicuum est. solem
quoque et lunam et astra cetera esse animantia, immo, quomodo
nos homines ob quaedam peccata his sumus circumdati corporibus,
25 quae crassa sunt et pinguia, sic et caeli luminaria talia uel talia
accepisse corpora, ut uel plus uel minus luceant, et daemones ob maiora delicta aërio corpore esse uestitos. omnem creaturam secundum 2

4 cf. Esai. 65, 17 (66, 22)   Orig. π. ἀ. I 6, 3 p. 82   9 cf. ibid. I 6, 3 p. 83
cf. Eph. 6, 12   19 cf. Orig. π. ἀ. I 6, 4 p. 85   22 cf. ibid. I 7, 4 p. 9[C]   27 cf.
ibid. I 7, 5 p. 91   cf. Rom. 8, 19—21

1 principatibus et B   tronis et B   4 isayam B   celum B seclm Πε.i.m2 D
5 non s.l.m2 B   8 per uarietatē Π   mundi Πp.r.D   10 aliquo ex alio m2 Π
mundis] mundi Π   12 ut s.l.Π   per om. B   alt. uel s.l.Π   13 sustinuerint B
eruditi ς erudita (ex —tu Π) codd.   15 rationabiles (bi del. m1) B   hominibus ς   16 alt. et om. B   17 neglig. Πp.c.m2 B   18 praeuenire B   19 delap-
suras Π   20 esse]est Π   ether B ***aer Π aer D   21 quod] quod est D
25 grassa D   sunt s.l.m2 B   pigra B   alt. et] etiam B   26 pr. uel s.l m2 B
27 aëreo ς

7*

apostolum uanitati esse subiectam et liberari in reuelationem filiorum
dei. ac ne quis putet nostrum esse, quod dicimus, ipsius uerba
ponamus: in fine atque in consummatione mun-
di, quando uelut de quibusdam repagulis
atque carceribus missae fuerint a domino 5
animae et rationabiles creaturae, alias
earum tardius incedere ob segnitiem, alias
pernici uolare cursu propter industriam.
3 cumque omnes liberum habeant arbitrium et
sponte sua uel uirtutes possit capere uel uitia, 10
illae multo in peiori condicione erunt, quam
nunc sunt. hae ad meliorem statum perue-
nient, quia diuersi motus et uariae uoluntates in utramque partem diuersum accipient
statum, id est, ut et angeli homines uel dae- 15
mones et rursum ex his homines uel angeli
4 fiant. cumque omnia uario sermone tractasset adserens diabolum non incapacem esse uirtutis et tamen necdum uelle capere
uirtutem, ad extremum sermone latissimo disputauit angelum siue
animam aut certe daemonem, quos unius adserit esse naturae sed 20
diuersarum uoluntatum, pro magnitudine neglegentiae et stultitiae iumentum posse fieri et pro dolore poenarum et ignis ardore magis eligere, ut brutum animal sit et in aquis habitet
ac fluctibus, et corpus adsumere huius uel illius pecoris, ut nobis
non solum quadrupedum sed et piscium corpora sint timenda. 25
5 et ad extremum, ne teneretur Pythagorici dogmatis reus, qui
adserit μετεμψύχωσιν, post tam nefandam disputationem, qua

---

3 Orig. π. ἀ. I 7, 5 p. 93　　　　17 ibid. I 8, 3 p. 99　　　　19 ibid. I 8, 1 p. 96
21 ibid. I 8, 4 p. 104

1 subiectos D　　in reuel. fil. dei lib. B　　2 ac] an D　　3 alt. in om. ς
5 missa Π　　6 rationales B　　alios Π　　7 eorum ΠD　　incede D　　segnitiam B
alios Π　　8 pernicie D　　9 arb. hab. D　　10 uirtutes his D　　possit (sc. lib. arbitrium)] possint B　　11 illi Π　　conditione ΠB　　12 hec (c eras. B)DB　　ad
s.l.m2Π　　13 qui (a s.l.add.) diuersi Π qui aduersi B　　15 et om. B　　19 siue]
sibi Π　　20 ass. codd.　　21 neglig. Πp.c.m2 B　　stulticia B　　22 possit Π
24 ac] et ς　　et] ac ς　　25 quadrupedium (i eras.) Π　　26 pitagorici DB phi-
tag. Π　　27 ΜΕΤΕΜΥΥΧΩϹΥΝ D ΜΕΤΑΜΟΥΧΟϹΙΝ B ΝΕΤΕΜΥΥ-
ΧΩϹΙΝ (s.l.m2 metemicosin) Π

lectoris animum uulnerauit: h a e c, inquit, i u x t a   n c s ̄ r a m
s e n t e n t i a m   n o n   s i n t   d o g m a t a   s e d   q u a e s i t a
t a n t u m   a t q u e   p r o i e c t a, n e   p e n i t u s   i n t r a c t a-
t a   u i d e r e n t u r.

5   5. In secundo autem libro mundos adserit innumerabiꞁes, non
iuxta Epicurum uno tempore plurimos et sui similes, sed post
alterius mundi finem alterius esse principium et ante hunc nostrum
mundum alium fuisse mundum et post hunc alium rurs̄m futurum et post illum alium rursumque ceteros post ceteros. ət ad-
10 dubitat, utrum futurus sit mundus alteri mundo ita ex omni parte
consimilis, ut nullo inter se distare uideantur, an certe numquam
mundus alteri mundo ex toto indiscretus et similis sit futurus.
rursumque post modicum: s i   o m n i a, inquit, u t   i p s ə   d i s- 2
p u t a t i o n i s   o r d o   c o n p e l l i t, s i n e   c o r p o r e   u i-
15 x e r i n t, c o n s u m e t u r   c o r p o r a l i s   u n i u e r s a   n a-
t u r a   e t   r e d i g e t u r   i n   n i h i l u m, q u a e   a l i q u a n d o
e s t   f a c t a   d e   n i h i l o, e r i t q u e   t e m p u s, q u o   u s u s
e i u s   i t e r u m   n e c e s s a r i u s   s i t. et in consequentibus: 3
s i n   a u t e m, u t   r a t i o n e   e t   s c r i p t u r a r u m   a u c t o-
20 r i t a t e   m o n s t r a t u m   e s t, c o r r u p t i u u m   h o e   i n-
d u e r i t   i n c o r r u p t i o n e m   e t   m o r t a l e   h o e   i n-
d u e r i t   i n m o r t a l i t a t e m, a b s o r b e t u r   m ə r s   i n
u i c t o r i a m   e t   f o r s i t a n   o m n i s   n a t u r a   c o r p o r e a
t o l l e t u r   e   m e d i o, i n   q u a   s o l a   p o t e s t   m o r s   o p e-·
25 r a r i. et post paululum: s i   h a e c   n o n   s u n t   c o n t r a r i a 4
f i d e i, f o r s i t a n   s i n e   c o r p o r i b u s   a l i q u a n d o
u i u e m u s. s i n   a u t e m, q u i   p e r f e c t e   s u b i e c t u s

1 Orig. π. ἀ. I 8, 4 p. 105   5 ibid. II 3, 1 p. 113   13 ibid. II 3, ε p. 114
19 ibid. II 3, 3 p. 117   20 cf. I Cor. 15, 53   25 Orig. π. ἀ. II 3, 3 p. ꞁ17

2 sunt B   3 tanta D   intra etate D   6 epycurum Π eρyꞁorum D
suis D   post] potest ς   8 rursum] esse ς   9 addubitat D id(eras.)dubi-
tat Π adhuc dubitat B dubitat ς   10 **ita Π   omni om.ς   ꞁ1 nulla Π
12 mundus] mundum D   alteri mundo s.l.m2Π   alteri] alterius ex alium D
et discretus et dissimilis B   14 uixerit D   15 natura] creatura B   16 nihil Π
nichili B   17 facta est ς   que s.l.B   22 absorbebitur B   23 uictoria B; add.
in incorrumptionem D incorruptionem Π et corruptio incorruptione B et corruptio in incorruptionem ς   corp. nat. ς   24 mors potest B   27 uiuimus ΠD

est Christo, absque corpore intellegitur, omnes autem subiciendi sunt Christo, et nos
erimus sine corporibus, quando ei ad perfec-
5 tum subiecti fuerimus. et in eodem loco: cum subiecti fuerint omnes deo, omnes deposituri 5
sunt corpora et tunc corporalium rerum uniuersa natura soluetur in nihilum, quae, si secundo necessitas postularit, ob lapsum rationabilium creaturarum rursus existent. deus
enim in certamen et luctamen animas dereli- 10
quit, ut intellegant plenam consummatamque
uictoriam non ex propria se fortitudine sed
ex dei gratia consecutas. et idcirco arbitror
pro uarietate causarum diuersos mundos fieri et elidi errores eorum, qui similes sui 15
6 mundos esse contendunt. et iterum: triplex ergo
suspicio nobis de fine suggeritur, e quibus
quae uera et melior sit, lector inquirat. aut
enim sine corpore uiuemus, cum subiecti
Christo subiciemur deo et deus fuerit omnia 20
in omnibus; aut, quomodo Christo subiecta
cum ipso Christo subicientur deo et in unum
foedus artabuntur, ita omnis substantia red-
igetur in optimam qualitatem et dissoluetur in aetherem, quod purioris simplicioris- 25
que naturae est; aut certe sphaera illa, quam
supra appellauimus ἀπλανῆ, et quidquid illius

4 Orig. π. ἀ. II 3, 3 p. 118　　16 ibid. II 3, 7 p. 125　　20 cf. I Cor. 15, 28

1 intelligitur Πp.c.m2B　　4 cum s.l.m2Π si B,om.D　　7 soluerunt D
nih(ch B)ili DB　8 postularit s.l.m2Π　　rationalium B　　9 existent B existens
ΠD existet ς　　10 luctam B　　derelinquid D　　11 intellig. Πp.c.m2B intellegat D　　13 consecutas B —tos Π —tus D　　15 elidi Π elidere B alibi D
16 mundo D　　17 quibusque D　　19 uiuimus ΠD　　20 deo —22 subic. deo
partim in mg. partim in ras. m2B　　21 subiecta om.Bm2　　22 subicientur
(n eras.)Π　23 fedus Πa.c.m2B　　artantur ΠD　　25 aetherem ς ētrē (= eter-
rem) B aeternum ΠD　　quo B　　26 natura D　　spera (p in ras. m2) B
27 apellaui(ex e m2)mus Π　　ἀπλανῆ ς ΑΙΤΑΩΝΝet Π ΩΙΤΑΩΝΗΝΕΤ D
ΑΝΑΩΝΗΝ B　　quicquid ΠB

circulo continetur, dissoluetur in nihilum,
illa uero, qua ἀντιζώνη ipsa tenetur et cingitur, uocabitur terra bona nec non et a᷑tera
sphaera, quae hanc ipsam terram circumamb-
5 it uertigine et dicitur caelum, in sanctorum
habitaculum seruabitur.
    6. Cum haec dicat, nonne manifestissime gentium sequitur
errores et philosophorum deliramenta simplicitati ingerit Christianae? et in eodem libro: restat, ut inuisibilis sit
10 deus. si autem inuisibilis per naturam est,
neque saluatori uisibilis erit. et in inferioribus: 2
nulla alia anima, quae ad corpus descendit
humanum, puram et germanam similitudinem signi in se prioris expressit, nisi illa,
15 de qua saluator loquitur: nemo tollit animam
meam a me, sed ego ponam eam a me ipso et in 3
alio loco: unde cum infinita cautione tractandum est, ne forte, cum animae salutem fuerint
consecutae et ad beatam uitam peruenerint,
20 animae esse desistant. sicut enim uenit dominus atque saluator quaerere et saluum
facere, quod perierat, et perditum esse de-
sistet, sic anima, quae perierat et ob cuius
salutem uenit dominus, cum salua facta fu-
25 erit, anima esse cessabit. illud quoque pa- 4
riter requirendum, utrum, sicut perditum
aliquando non fuit perditum et erit tempus,
quando perditum non erit, sic et anima fuerit
aliquando non anima, et fore tempus, quando

---

    9 Orig. π. ἀ. II 4, 3 p. 130   12 ibid. II 6, 3 p. 142   15 *Ioh. 10, 18
17 Orig. π. ἀ. II 8, 3 p. 155   20 cf. Luc. 19, 10

    1 dissoluitur ΠD   nihilum ς nihili ΠD nichili B   2 ἀντιζώνη ς anti
ΑΩΝΝΝ Π antiΑΩΝΝΗ D ΑΝΤΙΩΝΝΝ B   3 uocatur B   4 spera B
5 in om.ς   6 seruabuntur ΠD conseruabitur ς   7 dicitur (ur eras.)Π   8 errorem B   11 in om.ΠD   12 alia ex illa Π   15 qua s.l.m2Π   tollet ς
16 pono B   20 **uenit Π   22 et] ut ς   esse —23 anima in ras. m2B   desistat ΠD   24 fuerit facta B   25 cessauit ΠD   26 sicut s.l.m2B   28 aliq.
fuerit ς   29 non om.ς   forte Π

5 n e q u a q u a m   a n i m a   p e r s e u e r e t. et post multum de
anima tractatum hoc intulit. *νοῦς*, i d   e s t   m e n s,   c o r r u-
e n s   f a c t a   e s t   a n i m a e t   r u r s u m   a n i m a   i n s t r u c-
t a   u i r t u t i b u s   m e n s   f i e t. q u o d   e t   d e   a n i m a
E s a u   s c r u t a n t e s   p o s s u m u s   i n u e n i r e, p r o p t e r 5
a n t i q u a   p e c c a t a   e u m   i n   d e t e r i o r i   u i t a   e s s e
d a m n a t u m. et   d e   c a e l e s t i b u s   r e q u i r e n d u m
e s t, q u o d   n o n   e o   t e m p o r e,   q u o   f a c t u s   e s t   m u n-
d u s, s o l i s   a n i m a — u e l q u o d c u m q u e   e a m   a p p e l-
l a r i   o p o r t e t — e s s e   c o e p e r i t, s e d   a n t e q u a m   l u- 10
6 c e n s   i l l u d   e t   a r d e n s   c o r p u s   i n t r a r e t. de luna
e t   s t e l l i s   s i m i l i t e r   s e n t i a m u s,   q u o d   e x   c a u s i s
p r a e c e d e n t i b u s   l i c e t   i n u i t a e   c o n p u l s a e   s i n t
s u b i c i   u a n i t a t i,   o b   p r a e m i a   f u t u r o r u m   n o n
s u a m   f a c e r e, s e d   c r e a t o r i s   u o l u n t a t e m, a   q u o 15
i n   h a e c   o f f i c i a   d i s t r i b u t a e   s u n t.

7. Ignem quoque gehennae et tormenta, quae scriptura sancta
peccatoribus comminatur, non ponit in suppliciis, sed in conscientia
peccatorum, quando dei uirtute et potentia omnis memoria delictorum ante oculos nostros ponitur et ueluti ex quibusdam 20
seminibus in anima derelictis uniuersa uitiorum seges exoritur et,
quidquid feceramus in uita uel turpe uel inpium, omnis eorum in
conspectu nostro pictura describitur ac praeteritas uoluptates mens
intuens conscientiae punitur ardore et paenitudinis stimulis con-
2 foditur. et iterum: n i s i   f o r t e   c o r p u s   h o c   p i n g u e   a t- 25
q u e   t e r r e n u m   c a l i g o   e t   t e n e b r a e   n o m i n a n d a e
s u n t,   p e r   q u o d   c o n s u m m a t o   h o c   m u n d o,   c u i

2 Orig. *π. ἀ.* II 8, 3 p. 161   4 cf. Mal. 1, 2—3   17 cf. Orig. *π. ἀ.* II 10, 4
p. 177   25 ibid. II 10, 8 p. 182

1 multo *Π*   2 haec *Π*   mens(*in ras. m1*; *fuit* corr)ruens *B*   3 fracta *D*
rursus *B*   instructus *Πa.r.D* instructis *Πp.r.*   5 possu(mus *s.l.add.m2*) *Π*
6 antiqua] aliqua *B*   7 req. est] credendum est (*utrumque in ras.m2*) *B*   9 quocumque *Π*   appellare *Π*   10 opor *D*   ceperit *B*   11 ardens] add. illud *Π*
16 distributa sint *Π*   17 et tormenta *in mg.B*   18 comm. pecc. *Π*   punit *Π*
p.c.m2D punire *B*   suppl.] simplicis *ΠD*   22 quicquid *ΠB*   23 discribitur *Π*
uoluntates *B*   24 induens *Π*   conscientia *D*   ard. pun. *B*   penit. *B* ple(ę *Π*)-
nit. *ΠDa.c.*   26 nominandi *Π*   27 sunt *s.l.B*; *seq.* postea (*eras.*) *Π*   cui] cum *Π*

n e c e s s e   f u e r i t   i n   a l i u m   t r a n s i r e   m u r d u m,
r u r s u m   n a s c e n d i   s u m e t   e x o r d i a.   haec dicens perspicue μετεμψύχωσιν Pythagorae Platonisque defendit.   et in fine 3
secundi uoluminis de perfectione nostra disputans intulit: c u m-
5 q u e   i n   t a n t u m   p r o f e c e r i m u s,   u t _n e q u a q u a m
c a r n e s   e t   c o r p o r a,   f o r s i t a n   n e   a n i m a e   q u i d e m
f u e r i m u s,   s e d   m e n s   e t   s e n s u s   a d   p e r f e c t u m
u e n i e n s   n u l l o q u e   p e r t u r b a t i o n u m   n u b i l o   c a-
l i g a t u s,   i n t u e b i t u r   r a t i o n a b i l e s   i n t e l l e g i-
10 b i l e s q u e   s u b s t a n t i a s   f a c i e   a d   f a c i e m.

   8. In libro quoque tertio haec uitia continentur: s i n   a u t e m
s e m e l   r e c i p i m u s,   q u o d   e x   p r a e c e d e n t i b u s
c a u s i s   a l i u d   u a s   i n   h o n o r e m,   a l i u d   i n   c o n t u-
m e l i a m   s i t   c r e a t u m,   c u r   n o n   r e c u r r a m u s   a d
15 a n i m a e   a r c a n u m   e t   i n t e l l e g a m u s   e a m   e g i s s e
a n t i q u i t u s,   p r o p t e r   q u o d   i n   a l t e r o   d i l e c t a,
i n   a l t e r o   o d i o   h a b i t a   s i t,   a n t e q u a m   i n   I a c o b
c o r p o r e   s u b p l a n t a r e t   e t   i n   E s a u   p l a n t a   t e n e-
r e t u r   a   f r a t r e?   et iterum: u t   a u t e m   a l i a e   a n i m a e 2
20 f i e r e n t   i n   h o n o r e m,   a l i a e   i n   c o n t u m e l i a m,
a n t e r i o r u m   c a u s a r u m   m e r i t a   p r a e c e s s e r u n t.
et in eodem loco: i u x t a   n o s   a u t e m   e x   p r a e c e d e n- 3
t i b u s   m e r i t i s   u a s,   q u o d   i n   h o n o r e m   f u e r i t
f a b r i c a t u m,   s i   n o n   d i g n u m   u o c a b u l o   s u o   o p u s
25 f e c e r i t,   i n   a l i o   s a e c u l o   f i e t   u a s   c o n t u m e l i a e

4 Orig. π. ἀ. ll 11, 7 p. 191   11 ibid. III 1, 22 (20) p. 238   13 cf. Rom. 9, 21
16 cf. Mal. 1, 2—3   17 cf. Gen. 25, 25   19 Orig. π. ἀ. III 1, 22 (21) p. 239
20 cf. Rom. 9, 21   22 Orig. π. ἀ. III 1, 23 (21) p. 240   23 cf. Rom. 9, 21

   3 METNYYXΩCIN IIa.c.m2 METMYYXΩcin D metamorphcrsin (sic)B
phitagorae Π pitagori(i exp.)e B thitagore D   5 proficeremus D   6 nec B
7 sensum IIa.c.m2   8 perturbationis B —one D   caligans ς   9 raticnabiles
(bi exp.) B   intellig. Πp.r.B   11 continetur D   12 recepimus D,Bp.c.
13 honore ΠD   alt. aliud] aliud uas Π   contumelia Π   15 archanum ΠD
et s.l.B   16 propter ex preter m2Π   dilata D   18 supplantare D subplan-
taretur B   19 animae om.Π   20 fuerint in honore Π   alia in contumelia Π
21 anteriorum scripsi materiorum D materiarum ΠB   causarumque D   pre-
cesserint Π   23 honore ΠD   fuit Π   25 in] et (exp.) in B   fiet εx fit B

et rursum uas aliud, quod ex anteriori culpa
contumeliae nomen acceperat, si in praesenti
uita corrigi uoluerit in noua creatione fiet
uas sanctificatum et utile domino, in omne
⁴ opus bonum paratum. statimque subiungit: ego ar- ⁵
bitror posse quosdam homines a paruis uitiis
incipientes ad tantam nequitiam peruenire,
si tamen noluerint ad meliora conuerti et per
paenitentiam emendare peccata, ut et contrariae fortitudines fiant, et rursum ex ini- ¹⁰
micis contrariisque uirtutibus in tantum
quosdam per multa tempora uulneribus suis
adhibere medicinam et fluentia prius delicta
constringere, ut ad locum transeant opti-
⁵ morum. saepius diximus in infinitis perpe- ¹⁵
tuisque saeculis, in quibus anima subsistit
et uiuit, sic nonnullas earum ad peiora cor-
ruere, ut ultimum malitiae locum teneant,
et sic quasdam proficere, ut de ultimo malitiae gradu ad perfectam ueniant consum- ²⁰
matamque uirtutem. quibus dictis conatur ostendere
et homines, id est animas, fieri posse daemones et rursum daemones
⁶ in angelicam redigi dignitatem. atque in eodem uolumine: sed
et hoc requirendum, quare humana anima
nunc ab his, nunc ab aliis uirtutibus ad di- ²⁵
uersa moueatur. et putat quarundam, antequam uenirent
in corpora, merita praecessisse, ut est illud Iohannis exultantis in
utero matris suae, quando ad uocem salutationis Mariae indignam
⁷ se confabulatione eius Elisabeth confitetur. statimque subiungit:

4 *II Tim. 2, 21   5 Orig. π. ἀ. III 1, 23 (21) p. 242   23 ibid. III 3, 5
p. 261   27 cf. Luc. 1, 41—45

1 illud ς   ex ant.] exteriori ΠB   culpę Π   2 acceperit D   3 fiat D
4 domino et ς   7 incipientibus B   8 ad ex ut Π   per penitentiam ΠB peni-
tentie D poenitentia ς   10 rursus B   14 transeat Π   17 eorum Π   19 quosdam ΠD   22 fieri demones posse Π posse fieri daemones ς   posse] post B
23 dign. redigi Π   24 et om. B   25 his nunc ab om. B   26 putant D   quorundam ΠD   ueniret Πa.c.D   27 corpore ΠD   29 confabulationis Bp.c.m2
helisabeth D

et e contrario paruuli, licet paene lactantes,
malis replentur spiritibus et in diuinos atque ariolos inspirantur in tantum, ut etiam
daemon Pythonicus quosdam a tenera aetate
5 possideat; quos derelictos esse apud proui-
dentiam dei, cum nihil tale fecerint, ut istius
modi insaniam sustinerent, non est eius, qui
nihil uult absque deo fieri et omnia illius
iustitia gubernari.
10   9. Rursumque de mundo: nobis autem, inquit, placet
et ante hunc mundum alium fuisse mundum
et post istum alium futurum. uis discere, quod
post corruptionem huius mundi alius sit
futurus? audi Esaiam loquentem: 'erit cae-
15 lum nouum et terra noua, quae ego facio permanere in conspectu meo'. uis nosse, quod ante 2
fabricam istius mundi alii mundi in praeterito fuerint? ausculta Ecclesiasten: 'quid
est, quod fuit? ipsum, quod erit. et quid est,
20 quod factum est? ipsum, quod futurum est.
et non est omne nouum sub sole, quod loquatur et dicat: ecce hoc nouum est; iam enim fuit
in saeculis pristinis, quae fuerunt ante nos'.
quod testimonium non solum fuisse, sed fu-
25 turos mundos esse testatur, non quo simul
et pariter omnes fiant, sed alius post alium.
statimque subiungit: diuinitus habitaculum et ueram 3
requiem apud superos aestimo intellegi, in
qua creaturae rationabiles commorantes,

1 Orig. π. ἀ. III 3, 5 p. 261   10 ibid. III 5, 3 p. 273   14 *Esai. 66, 22
18 *Eccle. 1, 9—10   27 Orig. π. ἀ. III 5, 4 p. 274

1 et in ras. m2 B   e s.l.Π,om. B   paruo D   licet] et Π licet et ς   lactentes B   3 oriolos Π   4 phyton. D phiton. Π fiton. B   6 tali Πa.c.m2D
fecerit D   11 pr. mundum] modum D   14 ysayam B Isaiam ς   licentem D
17 huius Π   21 sole] celo B   24 sed] et D   25 quod B   26 et s.l.Π al.
post al.] alium alium D   27 diuinius Koetschau diuinitatis e „cod. Regio" Vallarsius (Origenes scripsisse uidetur: ἡ θεόθεν οἴκησις)   28 existimo ς   in-
telligi Πp.r.B   29 rationales B

antequam ad inferiora descenderent et de
inuisibilibus ad uisibilia conmigrarent ru-
entesque ad terram crassis corporibus indi-
4 gerent, antiqua beatitudine fruebantur. unde
conditor deus fecit eis congrua humilibus 5
locis corpora et mundum istum uisibilem
fabricatus est ministrosque ob salutem et
correptionem eorum, qui. ceciderunt, misit
in mundum, e quibus alii certa obtinerent loca
et mundi necessitatibus oboedirent, alii in- 10
iuncta sibi officia singulis quibusque temporibus, quae nouit artifex deus, sedula mente
5 tractarent. et ex his sublimiora mundi loca
sol et luna et stellae, quae ab apostolo creatura dicitur, acceperunt. quae creatura uani- 15
tati subiecta est, eo quod crassis circumdata
corporibus et aspectui pateat. et tamen non
sponte subiecta est uanitati, sed propter uo-
6 luntatem eius, qui eam subiecit in spe. et iterum:
alii uero in singulis locis atque temporibus, 20
quae solus artifex nouit mundi, gubernaculis
7 seruiunt, quos angelos eius credimus. et post
paululum: quem rerum ordinem et totum mundi
⟨regit dei⟩ prouidentia, dum aliae uirtutes de
sublimioribus corruunt, aliae paulatim la- 25
buntur in terras, istae uoluntate descendunt, aliae praecipitantur inuitae, hae

---

15 cf. Rom. 8, 20　　　18 cf. Rom. 8, 20　　　20 Orig. π. ἀ. III 5, 4 p. 275
23 ibid. III 5, 5 p. 276

1 disc. *Πa.c.m2*　　2 uisibilia] inuisibilia *ΠD*　　3 crassisque *D*　　4 antiquam *D* antequam *Π*　　beatitudinem *D* benedictione (*partim eras.*) *Π*　　8 correctionem *Πp.c.B*　　9 e] et *Πa.r.* ex ς　　11 quibusque *ex* quibus *m2B*　　15 dicitur *ΠD* d̄r *B* dicuntur ς　　16 subdita *B*　　crassi *D*　　17 *pr.* et *exp.B*　　placeat *D*　　19 eius *om.Π*　　eam *om.D*　　21 gubernaculi *D*　　22 eius esse ς　　23 paulo-
lum *Π,Da.c.*　　quem] de *in ras. m2 B*　　et totum *Koetschau* et tota *ΠB* et toto *D*
totius ς　　24 regit dei *add. Koetschau* regit *add.* ς, *om. codd.*　　dum *ex* cum *Π*
25 alii *Π*　　26 isti *Π*　　uoluntariae ς　　27 alii *Π*　　inuiti *Π*　　heę *DB* hęc *Π*

sponte suscipiunt ministeria, ut ruentibus
manum porrigant, illae coguntur ingratae
et tanto uel tanto tempore in suscepto officio perseuerant. et iterum: ex quo sequitur, 8
5 ut ob uarios motus uarii creentur et mundi
et post hunc, quem incolimus, alius multo
dissimilis mundus fiat. nullusque aliuს diuersis casibus et profectibus uel uirtutum
praemiis uel uitiorum suppliciis et in prae-
10 senti et in futuro atque in omnibus et retro
et † in priore temporibus potest merita dispensare et ad unum rursus finem cuncta per-
trahere, nisi solus conditor omnium deს s, qui
scit causas, propter quas alios dimittat sua
15 perfrui uoluntate et de maioribus ad ultima
paulatim delabi, alios incipiat uisitare et
gradatim quasi manu data ad pristinum re-
trahere statum et in sublimibus collocare.

[9.] Cumque de fine disputare coepisset, haec intulit: quia — 9
20 ut crebro iam diximus — principium rursum ex
fine generatur, quaeritur, utrum et tunc futura sint corpora an sine corporibus aliquando
uiuendum sit, cum redacta in nihilum fuerint,
et incorporalium uita incorporalis essə cre-
25 denda sit, qualem et dei nouimus. nec dubium
est, quin, si omnia corpora ad mundum istum
sensibilem pertineant, quae appellantur ab
apostolo uisibilia, futura sit uita incorpora-

---

4 Orig. π. ἀ. III 5, 5 p. 276   19 ibid. III 6, 1 p. 281   28 cf. Col. 1, 16

2 illi *Π*   ingrate *Π*   3 et—officio *in mg. m2 B*   et] ut ς   uel tanto
om. Bmg.m2   temporum *Π*   4 perseuerent ς   5 ut] id *D*   8 prof.] *ad.* et ς
11 in priore *Π* in priora *DB* porro *Koetschau* postea ς   12 rursum *D*   13 omnium *om. B*   14 mittat *Ba.c.m2* permittat ς   16 paulatim *s.l. B*   delabi ς
dilab(u *D*)i *codd.*   17 manu data] mundata *Π*   stat. retr. *Π*   18 sublimibus
(bus *in ras.m2*) *Π*   19 *capituli numerus 9 hic falso in edd. iteratur*   20 rursus *B*
21 quae(e*ΠB*)riturque *codd.*   23 reducta*ΠD*   nihilo*Π* nihili *D* nichil *B*   24 esse]
uita esse *B*   25 et *s.l.m2 Π*   nec dub.—*p. 110, 23 simil.] haec uerba iterum exhibet, sed partim deleta, post finem epistulae Π (discrepantes scripturas notava Π²)*

10 lium incorporalis. et post paululum: illud quoque,
quod ab eodem apostolo dicitur: 'omnis creatura liberabitur a seruitute corruptionis in
libertatem gloriae filiorum dei', sic intellegimus, ut primam creaturam rationabilium 5
et incorporalium esse dicamus, quae nunc ser-
uiat corruptioni, eo quod sit uestita corporibus et, ubicumque corpora fuerint, statim
corruptio subsequatur; postea autem liberabitur de seruitute corruptionis, quando re- 10
ceperit gloriam filii dei et deus fuerit omnia
11 in omnibus. et in eodem loco: ut autem incorpore-
um finem omnium rerum esse credamus, illa
nos saluatoris oratio prouocat, in qua ait:
'ut, quomodo ego et tu unum sumus, sic et isti 15
in nobis unum sint'. etenim scire debemus,
quid sit deus et quid sit futurus in fine saluator et quomodo sanctis similitudo patris
et filii repromissa sit, ut, quomodo illi in se
12 unum sunt, sic et isti in eis unum sint. aut 20
enim suscipiendum est uniuersitatis deum
uestiri corpore et, quomodo nos carnibus, sic
illum qualibet materia circumdari, ut similitudo uitae dei in fine sanctis possit aequari,
aut, si hoc indecens est — maxime apud eos, 25
qui saltim ex minima parte dei sentire cupiunt maiestatem et ingenitae atque omnia ex-
cedentis naturae gloriam suspicari —, e duobus alterum suscipere cogimur, ut aut despe-

1 Orig. π. ἀ. III 6, 1 p. 281   2 *Rom. 8, 21   11 cf. I Cor. 15, 28
12 Orig. π. ἀ. III 6, 1 p. 282   15 *Ioh. 17, 21

1 post paululum *Π* paulo post ς   4 intellig. *Πp.r.B*   5 rationalium *B*
6 nunc *Engelbrecht* non *codd.*   7 sit] non sit ς   9 sequatur *Π* (*sed* subsequatur *Π²*)   liberatur *D*   10 receperint *DB*   11 filiorum ς   17 deus *s.l.Π*
finem *D*   18 sanctis *om.B* in sanctis ς   19 in se illi ς   illi *Πp.r.* alii *cet.*
(*etiam Π²*)   20 sunt] sint *Π*   24 uitae dei—*p. 111, 25* mundum *paginae parte*
uacua relicta om.Π   29 suspicere *D*

remus similitudinem dei, si eadem sumus corpora semper habituri, aut, si beatitudo nobis
eiusdem cum deo uitae promittitur, eadem,
qua uiuit deus, nobis condicione uiuendum
5 est.

10. Ex quibus omnibus adprobatur, quid de resurrectione
sentiat et quod omnia corpora interitura confirmet, ut simus
absque corporibus, quomodo et prius fuimus, antequam crassis
corporibus uestiremur. rursumque de mundorum uarietatibus
10 disputans et uel ex angelis daemones uel ex daemonibus angelos
siue homines futuros esse contestans et e contrario ex hominibus
daemones et omnia ex omnibus sententiam suam tali fine confirmat:
nec dubium est, quin post quaedam inter- 2
ualla temporum rursum materia subsistat
15 et corpora fiant et mundi diuersitas con-
struatur propter uarias uoluntates rationabilium creaturarum, quae post perfectam
beatitudinem usque ad finem omnium rerum
·paulatim ad inferiora delapsae tantam ma-
20 litiam receperunt, ut in contrarium uerte-
rentur, dum nolunt seruare principium et in-
corruptam beatitudinem possidere. nec hoc 3
ignorandum, quod multae rationabiles creaturae usque ad secundum et tertium et quar-
25 tum mundum seruent principium nec mutati-
oni in se locum tribuant, aliae uero tam parum de pristino statu amissurae sint, ut
paene nihil perdidisse uideantur, et nonnul-
lae grandi ruina in ultimum praecipitandae
30 sint baratrum. nouitque dispensator omnium 4

13 Orig. π. ἀ. III 6, 3 p. 284

1 eadem B eam D, *tacite om. Koetschau*   semper sumus corp. ς   ε ετ om. D
crassi D   9 uarietate ς   10 daemones] demonis D   *alt.* ex] de ς   11 et e]
ecce D   12 daem.—omnibus *om.* D   confirmet D   14 rursus ς   16 uoluntas D
rationalium B   19 delapsa D B dilapsae ς   23 rationales B   25 nec] et Π a.c.m2
27 statu prist. B   amissura Π missura D   sunt B   28 pene (poene Π p.c.m2)
codd.   29 grande D in(*del.*)grandi B   ruine D   praecipitandi B   30 barathrum ς   que *om.* Π

deus in conditione mundorum singulis abuti
iuxta meritum et oportunitates et causas,
quibus mundi gubernacula sustentantur et
initiantur, ut, qui omnes uicerit nequitia et
penitus se terrae coaequauerit, in alio mun- 5
do, qui postea fabricandus est, fiat diabolus, principium plasmationis domini, ut
inludatur ei ab angelis, qui exordii amisere
5 uirtutem. quibus dictis quid aliud conatur ostendere, nisi
huius mundi homines peccatores in alio mundo posse diabolos et 10
daemones fieri et rursum nunc daemones in alio mundo posse uel
angelos uel homines procreari? et post disputationem longissimam,
qua omnem naturam corpoream in spiritalia corpora et tenuia
dicit esse mutandam cunctamque substantiam in unum corpus
mundissimum et omni splendore purius conuertendam et talem, 15
qualem nunc humana mens non potest cogitare, ad extremum in-
6 tulit: et erit deus omnia in omnibus, ut uniuersa
natura corporea redigatur in eam substantiam, quae omnibus melior est, in diuinam
uidelicet, qua nulla est melior. 20

11. In quarto quoque libro, qui operis huius extremus est, haec
ab ecclesiis Christi damnanda interserit: et forsitan, quomodo in isto mundo, qui moriuntur separati-
one carnis et animae, iuxta operum differentiam diuersa apud inferos obtinent loca, sic, 25
qui de caelestis Hierusalem — ut ita dicam —

---

17 Orig. π. ά. III 6, 9 p. 290 sq.　　cf. I Cor. 15, 28　　22 Orig. π. ά. IV 3,
10 (26 [23]) p. 337　　26 cf. Hebr. 12, 22

1 condicione D　abuti (ab exp.m2) B　3 sustentantur in mg. m2 (in textu
ras. eiusdem spatii) B sustentuntur Π　4 qui s.l.m2 Π　nequitias B　7 di Π
8 exordii (exp.,s.l. in exitu) B exordia Π　misere Π　9 uirtutem] seq. 9
quibus —10 mundo et 6 qui postea —9 uirtutem (haec omnia del. m1), deinde
9 quibus etc. B　10 diabolum B　11 χr. demonas D　12 angelus Π　13 na-
turam] creaturam B　spiritali D　tenua Π D　14 dicit] adiecit ex adierit B
mutanda Π D　15 conuertendum Π　16 non om. ς　18 natura ex creatura B
19 qua D　diuina Π D　20 scilicet B　21 quoque ex uid D　eius ς　22 ecclesia ς　interseruit Ba.r.　23 qui] quo Π　25 optinent D obtinet Π a.c.m2
sic ex si Π　26 celesti (seq. ras. 2—3 litt. Π) Π D　hierus. Π ierus. D iherus. B

administratione moriuntur, ad nostri mundi
inferna descendunt, ut qualitate meritorum diuersa in terris possideant loca et ₂
iterum: et quia conparauimus de isto mundo
5 ad inferna pergentes animas his animabus,
quae de superiori caelo ad nostra habitacula
uenientes quodam modo mortuae sunt, prudenti inuestigatione rimandum est, an hoc
ipsum possimus etiam in natiuitate dicere
10 singularum, ut, quomodo, quae in ista terra
nostra nascuntur animae, uel de inferno rursum meliora cupientes ad superiora ueniunt
et humanum corpus adsumunt uel de melio-
ribus locis ad nos usque descendunt, sic et
15 ea loca, quae supra sunt in firmamento, aliae
animae possideant, quae de nostris sedibus
ad meliora proficiant, aliae, quae de caelestibus ad firmamentum usque delapsae sunt
nec tantum fecere peccati, ut ad loca in-
20 feriora, quae incolimus, truderentur. quibus ₃
dictis nititur adprobare et firmamentum, id est caelum, ad conparationem superioris caeli esse inferos et hanc terram, quam incolimus, conlatione firmamenti inferos appellari et rursum ad conparationem inferorum, qui sub nobis sunt, nos caelum dici, ut,
25 quod aliis infernus est, aliis caelum sit. nec hac disputatione con- ₄
tentus dicit: in fine omnium rerum, quando ad
caelestem Hierusalem reuersuri sumus, aduersariarum fortitudinum contra populum
dei bella consurgere, ut non sit eorum otiosa

---

4 Orig. π. ἀ. IV 3, 11 (27 [23]) p. 339   26 ibid. IV 3, 12 (24) p. 342
27 cf. Hebr. 12, 22

---

2 ut pro qual. ς   4 qui Π   5 hiis B iis ς   7 peruenientes ς mortua Π
9 possimus (simus in ras. m2) B possumus ΠD   etiam om. B   11 inf. rurs.]
infernorū su(add.s.l.m2 nt) Π   14 discendunt Π   16 de om. Π   18 sint ς
19 nec] hęc Π   facere ΠD   peccatum ς   inferiora om. ς   24 sub nobis]
subter nos ς   25 hoc Π ad D   disputationem D   contem(p.r. n Π)ptus ΠD
27 iherus. ΠB   aduersariarum ΠD,Ba.c.   28 fortitudinem Π

uirtus, sed exerceantur ad proelia et habeant
materiam roboris, quam consequi non possint,
nisi fortes primum aduersariis restiterint,
quos ratione et ordine et sollertia repu-
gnandi in libro Numerorum legimus esse su- 5
peratos.

12. Cumque dixisset iuxta Iohannis Apocalypsin euangelium
sempiternum, id est futurum in caelis, tantum praecedere hoc
nostrum euangelium, quantum Christi praedicatio legis ueteris
sacramenta, ad extremum intulit — quod et cogitasse sacrilegium 10
est — pro salute daemonum Christum etiam in aëre et in supernis
locis esse passurum. et, licet ille non dixerit, tamen, quod consequens
sit, intellegitur: sicut pro hominibus homo factus est, ut homines
liberaret, sic et pro salute daemonum deum futurum, quod sunt
2 hi, ad quos uenturus est liberandos. quod ne forsitan de nostro 15
sensu putemur adserere, ipsius uerba ponenda sunt: sicut enim
per umbram euangelii umbram legis inpleuit,
sic, quia omnis lex exemplum et umbra est
cerimoniarum caelestium, diligentius requirendum, utrum recte intellegamus legem quo- 20
que caelestem et cerimonias superni cultus
plenitudinem non habere sed indigere euangelii ueritate, quod in Iohannis Apocalypsi
euangelium legimus sempiternum, ad conparationem uidelicet huius nostri euangelii, 25
quod temporale est et in transituro mundo
3 ac saeculo praedicatum. quod quidem etiam
si usque ad passionem domini saluatoris
uoluerimus inquirere, quamquam audax et

4 cf. Num. c. 31(?)   7 cf. Apoc. 14, 6   16 Orig. π. ἀ. IV 3, 13 (25)
p. 343 sq.   24 cf. Apoc. 14, 6   27 Orig. π. ἀ. IV 3, 13 (25) p. 344

1 sed] si B   praelia ΠB   2 possunt ΠD   3 aduersarii (alt. i in ras.)Π
resisterint Π   4 quod D   5 libro quoque Π   7 iohannem Π   apocalipsin B
uocem in D   10 et] ad Π   11 est om. Π   aëre] *ere Π   12 tamen s.l. B
13 sit] sic Π si D   intellig. Πp.r.B   14 pro s.l.m2Π   sint Π   15 hii ΠB
16 putemus D   17 umbra Π   18 quia] q;Π   19 requir. est Π inquir. B
20 intellig. Πp.r.B   23 ueritatem D   apocalipsi ΠB   27 ac] a Π   28 si
(s.l.) etiam B   29 inq. uol. ς

temerarium sit in caelo eius quaerere passionem, tamen, si spiritalia nequitiae in caelestibus sunt et non erubescimus crucem
domini confiteri propter destructionem eo-
5 rum, quae sua passione destruxit, cur timea-
mus etiam in supernis locis in consummatione
saeculorum aliquid simile suspicari, ut omnium locorum gentes illius passione saluentur?
13. Rursumque blasphemans de filio sic locutus est: si enim
10 patrem cognoscit filius, uidetur in eo, quod
nouit patrem, posse eum conprehendere, ut
si dicamus artificis animum artis scire mensuram. nec dubium, quin, si pater in filio, et
conprehendatur ab eo, in quo est. sin autem 2
15 conprehensionem eam dicimus, ut non solum
sensu quis et sapientia conprehendat, sed
uirtute et potentia cuncta teneat, qui cognouit, non possumus dicere, quod conprehendat filius patrem. pater uero omnia conpre-
20 hendit, inter omnia autem et filius est: ergo
et filium conprehendit. et ut sciremus causas, quibus 3
pater conprehendat filium et filius patrem non queat conprehendere,
haec uerba subnectit: curiosus lector inquirat,
utrum ita a semet ipso cognoscatur pater,
25 quomodo cognoscitur a filio, sciensque illud,
quod scriptum est: 'pater, qui me misit, maior

---

2 cf. Eph. 6, 12   9 Orig. π. ἀ. IV 4, 8 (35) p. 359   19 ibid. IV 4, 8 (35)
p. 360   23 ibid. IV 4, 8 (35) p. 360   26 *Ioh. 14, 28

2 si *om.Π*   nequitia *Π*   3 sint *B*   4 districtionem *D* distinctionem *ex*
distrinctionem (r *eras.*) *Π*   5 distraxit *Π*   6 consummationem (*ult.* m *eras.*)*Π*
consumatio *D*   7 saeculi *Π*   8 passionem (m *eras.*) *Π*   9 rursumque hic *B*
de *om.Π*   sic —11 nouit] uidetur in eo quod nouit de filio sic locutus est si
enim patrem agnoscit *Π*   est *add.m2 B*   10 agnoscit *Π B*   13 si] sit *Ep.c.m2*
pater] *add.* sit ς   15 eam dic. compr. *B*   16 sensum *codd.*   sapientia *Ba.c.m2*
—am *cet.*   sed] *add.* et ς   17 qui] que *Bp.c.m2,unde* quae *Koetschau*   19 comprehendat *Bp.c.m2*   21 *alt.* et *om.ΠD*   22 conprehendit *Π*   querat conpr. *Π*
comprehendat *B*   23 subnectit] nectit *B*   24 a semedipso *D* semetipsü *B*
cognoscat *B*   25 siensque *D*   26 me *om.ς*

8*

me est', in omnibus uerum esse contendet,
ut dicat et in cognitione filio patrem esse
maiorem, dum perfectius et purius a semet
ipso cognoscitur quam a filio.
14. Μετεμψύχωσιν quoque et abolitionem corporum hic 5
rursum sentire conuincitur: si quis autem potuerit
ostendere incorporalem rationabilemque naturam, cum expoliauerit se corpore, uiuere
per semet ipsam et in peiori condicione esse,
quando corporibus uestiebatur, in meliori, 10
quando illa deponit, nulli dubium est corpora
non principaliter subsistere, sed per interualla ob uarios motus rationabilium creaturarum nunc fieri, ut, qui his indigent, uesti-
antur, et rursum, cum illa deprauatione lap- 15
suum se ad meliora correxerint, dissolui in
2 nihil et hac semper successione uariari. et
ne parum putaremus inpietatem esse eorum, quae praemiserat, in
eiusdem uoluminis fine coniungit omnes rationabiles naturas, id
est patrem et filium et spiritum sanctum, angelos, potestates, do- 20
minationes ceterasque uirtutes, ipsum quoque hominem secun-
3 dum animae dignitatem unius esse substantiae. intellectualem, inquit, rationabilemque naturam sentit
deus et unigenitus filius eius et spiritus
sanctus, sentiunt angeli et potestates cete- 25
raeque uirtutes, sentit interior homo, qui ad

6 Orig. π. ἀ. IV 4, 8 (35) p. 361   19 ibid. IV 4, 9 (36) p. 362

1 me om.codd.   in eras.Π   contendit DB   2 dicta Π   filii (ex fili Π)codd.
5 ΜΕΤΜΥΥΟΧΩΟΟΙ Π ΜΕΤΨΥΟΧΩΟΕΙ D metamorphosin B   abolitio-
ne Π aboliotione D   hic Bp.c.m2 haec cet. hoc ς   6 sursum consentire D   7 rationalemque B   8 se expol. B   9 ipsum Π   peiori Ba.c. peiore cet.   10 uestiatur B uestitur ς   11 illa dep.] illud ponit Π   12 non princ.] inprincipaliter Π
per s.l. B post Π   interualla et ς   13 rationabilium (bi exp.m2)B   14 indiget uestiatur B   15 lapsuū Bp.c.m2 lapsū ex lapsuu Ba.c.m2 lapsum Π lab-
sum D   16 ad meliore D   17 nihilum ς   hoc Π ac D   18 paruam ς   putemus B   impietatis B   19 coniungit (cf. subnectit p. 115, 23)] concludit coni.
Koetschau   rationales Π B   naturas Bp.c.m2 creaturas cet.   23 inquam B
rationalemque DB   24 et (eras.) unigenitusque Π   25 ceterasque Π D

imaginem et similitudinem dei conditu₃ est.
ex quo concluditur deum et haec quodam
modo unius esse substantiae. unum addit uerbum ₄
'quodam modo', ut tanti sacrilegii crimen effugeret, et, qui in alio
5 loco filium et spiritum sanctum non uult de patris esse substantia,
ne diuinitatem in partes secare uideatur, naturam omnipotentis
dei angelis hominibusque largitur.

15. Cum haec se ita habeant, quae insania est paucis de filio
et spiritu sancto commutatis, quae apertam blasphemiam praefere-
10 bant, cetera ita, ut scripta sunt, protulisse in medium et inpia uoce
laudasse, cum utique et illa et ista de uno inpietatis fonte pro-
cesserint? aduersum omnia scribere nec huius est temporis et ₂
omnes, qui aduersus Arrium et Eunomium Manicheumque et
diuersas scripserunt hereses, his quoque inpietatibus respondisse
15 credendi sunt. quisquis igitur hos uoluerit legere libros et calciatis
pedibus ad terram repromissionis pergere, necubi a serpentibus
mordeatur et arcuato uulnere scorpionis uerberetur, legat prius
hunc librum et, antequam ingrediatur uiam, quae sibi cauenda
sint, nouerit.

15 cf. Esai. 11, 15

2 ex *ex* et *D*　3 addidit *B*　4 effugiret *D*　5 substantie *Π*　6 secari *D*
8 ita se ç　quae *om.Π*　9 perferebant *D*　10 protullisse *Π*　impia ucce *Π*
11 uno *om.ΠD*　fronte *D*　12 hec omnia *B*　13 omnis *Πa.c.m2*　aduersum *ΠD*
heu nomium *B*　manichaeumque *D*　14 diuersa *D*　hiis quoque *B* hisque *ΠD*
15 quisquis *B* quis *cet.*　16 necubi] ne alicubi ç　17 arcuato] *add.* eum *s.l.m2B*
scorpii uulnere ç　scorpionis *Πp.c.m2* scorpios *Πa.c.m2*℈ scorpius *DB*　uerb.]
uulneret *B*

CXXV.
AD RUSTICUM MONACHUM.

1. Nihil Christiano felicius, cui promittuntur regna caelorum; nihil laboriosius, qui cotidie de uita periclitatur. nihil fortius, qui uincit diabolum; nihil inbecillius, qui a carne superatur. utriusque 5

Γ = *Lugdunensis 600 s. VI (continet p. 118, 4* nihil fortius —*5* superatur; *p. 119,
17* magna coepisse —*120, 4* ruinam; *p. 120, 20* in quo —*p. 121, 6* nutriat;
χ. *122, 6* si negot. —*12* auferre; *p. 123, 6* ut ubert. —*12* redundarent;
p. 123, 14 sub nom. —*18* maritalem; *p. 123, 18* alii —*p. 124, 1* affectu;
p. 124, 7 nec —*9* placent; *p. 124, 10* tu uero —*18* utilis est; *p. 124, 19* matrem
—*p. 125, 2* uulnus; *p. 125, 12* habeto —*14* conplexu; *p. 125, 18* astra—
p. 126, 1 fornicamur; *p. 126, 20* uiderint —*p. 127, 2* censemur; *p. 127, 10* ne
miles —*11* discipulus; *p. 128, 1* absque —*4* obdormias; *p. 128, 14* qui specimen —*18* uirtutum est; *p. 129, 15* uolo —*18* cogites; *p. 130, 1* uigil —*4*
amabis; χ. *131, 19* et gratias —*20* capio; *p. 132, 14* philosophi —*18* superemus; *p. 132, 20* nisi —*p. 133, 2* fugiamus; *p. 133, 10* nulla —*13* prouinciae; *p. 133, 20* uiuere —*p. 134, 14* tace; *p. 134, 18* uidi —*p. 135, 4* solitarii;
p. 135, 13 plerique —*p. 136, 7* uiximus; *p. 136, 10* nequaquam —*11* debeas;
p. 136, 19 uiue —*p. 137, 15* iudicantes; *p. 138, 19* sed dicis —*p. 139, 14*
siccatur; *p. 139, 19* ueritas — susurrones; *p. 140, 1* non est —*2* dignitatis;
p. 140, 4 si me —*16* satisfacere; *p. 141, 10* utinam —*p. 142, 9* praemia).*
G = *Neapolitanus VI. D. 59 s. VII.*
η = *Petropolitanus I. 13 Quarto s. VII—VIII.*
H = *Monacensis lat. 6299 s. VIII—IX.*
P = *Cenomanensis 126 s. IX (continet initium epistulae usque ad p. 128, 15*
tempore *reliquis amissis).*
D = *Vaticanus lat. 355 + 356 s. IX—X.*
C = *Vaticanus lat. 5762 s. X.*
N = *Casinensis 295 s. X.*
Ψ = *Augustodunensis 17 A s. X (desinit p. 136, 7* monasterio *folio amisso).*
t = *Casinensis 298 s. X—XI.*
B = *Berolinensis lat. 18 s. XII.*

ad rusticum (*ex* ad rustico *m2*Γ) ΓGH ad rusticum (—cium *t*) monachum
(*add.* de uita monachorum *s.l.rec.m.*η) $\eta PDCt$ ad rusticum monachum exortato-
riam (m *exp.*; *add.* ad rusticum *m2*)N de institutione uitae ad rusticum monachum
Ψ ad rusticum monacum de institutione monacorum B; *Hieronymi nomen exhibent tituli in* $\eta HD\Psi B$

3 nihil] *add.* est DB　promuntur H promittitur ς　regnum ς　4 laboriorius
nisi qui H　cott. GH　de *s.l.m2*Ψ　pereclitatur η praeclitatur H　*alt.* nihil]
add. eo $\Gamma, Bs.l.m2$　5 imbec. $\Gamma p.c.m2B$ inbic. H inbecc. t inuec. G　a *om.* B

rei exempla sunt plurima. latro credidit in cruce et statim meretur
audire: a m e n, a m e n d i c o t i b i: h o d i e m e c u m e r i s
i n p a r a d i s o. Iudas de apostolatus fastigio in proditionis tar-
tarum labitur et nec familiaritate conuiuii nec intinctione buccellae
5 nec osculi gratia frangitur, ne quasi hominem tradat, quem filium
dei nouerat. quid Samaritana uilius? non solum ipsa credidit et 2
post sex uiros unum inuenit dominum Messiamque cognoscit ad
fontem, quem in templo Iudaeorum populus ignorabat, sed auctor
fit multorum salutis et apostolis ementibus cibos esurientem reficit
10 lassumque sustentat. quid Salomone sapientius? attamen infatuatur
amoribus feminarum. b o n u m e s t s a l nullumque sacrificium 3
absque huius aspersione suscipitur — unde et apostolus praecipit:
s e r m o u e s t e r s i t s a l e c o n d i t u s —, quod, si infatuetur,
foras proicitur in tantumque perdit nominis dignitatem, ut ne in
15 sterquilinio quidem utile sit, quo solent credentium arua condiri
et sterile animarum solum pinguescere. haec dicimus, ut prima te, 4
fili Rustice, fronte doceamus magna coepisse, excelsa sectari et

2 *Luc. 23, 43   4 cf. Ioh. 13, 26—30   5 cf. Matth. 26, 48—49 etc.
6 cf. Ioh. 4, 5—42   10 cf. III Reg. 11, 1—8   11 Marc. 9, 49 (50) et Luc. 14, 34
cf. Leu. 2, 13   13 *Col. 4, 6   cf. Luc. 14, 34—35

1 credit $D\Psi$ crucem η meruit DCB 2 amen *semel* $G\eta PC\Psi B$ aeris H
3 paradiso CB —disso G —dyso *cet.*   perditionis $PC,Ba.c.$ tartarum] terrarum C 4 ruit ac labitur Nt instinctione (s *eras.*) P tinctione G bucelle DB
bucillae H 5 frenatur G fraudatur B nec (c *eras.*)B sed Nt traderet H
tradit Nt dei filium G 6 samaritanae P et non H solum] *add.* quia $\eta\Psi$
ipsa] illa H credit GNt 7 dnm (n *exp.*)B messiam quem Nt cognouit ηPB 8 ignorauit G sed etiam P sed et HC 9 sal. mult. C cybum η
refecit $\eta H,Ba.c.$ 10 salamone H et tamen GB infatuatus est Ψ 11 mulierum Ψ 12 praecepit ηCNt; *add.* dicens G 13 uester] *add.* semper in gratia ς sit sale *in mg.* $m2N$ sit semper sale t sale sit $\eta C\Psi$ infatuatur $\eta PC\Psi B$
14 foris $HD,Ba.c.m2$ proiciatur H in tantumque] statimque G que om. η
perdet ηH nec Nt non $Ba.c.$ 15 sterquilino $Ga.c.$ sterquilio C sterchilinio B
sterquilinium η stercolinium Ψ quidem om. $G\eta$ solet G condire η
16 solo η pinguiscere $\eta H,Pa.c.$ 17 fili om. G magna coep.—*p. 120, 4* ruinam]
adule(*ex* i *m2*)scens, si te $\overline{xpi}$ seruitio mancipaueris et coeperis alta sequi et excelsa sectari, cogita perfectae (a *del.m2*) quidem aetatis gradum scandere, sed
lubricum iter est, per quod ingrederis, nec tantam sequi gloriam post uictoriam,
quantam ignominiam post ruinam Γ cepisse et Nt sectare η

* adulescentiae, immo pubertatis, incentiua calcantem perfectae quidem aetatis gradum scandere, sed lubricum iter esse, per quod ingrederis, nec tantam sequi gloriam post uictoriam, quantam ignominiam post ruinam.

2. Non mihi nunc per uirtutum prata ducendus es nec laboran- 5 dum, ut ostendam tibi uariorum pulchritudinem florum, quid in se lilia habeant puritatis, quid rosarum uerecundia possideat, quid uiolae purpura promittat in regno, quid rutilantium spondeat

2˙pictura gemmarum. iam enim propitio domino stiuam tenes, iam in tectum atque solarium cum Petro apostolo conscendisti, qui 10 esuriens in Iudaeis Cornelii saturatur fide et famem incredulitatis eorum gentium conuersione restinguit atque in uase euangeliorum quadrangulo, quod de caelo descendit ad terras, docetur et discit omnes homines posse saluari. rursumque, quod uiderat, in specie candidissimi linteaminis in superna transfertur et credentium tur- 15 bas de terris in caelum rapit, ut pollicitatio domini conpleatur: b e a t i m u n d o c o r d e, q u o n i a m i p s i d e u m u i d e-

3 b u n t. totum, quod adprehensa manu insinuare tibi cupio, quod quasi doctus nauta post multa naufragia rudem conor instruere uectorem, illud est, ut, in quo litore pudicitiae pirata sit, noueris, 20

---

9 cf. Luc. 9, 62   10 cf. Act. 10, 9—11, 18   17 Matth. 5, 8

1 adulisc. *ηHP* adolesc. *CNΨtB*   calcare *H*   2 scandescere *B* scande-
ris *Nt* ascendere *GH*   est *ΓNt*   3 tantum *PDCΨB*   gloriae *ς*   quantum
DCΨB   ignominiae *Ψς*   5 nunc mihi *H,om.DC*   es] est riuulus *DCB*
6 pulch(c *N*)rit. uariorum *Nt*   uariarum *H*   pulcr. *HDNB* pulchritudines *P*
quid—purit. *om.G*   7 rosa *Ψς*   uerecundiae(—e)*CΨς*   posside possideat *Ψ*
possideant *C*   8 uiolarum *H*   rutilantiam *Ψ*   spondeant *H*   9 d̄o *G*
aestiuam *Ψ*   tenens *GDa.c.*   10 in *om.ς*   adque*G,Ψs.l.*   apostulo *H,om.Ψ*
11 corneli *GH* cornilii *η*   fide saturabatur *H*   saturatus *Ψ* satur *Ga.c.m2*
12 conuersionem (m *eras.N*)*Nt* conuersatione *G*   restinguet *H*   13 quadri-
angulo *H*   quod *om.H*   discendente *H*   ad—discit *om.G*   terram *ς*
discet *H* dicit *B* docet *Ψ*   14 rursusque *H*   uiderant *H*   in specie *om.H*
15 lentiaminis *η* luminis *H*   turbas *GηPΨ* —bam *cet.*   16 in] ad *ς*   conpleretur *B* impleatur *G*   17 mundi *G*   corde *in mg.η*   quia *DC*   18 *pr.* quod
ex que *B*   quod ut quasi *G*   19 nautor *η*   cogor *B*   20 uictorem *H* uecta-
torem *B,om.G*   ut *om.t*   in quo] quo in *N* quod in *t* quicumque deo seruire
coeperit, omnes insidias diaboli diligenter obseruet et quasi cautus et sollicitus
gubernator, in quo *Γ*   littore *P,B*(*ex* —ē)   pyrata *ΓηNt* piratae *Bp.c.* pyratae
(—e)*DC*   sint *DC,Bp.c.*   nouerit *Γ*

ubi Charybdis et radix omnium malorum auaritia, ubi Scyllaei
obtrectatorum canes, de quibus apostolus loquitur: n e m o r-
d e n t e s i n u i c e m m u t u o c o n s u m a m i n i, quomodo
in media tranquillitate securi Libycis interdum uitiorum Syrtibus
5 obruamur, quid uenenatorum animantium desertum huius saeculi
nutriat.
    3. Nauigantes Rubrum Mare, in quo optandum nobis est ut
uerus Pharao cum suo mergatur exercitu, multis difficultatibus ac
periculis ad urbem † Maximam perueniunt. utroque litore gentes
10 uagae, immo beluae habitant ferocissimae. semper solliciti, semper
armati totius anni uehunt cibaria. latentibus saxis uadisque durissimis plena sunt omnia, ita ut speculator et ductor in summa mali
arbore sedeat et inde regendae et circumflectendae nauis dictata
praedicat. felix cursus est, si post sex menses supra dictae urbis 2
15 portum teneant, a quo se incipit aperire oceanus, per quem uix
anno perpetuo ad Indiam peruenitur et ad Gangen fluuium — quem
Phison sancta scriptura cognominat —, qui circuit omnem terram
Euilat et multa genera pigmentorum de paradisi dicitur fonte

---

1 cf. I Tim. 6, 10   2 *Gal. 5, 15   7 cf. Ex. 14, 27—28   17 cf. Gen. 2, 11

    1 carybdis Γp.c.m2Gη,Ψa.c. caribdis Γa.c.m2DB charibdis Nt karydis P
caraptis H   et om.Γ   mal. omniumGHNt   ubi] add. ob (eras.)P   scyllei Gη
scillae(e)i ΓDB squillei H schillei Nt scyllae Ψ   2 de quibus —3 consum.] et
cogitet Γ   3 mutuo] ab inuicem Ψ   consummamini ηDB,Ψa.r.   quomodo
frequenter Γ   4 libycis NΨt lybicis Γp.c.m2GηC libicis Γa.c.m2PDB lybyes H
interdum] subito H,om.Γ   sirtibus ΓηPΨ syrcibus B   5 quidue t quod Ψ
quanta (add. que s.l.m2)Γ   uenenata animantiaΓ   uenatorumH   deserie Ψ)r-
ta ηΨ   6 nutriant ηΨ   7 obtandum P,Da.c.Ct,B (s.l. nauigandum eras.) ob-
tandus H   8 farao GΨt pharaho Pa.c.B   demergatur Γ   9 maximam codd.,
fort. scrib. Abisamam coll. Ptolem. geogr. VI 7, 10 Auxumam Vallarsius   perueniant Nt peruenitur DC   utruque η; add. in Cς   10 belluae B   habitant om.H   semper armati om.G   11 arma C   ueheunt G ueunt ΨB   cy-
baria η cibariamGH   latentibusque Ψ latent in H latentes in t   12 plana DC
ut s.l.D   doctor ηPDCΨB   mali] nauis P,om.Ψ   13 arboris Nt E (ex ar-
bori m3)   circumflectente N circumplectendae G   naues H   dictata (ex dicta η dictat ac Nt   14 praedicit Ψ praedicat ς,om.H   menses adNt   urbis η
15 teneat H   incipiat HDB   quam C   16 gangem DCNB   fluuium
in mg. m2η   17 physon GηB fison HΨ   script. sancta H   con(m Ψ)memo-
morat ηΨ   circumit Cς   omnem] totam Cς   18 euilath G euilac Ψ   pa-
radissi G paradysi HNt paradiso Ψ   dicitur om.Ψ

3 euehere. ibi nascitur carbunculus et zmaragdus et margarita can-
dentia et uniones, quibus nobilium feminarum ardet ambitio, mon-
tesque aurei, quos adire propter dracones et gryphas et inmensorum
corporum monstra hominibus inpossibile est, ut ostendatur nobis,
quales custodes habeat auaritia.   5
4. Quorsum ista? perspicuum est. si negotiatores saeculi tanta
sustinent, ut ad incertas peruenant perituasque diuitias, et seruant
cum animae discrimine, quae multis periculis quaesierunt, quid
Christi negotiatori faciendum est, qui uenditis omnibus quaerit
pretiosissimum margaritum, qui totis substantiae suae opibus emit 10
agrum, in quo repperiat thesaurum, quem nec fur effodere nec
latro possit auferre?
5. Scio me offensurum esse quam plurimos, qui generalem de
uitiis disputationem in suam referant contumeliam et, dum mihi
irascuntur, suam indicant conscientiam multoque peius de se quam 15
de me iudicant. ego enim neminem nominabo nec ueteris comoediae
2 licentia certas personas eligam atque perstringam. prudentis uiri est
ac prudentium feminarum dissimulare, immo emendare, quod in
se intellegant, et indignari sibi magis quam mihi nec in monitorem

9 cf. Matth. 19, 21 etc.   11 cf. Matth. 6, 19—20 etc.

1 deuehere *DCB* prouehere Ψ uehere *GNt* ueere *Pa.c.*   ubi *PDC*   zmaragdus $\eta D,B$ (*ex* zmaragdi *m3*) z(*s.l.* s)amaragdus *G* smaracdus $H\Psi$ smaragdus *cet.*
candente Ψ candidius *H*   2 et uniones] umbones *H*   ardeat *B*   ambitio]
add. sed *D,add.* ibi sunt et (et *s.l.t*)*Nt*   3 que *om.HDNt*   gryph. et drac. ηC
drachones *G*   griphas *P* grifas *HDB* grifes *Nt* grypas *G* gripas Ψ 4 corpora η
corporum uel *H*   5 custod*es *P* custodias *Nt*   habet *D,Ba.c.* habent *C*
6 quorsum (quor *eras.*)*N* quursum η quorum *H* cur sint *D*   ista] *add.* perse-
cutus *s.l.m2G*   huius saeculi Γ tanta] multa pericula Γ 7 sustineant *H*
ut et (*exp.*) ad *B*   perit. diu. peruen. *C*ς seruent $\Gamma p.c.m2\Psi B$ 8 cum—
peric.] breui tempore, quod cum multis periculis, cum discrimine animae et cor-
poris Γ quae] que cum *B*   quaesierint *G* quaesiuerant *Nt*   9 negotiatori
xpi *Nt*   quaesiuit *C*   10 pre(ae)t(c)iosissimam margaritam $\eta DC\Psi B$ preti-
osum *H*   suae *om.B*   11 reperiat *HPC* reperiet *B* repperit *ex* reppetit Γ
thensarum (*sic*)*G*   *pr.* nec *om.D*   fures *G*   fodere *H,om.*Γ 12 auferri *D*
14 uitiis *GHP*Ψ diuitiis *cet.*; *add.* suis *Nt*   referunt $\eta PDC\Psi$ mihi] nobis
propriae *H*   15 indicent *GDNtB*   16 iudicent *Ba.c.* indicant *H*   17 licen-
tiae *N*   praestringuam *B* constringam $\eta\Psi$ 18 prudentiam η immo] et *H*
in *om.*$\eta N\Psi t$ 19 se] si *Nt*   intellegunt *H*   indignare *D*   magis *om.G*Ψ
monitore *H*

maledicta congerere, qui, ut isdem teneatur criminibus, certe in eo
melior est, quod sua ei mala non placent.

6. Audio religiosam habere te matrem, multorum annorum
uiduam, quae aluit, quae erudiuit infantem et post studia Galliarum,
5 quae uel florentissima sunt, misit Romam non parcens sumptibus
et absentiam filii spe sustinens futurorum, ut ubertatem Gallici
nitoremque sermonis grauitas Romana condiret nec calcaribus in
te sed frenis uteretur, quod et in disertissimis uiris Graeciae legimus, qui Asianum tumorem Attico siccabant sale et luxuriantes
10 flagellis uineas falcibus reprimebant, ut eloquentiae torcularia non
uerborum pampinis, sed sensuum quasi uuarum expressionibus
redundarent. hanc tu suspice ut parentem, ama ut nutricem, uene- 2
rare ut sanctam. nec aliorum imiteris exemplum, qui relincuunt
suas et alienas appetunt, quorum dedecus in propatulo est sub nomi-
15 nibus pietatis quaerentium suspecta consortia. noui ego quasdam
iam maturioris aetatis et plerasque generis libertini adulescentibus
delectari et filios quaerere spiritales paulatimque pudore superato
per ficta matrum nomina erumpere in licentiam maritalem. alii
sorores uirgines deserunt et extraneis uiduis copulantur. sunt, quae

8 cf. Cicero, de oratore III 36; Quintilianus, inst. or. II 8, 11

1 ut] ut in *DC* ut si *Ψ* etsi *ηB*   hisdem *GD* iisdem *C*   teneartur *G*
2 est *om.H*   eis *G*   placeant *NtB*   3 religiosissimam *Nt*   te habere *H*
te *om.B*   matrem *om.t*   4 quae te aluid *B*   aliud *D*   *alt.* quae] et *ηΨ,Bp.c.m2*
enutriuit *η*   et] ac *Cs*   5 ueluti *B*   6 fili *GηH*   ut ubert. —10 reprim.]
studeat eloquens uir, ut ubertatem sermonis eius grauitas condiat *Γ*   7 conderet *H*   ne *D*   calcibus *H*   8 et *om.HNt*   dissertissimis *DΨt.Ba.c.*
desertis *H*   grecis elegimus *H*   9 quasi anum *Nt*   asianos tumores *G*
luxoriantes *ηH*   10 ut] et *Γ*   11 expressione *Γ* expressibus *HC,Da.c.m2* ex-
pressis *Dp.c.m2*   12 redundaret *GDp.c.,Ψa.c.* redundent *ex* redurdit *m2Γ*
suspice *GP* suscipe *cet.*   13 reliquerunt *H*   14 quarum *Nt*   propatibulo *G*
sub nom.—18 marit.] quaedam sub nomine pietatis quaerunt suspecta consortia
paulatimque pudore superato (—te *m2*) perfecta matrum nomina (perfecto matrimonio *m2*) erumpunt in licentiam maritalem *Γ*   15 quaerentes *η* quaerenti-
bus *P*   ergo *ηp.c.m2*   quosdam *G*   16 maturiores *ηH*   aetates *η*   et *s.l.B*
lib. gen. *Cs*   adulisc. *ηHP* adolesc. *CNΨtB*   17 et—spir.] tales *G*   spiri-
tuales *B*   que *in ras.m2B*   superate *Γp.c.m2*   18 per ficta *G,Bp.c.* facta *Ψ*
perfecto *Γp.c.m2* perfecta *cet.*   matrum nomina] matrimonio *Γp.c.m2*   aliae *Ψ*
sunt qui *Γ*   19 extraneis *ΓH* exteris *Gp.r.* externis *cet.*   sunt qui *HΨ,Na.c.m2*
illae quoque *Γ*

oderunt suos et non suorum palpantur affectu, quarum inpatientia,
index animi, nullam recipit excusationem et cassa inpudicitiae
3 uelamenta quasi aranearum fila disrumpit. uideas nonnullos accinctis renibus, pulla tunica, barba prolixa a mulieribus non posse
discedere, sub eodem conmanere tecto, simul inire conuiuia, an- 5
cillas iuuenes habere in ministerio et praeter uocabulum nuptiarum
omnia esse matrimonii. nec culpa est nominis Christiani, si simulator
religionis in uitio sit, quin immo confusio gentilium, cum ea uident
ecclesiis displicere, quae omnibus bonis non placent.

7. Tu uero, si monachus esse uis, non uideri, habeto curam 10
non rei familiaris, cui renuntiando hoc esse coepisti, sed animae
tuae. sordes uestium candidae mentis indicio sint, uilis tunica contemptum saeculi probet ita dumtaxat, ne animus tumeat, ne habitus sermoque dissentiat. balnearum fomenta non quaeras, qui
calorem corporis ieiuniorum cupis frigore extinguere. quae et ipsa 15
moderata sint, ne nimia debilitent stomachum et maiorem refectionem poscentia erumpant in cruditatem, quae parens libidinum
est. modicus ac temperatus cibus et carni et animae utilis est.
2 matrem ita uide, ne per illam alias uidere cogaris, quarum uultus

1 oderint η   et] ut B   palpant Γ palpentur B   affectū (a, e et—m2) Γ
2 animae η   nullius H   recepit D respiciet ex recipet m2η   inpudentiae G
pudicitiae (—cie B) D Ψ,Ba.c.   3 fila] tela (non telam!) G   disrumpit (s exp.) B
disrumpet H disrupit N,tp.r.   nonnullas P Ba.c.   4 prolixa] promissa η Ψ
5 con(m Nt)manere GNt manere cet.   6 ministerium HNt   et om.η Ψ   uoca-
bula GD —lo η   7 omnia] nomina η   matrimonia GD matroni Ψ   nec haec
GDCNB non ita Γ   culpa est haec t est culpa Γ culpa esse DC   x̄piani nominis C   nomini Nt,om.G   si s.l.B   8 uitio] certo H   sit] est G   gentilium et
hereticorum Γ   ea] eum Γ   uideant D   9 qui Γ   hominibus DCB   non
placent] displicent (n del.m2) Γ   10 tu—uis] quicumque monachus esse uult Γ
uis s.l.Ψ uis et Nt   uideris H,t a.r. uidere η uidentes Γ   habeat Γ   cura Γ
11 cui—coepisti om.Γ   cui om.C   12 sordidae uestes ς   uestesom.H   indicio GNt —cium ΓHP —c(t Ψ)ia cet.   uilis] inutilis H   13 ita—14 diss. om.Γ
tum. animus η   14 dissentiant DCB   baln.—15 exting.] qui calorem corporis
ieiuniorum frigore cupit extinguere, balnearum fomenta non quaerat Γ   quaerat Γς 15 frigore cupit Γ   cupit Γς   rigorē G   quae—16 sint] ieiunia moderata
esse debent Γ   qua H   16 modorata sunt H   nimie Nt nimia ieiunia G   debili-
tant H   17 poscent; G   erumpent D   cruditate D crude(i Γ)litatem (li eras.Γ)ΓC
libidinis B   18 modicus] moderatus H   pr. et om.Γ   carne η   19 matrem
—p. 125, 1 haereant] religiosus inter mulieres habitare non debet, ne uultus
earum cordi eius haereat Γ   ita] ibi H   cog. al. uid. Ψ   cuparis H coneris DC

cordi tuo haereant et tacitum uiuat sub pectore
u u l n u s. ancillulas, quae illi in obsequio sunt, tibi scias esse in
insidiis, quia, quantum uilior earum condicio, tanto facilior ruina
est. et Iohannes Baptista sanctam matrem habuit pontificisque
5 filius erat et tamen nec matris affectu nec patris opibus uincebatur,
ut in domo parentum cum periculo uiueret castitatis. uiuebat in
heremo et oculis desiderantibus Christum nihil aliud dignabatur
aspicere. uestis aspera, zona pellicia, cibus locustae melque siluestre,
omnia uirtuti et continentiae praeparata. filii prophetarum — quos 3
10 monachos in ueteri legimus testamento — aedificabant sibi casulas
propter fluenta Iordanis et turbis urbium derelictis polenta et herbis
agrestibus uictitabant. quamdiu in patria tua es, habeto cellulam
pro paradiso, uaria scripturarum poma decerpe, his utere deliciis,
harum fruere conplexu. si scandalizat te oculus, pes, manus tua,
15 proice ea. nulli parcas, ut soli parcas animae. q u i u i d e r i t 4
m u l i e r e m a d c o n c u p i s c e n d u m e a m, i a m m o e-
c h a t u s e s t e a m i n c o r d e s u o. quis gloriabitur
c a s t u m s e h a b e r e c o r? astra non sunt munda in conspectu
domini: quanto magis homines, quorum uita temptatio est! uae

---

1 Uergil. Aen. IV 67   4 cf. Luc. c. 1   6 cf. Luc. 1, 80   8 cf. Matth.
3, 4 etc.   9 cf. IV Reg. 6, 1—4   14 cf. Matth. 5, 29—30 etc.   15 Matth.
5, 28   17 *Prou. 20, 9   18 cf. Hiob 25, 5—6

1 cordi tuo *om.H*   corde *η*   hae(e *H*)reat *ΓH* habeant *Ψ*   tacitus *H*
2 ancillas *ηH*   illae *η*   *alt.* in *s.l.G*   3 quia *om.GHDNt*   quanto *DCNtB*
tantum *H*   est ruina *Cς*   4 iohannis *H*   5 patris *om.G*   6 ut] ne *DC*
domu *η*   periculum *η*   7 eremo *DC*   oculi *G*   desiderantium *G* lacriman-
tibus *Ψ*   Christum *om.Ψ*   dignabantur *G*   8 pellitia *B*   lucustae *G* lo-
custa *Nt*   melque] que *H*   9 et *om.η*   praeparat *DC*   10 uetere *η*   testa-
mento(—tum *C*) legimus *Cς*   cassulas *H*   prope *DCB*   11 iordannis *G*   et
turbis et *D*   urbium] urbibus *HD* urbis *C*   pulenta *H*   12 patriam tuam *η*
tua *om.C*   habeto—14 conplexu] monachus, qui xp̄m desiderat, nihil aliud di-
gnatur aspicere, sed est ei cellula pro paradiso, uaria scripturarum poma decer-
pit. his utitur deliciis, harum fruitur amplexu *Γ*   13 paradisso *G* —dyso *ηPNt*
suauia (suabia *G*)*GNt*   pona *H,om.t*   14 conplexus *D* amplexu *ΓΨ* corpus *H*
quod si *H*   sandalizauerit (*sic*)*H*   tua. *om.ηC Ψ*   15 eā *B* eam *Nt* et *η* a
te *GH*   nullis *H*   solae *η*   animae] *add.* tuae *GHDCB*   uiderit] *add.* in-
quit(d) dominus *ηPΨ*   16 eam *om.η*   moech. *ηHDC* mec. *B* mech. cet.
17 eam *om.PΨB*   18 si astra *Γ*   19 domini] eius *D*   homine *H*   est super
terrā *Γ*

nobis, qui, quotiens concupiscimus, totiens fornicamur. i n e b r i a-
t u s e s t, inquit, g l a d i u s m e u s i n c a e l o: multo am-
5 plius in terra, quae spinas et tribulos generat. uas electionis, in
cuius Christus ore sonabat, macerat corpus suum et subicit seruituti
et tamen cernit naturalem carnis ardorem suae repugnare sententiae, 5
ut, quod non uult, hoc agere conpellatur, et quasi uim patiens
uociferatur et dicit: m i s e r e g o h o m o, q u i s m e l i b e r a-
b i t d e c o r p o r e m o r t i s h u i u s? et tu te arbitraris absque lapsu et uulnere posse transire, nisi omni custodia seruaueris cor
tuum et cum saluatore dixeris: m a t e r m e a e t f r a t r e s 10
m e i h i s u n t, q u i f a c i u n t u o l u n t a t e m p a t r i s
6 m e i? crudelitas ista pietas est; immo quid tam pium, quam sanctae matri sanctum filium custodire? optat et illa te uiuere, non
uidere ad tempus, ut semper cum Christo uideat. Anna Samuhelem
non sibi, sed tabernaculo genuit. filii Ionadab, qui uinum et si- 15
ceram non bibebant, qui habitabant in tentoriis et, quas nox con-
pulerat, sedes habebant, scribuntur in psalmo, quod primi captiuitatem sustinuerint, quia exercitu Chaldaeorum uastante Iudaeam
urbes introire conpulsi sunt.

    8. Uiderint, quid alii sentiant — unusquisque enim suo sensu 20

---

1 *Esai. 34, 5   3 cf. Gen. 3,18   cf. Act. 9, 15   4 cf. I Cor. 9, 27   5 cf.
Rom. 7, 14—23   7 Rom. 7, 24   9 cf. Prou. 4, 23   10 Luc. 8, 21 et *Matth.
12, 50 etc.   14 cf. I Reg. c. 1   15 cf. Hier. c. 35   17 cf. Ps. 70, 1   18 cf.
Hier. 35, 11

    1 nobis miseris B qui $s.l.m2\Gamma,om.G$ quia B 2 est $om.\eta B$ 4 $\overline{xps}$ ore GN
$\overline{xps}$ pectore $\eta P\Psi$ ore $\overline{xps}$ $HDCtB$ sonabat $G\eta$ sonauit H resonabat $PN\Psi t$
resonat DCB et subiecit η subicitque Ψ seruitute $\eta; add.$ ne aliis praedicans
ipse reprobus inueniatur P 5 et $om.H$ 6 hoc $om.GH$ 7 uociferat $\eta a.c.$
ergo H liberauit $GHNt,\eta\Psi a.c.m2$ 8 te $om.H$ 9 et $om.H$ omnia H
tuum cor H 10 dixerit G 11 hii ηHD 12 mei] $add.$ qui in cae(e B)lis est
$PDC,B(del.)$ crudelis H quam sanctae matris GB sanctae matri(—e η)
quam $\eta P\Psi$ 13 optat—uiuere $om.G$ et $om.H$ illi te Ψ te illa H uiuere]
uidere $HP; add.$ et $\eta PC\Psi$ 14 uideris H ut] sed ut DC et H cum $\overline{xpo}$ te
uideat η te uideat permanere cum $\overline{xpo}$ H samuelem $GHCB$ 15 sichera G
cicerā B 16 qui—17 habebant $om.G$ quas] quos t qua DC quo H que* $(s.l.add.$
eis $m2)N$ concluserat H 17 scribantur H scribitur η 18 quia] qui Ψ qui
ab $GPDC$ exercitus H cald. HDB iudaea H 19 urbem tB inire H
conp. sunt $om.H$ 20 alii quid C,B in $ras.m2$ quod $D,N a.r.$ senserint H

ducitur —, mihi oppidum carcer est et solitudo paradisus. quid
desideramus urbium frequentiam, qui de singularitate censemur?
Moyses, ut praeesset populo Iudaeorum, quadraginta annis eruditur
in heremo, pastor ouium hominum factus est pastor; apostoli de
5 piscatione lacus Genesar ad piscationem hominum translerunt.
tunc habebant patrem, rete, nauiculam: secuti dominum protinus
omnia reliquerunt portantes cotidie crucem suam et ne uirgam
quidem in manu habentes. hoc dico, ut, etiam si clericatus te 2
titillat desiderium, discas, quod possis docere, et rationabilem
10 hostiam offeras Christo, ne miles ante quam tiro, ne prius magister
sis quam discipulus. non est humilitatis meae neque mensurae
iudicare de ceteris et de ministris ecclesiarum sinistrum quippiam
dicere. habeant illi ordinem et gradum suum, quem si tenueris, quomodo tibi in eo uiuendum sit, editus ad Nepotianum liber docere
15 te poterit. nunc monachi incunabula moresque discutimus et eius
monachi, qui liberalibus studiis eruditus in adulescentia iugum
Christi collo suo inposuit.

9. Primumque tractandum est, utrum solus an cum aliis in monasterio uiuere debeas. mihi placet, ut habeas sanctorum contuber-

---

2 cf. Num. 14, 33—34 etc.   3 cf. Ex. 3, 1   4 cf. Matth. 4, 18—20 etc.
7 cf. Luc. 9, 23   cf. Matth. 10, 10   9 cf. Rom. 12, 1   14 cf. epist. LII

1 dicitur *Γa.c.m2HD*; *add.* at *s.l.m2N*   est et sol. paradisus *Γ* est et sol.
paradysus est *η* et sol. paradisus (—dissus *G* —dysus *HPNt*) est *cet.*   quid
desid.] monachus non desiderit (—ret *m2*) *Γ*   2 frequentium *C* presentiam *H*
singo(u *m2*)laritate ci(e *m2*)nsetur *Γ*   3 moses *G*   5 gennesar *D* genessar *G*
gennesareth *η* genezareth *CΨ* generareth *P*   6 habentes *ηPΨ*   retem *G* rete
et *H* et rete in *η* et e *D*   secuti sunt *P*   protinus *om.H*   7 relinquaeie *H*)-
runt *GH*   cottidie (—ae *H*) *GH* cotidiae (a *exp.*)P quotidie *CB*   ne] nec *GNt*
8 in manu *om.P* manu *Nt* in manibus *G*   haec *P*   clericatur *H,om.C*   titillat te *D*   te *om.GΨ*   9 titillat *Ψ* telleat *H* tillat *η*   dicas *C*   dicere *C*
rationabilem (—les *Np.c.*) hostias (*sic*)HNt   rationalem *GD,Ba.c.m2*   10 xpo
offeras *B*   ne miles—11 disc.] caue, ne ante magister quam discipulus, ante
miles uelis esse quam tyro *Γ*   tyro *codd.praeterCB*   prior *D,om.H*   11 quam]
antequam *HDB*   non est enim *H*   12 ceteris] clericis *ς*   sinistro *η*   aliquid *P*   13 habent *D*   illi ordinem] et illi omnia *H*   suum et gradum *P*   14 in
eo tibi *HP*   15 potest *D*   16 adulesc. *GD* adulisc. *ηHP* adolesc. *cet.*   17 colla
sua *H*   18 monasteriis *Nt*   19 mihi—*p. 128, 1* doceas *om.G*   mihi—habeas *om.H*
mihi quidem *ς*   habeat *C*   sanctorum] sacrum *η*; *seq. littera* g *non deleta* H

*   nium nec ipse te doceas et absque doctore ingrediaris uiam, quam
numquam ingressus es, statimque in partem tibi alteram declinandum
sit et errori pateas plusque aut minus ambules, quam necesse est,
2 ut currens lasseris, moram faciens obdormias. in solitudine cito subrepit superbia et, si parumper ieiunauerit hominemque non uiderit, 5
putat se alicuius esse momenti oblitusque sui, unde quo uenerit,
intus corpore lingua foris uagatur. iudicat contra apostoli uoluntatem alienos seruos; quod gula poposcerit, porrigit manus; dormit,
quantum uoluerit, facit, quod uoluerit; nullum ueretur, omnes se
inferiores putat ciebriusque in urbibus quam in cellula est et inter 10
3 fratres simulat uerecundiam, qui platearum turbis conliditur. quid
igitur? solitariam uitam reprehendimus? minime, quippe quam
saepe laudauimus. sed de ludo monasteriorum huiusce modi uolumus egredi milites, quos rudimenta non terreant, qui specimen conuersationis suae multo tempore dederint, qui omnium fuerunt mi- 15
nimi, ut primi omnium fierent, quos nec esuries nec saturitas aliquando superauit, qui paupertate laetantur, quorum habitus, sermo,
uultus, incessus doctrina uirtutum est, qui nesciunt secundum

7 cf. Rom. 14, 4   15 cf. Matth. 19, 30 etc.

1 doceat *C*   et] ut *B*   absque] caue ne sine *Γ*   ductore *CB* ductorem *G*
2 numquam — statimque] et *Γ*   in part. tibi alt. *GDB* tibi in alt. part. *η* in
part. alt. *ΓP* tibi in part. alt. *cet.*   alteram (m *exp.*) *D*   decl.—pateas] decli-
nans errorem patiaris *Γ*   3 errore *Hη*   plusquae *Γa.c.m2H* plus *P* non plus
DC ne plus *B*   ambulans *ηΨ*   est *om.H*   4 ut *GH* et *ΓB* aut *Nt* ne *DC*,
om.ηPΨ ne aut *ς*   moramque *ηPDCB* aut moram *Γς*   faciendo *η*   dor-
mias *G*   subripit *H,Pp.c.Ba.c.*   5 ieiunaueris *H*   que *om.H*   6 alic. esse
mom. se putat *Nt*   unde et quo *Cς*   7 corpore] corde *DC* (*post* corpore *suppl.*
manens)   foris lingua *DB*   lingua] mente *H*   foras *Ψ*   uoluntatem (*add.s.l.*
apostoli) *G*   8 quod] si ad quod *C* quo *ς*   poposcit *η* uoluerit *ς*   porriget *ηH*
porrigat *C,Ba.c.*   manu si *Ga.c.* manum *Gp.c.ηCΨB*   9 null. uer., facit quod
uol. *ς* faciunt quod uoluerint *ηa.c. in mg. inf.*, *om.GHP*   inferiores se *ς*   se *om.H*
10 orbibus *η*   cellulam *H* cellulis *Ψ* cella *DCB*   est] demoratur *H*   et *om.HP*
11 uerecundia *Gt*   turbis] turpi circuitu *G*   colluditur *C* circumluditur *G*
12 quippe *post* laud. *ponit Ba.c.,om.P*   13 laudabimus *DB* laudamus *ηNΨt,Pa.c.*
13 huiusmodi *H*   14 rudimenta] h(*om.C*)eremi dura rudimenta *DCB*   qui] illi
aliorum debent esse doctores, qui *Γ*   spec(t *C*)iem *ΓDC*   15 tempore] *desi-
nitP*   dederint] de(di *m2*)dicerent *Γ* dedicerent *η* dederit *t*   qui] et *H*   min.
fuerint *Ψ*   fuerint *DCΨt*   16 fierint *Γa.c.m2HD*   aliq. nec sat. *ηCΨ*
17 superauerit *Nt* superant *C*   qui in *G* quia *B*   laetatur *NΨa.c.*   18 uirtutis *ex* uirtus *m2Γ*   non sciunt *H*

quosdam ineptos homines daemonum obpugnantium contra se por-
tenta confingere, ut apud inperitos et uulgi homines miraculum sui
faciant et exinde sectentur lucra.
    10. Uidimus nuper et planximus Croesi opes unius morte depre-
5 hensas urbisque stipes quasi in usus pauperum congregatas stirpi
et posteris derelictas. tunc ferrum, quod latebat in profundo, super-
natauit aquae et inter palmarum arbores Merrae amaritudo mon-
strata est. nec mirum: talem et socium habuit et magistrum, qui 2
egentium famem suas fecit esse diuitias et miseris derelicta in suam
10 miseriam tenuit. quorum clamor tandem peruenit ad caelum et
patientissimas dei uicit aures, ut missus angelus pessimo Nabal
Carmelio diceret: s t u l t e, h a c n o c t e a u f e r e n t a n i-
m a m t u a m a t e; q u a e a u t e m p r a e p a r a s t i, c u i u s
e r u n t?
15   11. Uolo ergo te et propter causas, quas supra exposui, non habitare cum matre et praecipue, ne aut offerentem delicatos cibcs ren-
nuendo contristes aut, si acceperis, oleum igni adicias et inter frequentiam puellarum per diem uideas, quod noctibus cogites. numquam de manu et oculis tuis recedat liber, psalterium discatur ad

6 cf. IV Reg. 6, 5—7   7 cf. Ex. 15, 23. 27   11 cf. I Reg. c. 25   12 *Luc. 12,20

1 quasdam *η,om.HNt*   ob(p *B*)pugnantium *ηΨB* expurgatioaum *G* pugnantium *cet.*   2 confligere *G*   ut] nec *η*   et *eras.B*   uulgi] uiles *ηΨ*   faciant
sui *Nt*   3 faciunt *H,Da.c.*   et] ut *DCB*   lucra sect. *ηΨ*   4 chroesi *Nt* crisi *η*
a.c.m2 crisy *Ψ* crisici *H*   opus *H*   unus *C*   5 orbisque *NtB*   quas *ηH,*
om.G   usum *ηΨ* styrpi *H*   6 iacebat *η*   profundum *HΨ* fundo *G*   7 aqua *η*
inter palmarum] ex myrrarum aquas *H*   arboris *H*   merrae *G* mirrae *Ψ,B* (*ex*
mirae) murrae *η* myrrae(—e) *cet.*   8 nec mirum] nimirum *η*   pr. et *s.l.N,om.H*
et mag. habuit *C*   qui *in ras. m2 B* atque *DC*   9 fames *D,Ψ* (*ex* fame *m2*)
facit *H*   et diuitias *Ψ*   miseris] que miseris essent *B*   del(l *eras.*)rel.ctas *H*
sua *t*   10 ten. mis. *C* reseruauit mis. *ς*   uenit *Nt*   11 pessimo (*cf. I Reg. 25, 3*)
ηp.c.m2HNt pessimus *cet.*   12 carmelo *G* carmelis(s *eras.*)*B* cornelo *C*   aufer-
tur a te anima tua *G* animam tuam auferant a te *H*   13 praeparassis *C* parasti *GNt*   15 uolo—18 cogites] religiosus inter mulieres habitare ncn debet,
ne die uideat, quod nocte cogitet *Γ*   uolo] ut *H*   exposuimus *DB*   16 et]
aut *H*   aut ne *C* ne *G,om.H*   offerente *DCNt*   rennuente *t* rennntiando *η*
rennendo *ς*   17 accipias *H*   oleum *om.t*   adicias] accipias *H*   frequentia *Ht*
18 die *G*   nocte *η* in nocte *Nt*   19 manu tua *η*   tuis *om.η*   recedat—*p.130,1*
uerbum] discedat liber psalterii ad uerbum *C* liber psalterii discedat ad uerbum
D recedat liber psalterium ad uerbum discatur ad uerbum *H*   disc. psalt. *ς*
psalterium *ex* psalmorum *η*

uerbum, oratio sine intermissione, uigil sensus nec uanis cogitationi-
2 bus patens. corpus pariter animusque tendatur ad dominum.
iram uince patientia; ama scientiam scripturarum et carnis uitia
non amabis. nec uacet mens tua uariis perturbationibus, quae, si
pectori insederint, dominabuntur tui et te deducent ad delictum ma- 5
ximum. fac et aliquid operis, ut semper te diabolus inueniat occu-
patum. si apostoli habentes potestatem de euangelio uiuere labora-
bant manibus suis, ne quem grauarent, et aliis tribuebant refrigeria,
quorum pro spiritalibus debebant metere carnalia, cur tu in usus
3 tuos cessura non praepares? uel fiscellam texe iunco uel canistrum 10
lentis plecte uiminibus, sariatur humus, areolae aequo limite diui-
dantur; in quibus cum holerum iacta fuerint semina uel plantae per
ordinem positae, aquae ducantur inriguae, ut pulcherrimorum uer-
suum spectator adsistas:
    ecce supercilio cliuosi tramitis undam   15
    elicit, illa cadens raucum per leuia murmur
    saxa ciet scatebrisque arentia temperat arua.
4 inserantur infructuosae arbores uel gemmis uel surculis, ut paruo
post tempore laboris tui dulcia poma decerpas. apum fabricare al-
uearia, ad quas te mittunt Prouerbia, et monasteriorum ordinem 20

---

5 cf. Ps. 18, 14   7 cf. I Thess. 2, 9; II Thess. 3, 8—9   9 cf. I Cor. 9, 11
15 Uergil. Georg. I 108—110   20 cf. *Prou. 6, 8

1 uigil] monachi sit uigel (—il *m2*) Γ uigel sit η uigilet *GNt*   uagis *DC*
2 pateat Γ ___ corpus—3 pat. *om.*Γ   pariter] tamen η,*om.B*   et animus η
tendat *H*   dm *G,ηa.c.m2*   3 patientiam *Gt,Na.r.* patientiam sectare Ψ   amet Γ
scientia *C*   4 amabit Γ   conturbationibus *G*   quae] quia *G*   5 pectori tuo *H*
insiderint η*HD*   deducent te *H*   te *om.Nt,*Ψ*a.c.*   6 facito et *H* facito Ψ*B*
boni operis Ψ   te semper *C*   occ. inu. *Nt*   S alii Ψ   tribuerent *Nt*
9 spiritualibus *B*   usum tuum *H*   10 cessura (censura *p.c.m2*) η caessura Ψ
cessari (necessaria *p.c.*) *G* cybos *H* successura *cet.*   phiscellas *G* fiscilla η
texere *HC* texero *D*   canistrom *Gp.c.m2*   11 plecte *DC,Ba.c.* flecte *GηNΨt*
flecti *H*   sarriatur *C* sereatur *H* seratur *GNt*   ariolae *Gη*   dirigantur *G*
12 in quibus *s.l.m2N*   hol. *Gp.c.ηNt* ol. *cet.*   iactata *HB*   fuerint (i *in ras.*)*N*
13 ut] et η   pulcerrimorum *GNt* pulcherimus *H*   14 expectator *GηH*
15 ecce *om.*η   unda *GtB*   16 elicit illa *om.H*   currens *H*   raucum (a *eras.*)*H*
a(*eras.*)leuia *H*   murmur (*alt.* mur *eras.*)*D*   17 scatebris *DCΨ,Ba.c.m2* stre-
pituque *H*   ardentia *H*   temperet *t*   18 infr.] ergo fructuosae η et fructuosae *H* fructuosae *G*   19 apium η*p.c.*   aluearica *H*   20 salomonis prou. *DC*
prou. sa(*ex* so *B*)lomonis *HB*   et *om.H*   ordine *t*

ac regiam disciplinam in paruis disce corporibus. texantur et lina
capiendis piscibus, scribantur libri, ut et manus operetur cibos et
anima lectione saturetur. i n d e s i d e r i i s e s t o m n i s o t i- 5
o s u s. Aegyptiorum monasteria hunc morem tenent, ut nullum
5 absque opere ac labore suscipiant, non tam propter uictus necessaria quam propter animae salutem, ne uagetur perniciosis cogitationibus et instar fornicantis Hierusalem omni transeunti diuari-
cet pedes suos.
    12. Dum essem iuuenis et solitudinis me deserta uallarent, in-
10 centiua uitiorum ardoremque naturae ferre non poteram; quae cum
crebris ieiuniis frangerem, mens tamen cogitationibus aestuabat.
ad quam edomandam cuidam fratri, qui ex Hebraeis crediderat, me
in disciplinam dedi, ut post Quintiliani acumina Ciceronisque fuuios
grauitatemque Frontonis et lenitatem Plinii alphabetum discerem,
15 stridentia anhelantiaque uerba meditarer. quid ibi laboris insump- 2
serim, quid sustinuerim difficultatis, quotiens desperauerim quo-
tiensque cessauerim et contentione discendi rursus inceperim, testis
est conscientia tam mea, qui passus sum, quam eorum, qui mecum
duxere uitam. et gratias ago domino, quod de amaro semine littera-
20 rum dulces fructus capio.

3 *Prou. 13, 4   7 cf. Ezech. 16, 25   19 cf. Otto, Sprichwoerter p. 195

    1 ac regiam] e(ae C)gregiam DC ac(super ras., fuisse uidetur et) egregiam B
et om.G   2 piscibus ut (ut eras.)N   et libri HDB   operentur Gη   c (y)Ψ-
bum η Ψ   3 animus η Ψ   satietur N; add. quia Nt   omnis anima ct osi Nt
4 aegipt. Ψ egypt. H egipt. B   hanc η   morem] modum Ψ   5 opere ae] operis ς; add. cibo C cibū (s.l.m2)N·   necessariam Ψ necessitatem ς   6 anime
(e in ras. m2)B animae suae H   uag(ex c B)entur (n exp.B)DCB quis H   cogit. mens ς   7 et in instar G   fornicariae H   diu. omni tr. Nt   9 Dum ess.
iuu.] cumque essem in heremo G   10 ferre] refrenare B   quem ηC   11 frang.]
fatigarer H   cogit. s.l.N his cogit. DC   12 ad] ob H   domandam H   ebreis t B
13 in disc. dedi] tradidi disciplinae H   in s.l. B   quintilliani HN Ψ B   cacu-
mina Ψ flumina η   cyceronisque DC ciceronis GNt   fluuiū H   14 et om.H
leuitatem ηB   plini G pleni H plenii D polemii B   alph. ηCB alt. (alfaue-
tum G alfabetumque H) cet.   15 et stridentia C   anel. NtB hanel. C hanil. H
que s.l.m2 Ψ   meditarer] resonarem Nt   insumserim G sumpserim t insumi-
tur H   16 dispensauerim D   quot. cess. om.Ht   17 que om.η   et] ex C   contentionem ηNt intentione H   rursum ηNt   inciperim ηHC inciperem DNt B inci-
pere G   18 tam om.Nt   19 duxerunt ηC Ψ   et gratias—20 capio] qui assidue
insistit (ex adsistit m2) lectioni, in praesenti quidem laborat, sed postea gratula-
tur, cum ceperit de amaris seminibus litterarum dulces capere Γ   do H   amo-
ro H amore et Ψ amarissimo DNt   20 fructos capio η capio fructos H   carpo ς

13. Dicam et aliud, quid in Aegypto uiderim. Graecus adulescens erat in coenobio, qui nulla continentiae, nulla operis magnitudine flammam poterat carnis extinguere. hunc periclitantem pater monasterii hac arte seruauit. imperat cuidam uiro graui, ut iurgiis atque conuiciis insectaretur hominem et post inrogatam iniuriam 5 primus ueniret ad querimonias. uocati testes pro eo loquebantur,
2 qui contumeliam fecerat. flere ille contra mendacium; nullus alius credere ueritati, solus pater defensionem suam callide opponere, ne abundantiori tristitia absorberetur frater. quid multa? ita annus ductus est, quo expleto interrogatus adulescens super 10 cogitationibus pristinis, an adhuc molestiae aliquid sustineret: 'papae', inquit, 'uiuere mihi non licet, et fornicari libet?' hic si solus fuisset, quo adiutore superasset?

14. Philosophi saeculi solent amorem ueterem amoie nouo quasi clauum clauo expellere. quod et Asuero septem principes 15 fecere Persarum, ut Uasti reginae desiderium aliarum puellarum amore conpescerent. illi uitium uitio peccatumque peccato remediantur, nos amore uirtutum uitia superemus. d e c l i n a, ait, a m a l o e t f a c b o n u m; q u a e r e p a c e m e t p e r s e-
q u e r e e a m. nisi oderimus malum, bonum amare non possumus. 20

9 cf. II Cor. 2, 7   14 cf. Cicero, Tusc. disp. IV 75   15 cf. Esth. 2, 1—4
18 *Ps. 33, 15; cf. Ps. 36, 27

1 illud *B*   quod *ΨB*   egypto *t* egipto *HB*   prouiderim *Ψ*   Graecus
om.H   adulesc. *GD* adulisc. *ηH* adolisc. *C* adolesc. *cet.*   2 caenob(*ex* u)io *N*
cenob(*ex* u *t*)io *GDtB* cenubio *H*   continentia *N* (a *in ras. m2*),*B* (*ex* —ta) abstinentia *DC*   4 seruabit *GDt* superabat *H*   imperauit *C* indicat *H*   5 in-
sectaret *D*   inlatam *H*   6 at *t*   querimoniam *H*   7 faceret *Ψ*   mendatium *ηB*; *add.* cepit *D*, quod *ς*   8 alius *om.Ψ*   crederet *HΨ* ueritatem *η*
calide *H,Ba.c.*   obp. *ηΨ*; *add.* studuit *DC,Bs.l.m2*   9 abundantiore *Ga.c.Nt*
habundantiori *D* habundanti *η,H* (*ex* —tis)   obsorb. *B*   10 ita *om.Nt*   de-
ductus *G*   quod (d *eras.*)*G*   interrogatur *Gη*   adulesc. *G* adulisc. *ηH* adolesc. *cet.*   11 aliquid *om.Nt*   12 papae *HC* pape *NtB* papa *GηΨ* pene *ex*
pane *m2D*   mihi] me *η*   libeat *ς* licet *H*   hoc *ηHNt* o *DC* ·   13 quo *ex*
qui *B* quod *D*   14 phylosofi *Γ* phylosopi *C* philosophy *G*   saeculi *om.ΓG*
15 quod—17 conp. *om.Γ*   et *om.ηH*   Asuero—princ.] ad septem reges *H*
asuero *η in mg.ΨtB* assero *G* (*del.m2*) assuero *DCN*; *add.* regi *Ψ*   sēptē *N*
16 uasthi *Ga.c.m2C* uastin *Gp.c.m2* uastis *ηΨ* uastes *H*   17 illi—remed.] et
uitium uitio curare *Γ*   uitio uitium *η*   que *om.DB* qui *H*   medicantur *ς*
18 nos uero *Γ*   superamus *NΨt*   ait *s.l.B,om.H*   19 inquere *H* inquire *DC*
consequere *G* sequere *Np.r.B*   20 odiremus *H*

quin potius faciendum est bonum, ut declinemus a male; pax 2
quaerenda, ut bella fugiamus. nec sufficit eam quaerere, nisi in-
uentam fugientemque omni studio persequamur, q u a e e x s u p e-
r a t o m n e m s e n s u m, in qua habitatio dei est dicente pro-
5 pheta: e t f a c t u s e s t i n p a c e l o c u s e i u s. pulchreque
persecutio pacis dicitur iuxta illud apostoli: h o s p i t a l i t a t e m
p e r s e q u e n t e s, ut non leui citatoque sermone et — ut ita loquar — summis labiis hospites inuitemus, sed toto mentis ardore
teneamus quasi auferentes secum de lucro nostro atque conpendio.
10   15. Nulla ars absque magistro discitur. etiam muta animalia et
ferarum greges ductores sequuntur suos. in apibus principes sunt;
grues unam sequuntur ordine litterato. imperator unus, iudex
unus prouinciae. Roma, ut condita est, duos fratres simul habere
reges non potuit et parricidio dedicatur. in Rebeccae utero Esau
15 et Iacob bella gesserunt. singuli ecclesiarum episcopi, singuli archi-
presbyteri, singuli archidiaconi et omnis ordo ecclesiasticus suis
rectoribus nititur. in naui unus gubernator, in domo unus dominus;
in quamuis grandi exercitu unius signum expectatur. et ne plura 2
replicando fastidium legenti faciam, per haec omnia ad illud tendit
20 oratio, ut doceam te non tuo arbitrio dimittendum, sed uiuere debere
in monasterio sub unius disciplina patris consortioque multorum, ut

---

3 Phil. 4, 7   5 Ps. 75, 3   6 *Rom. 12, 13   14 cf. Gen. 25, 22

1 ut declinamus D et declinandum Γ   2 quae(e H)renda est GH   ut]
et Nt   sufficiat (a exp.)Ψ suffecit η   querere eam Ψ   eam] illam DB
3 studio omni B   4 omne sensu t   quo D   habitaculum H   dei s.l.DN
5 pulcreque DN,Ψa.c.   6 pac. pers. DCB   pacis] legis Ψ   7 sequentes Np.r.
sectantes H   leuius GNt   scitatoque B uisitatoqui (sic)H usitateque GDC
ut ita] ut it C uita Ψ ita η   8 ten. ard. B   9 afferentes B   10 maiesterio H
etiam — 13 prouinciae] si enim animalia et ferae, aues et apes duces habent et
principes suos secuntur, quanto magis homines sine rectore et doctore esse non
possunt Γ   etiam in ηC   et om. Ψ   11 greges] reges et Ψ   suos ducr. seq. η
secuntur ΓGHCNt   in om.H   12 secuntur HΨB   ordine litterato (to in
ras.m2) B ordinem litterarum C,om.H   unus iudex G   13 conderetur H   habere reges Gηᴪ reges habere cet.   14 par(ri s.l.m2)cidium H   rebeche B
isau H   15 gerunt Nt   sing. archipr. om.G   16 arcidiaconi G diaconi B
17 utitur D   naue η   pr. unus] add. est GNt   in domo] domi H in naui Ψ
alt. unus] add. est Nt   18 quemuis G quouis DB,Np.r. uis C   grande ηD
spectatur NtB   19 illum η   tenditur η tendat H   20 uiuere deuere (deberi η)
in mon. Gη uiuere in mon. D,Ba.c.m2 monachus uiuat in mon.Γ

ab alio discas humilitatem, ab alio patientiam, hic te silentium, ille
doceat mansuetudinem, non facias, quod uis, comedas, quod iuberis,
habeas, quantum acceperis, uestiaris, quod acceperis, operis tui pen-
sa persoluas, subiciaris, cui non uis, lassus ad stratum uenias am-
bulansque dormites, necdum expleto somno surgere conpellaris, 5
dicas psalmum in ordine tuo — in quo non dulcedo uocis sed mentis
affectus quaeritur scribente apostolo: p s a l l a m   s p i r i t u,
p s a l l a m   e t   m e n t e   et: c a n t a n t e s   i n   c o r d i b u s
u e s t r i s; legerat enim esse praeceptum: p s a l l i t e   s a p i e n-
t e r —, seruias fratribus, hospitum laues pedes, passus iniuriam ta- 10
ceas, praepositum monasterii timeas ut dominum, diligas ut parentem, credas tibi salutare, quidquid ille praeceperit, nec de maioris
sententia iudices, cuius officii est oboedire et inplere, quae iussa sunt,
3 dicente Moyse: a u d i,   I s r a h e l,   e t   t a c e. tantis negotiis
occupatus nullis uacabis cogitationibus et, dum ab alio transis ad 15
aliud opusque succedit operi, illud solum mente retinebis, quod agere
conpelleris.

16. Uidi ego quosdam, qui, postquam renuntiauere saeculo —
uestimentis dumtaxat et uocis professione, non rebus — nihil de

7 I Cor. 14, 15   8 Eph. 5, 19 et Col. 3, 16   9 Ps. 46, 8   14 *Deut. 27, 9

1 discat Γ hic te] hic G unus eum Γ ille] alter Γ; add. te s.l.m2 B
2 faciat Γ uult Γ comedat Γ iuberis (add. in mg. m2 habeas quod acceperis quantū acceperis)B iuueris G,Dta.c. iobetur Γ habueris H 3 habeat quantum acceperit Γ habeas quod acceperis quantum acceperis DC,B post 2 iuberis
in mg. m2(cf. supra)   uest. quod acc. om.$\Gamma\Psi$ quod acc. uest. B   uestiare ς
quod] quo D alt. acceperis exp. (in mg. datum)η datum fuerit H operis]
sed (t N) et operis Nt tui] suis Γ pensam $\Gamma\eta$ pensum C 4 persoluat Γ
subiciatur Γ uult Γ laxus D ueniat Γ 5 dormitet Γ; add. et ηC 6 dicas
—10 pedes om.Γ psalmum om.H 7 queratur (a in ras. m2)B   dicente $C\Psi$
spiritui G 8 mentem η canentes $N\Psi t$ 9 uestris ηHB nostris cet.; add. domino ς esse] add. in H praec.] scribtum G 10 seruies H pedes laues D
taceat Γ 11 timeat Γ $\overline{dm}$ $\Gamma G\eta$ diligat Γ 12 credat sibi Γ sal. esse H
hoc esse sal. Γ maiorum H 13 iudicit Γ cui $\eta a.c.m2C$ officium H
obaudire Ψ oboedire maioribus H 14 moyses Da.c. mose $Gp.r.$ osee Ψ occ.
neg. $\eta\Psi$ 15 nullus C et] sed B 16 non succędit Ψ suscedit H tenebis H
(retenebis m2) ς 17 conpellaris G 18 uidi—saec.] quidam profitentur se
renuntiare saeculū Γ ego s.l.η,om.H ergo C qui om.η (non etiam ΨB, cf.
ad p. 135, 1)   posteaquam H renuntiau(b G)erunt GH seculo mutatos (sic)
uestimentis H 19 dum solummodo taxat (solummodo del.m2) B   uoces pro-
fessionis Γ non rebus om.G (sed exstant haec uerba etiam in Γ)   qui nihil Γ

pristina conuersatione mutarunt. res familiaris magis aucta quam inminuta est; eadem ministeria seruulorum, idem apparatus conuiuii; in uitro et patella fictili aurum comeditur et inter turbas et examina ministrorum nomen sibi uindicant solitarii. qui uero 2
5 pauperes sunt et tenui substantiola uidenturque sibi scioli, pomparum ferculis similes procedunt ad publicum, ut caninam exerceant facundiam. alii sublatis in altum humeris et intra se nescio quid cornicantes stupentibus in terram oculis tumentia uerba * trutinantur, ut, si praeconem addideris, putes incedere praefec-
10 turam. sunt, qui humore cellularum inmoderatisque ieiuniis, taedio 3 solitudinis ac nimia lectione, dum diebus ac noctibus auribus suis personant, uertuntur in μελαγχολίαν et Hippocratis magis fomentis quam nostris monitis indigent. plerique artibus et negotiationibus pristinis carere non possunt mutatisque nominibus institorum
15 eadem exercent conmercia non uictum et uestitum, quod apostolus praecipit, sed maiora quam saeculi homines emolumenta sectantes. et prius quidem ab aedilibus, quos ἀγορανόμους Graeci appellant, 4

5 cf. Cicero, de off. I 131   6 cf. Sallust. Hist. II 37 D. Quintil. ... o. XII
9, 9. Lactant. Diuin. Inst. VI 18, 26   7 cf. Persius V 12   8 cf. Persius III 80
et 82   15 cf. *I Tim. 6, 8

1 conuersione G sanitate (uoluit uanitate) Ψ   mutasse ηΨB mutantis Γ
familiares η (non etiam B)   magis om.H   auctas (s in ras.η,s.l.B)ηB augmentata H augent Γ   2 inminuta est H inminutast (in et pr. t s.l.,alt. ι eras.)η
imminuta et GNt imminutas (s s.l.) B im(n D)minuta DCΨ minuant Γ   3 in
uitro—comed. om.Γ   uitreo G   aurum—9 trut. om.H   auro (o in ras.)B
commeditur CB   turba Γ   4 et] atque η   nomina Γ   sib. ex si N
uendicant NB   6 similes] milites B   ad] in C   7 fecundiam Da.c.   aliis GB
in altum sublatis G   sublatum t   umeris GN   8 conicientes DC   stupentibusque ηDCΨ,Bp.c.   terra D ūrā Na.c.m2   9 trutinant Nt rutinantur Ψ
precedere H   praefectura G   10 umore Ga.c.N amore η numero C ucluerunt H
cellul. G cellol. η cell. cet.   inmoderatique ieiunii G   11 lectionis t   alt. ac. et ηΨ
12 uert. in om.H   μελαγχολίαν scripsi ΚΕΛΛΝΛΟΝΛΝ H ma(a Ψ)lanch(c GΨa.c.B)ol(n Ψ)ian(m GCtB) cet.   yppocr. Gη hipocr. H ypocr. cet.   fomentis magis Ψ   13 plerumque G plaerique monachi Γ   14 mut.—15 conmercia
om.Γ   institutorum HtB,Da.c. stitutorum G   15 eadem om.H   commercia CΨ
comercia B   uictuum Nt   uestium Np.c. bestium Na.c.t   quod] sicut Ψ   precipit apost. Ψ   16 praecepit ΓHD   aemulom. η emulam. H   17 et prius—p.136,
1 nunc autem om.Γ   et om.ηΨ   quidem om.H   aed. quos om.H   ΑΓCPANO-
MOC D AGAROMOMOC (pr. MO s.l.) Ψ ATOPANOMTC B arropuNOmOS
C YOPANOMOYE G agoranomos ηNt agionanumos H; add. quos G quod H

uendentium cohercebatur rabies nec erat inpune peccatum, nunc
autem sub religionis titulo exercentur iniusta conpendia et honor
nominis Christiani fraudem magis facit quam patitur. quodque
pudet dicere, sed necesse est, ut saltim sic ad nostrum erubescamus
dedecus, publice extendentes manus pannis aurum tegimus et 5
contra omnium opinionem plenis sacculis morimur diuites, qui
5 quasi pauperes uiximus. tibi, cum in monasterio fueris, haec facere
non licebit et inolescente paulatim consuetudine, quod primum
cogebaris, uelle incipies et delectabit te labor tuus oblitusque
praeteritorum semper priora sectaberis nequaquam considerans, 10
quid alii mali faciant, sed quid boni tu facere debeas.

17. Neque uero peccantium ducaris multitudine et te pereur-
tium turba sollicitet, ut tacitus cogites: quid? ergo omnes peribunt,
qui in urbibus habitant? ecce illi fruuntur suis rebus, ministrant
ecclesiis, adeunt balneas, unguenta non spernunt et tamen in om- 15
nium flore uersantur. ad quod et ante respondi et nunc breuiter
respondebo: me in praesenti opusculo non de clericis disputare,
sed monachum instituere. sancti sunt clerici et omnium uita lauda-
2 bilis. ita ergo age et uiue in monasterio, ut clericus esse merearis,
ut adulescentiam tuam nulla sorde conmacules, ut ad altare Christi 20

9 cf. Phil. 3, 13

1 uendentes *H*   cohercebantur *GH* coercebatur *D* coercebant *C* cohercetur *Na.c.m2*   nunc] in hanc *D*   2 autem] enim *H*   exercent *ΓHNt* conmercia *ΓGη*   honor—6 opin. *om.Γ*   3 hominis *G*   fraudem—pat.] fecit frau-
dulentum magis quam absolutum *H*   facit] fe**t *Ψ*   quodque] quod *ηa.c.ΨB*
4 est *om.Ψ*   saltim *ηHDΨ* saltem *cet.*   5 puplice *HD; add.* et *N*   manum *H*
manu *G*   aurum pannis *GH*   teximus *ηΨ* tegitur *DC*   6 omnem *G,Ψa.c.*
hominum *B*   saculis *Ga.c.B* saeculis *H*   moriuntur *Γ*   qui *om.H*   7 pauperis uixerant *Γ*   monast.] *folio amisso desinit Ψ*   8 licebis *t* licet *G*   in-
oliscente *η* inbellent te *H*   paulisper *H*   prius *Nt*   10 sectaueris *GH,Da.c.m2*
nequaq. consid.] qui profecere studet, non consideret *Γ*   11 mali alii *Γ*   male *Gη*   faciunt *G*   tu boni *H* tu bene *η* boni ille *Γ*   debeat *Γ*   12 te *om.C*
13 ut] et *ηH*   14 illi] ipsi *H*   rebus] *add.* et de ipsis *H*   15 adeunt *om.H*
balnea *Nt* balnearum *H*   fomenta *H*   16 flores *Nt* ore *H,Bp.r.*   uersantes *D*
pr. et *om.HD*   respondi] R *t*   17 respondeo *ϛ*   praesente opusculo *η*   18 instruere *ηp.c.m2H*   omni *D*   laudabiles *GB,Dp.c.m2*   19 ergo] *add.* et *B*
uiue—mer.] si in mon. uiuens cl. esse desideras, ita te exhibe, ut hoc uitae meritis consequaris, id est *Γ*   ut cler. esse mer. *om.η*   20 *pr.* ut] et *G*   adulesc.
GD adulisc. *ΓηH* adolesc. *cet.*   nulla—conmac.] nullam libidinis sorde maculis *Γ*

quasi de thalamo uirgo procedas et habeas de foris bonum testimonium feminaeque nomen tuum nouerint, uultum nesciant. cum
ad perfectam aetatem ueneris, si tamen uita comes fuerit, et te
uel populus uel pontifex ciuitatis in clerum adlegerit, agito, quae
5 clerici sunt, et inter ipsos sectare meliores, quia in omni condicione
et gradu optimis mixta sunt pessima.
  18. Ne ad scribendum cito prosilias et leui ducaris insania.
multo tempore disce, quod doceas. ne credas laudatoribus tuis,
immo inrisoribus aurem ne libenter adcommodes, qui cum te adu-
10 lationibus fouerint et quodam modo inpotem mentis effecerint, si
subito respexeris, aut ciconiarum deprehendas post te colla curuari
aut manu auriculas agitari asini aut aestuantem canis protendi
linguam. nulli detrahas nec in eo te sanctum putes, si ceteros la-
ceres. accusamus saepe, quod facimus, et contra nosmet ipsos diserti
15 in nostra uitia inuehimur muti de eloquentibus iudicantes. testu- 2
dineo Grunnius incedebat ad loquendum gradu et per interualla
quaedam uix pauca uerba capiebat, ut eum putares singultire,
non proloqui. et tamen, cum mensa posita librorum exposuisset
struem, adducto supercilio contractisque naribus ac fronte rugata

1 cf. I Tim. 3, 7   3 cf. IV Reg. 4, 16   11 cf. Persius I 58—60
16 Grunnius] *scil.* Rufinus

1 talamo *Ga.c.B*   foras *H*   2 fe(fae *η*)minaequae (—nae quae *η*) *ηHD*
nouerunt *B* nouerit *Γa.c.*   et uultum *GHNt* et uultum tuum *ς*   resciunt *t*
cum—4 adlegerit] si clericus ordinatus fueris *Γ*   4 populi *G*   ciuitatis *om.G*
clerum *GηB* clero *HNt* clericum *DC*   adlegerit (it *in ras.m2 B*)*GB* allegerit *η*
adlegerint *D* allegerint *C* alligauerint *H* elegerit *N* elegerit *t*   age *Γ*   5 con-
dictione *η*   7 nec *ηB* caue ne *Γ*   prosilias *Γp.c.m2GNB* prosileas *cet.*   leue
Γa.c.m2η   8 nec *ΓηNtB*   9 inrisoribus tuis *Γ* derisoribus tuis *H*   ne] non *G*,
om.H   qui—13 linguam *om.Γ*   qui cum] quicumque *HB*   adol. *ηHN,Bc.c.m2*
10 fouerit *H*   et quodam *in ras.m2 B* et eodem *H*   effecerint (ecerint *in ras.m2*)
B efficerint *ηHD* fecerint *G*   11 cyconiorum *D* coniarum *H*   depraehendis *DB*
deprehendes *ς*   pos te *HNt* postea *D*   12 auricula *H* aures *GηNt*   asini *om.H*
aestuantis *Nt*   cani *t*   13 nulli] numquam ulli *Γ*   te sanctum] spm te *H*
sanctiorem *Γ*   14 quae *H*   nosmed *NtB*   disserti *DB* deserti *ηHN,ta.c.* de-
sertores *Γ*   15 multi *GH*   loquentibus *G*   testud.—*p. 138, 11* adplic. *cm.Nt*
testudinis *H* testugine *G*   16 grunnios *H* grunius *η* agrunnius *G*   incedebant *H*
ad] et ad *H*   gradum *H*   et *om.H*   17 quaedam] *seq. in mg. m2* murmor (*in
mg. inf. scripsit m2:* et per interualla quaedam murmor) *η*   parua *B*   carpe-
bat *DC*   singulare *G*   18 non proloqui *om.H*   praeloqui *B*   19 struem *om.H*
in struem *G* **struem *B*

duobus digitulis concrepabat hoc signo ad audiendum discipulos prouocans. tunc nugas meras fundere et aduersum singulos declamare: criticum diceres esse Longinum censoremque Romanae facundiae notare, quem uellet, et de senatu doctorum excludere. 3 hic bene nummatus plus placebat in prandiis. nec mirum, qui 5 multos inescare solitus erat factoque cuneo circumstrepentium garrulorum procedebat in publicum intus Nero, foris Cato, totus ambiguus, ut ex contrariis diuersisque naturis unum monstrum nouamque bestiam diceres esse conpactam iuxta illud poeticum: prima leo, postrema draco, media ipsa chimaera. 10

19. Numquam ergo tales uideas nec huiusce modi hominibus adpliceris, ne declines cor tuum in uerba malitiae et audias: s e d e n s a d u e r s u s f r a t r e m t u u m d e t r a h e b a s e t a d u e r-s u s f i l i u m m a t r i s t u a e p o n e b a s s c a n d a l u m et iterum: f i l i i h o m i n u m d e n t e s e o r u m a r m a e t 15 s a g i t t a e et alibi: m o l l i t i s u n t s e r m o n e s e i u s s u p e r o l e u m e t i p s i s u n t i a c u l a et apertius in Ecclesiaste: s i m o r d e a t s e r p e n s i n s i l e n t i o, s i c, 2 q u i f r a t r i s u o o c c u l t e d e t r a h i t. sed dicis: 'ipse non

---

10 cf. Homer. Il. VI 181　　12 cf. Ps. 140, 4　　*Ps. 49, 20　　15 Ps. 56, 5 16 Ps. 54, 22　　18 *Eccle. 10, 11

1 digitis B　　concinnabat H　　hoc] quo H　　signum ς　　disc. suos G 2 tunc—fundere om.H　　thunc Gp.c. tum C　　meras] suas G　　aduersos H 3 criticum G triticum H creticum ηDB crelicum C　　dicere ηH disceres B　　censoresque G censorinumque DCB　　rome H　　4 facundiae om.H　　uellit H doctorem DB　　5 numeratus H　　praediis G　　quis H si qui C　　6 multas B increpare GD　　solutos ηH solutus Bp.c.　　fuerat η　　que om.ς　　7 et procedebat C procedit ηa.c.m2　　intro H　　cathon H　　gotus (in mg.m2 ł totus) B 9 nouam H　　conpactum H　　10 primo G　　dracco G　　cymera GηDC cimera HB 11 ne η　　huiusmodi C　　12 nec ηDCB　　et] ne s.l.m2N　　13 pr. aduersum Nt detrah.] loquibaris η loquebaris ς　　alt. aduersu(add. s s.l.)H aduersum Nt 15 fili GH　　16 eius] eorum NtB　　17 et ipsa H ipsi autem GDCB　　apertius] iterum H　　18 ecc(c η)lesiaste ηC ae(e tB)cc(c H)lesiasten HDNtB a(eras.)ecclesiastes G　　si] sicut η sicut (s.l.m2) si N　　mordet η　　serpens] semper H 19 occulte] in occulto ηH　　detrahet GηD detraet C　　sed dicis—p. 139, 14 siccatur] non dicas: ego non detraho, alios loquentes (seq. ras. 2 litt.) uitare non possum. quia, si detractor tristem faciem uiderit audientes (ex —tis), ilico conticescit, pallet uultus, haerent labia, saliua siccatur Γ　　dices DC dicit t ipse] ego Γ

detraho, aliis loquentibus facere quid possum?ʻ a d e x c u s a n-
d a s .e x c u s a t i o n e s in p e c c a t i s ista praetendimus.
Christus arte non luditur. nequaquam mea, sed apostoli sententia est: n o l i t e e r r a r e; d e u s n o n i n r i d e t u ꝛ. ille
5 in corde, nos uidemus in facie. Salomon loquitur in Prouerbiis:
u e n t u s a q u i l o d i s s i p a t n u b e s e t u u l t u s t r i s t i s
l i n g u a s d e t r a h e n t i u m. sicut enim sagitta, si mittatur 3
contra duram materiam, nonnumquam in mittentem reuertitur et
uulnerat uulnerantem illudque conpletur: f a c t i s u n t m i h i
10 i n a r c u m p r a u u m et alibi: q u i m i t t i t i n a l t u m
l a p i d e m, r e c i d e t in c a p u t e i u s, ita detractator,
cum tristem faciem uiderit audientis, immo ne audientis quidem,
sed obturantis aures suas, ne audiat iudicium sanguinis, ilico conticescit, pallet uultus, haerent labia, saliua siccatur. unde idem 4
15 uir sapiens: c u m d e t r a c t a t o r i b u s, inquit, n o n c o n-
m i s c e a r i s, q u o n i a m r e p e n t e u e n i e t p e r c i t i o
e o r u m; et r u i n a m u t r i u s q u e q u i s n o u i t?
tam scilicet eius, qui loquitur, quam illius, qui audit loquentem.
ueritas angulos non amat nec quaerit susurrones. Timotheo
20 dicitur: a d u e r s u s p r e s b y t e r u m a c c u s a t i o n e m
c i t o n e r e c e p e r i s. p e c c a n t e m a u t e m c o r a m
o m n i b u s a r g u e, u t e t c e t e r i m e t u m h a b e a n t.

1 Ps. 140, 4   4 Gal. 6, 7   5 cf. I Reg. 16, 7   6 *Prou. 25, 23   9 *Ps. 77, 57
10 *Eccli. 27, 28   13 cf.*Esai. 33, 15   15 *Prou. 24, 21—22   20 *I Tim. 5. 19—20

    1 traho H   quid facere C quid facere quid D   possumus N   2 excusati-
onis C —ne t   3 ludit H inluditur η,Np.c.m2 deluditur DCB; add. nec neritas
angulos habet B (cf. 19)   4 est] add. frs H   noli N   dñs enim B   5 uide-
mus] cum H   faciae ηa.r.N   salamon H   7 linguam detrahentem H   8 ma-
theriam B materiem ηHD   in] ad Np.c.m2t in in η   reuertetur C   10 peruersum H   mittet D   11 recidit Nt,Bp.c. residet G recadit H   in] super H
detractator (ex —tur m2Γ)Γη detractatio G detractor cet.   12 nec H,Bp.c.
alt. audientes η   13 opturantis H obturantes η obdurantis Gp.c.DB   ne] nec H
ut non Nt   conticiscit H conticiscet Gη   14 palleat H pallent D pallente C
idem om.Nt   15 detractat. Gη detract. cet.   non] ne ηDC,B ir. -as.m2
con(cō Bin ras.m2)misc. GηB misc. cet.   16 uenit HNt   17 ruina H   utris-
que G   quis nouit om.H   18 quam] seq. ras. 3 litt. D   19 amas (s eras.)t
habet B   nec quaerit sus. om.H   quaeret G   susurros G (ex surros)ηNt
20 aduersum ηC   cito acc. G   21 cito om.H   ne] non η   reciperis H reci-
piris ex recipias m2η   peccantes Gt   22 et om.ηHDC   timorem G

5 non est facile de perfecta aetate credendum, quam et uita praeterita
defendit et honorat uocabulum dignitatis, uerum, quia homines
sumus et interdum contra annorum maturitatem puerorum uitiis
labimur, si me uis corrigi delinquentem, aperte increpa, tantum
ne occulte mordeas; c o r r i p i e t m e i u s t u s i n m i s e r i- 5
c o r d i a e t i n c r e p a b i t m e, o l e u m a u t e m p e c c a-
t o r i s n o n i n p i n g u e t c a p u t m e u m. q u e m e n i m
d i l i g i t d o m i n u s, c o r r i p i t, f l a g e l l a t a u t e m o m-
n e m f i l i u m, q u e m r e c i p i t. et per Esaiam clamat deus:
p o p u l u s m e u s, q u i b e a t o s u o s d i c u n t, s e d u- 10
c u n t u o s e t s e m i t a s p e d u m u e s t r o r u m s u p-
6 p l a n t a n t. quid enim mihi prode est, si aliis mala mea referas,
si me nesciente peccatis meis, immo detractationibus tuis alium
uulneres et, cum certatim omnibus narres, sic singulis loquaris,
quasi nulli alteri dixeris? hoc est non me emendare, sed uitio tuo 15
satisfacere. praecepit dominus peccantes in nos argui debere secreto uel adhibito teste et, si audire noluerint, referri ad ecclesiam
habendosque in malo pertinaces quasi ethnicos et publicanos.

20. Haec expressius loquor, ut adulescentem meum et linguae
et aurium prurigine liberem, ut renatum in Christo sine ruga et 20

5 Ps. 140, 5   7 *Prou. 3, 12 et *Hebr. 12, 6   10 *Esai. 3, 12   15 cf.
Matth. 18, 15—17   20 cf. Eph. 5, 27

1 facile] *add.* aliquod crimen *Γ*   prouecta *ς*   cred.—2 uocab. *om.G*   quem *η*
2 honorat] honor et *Γ* ornat *Nt*   dignit.] *add.* aliquid credere *G*   4 corregire
Γa.c.m2 corrigere *Γ*t*p.c.m2,CB* corregere *η*   increpat *H*   5 me mordeas *η,Bp.c.*
corripiet—11 suppl. *om.Γ*   6 increpabit *CNB* —uit *cet.*   me *om.C*   8 deus *η*
flagellat (μαστιγοῖ)*G* castigat *cet.*   9 recepit *C*   et—deus *om.DC*   esayam *tB*
isaiam *H*   dominus *ς*   10 dicant *D*   seducunt *om.η*   11 semitas *om.H*   pe-
duum *ηD*   subuertunt *DCB*   12 prode est *G* prodest *cet.*   si] *add.* me
nesciente *Γ*   referas mea *ς*   proferas *H*   13 si—15 dixeris *om.Γ*   nescien-
tem *D* sciente *N*   peccatis] malis *H*   detractat. *Gη* detract. *cet.*   alterum *η*
14 cum *ex* non *η,om.GDC*   hominibus *B*   narrans *η*   sic *ex* sin *D* nec *H*
15 dix. alteri *ς*   alteri] alii *H,om.G*   non est *Γη*   suo *G*   16 praecipit *CNt,*
Bp.c.   os *D*   arguit (t *exp.*) *B* arguere *η*   17 uel] uel si *G*   habito *C*   et si
om.G   et] ut *N,om.η*   audiere *C* ausscultare (*sic*) *H*   noluerit *HD,Na.c.*   ad
eclesiam referri *G*   referre *η*   ad *om.D*   18 habendosque (osque *in ras.m2*) *B*
habendique *D*   malum *η*   quasi] sicut *ς*   et publ. *om.H*   19 hec *in ras.m2 B*
prae(e *t*)ssius *ηNt,Ba.c.m2* presidia *H*   loquar *ηDB*   adulesc. *GD* adulisc. *H*
adolisc. *η* adolesc. *cet.*   lingua *H,Da.c.m2*   20 ut] et *B*

macula quasi pudicam uirginem exhibeam sanctamque tam mente
quam corpore, ne solo nomine glorietur et absque oleo bonorum operum extincta lampade excludatur ab sponso. habes ibi sanctum 2
doctissimumque pontificem Proculum, qui uiua et praesenti uoce
5 nostras scidulas superet cotidianisque tractatibus iter tuum dirigat
nec patiatur te in partem alteram declinando uiam relinquere regiam, per quam Israhel ad terram repromissionis properans se trans-
iturum esse promittit. atque utinam exaudiatur uox ecclesiae con-
plorantis: d o m i n e, p a c e m d a n o b i s; o m n i a e n i m
10 r e d d i d i s t i n o b i s. utinam, quod renuntiamus saeculo, uolun- 3
tas sit, non necessitas, et paupertas habeat expetita gloriam non
inlata cruciatum. ceterum iuxta miserias huius temporis et ubique
gladios saeuientes satis diues est, qui pane non indiget, nimium
potens, qui seruire non cogitur. sanctus Exuperius, Tolosae epi-
15 scopus, uiduae Saraptensis imitator, esuriens pascit alios et ore
pallente ieiuniis fame torquetur aliena omnemque substantiam
Christi uisceribus erogauit. nihil illo ditius, qui corpus domini ca- 4
nistro uimineo, sanguinem portat uitro, qui auaritiam proiecit e
templo, qui absque funiculo et increpatione uendentium columbas,

---

2 cf. Matth. 25, 1—13   6 cf. Num. 21, 22   9 *Esai. 26, 12   15 cf. III Reg.
17, 8—24   19 cf. Matth. 21, 12—13 etc.

1 quasi in pudicam C   sanctamque] castam ηC,B in ras.m2   2 nec H
3 lampada DC,B (—ae p.c.)   abs (s eras.)N a C   ibi] istic ς ˆ 5 scidolas η scedulas HCB sedulas D schedulas ς superat H   cott. GH quot. CB   que on.ηNt
6 ne η   patietur G,N (super ras.m2)   te om.D   partem aliam DB partem aliquam η parte alia H   declin.—7 terram in mg. inf. η   7 ysrahel B   promissionis G 8 promittat HC conprob. H compar. t implor. C   9 pacem tuam η   omnia
—10 nobis om.H   10 dedisti Ga.c.DC   renuntiauimus H   uoluntas (r in ras.
m2) B   11 expetitam D expeditam Nt expectata H   gloria η   12 inlatam G lata C   ceterum om.Γ   iusta t   miseriam DB   ibique D   13 gladius Γa.c.m2ηH
saeuientis η   est in mg.η   panem Γa.c.Gη   indigit Γa.c.m2; add. milic (del.)B
et nimium H   14 potens] add. est codd.praeterΓG   sanctus—15 imit.] qui dei
praecepta custo(ex u m2)dit Γ   exsuperius ηN B exsuperantius H   tolosa Γa.c.m2
to(ex tu)lose B   15 saraptensis D sareptensis C saraptene H sareptene Nt   imi-
tatur ηH immitato(s.l. u)r B   esurium Bp.c.m2 exemplo qui esuriens H
16 que om.H   17 uisc.] pauperibus in ras.m2 B   erogat Γ erogabit D   nihil
—p. 142, 3 uicino] si ad clericatum perueneris, eorum Γ   illi C,Ba.c.   corp.
dom. om.G   18 portauit ηHNt   in uitro DCB   qui] q; H   proicit B eiecit ηH
e] de GDC,tBa.r.   19 qui om.Nt   increp.] add. cathedras ς

id est dona spiritus sancti, mensas subuertit mammonae et nummu-
lariorum aera dispersit, ut domus dei domus uocaretur orationis
5 et non latronum spelunca. huius e uicino sectare uestigia et ceterorum, qui uirtutum illius similes sunt, quos sacerdotium et humi-
liores facit et pauperiores, aut, si perfecta desideras, exi cum 5
Abraham de patria et de cognatione tua et perge, quo nescis. si
habes substantiam, uende et da pauperibus, si non habes, grandi
onere liberatus es; nudum Christum nudus sequere. durum, grande,
difficile, sed magna sunt praemia.

CXXVI.   10
AD MARCELLINUM ET ANAPSYCHIAM.

Dominis uere sanctis atque omni officiorum caritate uenerandis
filiis Marcellino et Anapsychiae Hieronymus in Christo salutem.

5 cf. Gen. 12, 1   7 cf. Matth. 19, 21 etc.

1 sancti spir. *ηC*   mensasque *CB*   mamonae(e) *GCN*   2 disperdit *G*
dom. uocaretur orat. *GCt* uocaretur dom. orat. *B* dom. uocetur orat. *HDN* dom.
orat. uocetur *η*   3 huius te uicini *D* huiuscemodi uicini *B*   et ceterorum—4
sunt *om.Γ*   4 similis *H*   quos *ex* qui *B*   sacerdotum *D*   pauperes fecit
et humilioris *Γ*   5 fecit *Γη*   pauperes *ΓDCB,ηa.c.*   aut si—6 nescis *om.Γ*
desideres *D*   6 patria tua *η*   et de cogn. tua *s.l.η*   alt. de *om.CN*   7 uinde
ΓηH   grande *Γη*   8 oneri *H* honere *G* (h *s.l.,eras.*) *tB* honore *Γ*   est *H*
nudum—sequere *om.H*   x͞p͞m nudam crucem x͞p͞i *Γ*   nudus] nudum *C*   9 set *t*
praemia] *add.* explicit epistula s͞c͞i hieronimi presbiteri ad rusticum *H*

A = Berolinensis lat. 17 s. IX.
ʒ = Parisinus 12163 s. IX.
D = Vaticanus lat. 355 + 356 s. IX—X.
M = Coloniensis 60 s. IX—X.
l = Vaticanus lat. 341 s. X—XI.
ŋ = Parisinus nouv. acq. lat. 1444 s. XI.
B = Berolinensis lat. 18 s. XII.

haec epistula est inter Augustini epistulas CLXV (pars III p. 541 Goldbacher).
in codicibus ADMB salutationi hi tituli praemittuntur: hieronimus marcello et
anapsichię *A* hieronimus marcellino et anabsychię *D* incip ep͞s s͞c͞i hier ad marcellinū et anapsychię (*s.l.* ā) *M* marcello et anapsyę *B*

12 ueris *A*   13 marcello *Al*   anapsycie *ʒ* anapsiciciae *ŋ* anapsie *B*
ieronimus *B*

1. Tandem ex Africa uestrae litteras unanimitatis accepi et non
paenitet inpudentiae, qua tacentibus uobis epistulas meas frequenter ingessi, ut rescriptum mererer et uos esse sospites non aliis nun-
tiantibus sed uestro potissimum sermone cognoscerem. super 2
5 animae statu memini uestrae quaestiunculae, immo maximae ecclesiasticae quaestionis, utrum lapsa de caelo sit, ut Pythagoras philosophus omnesque Platonici et Origenes putant, an ἀπόρροια dei
substantiae, ut Stoici, Manicheus et Hispana Priscilliani heresis
suspicantur, an in thesauro habeantur dei olim conditae, ut qui-
10 dam ecclesiastici stulta persuasione confidunt, an cotidie a deo fiant
et mittantur in corpora secundum illud, quod in euangelio scriptum
est: p a t e r   m e u s   u s q u e   m o d o   o p e r a t u r   e t   e g o
o p e r o r, an certe ex traduce, ut Tertullianus, Apollinaris et maxima pars occidentalium autumat, ut, quomodo corpus ex corpore,
15 sic anima nascatur ex anima et simili cum brutis animantibus condicione subsistat. super quo quid mihi uideretur, in opusculis 3
contra Rufinum olim scripsisse me noui aduersus eum libellum, quem
sanctae memoriae Anastasio, episcopo Romanae ecclesiae, dedit,
in quo lubrica et subdola, immo stulta confessione, dum auditorum
20 simplicitati inludere nititur, suae fidei, immo perfidiae, inlusit;
quos libros reor sanctum parentem uestrum habere Oceanum. olim
enim editi sunt multis Rufini libri aduersus nos calumnias respuen-
tes. certe habes ibi uirum sanctum et eruditum Augustinum epi-

12 Ioh. 5, 17

1 affrica *A*   un(i *eras.*)animitatis *M*   non me *B* non meae ꜧ   2 ꜣaeni-
tet *om.*ꜧ   3 ingressi ꜣ,*ABa.c.*,*Ma.r.*   sospites (it *s.l.m2A*) esse *Al*   scspes *AM*
a.c.m2,ꜣ*D*   4 potissimum *AMBa.c.*,ꜣ*D*   5 statum *A*ꜣ*DM*   6 caelis *A*   sis *s.l.B*
philos.] philo *A*ꜣ*Dl*   7 origenis *Aa.c.m2*   an ἀπόρροια *Goldb.* anaporria ꜧ an
aponoea (*in n altera linea speciem litterae* r *praebet*) *B* anima porro ea ꜛporro ea
exp.et s.l. alia pars *m2M*) *A*ꜣ*DM* an illapsa ex *l* an a propria ς   8 substantia
Ap.c.m2l   hispana *duo codd. Goldb.* hyspania *B* hispaniae (—e) *Al*,*Mp.c.m2*
hispanus ac ꜧ spaniae (—e) ꜣ*D*,*Ma.c.m2*   hereses *Ma.c.m2l*ꜧ   9 suspicantur
(n *exp.*)*M*   reconditae *l*   quidem ꜣ   10 ecclesiasticae *D*   12 ego] eo ꜣ
13 tertulianus *A* tullianus ꜣ   14 autumant *B*   16 uideretur ꜧ uidetur (uideatur *Mp.c.m2*) *cet.*   17 olim ꜧ*B*,*om.cet.*   aduersum ꜣ   eum *ex* cum *m2A*
quem *ex* quae *A*   18 dedit ꜧ*B* edidit *cet.*   20 nit. illudere *B*   22 multis
(*sc.* uerbis = *ausführlich*)] multi *A* multas *l*   rufinis *D*   libri ꜧ,*Bp.r.* libris *cet.*
aduersas *Al*,*Mp.c.m2*   nos ꜧ*B*,*om.cet.*   respondentes ς

scopum, qui uiua, ut aiunt, uoce doceie te poterit et suam, immo per se nostram, explicare sententiam.

2. Ezechielis uolumen olim adgredi uolui et sponsionem creberrimam studiosis lectoribus reddere, sed in ipso dictandi exordio ita animus meus occidentalium prouinciarum et maxime urbis Romae 5 uastatione confusus est, ut iuxta uulgare prouerbium proprium quoque ignorarem uocabulum, diuque tacui sciens tempus esse lacri-
2 marum. hoc autem anno, cum tres explicassem libros, subitus impetus barbarorum, de quibus tuus dicit Uergilius: l a t e q u e u a-g a n t e s B a r c a e i et sancta scriptura de Ismahel: c o n t r a 10 f a c i e m   o m n i u m   f r a t r u m   s u o r u m   h a b i t a b i t, sic Aegypti limitem, Palaestinae, Phoenices, Syriae percucurrit ad instar torrentis cuncta secum trahens, ut uix manus eorum misericordia Christi potuerimus euadere. quodsi iuxta inclitum oratorem s i l e n t   i n t e r   a r m a   l e g e s, quanto magis studia scriptu- 15 rarum, quae et librorum multitudine et silentio ac librariorum sedulitate, quodque uel proprium est, securitate et otio dictantium
3 indigent! duos itaque libros misi sanctae filiae meae Fabiolae, quorum exempla, si uolueris, ab ipsa poteris mutuari; pro angustia quippe temporis alios describere non potui. quos cum legeris et 20 uestibula uideris, facilis coniectura erit, qualis ipsa futura sit domus. sed credo in dei misericordia, qui nos adiuuit in difficillimo principio supra dicti operis, quod ipse adiuuet et in paene ultimis prophetae partibus, in quibus Gog et Magog bella narrantur, et in extremis, in quibus sacratissimi et inexplicabilis templi aedificatio, 25 uarietas mensuraque describitur.

9 Uergil. Aen. IV 42 sq.   10 *Gen. 16, 12   15 cf. Cicero pro Milone 10 (11)
24 cf. Ezech. c. 38 et 39   25 cf. Ezech. c. 40—48

2 per se nostram] pseūam (= perseueram) B   5 maximae ꞟ   7 ignorare D
ignorem B   8 subito A   9 tuis ӡ   uirgilius Aꞟ B,Mp.c.m2   longe lateque ꞟ
10 barchaei DM barchei lꞟ brachei ӡ barthei A bacchei B   sancta inquid ꞟ
11 tuorum ꞟB   habitauit D —bis ꞟ   12 Phoenices ç phoenicis ꞟ foenicis D
phenicis AMlB fenicis ӡ   percurrit ꞟ   14 potueri ꞟ   oratore ӡ   15 silet A
legis ӡ lex ex lis m2A annales l   quanta B   litterarum l   16 quae om.ꞟ
multitudo ꞟ   alt. et s.l. B   silentium ꞟ   ac om.ꞟ   17 sed utilitatis ꞟ   quoque ꞟ quod ex que B   uel ꞟB,om.cet.   securitatis ꞟ   18 libro ӡ   19 exemplaria Mp.c.m2   mutuare B   20 describe ӡ   legeris] geris A   21 sit fut. ç
22 misericordiam AӡD,Ma.r.   23 operis ex opera m2A   quo ӡ   penultimis
Mp.r.lꞟB   24 gog ex cog A   in s.l.M   25 sacratissima M

3. Sanctus frater noster Oceanus, cui uos cupitis commendari,
tantus ac talis est et sic eruditus in lege domini, ut absque nostro
rogatu instruere uos possit et nostram super cunctis quaestionibus
scripturarum pro modulo communis ingenii explicare sententiam.
5 incolumes uos et prolixa aetate florentes Christus deus noster tueatur omnipotens, domini uere sancti.

CXXVII.
AD PRINCIPIAM UIRGINEM DE UITA SANCTAE MARCELLAE.

10   1. Saepe et multum flagitas, uirgo Christi Principia, ut memoriam sanctae feminae Marcellae litteris recolam et bonum, quo diu
fruiti sumus, etiam ceteris noscendum imitandumque describam.
satisque doleo, quod hortaris sponte currentem et me arbitraris indigere precibus, qui ne tibi quidem in eius dilectione concedam
15 multoque plus accipiam quam tribuam beneficii tantarum recor-
datione uirtutum. nam ut hucusque reticerem et biennium praeter- 2
irem silentio, non fuit dissimulationis, ut male aestimas, sed tristi-
tiae incredibilis, quae ita meum obpressit animum, ut melius iudi-
carem tacere inpraesentiarum, quam nihil dignum illius laudibus
20 dicere. neque uero Marcellam tuam, immo meam et, ut uerius 3
loquar, nostram, omniumque sanctorum et proprie Romanae urbis
inclitum decus, institutis rhetorum praedicabo, ut exponam in-
lustrem familiam, alti sanguinis decus et stemmata per consules

2 tantos ᴣ   ac] et ꜱ   3 instruere] docere B   nostra ᴣ uestram B
5 incolomes A,Ma.c.m2   et s.l.B   dns ᴣB   6 domine ᴣ   ueri A   sancti]
add. explicit epis sci hieron ad marcellinū et anapsych M

A = Berolinensis lat. 17 s. IX.
D = Vaticanus lat. 355 + 356 s. IX—X.
B = Berolinensis lat. 18 s. XII.

ad principiam (de eras.D) uirginem (om.B) de uita sanctae(—e D) marcellae
(—e . hieronimus D) ADB; Hieronymi nomen exhibet titulus in D

12 sumus] fuimus B   13 or∗taris A   14 concedā (ā in ras.m2) B   16 sil.
praet. B   17 existimas ꜱ   tristicia B   19 dignum] add. in m2B   21 pro-
priȩ DB   22 inditum D   rethorum codd.   23 familiam] rotiliam B   decus]
genus B   stemmata (ta del.m2) A   per consules B proconsules D procensulis
A (i ex e m2)

et praefectos praetorio decurrentia. nihil in illa laudabo, nisi quod
proprium est et in eo nobilius, quod opibus et nobilitate contempta facta est paupertate et humilitate nobilior.

2. Orbata patris morte uiro quoque post nuptias septimo
mense priuata est. cumque eam Cerealis, cuius clarum inter consu- 5
les nomen est, propter aetatem et antiquitatem familiae et insignem
— quod maxime uiris placere consueuit — decorem corporis ac morum
temperantiam ambitiosius peteret suasque longaeuus polliceretur
diuitias et non quasi in uxorem sed quasi in filiam uellet donationem
transfundere Albinaque mater tam clarum praesidium uiduitati do- 10
mus ultro appeteret, illa respondit: 'si uellem nubere et non aeternae me cuperem pudicitiae dedicare, utique maritum quaererem,
2 non hereditatem'. illoque mandante posse et senes diu uiuere et
iuuenes cito mori eleganter lusit: 'iuuenis quidem potest cito mori,
sed senex diu uiuere non potest'. qua sententia repudiatus exem- 15
plo ceteris fuit, ut eius nuptias desperarent. legimus in euangelio secundum Lucam: e t e r a t A n n a p r o p h e t i s s a, f i l i a
P h a n u h e l i s, d e t r i b u A s e r e t h a e c p r o u e c t a e
a e t a t i s i n d i e b u s p l u r i m i s. u i x e r a t q u e c u m
u i r o a n n i s s e p t e m a u i r g i n i t a t e s u a e t e r a t 20
u i d u a a n n i s o c t o g i n t a q u a t t u o r n e c r e c e d e-
b a t d e t e m p l o i e i u n i i s e t o b s e c r a t i o n i b u s s e r-
u i e n s n o c t e a c d i e. nec mirum, si uidere meruit saluato-
3 rem, quem tanto labore quaerebat. conferamus septem annos septem
mensibus, sperare Christum et tenere, natum confiteri et in crucifi- 25
xum credere, paruulum non negare et uirum gaudere regnantem:
non facio ullam inter sanctas feminas differentiam, quod nonnulli
inter sanctos uiros et ecclesiarum principes stulte facere consue-

17 *Luc. 2, 36—37

1 perfectos *A*   praetorii *Bp.c.m2* pretoria *Ap.c.m2*   decurrentium *B*
2 in *om.ς*   quo *B*   4 orba *ς*   pre nuptias *Aa.c.m2* praenuntias *D*   5 cęre-
alis *D* ceręali(*add.* s *m2*) *A*   6 *alt.* et *del.m2A*   7 ob(*s.l.m2*)decorem *A*   8 lon-
giuus (*alt.* u *eras.*) *A,om.B*   9 filio (*add.* s *s.l.m2*) *B*   10 uiduitati *scripsi* uiduitate *codd.* uiduatae *ς*   11 me cup. aet. *ς*   12 ded. pud. *B*   14 iuuenes] iuuenis *Ap.c.m2*   iuuenes] iuuenes *Aa.c.m2;add.* et *s.l.m2A*   17 lucan *D*   18 fanuhelis *A* phanuel *B*   19 quae (a *exp.*) *A*   20 uiro suo *B*   era(*add.* t *s.l.m2*) *A*
22 seruiens domino *B* domino seruiens *ς*   23 die ac nocte *B*   ac] et *D*
meruerit *A*   27 fem. sanctas *B*   28 consueuerunt *D*

runt, sed illo tendit adsertio, ut, quarum unus labor, unum et
praemium sit.

3. Difficile est in maledica ciuitate et in urbe, in qua orbis   *
quondam populus fuit palmaque uitiorum, si honestis detraherent
5 et pura ac munda macularent, non aliquam sinistri rumoris fabulam
trahere. unde quasi rem difficillimam ac paene inpossibilem optat
propheta potius quam praesumit dicens: b e a t i   i n m a c u l a t i
i n   u i a,   q u i   a m b u l a n t   i n   l e g e   d o m i n i, inmaculatos
in uia huius appellans saeculi, quos nulla obsceni rumoris aura ma-
10 cularit, qui obprobrium non acceperint aduersus proximos suos. de 2
quibus et saluator in euangelio: e s t o, inquit, b e n i u o l u s —
siue   b e n e   s e n t i e n s   —   d e   a d u e r s a r i o   t u o,   d u m
e s   c u m   i l l o   i n   u i a. quis umquam de hac muliere, quod displiceret, audiuit, ut crederet? quis credidit, ut non magis se ipsum
15 malignitatis et infamiae condemnaret? ab hac primum confusa gen-
tilitas est, dum omnibus patuit, quae esset uiduitas Christiana, quam
et conscientia et habitu promittebat. illae enim solent purpurisso 3
et cerussa ora depingere, sericis nitere uestibus, splendere gemmis,
aurum portare ceruicibus et auribus perforatis Rubri Maris pre-
20 tiosissima grana suspendere, flagrare mure, ut tandem dominatu uirorum se caruisse laetentur quaerantque alios, non quibus
iuxta dei sententiam seruiant, sed quibus imperent. unde et pauperes
eligunt, ut nomen tantum uirorum habere uideantur, qui patienter
riuales sustineant, si musitauerint, ilico proiciendi. nostra uidua 4
25 talibus usa est uestibus, quibus obstaret frigus, non membra nu-
daret, aurum usque ad anuli signaculum repudians et magis in

7 Ps. 118, 1   10 cf. Ps. 14, 3   11 *Matth. 5, 25   22 cf. Ger. 3, 16

1 unus est *DB*   unum *ex* unus *m2 A*   sit et praemium *B*   **3** maledicta (t *exp.*) *B* maledico *D*   orbis] *add.* heu *B*   4 populis *A*   6 contra-
here ς   ac] et ς   9 huius saec. in uia app. *B*   appellant saeculi *A* saeculi
appellat ς   obsceno *A*   maculauerit *B*   10 acceperit *A B a.c.m2*   11 et *om.*ς
13 in uia cum illo ς   14 audiuit] *add.* quis audiuit *B*   credidit] credit *A*
alt. ut] aut *A D*   17 habitus *A*   illae] aliae *B*   18 si(*s.l.* e *m2*)rycis (*y in ras.*
m2)*A*   20 grana] gratia *A*   flagare *D* fraglare *Bp.c.m2* fragrare ς   mure] *add.*
et sic maritos plangere *B* maritos ita plangere ς   21 uirorum *scripsi* eorum
codd.   23 nomen *om.B*   uiros *B*   24 riuales] omnia *B*   muss. ς   nostram *D*
nostrum *Aa.c.m2*   uiduam *Aa.c.m2D*   25 uestibus est *B*   ostaret *A* opta-
ret *Ba.c.m2* arceret ς

10*

uentribus egenorum quam in marsuppiis recondens. nusquam sine
matre, nullum cleiicorum et monachorum — quod amplae domus
interdum exigebat necessitas — uidit absque arbitris. semper in
comitatu suo uirgines ac uiduas et ipsas graues feminas habuit
sciens ex lasciuia puellarum saepe de dominarum moribus iudicari 5
et, qualis quaeque sit, talium consoitio delectari.

4. Diuinarum scripturarum ardor incredibilis, semperque cantabat: i n   c o r d e   m e o   a b s c o n d i   e l o q u i a   t u a,   u t
n o n   p e c c e m   t i b i, et illud de perfecto uiro: e t   i n   l e g e
d o m i n i   u o l u n t a s   e i u s   e t   i n   l e g e   e i u s   m e d i t a- 10
b i t u r   d i e   a c   n o c t e   meditationem legis non replicando,
quae scripta sunt, ut Iudaeorum aestimant pharisaei, sed in opere
intellegens iuxta illud apostolicum: s i u e   c o m e d i t i s   s i u e
b i b i t i s   s i u e   q u i d   a g i t i s,   o m n i a   i n   g l o r i a m
d o m i n i   f a c i e n t e s   et prophetae uerba dicentis: a   m a n- 15
d a t i s   t u i s   i n t e l l e x i, ut, postquam mandata conplesset.
2 tunc se sciret mereri intellegentiam scripturarum. quod et alibi
legimus: q u i a   c o e p i t   I e s u s   f a c e r e   e t   d o c e r e.
erubescit enim quamuis praeclara doctrina, quam propria reprehendit conscientia, frustraque lingua praedicat paupertatem et docet 20
elemosynas, qui Croesi diuitiis tumet uilique opertus palliolo pugnat
contra tineas uestium sericarum. moderata ieiunia, carnium abstinentia, uini odor magis quam gustus propter stomachum et frequen-
tes infirmitates. raro procedebat ad publicum et maxime nobilium
matronarum uitabat domus, ne cogeretur uidere, quod contempserat, 25
apostolorum et martyrum basilicas secretis celebrans orationibus
3 et quae populorum frequentiam declinarent. matri in tantum oboe-
diens, ut interdum faceret, quod nolebat. nam cum illa suum dili-
geret sanguinem et absque filiis ac nepotibus uellet in fratris

      8 Ps. 118, 11   9 *Ps. 1, 2   13 *I Cor. 10, 31   15 Ps. 118, 104
18 *Act. 1, 1   23 cf. I Tim. 5, 23

      1 marsupiis *B*   2 et] aut ç   4 uid. ac uirg. *B*   5 ex] et *A*   7 ardor
erat ç   9 p̄fecto *D*   11 legit *AD*   non in repl. *B*   12 ut *s.l.A*   existimant ç
13 comedetis *Aa.c.m2*   14 bib. siue quid] aliquid *B*   omnia] a misericordia *A*
gloria *B*   18 quia] quae *B*   cepit *codd.*   19 et erubescit (*om.* enim) *B*
20 eius lingua ç (*sed* lingua *est ablatiuus*)   21 elemosinas *B* elymosinas *A*
eleemosynas ç   pallio *AD*   22 siricarum *Aa.c.m2;add.* illi erant ç   25 domos *B*   26 secretas *AD*   28 negligeret ç   29 ac] et ç   29 uelit *Aa.c.m2*

liberos uniuersa conferrei, ista pauperes eligebat et tamen matri
contraire non poterat monilia et, quicquid supellectilis fuit, diuitibus
peritura concedens magisque uolens pecuniam perdere quam parentis animum contristare.

5   5. Nulla eo tempore nobilium feminarum nouerat Romae propositum monachorum nec audebat propter rei nouitatem ignomini-
osum, ut tunc putabatur, et uile in populis nomen adsumere. haec
ab Alexandrinis sacerdotibus papaque Athanasio et postea Petro,
qui persecutionem Arrianae hereseos declinantes quasi ad tutissi-
10 mum communionis suae portum Romam confugerant, uitam beati
Antonii adhuc tunc uiuentis monasteriaque in Thebaide Pachumii
et uirginum ac uiduarum didicit disciplinam nec erubuit profiteri,
quod Christo placere cognouerat. hanc multos post annos imitata est 2
Sophronia et aliae, quibus rectissime illud Ennianum aptari potest:
15 u t i n a m   n e   i n   n e m o r e   P e l i o. huius amicitiis fruita est
Paula uenerabilis, in huius nutrita cubiculo Eustochium, uirginitatis
decus, ut facilis aestimatio sit, qualis magistra, ubi tales discipulae.
rideat forsitan infidelis lector me in muliercularum laudibus immo- 3
rari: qui, si recordetur sanctas feminas, comites domini saluatoris,
20 quae ministrabant ei de sua substantia, et tres Marias stantes ante
crucem Mariamque proprie Magdalenen, quae ob sedulitatem et
ardorem fidei 'turritae' nomen accepit et prima ante apostolos Christum uidere meruit resurgentem, se potius superbiae quam nos con-
demnabit ineptiarum, qui uirtutes non sexu sed animo iudicamus.
25 unde et Iesus Iohannem euangelistam amabat plurimum, qui propter 4
generis nobilitatem erat notus pontifici et Iudaeorum insidias non

15 Ennius, Medea exul fr. 1, 1 R.   19 cf. Matth. 27, 55 etc.   20 cf.
Ioh. 19, 25   22 cf. Onom. s. p. 62, 21   cf. Marc. 16, 9 etc.   25 cf. Ioh. 13,
23; 19, 26; 20, 2   26 cf. Ioh. 18, 15

2 suppelectilis *D* suppellettiles (—lis *m2*) *A*   3 perd. pec. *B*   5 gaude-
bat *B*   7 in *om.B*   10 uita *D*   11 monasteriaque *Ap.c.m2* monasteria quae
cet. monasteriorumque ç   pachomii *B*   12 confiteri *B*   13 quod Christo
plac.] ut xpm *B*   14 dennianum *D*   15 utinā (*s.l.m2* ł uineam) *B*   cuius *B*
16 cub. nutr. ç   17 facilius *A*   talis discipula *B*   18 forsan ç   20 subst.
sua *B*   21 Magdalenen *scripsi* magdalenem (*alt.* m *exp.A*) *A*ç magdalenam
(*ex* —ne *m2B*) *DB*   24 iudicamus] *add.* contemptaeque nobilitatis ac diuitiarum maiorem gloriam ducimus *B*ç (*de lacuna ne quis cogitet, animaduertendum*
unde, *quod sequitur, esse 'uirtutes animo iudicans'*)   25 amat *A*

timebat, in tantum, ut Petrum introduceret in atrium et staret
solus apostolorum ante crucem matremque saluatoris in sua reciperet, ut hereditatem uirginis domini uirginem matrem filius uirgo
susciperet.

6. Annis igitur plurimis sic suam transegit aetatem, ut ante 5
se uetulam cerneret, quam adulescentulam fuisse meminisset, lau-
dans illud Platonicum, qui philosophiam meditationem mortis
2 esse dixisset. unde et noster apostolus: c o t i d i e   m o r i o r
p e r   u e s t r a m   s a l u t e m et dominus iuxta antiqua exemplaria: n i s i   q u i s   t u l e r i t   c r u c e m   s u a m   c o t i d i e 10
e t   s e c u t u s   f u e r i t   m e,   n o n   p o t e s t   m e u s   e s s e
d i s c i p u l u s multoque ante per prophetam spiritus sanctus:
p r o p t e r   t e   m o r t i f i c a m u r   t o t a   d i e,   a e s t i m a t i
s u m u s   u t   o u e s   o c c i s i o n i s et post multas aetates illa sententia: m e m e n t o   s e m p e r   d i e m   m o r t i s   e t   n u m- 15
q u a m   p e c c a b i s disertissimeque praeceptum satirici:
u i u e   m e m o r   l e t i,   f u g i t   h o r a,   h o c,   q u o d   l o q u o r,
                              i n d e   e s t.
3 sic ergo — ut dicere coeperamus — aetatem duxit et uixit, ut semper
se crederet esse morituram. sic induta est uestibus, ut meminisset 20
sepulchri, offerens hostiam rationabilem, uiuam, placentem deo.

7. Denique, cum et me Romam cum sanctis pontificibus Pau-
lino et Epiphanio ecclesiastica traxisset necessitas — quorum alter
Antiochenam Syriae, alter Salaminiam Cypri rexit ecclesiam —
et uerecunde nobilium feminarum oculos declinarem, ita egit secun- 25

1 cf. Ioh. 18, 16   cf. Ioh. 19, 26—27   7 cf. Plato, Phaedo p. 64 A
8 *I Cor. 15, 31   10 *Luc. 14, 27   13 *Ps. 43, 23 (22); Rom. 8, 36
15 *Eccli. 7, 40   17 Persius V 153   21 cf. Rom. 12, 1

2 sua ç suam *codd.*   acciperet *B*   3 ut] et ç   6 adol. *Ap.c.m2B*
8 dixit ç   quotidie inquit ç   9 per] propter ç   salutem] gloriam *B*
12 sanctus spir. *B*   13 te inquit *B*   14 sumus *om.*ç   ouis *AD*   illā sen-
tentiā *Ap.c.m2*   15 die *D* diei *B*   16 dissertissimeque (—ae *A*) *Aa.c.m2D*
dis(ss *A*)ertissimique *ABp.c.m2* di*e*tissimique (dilectissimique?) *Ba.c.m2*   sa-
tyrici *AD*   17 memor] *seq.ras.1 litt.B*   laeti *DB*   ora *A* gļa (= gloria) *D*
18 inde] idē *Ap.c.m2*   19 sic *ex* si *m2A*   20 crederet se *B*   esse *om.D*
moritura *Aa.c.m2D*   21 differens *Aa.c.m2D; add.* se ç   deo placentem *B*
22 et *om.A*   me *ex* e *m2A*   roma *D*   23 eph(h *exp.*)iphanio *A* epyphanio *D*
transisset *D*   24 anthiocenam *D*   salaminiam (*alt.* i *eras.*) *A* salaminia *D*
25 egit] erat *ex* erit *m2A*

dum apostolum i n p o r t u n e, o p o r t u n e, ut pudorem meum
sua superaret industria. et quia alicuius tunc nominis aestimabar
super studio scripturarum, numquam conuenit, quin de scripturis
aliquid interrogaret nec statim adquiesceret, sed moueret e con-
5 trario quaestiones, non ut contenderet, sed ut quaerendo disceret
earum solutiones, quas opponi posse intellegebat. quid in illa uirtu- 2
tum, quid ingenii, quid sanctitatis, quid puritatis inuenerim,
uereor dicere, ne fidem credulitatis excedam et tibi maiorem dolorem
incutiam recordanti, quanto bono carueris. hoc solum dicam, quod,
10 quicquid in nobis longo fuit studio congregatum et meditatione diuturna quasi in naturam uersum, hoc illa libauit, hoc didicit atque
possedit, ita ut post profectionem nostram, si aliquo testimonio
scripturarum esset oborta contentio, ad illam iudicem pergeretur.
et quia ualde prudens erat et nouerat illud, quod appellant philo- 3
15 sophi τὸ πρέπον, id est decere, quod facias, sic interrogata
respondebat, ut etiam sua non sua diceret, sed uel mea uel cuiuslibet alterius, ut et in ipso, quod docebat, se discipulam fateretur
— sciebat enim dictum ab apostolo: d o c e i e a u t e m m u l i e r i
n o n p e r m i t t o —, ne uirili sexui et interdum sacerdotibus de
20 obscuris et ambiguis sciscitantibus facere uideretur iniuriam.
8. In nostrum locum statim audiuimus te illius adhaesisse
consortio et numquam ab illa ne transuersum quidem unguis, ut
dicitur, recessisse eadem domo, eodem cubiculo, uno usam cubili,
ut omnibus in urbe clarissima notum fieret et te matrem et illam
25 filiam repperisse. suburbanus ager uobis pro monasterio fuit et
rus electum propter solitudinem. multoque ita uixistis tempore, ut
imitatione uestri et conuersatione multarum gauderemus Romam

1 *II Tim. 4, 2   18 I Tim. 2, 12

1 inportuna Ap.c.m2   oportune om.A   2 quia ς qui codd.   tune om.B
nominis esse ς   existimabar ς   3 quin (uin in ras.m2) B qui Ap.c.   4 nec
ut ς   e] et D   5 ut non A   conderet A   6 opponere Ap.c.m2   posset A
7 pr. quid] quod A   8 fide D   10 longe D   11 libauit B liba ul D liba
(s.l. ens m2) uel A   12 si de Ap.c.m2 B   15 TO TIPETIONC A to TIPE-
TION D troiepon B   decere ς docere B dicere A discere D   quid D   sic
ex si D; add. ad ς   17 et in] in eo B   quo D   21 loc. nostr. te aud.
stat. B   statum D   22 unguem B   23 dicetur D diceretur A   uro om.ς
usa A   cubili om.ς   24 kma (= karissima) D   25 reper. D   pro mon.]
primo monasterium A   26 rus] rursum Dp.c.m2   propter solicitudinem A
pro solitudine ς   27 ex imitatione ς   et om.ς   conuersione D

2 factam Hierosolymam. crebra uirginum monasteria, monachorum innumerabilis multitudo, ut pro frequentia seruientium deo, quod prius ignominiae fuerat, esset postea gloriae. interim absentiam nostri mutuis solabamur adloquiis et, quod carne ,non poteramus, spiritu reddebamus. semper se obuiare epistulae, superare officiis, 5 salutationibus praeuenire. non multum perdebat, quae iugibus sibi litteris iungebatur.

9. In hac tranquillitate et domini seruitute heretica in his prouinciis exorta tempestas cuncta turbauit et in tantam rabiem concitata est, ut nec sibi nec ulli bonorum parceret. et quasi parum 10 esset hic uniuersa mouisse, nauem plenam blasphemiarum Romano intulit portui inuenitque protinus patella operculum et Romanae 2 fidei purissimum fontem lutosa caeno permiscuere uestigia. nec mirum, si in plateis et in foro rerum uenalium pictus ariolus stultorum uerberet nates et obtorto fuste dentes mordentium quatiat, 15 cum uenenata spurcaque doctrina Romae inuenerit, quos induceret. tunc librorum περὶ ἀρχῶν infamis interpretatio, tunc discipulus ὄλβιος uere nominis sui, si in talem magistrum non inpegisset, tunc nostrorum διάπυρος contradictio et pharisaeorum turbata 3 schola. tunc sancta Marcella, quae diu coniuerat, ne per aemula- 20 tionem quippiam facere crederetur, postquam sensit fidem apostolico ore laudatam in plerisque uiolari, ita ut sacerdotes quoque et nonnullos monachorum maximeque saeculi homines in adsensum sui traheret ⟨hereticus⟩ ac simplicitati inluderet episcopi, qui de suo ingenio ceteros aestimabat, publice restitit malens deo placere quam 25 hominibus.

14 ariolus] *scil.* Rufinus   18 ὄλβιος] *scil.* Macarius, Rufini discipulus
24 episcopi] *scil.* Siricii papae   25 cf. Act. 5, 29

1 facta *A*   hiero(u *D*)solimam *AD* iherosolimam *B*   3 ig(*ex* n *m2A*)nominia *AD*   absentia *A*   5 retinebamus *B*   obuiare se *Ba.c.m2* obuiare *Bp.c.m2ς*   epistolis *Bp.c.m2ς*   6 perdebat absentia *B*   8 in] et in *A*
9 et *om. B*   tanta *D*   12 portu *A*   13 fonte *D*   lutusa *Aa.c.m2Bp.c.m2*
ceno *AD*   14 fictus *AD*   15 natos *A* (o *ex* u *m2*)*D*   fustes *D*   16 uenata *AD*
17 librum peryarchon *B*   18 *OABIOT A OΛBIOT D OABTOC B*   19 διάπυρος *scripsi* diapiros *B ΔΙΑΠΠΡΟΤ D ΔΙΑΛΙΡΟΤ A* διάλυτος *Martian.,
Vall.*   turbata est *ς*   20 scola *codd.*   coniuerat *scripsi* conibuerat *D* cohibuerat *A,Ba.c.m2* se cohibuerat *Bp.c.m2ς*   21 uideretur *ς*   22 quosque *Bp.c.m2*
24 hereticus *addidi, om.codd.*   simplicitate *AD*   episcopo *B*   25 estimat *A*
mallens *Bp.c.m2*

10. Laudat saluator in euangelio uilicum iniquitatis, quod
contra dominum quidem, attamen pro se prudenter feceiit. cernen-
tes heretici de parua scintilla maxima incendia concitari et suppo-
sitam dudum flammam iam ad culmina peruenisse nec posse latere,
5 quod multos deceperat, petunt et inpetrant ecclesiasticas epistulas,
ut communicantes ecclesiae discedere uiderentur. non multum 2
tempus in medio, succedit in pontificatum uir insignis Anastasius,
quem diu Roma habere non meruit, ne orbis caput sub tali episcopo
truncaretur; immo idcirco raptus atque translatus est, ne semel
10 latam sententiam precibus suis flectere conaretur dicente domino
ad Hieremiam: ne oraueris pro populo isto neque
depreceris in bonum, quia, si ieiunauerint,
non exaudiam preces eorum et, si obtulerint
holocausta et uictimas, non suscipiam eas;
15 in gladio enim, fame et pestilentia ego consu-
mam eos. dicas: 'quo hoc?' ad laudem Marcellae. damnationis 3
hereticorum haec fuit principium, dum adducit testes, qui prius ab
eis eruditi et postea ab heretico fuerant errore correcti, dum ostendit
multitudinem deceptorum, dum inpia περὶ ἀρχῶν ingerit uolumina,
20 quae emendata manu scorpii monstrantur, dum acciti frequentibus
litteris heretici, ut se defenderent, uenire non ausi sunt tantaque
uis conscientiae fuit, ut magis absentes damnari quam praesentes
coargui maluerint. huius tam gloriosae uictoriae origo Marcella est 4
tuque caput horum et causa bonorum, quae scis me uera narrare,
25 quae nosti uix de multis pauca dicere, ne legenti fastidium faciat
odiosa replicatio et uidear apud maliuolos sub occasione laudis
alterius stomachum meum digerere. pergam ad reliqua.
    11. De occidentis partibus ad orientem turbo transgressus mini-
tabatur plurimis magna naufragia. tunc inpletum est: putas,

1 cf. Luc. 16, 8   11 *Hier. 14, 11—12   29 *Luc. 18, 8

1 uill. B   2 quidem] add. fraudulenter ç   ac tamen D   6 discedere D,
Ba.c.m2 discere A discedere non Bp.c.m2 (sed de discedente, i. e. proficiscente,
Rufino loquitur Hier.) discessisse ç   uideretur A   9 semel latam] simulatam B
11 iheremiam B   13 hol. et uict. obt. ç   15 enim et ç   consumma A
16 quid B   haec ç   dam(p B)nationes A Ba.c.m2,D   17 hoc Ap.c.m2
18 correpti D   19 ITEPIAPXAIN A ΠΕΡΙΑΡΧΑΙΝ D peryarchon B
20 emendata B enim data AD   monstrabantur D —batur A   21 sunt ausi ç
22 fuit consc. B   24 quae om.ç   uere A   25 pauca me ç   27 ad ex et m2 A
29 putasne B

u e n i e n s   f i l i u s   h o m i n i s   i n u e n i e t   f i d e m   s u p e r
t e r r a m? refrigerata caritate multorum pauci, qui amabant fidei
ueritatem, nostro lateri iungebantur, quorum publice petebatur
caput, contra quos omnes opes parabantur, ita ut Barnabas quoque
abduceretur in illam simulationem, immo apertum parricidium, 5
2 quod non uiribus sed uoluntate commisit. sed ecce uniuersa tempestas domino flante deleta est expletumque uaticinium prophetale:
a u f e r e s   s p i r i t u m   e o r u m   e t   d e f i c i e n t   e t   i n   p u l-
u e r e m   s u u m   r e u e r t e n t u r.   i n   i l l a   d i e   p e r i b u n t
o m n e s   c o g i t a t i o n e s   e o r u m,   et illud euangelicum: 10
s t u l t e,   h a c   n o c t e   a u f e r t u r   a n i m a   t u a   a b s   t e;
q u a e   a u t e m   p r a e p a r a s t i,   c u i u s   e r u n t?
    12. Dum haec aguntur in Iebus, terribilis de occidente rumor
adfertur obsideri Romam et auro salutem ciuium redimi spoliatosque
rursum circumdari, ut post substantiam uitam quoque amitterent. 15
haeret uox et singultus intercipiunt uerba dictantis. capitur urbs,
quae totum cepit orbem, immo fame perit ante quam gladio et uix
pauci, qui caperentur, inuenti sunt. ad nefandos cibos erupit esurientium rabies et sua inuicem membra laniarunt, dum mater non parcit
lactanti infantiae et recipit utero, quem paulo ante effuderat. 20
2 n o c t e   M o a b   c a p t a   e s t,   n o c t e   c e c i d i t   m u r u s
e i u s.   d e u s,   u e n e r u n t   g e n t e s   i n   h e r e d i t a t e m
t u a m,   p o l l u e r u n t   t e m p l u m   s a n c t u m   t u u m,
p o s u e r u n t   H i e r u s a l e m   i n   p o m o r u m   c u s t o d i-
a m,   p o s u e r u n t   c a d a u e r a   s e r u o r u m   t u o r u m 25
e s c a s   u o l a t i l i b u s   c a e l i,   c a r n e s   s a n c t o r u m
t u o r u m   b e s t i i s   t e r r a e.   e f f u d e r u n t   s a n g u i n e m

    2 cf. Matth. 24, 12   4 Barnabas] uerum uiri nomen ignoratur   7 cf.
Hiob 4, 9   8 Ps. 103, 29   9 Ps. 145, 4   11 *Luc. 12, 20   21 *Esai. 15, 1
22 *Ps. 78, 1—3

    1 inu. fid. ç   2 amabant] ambulant (s.l.m1 ł amant) B   4 omnis ope AD
opes omnes ç   superabantur AD   barrabbas A barabbas D   5 duceretur ç
paricidium A   6 alt. sed B et AD   7 delectata A   8 auferens A   deficiens A
9 in om.A   11 hac ex ac AB   auferetur B   abs B a (seq. ras. 1—2 litt.) A
a D   12 parasti B   13 Iebus] his diebus B   14 spoliatusque D spoliatur
que A   15 ammitterent DB mitterent A perderent ç   16 singultis A   17 coepit AD   periit B   et] ut B   18 inuenti in ras. m2 B   sint Bp.c.m2   19 par-
cet AD   20 lactenti B   in facie A   recepit A   23 sanct. tuum] suum A
24 iherus. B passim   in] ut AD   25 seru.] sanctorum AD

psorum sicut aquam in circuitu Hierusalem
et non erat, qui sepeliret.
quis cladem illius noctis, quis funera fando 3
explicet aut possit lacrimis aequare colo-
5   rem?
urbs antiqua ruit multos dominata per
                                        annos
plurima perque uias sparguntur inertia
                                    passim
10 corpora perque domos et plurima mortis
                                    image.
13. Cum interim, ut in tanta confusione rerum, Marcellae quoque domum cruentus uictor ingreditur — sit mihi fas audita
loqui, immo a sanctis uiris uisa narrare, qui interfuere praesentes,
15 qui te dicunt in periculo quoque ei fuisse sociatam—, intrepido uultu
excepisse dicitur introgressos; cumque posceretur aurum et defossas
opes uili excusaret tunica, non tamen fecit fidem uoluntariae paupertatis. caesam fustibus flagellisque aiunt non sensisse tormenta, 2
sed hoc lacrimis, hoc pedibus eorum egisse prostratam, ne te a suo
20 consortio separarent, ne sustineret adulescentia, quod senilis
aetas timere non poterat. Christus dura corda molliuit et inter cru-
entos gladios inuenit locum pietas. cumque et illam et te ac beati 3
apostoli Pauli basilicam barbari deduxissent, ut uel salutem uobis
ostenderent uel sepulchrum, in tantam laetitiam dicitur erupisse, ut
25 gratias ageret deo, quod te sibi integram reseruasset, quod pauperem
illam non fecisset captiuitas, sed inuenisset, quod egeret cotidiano
cibo, quod saturata Christo non sentiret esuriem, quod et uoce et
opere loqueretur: nuda exiui de uentre matris meae,
nuda et redeam. sicut domino uisum est, ita
30 et factum est. sit nomen domini benedictum.

3 Uergil. Aen. II 361—365 et 369   13 Uergil. Aen. VI 266   28 *Hiob 1, 21

1 eorum *AD*   tamquam ς   aqua *D*   3 *alt.* quis] qui *D*   4 aut] ut *A*
lacrimas *A*   9 parsim *D*   10 domus *Aa.c.m2D*   12 in *om.A*   13 cruentus
(cr *in ras.*)*A*   15 ei *om.B*   intrepidū (—du *D*)*ADa.c.m2* intrepidoque
Ap.c.m2   16 introgressus *Aa.c.m2D*   17 tun. exc. *B*   uoluntaria *A*   18 ce-
sa *D* cessa (*pr.* s *exp.*)*A*   19 prostr. eg. ς   20 adolesc. *B* adolescentiae *ex*
adulicentiae (*sic*)*m2A*   21 aetas timere] et aestimare *A*   22 pietatis *Dp.c.m2*
beati *om.*ς   23 duxissent *A*   nobis *A*   24 sepulcrum *DB*   25 grat; (= gra-
tus)*D*   quod] qui *B*   int. sibi ς   28 utero ς

14. Post aliquot menses sana, integra uegetoque corpusculo
dormiuit in domino et te paupertatulae suae, immo per te pauperes
reliquit heredes claudens oculos in manibus tuis, reddens spiritum
in tuis osculis, dum inter lacrimas tuas illa rideret conscientia uitae
bonae et praemiis futurorum. haec tibi, Marcella uenerabilis, et haec 5
tibi, Principia filia, una et breui lucubratione dictaui non eloquii
uenustate sed uoluntate gratissimi in uos animi et deo et legentibus placere desiderans.

CXXVIII.
AD PACATULAM.   10

1. Causa difficilis paruulae scribere, quae non intellegat, quid
loquaris, cuius animum nescias, de cuius periculose uoluntate promit-
tas, ut secundum praeclari oratoris exordium spes magis in ea laudanda quam res sit. quid enim horteris ad continentiam, quae placen-
tas desiderat, quae in sinu matris garrula uoce balbuttit, cui dulciora 15
2 sunt mella quam uerba? audiat profunda apostoli, quae anilibus
magis fabulis delectatur? prophetarum αἰνίγματα sentiat, quam
tristior gerulae uultus exagitat? euangelii intellegat maiestatem,
ad cuius fulgura omnis mortalium hebetatur sensus? ut parenti
subiciatur, horter, quae manu tenera ridentem uerberat matrem? 20

13 cf. Cicero, de re publ. inc. sedis fr. 5 M.

1 aliquod *D,Ba.c.*   menses] dies ς   sano, integro ς   2 obdormiuit ς
paup. suae] pauperem *B*   4 tuis osculis ς tuis oculis *A* oculis tuis *B* tuis *D*
conscia *AD*   6 filia principia *B*   7 in uos an. grat. *AD*   8 desid.] *add.* explicit ad principiam uirginem *D*

F = *Veronensis XVI. 14 s. IX.*
J = *Vindobonensis lat. 934 s. IX.*
Σ = *Turicensis Augiensis 41 s. IX.*

ad pacatulam *FJΣ* ad Gaudentium (*coll. fine epistulae*)ς; *Hieronymi nomen
non exhibent tituli codicum*

11 intelligit ς   12 cuius] eius *Σp.c.*   uol. peric. ς   periculosa *Σp.c.*
13 exodium ς   in ea magis ς   14 sit quam res ς   orteris *Fa.c.m2Jp.c.* orto-
ris *Ja.c.* ortaris (a *in ras.*, ris *s.l.*)*Σ*   quae] quequę *Fp.c.m2*   placenta
Fp.c.m2,JΣa.c. placentia *Jp.c.*   15 balbutit *Σa.c.*   17 *A(eras.Σ)*ΕΝΙΓΜΑΤΑ
codd. aenigmata ς   18 tristitior *F,Ja.r.*   geruliae *Fa.r.* gerulicę *Σ*   19 sens.
heb. ς   sensus *s.l.m2F,om.JΣ*   20 horter *Σa.c.m2* horteri *Fa.c.m2J* hortor
Σp.c.m2 hortari *Fp.c.m2*

itaque Pacatula nostra hoc epistulium post lectura suscipiat; interim 3
modo litterularum elementa cognoscat, iungat syllabas, discat nomina, uerba consociet atque, ut uoce tinnula ista meditetur, propo-
natur ei crustula mulsi praemia et, quicquid gustu suaue est quod
5 uernat in floribus, quod rutilat in gemmis, quod blanditur in pupis,
acceptura festinet; interim et tenero temptet pollice fila deducere,
rumpat saepe stamina, ut aliquando non rumpat, post laborem
lusibus gestiat, de matris pendeat collo, rapiat oscula propinquorum, psalmos mercede decantet, amet, quod cogitur dicere, ut non
10 opus sit, sed delectatio, non necessitas, sed uoluntas.

2. Solent quaedam, cum futuram uirginem spoponderint, pulla
tunica eam induere et furuo operire palliolo, auferre linteamina,
nihil in collo, nihil in capite auri sinere re uera bono consilio, e
habere discat in tenero, quod postea deponere conpellatur. aliis
15 contra uidetur. 'quid enim', aiunt, 'si ipsa non habuerit, habentes 2
alias non uidebit? φιλόκοσμον genus femineum est multasque etiam
insignis pudicitiae, quamuis nulli uirorum, tamen sibi scimus libenter
ornari. quin potius habendo satietur et cernat laudari alias, quae
ista non habeant. meliusque est, ut satiata contemnat, quam non
20 habendo habere desideret'. tale quid et Israhelitico fecisse domi- 3
num populo, ut cupientibus Aegyptias carnes usque ad nausiam et
uomitum praeberet examina coturnicum, multosque saeculi prius
homines facilius carere experta corporis uoluptate quam eos, qui a
pueritia libidinem nesciant; ab aliis enim nota calcari, ab aliis ignota
25 appeti, illos uitare paenitendo suauitatis insidias, quas fugerunt,
hos carnis inlecebris et dulci titillatione corporis blandientis, dum

20 cf. Num. c. 11

1 epistolium (o ex u)FΣ   2 litterarum ς   3 istę Fa.c. iste Ja.c.m2
proponantur ς   4 crustela Ja.c.   mulsa ς   5 gemis F   pubis Jp c.m2Σ
6 festinet Fp.c. —nat cet.   tentet ς   police Σ   ducere ς   7 stamia Fa.c.m2
stami*(na s.l.)Σ   8 gestia Fa.c.m2Σ   osc.] oculo F   9 discere ς   11 spoponderint Σp.c.m2 —rit cet.   pullata Fp.c.m2 (ta eras.)   12 fuluo Jp.c.m2   pallio Σ
14 in tenero s.l.m2Σ   ponere ς   aliis] add. e s.l.m2Σ uero e ς   16 ΦΙ-
ΛΙ(Ι eras.)ΟΚΟCΜΟΝ (n F)FΣ   multasque (s eras.)F   17 insignes Σp.c.m2
pudicitiae (e eras.)F   19 pr. non s.l.J   que s.l.m2Σ   contempnat FΣ   20 tale]
add. uero ς   pop. dom. ς   21 nusiam Fa.c.m2 nauseam ς   22 prae(e FJ)-
bere codd.   23 uoluntate FΣ   eas JΣ   24 calcare codd.   25 penitendae FJ
26 hos Σp.c.m2 hoc cet.   car**nis (carminis fuisse uid.)F   illecebras ς   et
om. ς   blandientes ς

mella putant, uenena noxia repperire; mel enim distillare labiis
meretricis mulieris, quod ad tempus inpinguet uescentium fauces
4 et postea felle amarius inueniatur. unde et in domini mel sacrificiis non offerri ceraque contempta, quae mellis hospitium est,
oleum accendi in templo dei, quod de amaritudine exprimitur 5
oliuarum, pascha quoque cum amaritudinibus comedi i n a z y m i s
s i n c e r i t a t i s e t u e r i t a t i s, quos qui habuerit, in saeculo
persecutionem sustinebit. unde et propheta mystice cantat: s o l u s
s e d e b a m, q u i a a m a r i t u d i n e r e p l e t u s s u m.
3. Quid igitur? luxuriandum est in adulescentia, ut postea lu- 10
xuria fortius contemnatur? absit, inquiunt; u n u s q u i s q u e
enim, i n q u a u o c a t i o n e u o c a t u s e s t, i n e a p e r-
m a n e a t. c i r c u m c i s u s q u i s, id est uirgo, u o c a t u s
e s t: n o n a d d u c a t p r a e p u t i u m, hoc est non quaerat
pellicias tunicas nuptiarum, quibus Adam eiectus de paradiso 15
2 uirginitatis indutus est. i n p r a e p u t i o q u i s u o c a t u s
e s t, hoc est habens uxorem et matrimonio pelle circumdatus: non
quaerat uirginitatis et aeternae pudicitiae nuditatem, quam semel
habere desiuit, sed utatur uase suo in sanctificatione et pudicitia bi-
batque de fontibus suis et non quaerat cisternas lupanarium dissi- 20
3 patas, quae purissimas aquas pudicitiae continere non possunt. unde
et idem Paulus in eodem capitulo de uirginitate et nuptiis disputans seruos carnis uocat in matrimonio constitutos, liberos eos, qui
absque ullo nuptiarum iugo tota domino seruiunt libertate. quod

1 cf. Prou. 5, 3   3 cf. Leu. 2, 11   4 cf. Ex. 25, 6   5 cf. Ex. 12, 8
6 I Cor. 5, 8   8 *Hier. 15, 17   11 I Cor. 7, 20   13 *I Cor. 7, 18   15 cf.
Gen. 3, 21—24   16 *I Cor. 7, 18   19 cf. I Thess. 4, 4   cf. Prou. 5, 15
20 cf. Hier. 2, 13   22 cf. I Cor. c. 7

1 reperire Σ labia Σ 2 mulieris ē $J,om.$ ς   inpinguat $\Sigma p.c.m2$
3 inuenitur Σ 4 sacrificiis mel $\Sigma p.c.m2$ offertur $\Sigma p.c.m2$ offerunt ς   5 accenditur $\Sigma p.c.m2$ 6 pasca Σ cōmedi F; $add.$ iubetur $in mg. m2\Sigma$ azi-
mis $codd.$ 7 quos ($sc. azymos panes$)] quas ς   8 mistice $F\Sigma$ sed. solus ς
9 sum] eram $\Sigma a.c.m2$ 10 $pr.$ luxor. $Fa.c.\Sigma$ adulisc. $F,\Sigma a.c.m2$ $alt.$ luxor.
$F\Sigma a.c.$ 11 contempna(ex e F)tur $F\Sigma$ absit uero ς   13 uirgo uocatus est
$s.l.m2\Sigma$ 15 pelicias $Fa.c.$ pelliceas ς   16 uirg.] $add.$ et $Fa.c.\Sigma$ est et $Ja.c.$
preputium F 17 matrimonii $Fp.c.m2\Sigma p.c.$ 20 lupanarum Σ lupinarium
$Fa.c.m2J$ luparum ς   23 uocans FJ liberos] $add.$ ũ (= uero) $eras.\Sigma$ 24 nullo (n $eras.$) $\Sigma, om.$ς   iugo nupt. Σ quod ς quid $codd.$

loquimur, non in uniuersum loquimur, sed in parte tractamus, nec
de omnibus, sed de quibusdam dicimus. ad utrumque sexum, non
solum ad uas infirmius, noster sermo dirigitur. uirgo es: quid te 4
mulieris delectat societas? quid fragilem et sutilem ratem magnis
5 committis fluctibus et grande periculum nauigationis incertae
securus ascendis? nescis, quid desideres, et tamen sic ei iungeris,
quasi aut ante desideraueris aut — ut leuissime dicam — postea
desideraturus sis. 'sed ad ministerium iste sexus est aptior'. elige
ergo anum, elige deformem, elige probatae in domino continentiae. 5
10 quid te adulescentia, quid pulchra, quid luxuriosa delectat? uteris
balneis, cute nitida, rubicundus incedis, carnibus uesceris, affluis
diuitiis, pretiosa ueste circumdaris et iuxta serpentem mortiferum
securum dormire te credis? an non habitas in eodem hospitio, in
nocte dumtaxat? ceterum totos dies in huiusce modi confabulati-
15 one consumens quare solus cum sola et non cum arbitris sedes?
cum etiam ipse non pecces, aliis peccare uidearis, ut exemplo sis
miseris, qui nominis tui auctoritate delinquant. tu quoque, uirgo 6
uel uidua, cur tam longo uiri sermone retineris? cur cum solo
relicta non metuis? saltim alui te et uessicae cogat necessitas, ut
20 exeas foras, ut deseras in hac re, cum quo licentius quam cum
germano, multo uerecundius egisti cum marito. sed de scripturis
sanctis aliquid interrogas: interroga publice; audiant pedisequae,
audiant comites tuae. o m n e, q u o d m a n i f e s t a t u r, l u x
e s t. bonus sermo secreta non quaerit, quin potius delectatur
25 laudibus suis et testimonio plurimorum. magister egregius contemnit uiros, fratres despicit et in unius mulierculae secreta eru-
ditione desudat.

23 *Eph. 5, 13

2 utrumque enim ς 3 uas] uos Fp.c.m2 infirmus F,Σa.c.m2 infirmum
Σp.c.m2 4 dilectat FΣa.c.m2,J 7 pr. aut] haud Σp.c.m2 desideraberis Fc.c.m2J
8 sis in ras. m2F elege Jp.c.m2Σa.c. 9 pr. elege Jp.c.m2,om.ς cl:. elege
Jp.c.m2 10 aduliscentia FΣ adulescent(u s.l.)la J adolescentula ς luxuriosa F
luxo(u s.l.m2)riosam Σ 11 rubicundus FJp.c.m2 —dis cet.; add. genis ς 13 secure ς an] at ς hospit(c F)io ex hospit(c F)ium FΣ 14 huiusce modi
huius ς 15 consumens scripsi consumes codd. consumis ς 16 cum etiam] ut
cum ς 17 delinquunt JΣ 18 sermone uiri ς 19 aluitate (ta eras.) J uesi-
cae Σ quogat F,JΣa.c.m2 20 re] add. eum ς 21 inuerecundius ς quam
cum marito egisti ς 22 pediss. ς 26 desp. fratres ς fratres] ff̄ (s.l. :ures) J

4. Declinaui parumper de uia occasione aliorum [disputatione]
et, dum infantem Pacatulam instituo, immo enutrio, multarum subito male mihi pacatarum bella suscepi. reuertar ad propositum. sexus
femineus suo iungatur sexui; nesciat, immo timeat cúm pueris
ludere. nullum inpudicum uerbum nouerit et, si forte in tumultu 5
familiae discurrentis aliquid turpe audierit, non intellegat. matris
nutum pro uerbis ac monitum pro imperio habeat. amet ut paren-
2 tem, subiciatur ut dominae, timeat ut magistram. cum autem
uirgunculam et rudem edentulam septimus aetatis annus exceperit
et coeperit erubescere, scire, quid taceat, dubitare, quid dicat, di- 10
scat memoriter psalterium et usque ad annos pubertatis libros Salomonis, euangelia, apostolos ac prophetas sui cordis thesaurum faciat.
nec liberius procedat ad publicum nec semper ecclesiarum quaerat
3 celebritatem. in cubiculo suo totas delicias habeat. numquam iu-
uenculos, numquam cincinnatos uideat uocis dulcedine per aures 15
animam uulnerantes. puellarum quoque lasciuia repellatur, quae,
quanto licentius adeunt, tanto difficilius euitantur et, quod didice-
runt, secreto docent inclusamque Danaen uulgi sermonibus uiolant.
4 sit ei magistra comes, paedagoga custos non multo uino dedita, non
iuxta apostolum otiosa atque uerbosa, sed sobria, grauis, lanifica et 20
ea tantum loquens, quae animum puellarem ad uirtutem instituant.
ut enim aqua in areola digitum sequitur praecedentem, ita aetas
mollis et tenera in utramque partem flexibilis est et, quocumque
5 duxeris, trahitur. solent lasciui et comptuli iuuenes blandimentis,
affabilitate, munusculis aditum sibi per nutrices ad alumnas quaerere 25
et, cum clementer intrauerint, de scintillis incendia concitare paulatimque proficere ad inpudentiam et nequaquam posse prohiberi

18 cf. Horat. c. III 16, 1   19 cf. I Tim. 5, 13

1 de mea disp. al. occas. ς   disputatione (—nis *Fp.c.m2*) *seclusi*   2 enutrio *J* et nutrio *FΣ*   3 mihi male ς   pacatarum ς pacatorum *Jp.c.m2* peccatorum *cet.*   4 nescio *F*   5 in *s.l.Σ*   6 turpae *J, om.ς*   audiat ς   7 monitum *scripsi* monitis (*add.* et *m2Σ*) *codd.*   9 rudem et ς   ceperit *F,Σa.c.m2*
10 taceas *Fa.c.*   11 libro *F,Ja.c.m2*   salamonis *Σ*   12 ac] et ς   15 dulce-
dines ς   aurem ς   16 quoque] que ς   repellantur ς   17 et (t *eras.*) uitan-
tur *F*   21 puellarum *F*   22 areola(*s.l.* āfora) *J; fort.* alueolo   23 *pr.* et *om.ς*
utramque *ex* utrumque *codd.* (*fort.* partem *del.*)   quodcumque *FΣa.c.*   24 con-
temptuli *Σ*   25 affabilitatem *JΣ*   ad] aut ς   27 inpudentiā *Fp.c.m2* inpu-
dentia *cet.* (*quod ab Hieronymo scriptum et 'dicta' uel 'facta' subaudiendum esse
non crediderim*)   prohibere (h *s.l.Σ*) *codd.*

illo in se uersiculo conprobato: a e g r e r e p r e h e n d a s, q u o d
s i n a s c o n s u e s c e r e. pudet dicere et tamen dicendum est: 6
nobiles feminae nobiliores habiturae procos uilissimae concisionis
hominibus et seruulis copulantur ac sub nomine religionis et
5 umbra continentiae interdum deserunt uiros, Helenae sequuntur
Alexandros nec Menelaos pertimescunt. uidentur haec, planguntur
et non uindicantur, quia multitudo peccantium peccandi licentiam subministrat.
   5. Pro nefas, orbis terrarum ruit et in nobis peccata non cor-
10 ruunt. urbs inclita et Romani imperii caput uno hausta est incendio. nulla regio, quae non exules eius habeat. in cineres ac
fauillas sacrae quondam ecclesiae conciderunt et tamen studemus
auaritiae. uiuimus quasi altera die morituri et aedificamus quasi
semper in hoc uicturi saeculo. auro parietes, auro laquearia, auro
15 fulgent capita columnarum et nudus atque esuriens ante fores
nostras in paupere Christus moritur. legimus Aaron pontificem isse 2
obuiam furentibus flammis et accenso turibulo dei iram cohibuisse;
stetit inter mortem et uitam sacerdos maximus nec ultra uestigia
eius ignis procedere ausus est. Moysi loquitur deus: d i m i t t e
20 m e e t d e l e b o p o p u l u m i s t u m. quando dicit: d i m i t t e
m e, ostendit se teneri, ne faciat, quod minatus est; dei enim potentiam serui preces inpediebant. quis, putas, ille sub caelo est, qui 3
nunc irae dei possit occurrere, qui obuiare flammis et iuxta apostolum dicere: o p t a b a m e g o a n a t h e m a e s s e p r o f r a-
25 t r i b u s m e i s ? pereunt cum pastoribus greges, quia, sicut populus, sic sacerdos. Moyses conpassionis loquebatur affectu: s i
d i m i t t i s p o p u l o h u i c, d i m i t t e; s i n a u t e m, d e l e
m e d e l i b r o t u o. uult perire cum pereuntibus nec propria

1 Appendix sententiarum u. 180 Ribbeck   13 cf. Tertull. Apolog. c. 39
et supra p. 91, 8   16 cf. Num. 16, 46—50   19 *Ex. 32, 10   24 *Rom. 9, 3
26 *Ex. 32, 32

   1 aegre (a eras.)J   reprendas Ja.c.m2   2 sinis ς   3 nob. hab.] quae
nobiliores habuere neglectui ς   procus Σ   5 sequitur FΣa.c.m2   9 et om.ς
ruunt ς   11 nulla est ς   eius] Romanos ς   cineris FJ   ac ex a F   12 fa-
uilla F,Ja.c.m2   13 uidimus Ja.c.m2   uidemus Σ   14 saec. uict. Σ   15 nudus]
nudens Fa.c.m2J   16 nostras s.l.Σ   Christ. in paup. ς   18 stetit ex stet FΣ
magnus Σ   19 loquitur (super r m2 s ē)J   21 teneri] add. posse s.l.m2Σ
23 nunc s.l.m2Σ   cum apostolo Σ   26 moyse FJa.c.   27 huic ex hic FJ

salute contentus est. g l o r i a quippe r e g i s m u l t i t u d o
4 p o p u l i. his Pacatula est nata temporibus, inter haec crepundia
primam carpit aetatem ante lacrimas scitura quam risum, prius
fletum sensura quam gaudium. necdum introitus, iam exitus; talem
semper fuisse putat mundum. nescit praeterita, fugit praesentia, 5
futura desiderat. quae ut tumultuario sermone dictarem et post
neces amicorum luctumque perpetuum infanti senex longo post-
liminio scriberem, tua, me, Gaudenti frater, inpulit caritas; malui-
que parum quam nihil omnino poscenti dare, quia in altero uoluntas oppressa luctu, in altero amicitiae dissimulatio est.   10

CXXIX.
AD DARDANUM DE TERRA REPROMISSIONIS.

1. Quaeris, Dardane, Christianorum nobilissime, nobilium
Christianissime, quae sit terra repromissionis, quam Iudaei redc-
untes ex Aegypto possiderunt, cum a maioribus eorum iam fuerit 15
ante possessa ac proinde non sit promissa, sed reddita. his, enim
uerbis uteris in calce epistulae tuae. quod interrogans uideris
illud sentire, quod pluiimis nostrorum placet, aliam repromissionis esse terram quaerendam, de qua et Dauid loquitur in psalmo:
c r e d o u i d e r e b o n a d o m i n i i n t e r r a u i u e n t i u m 20
et dominus in euangelio: b e a t i m i t e s, q u o n i a m i p s i

---

1 *Prou. 14, 28   20 Ps. 26, 13   21 Matth. 5, 4

2 Pacatula nostra ς   nata est Σ   5 putat fuisse Σ putet fuisse ς   nesciat—fugiat—desideret ς   6 quae] haec ς   7 infantis (s eras.J) codd.   8 tua
me J tuam (m eras.)F tua Σ   9 altera J   10 aniticiae (in mg. m2) al amicitiae) Σ conicitiae J   est] add. explicit ad pacatulam FJ explicit Σ

J = Vindobonensis lat. 934 s. IX.
Σ = Turicensis Augiensis 41 s. IX.
D = Vaticanus lat. 355 + 356 s. IX—X.
B = Berolinensis lat. 18 s. XII.

ad dardanum J ad dardanum (add. de terra repromissionis in mg. m2) Σ
ad dardanum de terra repromissionis D dardano de terra repromissionis B; Hieronymi nomen exhibent tituli codicum JΣB

13 et nobilium D   14 Christianissime om.B   15 possederunt D,Bp.c.
16 hac perinde D   17 tuae om.B   19 terram esse D

possidebunt terram. utique Dauid, quando haec cantabat ₂
in spiritu, in terra repromissionis erat et non solum in Iudaeae finibus morabatur, sed multarum in circuitu nationum uictor extiterat,
quae a torrente Aegypti, qui est Rinocorurae, usque ad Eufraten
5 fluuium tendebantur, dicens in alio loco: i n I d u m a e ɛ m e x-
t e n d a m c a l c i a m e n t u m m e u m, m i h i a l i ɔ n i g e-
n a e s e r u i e n t. quomodo ergo se credebat accipere, quod iam
uictoria possidebat? et ne forsitan legentibus Iudaeis ambiguum
derelinquat, quae sit illa terra, quam uidere cupiebat, ipso sermone
10 demonstrat dicens: c r e d o u i d e r e b o n a d o m i n i i n t e r-
r a u i u e n t i u m. ergo terra Iudaeae, quae dicionis illius erat, ₃
non est terra uiuentium, id est Abraham, Isaac et Iacob, de quibus
dominus in quaestione resurrectionis dicit: n o n e s t d e u s m o r-
t u o r u m, s e d u i u e n t i u m, uerum terra et regio mortuorum,
15 de quibus loquitur in Ezechihel: a n i m a, q u a e p e c c a u e r i t,
i p s a m o r i e t u r et: n o n m o r t u i l a u d a b u n t t e,
d o m i n e, s e d n o s, q u i u i u i m u s [qui] in resurrectione
occursuri domino saluatori dicente apostolo: h o c e n i m d i c o
u o b i s i n s e r m o n e d o m i n i, q u o n i a m n o s, q u i
20 u i u i m u s, q u i r e l i n q u i m u r i n a d u e n t u m d o-
m i n i, n o n p r a e u e n i e m u s e o s, q u i d o r m i u n t.
de quibus et Hieremias loquitur: r e l i n q u e n t e s s u p e r
t e r r a m s c r i b a n t u r. quodque promittit: c r e d o u i- ₄
d e r e b o n a d o m i n i, ad spiritalem nos perspicue trahit intel-
25 legentiam. quae enim bona rex alia requirebat aut quo indigebat,

4 cf. Esai. 27, 12 (sec. LXX)   5 *Ps. 59, 10   10 Ps. 26, 13   18 Matth.
22, 32   15 Ezech. 18, 4   16 Ps. 113, 17—18 (25—26)   18 *I Thess. 4, 14
22 *Hier. 17, 13   23 Ps. 26, 13

1 canebat Σ   3 multorum J   4 rinocorurae (a exp.)J rinocorure B ri-
no∗∗co(ru s.l.)re Σ rinicorus D; seq. ad eras.Σ   eufratē Dp.c. Euphratem ς
ó meum s.l.J   7 se om.D   8 iudeis leg. B   9 ipse B   12 ysahac B   14 uerumtamen Σ   15 in om.D   ezechiel B hiezechiel D   16 laudauerunt J
17 alt. qui seclusi qui et D   18 ocursuri Σa.c.m2; add. sunt D sumus in mg.B
uobis dicimus B   20 relinquemur Σ   aduentu Jp.r.Σ   21 dormierunt B
22 iheremias B   derelinquentes ς; add. te B   23 scribuntur Σ scribentur ς
quotque J quod quo D; add. Dauid ς   24 domini] add. in terra uiuentium
partim in ras., partim in mg. m2 B   25 quo indigebat in mg.Σ quid [ex quod
m2) diligebat (dilige in ras. m2) B quo requirebat J

11*

qui tantae potentiae fuit, ut partis per illum opibus Salomon, filius
eius, quo nullus in orbe terrarum ditior fuit, contentus esset? sed in
terra uiuentium bona illa requirebat, q u a e n e c o c u l u s u i d i t
n e c a u r i s a u d i u i t n e c i n c o r h o m i n i s a s c e n-
d e r u n t, q u a e p r a e p a r a u i t d e u s d i l i g e n t i b u s 5
s e. quod autem in euangelio dicitur: b e a t i m i t e s, q u o n i a m
i p s i p o s s i d e b u n t t e r r a m, iuxta litteram sibi uidetur
esse contrarium. non enim terrae promissio mansuetorum est et
mitium, qui saepe etiam a parentibus derelicta perdunt propter
mansuetudinem, sed uirorum fortium et uiolentorum, qui sunt ad 10
5 bella promptissimi. denique et in psalmo quadragesimo quarto, qui
sub nomine Salomonis ad Christi ecclesiaeque eius sacramentum refertur, scribitur: a c c i n g e r e g l a d i u m s u p e r f e m u r
t u u m, p o t e n t i s s i m e. s p e c i e t u a e t d e c o r e t u o
e t i n t e n d e e t p r o s p e r a r e e t r e g n a p r o p t e r 15
m a n s u e t u d i n e m e t i u s t i t i a m e t u e r i t a t e m e t
6 d e d u c e t t e m i r a b i l i t e r d e x t e r a t u a. hic est, qui
et in psalmo alio loquebatur: m e m e n t o, d o m i n e, D a u i d
e t o m n i s m a n s u e t u d i n i s e i u s e t iterum: a d s u-
m e n s m a n s u e t o s d o m i n u s et apertius in euangelio: 20
d i s c i t e a m e, q u i a h u m i l i s s u m e t m a n s u e t u s
c o r d e. in cuius typo et Moyses omnium hominum, qui erant super
terram, mansuetissimus scribitur.

2. Haec est, ut diximus, terra uiuentium, in qua sanctis uiris
atque mansuetis bona domini praeparantur, quae ante aduentum 25
in carne domini saluatoris nec Abraham nec Isaac nec Iacob nec

3 *I Cor. 2, 9   6 Matth. 5, 4   13 *Ps. 44, 4—5   18 Ps. 131, 1
19 *Ps. 146, 6   21 *Matth. 11, 29   22 cf. Num. 12, 3

1 fuit pot. *Σ*   partis] partitis *D,ΣBp.c.m2*   illorum *J,Ba.c.m2*   salamon *Σ* salomo *Ba.c.*   2 contemptus *B*   esset *s.l.Σ,in ras.m2B* ē *J*   3 illa *s.l.B*
quaerebat *D*   4 ascendit *D*   7 uidetur sibi *B*   8 possessio (pose *in ras.m2)B*
possessio (*in mg.* al promissio)*Σ* possessio *D*   11 p

rumptissimi *Σ* fortissimi *B*
qui *add.m2B*   12 salamonis *Σ*   x̄pi eccl̄eq; *ex* x̄pm eccl̄amq; *B*   ubi(*exp.*)re-
fertur *B* fertur *Σa.c.*   13 scribitur *om.B*   gladium *J,Σa.c.* gladio *Σp.c.* gladio
tuo (*in mg.m2* gladium tuum)*B,om.D*   14 tuo *ex* tua *m2B*   15 pr. et *s.l.Σ,*
om.ς   alt. et *s.l.Σ,om.J*   prosperare (re *eras.)J*   18 alio psalmo ς domine *s.l.Σ*   20 dom. mans. *Σ*   21 humilis] mitis *B*   mansuetos *J* humilis *B*
22 typum *D*   26 ysahac *B*   quart. nec *s.l.m2B*

prophetae et alii iusti uiri consequi potuerunt. denique et Abraham,
licet diuersis locis, cum Lazaro uidetur apud inferos et Iacob, uir
iustus, dicit: l u g e n s   e t   g e m e n s   d e s c e n d a m   a d   i n-
f e r n u m. sanguis Christi clauis paradisi est dicentis ad latronem:
5 h o d i e   m e c u m   e r i s   i n   p a r a d i s o. ista est, ut diximus, 2
terra uiuentium, terra diuitiarum et bonorum dei, quae primus
Adam perdidit et secundus inuenit, immo ab illo perditam iste restituit dicente apostolo: r e g n a u i t   m o r s   a b   A d a m   u s-
q u e   a d   M o y s e n — sub cuius persona lex intellegitur — i n
10 s i m i l i t u d i n e m   p r a e u a r i c a t i o n i s   A d a m, q u i   e s t
f o r m a   f u t u r i. uolumus scire, quae sit terra, manifestius? 3
legamus Malachiam: b e a t o s   u o s   d i c e n t   o m n e s, d i c i t
d o m i n u s, q u o n i a m   e r i t i s   u o s   t e r r a   u o l u n t a r i a,
quae significantius Graece appellatur ϑελητή, quam uel sancti
15 desiderent uel quae placeat deo. Esaias quoque in haec uerba con- 4
sentit dicens: e t   e r i t   u i r   a b s c o n d e n s   s e r m o n e s
s u o s   e t   a p p a r e b i t   i n   t e r r a   S i o n   s i c u t   f l u-
u i u s   g l o r i o s u s   i n   t e r r a   s i t i e n t i. quae est terra Sion,
in qua apparebit fluuius gloriosus? illa uidelicet, de qua idem
20 Dauid in alio psalmo canit: g l o r i o s a   d i c t a   s u n t   d e   t e,
c i u i t a s   d e i, et iterum: d i l i g i t   d o m i n u s   p o r t a s
S i o n   s u p e r   o m n i a   t a b e r n a c u l a   I a c o b. istas portas 5
diligit deus, quas uidemus in cineres et fauillas esse conuersas? non
dico prudentibus, sed ne stultis quidem hoc persuaderi potest.
25 ego arbitror et illud, quod in sexagesimo quarto psalmo legimus:
u i s i t a s t i   t e r r a m   e t   i n e b r i a s t i   e a m, m u l t i p l i-
c a s t i   l o c u p l e t a r e   i l l a m. f l u u i u s   d e i   r e p l e t u s

---

2 cf. Luc. 16, 23—31   3 *Gen. 37, 35   5 Luc. 23, 43   8 Rom. 5, 14
12 *Mal. 3,12   16 *Esai. 32,2   20 Ps. 86,3   21 Ps. 86,2   26 *Ps. 64,10—11

1 *pr.* et] nec *B*   habraham *Σ*   4 paradysi *Σp.c.D*   5 paradyso *JΣD*
6 quae] quam *B*   7 secundus Adam *ς*   illam *D*   perditam (*non* perdita)
codd.   9 sub—lex *partim in ras., partim in mg. m2 B*   10 adae *Σ* ade *D*
11 formam *J*   manif., quae sit haec terra *ς*   haec terra *Dς,Bp.c.m2*   12 legimus *D*   malachi *D* in Malachia *ς*   13 in terra *ς*   14 apellatur *ΣDB*
ΘΕΝΙΘΗ J ΕΕΝΙΕΝ Σ ΘΕΝΙΤΝ D ΘΗΝΙΘΗ B   15 desiderant *ΣD*   uel
quae] que *ex* uel *m2 B*   esaya *B*   16 uir] urbs *Bmg.m2*   17 sycn *B passim*
18 syon terra *B*   22 numquid istas *B*   23 dn̄s *B*   24 ne] nec *JΣ*   persuadere *D*   25 quarto decimo *Σ* XIIII *J*   27 illam] eam *DB*

est aquis; parasti cibum illorum, quoniam
sic est praeparatio tua. sulcos eius inebria,
multiplica genimina illius; in stillicidiis
6 eius laetabitur germinans, huic sensui conuenire. illa
enim terra cotidie uisitatur a deo, inebriatur cunctisque est plena 5
diuitiis. de hac fluuius egreditur dei, de quo scriptum est: flu-
minis impetus laetificat ciuitatem dei, qui et
in descriptione templi Ezechihel mystico sermone narratur, in cuius
ripis arbores sunt ex utraque parte per singulos menses nouis frugi-
bus abundantes, de qua terra et in Prouerbiis uir scripsit sapientis- 10
simus: qui operatur terram suam, inplebitur
7 panibus. quod si de hac terra, quam cernimus et quae magis a
peccatoribus possidetur, de qua scriptum est: maledicta
terra in operibus, aliquis intellegendum putat, respondeat,
quomodo possit haec stare sententia: qui operatur terram 15
suam, inplebitur panibus. quanti enim operantur ter-
ram et exercent uomere et tamen multis inpedientibus causis egestate
conficiuntur et penuria! sed considerandum, scriptura quid dicat:
qui operatur terram 'suam', quae proprie iuris sui est,
de qua numquam eici potest; secundum quem sensum et illud 20
scriptum est: redemptio animae uiri propriae di-
8 uitiae. et hoc secundum litteram mentiri putes: quanti enim
alienis amicorumque redimuntur pecuniis! huius terrae cultores
agricolae apostoli sunt, quibus dicitur: uos estis sal terrae
et in alio loco: in patientia uestra possidebitis 25

6 Ps. 45, 5   8 cf. Ezech. c. 47   9 cf. Ezech. 47, 12   11 *Prou. 12, 11
13 *Gen. 3, 17   15 *Prou. 12, 11   19 Prou. 12, 11   21 *Prou. 13, 8
24 Matth. 5, 13   25 Luc. 21, 19

1 cybum *JΣ*   illorum] eorum *D*   2 (s *s.l.*)ic *B* ita *Σ*   tua] eius *Σ,om.D*
inhebria *JB*   3 illius] eius *Σ*   4 eius] illius *Σ*   5 etenim *B*   deo] add.
et *D,ΣBp.c.m2*   inhebriatur *JB*   plena est ς   6 d̄s *D* deo ς   8 ezechihel
(*cf. p. 163, 15*) *Σ* hiezechiel *D* ezechiel *JB*   10 habundantes (h *eras.Σ* dan *s.l.B*)
codd.   14 operibus] *add.* tuis *D,ΣBs.l.m2*   aliquid *JΣ*   15 hec stare possit *B*
16 enim *om.D*   operanti *J*   17 *pr.* et *om.D*   uomeres *D*   impedimentis *D*
aegestate (—tae *J*)*JΣ*   18 paenuria *JΣ*   consid. est *B*   quid *ex* quod *J*
21 diuiciae *B*; *add.* eius *Σ*   22 mentiri putes *scripsi* sentiri potest *JΣD* sentiri non potest ς utcumque (*in ras. m2*) sentiri potest (test *in ras. m2*) non plene
tamen (non plene tamen *exp.*)*B*   23 cult. et agr. *D,Bp.c.m2*   25 *alt.* in *add.m2 B*

a n i m a s u e s t r a s, quorum unus, uas electionis, confidentissime
loquebatur: d e i e n i m c o o p e r a t o r e s s u m u s. d e i
a g r i c u l t u r a, d e i a e d i f i c a t i o e s t i s et multa alia,
quae idcirco non replico, ne sensum uidear legentis obtundere et
5 memoriae illius diffidere.
   3. Illud quoque sollicita mente tractemus et scripturarum
nos doceat auctoritas, sanctos huius terrae, quam Iudaei terram
repromissionis autumant, non habitatores esse, sed accolas atque
peregrinos. ex iusti uiri persona legimus: a d u e n a s u m e g o
10 e t p e r e g r i n u s s i c u t o m n e s p a t r e s m e i. qui cum
diu in terrae huius tenebris uersaretur, flebiliter ingemiscit et dicit:
h e u m e, q u i a p e r e g r i n a t i o m e a p r o l o n g a t a
e s t, h a b i t a u i c u m h a b i t a n t i b u s C e d a r, m u l-
t u m a c c o l a f u i t a n i m a m e a. ubicumque autem habi- 2
15 tator terrae legitur, et priora et media et extrema tractemus et liquido
scripturarum poterit regula conprobari, semper habitatores terrae
peccatores appellari, de quibus in Apocalypsi Iohannis illud exemplum est: u a e h a b i t a t o r i b u s t e r r a e. Abraham, ad
quem primum facta est promissio dicente domino: t i b i d a b o
20 t e r r a m h a n c e t s e m i n i t u o, iuxta Stephani, primi in
Christo martyris, concionem ne uestigium quidem pedis dicitur
accepisse. ita enim scriptum est: t u n c e g r e s s u s d e t e r r a 3
C h a l d a e o r u m h a b i t a u i t i n C h a r r a n e t i n d e,
p o s t q u a m m o r t u u s e s t p a t e r e i u s, m i g r a u i t
25 i n t e r r a m, i n q u a n u n c u o s h a b i t a t i s; e t n o n
d e d i t e i p o s s e s s i o n e m, n e u e s t i g i u m q u i d e m

1 cf. Act. 9, 15   2 *I Cor. 3, 9   9 *Ps. 38, 13   12 *Ps. 119, 5—6
18 *Apoc. 8, 13   19 *Gen. 12, 7   22 *Act. 7, 4—5

3 estis s.l.m2B,om.J   4 sensum—5 diff. partim in ras., partim in mg.m2B
sensum—et in mg.Σ,om.J   leg. uid. Σ   6 scriptorum D   7 sanctos] quod
omnes sancti B   8 non—9 leg. in mg. inf.Σ,om.J habitationem pro incolatu
senserunt, unde propheta B   9 ego sum B   11 uers. in terre huius ten. B
ingemescit Σp.c.m2D   13 caedar J   14 accula J,Da.c. acola Σa.c.B incola ς
17 de quibus] denique B   apocalipsi B apocaly(ex i Σ)psin JΣ   iohannis
scribit (eras.)Σ   18 ue DB   19 repromissio D   20 martiris in xpo B
21 martyri D   contentionem J   nec D,Bs.l.   pedis] add. huius terrae D,
Σs.l.m2B in mg.m2   23 caldeorum B   charran D carran B carrā J ca(r s.l.)-
ram Σ   25 uos nunc D   26 eis D   poss.] add. in ea s.l.m2B   nec ΣDB

p e d i s, q u a m r e p r o m i s i t d a r e e i i n p o s s e s s i-
4 o n e m e t s e m i n i e i u s p o s t i p s u m. ac ne forsitan lectoris tacita cogitatio trahat eum ad illam intellegentiam, ut, quod
non est datum parenti, reddatur posteris, uas electionis loquitur ad
Hebraeos: f i d e, q u i u o c a t u r A b r a h a m, o b o e d i u i t 5
e g r e d i i n l o c u m, q u e m a c c e p t u r u s e r a t i n
p o s s e s s i o n e m, e t e g r e s s u s e s t n e s c i e n s, q u o
i r e t. f i d e p e r e g r i n a t u s e s t i n t e r r a r e p r o-
m i s s i o n i s q u a s i i n a l i e n a i n t a b e r n a c u l i s h a-
b i t a n s c u m I s a a c e t I a c o b, c o h e r e d i b u s 10
e i u s d e m p r o m i s s i o n i s; e x p e c t a b a t e n i m f u n-
d a m e n t u m h a b e n t e m c i u i t a t e m, c u i u s a r t i f e x
5 e t c r e a t o r d e u s e s t. et iterum, cum de Abel et Enoch, Noe
Sarraque dixisset, intulit: i u x t a f i d e m m o r t u i s u n t
h i o m n e s n o n a c c e p t i s r e p r o m i s s i o n i b u s, s e d 15
p r o c u l e a s u i d e n t e s e t s a l u t a n t e s e t c o n f i t e n-
t e s, q u i a p e r e g r i n i e t a d u e n a e s u n t s u p e r
t e r r a m. q u i e n i m s i c l o q u u n t u r, o s t e n d u n t,
q u o d q u a e r a n t p a t r i a m. e t, s i q u i d e m i l l i u s
r e c o r d a b a n t u r, d e q u a e g r e s s i e r a n t, h a b e- 20
b a n t t e m p u s, u t r e u e r t e r e n t u r; n u n c u e r o
6 m e l i o r e m d e s i d e r a n t, i d e s t c a e l e s t e m. multis-
que in medio sanctis ad extremum intulit: e t h i o m n e s t e s t i-
m o n i u m h a b e n t e s i n f i d e m n o n a c c e p e r u n t
r e p r o m i s s i o n e m d e o d e n o b i s q u i d m e l i u s 25
p r o u i d e n t e, n e s i n e n o b i s p e r f e c t i f i e r e n t.

4 cf. Act. 9, 15   5 *Hebr. 11, 8—10   13 cf. Hebr. 11, 4. 5. 7. 11
14 *Hebr. 11, 13—16   23 *Hebr. 11, 39—40

1 quam] sed *in ras.m2 B*   in possess. *om.Σ*   in *add.m2 B*   2 ipsum]
eium (i *del.*) *D*   ac] hac *D*   5 habraham *B*   8 ire *B*   terrā *Bp.c.m2*
9 quasi in aliena in *in ras. m2 B*   tabern.—11 enim *in mg. m2 B*   10 heredibus *Σ* et heredibus *J* et coheredibus *ς*   11 exspectauit *ς*   ciu. hab. fund. *B*
12 art. et creat.] rector et art. *B*   13 est deus *Σ*   habel *B*   enoc *B; add.* et *Σ*
14 Saraque *ς*   iuxta—15 omnes] et hii omnes iuxta fidem defuncti sunt *B*
15 hii *J B*   16 confidentes *J Σ*   17 peregrina *Σa.c.* peregrinia (a *eras.*) *J*   adue-
na *J*   sunt (*s.l.* erant *eras.*) *Σ* erant *D*   18 sic *B* se *J* haec *Σs.l.m2 D*   19 quae(e)-
runt *J, Σa.c.*   23 sanctis] *add.* commemoratis *D, Σ Bs.l.m2*   hii *J B*   24 habent
et *J*   fide *Σp.c.m2 D*   25 de] pro *B*   melius quid *D*   26 fuerint *J D, Σa.c.*

accessimus enim ad montem Sion et ciuitatem dei uiuentis, Hierusalem caelestem, et
multa milia angelorum sollemnitatis et ecclesiam primitiuorum, qui scripti surt in
5 caelis. nec me fugit, quod perfidia Iudaeorum haec testimonia 7
non suscipiat, quae utique ueteris testamenti auctoritate firmata
sunt. illud nostris dicendum est, hanc epistulam, quae scribitur
ad Hebraeos, non solum ab ecclesiis orientis sed ab omnibus retro
ecclesiae Graeci sermonis scriptoribus quasi Pauli apostoli suscipi,
10 licet plerique eam uel Barnabae uel Clementis arbitrentur, et nihil
interesse, cuius sit, cum ecclesiastici uiri sit et cotidie ecclesiarum
lectione celebretur. quodsi eam Latinorum consuetudo non recipit 8
inter scripturas canonicas, nec Graecorum quidem ecclesiae Apocalypsin Iohannis eadem libertate suscipiunt, et tamen nos utram-
15 que suscipimus nequaquam huius temporis consuetudinem sed ueterum scriptorum auctoritatem sequentes, qui plerumque utriusque abutuntur testimoniis, non ut interdum de apocryphis facere
solent — quippe et gentilium litterarum raro utantur exemplis —,
sed quasi canonicis et ecclesiasticis.
20   4. Respondeant mihi, qui hanc terram — quae nunc nobis Christi passione et resurrectione terra repromissionis effecta est — posses-
sam putant a populo Iudaeorum, postquam est reuersus ex Aegypto,
quantum possederit: utique a Dan usque Bersabee, quae uix centum sexaginta milium in longum spatio tenditur. neque enim Dauid

1 *Hebr. 12, 22—23   20 Respond.—p. 170, 10 barbar.] = Eucherii epist.
ad Faustum p. 129, 5—20 Geyer

1 monte D   2 ihrlm B ihrl J   3 multorum B   solemn. Σ sollemnitatēB
ecclesia (ecl— Σ) JΣ   5 me s.l.Σ   test. tam clara (add. tam s.l.m2) aperta B
7 inscribitur D,Bp.c.m2   8 ad—omnibus in ras. m2 B   9 ecclesiasticis ς
10 pr. uel om.D   11 ecclae(ecle— Σ)siasti J,Σa.c.   cottidie(—ae J)JΣ
quotidie B   12 caelebretur J   eam in ras. m2 B e(eras.)iam J   consuetudine D
13 apocalipsin ΣB —lypsen Ja.c. —lypsi D   14 iohannes J   tamen ex tanto B
nos s.l.J   utramque (m eras.)Σ   17 abutuntur (ab eras.)B   apocriphis B
apocrifis cet.   18 quippe] add. qui D,Σs.l.m2   utuntur B (cf. ind. gramm.)
21 terra ex terrae J   22 reuersus est B reuersus Euch. Paris.   ex s.l.B
23 patet quantum B   possiderit J   utique Σin mg.D,om.JB   usque ad Euch.
bersabee Euch. Par. bersabeẹ B uersabee D bersabae (—bẹ Σ)JΣ bersabe Euch.
Esc.   quae] qui JB Euch. Esc.   CLX codd. CXL Euch. Par.   24 spatio
(spatium Par.) in longum Euch.   in longe D   enim om. Euch. Par.

et Salomon, potentissimos reges, exceptis his, quos post uictoriam
2 in amicitiam receperunt, plus tenuisse scriptura testatur. et hoc
dico, ut taceam quinque Palaestinae ciuitates, Gazam, Ascalonem,
Geth, Accaron, Azotum, Idumaeos quoque ad meridianam plagam
septuaginta quinque milibus ab Hierosolyma separatos, Arabas et 5
Agarenos,quos nunc Sarracenos uocant,in uicinia urbis Hierosolymae.
pudet dicere latitudinem terrae repromissionis, ne ethnicis occasio-
3 nem blasphemandi dedisse uideamur. ab Ioppe usque ad uiculum
nostrum Bethleem quadraginta sex milia sunt, cui succedit uastissi-
ma solitudo plena ferocium barbarorum, de quibus dicitur: c o n- 10
t r a f a c i e m o m n i u m f r a t r u m t u o r u m h a b i t a-
b i s et quorum facit poeta eloquentissimus mentionem: l a t e-
q u e u a g a n t e s B a r c a e i, a Barca oppido, quod in solitudine
situm est, quos nunc corrupto sermone Afri Baricianos uocant. hi
sunt, qui pro locorum qualitatibus diuersis nominibus appellantur 15
et a Mauritania per Africam et Aegyptum Palaestinamque et Phoe-
nicem, Coelen Syriam et Osrohenen, Mesopotamiam atque Persidem
4 tendunt ad Indiam. haec, Iudaee, tuarum longitudo et latitudo

2 cf. I Reg. 3, 20; II Reg. 3, 10; II Reg. 17,11; II Reg. 24, 2 et 15; III Reg.
4, 25; I Par. 21, 2; II Par. 30, 5   10 *Gen. 16, 12   12 Uergil. Aen. IV 42 sq.

1 salamon *Σ* salomonem *Euch.*   hiis *B* iis ς   2 script. ten. *B*   3 ut
taceam quinquę palestine *omnia praeter* ne *in ras. m2 B*   ut taceam quinque
s.l.Σ   ut taceam *om.J*   urbes *B*   gazan *D*   ascalonam *Jp.c.* ascalon *Euch.*
Esc. et ascalon et *B*   4 geth et *D*   acaron *Σa.c.* accharon *Euch. Esc.; add.*
et *B*   a meridiana plaga *D Euch.; add.* uix *D,Σm2 in mg. Euch.*   5 LXXV
JB,Σ in textu XXV *Σ in mg. Euch.* uiginti quinque *D*   ab hier. milibus *D*
Euch.   hierosolyma *J* hierosolima *Euch. Esc.* hierusolyma *D* hierusolima *Euch.*
Par. hieru(o *m2*)solima *Σ* ierosolima *B* Ierosolyma ς   et separatos *J*   arabes
Euch.   6 uicina *J,Σa.c.*   hierosolimae *Σ* hierol *J* ierosolę *B* hierusalem *D Euch.*
Ierusalem ς   putet *J*   7 ęt(h *s.l.*)nicis *Σ*   8 ab] a *Euch.*   9 bethleem *JB*
Euch. Par. bethlem *Σa.c. Euch. Esc.* bethlehem *Σp.c.D*   cui] huic *B*   11 suo-
rum habitabit ς   12 poętę *Da.c.m2*   lateque] lazaeque *J*   13 uagantes *om.D*
barcaei *D* barchei *Σp.c.* bacchei *J,Σa.c.* bachei *B*   barca *D* barcha *Σp.c.* baccha
J,Σa.c. bacha *B*   14 barachianos *JΣ* baracanos *B*   appellant *B*   16 ae(e *Σ B*)-
gy(i *B*)ptum et af(ff *Σ*)ricam *JΣB*   phalestinamque *J*   phenicem *D* foeni-
cem *Σ* fenicem *JB*   17 et hoshrohenen (*alt.* h *eras.*) *s.l.Σ,om.JB* et osrhohenem *D*
18 ab india *J*   haec] *add.* est *D,Σ Bs.l.m2*   iudaeae (*pr.* a *eras.*) *J* iudę *D*
iudee *Σ,Ba.c.m2* iuda *Bp.c.m2*   tuarum—*p. 171,1 pr.* his *partim in ras., partim
in mg.m2 B*   tuarum *s.l.m2Σ,om.J*   et latitud ˢo.*l.m2Σ,om.J*

terrarum, in his gloriaris, super his te per diuersas prouincias ignorantibus iactitas: a d p o p u l u m p h a l e r a s, e g o t e i n t u s
e t i n c u t e n o u i.
    5. Quodsi obieceris terram repromissionis dici, quae in Nume-
5 rorum uolumine continetur, a meridie maris salinarum per Sina et
Cades-Barne usque ad torrentem Aegypti, qui iuxta Rinccoruram
mari magno influit, et ab occidente ipsum mare, quod Palaestinae,
Phoenici, Syriae Coelae Ciliciaeque praetenditur, ab aquilone Taurum
montem et Zephyrium usque Emath, quae appellatur Epiphania
10 Syriae, ad orientem uero per Antiochiam et lacum Cenereth quae
nunc Tiberias appellatur, et Iordanem, qui mari influit salinarum,
quod nunc mortuum dicitur — trans Iordanem autem duarum semis
tribuum possessio est, Ruben et Gad et dimidiae tribus Manasse
—, et ego fatebor haec tibi repromissa, non tradita, si obseruasses
15 mandata dei et in praeceptis illius ambulasses, si non pro omnipo-

2 Persius III 30   4 Quodsi—14 tradita] = Eucher. p. 129, 21—130, 11
5 cf. Num. c. 34

    2 ad in ras. m2 B   4 obieceris (ceris in ras. m2) B   quae s l.m2Σ   in
om. Euch. Esc.   5 a s.l.Σ,om.J   synam Euch. Par. Sin coni. Relandius, Senna
Vall. (cf. Num. 34, 3—4)   6 barnae (e Σ) JΣ   rinocur. J,Σa.c.m2 rinicor. D
Rhinocor. ς   7 magno mari B   ad occidentem Euch.   palestini D Euch. Esc.
8 Phoenici ς phoenicis JD fenicis B foenis Euch. Par. phaenices Σ phenices Euch.
Esc.   coelis syriae Euch. Par.   sirie Euch. Esc. sirie B   Coelae scripsi cele
Euch. Esc. coeles B coelem ΣD cylem J Coelen(?) Geyer   ciliaeque Σa.c. Euch.
Esc. cilitieque B ciliciae Euch.Par.   praetend. Euch.Esc. pertend. cet. protend. ς
ab] et (s.l.m2) ab B   aquilonem D, Euch. Par.   9 et zephir. ΣDB ezephyr. J
et zipher. Euch. Esc. et zypherus Euch. Par.   emmath Euch. Ese. amath B
epyph. D eph(exp.Σ)iph. JΣ epip(h s.l.). Euch. Esc. ephyf. Euch. Par.   10 siri-
ae(e) Σa.c.m2 B Euch.Esc. syria J   anthioc. D anthioch. Euch.Par. antioc. Euch.
Esc.   cenereth JB ceneret Σa.c.m2 Euch. Esc. chenereth Σp.c.m2 cinereth Euch.
Par. genesareth D   11 tiberias B Euch. Esc. tyberiadis Euch. Par. tyberias cet.
et—14 tribuum partim in ras., partim in mg. m2 B   11 et 12 iordanen ΣD   qui
ex que Σ   in mare fluit Euch. Par.   marii B   12 quod nunc—duarum om.
Euch. Par.   dicitur ex dicit m2D   duarum postea add. m1J   et semis
Euch. Par.ς   13 possessio est] possessionem Euch. Par. possessione Euch. Esc.
luben B   gath D Euch. Esc.   dimidii J dimedio Euch. Par.   tribu Euch.Esc.
manasses D manases ex manase m2Σ   14 re(pro s.l.)missa Σ remissa J promissa B

tente deo coluisses Beelphegor et Baalim, Beelzebub et Chamos,
quos quia praetulisti deo, omnia, quae tibi promissa fuerant, perdi-
2 disti. et mihi in euangelio promittuntur regna caelorum, quae instrumentum uetus omnino non nominat. sed si non fecero, quae praecepta
sunt, nequaquam erit culpa in promittente, sed in me, qui pro- 5
missum accipere non merui. [ubi enim optio proponitur, si opera praetermittuntur, frustra cupias, quod promissum est.] lege librum Io-
sue et Iudicum et, quantis possessionis angustiis sis coartatus, intelle-
3 ges. quid diuersarum urbium alienigenas commemorem, quos populus Iudaeorum non quiuit expellere de urbibus et sedibus suis, cum 10
ipsa metropolis tua — prius Iebus, postea Salem, tertio Hierosolyma
et nunc Aelia — Iebusaeos expellere non ualuerit, sed manserit cum
eis in scandalum exemplumque uitiorum in tantum, ut, ubi templum
tuum conditum est, area Ornae fuerit Iebusaei et ipsum templum
LXXX milium latomorum et LXX milium uectorum, hoc est 15
CL milium exceptis praepositis operum pro multitudine habitan-
tium tecum incircumcisorum ab ethnicis extructum sit?

1 cf. Num. 25, 3 etc.   cf. Iudd. 2, 11 etc.   cf. IV Reg. 1, 2 etc.
cf. III Reg. 11, 7 etc.   3 et mihi—8 intell.] = Eucher. p. 130, 12—17   12 cf.
II Par. 3, 1   14 cf. III Reg. 5, 15—16

1 deo *om.B*   beelph. *J* behelph. *D* behetph. *B* belph. ς   bahalim *DB*;
add. et *Σ,Bs.l.m2*   b(e *s.l.*)elzebub *Σ* behelzebub (*ex* —bul *m2*)*B* uehelzebubh *D*
camos *JB* c(h *s.l.*)amus *Σ*   2 quos *om.J*   quia *s.l.Σ,om.B*   (prae *s.l.*)tulisti *Σ*
retulisti *J*   tibi *s.l.Σ,om.J*   non perderes *B*   3 promittitur regnum celorum
quod (*ex* quae *m2*) *B*   4 *pr.* non *s.l.m2Σ, om. Euch. Esc.*   si *s.l.J*   perficero
Euch. Esc.   5 *pr.* in *s.l.m2Σ,om.JB*   promittenti *J* —tis *B*   sed in me] set
mei *Bp.c.m2*   promissa *Euch. Esc.*   6 ubi—7 prom. est *om. Euch. Esc.*; *seclusi
uerba olim margini adscripta, postea grauiter corrupta*   propon.] *add.* ad eli(e *Σ*)-
gendum *Σs.l.,D*   si opera praetermittuntur *B* (*fort. ex mera coniectura*) qui
operare promittuntur *J,Σa.c.m2* quid opera promittuntur *Σp.c.m2* opera premit-
tuntur *D* qui operari renuis ς   7 cupias] culpas *Jp.c.m2*   librum *om. Euch. Esc.*
iosuę *ΣD*   8 et Iudicum *om.Euch. Par.*   possessiones *Euch. Par.* possessioni-
bus *Euch. Esc.* possessionum ς   intellegas *D* intellegis *Euch. Par.* intellege *Euch.
Esc.*   11 hierosolyma *J* hierusolyma *D* hiero(*ex* u *m2*)solima *Σ* iherosolima *B*
12 aelia *D* helia *cet.*   iiebuseos *D*   ualuerint *Σp.c.* ualuerunt *D*   manserint *D*
13 uicinorum ς   ibi *Ba.c.*ς   14 est] sit ubi ς   area *s.l.Σ* aree *D,Bp.c.m2,om.J*
orne *DB* orniae *J*   fuerint *D,Bp.c.m2*   h(*s.l.m2*)iebusaei *J*   15 LXXX *scripsi*
LXX *codd.*   LXX *B* LXXX *ΣD* CLXXX *J*   milia *JΣ*   uictorum *J*   16 pro]
prae *B*   17 hęt(h *s.l.*)nicis *Σ*   exstructum *Σ*

6. Nec hoc dico in sugillationem terrae Iudaeae, ut hereticus sycophanta mentitur, aut quo auferam historiae ueritatem, quae fundamentum est intellegentiae spiritalis, sed ut decutiam supercilium Iudaeorum, qui synagogae angustias ecclesiae latitudini
5 praeferunt. si enim occidentem tantum sequuntur litteram et non 2 spiritum uiuificantem, ostendant terram repromissionis lacte et melle manantem; sin autem per tropologiam dictum putant pro rerum omnium abundantia, et nos confessionis terram terramque uiuentium terrae ueprium praeferimus dicente domino ad Moysen de
10 abiectione Israhelis et adsumptione gentium: d i m i t t e m e, u t d e l e a m p o p u l u m i s t u m e t f a c i a m t e i n g e n t e m m a g n a m, et eodem patre ad filium: p o s t u l a a m e e t d a b o t i b i g e n t e s h e r e d i t a t e m t u a m e t p o s s e s - s i o n e m t u a m t e r m i n o s t e r r a e et apertius per Esaiam:
15 p a r u m t i b i e s t, u t s i s p u e r m e u s a d s u s c i t a n - d a s t r i b u s I a c o b e t f a e c e s — uel r e l i q u i a s — I s r a h e l c o n g r e g a n d a s. d e d i t e i n l u c e m c u n c - t i s g e n t i b u s, u t s i s s a l u a t o r u n i u e r s a e t e r - r a e. ex quo perspicue demonstratur omnia illius populi in imagine 3
20 et umbra et typo praecessisse, scripta autem esse pro nobis, i n q u o s f i n e s s a e c u l o r u m d e c u c u r r e r u n t.

7. Multa, Iudaee, scelera commisisti, cunctis circa seruisti nationibus. ob quod factum? utique propter idolatriam. cumque seruires crebro, misertus tui est deus et misit iudices et saluatores,
25 qui te de famulatu Moabitarum et Ammanitarum, Philistiim quo-

5 cf. II Cor. 3, 6   6 cf. Ex. 3, 8 etc.   8 cf. Ps. 26, 13   9 cf. Esai. 7, 24
10 *Ex. 32, 10   12 Ps. 2, 8   15 *Esai. 49, 6   20 *I Cor. 10, 11

1 suggill. *DB*   2 sicoph. *B* sychoph. *D* syc(h *s.l.*)of. *Σ* sycophantis (*ex* —tit *m2*)*J*   aut] illud *D*   quod *B*   hystoriae (—e *B*)*ΣB*   3 decutiam] disciam (iam *in ras. m2*)*B*   4 sinagogae (—e *B*)*JB*   latitudine *J,Σa.c.* 5 secuntur *B*   6 ostendā *JΣ*   manantem lac et mel *B*   7 si *Σ*   trophologiam *Σ*   8 habundantia (h *eras.Σ*) *codd.*   confess. terram *scripsi* terram *om.J,ΣBa.c.m2* terram confess. *D,ΣBp.c.m2*   9 praeferemus *ΣD* proferimus *J* moisen *B*   10 isrł *JB*   et] sed (*add.* et de *s.l.m2*)*J*   14 per isaiam *Σ* in isaia *B*   16 tribus iacob *s.l.Σ*   18 ut *ex* sit *D*   19 umbra et typo *ex* imagine *D*   20 processisse *J*   21 saeculi *ς*   decurrerunt *ΣDB*   22 iudee *B* iudaeae *Ja.r.* iudea *Jp.r.*   circa *Ja.c.* circa te *cet.*   23 idololatriam *ς*   serui(s *s.l.*)ses *Σ* seruieris *B*   24 est tui *B*   25 de fam.] a dominatu *B*   amanit. *ex* aminat. *J* Ammonit. *ς*   philistim *Ja.c.ΣB*

que et diuersarum gentium liberarunt. nouissime sub regibus
offendisti deum et omnis prouincia Babylonia uastante deleta est
2 et per septuaginta annos mansit solitudo. a Cyro, rege Persarum,
est laxata captiuitas — Hesdra hoc et Neemia plenissime referunt —,
extructum est templum sub Dario, rege Persarum atque Medorum, 5
a Zorababel, filio Salathiel, et Iesu, filio Iosedech, sacerdote magno.
quae passi sitis a Medis, Aegyptiis Macedonibusque, non numero
nec tibi adducam in memoriam Antiochum Epiphanen, crude-
lissimum omnium tyrannorum, nec Gnaeum Pompeium, Gabi-
nium, Scaurum, Uarum, Cassium Sossiumque replicabo, qui tuis 10
3 urbibus et praecipue insultauere Hierosolymae. ad extremum sub
Uespasiano et Tito urbs capta templumque subuersum est. deinde
ciuitatis usque ad Adrianum principem per quinquaginta annos
mansere reliquiae. post euersionem templi paulo minus per quadrin-
gentos annos et urbis et templi ruinae permanent. ob quod tantum 15
facinus? certe non colis idola, sed etiam seruiens Persis atque Ro-
4 manis et captiuitatis pressus iugo ignoras alienos deos. quomodo
clementissimus deus, qui numquam tui oblitus est, nunc per tanta
spatia temporum miseriis tuis non adducitur, ut soluat captiuitatem
et, ut uerius dicam, expectatum tibi mittat antichristum? ob quod, 20
inquam, facinus et tam execrabile scelus auertit oculos suos? ignoras? memento uocis parentum tuorum: s a n g u i s e i u s s u p e r

22 Matth. 27, 25

1 liberauerunt Σ   2 omnis tua Σp.c.m2D   babilonia Σ babillonia D
rege (s.l.m1) babilonio B gente Babylonica ς   3 et om.D   permansit sol.
Σp.c.m2 mansit templi sol. Bp.c.m2 templi sol. permansit D   ciro Σa.c.m2B
4 est—5 Pers. in mg. inf.Σ   hesdra J esdra Σa.c.m2D hesdras B esdras Σp.c.m2
nee(ex neo Σ)mias Σp.c.m2B Nehemias ς   planissime ς   6 zorababel Σ   sa-
latiel B salat(h s.l.)ihel Σ   h(i s.l.)esu Σ   Iosedec ς   7 aegyptis J,Σa.c.
egiptiis B   et mac(h s.l.m2J)edonibus quae JΣ et macedonibus B   enumero ς
8 in s.l.Σ   antiochum (ochum in ras.m2) B antiquorum J   ephifanen JΣ
epiphanem B   9 g(s.l.m2 in utroque codice)neum JΣ ge(e eras.)neium B Cn. ς,
om.D   gabinum J guabinum B   10 ua(r s.l.m2)rum J   Cass. Soss.] sosiumque (so in ras.m2, fuit cas) B   sosiumque Σa.c.B ex corr. m2   11 maxime B
Ierosolymae ins. ς hierosolimae JΣ hierusolyme D iherosolime B   12 et tyto D
titoque B   capta est B   est om.B   13 Hadrianum ς   14 paulo minus s.l.Σ
16 seruis J B   17 oppraesus (sic) B   deos alienos B   18 deus quondam D
quondam (s.l.) deus Σ   19 capt.] add. tuam s.l.B   20 ut s.l.Σ   21 aduertit J; add. a te Σs.l.m2D ad J   ignorans J,Σa.c.   22 uoces J,ΣBa.c.m2

n o s   e t   s u p e r   f i l i o s   n o s t r o s   et: u e n i t e, o c c i d a-
m u s   e u m   e t   n o s t r a   e r i t   h e r e d i t a s et: n o n   h a b e-
m u s   r e g e m   n i s i   C a e s a r e m. habes, quod elegisti: usque
ad finem mundi seruiturus es Caesari, d o n e c   g e n t i u m   i n-
5 t r o e a t   p l e n i t u d o   e t   s i c   o m n i s   I s r a h e l   s a l u u s
f i a t, ut, qui quondam eiat in caput, uertatur in caudam.
    8. Haec tibi, uir eruditissime, in duplicis praefecturae honore
transacto nunc in Christo honoratior, tumultuaria et breui lucubratione dictaui, ne uiderer omnino reticere. eodem enim tempore,
10 immo eodem die mihi et litterae tuae redditae sunt et meae expe-
ditae, ut aut tacendum fuerit aut incompto eloquio responderdum,
quorum alterum pudoris, alterum caritatis est.

CXXX.

AD DEMETRIADEM.

15   1. Inter omnes materias, quas ab adulescentia usque ad hanc
aetatem uel mea uel notariorum scripsi manu, nihil praesenti opere
difficilius. scripturus enim ad Demetriadem, uirginem Christi, quae

---

1 Marc. 12, 7   2 Ioh. 19, 15   4 *Rom. 11, 25—26

1 filios nostros *in mg.D*   nostros *ex* suos *J*   uenite *om.J B*   2 *alt.* et *D,*
om.cet.   3 habes] habemus *J,Ba.c.m2*   legisti *J B,Σa.c.*   4 ad] in *Σ*   6 fiet *D*
capite *ΣD*   7 eloquentissime *D*   duplici *Ba.c.m2*   8 honoratior *s.l.m2 B,om.J*
10 eadem *Σ*   mihi die *ς*   expetitae *ς*   11 inculcto (*sic*) *ex* incuncto *D*
12 est karitatis *B; add.* finit epl de terra iudae longa CLX milibus, lata circiter XLVII *J* explicit ad dardanum *D*

*A = Berolinensis lat. 17 s. IX (continet praeter integram epistulam etiam partem
    epist.ilae ab initio usque ad p. 183, 8 suo; ubicumque in hac epistulae parte
    duo apographa inter se non consentiunt, siglis A¹ et A² usus sum).*
B = Caroliruhensis Augiensis 105 s. IX—X.
D = Vaticanus lat. 355 + 356 s. IX—X.
B = Berolinensis lat. 18 s. XII.

    ad demetriadem *BD* ad demedriadem (*sic*) uirginem *A¹A²* ad nicea deme-
triadē *B; Hieronymi nomen exhibet titulus in B*

15 adulisc. *A¹Ba.c.m2* adolisc. *Bp.c.m2* adolesc. *A¹p.c.m2A²B*   16 *alt.* uel
s.l.B   17 demedriadem *A¹D* de(me *s.l.*)triadem *A²*

et nobilitate et diuitiis prima est in orbe Romano, si cuncta uirtutibus eius congrua dixero, adulari putabor, si quaedam subtraxero,
ne incredibilia uideantur, damnum laudibus eius mea faciet uere-
2 cundia. quid igitur faciam? quod inplere non possum, negare non
audeo: tanta est auiae eius et matris, insignium feminarum, in 5
iubendo auctoritas, in petendo fides, in extorquendo perseuerantia.
neque enim ut nouum quiddam et praecipuum a me flagitant, cuius
ingenium in huiusce modi materiis saepe detritum est, sed ne uocis
meae pro uirili parte desit testimonium in eius uirtutibus explican-
dis, cuius — ut incliti oratoris utar sententia — s p e s m a g i s 10
l a u d a n d a q u a m r e s e s t, quamquam puellares annos fidei
ardore superarit et inde coeperit, unde alias desisse perfectae con-
summataeque uirtutis est.

2. Procul obtrectatio, facessat inuidia, nullum in ambitione sit
crimen. ignoti ad ignotam scribimus: dumtaxat iuxta faciem cor- 15
poralem; alioquin interior homo pulchre sibi cognitus est illa
notitia, qua et apostolus Paulus Colosenses multosque credentium
2 nouerat, quos ante non uiderat. quantum sit apud me meritum, immo miraculum uirginis nostrae, hinc potest aestimari, quod occupatus in explanatione templi Hiezechielis — quod opus in omnibus 20
scripturis sanctis uel difficillimum est — et in ea parte delubri, in qua
sancta sanctorum et thymiamatis altare describitur, malui parumper hoc uti deuerticulo, ut de altari transirem ad altare et hostiam
uiuam, placentem deo ac sine ulla macula aeternae pudicitiae
3 consecrarem. scio, quod ad inprecationem pontificis flammeum 25
uirginale sanctum operuerit caput et illud apostolicae uocis insigne

10 Cicero, de re publica inc. sedis fr. 5 M.   17 cf. Col. 2, 1   20 cf. Ezech.
c. 40—46   23 cf. Rom. 12, 1

1 urbe $A^1a.c.m2A^2$ romana A^2 2 adolari $A^1\mathfrak{B}a.c.m2,A^2$ 3 faciet mea B
5 auia $A^2a.c.m2$ 7 et praec. quiddam (quidam D) AD quidam D quid $\mathfrak{B}$
8 materia ex materies $m2A^1$ 11 est quam res B 12 superaret $A^1\mathfrak{B}D$ unde
$s.l.m2\mathfrak{B}$ ubi B aliis $\mathfrak{B}$ 14 nulla A^2 15 criminis A^2 innoti B innotam B
ignota A^2 ignotum $\mathfrak{B}$ 16 ulterior A^2 17 et $s.l.m2\mathfrak{B},om.A^1D$ paul. apost. B
paulus $s.l.m2\mathfrak{B}$ Coloss. ς 18 uiderat] nouerat $A^1a.c.m2$ 20 explan.] hoc
explicatione A^2 iezechielis D ezechielis B 21 uel] uel maximum uel A^2
qua $s.l.\mathfrak{B}$ quo AD 22 tym. $\mathfrak{B}$ tim. $cet.$ discr. $\mathfrak{B}$ 23 hoc diuert. uti A^2
uti hoc diuert. ς diuert. $A^2B,A^1\mathfrak{B}p.c.m2$ transire D 25 inpraedicatio-
nem A^2 flameum $\mathfrak{B}$

celebratum sit: u o l o a u t e m u o s o m n e s u i r g i n e m
c a s t a m e x h i b e r e C h r i s t o, quando a d s t i t i t r e -
g i n a a d e x t i i s eius in u e s t i t u d e a u r a t o c i r c u m-
d a t a u a r i e t a t e. qua ueste polymita et multarum uirtutum
5 diuersitate contexta indutus fuit et Ioseph et regum quondam ute-
bantur filiae. unde et ipsa sponsa laetatur ac dicit: i n t r o- 4
d u x i t m e r e x i n c u b i c u l u m s u u m sodaliumque respondit chorus: o m n i s g l o r i a f i l i a e r e g i s i n t r i n-
s e c u s. sed et nostra oratio dabit aliquid emolumenti. equorum
10 cursus fauore pernicior fit, pugilum fortitudo clamoribus incitatur,
paratas ad proelium acies strictosque mucrones sermo imperatoris
accendit: igitur et in opere praesenti auia quidem materque plan-
tauerint, sed et nos rigabimus et dominus incrementum dabit.
    3. Rhetorum disciplina est abauis et atauis et omni retro no-
15 bilitate ornare, quem laudes, ut ramorum sterilitatem radix fecunda
conpenset et, quod in fructu non teneas, mireris in trunco. scilicet
nunc mihi Proborum et Olybriorum clara repetenda sunt nomina
et inlustre Anicii sanguinis genus, in quo aut nullus aut rarus est,
qui non meruerit consulatum, aut proferendus Olybrius, uirginis
20 nostrae pater, quem inmatura morte subtractum Roma congemuit.
uereor plura dicere, ne sanctae matris uulnus exasperem et uirtu- 2
tum eius recordatio fiat doloris instauratio. pius filius, uir amabilis, clemens dominus, ciuis affabilis, consul quidem in pueritia,
sed morum bonitate senator inlustrior. felix morte sua, qui non
25 uidit patriam corruentem, immo felicior sobole, qui Demetriadis

1 *II Cor. 11, 2   2 Ps. 44, 10   4 cf. Gen. 37, 3   6 *Cant. 1, 3
8 *Ps. 44, 14   12 cf. I Cor. 3, 6   24 cf. Uergil. Aen. XI 159

2 adstetit A𝔅a.c.m2 astitit 𝔅p.c.m2B   3 a] ad A¹   circumamicta B
4 polimita codd.   5 contesta D   fil. ut. A²   6 hac D   7 respondet B
8 gloria] add. eius s.l.m2A¹   filiae om.A²   9 et om.A²   emulumenti A¹D
10 currus D   clarioribus A²   11 paratas] pares B   proel. A¹ prel. D prael. cet.
12 plantauerunt A²B   13 rigauerimus B   alt. et om.A²   14 rethor um codd.
disciplinae 𝔅   abauis scripsi ab auis A²𝔅B auis A¹D   15 quam D   ut ram.]
ultra morum A²   16 conpenset] conpetens A²   et om.B   quo A²   truncos A²
17 olibriorum B clibiorum A²   18 inlustri A¹a.c.m2D   est] erit A¹D   19 meruit B   consol. A¹𝔅a.c.m2   aut] ut B   preferendus A²   olibrius B   20 in
matura B   gemuit A²   22 eius om.A²   instauratio] in ista oratio A²
23 ciues 𝔅 cibis A²D   25 subole A¹𝔅p.c.m2   demetriades A¹𝔅a.c.m2,D

proauiae nobilitatem insigniorem reddidit Demetriadis filiae perpetua castitate.

4. Uerum quid ago? oblitus propositi, dum admiror iuuenem, laudaui aliquid bonorum saecularium, cum in eo mihi uirgo magis nostra laudanda sit, quod haec uniuersa contempserit, quod non se 5 nobilem, non diuitiis praepotentem, sed hominem cogitarit. incredibilis animi fortitudo inter gemmas et sericum, inter eunuchorum et puellarum cateruas et adulationem ac ministeria familiae perstrepentis et exquisitas epulas, quas amplae domus praebebat abundantia, appetisse eam ieiuniorum laborem, asperitatem uestium, 10 2 uictus continentiam. legerat enim domini uerba dicentis: q u i m o l l i b u s   u e s t i u n t u r,   i n   d o m i b u s   r e g u m   s u n t. stupebat ad conuersationem Heliae et Iohannis Baptistae, quorum uterque zona pellicia adstrinxit et mortificauit lumbos suos, alter uenisse narratur in spiritu et uirtute Heliae praecursor domini, 15 in utero prophetans parentis et ante diem iudicii iudicis uoce laudatus. Annae, filiae Fanuelis, mirabatur ardorem, quae orationibus atque ieiuniis usque ad ultimam senectutem in templo domino seruiebat. quattuor uirginum filiarum Philippi desiderabat chorum et unam se illarum esse cupiebat, quae pudicitia 20 3 uirginali prophetiae gratiam consecutae sunt. his et huiusce modi cogitationibus pascebat animum nihil ita metuens quam auiam matremque offendere. quarum cum incitaretur exemplo, uoluntate et studiis terrebatur, non quo displiceret eis sanctum propositum, sed quod pro rei magnitudine optare id et appetere 25

11 Matth. 11, 8   13 cf. IV Reg. 1, 8   cf. Matth. 3, 4 etc.   15 cf. Matth. 11, 14   cf. Matth. 11, 10   16 cf. Luc. 1, 41   cf. Matth. 11, 11   17 cf. Luc. 2, 36—37   19 cf. Act. 21, 9

1 proauae *B*   demedriadis *D* dimedriadis $A^1,s.l.m2\mathfrak{B},om.B$ 3 agam A^2 4 in eo] mo *B*   magis uirgo nostra mihi *B*   5 *alt.* quod *om.A^2*   se non ς 6 potentem *B* praepollentem ς cogitaret $A^1D,\mathfrak{B}Ba.c.m2$ incredibili A^2 7 syricum A^1D 8 adol. $A^1\mathfrak{B}a.c.m2,D$ strepentis A^2 9 et *om.A^2*   domos A^2 habund. A^2DB 10 appetisset A^2 11 continentia A^2 uerbum domini A^2 uerba domini *B*   13 stupebant A^2 14 zonam pelliciam A^2 pellicea ς mortificabit *D*   16 prophetat parentes A^2 uoce] ore *B*   17 fanuh. *D* phanuh. A^2 19 domini A^2 20 pudic(t A^1)itiae $A^1\mathfrak{B}a.c.,A^2$ 21 huiusmodi *B* 22 nihil ita metuens quam] ubi metuens A^2 24 uoluntatis *B*   quod *B*   eis *ex* ei *B*   25 quo $\mathfrak{B},om.A^2$ obtare $A^1\mathfrak{B}$ id *om.A^1D*

non auderent. aestuabat Christi tiruncula, oderat ornatum suum
et cum Hester loquebatur ad dominum: t u n o s t i, q u o d
o d e r i m i n s i g n e c a p i t i s m e i — hoc est diadema,
quo utebatur quasi regina — e t t a n t a e d u c a m i n m u n-
5 d i t i a e u e l u t p a n n u m m u l i e r i s m e n s t r u a t a e.
aiunt sanctae et nobiles feminae, quae eam uidere, quae norunt, 4
quas de litore Galliarum ad habitationem sanctorum locorum
hostium per Africam conpulit saeua tempestas, noctibus et secreto
consciis tantum uirginibus dei, quae in matris et auiae comitatu
10 erant, numquam eam linteamine, numquam plumarum usam
mollitie, sed ciliciolum in nuda humo habuisse pro stratu, iugibus
faciem rigasse lacrimis saluatoris mente genibus aduolutam, ut
suum reciperet propositum, ut inpleret desiderium, ut auiae animum matrisque molliret.
15 5. Quid ultra differo? cum iam nuptiarum adpropinquaret
dies et futuro matrimonio thalamus pararetur, secrete et absque
arbitris noctemque habens pro solacio talibus fertur se armasse
consiliis: 'quid agis, Demetrias? cur pudicitiam tanto pauore
defendis? libertate opus est et audacia. quae sic in pace metuis,
20 quid faceres in martyrio perpetrando? quae tuorum uultum
ferre non potes, quomodo sustineres tribunalia persecutorum?
si te uirorum exempla non prouocant, hortetur faciatque secu- 2
ram beata martyr Agnes, quae et aetatem uicit et tyrannum
et titulum castitatis martyrio coronauit. nescis, misera, nescis,
25 cui debeas uirginitatem tuam. dudum inter barbaras tremuisti

---

2 *Esth. 14, 16   23 cf. Prudentius, Perist. carm. XIV etc.

1 tir. *B* tyr. *cet.*   oderat] ostenderat A^1,*om.*A^2 ordinatum A^2 2 Esther ç
ad *s.l.*A^2 3 insignem (m *eras.*)𝔅   4 quod *D*   tantam A^2 ducebat *B*
inmunditiam A^2 5 mulieris *om.* ç   6 uiderunt ç et uidere *B*   quae norunt *om.*A^2 *alt.* quae *in ras.* m2 *B*   7 littore *Bp.c.*m2   8 hostium] hospitium A^2
affricam $A^1 B$ 9 conscius *D*   comitatu e(*s.l.add.* ne m2)rant (*uoluit* uenerant) *D* commitauerant A^2 10 lint. numq. *om.*A^2 usa A^2 11 strato A^2
12 gen. mente *B*   mento *Engelbrecht*   aduoluta *B*   13 *alt.* ut] ut ad A^2
16 secrete (*tert.* e *in ras.*)𝔅 secrete A^2 secreta *B* secreto ç   *alt.* et *om.*A^2 17 ar-
bitriis *Dp.c.*m2   se fertur ç   18 quur $A^1 D$,A^2𝔅*a.c.*m2   pauore] pudore A^2
19 libertatem A^2 audatiam A^2 20 perpetiendo martirio *B* martyrio perpetiendo ç   martirio $A^2 B$ tuorum] duarum A^2 22 et faciat A^2 securam
*s.l.*m2𝔅,*om.Ba.c.*m2   23 martyra $A^1 D$ *pr.* et *s.l.*m2𝔅,*om.*$A^1 B$ *alt.* et *exp.*A^2
tyr.] durandum A^2 24 consecrauit ç   25 uirg. tuam deb. S

12*

manus, auiae matrisque sinu et palliis tegebaris, uidisti te capti-
uam et pudicitiam tuam non tuae potestatis, horruisti truces
hostium uultus, raptas uirgines dei gemitu tacito conspexisti.
3 urbs tua, quondam orbis caput, Romani populi sepulchrum est,
et tu in Libyco litore exulem uirum ipsa exul accipies? quam 5
habitura pronubam? quo deducenda comitatu? stridor linguae
Punicae procacia tibi fescennina cantabit. rumpe moras omnes.
p e r f e c t a   d i l e c t i o   f o r a s m i t t i t   t i m o r e m. ad-
sume scutum fidei, loricam iustitiae, galeam salutis, procede ad
proelium. habet et seruata pudicitia martyrium suum. quid me- 10
tuis auiam? quid formidas parentem? forsitan et ipsae uelint,
4 quod te uelle non creduntʿ. his inflammata stimulis omnem corporis cultum et habitum saecularem quasi propositi sui inpedi-
* menta proiecit. pretiosa monilia et graues censibus uniones
ardentesque gemmae redduntur scriniis, uili tunica induitur, 15
uiliori tegitur pallio et insperata auiae genibus repente prouol-
5 uitur fletu tantum et planctibus, quae esset, ostendens. obsti-
puit sancta et grauis femina alienum habitum in nepte con-
spiciens, mater gaudio stabat adtonita. utraque uerum non credere, quod uerum esse cupiebant. haesit uox faucibus et inter 20
ruborem atque pallorem metumque ac laetitiam cogitationes
uariae mutabantur.
      6. Succumbendum est huic loco neque narrare adgrediar, quod
dicendo minus faciam. ad explicandam incredibilis gaudii magni-
* tudinem et Tulliani fluuius siccaretur ingenii et contortae Demo- 25
sthenis uibrataeque sententiae tardius languidiusque ferrentur.

---

8 *I Ioh. 4, 18   9 cf. Eph. 6, 16 et 14 et 17; Esai. 59, 17   20 cf. Uergil.
Aen. II 774 etc.

1 manibus A^2 et palleis $A^1\mathfrak{B}D$ apalliis *ex* apelliis *m2* A^2 4 caput orbis A^2
5 lybico $A^2\mathfrak{B}D$ libico A^1D exul ipsa ς exula B 6 pronuba A^2 quod A^2
Pun. linguae ς 7 omne D 8 dei dilectio ς 9 luricam $A^1a.c.\mathfrak{B}D$ 10 seruat $A^2a.c.m2B$ 12 his] *add*. et aliis quampluribus ς 13 praepositi A^2D in-
pedimentū A^2 14 munilia $A^1a.c.\mathfrak{B}D$ centibus $A^1a.c.m2A^2$ centes (*fort. uoluit*
centies) $A^1p.c.m2$ 16 inspirata A^2D genubus ς pedibus A^2 17 et] mero-
risque B ostendit ς obstupuit $A^1\mathfrak{B}Bp.c.m2$ 18 neptae $A^1\mathfrak{B}a.c.,A^2D$
19 gaudio *om.*A^2 20 cupiebat $\mathfrak{B}B$ 21 atque] et ς ac] et A^2B atque ς
22 nutabant ς 23 su(*ex* i *m2*)ccurrendum A^2 neque] ne quid $A^1p.c.m2$ 25 et
Tull. fluu. sicc. ing.] ut tull. fluuii sicc. eloquium A^2 ingenii *in textu*, eloquii
in mg.$\mathfrak{B}$ demostenis $\mathfrak{B}DB$ demosth(st A^1)enes a.c.m2A^1A^2 26 ferentur A^2

quicquid potest cogitare animus, quicquid sermo non potest explicare, illo in tempore factum audiuimus. certatim in oscu.a neptis et filiae ruunt. ubertim flere gaudio, iacentem manu attollere amplexarique trepidantem, agnoscere in illius proposito
5 mentem suam et gratulari, quod nobilem familiam uirgo uirginitate sua nobiliorem faceret. inuenisse eam, quod praestaret generi, quod Romanae urbis cineres mitigaret. Iesu bone, quid 2 illud in tota domo exultationis fuit? quasi ex radice fecunda multae simul uirgines pullularunt exemplumque patronae et
10 dominae secuta est clientium turba atque famularum. per omnes domos feruebat uirginitatis professio, quarum cum inpar esset in carne condicio, unum erat praemium castitatis. parum loquor: cunctae per Africam ecclesiae quodam exultauere tripudio. non 3 solum ad urbes, oppida uiculosque, sed ad ipsa quoque mappalia
15 celebris fama penetrauit. omnes inter Africam Italiamque insulae hoc rumore repletae sunt et inoffenso pede longius gaudia cucurrere. tunc lugubres uestes Italia mutauit et semiruta urbis Romae moenia pristinum ex parte recepere fulgorem propitium sibi aestimantes deum in alumnae conuersione perfecta. putares
20 extinctam Gothorum manum et conluuiem perfugarum atque seruorum domini desuper intonantis fulmine concidisse. non sic 4 post Trebiam, Trasumennum et Cannas, in quibus locis Romanorum exercituum caesa sunt milia, Marcelli primum apud Nolam proelio se populus Romanus erexit. minori prius gaudio strata
25 Gallorum agmina auro redempta nobilitas et seminarium Rcmani

23 cf. Cicero, Brutus 12

1 non *om.*ς   2 *pr.* in *om.A*¹   aud.] est ς   3 filiae] mater et fil.a *A*¹*D*
filia, mater et auia ς   prae gaudio ς   manum *A*²   5 uirgo *om.B*   uirginitatem suam *A*¹*a.c.* uirginitatis suae *A*²   6 inuenisset *A*²   8 illum *A*² fecundae *A*²   9 pulularunt *A*² pollularent *A*¹*a.c.m*2   10 clientum *B*   omnia *A*¹
omne *D*   11 domus *A*¹*B*   13 cunctae] nunc te *A*²   affricam *A*¹*B,Dp.c.m*2
quondam exultabere *A*²   14 urbem *A*²   ad *s.l.m*2*A*²   magalia ς   15 omnia *A*¹
omne *D*   affricam *Dp.c.m*2   16 conpleta *A*² completae ς   17 Italia] ita *A*²
semi(*seq. ras. 2 litt., s.l.* ruta *m*2)𝔅   18 recepere *A*¹𝔅*Dp.c.m*2,*B* cecipere *cet.*
propitius *A*²   19 existimantes *A*²   dnm *B*   20 Gotthorum ς   22 trasumē-
num *B* thrasumennum *A*¹*a.r.*𝔅*p.c.D* thrasumennum *A*¹*p.r.*𝔅*a.c.* tra(n *s.i.m*2)sime-
num *A*²   24 praelio 𝔅*DB* prelio *A*¹   minoris *A*²   strata Gall.] gall. strata
tunc *A*²   stratas *A*¹*a.r.D* strata s̄ (= sunt) *B*   25 aura (*alt.* a *in ras.*)*D*
retenta *A*²   seminar(i *s.l.*)um *A*¹ seminari(um *s.l.*)𝔅 seminar(ium *s.l.*)*B*

generis in arce cognouit. penetrauit hic rumor orientis litora
et in mediterraneis quoque urbibus Christianae gloriae trium-
5 phus auditus est. quae uirginum Christi non huius se societate
iactauit? quae mater non tuum, Iuliana, beatum clamauit ute-
rum? incerta apud infideles sint praemia futurorum: plus interim 5
recepisti, uirgo, quam obtulisti. quam sponsam hominis una
tantum prouincia nouerat, uirginem Christi totus orbis audiuit.
6 solent miseri parentes et non plenae fidei Christiani deformes et
aliquo membro debiles filias, quia dignos generos non inueniunt,
uirginitati tradere — tanti, ut dicitur, uitrum, quanti margari- 10
tum —; certe, qui religiosiores sibi uidentur, paruo sumptu et qui
uix ad alimenta sufficiat uirginibus dato omnem censum in utros-
7 que sexus saecularibus liberis largiuntur. quod nuper in hac urbe
diues quidam fecit presbyter, ut duas filias in proposito uirginali
inopes relinqueret et aliorum ad omnem copiam filiorum luxuriae 15
atque deliciis prouideret, fecerunt hoc multae, pro dolor, nostri
propositi feminae; atque utinam rarum esset exemplum, quod
quanto crebrius est, tanto istae feliciores, quae ne plurimarum
quidem exempla sectatae sunt!

  7. Fertur et omnium Christianorum laude celebratur, quic- 20
quid fuerat nuptiis praeparatum, a sancta Christi synoride uirgini traditum, ne sponso fieret iniuria, immo ut dotata pristinis
opibus ueniret ad sponsum et, quod in rebus mundi periturum
2 erat, domesticorum dei inopiam sustentaret. quis hoc credat?
Proba illa, omnium dignitatum et cunctae nobilitatis in orbe 25
Romano nomen inlustrius, cuius sanctitas et in uniuersos effusa

---

  2 mediterrentis $A^2a.c.m2$ 3 uirgo B se $om.A^2$ societati A^1D 4 iuli-
ane A^1 —ne̜ A^2 5 incerta $om.A^2$ __ sint licet $A^1p.c.m2$ sit licet A^2 6 reci-
pisti $A^1D,\mathfrak{B}a.c.m2$ sponsa A^2 8 x̄pianae A^1 9 inueniant $\mathfrak{B}a.c.m2$ 10 margarita B 11 certum quos religiores A^2 certe quid(d $exp.$) rele(i $m2$)giosiores A^1
sumpto A^2 12 utroque sexu $\mathfrak{B}$ 14 uirginitatis B 15 reliquerit $\mathfrak{B}a.c.m2$
luxu(ex o $m2A^1$)riae ad omnem cop. fil. A^1D luxoriae ($s.l.$ ad omnem copiam
filiorum)$\mathfrak{B}$ filiorum $om.A^2$ luxoriae $A^1a.c.m2A^2\mathfrak{B}$ 16 dilic(t A^1)iis $A^1\mathfrak{B}$
$a.c.m2A^2$ multi A^2 17 praepositi A^2D rarum] paruum A^2 18 quanti
$Aa.c.m2D$ 19 exemplum $\mathfrak{B}$ secutae $\mathfrak{B}B$ 20 quidquid $A^1a.r.\mathfrak{B}D$ 21 a
sancta Chr. syn.] s̄cas noride A^2 a sanctis feminis non detractum B uirgini
sed B 22 ditata A^2 detota $A^1a.c.m2D$ decorata $A^1p.c.m2$ 23 sponsam $A^1Da.c.$
24 sust. in. ς   25 probam illam $A^1\mathfrak{B}D$ orbę romane D urbe roma non A^2
26 inlustrę̜ A^2 in $s.l.m2A^1$ effusos A^2

bonitas etiam apud barbaros uenerabilis fuit, quam trium liberorum, Probini, Olybrii et Probi, non fatigarunt ordinarii con-
sulatus et cum incensis direptisque domibus in urbe captiuitas,
nunc auitas uenundare dicitur possessiones et facere sibi amicos
5 de iniquo mammona, qui se recipiant in aeterna tabernacula,
ut erubescat omnis ecclesiastici ministerii gradus et cassa nomina monachorum emere praedia tanta nobilitate uendente. uix ₃
barbarorum effugerat manus et auulsas de conplexu suo uirgines
fleuerat, cum subito intolerabili et quod numquam timuerat
10 amantissimi filii orbitate percutitur et quasi futura uirginis
Christi auia spe futurorum mortiferum uulnus excepit probans
in se uerum esse, quod in lyrico carmine super iusti praeeconio
dicitur:
si fractus inlabatur orbis,
15   inpauidum ferient ruinae.
legimus in uolumine Iob: adhuc isto loquente ue- ₄
nit alius nuntius et in eodem: temptatio — siue,
ut melius habetur in Hebraeo, militia — est uita hominis super terram. ad hoc enim laboramus et in sae-
20 culi huius periclitamur militia, ut in futuro saeculo coronemur.
nec mirum hoc de hominibus credere, cum dominus ipse tempta-
tus sit. et de Abraham scriptura testatur, quod deus temptauerit
eum. quam ob causam et apostolus loquitur: gaudentes ₅
in tribulatione et: scientes, quod tribu-
25 latio patientiam operatur, patientia pro-
bationem, probatio spem, spes autem non

4 cf. Luc. 16, 9   14 Horat. c. III 3, 7—8   16 *Hiob 1, 18   17 *Hiob 7, 1
21 cf. Matth. 4, 1—11   22 cf. Gen. c. 22   23 *Rom. 12, 12   24 *Rom. 5, 3—5

1 barbaras A^2 puerorum B 2 prob. olibrii et probi $A^1\mathfrak{B}$ olibrii prob.
et probi A^2B probini D fatigarant A^2 fatigauerunt B consularis A^2 3 et
om.ς dom. dir. B domibus] omnibus $\mathfrak{B}$ captiuis B captiuitas sit ς   4 auitas ς habitas codd.   dic. uen. A^2 5 mammona $\mathfrak{B}B$ mamona cet.   6 erube-
scant A^2B omnis A^1D in quibusdam $\mathfrak{B}B$ in quibus A^2 8 et s.l.$\mathfrak{E}$ conspectu A^2 suo] hic desinit A^2 9 et om.ς   10 et filii A 11 auia spe]
auias $\bar{p}D$ auiae B morti*ferunt D 12 iusti uiri B 16 beati(s.l.m2)iob $\mathfrak{B}$
18 Hebraico ς   20 coronemur ex ornemur m2$\mathfrak{B}$ 22 de s.l.$\mathfrak{B}$ habraham A
testetur $\mathfrak{B},Bp.c.m2$ 25 operetur $\mathfrak{B}p.c.B$

c o n f u n d i t, et in alio loco: q u i s   n o s   s e p a r a b i t   a
c a r i t a t e C h r i s t i? t r i b u l a t i o a n a n g u s t i a a n
p e r s e c u t i o a n f a m e s a n n u d i t a s a n p e r i c u-
l u m   a n   g l a d i u s?   s i c u t   s c r i p t u m   e s t: q u i a
p r o p t e r   t e   m o r t i f i c a m u r   t o t a   d i e,   a e s t i- 5
6 m a t i   s u m u s u t   o u e s   o c c i s i o n i s. et Esaias huiusce
modi homines cohortatur dicens: q u i   a b l a c t a t i   e s t i s
a   l a c t e, q u i   a u u l s i   a b   u b e r e, t r i b u l a t i o n e m
s u p e r   t r i b u l a t i o n e m   e x p e c t a t e, s p e m   s u p e r
s p e m. n o n s u n t c o n d i g n a e p a s s i o n e s h u i u s 10
t e m p o r i s   a d   f u t u r a m   g l o r i a m,   q u a e   r e u e-
7 l a b i t u r   i n   n o b i s. cur ista replicauerim, sequens sermo
monstrabit. quae de medio mari fumantem uiderat patriam et
fragili cumbae salutem suam suorumque commiserat, crudeliora
inuenit Africae litora. excipitur enim ab eo, quem nescias utrum 15
auarior an crudelior fuerit, cui nihil dulce praeter uinum et pre-
tium et qui sub occasione partium clementissimi principis sae-
uissimus omnium extitit tyrannorum et — ut aliquid loquar de
fabulis poetarum — quasi Orcus in tartaro non tricipitem sed multorum capitum habuit Cerberum, qui cuncta traheret, laceraret, 20
8 extingueret. hic matrum g r e m i i s   a b d u c e r e p a c t a s,
negotiatoribus et auidissimis mortalium Syris nobilium puellarum
nuptias uendere, non pupillorum, non uiduarum, non uirginum
Christi inopiae parcere manusque magis rogantium spectare
* quam uultus. hanc feram et Charybdim Scyllamque succinctam 25
multis canibus fugiens barbaros matrona sustinuit, quae nec

1 *Rom. 8, 35—36   7 *Esai. 28, 9—10   10 Rom. 8, 18   15 ab eo,
quem etc.] = Heraclianus, comes Africae   17 principis] = Honorius   21 Uergil.
Aen. X 79

1 confundat 𝕭,B p.c.m2   separauit D   2 Christi] dei ς   6 isayas B
7 ortatur B   9 expectantes B   14 cimbae Ap.r.B cymbae ς   15 affricae DB
littoram Aa.c. littora ς   utrum] ut cum D   17 partium] portus Ap.c.m2
19 multo D   20 traheret] add. ac ς   21 extingueret s.l.𝕭m1,om.cet.   matris D
pactas] partus in ras.m2 B   23 uenderet B   pr. non in ras.m2 B   pupillarum AD
24 manusque magis (magis s.l.𝕭) Ap.c.m2𝕭B manuque (quae D) manus Aa.c.m2D
magisque manus ς   spectare B expectare cet.   25 uultus—26 multis om.D
et om.ς   caribdim codd.; seq. in eras.𝕭   scillamque codd.   26 qui ς

naufragiis parceret nec captiuitatibus flecteretur. imitare, crude- 9
lis, saltim hostem Romani imperii. Brennus nostri temporis
tantum, quod inuenerat, tulit; tu quaeris, quod non inuenis.
et mirantur aemuli — uirtus enim semper inuidiae patet —, cur tanta-
5 rum secum pudicitiam tacita .proscriptione mercata sit, cum et
ille partem sit dignatus accipere, qui totum potuit auferre, et
haec quasi comiti negare non ausa sit, quae se intellegebat sub
nomine priuatae dignitatis tyranno seruientem? sentio me ini- 10
micorum patere morsibus, quod adulari uidear nobilissimae et
10 clarissimae feminae. qui accusare non poterunt, si me scierint
hucusque tacuisse; neque enim laudaui in ea umquam antiquitatem generis, diuitiarum et potentiae magnitudinem uiro uiuente
uel mortuo, quae alii forsitan mercennaria oratione laudauerint.
mihi propositum est stilo ecclesiastico laudare auiam uirginis 11
15 meae et gratias agere, quod uoluntatem eius sua adiuuerit uoluntate. alioquin cellula monasterii, uilis cibus uestisque contempta et aetas uicina iam morti breuisque temporis uiaticum
carent omni adsentationis infamia. denique in reliquis partibus
omnis mihi sermo ad uirginem dirigetur et uirginem nobilem et
20 nobilem non minus sanctitate quam genere, cuius quanto subli-
mis ascensus est, tanto lapsus periculosior.
⟨unum⟩ illud tibi, nata deo, proque omni- 12
                 bus unum
   praedicam et repetens iterumque ite-
25   rumque moneo,
ut animum tuum sacrae lectionis amore occupes nec in bona
terra pectoris tui sementem lolii auenarumque suscipias, ne

2 Brennus nostri temporis] = Alaricus   22 Uergil. Aen. III 435—436
27 cf. Matth. 13, 8

1 parcerent—flecterentur ς   2 saltem 𝔅p.c.B   3 inuenerit 𝐴a.c.𝔅D
4 tantarum rerum secum (secum s.l.) B   5 pudicitia D   perscriptone AD
6 dignatus sit ς   8 seruiente D   9 adolari A𝔅a.c.m2,D   nob. fem. et
clar. B   clar. et nob. feminae ς   10 clar.] kmē D   quia A   poterint
AD,𝔅a.c.   scirent B   11 laudabis (s postea add.)D   13 laudauerunt 𝔅a.r.
laudauer B   15 gratiam reddere B   quod s.l.m2B   uoluntati B   17 breuisque (s exp.)A   19 pr. et om.B   20 quanto] parte D   sublimior ς   21 lapsu D
22 pr. unum om.codd.   preque Ap.c.m2 praeque ς   24 pr. que eras.𝔅,om.cet.
27 tui om.A   nec(c exp.) A

dormiente patre familias — qui est *νοῦς*, id est animus, deo
semper adhaerens — inimicus homo zizania superseminet, sed
semper loquaris: i n n o c t i b u s q u a e s i u i, q u e m d i-
l e x i t a n i m a m e a. u b i p a s c i s, u b i c u b a s in
m e r i d i e? et: a d h a e s i t p o s t t e a n i m a m e a, me 5
s u s c e p i t d e x t e r a t u a illudque Hieremiae: n o n l a-
b o r a u i s e q u e n s t e. n e q u e enim e s t d o l o r in
13 I a c o b n e c l a b o r i n I s r a h e l. quando eras in saeculo,
ea, quae erant saeculi, diligebas: polire faciem purpurisso et cerussa ora depingere, ornare crinem et alienis capillis turritum uerti- 10
cem struere, ut taceam de inaurium pretiis, candore margarita-
rum Rubri Maris profunda testantium, zmaragdorum uirore, ce-
rauniorum flammis, hyacinthorum pelago, ad quae ardent et
14 insaniunt studia matronarum. nunc autem, quia saeculum reliquisti et secundo post baptismum gradu inisti pactum cum 15
aduersario tuo dicens ei: 'renuntio tibi, diabole, et saeculo
tuo et pompae tuae et operibus tuis', serua foedus, quod pepigisti,
et esto consentiens pactumque custodiens cum aduersario tuo,
dum es in uia huius saeculi, ne forte tradat te iudici et de suo aliquid usurpasse conuincat tradarisque ministro, qui ipse est ini- 20
micus et uindex, et mittaris in carcerem et in tenebras exteriores,
quae, quanto a Christo, uero lumine, separamur, tanto nos maiori
horrore circumdant, et non inde exeas, nisi soluas nouissimum
quadrantem, id est minimum quodque delictum, quia et pro oti-
oso uerbo reddituri sumus rationem in die iudicii.   25
    8. Haec dicta sint non infausto contra te uaticinio, sed pa-
uidi cautique monitoris officio ea quoque in te, quae tuta sunt,

1 cf. Matth. 13, 23. 25   3 *Cant. 3, 1   4 *Cant. 1, 6   5 *Ps. 62, 9
6 *Hier. 17, 16   7 *Num. 23, 21   18 cf. Matth. 5, 25   21 cf. Matth. 22, 13
23 cf. Matth. 5, 26   24 cf. Matth. 12, 36   27 cf. Uerg. Aen. IV 298

    1 qui est *Ap.c.m2*𝔅 quies *uel* qui es *cet.*   semper deo *B*   2 inimicos *D*
3 diligit *B*   4 cubes *A*𝔅*a.c.m2,D*   5 inhaesit 𝔅*a.c.D* inesit *A*   an. mea post
te *B*   6 iheremiae *B*   laborabit *D*   8 nec *ex* et 𝔅   9 purpurissimo *A*
12 smar. ς zmaragdino *B*   cerauneorum *A*𝔅*D*   13 iacinth. *A* iachint. 𝔅*D*
iacinct. *B*   ad quae] atque *D* ad q̄; *A*   ardenti (i *s.l.m2*)*A*   14 (in *in mg.*)
saniunt 𝔅   quia] quę *A* cur *D*   16 tuo *om.D*   17 pompis tuis *B*   19 et te
de ς   20 et inimicus et ς   21 ext. ten. *B*   22 separantur 𝔅   24 et *s.l.m2 B*
26 sunt *DB*   27 tuta *ex* tua *m2 B*

formidantis. s i s p i r i t u s, inquit, p o t e s t a t e m h a b e n-
t i s a s c e n d e r i t s u p e r te, l o c u m t u u m n e d i-
m i s e r i s. quasi in procinctu et in acie stamus semper ad pu-
gnam. uult nos loco mouere hostis et de gradu excedere, sed soli- 2
5 danda uestigia sunt et dicendum: s t a t u i t s u p r a p e t r a m
p e d e s m e o s et: p e t r a r e f u g i u m l e p o r i b u s,
pro quo multi 'erinacios' legunt, animal paruum et fugax et
[peccatorum] sentibus praegrauatum. sed ideo Iesus spinis coronatus est et nostra delicta portauit et pro nobis doluit, ut de
10 sentibus et tribulationibus feminarum, ad quas dicitur: i n a n-
x i e t a t i b u s e t d o l o r i b u s p a r i e s, m u l i e r, e t
a d u i r u m c o n u e r s i o t u a e t i p s e t u i d o m i-
n a b i t u r, rosae uirginitatis et lilia castitatis nascerentur.
unde et sponsus p a s c i t u r i n t e r l i l i a et inter eos, 3)
15 q u i u e s t i m e n t a s u a n o n c o i n q u i n a u e r u n t
— uirgines enim permanserunt audieruntque praeceptum: c a n-
d i d a s i n t s e m p e r u e s t i m e n t a t u a —, et quasi
auctor uirginitatis et princeps loquitur confidenter: e g o f l o s
c a m p i e t l i l i u m c o n u a l l i u m. petra igitur leporum 4
20 est, qui in persecutionibus de ciuitate fugiunt in ciuitatem nec
timent illud propheticum: p e r i i t f u g a a m e. m o n t e s
autem e x c e l s i c e r u i s, quorum colubri cibus sunt, quos
educit puer paruulus de foramine, quando pardus et haedus re-
quiescunt simul et bos et leo comedunt paleas, ut nequaquam
25 bos discat feritatem, sed leo doceatur mansuetudinem. reuer- 5
tamur ad propositum testimonium: s i s p i r i t u s p o t e-

1 Eccle. 10, 4   5 Ps. 39, 3   6 *Ps. 103, 18   10 *Gen. 3, 16   14 Cant.
2, 16 et 6, 2   15 *Apoc. 3, 4   16 *Eccle. 9, 8   18 Cant. 2, 1   19 cf. *Ps.
103, 18   21 Ps. 141, 5   Ps. 103, 18   22 cf. Esai. 11, 6—8   26 Eccle. 10, 4

1 formidantes *ABa.c.m2*,𝔅*D*   3 procincto *A*𝔅*a.c.m2.D*   4 decedere ς
5 sunt uest. sunt (*alt.* sunt *s.l.m2*)*B*   super 𝔅*D*   7 eri(*ex* e *m2*)nacios 𝔅
eri(*ex* e *m2*)natios *A* erenacios *D* herinaciis *B* herinacios ς   legunt] *add.* herinacios ς   8 peccatorum *ut scioli additamentum seclusi,* capillorum *coni. Engelbrecht,* spinarum *substituit* ς   Iesus *om.A*   9 portabit *D*   12 uirum tuum *B*
conuersatio *A*   13 cast. lil. *B*   nasceretur *A*𝔅*a.c.m2*   17 semper *om.B*
18 actor *B*   20 fug. de ciu. ς   21 timent] mittent *Aa.c.m2* dimittunt
Ap.c.m2   22 cibi *B*   quod (quos *m2A*) seducit *AD*   23 hedus *codd.*   25 bos
**di(s *s.l.m2*)cat *A*

s t a t e m h a b e n t i s a s c e n d e r i t s u p e r te, l o c u m
t u u m ne d i m i s e r i s. post quod sequitur: q u i a c u r a-
t i o q u i e s c e r e f a c i t p e c c a t a ma x i m a. qui uersiculus hunc habet sensum: si in cogitationes tuas coluber ascende-
rit, o m n i c u s t o d i a s e r u a c o r t u u m et cum Dauid 5
canito: a b o c c u l t i s m e i s m u n d a me, d o m i n e, et
a b a l i e n i s p a r c e s e r u o t u o, et ad peccatum maximum, quod opere perpetratur, nequaquam peruenies, sed incentiua uitiorum statim in mente iugulabis et paruulos Babylonios
allides ad petram, in qua serpentis uestigia non repperiuntur, 10
cauteque domino promittis: s i m e i n o n f u e r i n t d o-
m i n a t i, t u n c i n m a c u l a t u s e r o e t e m u n d a b o r
6 a d e l i c t o m a x i m o. hoc est, quod et alibi scriptura testatur: 'peccata patrum reddam in tertiam et quartam generationem', ut cogitationes nostras mentisque decretum non statim 15
puniat, sed reddat in posteris, id est in malis operibus et in delictorum perseuerantia, quando loquitur per Amos: s u p e r t r i-
b u s e t q u a t t u o r i n p i e t a t i b u s illius et illius ciuitatis n o n n e a u e r s a b o r e a m?

9. Haec cursim quasi de prato pulcherrimo sanctarum scrip- 20
turarum paruos flores carpsisse sufficiat pro commonitione tui,
ut claudas cubiculum pectoris et crebro signaculo munias frontem
tuam, ne exterminator Aegypti in te locum repperiat, sed pri-
mogenita, quae apud Aegyptios pereunt, in tua mente saluentur
et dicas cum propheta: p a r a t u m c o r m e u m, d e u s, 25
p a r a t u m c o r m e u m; c a n t a b o e t p s a l l a m.
e x s u r g e, g l o r i a m e a, e x s u r g e, p s a l t e r i u m

---

2 *Eccle. 10, 4   5 Prou. 4, 23   6 *Ps. 18, 13—14   9 cf. Ps. 136, 9
10 cf. Prou. 30, 19   11 Ps. 18, 14   14 cf. Ex. 20, 5; Num. 14, 18; Deut. 5, 9
17 cf. Am. 1, 3 et 2, 4   23 cf. Gen. c. 11 et 12   25 *Ps. 107, 2—3

6 domine] ₫ B   9 babil. DB babylonis 𝔅a.c.m2   10 reper. A,Da.c.
11 promittes B   dominata Bp.c.m2   13 et om.ς   14 reddam] add. in filios ς
et in quartam ς   17 perseuerantiam A𝔅a.c.,D   quando] quoniam ς   per
Amos loq. ς   18 inpiet. et quatuor B   sceleribus (exp.) impietatibus 𝔅   alt.
illius s.l.𝔅   19 nonne in ras. 2 litt.B   21 carpsisse B carpisse cet.   com-
mo(u Aa.c.m2D)niti(ti s.l.A)onem (m exp.A,eras.𝔅) A𝔅D   22 ut et ς   sign.
crucis ς   24 egyptio(ex u A)s AB   27 exsurge, gloria mea om.B   exurge
utroque loco D, altero B

et cithara. quam adsumere iubetur et Tyrus multis pec- 2
catorum confossa uulneribus, ut agat paenitentiam et maculas
pristinae foeditatis cum Petro amaris abluat lacrimis. uerum nos
ignoremus paenitentiam, ne facile peccemus. illa quasi secunda
5 post naufragium miseris tabula sit: in uirgine integra seruetur
nauis. aliud est quaerere, quod perdideris, aliud possidere, quod
numquam amiseris. unde et apostolus castigabat corpus suum et 3
in seruitutem redigebat, ne aliis praedicans ipse reprobus inueni-
retur, corporisque ex persona generis humani inflammatus ardori-
10 bus loquebatur: m i s e r e g o h o m o, q u i s m e l i b e r a-
b i t d e c o r p o r e m o r t i s h u i u s? et iterum: s c i o,
q u i a n o n h a b i t a t i n m e, h o c e s t i n c a r n e m e a,
b o n u m; u e l l e e n i m a d i a c e t m i h i, u t f a c i a m
a u t e m   b o n u m, n e q u a q u a m. n e q u e e n i m,
15 q u o d u o l o, b o n u m, s e d, q u o d n o l o, m a l u m,
h o c f a c i o et denuo: q u i i n c a r n e s u n t, d e o
p l a c e r e n o n p o s s u n t. u o s a u t e m n o n e s t i s
i n c a r n e, s e d i n s p i r i t u, s i t a m e n s p i r i t u s
d e i h a b i t a t i n u o b i s.
20   10. Post cogitationum diligentissimam cautionem ieiuniorum
tibi arma sumenda sunt et canendum cum Dauid: h u m i l i-
a u i i n i e i u n i o a n i m a m m e a m et: c i n e r e m
q u a s i p a n e m m a n d u c a u i et: c u m m o l e s t i
e s s e n t m i h i, i n d u e b a r c i l i c i o. Eua per cibum 2
25 eiecta est de paradiso. Helias quadraginta dierum exercitatus
ieiunio igneo curru rapitur ad caelum. Moyses quadraginta diebus ac noctibus familiaritate et sermone dei pascitur et in se
uerissimum probat: n o n i n s o l o p a n e u i u i t h o m o,

1 cf. Esai. 23, 16   3 cf. Matth. 26, 75 etc.   7 cf. I Cor. 9, 27
10 *Rom. 7, 24   11 * Rom. 7, 18—19   16 *Rom. 8, 8—9   21 *Ps. 34, 13
22 *Ps. 101, 10   23 *Ps. 34, 13   24 cf. Gen. c. 3   25 cf. III Reg. 19, 8
26 cf. IV Reg. 2, 11   cf. Ex. 24, 18 et 34, 28   28 *Matth. 4, 4

1 cythara 𝔅D citara B   2 poen. A𝔅   3 lacr. abl. ς   nos] ncn Ap.c.m2
4 paen. B poen. cet.   6 alt. aliud] add. est ς   7 suum s.l.m2 B   9 inflammatur D
10 liberauit A   12 quia] quoniam B   in me ex me A   13 adiecit A𝔅a c.m2,D
23 quasi] tamquam ς   manducabam B   24 erant ς   25 exercitatur Ac.c.m2D
26 curru igneo B   ad] in ς   27 pasc. domini B   et s.l.m2 A,del.𝔅,om.D
28 probans ς; add. quod dicitur ς   pane solo 𝔅

s e d   i n   o m n i   u e r b o,   q u o d   e g r e d i e t u r   e x   o r e
d e i.   saluator .generis humani, qui uirtutum et conuersationis
suae nobis reliquit exemplum, post baptismum statim adsumitur
ab spiritu, ut pugnet contra diabolum et oppressum eum atque
3 contritum tradat discipulis conculcandum. unde et apostolus 5
loquitur: d e u s   a u t e m   c o n t e r a t   s a t a n a n   s u b
p e d i b u s   u e s t r i s   u e l o c i t e r.   et tamen hostis anti-
quus post quadraginta dierum ieiunium per cibum molitur insi-
dias et dicit: s i   f i l i u s   d e i   e s,   d i c,   u t   l a p i d e s   i s t i
4 p a n e s   f i a n t.   in lege mense septimo post clangorem tu- 10
barum, decima die mensis totius gentis Hebraeae ieiunium est
et exterminatur anima illa de populo suo, quae saturitatem prae-
tulerit continentiae. in Iob scriptum est de dracone: u i r t u s
e i u s   i n   l u m b i s   e t   f o r t i t u d o   i l l i u s .s u p e r   u m-
b i l i c u m   u e n t r i s.   aduersum iuuenes et puellas aetatis ar- 15
dore abutitur et inflammat rotam natiuitatis nostrae et inplet
illud in Osee: o m n e s   a d u l t e r a n t e s,   q u a s i   c l i-
b a n u s   corda eorum, quae dei misericordia et ieiuniorum fri-
5 gore restringuntur. haec sunt ignita diaboli iacula, quae simul
et uulnerant et inflammant et a rege Babylonio tribus pueris 20
praeparantur, qui succendit fornacem quadraginta nouem cu-
bitorum habens et ipse septem ebdomadas ad perditionem, quas
dominus obseruari iusserat ad salutem. sed, quomodo ibi quar-
tus speciem habens quasi filii hominis inmensos mitigauit ardores
et inter camini aestuantis incendia docuit flammas calorem amit- 25
tere et aliud oculis comminari, aliud praebere tactui, sic et in animo uirginali rore caelesti et ieiuniorum frigore calor puellaris

3 cf. Matth. 4, 1   6 *Rom. 16, 20   8 cf. Matth. 4, 2   9 Matth. 4, 3
10 cf. Leu. 16, 29 et 23, 27; Num. 29, 7   13 *Hiob 40, 11   17 Os. 7, 4
21 cf. Dan. 3, 47   23 cf. Dan. 3, 49—50

1 egreditur ex 𝔅p.r. procedit de B   2 uirtutem ABa.c.m2   3 nobis in
omnibus (omnibus in mg.)𝔅   4 ab (b eras.)𝔅 a cet.   eum om.B   6 conteret ς   satanam B   11 decimo ς   12 illa anima ς   illa om.B   14 lumbis
eius ς   15 uentris eius ς   ardore] add. hostis noster ς   17 in s.l.𝔅,om.B
omne D omnia Aa.c.m2   18 rigore ς   19 restinguuntur ς   haec—20 uuln.
et om.A   20 alt. et om.D   infl.] hae flammae Ap.c.m2   a s.l.m2A   21 for-
nace D   XLVIIII codd.   22 hebd. ς   24 fili A   25 incendium ς   ammittere D   26 comminari] seq. et eras.B   in om.A   27 rigore ς

extinguitur et humano corpori angelorum impetratur conuersatio. quam ob rem et uas electionis de uirginibus se dicit domi- 6
ni non habere praeceptum, quia contra naturam, immo ultra naturam est non exercere, quod nata sis, interficere in te radicem
5 tuam et sola uirginitatis poma decerpere, nescire torum, omnem
uirorum horrere contactum et in corpore uiuere sine corpore.

11. Neque uero inmoderata tibi imperamus ieiunia et inor-
mem ciborum abstinentiam, quibus statim corpora delicata
franguntur et ante aegrotare incipiunt quam sanctae conuersa-
10 tionis iacere fundamenta. philosophorum quoque sentertia est
μεσότητας ἀρετάς, ὑπερβολὰς κακίας εἶναι, quod Latinus ita
potest sermo resonare: moderatas esse uirtutes, excedentes modum atque mensuram inter uitia reputari. unde et unus de septem 2
sapientibus: n e q u i d, ait, n i m i s. quod tam celebre factum
15 est, ut comico quoque uersu expressum sit. sic debes ieiunare, ut
non palpites et respirare uix possis et comitum tuarum uel porteris
uel traharis manibus, sed, ut fracto corporis appetitu nec in lectione nec in psalmis nec in uigiliis solito quid minus facias. ieiunium non perfecta uirtus, sed ceterarum uirtutum fundamentum
20 est et sanctificatio atque pudicitia, s i n e q u a n e m o u i d e -
b i t d e u m, gradus praebet ad summa scandentibus nec tamen,
si sola fuerit, uirginem poterit coronare. legamus euangelium 3
sapientium et stultarum uirginum, quarum aliae cubiculum in-
grediuntur sponsi, aliae bonorum operum oleum non habentes
25 extinctis lampadibus excluduntur. latus est super ieiuniis campus, in quo et nos saepe cucurrimus et multorum proprii habentur libri, ad quorum te mittimus lectionem, ut discas, quid boni
habeat continentia et quid e contrario mali saturitas.

2 cf. Act. 9, 15   cf. I Cor. 7, 25   11 cf. Bonitzii index Aristot. s. u. με-
σότης et ὑπερβολή   13 unus de sept. sap.] = Chilo Lacedaemonius   15 comico
quoque uersu] = Terent. Andria 61   20 Hebr. 12, 14   22 cf. Matth. 25, 1—12

1 et in hum. corpore B   imperatur (s.l.) suadetur m2D) A𝕭D   5 thorum
Ap.c.m2B   6 horrore A𝕭a.c.m2   7 enormem Ap.c.m2B   8 cyborum A𝕭
11 graecis uerbis haec latina superscripsit Am2: moderatas uirtutes supra modū
malitias esse   MECOTHCAC B EMECOTHETAC D EMECO1NETAC
(NE exp.,s.l.H) A AIMECΩTEICTAC 𝕭   12 esse del.m2A   excidentes A
𝕭a.c.m2,D excedentia B   14 tam] tamen Aa.c.D   15 comico quoque ex co-
missoque m2A comiqcoque (pr. q eras.) D   16 pr. et s.l.𝕭   posteris A𝕭a.c.m2
17 nec] ne D   21 summum ascendentibus B   23 sponsi ingred. ꝫ

12. Imitare sponsum tuum: esto auiae matrique subiecta.
nullum uirorum — et maxime iuuenum — nisi cum illis uideas.
nullum scias, quem illae nesciant. saecularis quoque sententia
est: e a d e m　u e l l e　e t　e a d e m　n o l l e,　e a　d e m u m
f i r m a　a m i c i t i a　e s t. ut adpeteres uirginitatem, ut Christi 5
praecepta cognosceres, ut scires, quid tibi expediret, quid eligere
deberes, illarum te exempla docuerunt, sancta domi instruxit
2 conuersatio. non igitur solum tuum putes esse, quod tuum est,
sed et earum, quae suam in te expressere pudicitiam et honora-
bilium nuptiarum cubilisque inmaculati pretiosissimum germi- 10
nauere te florem, qui perfectus afferet fructus, si humiliaueris te
sub potenti manu dei et scriptum semper memineris: s u p e r-
b i s　d e u s　r e s i s t i t,　h u m i l i b u s　a u t e m　d a t
3 g r a t i a m. ubi autem gratia, non operum retributio sed donan-
tis est largitas, ut inpleatur dictum apostoli: n o n　e s t　u o- 15
l e n t i s　n e q u e　c u r r e n t i s　s e d　m i s e r e n t i s　d e i.
et tamen uelle et nolle nostrum est; ipsum quoque, quod nostrum
est, sine dei miseratione non nostrum est.

13. Eunuchorum quoque tibi et puellarum ac seruulorum
mores magis eligantur quam uultuum elegantia, quia in omni 20
sexu et aetate et truncatorum corporum uiolenta pudicitia animi
considerandi sunt, qui amputari nisi Christi timore non possunt.
scurrilitas atque lasciuia te praesente non habeat locum. numquam uerbum inhonestum audias aut, si audieris, non irascaris.
perditae mentes hominum uno frequenter leuique sermone temp- 25
tant claustra pudicitiae. ridere et rideri saecularibus derelinque;
2 grauitas tuam personam decet. Catonem quoque — illum dico
censorium et uestrae quondam urbis principem —, qui in extrema

1 cf. Luc. 2, 51　　4 Sallust. Catil. 20, 4　　9 cf. Hebr. 13, 4　　12 *Iac.
4, 6　　15 *Rom. 9, 16

4 et] atque B　5 peteres B　6 pr. quid ex quod m2A　elegere A𝔅a.c.m2,D
7 domi] dn̄i B　8 putes tuum ς　9 pr. et om.AB　10 cubiculique B　germen
habe (corr. in habuere m2)B　11 perfectos Ap.c.m2B　afferret B　16 dei mis. ς
17 uelle] et uelle 𝔅　nolle non A　ipsum—18 nostrum est om.AD　ipsumque, quod nostrum est in mg.m2𝔅　ipsum quoque B ipsumque 𝔅　18 nostrum
non ς　20 elegantur A𝔅a.c.m2,D　uultum A　eligantia 𝔅p.c.m2　21 pr. et
s.l.𝔅　23 scurril. 𝔅p.c.m2 scuril. cet.　habeant ς　24 irasc.] inesceris ς (sed
cf. p. 193, 7 sqq.)　25 mentis homines ς　28 censorinum B　in om.ς

aetate Graecas litteras non erubuit censor nec desperauit senex
discere * * * * * * * * * * * * * * * * et M. Crassum semel in
uita scribit risisse Lucilius. fuerit illa affectata seueritas et
gloriam quaerens auramque popularem; nos affectus et perturba-
5 tiones, quamdiu in tabernaculo corporis huius habitamus et
fragili carne circumdamur, moderari et regere possumus, ampu-
tare non possumus. unde et psalmista dicit: i r a s c i m i r i e t
n o l i t e   p e c c a r e, quod apostolus disserens: s o l, inquit,
n o n   o c c i d a t   s u p e r   i r a c u n d i a m   u e s t r a m,
10 quia et irasci hominis est et finem irae ponere Christiani.

14. Superfluum reor te monere contra auaritiam, cum generis
tui sit et habere et calcare diuitias et apostolus doceat auaritiam esse idolorum cultum dominusque respondeat sciscitanti:
m a g i s t e r   b o n e,   q u i d   b o n i   f a c i e n s u i t a m a e-
15 t e r n a m   p o s s i d e b o?   s i   u i s   e s s e   p e r f e c t u s,
u a d e,   u e n d e   o m n i a,   q u a e   h a b e s,   e t   d a   p a u-
p e r i b u s   e t   h a b e b i s   t h e s a u r u m   i n   c a e l i s   e t
u e n i,   s e q u e r e   m e. apostolici fastigii est perfectaeque uir- 2
tutis uendere omnia et pauperibus distribuere et sic leuem atque
20 expeditum cum Christo ad caelestia subuolare. nobis, immo
tibi diligens credita est dispensatio, quamquam in hoc omni
aetati omnique personae libertas arbitrii derelicta sit. s i u i s,
inquit, e s s e   p e r f e c t u s: 'non cogo, non impero, sed pro-
pono palmam, ostendo praemia; tuum est eligere, si uolueris in
25 agone atque certamine coronari'. et consideremus, quam sa- 3
pienter sapientia sit locuta: u e n d e,   q u a e   h a b e s. cui ista
praecipiuntur? nempe illi, cui dictum est: s i   u i s   e s s e   p e r-
f e c t u s. non partem bonorum tuorum uende, sed omnia. cum-

2 cf. Cicero de fin. V 92; Tusc. III 31. Lucilius 1299 et 1300 Marx   5 cf.
II Petr. 1, 13   7 Ps. 4, 5   8 Eph. 4, 26   12 cf. Eph. 5, 5   14 *Matth. 19, 16
15. 22. 27 *Matth. 19, 21   24 cf. II Tim. 2, 5   26 Matth. 19, 21

1 non] nec 𝔅   disperauit 𝐴𝔅a.c.m2,D   2 et m. crassum 𝔅s.l.m2,ς ςuem B,
om. AD; post discere quaedam excidisse apparet   3 lucilius B lucius cet.   affecta A
4 auremque Bp.c.   8 edisserens B   9 occidam D   10 irae] iracundiae AD
inponere 𝔅p.c.m2ς   11 contra ex super 𝔅   13 cultu D   15 perf. esse B
16 uade et B   18 apostoli(ci add.s.l.) D   fastigiae ADa.c.m2   21 omnia D
22 relicta ς   23 perf. esse B   24 elegere 𝐴𝔅a.c.m2,D   26 cui ista cui B
27 nempe (empe in ras. m2) B   si s.l.m2A

que uendideris, quid sequitur? e t d a p a u p e r i b u s. non
diuitibus, non propinquis, non ad luxuriam sed ad necessitatem.
siue ille sacerdos siue cognatus sit et adfinis, nihil in illo aliud
consideres nisi paupertatem. laudent te esurientium uiscera,
4 non ructantium opulenta conuiuia. in Actibus apostolorum, 5
quando domini nostri adhuc calebat cruor et feruebat recens
in credentibus fides, uendebant omnes possessiones suas et pretia
earum ad apostolorum deferebant pedes, ut ostenderent pecunias
5 esse calcandas; dabaturque singulis, prout opus erat. Ananias
et Saphira, dispensatores timidi, immo corde duplici et ideo con- 10
demnati, quia post uotum obtulerunt quasi sua et non eius, cui
semel ea uouerant, partemque sibi iam alienae substantiae reser-
uarunt metuentes famem, quam uera fides non timet, praesentem meruere uindictam non crudelitate sententiae sed correptio-
nis exemplo. denique et apostolus Petrus nequaquam inpreca- 15
tur eis mortem, ut stultus philosophus calumniatur, sed dei iudicium prophetico spiritu adnuntiat, ut poena duorum hominum
6 sit doctrina multorum. ex eo tempore, quo uirginitati perpetuae
consecrata es, tua non tua sunt, immo uere tua, quia Christi esse
coeperunt, quae auia uiuente uel matre ipsarum arbitrio dispen- 20
sanda sunt. sin autem obierint et somno sanctorum requieuerint
— scio enim et illas hoc optare, ut te habeant superstitem —,
cum aetas maturior fuerit et uoluntas grauior firmiorque sententia, facies, quod tibi uisum fuerit, immo quod dominus impera-
rit, scitura nihil te habituram, nisi quod in bonis operibus eroga- 25
7 ueris. alii aedificent ecclesias, uestiant parietes marmorum crustis,
columnarum moles aduehant earumque deaurent capita pretio-
sum ornatum non sentientia, ebore argentoque ualuas et gemmis
aurea uel aurata distinguant altaria — non reprehendo, non ab-

---

1 Matth. 19, 21   6 cf. Act. 4, 34—35   9 cf. Act. 5, 1—11

2 luxoriam *A*𝔅*a.c.m2*   3 sit siue cogn. ς   4 nisi] quam ς   5 actis ς
9 prout cuique ς   annanias 𝔅   10 Sapphira ς   12 iam *om.A*   reseruaue-
runt ς   13 timet et *B*   14 metuere *Bp.c.*   credulitate *A*   correctionis *A*,𝔅*p.c.*
16 phil.] Porphyrius ς   17 prophetiae (*ex* —tia *m2*) *A*   18 quod *D*   19 es]
seq. si *A*(*exp.*)*D*   tua sunt] sunt tua *B*   quia] qui *D*   22 et illas hoc 𝔅*B*
in illis hoc *AD* et hoc illas ς   23 et *s.l.*𝔅   24 imperat *AD,Bp.c.*   25 habi-
turum *Aa.c.m2D*   27 adueant *A,Da.c.*   capta *D*   precioso ornatu *Bp.c.m2*
28 sentientia *Ap.c.m2* sentienti *cet.*   29 aurea uel *om.B*

nuo; u n u s q u i s q u e   i n   s e n s u   s u o   a b u n d e t   meliusque est hoc facere quam repositis opibus incubare —, sed tibi aliud
propositum est: Christum uestire in pauperibus, uisitare in lan- 8
guentibus, pascere in esurientibus, suscipere in his, qui tecto in-
5 digent — et maxime in domesticis fidei —, uirginum alere monasteria, seruorum dei et pauperum spiritu habere curam, qui
diebus et noctibus seruiunt domino tuo, qui in terra positi imi-
tantur angelorum conuersationem et nihil aliud loquuntur, nisi
quod ad laudes dei pertinet, habentesque uictum atque uestitum
10 his gaudent diuitiis, qui plus habere nolunt, si tamen seruant
propositum. alioquin, si amplius desiderant, his quoque, quae
necessaria sunt, probantur indigni. haec ad uirginem diuitem et
uirginem nobilem sim locutus.

15. Nunc tantum ad uirginem loquar, id est non ea, quae
15 extra te, sed in te sunt, tantum considerans. praeter psalmorum
et orationis ordinem, quod tibi hora tertia, sexta, nona, ad uesperum, medio noctis et mane semper est exercendum, statue,
quot horis sanctam scripturam ediscere debeas, quanto tempore
legere non ad laborem, sed ad delectationem et instructionem
20 animae. cumque haec finieris spatia et frequenter te ad figenda 2
genua sollicitudo animi suscitauerit, habeto lanam semper in
manibus uel staminis pollice fila deducito uel ad torquenda
subtemina in alueolis fusa uertantur aliarumque neta aut in
globum collige aut texenda conpone. quae texta sunt, perspice;
25 quae errata, reprehende; quae facienda, constitue. si tantis operum uarietatibus fueris occupata, numquam tibi dies longi erunt,
sed, quamuis aestiuis tendantur solibus, breues uidebuntur, in
quibus aliquid operis praetermissum est. haec obseruans et te 8
ipsam saluabis et alias et eris magistra sanctae conuersationis

1 *Rom. 14, 5   5 cf. Gal. 6, 10   9 cf. I Tim. 6, 8

1 enim in suo sensu B   habundet A𝔅D habundat (h eras.) B   5 in
s.l.m2B   9 atque] et B   11 alioqui ς   12 et] et ad 𝔅p.c.m2B   13 sum ς
loquutus AD,𝔅a.c.m2   15 sed] sed ea quae 𝔅   16 ora Aa.c.m2𝔅   17 media
noctis 𝔅a.c.m2,AD media nocte ς   18 quot ex quod ADB   21 animae 𝔅a.c.ς
suscitarit B   22 police AD,𝔅a.c.m2   23 subtecmina Ap.c.m2 subtegmina ς
24 testa D   perspice scripsi respice codd. inspice ς   25 cirrata B   26 dies
tibi ς   27 tendatur AD,𝔅a.c.m2   28 obseru. om.D   29 conuersionis A

13*

multarumque castitatem lucrum tuum facies scriptura dicente:
4 in desideriis est omnis anima otiosi. nec
idcirco tibi ab opere cessandum est, quia deo propitio nulla re in-
diges, sed ideo cum omnibus laborandum est, ut per occasionem
operis nihil aliud cogites, nisi quod ad domini pertinet seruitutem. 5
simpliciter loquar: quamuis omnem censum tuum in pauperes
distribuas, nihil apud Christum erit pretiosius, nisi quod manibus tuis ipsa confeceris uel in usus proprios uel in exemplum uirginum ceterarum uel, quod auiae matrique offeras maiora ab eis
in refectionem pauperum pretia receptura.   10

     16. Paene praeterii, quod uel praecipuum est. dum esses
paruula et sanctae ac beatae memoriae Anastasius episcopus
Romanam regeret ecclesiam, de orientis partibus hereticorum saeua tempestas simplicitatem fidei, quae apostoli uoce laudata est,
polluere et labefactare conata est. sed uir ditissimae pauper- 15
tatis et apostolicae sollicitudinis statim noxium perculit caput
2 et sibilantia hydrae ora conpescuit. et quia uereor, immo rumore cognoui in quibusdam adhuc uiuere et pullulare uenenata
plantaria, illud te pio caritatis affectu praemonendam puto,
ut sancti Innocentii, qui apostolicae cathedrae et supra dicti 20
uiri successor et filius est, teneas fidem nec peregrinam, quam-
3 uis tibi prudens callidaque uideatur, doctrinam recipias. solent
enim huiusce modi per angulos musitare et quasi iustitiam dei
quaerere: 'cur illa anima in illa est nata prouincia? quid causae
extitit, ut alii de Christianis nascantur parentibus, alii inter feras 25
et saeuissimas nationes, ubi nulla dei notitia est?' cumque hoc
quasi scorpionis ictu simplices quosque percusserint et fistulato
uulnere locum sibi fecerint, uenena diffundunt: 'putasne, frustra
infans paruulus et qui uix matrem risu et uultus hilaritate cognoscat, qui nec boni aliquid fecit nec mali, daemone corripitur, morbo 30
opprimitur regio et ea sustinet, quae uidemus inpios homines non

---

2 *Prou. 13, 4   14 cf. Eph. 4, 5. 13   29 cf. Uergil. Bucol.•IV 60

1 castitate *AD*   2 an. omnis ociosi *B*   anima *in mg.*𝔅   5 ad *ex* a *A*
9 uel] ut *AD*   quid *Ap.c.m2*   15 uir] *seq. ras. 3 litt.*𝔅   17 hidre *B* idrae *A*
hydriae (i *eras.*)𝔅 ydrie *D*   rumore *ex* ore 𝔅   18 pululare *AD*   20 innocenti *Aa.c.m2D*   22 uidearis ς   23 mussitare ς   et *s.l.m2B*   24 quur *AD,*𝔅*a.c.m2*
pr. illa *ex* ulla 𝔅   25 *alt.* aliae *D* aliqui *B*   29 uisu *Ap.c.*   30 aliquid] aliud *A*
31 oppremitur *Aa.c.m2D*   sustinent 𝔅

sustinere et sustinere deo seruientes? sin autem i u d i c i a', in- 4
quiunt, 'd o m i n i   u e r a,   i u s t i f i c a t a   i n   s e m e t   i p s i s
et nihil apud deum iniustum est, ipsa ratione conpellimur, ut credamus animas fuisse in caelestibus et propter quaedam antiqua
5 peccata damnatas in corporibus humanis et, ut ita loquamur, se-
pultas nosque in ualle lacrimarum poenas luere peccatorum. unde
et propheta dicit: p r i u s q u a m   h u m i l i a r e r,   e g o   p e c-
c a u i   et: e d u c   d e   c a r c e r e   a n i m a m   m e a m   et: i s t e
p e c c a u i t,   u t   c a e c u s   e x   u t e r o   n a s c e r e t u r,   a n
10 p a r e n t e s   e i u s? et cetera his similia'. haec inpia et scelerata 5
doctrina olim in Aegypto et in orientis partibus uersabatur et nunc
abscondite quasi in foueis uiperarum apud plerosque uersatur illarumque partium polluit puritatem et quasi hereditario malo serpit
in paucis, ut perueniat ad plurimos, quam certus sum quod, si
15 audieris, non recipias. habes enim apud deum magistras, quarum
fides norma doctrinae est. intellegis, quid loquar — d a b i t   e n i m 6
t i b i   d e u s   i n   o m n i b u s   i n t e l l e c t u m   — nec statim
aduersum saeuissimam heresim et multo his nequiora, quam dixi,
responsionem flagitabis, ne non tam prohibuisse uidear quam com-
20 monuisse, cum praesentis operis sit instruere uirginem, non hereticis
respondere. ceterum omnes fraudulentias eorum et cuniculos, quibus nituntur subuertere ueritatem, in alio opere deo adiuuante sub-
uertimus, quod, si uolueris, prompte libenterque mittemus. ultro-
neas enim aiunt putere merces et pretia facilitate decrescere, quae
25 semper in raritate maiora sunt.

17. Solet inter plerosque esse certamen, utrum solitaria an cum
multis uita sit melior. quarum prior praefertur quidem secundae, sed,
in uiris si quidem periculosa est, ne abstracti ab hominum frequentia sordidis et inpiis cogitationibus pateant et pleni adrogantiae ac

1 *Ps. 18, 10   6 cf. Ps. 83, 7   7 *Ps. 118, 67   8 *Ps. 141, 8
*Ioh. 9, 2   16 *II Tim. 2, 7   22 in alio opere] *sc.* epistula CXXIV

1 sin (n *eras.*)ℬ sint(nt *exp.*)A   iudicia sunt ç   2 semet ipsa ℬ   5 et
s.l.m2 A   6 ueterum (*s.l.m2*ℬ) luere ℬB luere ueterum ç   9 ex utero *eras.*ℬ
11 *alt.* in *om.*ç   12 foueas A   15 non *ex* nec *m2*ℬ   17 intellectu D   18 quam]
quae ç   19 responsionem] *add.* ordinis (hordinis D) *codd., quod ex nota* origenis
margini adscripta ortum puto, hominis ç   flagites B   non] modo B   20 instituere ç   21 fraudol. Aℬ*a.c.m2,*D   23 mittimus A*a.c.m2,*ℬD   24 decrescunt ç
27 melior sit ç   28 si in uiris (*om.* quidem) ç   si quidem *scripsi* quidem AD,
ℬ*a.c.* quoque ℬ*p.c.*B   29 ac] et ç

supercilii cunctos despiciant armentque linguas suas uel clericis uel
aliis monachis detrahendi ⟨causa⟩ — de quibus rectissime dicitur:
filii hominum, dentes eorum arma et sagittae
et lingua eorum gladius acutus —, quanto magis in
feminis, quarum mutabilis fluctuansque sententia, si suo arbitrio re- 5
2 linquatur, cito ad deteriora delabitur! noui ego in utroque sexu per
nimiam abstinentiam cerebri sanitatem in quibusdam fuisse uexa-
tam praecipueque in his, qui in humectis et in frigidis habitauere
cellulis, ita ut nescirent, quid agerent quoue se uerterent, quid loqui,
quid facere deberent. certe, si rudes saecularium litterarum de tracta- 10
tibus hominum disertorum quippiam legerint, uerbositatem solam
discunt absque notitia scripturarum et iuxta uetus elogium, cum loqui nesciant, tacere non possunt docentque scripturas, quas non
intellegunt, et, cum aliis persuaserint, eruditorum sibi adsumunt
supercilium prius inperitorum magistri quam doctorum discipuli. 15
3 bonum est igitur oboedire maioribus, parere perfectis et post regulas
scripturarum uitae suae tramitem ab aliis discere nec praeceptore
uti pessimo, scilicet praesumptione sua. de talibus feminis et apostolus loquitur, quae circumferuntur omni uento doctrinae s e m p e r
d i s c e n t e s   e t   n u m q u a m   a d   s c i e n t i a m   u e r i- 20
t a t i s   p e r u e n i e n t e s.
    18. Matronarum maritis ac saeculo seruientium tibi consortia
declinentur, ne sollicitetur animus et audias, quid uel maritus
uxori uel uxor locuta sit uiro. uenenatae sunt huiusce modi con-
fabulationes, super quarum damnatione saecularem uersum adsu- 25
mens apostolus fecit ecclesiasticum: c o r r u m p u n t m o r e s
b o n o s c o n f a b u l a t i o n e s m a l a e, cuius iambici metrum,
dum uerbum seruat ex uerbo, nequaquam expressit Latina trans-

    3 Ps. 56, 5   12 cf. Otto, Sprichw. p. 338 sq., ubi adde Quintil. i. o.
VIII 5, 18. Martial. VI 41, 2. Hieron. epist. LXI 4, 1   19 cf. Eph. 4, 14
II Tim. 3, 7   26 *I Cor. 15, 33 = Menandri fr. 218 Kock

    2 detrahendo ς detrahendis *Engelbrecht*   causa *addidi, om. codd.*   5 relin-
quantur *B*   6 delabuntur *B*   per nim. abst. *s.l.m2*𝔅   7 cerebris *Aa.r.D*
in *om.*ς   8 umectis *A,Da.c.*   *tert.* in *eras.*𝔅*,om.*ς   habitauerunt ς   11 dis-
sert. *codd.praeter B*   12 eloquium *A*   cum loqui *ex* conloqui *m2A*   14 ass.
𝔅*p.c.m2B*   16 igitur est *B*   praefectis ς   18 pessima *D*   feminis *om. B*
20 ad *ex* ab *A*   22 mariti *B*   ac] a *Aa.c.m2D*   23 declinente *D*   24 loquuta
𝔅*a.c.m2D*   25 damnationem *A*𝔅*D*   27 confab. pessimae ς colloquia mala *P*

latio. graues feminae — et maxime uiduae ac uirgines — tibi comi- 2
tes eligantur, quarum probata est conuersatio, sermo moderatus,
sancta uerecundia. fuge lasciuiam puellarum, quae ornant capita,
crines a fronte demittunt, cutem poliunt, utuntur lomentis, ad-
5 strictas habent manicas, uestimenta sine ruga soccosque crispantes,
ut sub nomine uirginali uendibilius pereant. mores enim et studia 3
dominarum plerumque ex ancillarum et comitum moribus iudicantur. illa sit tibi pulchra, illa amabilis, illa habenda inter socias,
quae nescit esse se pulchram, quae neglegit formae bonum et proce-
10 dens ad publicum non pectus et colla denudat nec pallio reuelato cer-
uices aperit, sed quae celat faciem et uix uno oculo, qui uiae necessarius est, patente ingreditur.

19. Dubito an loquar, sed — uelim, nolim —, quia crebro fit, dicendum est, non quo haec in te timere debeam, quae ista forsitan ne-
15 scias nec umquam audieris, sed quo per occasionem tui ceterae prae-
monendae sint. cincinnatulos pueros et calamistratos et peregrini
muris olentes pelliculas, de quibus illud Arbitri est: n o n   b e n e
o l e t ,   q u i   b e n e   s e m p e r   o l e t, quasi quasdam pestes et
uenena pudicitiae uirgo deuitet, ut taceam de ceteris, quorum in-
20 portuna uisitatio et se infamat et alias, ut, etiamsi nihil mali operis
perpetretur, tamen hoc sit uel maximum malum frustra patere
maledictis et morsibus ethnicorum. nec hoc de omnibus dicimus, 2
sed de his, quos ecclesia ipsa reprehendit, quos interdum abicit,
in quos nonnumquam episcoporum et presbyterorum censura desae-
25 uit, ut prope periculosius sit lasciuis puellis ad loca religionis quam
ad publicum procedere. quae uiuunt in monasterio et quarum simul magnus est numerus, numquam solae, numquam sine matre
procedant. de agmine columbarum crebro accipiter unam separat,
quam statim inuadat et laceret et cuius carnibus et cruore sature-
30 tur. morbidae oues suum relinquunt gregem et luporum faucibus
deuorantur. scio ego sanctas uirgines, quae diebus festis propter 3

17 Martialis II 12, 4

4 dimittunt *Ap.c.m2*𝕭*D* mittunt *Aa.c.m2*   lumentis *A*𝕭*a.c.m2,D* pig-
mentis *B*   8 tibi sit *B*   pulcra *DB*   9 se nescit esse ς   se *ε.l* 𝕭*,om.DB*
pulcram *D*   10 reuoluto ς   ceruicem ς   16 peregrinis *Aa.r.D*   17 olentis *AD*
pellicula *AD*   arbitrii *AD* triuii *B*   18 qui—*alt.* olet *in mg. m2 B*   bene
semper 𝕭*p.c.m2* semper bene *cet.*   19 quarum *B*   20 operis *om.*ς   22 ethn.]
inimicorum *Ap.c.m2*   23 ipsa *ex* omnis 𝕭   28 procedunt *A*   29 *alt.* et *s.l.*𝕭*,om.*ς

populorum frequentiam pedem domi cohibent nec tunc egrediuntur, quando maior est adhibenda custodia et publicum penitus
deuitandum. ante annos circiter triginta de uirginitate seruanda
edidi librum, in quo necesse mihi fuit ire contra uitia et propter
instructionem uirginis, quam monebam, diaboli insidias patefacere. 5
4 qui sermo offendit plurimos, dum unusquisque in se intellegens, quod
dicebatur, non quasi monitorem libenter audiuit, sed quasi crimi-
natorem sui operis auersatus est. uerumtamen quid profuit armasse
exercitum reclamantium et uulnus conscientiae dolore monstrasse?
5 liber manet, homines praeterierunt. scripsi et ad plerasque uir- 10
gines ac uiduas σπουδασμάτια et, quidquid dici poterat, in illis opusculis defloratum est, ut aut ex superfluo eadem a nobis repetantur
aut nunc praetermissa plurimum noceant. certe et beatus Cyprianus
egregium de uirginitate uolumen edidit et multi alii tam Latino sermone quam Graeco omniumque gentium litteris atque linguis, prae- 15
6 cipue in ecclesiis, ἁγνή uita laudata est. sed hoc ad eas pertineat,
quae necdum elegerunt uirginitatem et exhortatione indigent, ut
sciant, quale sit, quod eligere debeant; nobis electa seruanda sunt
et quasi inter scorpiones et colubros incedendum, ut accinctis lumbis calciatisque pedibus et adprehensis manu baculis iter per in- 20
sidias huius saeculi et inter uenena faciamus possimusque ad dulces
Iordanis peruenire aquas et terram repromissionis intrare et ad
domum dei ascendere ac dicere cum propheta: d o m i n e , d i-
l e x i d e c o r e m d o m u s t u a e e t l o c u m h a b i t a t i-
o n i s g l o r i a e t u a e et illud: u n a m p e t i i a d o m i n o, 25

---

3 *sc.* epist. XXII   19 cf. Ex. 12, 11   23 Ps. 25, 8   25 *Ps. 26, 4

1 freq. pop. ς   3 seruanda *in mg.*ℬ   4 fuit mihi ς   6 qui sermo *ex*
quis ergo *m2A*   in se *s.l.*ℬ   7 audiunt *A Ba.c.m2,D*   8 aduersatus ℬ*a.r.B*
tamen *om.*ℬ*B*   10 praeterierunt *ex* perierunt ℬ   11 ac *ex* et ℬ   *CΠOY-*
(*Y in ras.m2*)*ΔACN*(*N exp., s.l.m2M*)*ΑΛΑ* (*mut. in* ΑΕΛΙΑ *mż*) festinata (*s.l.*
m2) *A CΠOΔ*(*eras.*)*YΔACNAΠA* ℬ *CΠOYΛACNAΠA D CΠOYMCAIA-*
TIA B   12 ut *om.A*   ex *om.*ς   a *om.B*   13 aut—certe *in mg.m2A*
nunc] n̄ *B*   et *om.A*   ciprianus *B*   15 literis ℬ*p.c.B*   praecipui *B*
16 e(ae ℬ)cclesia *A p.c.m2*ℬ*B*   ἁγνή *Vallarsi* agnis *A*ℬ*a.c.m2,D* agnes *A*ℬ*p.c.m2*
agminis *B*   pertinet *B*   17 exortatione *D* exercitatione *B*   18 elegere *A*ℬ*a.c.*
m2D   seru.] confirmanda *B*   19 *pr.* et] hi *D*   20 que *om.*ς   appr. ℬ*p.c.m2DB*
21 et *om.B*   possumusque *A* possumus ℬ*a.c.* possumus quae *D* possumus ς
22 aquas peru. *B*   25 et illud *s.l.*ℬ   et *ex* ut *m2A*   peti *A*   domino] d̄ *B*

h a n c r e q u i r a m, ut h a b i t e m in d o m o d o m i n i
o m n i b u s d i e b u s u i t a e m e a e. felix illa conscientia et 7
beata uirginitas, in cuius corde praeter amorem Christi, cui est
sapientia, castitas, patientia atque iustitia ceteraeque uirtutes,
5 nullus alius uersatur amor nec ad recordationem hominis aliquando
suspirat nec uidere desiderat, quem, cum uiderit, nolit dimittere.
sanctum uirginum propositum et caelestis angelorumque familiae
gloriam quarundam non bene se agentium nomen infamat. quibus
aperte dicendum est, ut aut nubant, si se non possunt continere, aut
10 contineant, si nolunt nubere. digna res risu, immo planctu: in- 8
cedentibus dominis ancilla uirgo procedit ornatior, ut pro nimia
consuetudine, quam incomptam uideris, dominam suspiceris. non-
nullae separata et absque arbitris quaerunt hospitia, ut uiuant
licentius, utantur balneis faciantque, quod uolunt, et deuitent con-
15 scientias plurimarum. haec uidemus et patimur et, si aureus num-   *
mus adfulserit, inter bona opera deputamus.

20. Finem iungo principio nec semel monuisse contentus sum.
ama scripturas sanctas et amabit te sapientia. d i l i g e e a m
et s e r u a b i t te; h o n o r a i l l a m et a m p l e x a b i-
20 t u r t e. haec monilia in pectore et in auribus tuis haereant. nihil
aliud nouerit lingua nisi Christum, nihil possit sonare, nisi quod sanctum est. auiae tuae tibi semper ac matris in ore dulcedo uersetur,
quarum imitatio forma uirtutis est.

9 cf. I Cor. 7, 9   18 *Prou. 4, 6. 8

1 hanc] ac D   inhabitem B   domini] d B   2 meae ex tuae 𝕭   5 aduersatur B   6 uidere desiderat ex uiderat 𝕭   noli D   8 quorundam codd.
praeterB   se eras.𝕭   9 cont. non poss. B   13 separatae AB   et om.B
quaerunt] que sunt D   ut] ubi B   14 faciamque D   16 adfluxerit A𝕭a.c.m2
reputamus AD,𝕭p.c.   17 contemptus D contenti Aa.c.m2   22 tuae eras.𝕭,
om.B   ac ex et 𝕭   dulc. in ore B   23 est] add. explicit ad demetriadem 𝕭

CXXXI.
AUGUSTINUS AD HIERONYMUM DE ORIGINE ANIMAE.

1. Deum nostrum, qui nos uocauit in suum re-
gnum et gloriam, et rogaui et rogo, ut hoc, quod ad te scribo,
sancte frater Hieronyme, consulens te de his, quae nescio, fructu- 5
osum esse nobis uelit. quamquam enim te multo, quam ego sum,
aetate maiorem tamen etiam ipse iam senex consulo. sed ad discen-
dum, quod opus est, nulla mihi aetas sera uideri potest, quia, etsi
senes magis decet docere quam discere, magis tamen discere quam,
2 quid doceant, ignorare. nihil equidem molestius fero in omnibus 10
angustiis meis, quas patior in difficillimis quaestionibus, quam in
tam longinquo tuae caritatis absentiam, ut uix possim meas dare,
uix recipere litteras tuas per interualla non dierum, non mensium,

3 1 Thess. 2, 12

$\ddot{a}$ = *Ambrosianus O. 210. sup. s. VII.*
$\mathfrak{P}$ = *Escorialensis & I 14 s. VIII—IX.*
A = *Berolinensis lat. 17 s. IX.*
$\mathfrak{z}$ = *Parisinus lat. 12163 s. IX.*
D = *Vaticanus lat. 355 + 356 s. IX—X.*
M = *Coloniensis 60 s. IX—X.*
$\varLambda$ = *Parisinus lat. 4883 A s. XI.*

consulatio aureli augustini ad hieron. presb. de origine animae $\ddot{a}$ augustinus ad hieronymum de origine animae $\mathfrak{P}$ beatus augustinus ad sanctum hier
de origi(*ex* e)ne anime A epistula aureli augustini episcopi consulato (*sic*) ad
hier. presb. de origine animae $\mathfrak{z}$ epistola beati augustini ad sanctum hieronimum
de origine (*ex* derigene) animae D epistula sancti augustini ad hier. de origine
animae M liber sancti augustini episcopi ad sanctum hier. presb. de origine
animae hominis $\varLambda$
haec epistula est inter Augustini epistulas CLXVI (pars III p. 545 Goldbacher)

3 dominum deum D uocabit $\mathfrak{P}$ regnum suum $\mathfrak{P}$ 4 ut *om.$\varLambda$*   ad
ex a A 5 fructuum $\mathfrak{P}$ fructum $\varLambda$ 6 nobis esse $\varLambda$ nobis *om.*$\mathfrak{z}$ uelis *ADM*
quamquam] quam $\mathfrak{P}$ te (*seq. ras.* 1—2 *litt.*)M te sciam si D te si (tu sis *m2*)A
quam] quem $\mathfrak{P}$ 7 maior *AD,Ma.c.m2*   etiam ipse *om.$\varLambda$*   9 senex $\ddot{a}D,Aa.c.m2$
senē $Ap.c.m2,M$ (*seq. ras. 1 litt.*)   tamen] *add.* decet $\mathfrak{P}$ 10 quid] quod $\mathfrak{P}$ quae
$Ma.c.m2$ quae *ex* qui $m2A$ doceat $\ddot{a}ADM$ 11 *alt.* in *eras.AM*   12 longin-
qua $D\varLambda,Ma.c.m2$ longinquā A (*seq. ras.* 4—5 *litt.*),$Mp.c.m2$ absentiam(m *in ras.*)
M absentia $D\varLambda$ meos $\mathfrak{P},om.$$\mathfrak{z}$ 13 uix] uel *ADM*   interuallum (*ex* —am)$\ddot{a}$
mensuum $\mathfrak{P}$$\mathfrak{z}D,AMa.r.$

sed aliquot annorum, cum, si fieri posset, cotidie praesentem te habere uellem, cum quo loquerer, quicquid uellem. nec ideo tamen
non debui facere, quod potui, si non potui totum, quod uolui.

2. Ecce uenit ad me religiosus iuuenis, catholica pace frater,
5 aetate filius, honore conpresbyter noster Orosius, uigil ingenio, paratus eloquio, flagrans studio, utile uas in domo domini esse desiderans ad refellendas falsas perniciosasque doctrinas, quae animas
Hispanorum multo infelicius, quam corpora barbaricus gladius, tru-
cidarunt. nam inde ad nos usque ab oceani littore properauit 2
10 fama excitus, quod a me posset de his, quae scire uellet, quicquid
uellet, audire. neque nullum cepit aduentus sui fructum, primo,
ne de me multum famae crederet; deinde docui hominem, quod
potui, quod autem non potui, unde discere posset, admonui atque,
ut ad te iret, hortatus sum. qua in re consilium uel praeceptum meum
15 cum libenter et oboedienter acciperet, rogaui eum, ut abs te ueniens
per nos ad propria remearet. quam eius pollicitationem tenens occa- 3
sionem mihi credidi a domino esse concessam, qua tibi scriberem de
his, quae per te scire cupio. quaerebam enim, quem ad te mitterem,
nec mihi facile occurrebat idoneus et fide agendi et alacritate oboe-
20 diendi et exercitatione peregrinandi. ubi ergo istum iuuenem expertus sum, eum ipsum esse, qualem a domino petebam, dubitare non
potui.

3. Accipe igitur, quae mihi peto aperire ac disserere non graueris. quaestio de anima multos mouet, in quibus et me esse confi-
25 teor. nam quid de anima firmissime teneam, non tacebo; deinde
subiungam, quid mihi adhuc expediri uelim. anima hominis inmortalis est secundum quendam modum suum. non enim omni

6 cf. II Tim. 2, 21

1 aliquod *ä a.c.*𝕻   poss. fieri *Λ*   possit *Ma.c.m2*   te cot. praes. *Λ*
cottidie *ä*   te *om.ä*   2 *pr.* uelim *Aa.c.m2*   *alt.* uelim 𝕻,*Aa.c.m2*   3 parat.]
promptus *ς*   6 flaglans *ä a.c.* fraglans *DΛ*   7 reuell. 𝕻 repell. *Λ*   animos *M*
p.c.m2   8 barbarus gladio 𝕻   trucidauit *D*   10 exitus 𝕻 excitatus *D*   possit
äD,ΛMa.c.m2   uelit—uelit *Aa.c.m2*   11 ullum *ä p.c.* illum 𝕻   coepit *AᴣMΛ*
primum 𝕻   12 ne *om.ᴣa.c.*   me *om.ᴣ*   fama (*alt.* a *in ras.*)𝕻   13 dicere *ᴣ*
adque *ä*𝕻   14 ad *ex* a *M*   **hortatus *Λ* ortatus *Λ*   quia *ς*   in *om.Λ*
16 pollitationem *Aᴣ*   19 mihi *om.*𝕻   idoneos 𝕻   20 et *om.äᴣ*   21 talem
qualem 𝕻 quem *Λ*   23 igitur et *Λ*   24 multos—de anima *om.ᴣ*   mouit *ς*
et *om.Λ*   25 quod *AD,Ma.c.m2*   26 adhuc *om.Ma.c.* adhoc 𝕻   27 non enim]
non in *ex* nomenin *m2ä*

modo sicut deus, de quo dictum est, quod solus habeat inmortali-
tatem — nam de animae mortibus sancta scriptura multa commemorat, unde illud est: s i n e   m o r t u o s   s e p e l i r e   m o r-
t u o s   s u o s —, sed quod ita moritur alienata a uita dei, ut tamen
in natura sua uiuere non omnino desistat, ita mortalis ex aliqua 5
2 causa inuenitur, ut etiam inmortalis non sine ratione dicatur. non
est pars dei anima. si enim hoc esset, omni modo incommutabilis
atque incorruptibilis esset. quod si esset, nec deficeret in deterius
nec proficeret in melius nec aliquid in semet ipsa uel inciperet
habere, quod non habebat, uel desineret habere, quod habebat, quan- 10
tum ad eius ipsius affectiones pertinet. quam uero aliter se habeat,
non opus est extrinsecus testimonio; quisquis se ipsum aduertit,
3 agnoscit. frustra autem dicitur ab eis, qui animam dei esse partem
uolunt, hanc eius labem ac turpitudinem, quam uidemus in nequis-
simis hominibus, hanc denique infirmitatem et aegritudinem, quam 15
sentimus in omnibus hominibus, non ex ipsa illi esse, sed ex corpore. quid interest, unde aegrotet, quae si esset incommutabilis,
unde libet aegrotare non posset? nam quod uere incommutabile et
incorruptibile est, nullius rei accessu commutari uel corrumpi
4 potest. alioquin non Achillea tantum, sicut fabulae ferunt, sed om- 20
nis caro esset inuulnerabilis, si nullus ei casus accideret. non est itaque natura incommutabilis, quae aliquo modo, aliqua causa, aliqua
parte mutabilis est; deum autem nefas est nisi uere summeque in-
commutabilem credere: non est igitur anima pars dei.

    4. Incorpoream quoque esse animam etsi difficile tardioribus 25
persuaderi potest, mihi tamen fateor esse persuasum. sed ne uerbi

---

1 cf. I Tim. 6, 16   3 *Matth. 8, 22. *Luc. 9, 60

    1 quia *ADM* qui ς   habet ς   3 sepeliant *ä* sepelian ℬ   4 suos *om.ä a.c.*
ista *A,Ma.r.*   aliena *Λ*   5 uibere ℬ,*om.Λ*   7 omni modo] omnino ℬ   8 adque *ä*ℬ   10 *pr.* habebat] habeat *Λ*   uel—*alt.* habebat *om.* ℬ*A, in mg.m2M*   desi-
nere ȝ   *alt.* habebat] habeat *Λ*   11 ips. eius *ADM*   ipsius *om.Λ*   quam] quantum *A*   alter *AMa.c.,*ȝ   habeant ℬ   12 testimonia *ä*   13 ab eis *om.*ℬ   part.
esse *ADM*   14 uoluit *D*   ac] hanc ℬ*A*   turpidinem *Aa.c.m2D*   16 ex se
ipsa ℬ   corpora ℬ   17 incomm.] *seq.* quae aliquo (*ex* alico *m2A, ex* liquo *D*)
modo aliqua (*om.D*) causa *ADM* (*cf. lin.* 22)   18 egrotari *Ap.c.m2*   non *del.m2M*
19 nullus *ä a.c.m2D*   accessum *ä a.c.m2*ℬ   20 achille tantum *ex* achill∗an-
tum *m2ä*   acillea ℬ   21 causus *Da.r.,om.Λ*   accidisset *AD,M* (*ex* acced—*m2*)
itaque] ita et *AD*   22 quae] nec quae *Mp.c.m2*   modo] add. nec *m2M*   aliqua parte *s.l.m2M.om.AD*   24 anime ℬ   26 persuadere *ä a.c.m2*ȝ   pote est ℬ

controuersiam uel superfluo faciam uel merito patiar, quoniam, cum
de re constat, non est opus certare de nomine, si corpus est omnis
substantia uel essentia uel, si quid aptius nuncupatur id. quod
aliquo modo est in se ipso, corpus est anima. item, si eam solam 2
5 incorpoream placet appellare natuiam, quae summe incommutabilis et ubique tota est, corpus est anima, quoniam tale aliquid ipsa
non est. porro, si corpus non est, nisi quod per loci spatium aliqua
longitudine, latitudine, altitudine ita sistitur uel mouetur, ut maiore
sui parte maiorem locum occupet et breuiore breuiorem minusque
10 sit in parte quam in toto, non est corpus anima. per totum quippe 3
corpus, quod animat, non locali diffusione, sed quadam uitali intentione porrigitur; nam per omnes eius particulas tota simul adest
nec minor in minoribus et in maioribus maior, sed alicubi intentius,
alicubi remissius et in omnibus tota et in singulis tota est. neque
15 enim aliter, quod in corpore etiam non toto sentit, tamen tota sentit;
nam cum exiguo puncto in carne uiua aliquid tangitur, quamuis
locus ille non solum totius corporis non sit, sed uix in corpore uideatur, animam tamen totam non latet neque id, quod sentitur, per
corporis cuncta discurrit, sed ibi tantum sentitur, ubi fit. unde ergo 4
20 ad totam mox peruenit, quod non in toto fit, nisi quia et ibi tota
est, ubi fit, nec, ut tota ibi sit, cetera deserit? uiuunt enim et illa ea
praesente, ubi nihil tale factum est. quod si fieret et utrumque simul fieret, simul utrumque totam pariter non lateret. proinde et
in omnibus simul et in singulis particulis corporis sui tota simul
25 esse non posset, si per illas ita diffunderetur, ut uidemus corpora diffusa per spatia locorum minoribus suis partibus minora occupare
et amplioribus ampliora. quapropter, si anima corpus esse dicenda

1 super filio ʒ   meriti 𝔅   2 constet D opus est 𝔅   corporeus 𝔅 cor ʒ
omnes 𝔅   3 quid] quis ʒ   4 se om.ʒ   item—6 anima om.A 5 summa 𝔅
6 ubique] ubi A alt. est] non (m2, sed eras.) est M et A 8 et altit. ç   commouetur A maiore] maiores ADMa.r. maiorem $\ddot{a}a.c.m2$ 9 partem(m del.) $\ddot{a}$
que om.𝔅   10 alt. in om.A tota A non om.A 11 quod del.m2M,om.A
anima $\ddot{a}a.c.m2MA$ loquali 𝔅   12 eius omnes ʒ   13 intensius $Dp.c.m2$
15 toto] totum AD,Ma.c.m2 tota $\ddot{a}a.c.m2$ 18 anima $\ddot{a}a.c.m2A$ tota $\ddot{u}a.c.m2A$ʒ
19 ibi] ubi ʒ   undergo $\ddot{a}$ 20 mox ad totam A totam] tota $\ddot{a}a.c.m2A$
in om.A toto ex totum m2A fit] sit A et ibi om.ʒ   21 ubi est ubi ʒ
sit] fit ʒ   uiuimus ʒ   illa ea] illę a ʒ illea (e del.m2) $\ddot{a}$ illa a 𝔅   22 et om.$\ddot{a}A$
utrumne $\ddot{a}a.c.m2$,seq. quę(del.)D simul fieret, simul utrumque om.A 23 pariter]
partem $\ddot{a}$ latet 𝔅   et om.$\ddot{a}$ 24 simul esse] simul et (ad m2) esse $\ddot{a}$ simus esse ʒ

est, non est certe corpus, quale terrenum est nec quale humidum
5 aut aërium aut aetherium. omnia quippe talia maiora sunt in maioribus locis et minora in minoribus et nihil eorum in aliqua sui parte
totum adest, sed, ut sunt partes locorum, ita occupantur partibus
corporum. unde intellegitur, anima siue corpus siue incorporea di- 5
cenda sit, propriam quandam habere naturam omnibus his mun-
danae molis elementis excellentiore substantia creatam, quae ueraciter non possit in aliqua phantasia corporalium imaginum, quas per
carnis sensus percipimus, cogitari, sed mente intellegi uitaque
6 sentiri. neque haec perinde loquor, ut te, quae tibi nota sunt, doceam, 10
sed ut aperiam, quid firmissime de anima teneam, ne me quisquam,
cum ad ea uenero, quae requiro, nihil de anima uel scientia uel
fide tenere arbitretur.

5. Certus etiam sum animam nulla dei culpa, nulla dei necessitate uel sua sed propria uoluntate in peccatum esse conlapsam nec 15
liberari posse de corpore mortis huius uel suae uoluntatis uirtute
tamquam sibi ad hoc sufficiente uel ipsius corporis morte, sed
g r a t i a   d e i   p e r   I e s u m   C h r i s t u m,   d o m i n u m
n o s t r u m, nec omnino esse animam ullam in genere humano, cui
non sit necessarius ad liberationem m e d i a t o r   d e i   e t   h o- 20
2 m i n u m,   h o m o   C h r i s t u s   I e s u s. quaecumque autem sine
gratia mediatoris et sacramento eius in qualibet corporis aetate de
corpore exierit, et in poena futuram et in ultimo iudicio recepturam
corpus ad poenam. si autem post generationem humanam, quae
facta est ex Adam, regeneretur in Christo ad eius pertinens socie- 25
tatem, et requiem post mortem corporis habituram et corpus ad
gloriam recepturam. haec sunt, quae de anima firmissime teneo.

16 cf. Rom. 7, 24   18 Rom. 7, 25   20 I Tim. 2, 5

1 corpus certe A 2 *pr.* aut *om.*𝔅   aereum *ä*D,$Aa.c.m2$ aut aeth. *om.*A
aethereum AD,*ä*$Mp.c.m2$ alia *ä*   sunt mai. A 3 *alt.* in *om.ä*   parte sui A
5 sit dic. A 6 nat.] *add.* et $m2D$ 7 excellent(c)iorem substantiam AA
9 carnis] cauernis (—nas $m2$)*ä*   percepimus 𝔅AA,$DMa.c.m2$ cogitare D,
$AMa.c.m2$ 10 proinde $ADMA$ te] e (ea $m2$)*ä*   11 teneat 𝔅   me *om.*A
12 requiro] reo uiro 𝔅   nihil me de A 13 fide] *add.* me *s.l.m2D*   15 uel
sua *om.ä*   peccato 𝔅   16 liberare A 17 sufficientem (m *del.m2*)*ä*   mortem
ä$a.c.m2A$ sed] nisi A 19 ulla ₰   cui non] cum A,$Ma.c.$ 20 hominum]
hominis 𝔅   23 poenam M futura 𝔅DA receptura 𝔅,$Ap.r.$

6. Nunc accipe, obsecro, quid requiram, et noli me spernere; sic non te spernat, qui pro nobis dignatus est sperni. quaero, ubi contraxerit anima reatum, quo trahitur in condemnationem etiam infantis morte praeuenti, si ei per sacramentum, quo etiam par-
5 uuli baptizantur, Christi gratia non subuenerit. non enim es ex illis, qui modo noua quaedam garrire coeperunt dicentes nullum reatum esse ex Adam tractum, qui per baptismum in infante soluatur. quod te sapere si scirem, immo nisi te id non sapere scirem, necuaquam hoc abs te quaererem aut quaerendum putarem. sed quia tenemus 2
10 de hac re sententiam tuam concinentem catholicae fundatissimae fidei, qua et Iouiniani uaniloquia redarguens adhibuisti testimonium ex libro Iob: n e m o   m u n d u s   i n   c o n s p e c t u   t u o
n e c   i n f a n s,   c u i u s   e s t   d i e i   u n i u s   u i t a   s u p e r
t e r r a m, deinde adiunxisti: 'te n e m u r q u e   r e i   i n   s i m i-
15 l i t u d i n e m   p r a e u a r i c a t i o n i s   A d a e', et liber tuus in
Ionam prophetam satis hoc insigniter dilucideque declarat, ubi ieiunare paruulos propter ipsum originale peccatum merito coactos esse dixisti, non inconuenienter abs te quaero, hunc reatum anima ubi contraxerit, unde oporteat eam etiam in illa aetate per sacramentum
20 Christianae gratiae liberari.

7. Ego quidem ante aliquot annos, cum libros quosdam scriberem de libero arbitrio, qui in multorum manus exierunt et habentur a plurimis, quattuor opiniones de animae incarnatione, utrum

---

11 cf. adu. Iouin. II 2   12 *Hiob 14, 4—5   14 adu. Iouin. II 2.
cf. Rom. 5, 14   15 cf. Hieron. comm. in Ionam c. 3 u. 5   22 cf. August.
de libero arbitrio III 59; 62; 63

1 quaeso *A*   2 sic] si *äp.c.ADMA*   te non *äADM*   3 contraxsit 𝔓
qui *A*   trahatur *ADMA*   etiam in condemn. 𝔓   4 prae(e)uentis *āADMa.c.*
uel r.   quod *A*   5 enim *om.ä*   es *om.A*   ex] de *A*   6 reatum] eratum *D*
7 esse *om.ʒ*   adam (m *del.m2*) *D*   in *om.𝔓A*   infantes (—tis *m2*)*A* fonte *A*
8 si te sapere *A*   *pr.* scire ʒ   *alt.* scire 𝔓   9 quaererem aut *om.ä𝔓ʒA*   10 fundatissimaeque ς   11 qua et] quia et ς qua *ʒa.c.* que 𝔓 et *Mp.c.* quaestio (stio
del.)*D* questio(*add.* ne *s.l.m2*)*A*   ioui*niani *D* iuuiniani 𝔓   13 est *om.𝔓* unius
diei *A*   14 similitudine 𝔓ʒ   16 iona propheta ä   satis] stis (*del.m2*) ä satis
in *A*   delucideque(ae ä)*äA*   declarauit ä   17 ipsum *ex* ipsud *m2DM, ex*
ipso *m2A*   esse *exp.m2D*   18 ab *D*   19 oportet 𝔓ʒ   20 Chr.st. *om.𝔓*
21 e*go 𝔓   aliquod *äa.c.m2*𝔓   22 libro ʒ   qui *om.äa.c.m2* que 𝔓   et ne ʒ
et nunc ς

ex illa una, quae primo homini data est, ceterae propagentur, an singulis quibusque nouae etiam modo fiant, an alicubi iam existentes
uel mittantur diuinitus uel sponte labantur in corpora, ita putaui
esse tractandas, ut, quaelibet earum uera esset, non inpediret inten-
tionem meam, qua tunc aduersus eos, quantis poteram uiribus, 5
agebam, qui naturam mali suo principio praeditam aduersus deum
2 conantur inducere, id est contra Manicheos. nam de Priscillianistis
adhuc nihil audieram, qui non multum ab istis dissimiles blasphemias fabulantur. ideo quintam opinionem non addidi, quam in tua
epistula inter ceteras commemorasti, ne aliquam praeterires, ubi 10
de hac quaestione interroganti rescripsisti religiosae memoriae uiro
nobisque in Christi caritate gratissimo Marcellino, quod anima sit pars
dei, primo quia non de incarnatione eius sed de natura quaeritur,
cum hoc quaeritur, deinde quia hoc sentiunt illi, contra quos agebam, et id maxime agebam, ut creatoris inculpabilem inuiolabilem- 15
que naturam a creaturae uitiis et labe secernerem, cum illi a substantia mali, cui proprium principium principesque tribuunt, ipsam boni
dei substantiam ex parte, qua capta est, corruptam et oppressam et
3 ad peccandi necessitatem perductam esse contendant. hoc itaque
excepto hereticae opinionis errore ex quattuor reliquis opinionibus 20
quaenam sit eligenda, scire desidero. quaecumque enim eligenda
est, absit, ut inpugnet hanc fidem, de qua certi sumus omni animae etiam paruuli infantis necessariam esse liberationem ex obli-
gatione peccati eamque nullam esse nisi per Iesum Christum et hunc
crucifixum.   25

10 cf. epist. CXXVI 1

1 in primo homine *ä*   caetera *D*   propagantur *ä*   an e *Λ*   2 modo
etiam nouae *Λ*   iam *om. AD,Ma.c.m2*   3 mittuntur *ä*   labuntur *ä*   4 tract.
—esset *om.℘*   uerum *ʒ*   non] ne *℘*   5 quia *Λ* quam *℘*   6 qui* *ʒ*   pre-
dictam *℘* editam *Λ*   7 conabantur *℘*   8 non in *Λ*   9 in *om. Aʒ*   10 ceteras]
cera *ʒ*   preterirem *D*   11 de *om.ä*   interrogasti *ä*   12 xpo *AʒD,Ma.c.m2*
non sit *℘Λ*   14 quia] quod *ʒ*   hoc *om.äΛ*   quos (*eras.*) contra (*add.* quos
m2)*M* contra eos *℘*   15 et *om.ä*   16 creatura *℘* creatore *Λ*   uitis *Λ*   ab
sustantia *A*   17 mali cui] alicui *ΛΛ*   principium *om.ʒ*   principisque *A*   dei
boni *Λ*   boni *om.ä*   18 quae *A* que *ʒD*   capta (ca *in* ᵼas.)*M* apta *AD*
19 contendunt *ADMΛ*   20 opin.—reliquis *om.A*   opinionibus] opinionis *A*
p.c.m2   22 inpugnē *A*   de qua] quā *Dp.c.*   certissimus *äa.c.m2A*   23 esse]
add. ad *s.l.m2D*   ex obl.] et obligationē *A*   24 Christum *om.Λ*   25 crucifixus *ʒ*

8. Proinde, ne longum faciamus, hoc certe sentis, quod singulas animas singulis nascentibus etiam modo deus faciat. cui sententiae ne obiciatur, quod omnes creaturas sexto die consummauerit deus, septimo requieuerit, adhibes testimonium ex euangelio:
5 p a t e r   m e u s   u s q u e   n u n c   o p e r a t u r. sic enim ad Marcellinum scripsisti, in qua epistula etiam mei commemorationem beniuolentissime facere dignatus es, quod hic me haberet in Africa, qui ei possem istam facilius explicare sententiam. quod si potuissem, 2 non ille hoc abs te tam longe posito inquireret, si tamen id tibi ex 10 Africa scripsit. nam, quando scripserit, nescio; tantum scio. quod de hoc bene cognouerit cunctationem meam, unde me inconsulto facere uoluit. quamquam, etiam si consuleret, magis hortarer et gratias agerem, quod nobis conferri omnibus posset, nisi tu breuiter rescribere quam respondere maluisses, credo ne superfluo labo- 15 rares, ubi ego essem, quem putabas id optime scire, quod ille quaesierat. ecce' uolo, ut illa sententia etiam mea sit, sed nondum esse confirmo.

9. Misisti ad me discipulos, ut eam rem doceam, quam nondum ipse didici. doce ergo, quod doceam. nam ut doceam, multi 20 a me flagitant eisque me sicut alia multa et hoc ignorare confiteor. et fortasse, quamuis in os meum uerecundentur, tamen apud se dicunt: t u   e s   m a g i s t e r   i n   I s r a h e l   e t   h a e c   i g n c r a s? quod quidem dominus ei dixit, qui erat unus illorum, quos delecta- 2

3 cf. Gen. 2, 2   4 cf. epist. CXXVI 1   5 *Ioh. 5, 17   6 cf. epist.
CXXVI 1 fin.   22 *Ioh. 3, 10   23 cf. Ioh. 3, 1—2

1 sentis *om.AD,Ma.c.*   quod] ut *A*   2 cuius ℬ   3 obiciantur *A,DMa.c.*
sexta (t *s.l.m2 A*) *ADM*   4 et sept. *äp.c.m2*ℬ*ADM* et sept. die *Λς*   requieuit *A*   adhibe *Dp.r.A*   5 usque *om.ʒ*   nunc] modo ℬ*D*   sic *ex* si *m2 A*
6 in *om.ʒ*   7 beniuolentiae *A*   8 ei istam (*haec in ras.*) fac. possim (—em *m2*)*M*
et ipsam fac. possim *AD* possem ei suam fac. ℬ ei ipsam fac. possem ς   10 scripseris ℬ   11 cognoueris si *ä*   12 tamquam ℬ   13 omn. conferri (*uel omn.* conferre) ς   conferre *AD,Ma.c.*   possit ℬ*AD,Ma.c.m2* ac possit *Mp.c.m2* possit
et *ä*   14 scribere ʒ   15 ego *om.ä*   quid *ä*   quaesiuerat *AʒDM* quesierat ℬ
18 eam rem ʒ eam *ä* ea *cet.*   quam—19 *pr.* doceam *om.*ℬ   quam] quae *ADM A*
nondum] non *AD,Ma.c.*   19 ipse *om.A*   multi a me (*s.l.) in ras.M* malitia
me *AD*   20 flagi(*ex* e *m2 A*)tante *AD*   eisque (*s.l.m2* ł quibusque)*M* isque *AD*
21 uerecundetur *äa.c.m2 D*   dicit *AD,Ma.c.m2*   23 quid*e M* quidam *AD*
ei dom. *A*   dixerit *ADM*   qui *ex* qua *m2 ä*   eorum *A*

bat uocari rabbi, unde etiam ad uerum magistrum nocte uenerat, quia fortassis erubescebat discere, qui docere consueuerat. me autem magistrum potius audire quam uelut magistrum delectat audiri. recolo enim, quid dixerit eis, quos prae ceteris elegit: u o s a u t e m, inquit, n o l i t e u o c a r i a b h o m i n i b u s r a b b i; 5 unus est enim magister uester Christus. nec alius docuit Moysen etiam per Iothor nec alius Cornelium etiam per priorem Petrum nec alius Petrum etiam per posteriorem Paulum. a quocumque uerum dicitur, illo donante dicitur, qui est ipsa ueritas. quid, si ideo adhuc ista nescimus et ea neque orando neque legendo 10 neque cogitando et ratiocinando inuenire potuimus, ut probemur, non solum indoctos quanta caritate doceamus, uerum a doctis etiam quanta humilitate discamus?

10. Doce ergo, quaeso, quod doceam, doce, quod teneam, et dic mihi, si animae singillatim singulis hodieque nascentibus fiunt, ubi 15 in paruulis peccent, ut indigeant in sacramento Christi remissione peccati peccantes in Adam, ex quo caro est propagata peccati; aut, si non peccant, qua iustitia creatoris ita peccato obligantur alieno, cum exinde propagatis membris mortalibus inseruntur, ut eas, nisi per ecclesiam subuentum fuerit, damnatio consequatur, cum in 20 earum potestate non sit, ut eis possit gratia baptismi subueniri? tot igitur animarum milia, quae in mortibus paruulorum sine indulgen-

4 *Matth. 23, 8. 10   7 cf. Ex. 18, 14—23   cf. Act. 10, 25—48   8 cf. Gal. 2, 11—21   9 cf. Ioh. 14, 6 et I Ioh. 5, 6   17 cf. Rom. 8, 3

2 quia—consueu. *om.A*   quia *ex* que *m2ä*   fortasse *M*   mae *ä*   3 pot. mag. *ADM*   ueli ℬ   4 audire ℬ   quid] quod *ä*   eis *om.ä*   caeteros *äA* elegis ₃ eligerit ℬ   5 autem *om.₃*   uocare *A*   ab hom. *om.ADM A*   7 aut moysen ℬ   *pr.* etiam *om.ADM*   isthor *D* iohor *A* iet(th)ro ℬ,*AM in ras.m2* *alt.* per *om.Ma.c.m2*   8 propriorem ₃   nec alius Petrum *om.ä*   per *om.M* *a.c.m2*   9 a] an *A*   quoc. enim ℬ   *pr.* dicitur *om.ς*   ipse *äa.c.m2*   10 quid] quod ₃*A,Ma.c.* qui *ex* quo ℬ   et] haec (ac *m2*)*ä*   orandum *äa.c.m2*   11 rationando *A*   probemus ₃   12 caritate *om.A*   a *om.A*   13 etiam *om.A* humanitate *A*   14 quod. doc. queso (*ante* quod *s.l.ras. 5—6 litt.*)*M*   doce quod *ex* doceam *M*   et *om.ä*   15 in singulis *ADM*   hodieque *om.AD,Ma.c.* ibi *Aa.c.m2*   16 ut] ubi *A*   in *om.A*   remissionem *ADA,Ma.r.*   17 *pr.* peccati] peccatorum *A*   qua *ä*   19 propatis ₃ propagat his *ex* propagatus (*uel* —tas)*m2ä* propagati sint *A*   20 subuentus *ä*   damna tot *ADM*   consequantur *ADM* sub equatur ℬ   22 mortalibus *A*   paruuli *D*

tia Christiani sacramenti de corporibus exeunt, qua aequitate damnantur, si nouae creatae nullo suo praecedente peccato sed uoluntate creatoris singulae singulis nascentibus adhaeserunt, quibus eas
animandis ille creauit et dedit, qui utique nouerat, quod unaquae-
5 que earum nulla sua culpa sine baptismo Christi de corpore fuerat
exitura? quoniam igitur neque de deo possumus dicere, quod 3
uel cogat animas fieri peccatrices uel puniat innocentes, neque
negare fas nobis est eas, quae sine Christi sacramento de corporibus exierint, etiam paruulorum, non nisi in damnationem trahi,
10 obsecro te, quomodo haec opinio defenditur, qua creduntur animae
non ex illa una primi hominis fieri omnes sed sicut illa una uni ita
singulis singulae?

11. Ea uero, quae dicuntur alia contra hanc opinionem, facile
puto me posse refellere, sicuti est illud, quo eam sibi quidam uidentur
15 urgere, quomodo consummauerit deus omnia opera sua sexto die
et septimo requieuerit, si nouas adhuc animas creat. quibus si
dixerimus, quod ex euangelio in supra dicta epistula posuisti:
p a t e r   m e u s   u s q u e   n u n c   o p e r a t u r, respondent: 'operatur' dictum est institutas administrando, non nouas instituendo
20 naturas, ne scripturae Geneseos contradicatur, ubi apertissime legitur consummasse deum omnia opera sua. nam et quod eum scrip- 2
tum est requieuisse, utique a creandis nouis creaturis intellegendum
est, non a gubernandis, quia tunc ea, quae non erant, fecit, a quibus
faciendis requieuit, quia consummauerat omnia, quae, antequam es-

---

15 cf. Gen. 2,2   17 cf. epist. CXXVI 1   *Ioh. 5, 17

2 si nouae creatae om.𝔅   creaturae (—e) ADΛ,Ma.c.m2   3 singulae]
singulares ä   eas om.D   4 qui om.ä   unoquaeque ʒ eaquaeque D,Ma.c.m2
6 possimus AD,Ma.c.m2   uel quod A   7 uel om.Λ   cogitat ʒa.c.m2 cogitet 𝔅
8 nobis fas 𝔅   xpo AMa.c.m2   9 exierunt ʒ   damnatione 𝔅   10 te om.A
defendentur Ma.c.m2   quo äa.c.m2 quae ʒ   11 uni ita] unitas ʒ   13 uero
om.Λ   dicitur ä   fac. puto me] facillime puto Λ   14 reuellere 𝔅   sicut 𝔅D
quod Λ   uidetur ADΛ,Ma.c. —antur ʒ   15 urguere 𝔅AD,Ma.c.   16 septi-
ma 𝔅   requieuit äAʒMΛ,Da.c. requiebit 𝔅   si s.l.m2Λ,om.ä   17 dictae
epistulae äa.c. dictam epistolam AD   18 nunc] modo Ma.c.m2   respondens ä
19 eas ministrando ä   20 ne] nec äa.c.AD   scribtura ä scripturae et Λ scripturas 𝔅   21 consummasset 𝔅   deum] eum 𝔅 do (ds m2) ä   et om.A   23 pr. a
om.Λ ad 𝔅   quia] qui Λ   24 consummauerit A   quae] qui A,DMa.c.

14*

sent, uidit esse facienda, ut deinceps non ea, quae non erant, sed ex
his, quae iam erant, crearet et faceret, quicquid faceret. ita utrumque uerum esse monstratur, et quod dictum est: r e q u i e u i t a b
o p e r i b u s s u i s, et quod dictum est: u s q u e n u n c o p e r a-
t u r, quoniam Genesi non potest euangelium esse contrarium.　　5
12. Uerum his, qui haec ideo dicunt, ne credatur modo deus
sicut illam unam nouas animas, quae non erant, facere, sed ex illa
una, quae iam erat, eas creare uel ex fonte aliquo siue thesauro
quodam, quem tunc fecit, eas mittere, facile respondetur etiam illis
sex diebus multa deum creasse ex his naturis, quas iam creauerat, 10
sicut ex aquis alites et pisces, ex terra autem arbores, faenum, animalia. sed quod ea, quae non erant, tunc fecerit, manifestum est.
nulla enim erat auis, nullus piscis, nulla arbor, nullum animal et bene
intellegitur ab his creatis requieuisse, quae non erant et creata sunt,
2 id est cessasse, ne ultra, quae non erant, crearentur. sed nunc 15
quod dicitur animas non in nescio quo fonte iam existentes mittere
nec de se ipso tamquam suas particulas inrorare nec de illa una
originaliter trahere nec pro delictis ante carnem commissis carneis
uinculis compedire sed nouas creare singulas singulis suam cuique
nascenti, non aliquid facere dicitur, quod ante non fecerat. iam 20
enim sexto die fecerat hominem ad imaginem suam, quod utique
secundum animam rationalem fecisse intellegitur. hoc et nunc facit
3 non instituendo, quod non erat, sed multiplicando, quod erat. unde
et illud uerum est, quod a rebus, quae non erant, instituendis
requieuit, et hoc uerum est, quod non sclum gubernando, quae 25

---

3 *Gen. 2, 2　　4 *Ioh. 5, 17　　10 cf. Gen. 1, 11—12. 20—25　　21 cf.
Gen. 1, 26—27

1 uidet 𝔓　　esse om. Λ　　ea om. AD,Ma.c.m2　　2 quicquid] quid 𝔓　　5 ge-
nesis äp.c.m2ADM　　euangelio äADM　　6 d̄s (d̄m m2) A　　7 illam unam] ex
illa una Λ　　non erant] nouerat ä　　ex illa una] illam unam Λ　　8 ex ponte D
ex sponte Ma.c.m2 sponte A　　9 quem] que 𝔓 quae ä　　10 deum multa Λ
d̄s ʒ　　que 𝔓　　11 ex aquis om. A,Ma.c.m2 ex as(aq̇ m2)D　　pices ʒ
ex om. A,Ma.c.m2　　13 bene] nec AD,Ma.c.m2　　14 creatis] creaturis Mp.c.m2 A
et creata—non erant] nisi s.l.m2A　　15 nec (c del.m2)D　　ultra] ulla ä　　16 non
nescio in quo äp.c.m2　　fonte] fouente ʒ　　17 se om. ADΛ,Ma.c.m2　　illa una]
una unam Λ　　18 ante carnem] una carne ä　　19 sua ä　　22 intell.] add. tandem post longam disputationem ecclesiasticam confirmati (leg. confirmasti) sententiam ʒ　　23 replicando 𝔓　　24 instituendo Dp.c.m2 restituendis 𝔓

fecit, uerum etiam aliquid, non quod nondum sed quod iam creauerat, numerosius creando usque nunc operatur. uel sic ergo uel
alio quolibet modo eximus ab eo, quod nobis obicitur de requie dei
ab operibus suis, ne propterea non credamus nunc usque fieri animas
5 nouas non ex illa una sed sicut illam unam.
13. Nam quod dicitur: 'quare facit animas eis, quos nouit
cito morituros?', possumus respondere parentum hinc peccata uel
conuinci uel flagellari. possumus etiam recte illius moderationi ista
relinquere, quem scimus omnibus temporaliter transeuntibus rebus,
10 ubi sunt etiam animalium ortus et obitus, cursum ornatissimum
atque ordinatissimum dare, sed nos ista sentire non posse, quae si
sentiremus, delectatione ineffabili mulceremur. non enim frustra
per prophetam, qui haec diuinitus inspirata didicerat, dictum est de
deo: q u i p r o f e r t n u m e r o s e s a e c u l u m. unde musica, 2
15 id est scientia sensusue modulandi, ad admonitionem magnae rei
etiam mortalibus rationales habentibus animas dei largitate con-
cessa est. unde si homo faciendi artifex carminis nouit, quas quibus moras uocibus tribuat, ut illud, quod canitur, decedentibus ac
succedentibus sonis pulcherrime currat et transeat, quanto magis
20 deus, cuius sapientia, per quam fecit omnia, longe omnibus artibus
praeferenda est, nulla in naturis nascentibus et occidentibus temporum spatia, quae tamquam syllabae ac uerba ad particulas huius
saeculi pertinent, in hoc labentium rerum tamquam mirabili cantico
uel breuius uel productius, quam modulatio praecognita et prae-
25 finita deposcit, praeterire permittit! hoc cum etiam de arboris 3

14 *Esai. 40, 26

1 nondum *ex* erat dum *A*   *alt.* quod *om.ä*   2 sic] si 𝔅,*Aa.c.m2*   3 ali-
quolibet modo *äa.c.m2* alio(o *eras.*𝔅) quodlibet modo 𝔅₃ alio modo quolibet *M*
alio modo quodlibet *AD*   5 illa una] ulla una *ex* una ulla *A*   sed—unam *om.A*
illam unam] illa una *A,Da.c.m2* illā *ex* illa *m2 et s.l. add.* unā *M*   6 quale 𝔅
fecit *Ma.c.m2 A*   animas *om.A*   9 temp. *om.A* generaliter *AD.Ma.c.m2*
11 atque ord. *om.A*   ista] ita *äa.c.m2AA*   possumus *ä*   12 delectione ₃
mulgeremur *ä* mulceremus *A*   frusta *ä*   14 numerose (—sae *ä*) *ex* numero *äM*
musica] moysi ait *ä*   15 sensusuo (uo *del.m2*) *ä* sensus uel *A*   molandi (emu-
landi *m2*) *ä* bene modu(*ex* o *D* o *A*)landi *ADM*   ad *om.A*   16 rationabiles *ä*𝔅
17 carm. art. ς   18 ac succed. *om.A*   19 corruat 𝔅   et] ac ς   20 deus *om.A*
quem *Ma.c.m2 A*   facit 𝔅₃*D*   artibus *om.AD,Ma.c.m2*   21 perferenda *A*
22 ac] hac 𝔅 ad *A*   ad] hac *A*   24 recognita *ä*   25 premittit *A*   arborum *A*
—ibus 𝔅

folio dixerim et de nostrorum numero capillorum, quanto magis de hominis ortu et occasu, cuius temporalis uita breuius productiusue non tenditur, quam deus, dispositor temporum, nouit uniuersitatis moderamini consonare!

14. Id etiam, quod aiunt omne, quod in tempore coepit esse, 5 inmortale esse non posse, quia o m n i a   o r t a   o c c i d u n t et a u c t a   s e n e s c u n t, ut eo modo credi cogant animum humanum ideo esse inmortalem, quod ante omnia tempora sit creatus, non mouet fidem nostram. ut enim alia taceam, coepit esse in tempore inmortalitas carnis Christi, quae tamen i a m   n o n 10 m o r i t u r   e t ' m o r s   e i   u l t r a   n o n   d o m i n a b i t u r.

15. Illud uero, quod in libro aduersus Rufinum posuisti, quosdam huic sententiae calumniari, quod deum dare animas adulterinis conceptibus uideatur indignum, unde conantur adstruere meritis gestae ante carnem uitae animas quasi ad ergastula huius 15 modi iuste posse perduci, non me mouet multa cogitantem, quibus
2 haec possit calumnia refutari. et quod ipse respondisti non esse uitium sementis in tritico, quod furto dicitur esse sublatum, sed in eo, qui frumenta furatus est, nec idcirco terram non debuisse gremio suo semina confouere, quia sator inmunda ea proiecerit manu, 20 elegantissima similitudo est. quam et antequam legerem, nullas mihi obiectio ista de adulterinis fetibus in hac quaestione faciebat angustias generaliter intuenti multa bona deum facere etiam de no-
3 stris malis nostrisque peccatis. animalis autem cuiuscumque creatio, si habeat prudentem piumque consideratorem, ineffabilem laudem 25 creatori excitat, quanto magis creatio non cuiuslibet animalis sed hominis! si autem causa creandi quaeritur, nulla citius et melius

---

1 cf. Matth. 10, 30. Luc. 12, 7   6 Sallust. Iug. 2, 3   10 *Rom. 6, 9
12 cf. Apolog. adu. libros Rufini III 28

1 filio ȝ filiis *Aa.c.m2*   nostro *AD,Ma.c.m2*   4 moderamine 𝔅*D* consonari *AD,Ma.c.*   5 esse *om.ä*𝔅   6 inmortales 𝔅   7 credere *Mp.c.m2* cogamur *Mp.c.m2*   animā humana(*ex* u)m *A* animum hominum *ä*   9 creatum *A* creata(*ex* u) *A*   mouit *ä,ADMa.c.m2*   10 inmortalitas (in *del.m2*) *D* iam *om.A*   12 quod in libro *om.A*   13 huius *Ap.c.m2*   sententiä *A*   14 conatur *ä*   16 mundi ς   me *om.A*   17 posset 𝔅*A*   refutare *A*   18 esse *om.*𝔅 esse ideo *ä*   in eo *ex* i(*fuit* e)deo *m2ä*   19 debuisset *Aa.r.D*   21 et *om.ä* 23 intuentibus ȝ   deum bona 𝔅   25 habet 𝔅   pium prudentemque *ADM* 26 exc. creatori 𝔅   excitant *A*

respondetur, nisi quia omnis creatura dei bona est; et quid dignius,
quam ut bona faciat bonus deus, quae nemo potest facere nisi deus?
16. Haec et alia, quae possum, sicut possum, dico aduersus
eos, qui hanc opinionem, qua creduntur animae sicut illa una
5 singulis fieri, labefactare conantur. sed cum ad poenas uentum
est paruulorum, magnis, mihi crede, coartor angustiis nec, quid
respondeam, prorsus inuenio; non solum eas poenas dico, quas habet
post hanc uitam illa damnatio, quo necesse est trahantur, si de
corpore exierint sine Christianae gratiae sacramento, sed eas ipsas,
10 quae in hac uita dolentibus nobis uersantur ante oculos, quas enumerare si uelim, prius tempus quam exempla deficiunt. languescunt 2
aegritudinibus, torquentur doloribus, fame et siti cruciantur, debi-
litantur membris, priuantur sensibus, uexantur ab inmundis spiritibus. demonstrandum est utique, quomodo ista sine ulla sua
15 mala causa iuste patiantur. non enim dici fas est aut ista ignorante
deo fieri aut eum non posse resistere facientibus aut iniuste ista uel
facere uel permittere. numquidnam, sicut animalia inrationabilia 3
recte dicimus in usus dari naturis excellentioribus etsi uitiosis, sicut
apertissime in euangelio uidemus porcos ad usum desideratum con-
20 cessos esse daemonibus, hoc et de homine recte possumus dicere?
animal est enim sed rationale etsi mortale. anima est rationalis in
illis membris, quae tantis afflictionibus poenas luit. deus bonus
est, deus iustus est, deus omnipotens est; hoc dubitare omnino de-
mentis est. tantorum ergo malorum, quae fiunt in paruulis, causa
25 iusta dicatur. nempe cum maiores ista patiuntur, solemus dicere 4
aut sicut in Iob merita examinari aut sicut in Herode peccata

19 cf. Matth. 8, 31—32. Marc. 5, 12—13. Luc. 8, 32—33

1 dei *om.*ä$\mathfrak{P}$ʒ*A*   2 ut *om.*ʒ   quā *A*   fecere ʒ   3 *pr.* possumus *A*
4 qua *ex* aqua ä   una illa $\mathfrak{P}$ 5 singule (*s.l.m2*) singulis *D*   6 mini *om.A*
quoarctor $\mathfrak{P}$ nec *ex* ne *m2* ä   7 non—dico *om.A*   8 haec ʒ   quo] quia (i *del.*) ä
trahatur ä   9 exierit ä   sed et eas *A*   11 quam tempus *A*   deficiant $\mathfrak{P}$
—ent ς   13 a spir. inm. *A*   14 utique] itaque ä   istas *A*   ulla *om.A*
15 iuste] iste *D*   dici *om.*ʒ   aut *ex* ut *AD*   16 eum *ex* enim *m2A*   illa *A*
17 uel *om.*$\mathfrak{P}$ numquinnam ʒ   numquid non ä   inrationalia $\mathfrak{P}$ 18 usis $\mathfrak{P}$ʒ usu
A,Da.c.m2   19 desideratos ä   21 rationabile ä   etsi—rationalis *trarsp. post* 25
ista ä   22 luunt äp.c.m2 lugit $\mathfrak{P}$ 23 *alt.* est *eras.A*   omnino] omni modo *ADM*
25 iudicatur *A*   ista etsi mortale (—les *m2*) animaest (st *del.m2*) rationalis
par(r *del.*)tiuntur ä (*cf. ad l. 21*)   26 iobi ä   merita] erit *A*

puniri et de quibusdam exemplis, quae deus manifesta esse uoluit,
alia, quae obscura sunt, hominum coniecturae concedi; sed hoc
in maioribus. de paruulis autem quid respondeamus, edissere, si
poenis tantis nulla in eis sunt punienda peccata; nam utique nulla
est in illis aetatibus examinanda iustitia.   5

17. De ingeniorum uero diuersitate quid dicam? quae quidem
in paruulis latet, sed ab ipsis exordiis naturalibus ductum apparet
in grandibus, quorum nonnulli tam tardi et obliuiosi sunt, ut ne prima quidem discere litterarum elementa potuerint, quidam uero tantae sunt fatuitatis, ut non multum a pecoribus differant, quos 10
2 moriones uulgo uocant. respondetur fortasse: 'corpora hoc faciunt'.
sed numquid secundum hanc sententiam, quam defendi uolumus,
anima sibi corpus elegit et in eligendo, cum falleretur, errauit? aut,
cum in corpus cogeretur intrare necessitate nascendi, alia corpora
praeoccupantibus animarum turbis ipsa aliud non inuenit et sicut 15
in spectaculo aliquo locum ita carnem, non quam uoluit, sed quam
3 ualuit, occupauit? numquid haec et talia dicere possumus uel sentire debemus? doce igitur, quid sentire, quid dicere debeamus, ut
constet nobis ratio nouarum animarum singulis corporibus singillatimque factarum.   20

18. Ego quidem non de ingeniis sed saltem de poenis paruulorum, quas in hac uita patiuntur, dixi aliquid in libris illis de libero
arbitrio. quod quale sit et cur mihi in ista, quam habemus in manibus, quaestione non sufficiat, intimabo et eum ipsum de tertio libro
2 locum secerptum his litteris inseram. nam ita se habet: d e c r u- 25
c i a t i b u s a u t e m c o r p o r i s, q u i b u s a f f l i g u n t u r

---

25 August. de lib. arb. III 68

1 quibus *ä*   d̄n̄s *A*   2 talia *AD,Ma.r.*   hominibus *Dp.c.m2* homini *ς*
coniectare *ᵇᵃA₃M,Dp.c.*   concedi *scripsi* conceditur *codd.*   6 diuersitatem
(m *del.*) *ä*; *add.* immo absurditate *ᵇᵃA*   7 ducta *ς*   8 gradibus *A* grandinibus
(ni *del.*) *ä*   sint *Da.c.*   ne] nec *Dp.c.m2*   9 discere *om.D*   litter. *om.A*
elem.]*add.* scire *s.l.m2D*   potuerit *A*   10 pectoribus *₃*   11 muriones *A* mur-
riones *ᵇᵃ*   respondeatur *ä*   12 secundum *om.ᵇᵃ*   defundi *Ma.c.* diffundi *A*
uoluimus *A,Dp.c.*   13 eligit *A*   elegendo *AMa.c.m2,D* legendo *ä*   15 et *om.ᵇᵃ*
17 alia *äᵇᵃ*   uel dicere *ᵇᵃA*   18 debeamus] debemus *ä*   19 singillatimque
fact. singulis corp. *ς*   21 *pr.* de *om.A*   saltim *A*   22 quasi *₃,Ma.r.*   pat.
uita *A*   23 et] ut (aut *m2*) *ä*   in] ad *s.l.m2ä*   istā *äp.c.m2M*   24 questionem
äADM   non *om.A*   de *om.ä*   25 decerptum *Ap.c.m2* ecerptum *₃* excerp-
tum *ς* secretum *ä* scriptum *A*   26 corporis *del.D*

paruuli, quorum per aetatem nulla peccata
sunt, si animae, quibus animantur, non prius
quam ipsi homines esse coeperunt, maior querela et quasi misericors deponi solet, eum
5 dicitur: quid mali fecerunt, ut ista paterentur? quasi possit esse innocentiae meritum,
antequam quisque nocere aliquid possit!
cum autem boni aliquid operatur deus in 3
emendatione maiorum, cum paruulorum su-
10 orum, qui eis cari sunt, doloribus ac mortibus flagellantur, cur ista non fiant, quando,
cum transierint, pro non factis erunt, in
quibus facta sunt, propter quos autem facta
sunt, aut meliores erunt, si temporalibus in-
15 commodis emendati rectius elegerint uiuere,
aut excusationem in futuri iudicii supplicio
non habebunt, si uitae huius angoribus ad
aeternam uitam desiderium conuertere noluerint? quis autem nouit, quid paruulis, de 4
20 quorum cruciatibus duritia maiorum contunditur aut exercetur fides aut misericordia probatur, quis ergo nouit, quid ipsis paruulis in secreto iudiciorum suorum bonae
compensationis reseruet deus, quoniam,
25 quamquam nihil recte fecerint, tamen nec
peccantes aliquid ista perpessi sunt? non 5
enim frustra etiam infantes illos, qui, cum
dominus Iesus Christus necandus ab Herode

28 cf. Matth. 2, 1—18

2 anima 𝕻 3 maior] talis 𝕻 5 male *A* 6 posset *ä* mer. inn. ς
7 aliquid nocere *August. de lib. arb.* posset *A* 8 operantur *A* operetur *ä*
9 emendationē *A* 10 hac 𝕻 aut *ä* 11 cur *ex* cum *m2ä* quis 𝕻 12 factis *ex*
factas *A* **erunt *A* 13 *pr.* factae *A* quod *A,Ma.c.m2* *alt.* factae *Aa.c.*
14 temporibus *ä* 16 futurum (futuro *m2*) *D* supplicia *A* —iis *A* 17 si] *add.*
de *s.l.m2D* languoribus *D* ad] ab ȝ 18 eterne uite 𝕻 uoluerunt 𝕻ȝ*DA*
19 quis *ex* quibus *m2ä* quid] quod *äDp.c.* 21 exerceretur (—ceatur *m2*) *ä*
alt. aut]autem ȝ 22 quid]quod 𝕻 23 secretis *ä* 24 conuersationis ȝ quoniam] qui *August. de lib. arb.* 25 quamquam] tamquam *A* fecerunt *D* ne 𝕻
26 aliquid *om.D* 28 dominus noster 𝕻*ADM* negandus ȝ herodem (m *del.*) *ä*

quaereretur, occisi sunt, in honorem martyrum receptos commendat ecclesia.
  19. Haec tunc dixi, cum hanc ipsam, de qua nunc agitur, uellem communire sententiam. sicut enim paulo ante commemoraui,
quaecumque illarum de animae incarnatione quattuor opinionum 5
uera esset, inculpatam substantiam creatoris et a nostrorum pec-
2 catorum societate remotissimar nitebar ostendere. et ideo, quaecumque illarum ueritate posset ɔonuinci et repudiari, ad curam in-
tentionis meae, quam tunc ¹ abebam, non pertinebat, quando-
quidem cunctis diligentiore isputatione discussis, quaecumque 10
illarum recte uinceret ceteras, me securissimo fieret, quando etiam
secundum omnes id, quod agebam, inuictum persistere demonstra-
3 bam. nunc uero unam uolo, si possim, rationem rectam eligere ex
omnibus et propterea huius ipsius, de qua nunc agimus, defensionem
in his, quae commemoraui de illo libro, uerbis meis attentius intuens 15
ualidam firmamque non uideo.
  20. Nam uelut firmamentum eius illud est, quod ibi dixi:
quis autem nouit, quid paruulis, de quorum
cruciatibus duritia maiorum contunditur
aut exercetur fides aut misericordia pro- 20
batur, quis ergo nouit, quid ipsis paruulis
in secreto iudiciorum suorum bonae compen-
2 sationis reseruet deus? sed hoc non inmerito dici
uideo de his, qui uel pro Christi nomine ac uera religione tale aliquid etiam nescientes patiuntur uel sacramento Christi iam inbuti 25
sunt, quia sine societate unius mediatoris liberari a damnatione non
possunt, ut possit eis etiam pro illis malis, quae hic in diuersis

18 August. de lib. arb. III 68

1 honore *ä𝔷M*   3 hac ipsa *ä*   4 conmonere *ä*   sententiam (m *del.*) *ä*
5 quattuor *om.𝔷*   6 u̅r̅a̅ 𝔷   esse *Λ*   a *om.*𝔅   7 societatem 𝔅   amnitebar
(am *del.*) *D ´*   quaecumque *om.Λ* queque 𝔅   8 illarumque *Λ*   ueritatem *äa.c.Λ*
posse *äa.c.m2𝔷Λ* possit *AM,Da.c.m2*   9 tunc *om.Λ*   10 diligentiori *Dp.c.m2Λ*
dispositione *Λ*   discursis *Λ* concussis 𝔅   11 me *om.Λ.*   securissimum *ex* si-
currissimo *m2Λ*   12 persisterem *Λ* persistere* *M*   13 possum 𝔅*ADM* ratione recta 𝔅*D,Mp.r.* ratione recte 𝔷   elegere *M* legere 𝔷   14 defensione 𝔅
15 in *om.ä*   17 est *om.*𝔅   18 quid] quod *äDp.c.,𝔷*   19 duritia* *Λ* iudicia *Λ*
20 exerceatur *äΛ*   21 ergo] autem *ADM* inquam ς   22 conpensationes 𝔷
23 merito *Λ*   24 de *om.Λ.*   uel] lege̅ *Λ*   pro *om.ä*   25 patitur *ä*   induti *ä*

afflictionibus pertulerunt, compensatio illa praestari. nunc autem,
cum ista quaestio non possit absolui, nisi etiam de his paruulis respondeatur, qui post grauissimos cruciatus sine sacramento Christianae
societatis expirant, quae circa eos compensatio cogitanda est, quibus
5 insuper et damnatio praeparata est? nam et de baptismo paruulorum 3
in eodem libro non quidem sufficienter sed, quantum illi operi satis
esse uidebatur, utcumque respondi, quod etiam nescientibus et iidem
suam nondum habentibus prodest, non tamen de damnatione eorum
paruulorum, qui sine illo ex hac uita emigrant, tunc aliquid dicen-
10 dum putaui, quia non, quod nunc agitur, agebatur.

21. Sed ut omittamus et contemnamus ea, quae breui tempore patiuntur nec transacta reuocantur, numquid similiter contemnere possumus, quod per unum hominem mors et per
unum hominem resurrectio mortuorum? sic-
15 ut enim in Adam omnes moriuntur, sic et
in Christo omnes uiuificabuntur. per hanc enim 2
apostolicam diuinam claramque sententiam satis euidenter elucet
neminem ire in mortem nisi per Adam, neminem in uitam aeternam
nisi per Christum. hoc est quippe 'omnes' et 'omnes', quia, sicut
20 omnes homines per primam, hoc est per carnalem, generationem
pertinent ad Adam, sic omnes homines ad secundam, id est spiritalem, generationem ueniunt, quicumque ad Christum perueniunt.
ideo ergo dictum est et hic 'omnes' et ibi 'omnes', quia, sicut omnes, 3
qui moriuntur, non nisi in Adam moriuntur, ita omnes, qui uiui-
25 ficabuntur, non nisi in Christo uiuificabuntur. ac per hoc, quisquis
nobis dixerit quemquam resurrectione mortuorum uiuificari nisi in
Christo, tamquam pestis communis fidei detestandus est. item,

13 *I Cor. 15, 21—22

1 compensatione *M*   illa *om. ADM* ista ʒ   2 nisi etiam *om. A*   etiam]
eam ℜ   3 grauissimo cruciatus (s *del. m2*) *ä*   cruciatos ℜ   xpiani ℜ   4 societate ℜ   *expirauit *A*   5 et insuper *ä*   praeparanda *ä*   de *om.*ʒ   6 operis
ADMa.c.   8 prode est (*alt.* e *del.*) *ä*   9 ullo ℜ   10 agitur nunc *A*   agebatur
ex agebant *m2 D*   11 ut hoc *A*   14 hom. *om. A*   16 omnes *del. uid. A*   uiuificantur *ä*   18 *alt.* nem.] nem. ire ℜ*ADM*   19 et omnes *om.ä*   21 sic] si ʒ
omnes] ut nec (et omnes *m2*) *ä*   23 quia sic. omnes *om. A*   24 *alt.* qui] si *ä*
uiuificantur *ä*   25 uiuificantur *ä*   ac] hac *äa.c.*ℜ   26 nobis] non *AD,Ma.c.m2*
resurrectionē *A* in resurrectione ç   nisi] non (*eras. M*) posse nisi *ADM* posse
nisi ç

quisquis dixerit, quod in Christo uiuificabuntur etiam paruuli, qui
sine sacramenti eius participatione de uita exeunt, hic profecto et
contra apostoli praedicationem uenit et totam condemnat ecclesiam, ubi propterea cum baptizandis paruulis festinatur et curritur,
quia sine dubio creditur aliter eos in Christo uiuificari omnino non   5
4 posse. qui autem non uiuificantur in Christo, restat, ut in ea condemnatione maneant, de qua dicit apostolus: p e r   u n i u s   d e-
l i c t u m   i n   o m n e s   h o m i n e s   a d   c o n d e m n a t i o-
n e m. cui delicto obnoxios paruulos nasci et omnis credit ecclesia
et ipse iam contra Iouinianum disputans et exponens Ionam pro-   10
phetam, sicut paulo ante commemoraui, fide ueracissima definisti,
credo et in aliis locis opusculorum tuorum, quae uel non legi uel in
5 praesentia non recordor. huius igitur damnationis in paruulos causam requiro, quia neque animarum, si nouae fiunt singulis singulae,
uideo esse ullum in illa aetate peccatum nec a deo damnari ali-   15
quam credo, quam uidet nullum habere peccatum.

22. An forte dicendum est in paruulo carnem solam esse peccati,
nouam uero illi animam fieri, qua secundum dei praecepta uiuente
in adiutorio gratiae Christi et ipsi carni edomitae ac subiugatae possit
2 incorruptionis meritum comparari? sed quia in paruulo anima non-   20
dum id agere potest, si Christi acceperit sacramentum, per hanc
gratiam carni eius adquiritur, quod illius moribus nondum potuit;
si autem sine illo sacramento anima paruuli exierit, ipsa quidem in
aeterna uita erit, unde eam nullum peccatum potuit separare, caro
uero eius non resurget in Christo non percepto ante mortem illius   25
sacramento?

7 *Rom. 5, 18   11 paulo ante] = cap. 6   17 cf. Rom. 8, 3

1 uiuificantur *ä*   etiam] et *Λ*   2 sacramento eius participationis *Λ*
3 apostolicam *ADM*   4 cum *exp.D*   5 qui 𝔅   alter ʒ   omn.˙ uiu. *Λ*
6 uiuificatur *ADM*   ut *om.*ʒ   eadem (*ex* eodem *M*) damnatione *ADM*   ea *om.ä*
7 maneat *äa.c.m2 ADM* remaneant *Λ*   8 in *eras.AM*   10 iuuinian. 𝔅 iouian. ʒ*Λ*
et *om.*ʒ   ihonam 𝔅   11 uerissima *Λ*   13 praesenti *ä*   damnationem 𝔅
paruolis 𝔅 paruulis *Λ*   15 illa] ulla *äAD*   17 est *om.A*   solam causam ς
18 quae *äa.c.*ʒ   praeceptum *Λ*   19 et ipsi—21 Christi *om.Λ*   et domitae
Ma.c.m2 adomitae *A*   subiunctae *Ma.c.* subiectae *A*   20 conpo(u *m2*)tari *ä*
conpensari 𝔅   in *om.Ma.c.m2*   anima *om.*𝔅   id ag. nond. 𝔅   21 si] nisi
*A*ʒ*DM* acceperat 𝔅   22 carni *om.*𝔅   23 ullo 𝔅   et ipsa 𝔅   24 erit] est 𝔅
nullam *Da.c.,om.ä*   separari *D*   25 huius 𝔅   *pr.* non *om.Λ*   resurgit *ä* sur-
get ʒ*a.c.*   a. mort. illius] eius a. mort. *Λ*

23. Hanc opinionem numquam audiui, numquam legi. sed
plane audiui et c r e d i d i, p r o p t e r q u o d et l o c u t u s
s u m, q u i a u e n i e t h o r a, q u a n d o o m n e s. q u i
s u n t i n m o n u m e n t i s, a u d i e n t u o c e m e i u s et
5 p r o c e d e n t, q u i b o n a f e c e r u n t, in r e s u r r e c t i-
o n e m u i t a e — ipsa est, de qua dicitur: e t p e r u n u m h o-
m i n e m r e s u r r e c t i o m o r t u o r u m, ipsa est, q u a i n
C h r i s t o o m n e s u i u i f i c a b u n t u r —, q u i a u t e m
m a l e e g e r u n t, in r e s u r r e c t i o n e m i u d i c i i. quid 2
10 hic ergo de illis infantibus intellegendum est, qui, priusquam possent agere uel bene uel male, sine baptismo corpore exuti sunt?
nihil hic de talibus dictum est. sed si caro eorum ideo non resurget,
quia nec boni aliquid egerunt nec mali, nec illorum resurrectura est,
qui percepta baptismi gratia in illa aetate defuncti sunt, in qua
15 nihil bene uel male agere potuerunt. si autem illi inter sanctos
resurgent, id est inter eos, qui bene egerunt, inter quos et illi resur-
recturi sunt nisi inter eos, qui male egerunt, ne aliquas humanas
animas credamus corpora sua non recepturas siue in resurrectionem
uitae siue in resurrectionem iudicii? quae sententia, priusquam
20 refellatur, ipsa nouitate iam displicet. deinde quis ferat, si credant 3
se illi, qui ad baptismum cum suis paruulis currunt, propter carnes
eorum, non propter animas currere? beatus quidem Cyprianus non
aliquod decretum condens nouum sed ecclesiae fidem firmissimam
seruans ad corrigendos eos, qui putabant ante octauum diem nati-
25 uitatis non esse paruulum baptizandum, non carnem sed animam
dixit non esse perdendam et mox natum rite baptizari posse cum
suis quibusdam coepiscopis censuit.

2 *Ps. 115, 1   3 *Ioh. 5, 28   6 *I Cor. 15, 21   7 *I Cor. 15, 22
22 cf. Cyprianus epist. 64, 2—6 p. 718—21 H.

2 plane] plenam 𝔓   audi ʒ   3 uenit M   4 in mon. sunt ADMΛ
5 procedunt AMa.c.m2,D   bona] bene ä𝔓ʒ,Λp.c.   6 de qua—ipsa est om.Λ
7 est om.𝔓   9 cogerunt ʒ   10 possint ä possunt 𝔓   11 pr. uel om.Λ   bonum 𝔓
exsuti sumus ʒ   12 hic om.Λ   sed om.ä   13 fecerunt 𝔓ADM   14 aetate
om.Λ   quid D   15 mala D   sanctos in ras.M eos AD   17 ne] neque 𝔓
18 receptura äa.c.Λ repturas ʒ   resurrectione ä   19 resurrectione ä𝔓ʒ
20 iam om.Λ   qui sperat ΛΛ   21 se om.Λ   quia babtismum D   23 firma-
tissimam ς   24 seserbans 𝔓   corrigendum 𝔓ADM,Λa.c.   25 paru. om.Λ
26 dixi Λ   non om.ʒ   possem dum sui 𝔓

24. Sed contra Cypriani aliquam opinionem, ubi, quod uidendum fuit, fortasse non uidit, sentiat quisque, quod libet; tantum contra apostolicam manifestissimam fidem nemo sentiat, qui ex unius delicto omnes in condemnationem duci praedicat, ex qua condemnatione non liberat nisi g r a t i a   d e i   p e r   I e s u m   C h r i - 5 s t u m,   d o m i n u m   n o s t r u m, in quo uno omnes uiuificantur, quicumque uiuificantur, contra ecclesiae fundatissimum morem nemo sentiat, ubi ad baptismum, si propter paruulorum sola corpora curreretur, baptizandi offerrentur et mortui.

25. Quae cum ita sint, quaerenda causa atque reddenda est, 10 quare damnentur animae, quae nouae creantur singulis quibusque nascentibus, si praeter Christi sacramentum paruuli moriantur. damnari enim eas, si sic de corpore exierint, et sancta scriptura et sancta est testis ecclesia. unde illa de animarum nouarum creatione sententia, si hanc fidem fundatissimam non oppugnat, sit et mea, 15 si oppugnat, non sit et tua.

26. Nolo mihi dicatur pro hac sententia debere accipi, quod scriptum est: q u i   f i n x i t   s p i r i t u m   h o m i n i s   i n   i p s o et: q u i   f i n x i t   s i n g i l l a t i m   c o r d a   e o r u m. aliquid fortissimum atque inuictissimum requirendum est, quod nos non 20 cogat deum credere ullarum animarum sine culpa aliqua damnatorem. nam uel tantundem ualet uel plus est forsitan creare quam fingere et tamen scriptum est: c o r   m u n d u m   c r e a   i n   m e, d e u s. nec ideo putari potest anima hoc loco optare se fieri, prius-
2 quam aliquid esset. sicut ergo iam existens creatur innouatione 25

3 cf. Rom. 5, 18   5 Rom. 7, 25   6 cf. I Cor. 15, 22   18 *Zach. 12, 1
19 Ps. 32, 15   23 Ps. 50, 12

1 ubi] uidi 𝔅   2 fuit] *add.* quod ille 𝔅   uidi *Λ*   quisquis *Λ*   3 sentit 𝔅   quae ς   4 in omnes *Λ*   condemnatio ʒ   duci] duo *Λ*   6 o̅m̅s̅ uiuificatur *D*   7 quic. uiu. *om.ä*   ecclesiae] o̅m̅s̅ *Λ*   fundamentum ς   8 sola paru. ς,*Mp.c.m2*   paru. *om.AD,Ma.c.m2*   9 curritur *Λ*   offerentur *AʒΛ* offentur *D*   10 est atque redd. *ADM*   11 damnantur *ADM*   noue *Λ* noua *Ma.c.m2D* noba 𝔅   12 moriuntur *ADΛ,Ma.c.m2*   14 eccl. test. 𝔅   creationem *D* conditione 𝔅   15 sentetiae *äa.c.* —am *D*   16 obpugnatio (io *eras.M*) *ADM*   17 nam nolo *ä*   pro hac sent.] prophete sentiam 𝔅   hanc *D* 21 anim. *om.Λ*   damnatorum *AMa.c.m2*   22 iam *ä*   ualet et *ADM*   23 et *om.ä*   tam ʒ   est *om.ʒ*   24 potest] putem ʒ   animam 𝔅   se *ex* si *m2ä* 25 esset] e̅e̅ *Λ*

iustitiae, sic iam existens fingitur conformatione doctrinae. nec
illud, quod in Ecclesiaste scriptum est: t u n c c o n u e r t e t u r
i n t e r r a m p u l u i s, s i c u t f u i t, e t s p i r i t u s re-
u e r t e t u r a d d o m i n u m, q u i d e d i t i l l u m, istam
5 confirmat sententiam, quam esse uolumus nostram; plus enim hoc
suffragatur eis, qui ex una putant omnes esse animas. nam sicut 3
conuertitur, inquiunt, puluis in terram, sicut fuit, et tamen caro, de
qua hoc dictum est, ad hominem non reuertitur, ex quo propagata
est, sed ad terram, unde primus homo factus est, sic et spiritus
10 ex illius unius spiritu propagatus non tamen ad eum reuertitur sed
ad dominum, a quo illi datus est. uerum quia hoc testimonium 4
ita pro istis sonat, ut non omni modo huic opinioni, quam defendi
uolo, uideatur esse contrarium, admonendam tantum credidi prudentiam tuam, ne talibus testimoniis ex his angustiis me coneris eru-
15 ere. nam licet nemo faciat optando, ut uerum sit, quod uerum non
est, tamen, si fieri posset, optarem, ut haec sententia uera esset, sicut opto, ut, si uera est, abs te liquidissime atque inuictissime
defendatur

27. Haec autem difficultas etiam illos sequitur, qui iam existentes
20 alibi animas et ab initio diuinorum operum praeparatas a deo mitti
opinantur in corpora. nam et ab his hoc idem quaeritur: si animae
inculpatae oboedienter ueniunt, quo mittuntur, cur in paruulis, si
non baptizati uitam istam finierint, puniuntur? eadem prorsus in
utraque sententia difficultas est. illi sibi uidentur de hac facilius 2
25 exire quaestione, qui animas adseuerant pro meritis uitae prioris singulas singulis corporibus implicari. hoc enim putant esse in Adam
mori, in carne scilicet, quae propagata est ex Adam, supplicia pendere, a quo reatu, inquiunt, gratia Christi liberat pusillos cum

2 *Eccle. 12, 7   27 cf. I Cor. 15, 22   28 cf. Ps. 113, 13 al.

1 confirmatione *ä*𝔅*ADM*   2 illo *äa.c.m2*   eclesiastaes *ä* ecclesiasten *A*
et tunc *ADM*   conuertentur 𝔷   4 deum *ä*   illud *D*   5 uol. esse 𝔠   uoluimus
ADM nolumus *A*   6 omnes *om.*𝔅   7 inquanto *ä*   et *om.ä*   8 est et ad 𝔷
9 prius *Aa.c.m2* primitus *ä*   et] reuertitur *A*   10 ex *om.A*   ex—sed *om.A*
un. ill. 𝔅   spiritus 𝔷   11 deum *äA*   datum 𝔅*A*   qui *äAMa.c.m2,D*
12 ita *om.*𝔅 it 𝔷   15 nam lic. n. fac.] ne talibus testimoniis fugiat *A*   17 ut
om.ä   19 quia *äa.c.*𝔷   iam hic *A*   20 domino *äA*   23 istam *om.*𝔅   24 facilius *ex* difficilius *ä*   25 singulas in singulis *ä*   28 reatu] reos *ä*   pus.—
p. 224, 2 liberat *om.*𝔅

magnis. hoc quidem recte, ueraciter, optime, quod gratia Christi
liberat a reatu peccatorum pusillos cum magnis. sed in alia supe-
riore uita peccare animas et inde praecipitari in carceres carneos non
credo, non adquiesco, non consentio, primo, quoniam nescio per quos
circuitus id agunt isti, ut post nescio quanta uolumina saeculorum 5
iterum ad istam sarcinam corruptibilis carnis et supplicia pendenda
redeundum sit, qua opinione quid horribilius cogitari possit, ignoro.
3 deinde quis tandem iustus defunctus est, de quo non, si isti uera dicunt, solliciti esse debeamus, ne in sinu Abrahae peccans in flammas illius diuitis deiciatur? cur enim non et post hoc corpus peccari 10
4 possit, si et ante potuit? postremo longe aliud est in Adam peccasse
— unde dicit apostolus: i n q u o o m n e s p e c c a u e r u n t —
et aliud est extra Adam nescio ubi peccasse et ideo in Adam, id est
in carnem, quae ex Adam propagata est, tamquam in carcerem
trudi. illam uero opinionem, quod ex una fiant omnes animae, nec 15
discutere uolo, nisi necesse sit, atque utinam ista, de qua nunc
agimus, si uera est, sic abs te defendatur, ut hoc necesse iam
non sit.

28. Quamuis autem desiderem, rogem, uotis ardentibus exoptem
et expectem, ut per te mihi dominus huius rei auferat ignorantiam, 20
tamen, si — quod absit — minime meruero, patientiam mihi petam
a domino deo nostro, in quem sic credimus, ut aliqua nobis non
aperiri etiam pulsantibus nullo modo aduersus eum murmurare
debeamus. meminerimus ipsis apostolis dictum: m u l t a h a b e o
u o b i s d i c e r e, s e d n o n p o t e s t i s i l l a p o r t a r e 25
m o d o. in his, quantum ad me adtinet, etiam hoc deputem nec,

10 cf. Luc. 16, 22—23   12 Rom. 5, 12   22 cf. Matth. 7, 7—8. Luc. 11,
9—10   24 *Ioh. 16, 12

1 optime—magnis om.ℨ   optinet Λ optimeque ς   2 magnis] maioribus ä
3 precipitare Aa.c.   4 sentio 𝔅   per nescio A   5 fieri circ. uel circ. fieri ς
aiunt ς   6 corruptibilem ADM   et] ad Λ   7 cogitare ℨ   8 de inquis ℨ
tandem] tam ä   si] nisi 𝔅   uera dicunt] ueri(ex a)diciores Λ   dicunt ex
norunt A   9 flamma 𝔅   10 cur] quis 𝔅   haec äa.c.𝔅   peccare 𝔅Λ
12 unde—13 peccasse om.Λ   14 carne äℨ,Aa.r.   carcere äp.c.   15 tradi A
16 istanⁱ 𝔅,om.ä   17 iam necesse ς   20 et om.Λ   expetam ς   per] pro AD,
Ma.c.m2   22 sic] si äAMa.c.m2,DΛ   ut si 𝔅Λ   nobis om.D   23 aperire
(t s.l.m2) A aperiat Λ   a puls. ä,Aa.c.   aduersum ℨ   24 memine primus ℨ
memini prius ς   25 non om.ℨ   26 deputent Λ   nec] ne ä,Aa.c. neque ς

qui hoc sciam, me indigner indignum, ne hoc ipso etiam conuincar
indignior. multa enim alia similiter nescio, quae commemorare uel 2
numerare non possum; et hoc tolerabiliter ignorarem, nisi metuerem,
ne aliqua istarum opinionum contra illud, quod firmissima retine-
5 mus fide, incautis obreperet mentibus. sed antequam sciam, quaenam earum potius eligenda sit, hoc me non temere sentire profiteor,
eam, quae uera est, non aduersari robustissimae ac fundatissimae
fidei, qua Christi ecclesia nec paruulos homines recentissime natos
a damnatione credit nisi per gratiam nominis Christi, quam in suis
10 sacramentis commendauit, posse liberari.

CXXXII.
AUGUSTINUS AD HIERONYMUM DE SENTENTIA IACOBI
APOSTOLI.

1. Quod ad te scripsi, honorande mihi in Christo frater Hiero-
15 nyme, quaerens de anima humana, si nascentibus singulis nouae
singulae nunc usque fiunt, ubi peccati uinculum contrahant, quod
per sacramentum gratiae Christi etiam in infantibus recens natis

1 indiger *Ma.c.m2,om.A*   ne] nec *A* me *ex* mae *ä*   ipsum *A*   conuincor*A*
2 indignor *z*   alia *om.Ma.c.m2* et alia *ä*   uel num. *om.A*   3 enumerare $\mathfrak{P}$ς
4 istorum *ADM*   firmissime *ex* firmissa *m2ä*   fide ret. ς   5 obriperet *c̄*$\mathfrak{P}$*AD,*
Ma.c.m2   6 eorum *z*   temere *ex* timere *m2äA*   7 eamque ueram esse *A*·
8 homines *om.*$\mathfrak{P}$ 9 credi *A*   ni *A*   Christi *om.z*   10 commendabit $\mathfrak{P}$ —ui *A*
possit *äa.c.*   liberari] *add.* explicit epistula agustini ad hieronimum *ä* explicit
epistula sancti agustini ad hieronimum de origine animae *M* explicit de anima
sancti augustini episcopi ad sanctum hieronimum epistula uel libellus *A*

$\mathfrak{P}$ = *Escorialensis & I. 14 s. VIII—IX.*
A = *Berolinensis lat. 17 s. IX.*
z = *Parisinus lat. 12163 s. IX.*
D = *Vaticanus lat. 355+356 s. IX—X.*
M = *Coloniensis 60 s. IX—X.*
Eug = *Eugippii excerpta ex operibus S. Augustini p. 34—49 Knoell*

haec epistula est inter Augustini epistulas CLXVII (III p. 586 Golabacher)

agustinum (*sic*) ad iheronimum de epistola iacobi $\mathfrak{P}$ item augustinus (incipit epistola agustini *M*) ad hieronimum (*ex* —mo *A*) de eo (deo *M*) quod scriptum est qui totam legem seruauerit offendat aut··· (*om.A*) in uno (unū *A*) factus
est omnium reus *AzDM*

14 honerande *z*   17 gratia $\mathfrak{P}$ in *om.*$\mathfrak{P}$*A*   recenter $\mathfrak{P}$ς

non dubitamus esse soluendum, cum in non paruum uolumen pro-
cederet, nolui ulla alia onerare quaestione. sed quod urguet acrius,
2 multo minus est neglegendum. proinde quaero et per dominum
obsecro, ut exponas mihi, quod multis existimo profuturum, aut,
si iam uel abs te uel ab aliquo expositum habes, dirigas nobis, quo- 5
modo accipiendum sit, quod in epistula Iacobi apostoli est: q u i-
c u m q u e   e n i m   t o t a m   l e g e m   s e r u a u e r i t,   o f f e n-
d a t   a u t e m   i n   u n o,   f a c t u s   e s t   o m n i u m   r e u s.
quae res talis ac tanta est, ut, quod hinc tibi non iam olim scripsi,
me multum paeniteat.   10
     2. De agenda namque praesenti uita, quomodo ad uitam per-
ueniamus aeternam, non de praeterita perscrutanda, quam penicus
demersit obliuio, sicuti est illud, quod de anima quaerendum
putaui, haec uertitur quaestio. eleganter autem dictum esse narratur,
quod huic rei satis apte conuenit. cum quidam ruisset in puteum, 15
ubi aqua tanta erat, ut eum magis exciperet, ne moreretur, quam
suffocaret, ne loqueretur, accessit alius eoque uiso miserans ait:
'quomodo huc cecidisti?' at ille: 'obsecro', inquit, 'quomodo hinc me
2 liberes, non, quomodo huc ceciderim, quaere'. ita, quoniam fatemur
et fide catholica tenemus de reatu peccati tamquam de puteo etiam 20
paruuli infantis animam Christi gratia liberandam, satis est ei, quod
modum, quo salua fiat, nouimus, etiam si numquam, quomodo in
malum illud deuenerit, nouerimus. sed ideo putaui esse quaerendum,
ne forte ex illis opinionibus incarnationis animae aliquam teneamus
incautius, quae liberandam prorsus animam paruuli contradicat 25
3 negans eam esse in isto malo. hoc igitur firmissime retento, quod
anima paruuli de reatu peccati liberanda est nec alio modo liberanda
nisi   g r a t i a   d e i   p e r   I e s u m   C h r i s t u m,   d o m i n u m

     6 *Iac. 2, 10   28 Rom. 7, 25

     1 solu. esse non dub. ç   in non] non in ʒM   2 ulla] illa A   honerare Aʒ
3 quaeso ℬ   deum ç   5 alico ℬ alio aliquo AʒDM   6 ap. iac. Eug.cod.Vat.
apostoli om.ℬ   scriptum est ç   7 enim] autem ℬEug   obseruauerit Eug.
codd.plerique obseruaberit ℬ   offendet ℬ   9 ac tanta] hac tantum ℬ   huic D
10 multum me ç   me om.ℬ   12 de om.AʒDM   prescrutanda ℬ   13 dimer-
sit ℬ demergit Eug   sicut ℬʒ   15 quo ℬ   conueniunt ʒ   17 et eo ç   mi-
rans M admirans ç   18 at ille om.AʒDM   cogita quomodo ADM   me hinc ℬ
19 quaeras Eug.codd.praeterVat.ç   21 anime ʒ   gratiae ʒ   22 quo] quomodo ç
fiant ʒ   28 Christum om.ℬ

nostrum, si possumus etiam ipsius mali causam et originem
nosse, uaniloquis non disputatoribus sed litigatoribus paratius in-
structiusque resistimus; si autem non possumus, non, quia latet
miseriae principium, ideo pigrescere misericordiae debet officium.
5 aduersus eos autem, qui sibi uidentur scire, quod nesciunt, hoc 4
tutiores sumus, quod hanc ignorantiam nostram non ignoramus.
aliud est enim, quod nescire malum est, aliud, quod sciri uel non
potest uel non opus est uel ad uitam, quam quaerimus, indifferens
est. hoc uero, quod de litteris apostoli Iacobi nunc requiro, in hac
10 ipsa, qua uiuimus et, ut semper uiuamus, deo placere studemus,
actione uersatur.

3. Quomodo ergo intellegendum est, obsecro te: q u i c u m-
q u e t o t a m l e g e m s e r u a u e r i t, o f f e n d a t a u t e m
i n u n o, f a c t u s e s t o m n i u m r e u s? itane, qui furtum
15 fecerit, immo uero, qui dixerit diuiti: 'hic sede', pauperi autem: 'tu
sta illic', et homicidii et adulterii et sacrilegii reus est? quod si non
est, quomodo, qui in uno offendit, factus est omnium reus? an
illud, quod dixi de diuite et paupere, ad ista non pertinet, quorum
si quis in uno offenderit, fiet omnium reus? sed recolendum est, 2
20 unde uenerit ista sententia et quae illam superiora pepererint quibusque conexa dependeat. f r a t r e s m e i, n o l i t e, inquit,
i n p e r s o n a r u m a c c e p t i o n e h a b e r e f i d e m d o-
m i n i n o s t r i I e s u C h r i s t i g l o r i a e. etenim, si
i n t r o i e r i t i n c o n u e n t u u e s t r o u i r a u r e u m
25 a n u l u m h a b e n s i n u e s t e c a n d i d a, i n t r o i e r i t
a u t e m e t p a u p e r i n s o r d i d o h a b i t u e t i n t e n-
d a t i s i n e u m, q u i i n d u t u s e s t u e s t e p r a e c l a r a,

12 Iac. 2, 10   15 cf. Iac. 2, 3   21 *Iac. 2, 1—6

2 uaniloquiis A₃D,Ma.r.   4 deb. mis. Eug.cod.Val.   5 quod] et D
7 alt. est om.ς   scire A₃D,Ma.c.Eug(praeter unum Paris.)   8 uel non cpus est]
uel non potest (erasa) D,om.℘   9 iac. ap. ℘   hoc ₃   10 et deo ℘   12 igitur ς   qui Ma.c.m?   13 aufendat ₃   14 una ₃   factum est autem omnium ₃
15 sede hic ς   16 homocidio ₃   sacrilegi ℘   quid ℘   17 offendat ς
18 dixit A₃DMEug.cod.Val.   diuiti D   non om.A   19 factus est ℘   20 illa ς
superiorum ℘ —rem A₃DM —ri ς   21 dependet D —deant Eug. cod.Val.
23 nostri om.ADM   24 conuentum uestrum Eug.codd.nonnulli conspectu uestro ℘   anulum aureum ς   27 ueste praeclaram ₃

15*

et dicatis: 'tu sede hic bene', pauperi autem
dicatis: 'tu sta illic' aut: 'sede sub scabello
pedum meorum', nonne iudicastis apud uosmet
ipsos et facti estis iudices cogitationum
iniquarum? audite, fratres mei dilectissimi: 5
nonne deus elegit pauperes in hoc mundo
diuites in fide et heredes regni, quod promisit deus diligentibus se? uos autem exhono-
rastis pauperem, propter illum scilicet, cui dictum est: 'tu
sta illic', cum habenti anulum aureum dictum esset: 'tu sede hic 10
3 bene'. ac deinde sequitur eandem ipsam sententiam latius uersans
et explicans: nonne, inquit, diuites per potentiam
opprimunt uos et ipsi adtrahunt uos ad iudicia? nonne ipsi blasphemant bonum nomen,
quod inuocatum est super uos? si quidem le- 15
gem perficitis regalem secundum scripturas:
'diliges proximum tuum sicut te ipsum', bene
facitis; si autem personas accipitis, peccatum
operamini redarguti a lege quasi transgres-
4 sores. uidete, quem ad modum transgressores legis appellet, 20
qui dicunt diuiti: 'sede hic' et pauperi: 'sta illic'. unde, ne putarent
contemptibile esse peccatum in hac una re legem transgredi, secutus
adiunxit: quicumque autem totam legem serua-
uerit, offendat autem in uno, factus est omnium reus. qui enim dixit: 'non moechaberis', 25
dixit et: 'non occides'. quodsi non occides,
moechaberis autem, factus es transgressor

12 *Iac. 2, 6—9　　23 *Iac. 2, 10—11

　　　1 dicatis ei ς　　aut. dic.] aut dicatur ჳ　　3 iudicastis Eug.cod.Vat. iudicati
estis ℜ iudicatis AჳDM Eug.cet.codd. (cf. p. 239, 1)　　4 cogitationes ℜჳ　　5 mei
dil.]carissimi ς　　7 fidei ჳ　　repromisit AჳDM　　9 tu om.ς　　11 hac ℜჳ　　inde M
13 ipsi om.AჳDM　　trahunt AჳDM　　uos om.AჳDM　　16 perfectis ℜ scripturam AჳD　　17 diligis ℜ dili**s M　　18 facis ℜ　　acc. pers. ς　　personam Eug.
cod.Vat.　　19 redarguiti ჳ,Ma.r.　　20 uide ℜς　　appellat AჳDM　　21 diuite ჳ
hic bene Eug.cod.Vat.　　tu sta ჳ　　23 autem om.ς　　totum ჳ　　24 aufendat ჳ
25 mecaueris ℜ　　26 quodsi et A　　occidas ℜ,Mp.c.m2 —dis ς　　27 mecaueris ℜ moecharis AჳDMEug.codd.nonnulli　　est (t eras.) AM

l e g i s propter illud, quod dixerat: r e d a r g u t i a l e g e
q u a s i t r a n s g r e s s o r e s. quae cum ita sint, consequens 5
uidetur — nisi alio modo intellegendum ostendatur —, ut, qui
dixerit diuiti: 'sede hic' et pauperi: 'sta illic' huic honorem ampli-
5 orem quam illi deferens, et idolatres et blasphemus et adulter et
homicida et, ne — quod longum est — cuncta commemorem. reus
omnium criminum iudicandus sit; offendens quippe in uno factus
est omnium reus.

    4. At enim, qui unam uirtutem habet, omnes habet et, qui unam
10 non habet, nullam habet. hoc si uerum est, confirmatur ista sententia. sed ego eam exponi uolo, non confirmari, quae per se ipsam
est apud nos omnium philosophorum auctoritatibus firmior. et
illud quidem de uirtutibus et uitiis si ueraciter dicitur, non est consequens, ut propter hoc omnia peccata sint paria. nam illud de in-
15 separabilitate uirtutum, etsi forsitan fallor, tamen, si uerum memini,
quod uix memini, omnibus philosophis placuit, qui easdem uirtutes
agendae uitae necessarias esse dixerunt. hoc autem de parilitate 2
peccatorum soli Stoici ausi sunt disputare contra omnem sensum
generis humani; quam eorum uanitatem in Iouiniano illo, qui in
20 hac sententia Stoicus erat, in aucupandis autem et defensitandis
uoluptatibus Epicureus, de scripturis sanctis dilucidissime conui-
cisti. in qua tua suauissima et praeclarissima disputatione satis euidenter apparuit non placuisse auctoribus nostris uel ipsi potius, quae
per eos locuta est, ueritati omnia paria esse peccata. quomodo autem 3
25 fieri possit, ut, etiam si hoc de uirtutibus uerum est, non tamen ideo
cogamur fateri aequalitatem omnium peccatorum, quantum possum,

1 Iac. 2, 9   19 cf. adu. Iouin. II 21—34

    1 id ς redarguiti *Ma.r.* redarguit $\mathfrak{P}$ 2 quasi] quas *D*   4 huic non
A$\mathfrak{z}$DM ampl. *Eug,om.cet.*   5 quem *Mς* quum $\mathfrak{P}$ idolatris *A$\mathfrak{z}$DM* h.dolater $\mathfrak{P}$
idololatra ς 6 commemorarem *AMa.r.,$\mathfrak{z}$D*   7 sit *Eug* est *cet.*   offendet *Ma.c.m2*
—dat *Aa.c.m2D* aufendet $\mathfrak{z}$ factu $\mathfrak{z}$ 9 ad $\mathfrak{P}$ aut $\mathfrak{z}$ ait *D*   10 non ullam *D*
11 nolo $\mathfrak{P}$ ipsa $\mathfrak{z}$*D*   12 est *om.A$\mathfrak{z}$DM*   omnium *Eug* omnibus *cet.* philosophiam *D*   est firmior *Mp.c.m2* firmior est ς 13 quidam $\mathfrak{z}$ et de uitiis
Eug.codd.praeterVat.   14 ut] at $\mathfrak{z}$ haec $\mathfrak{P}$ 15 etsi] nisi ς 17 necessaria $\mathfrak{P}$
18 soli Stoici] solis dici *D*   19 iubiniano $\mathfrak{P}$ 20 hanc sententiam $\mathfrak{z}$ aucu-
pandū $\mathfrak{z}$ def. *Eug* defensandis *cet.*   21 uoluntatibus *A$\mathfrak{z}$D,Ma.c.m2* epicu-
reos *AMa.c.m2,D*   23 ipsis *AD,Ma.r.*   qui $\mathfrak{z}$ 24 esse paria ς 25 si] sibi $\mathfrak{P}$
hoc de] octo $\mathfrak{z}$ 26 ad qualitatem *A$\mathfrak{z}$D*

adiuuante domino aperire conabor. quod si effecero, adprobabis,
ubi causae defuero, tu supplebis.

5. Certe hinc persuadent, qui unam uirtutem habuerit, habere
omnes et omnes deesse, cui una defuerit, quod prudentia nec ignaua
nec iniusta nec intemperans potest esse; nam si aliquid horum fuerit, 5
prudentia non erit. porro, si prudentia tunc erit, si et fortis et iusta
2 et temperans sit, profecto, ubi fuerit, secum habet ceteras. sic et fortitudo inprudens esse non potest uel intemperans uel iniusta; sic
temperantia necesse est ut prudens, fortis et iusta sit; sic iustitia
non est, si non sit prudens, fortis et temperans. ita, ubi uera est aliqua 10
earum, et aliae similiter sunt. ubi autem aliae desunt, uera illa non
est, etiamsi aliquo modo similis esse uideatur.

6. Sunt enim, ut scis, quaedam uitia uirtutibus aperta discretione
contraria, ut inprudentia prudentiae. sunt autem quaedam tantum,
quia uitia sunt, ideo contraria, quadam tamen specie fallaci similia, 15
ut eidem prudentiae non inprudentia sed astutia. nunc enim eam
dico astutiam, quae usitatius in malitiosis intellegi et uocari solet,
non sicut loqui nostra scriptura consueuit, quae saepe astutiam in
bono ponit, unde est: a s t u t i　u t　s e r p e n t e s　et illud: u t
2 d e t　i n n o c e n t i b u s　a s t u t i a m. quamquam et apud illos 20
Romanae linguae disertissimus dixerit: n e q u e　i l l i　t a m e n
a d　c a u e n d u m　d o l u s　a u t　a s t u t i a　d e e r a t　astutiam ponens in bono; sed apud illos rarissimum, apud nostros autem
frequentissimum est. itemque in partibus temperantiae apertissime
contraria est effusio parsimoniae; ea uero, quae tenacitas etiam 25
uulgo dici solet, uitium est quidem, tamen parsimoniae simile non

19 *Matth. 10, 16　　*Prou. 1, 4　　21 Sallust. Cat. 26, 2

1 efficero *AMa.c.m2,D*　　2 ibi ʒ ubi uero ς　　3 hic 𝔅　　4 quod si ʒ
ignauia *AMa.r.,ʒD*　　5 iusta *AMa.c.m2,ʒD*　　aliqua *AʒD,Ma.c.m2*　　fuerit] defuerit *Ap.c.m2 Eug. codd. praeter Vat. et unum Par.*　　6 si *eras.A*　　7 et ceteras
𝔅,*A* (et *s.l.m2*)　　8 sic et ς　　9 sic et ς　　10 si non] nisi ς　　non—aliqua *om.*𝔅
et *s.l.m2A,om.*ʒ*DM*　　uera est] est una uera ς　　11 *pr.* aliae] alia 𝔅　　uera una
illa ς　　13 sis ʒ　　15 quae(e)dam *AʒD*　　fallacis *AMa.r.,D*　　16 eam] eandem
Eug.codd.plerique　　18 et non *Eug*　　nostra loqui ς　　19 est] est illut 𝔅 estote ς
ut et innoc. *Aa.c.m2*ʒ*DM* ut et innoc. det ς　　20 astutia *Ap.r.D* —tiae ʒ*M*
22 dolos 𝔅　　aut *om.*𝔅　　deerat *Eug* deerant *cet.*　　23 pones *AMa.c.m2,ʒD*
autem *om.*ς　　25 ea—26 pars. *ponit post p. 231, 11* poterat ʒ　　etiam *om.*𝔅ς
uulgo etiam *Eug.cod.Vat.*　　26 dici uulgo ς　　quidem est ς　　est *om.M*　　si
tamen *Eug.cod.Vat.*

natura sed fallacissima specie. item dissimilitudine manifesta con- 3
traria est iniustitia iustitiae; solet autem quasi imitari iustitiam
uindicandi libido, sed uitium est. ignauia fortitudini perspicue
contraria est, duritia uero distat natura, fallit similitudine. con-
5 stantia pars quaedam uirtutis est; ab hac inconstantia, longe abhor-
ret et indubie contrasistit, pertinacia uero constantia dici affectat
et non est, quia illa est uirtus, hoc uitium.

7. Ut ergo non iterum eadem commemorare necesse sit, exempli
gratia ponamus aliquid, unde possint cetera intellegi. Catilina, ut
10 de illo scripserunt, qui nosse potuerunt, frigus, sitim, famem ferre
poterat eratque p a t i e n s   i n e d i a e ,   a l g o r i s ,   u i g i l i a e ,
s u p r a   q u a m   c u i q u a m   c r e d i b i l e   e s t , ac per hoc
suis et sibi magna praeditus fortitudine uidebatur. sed haec forti- 2
tudo prudens non erat — mala enim pro bonis eligebat —, temperans
15 non erat — corruptelis enim turpissimis foedabatur —, iusta non
erat — nam contra patriam coniurauerat — et ideo nec fortitudo
erat, sed duritia sibi, ut stultos falleret, nomen fortitudinis inpo-
nebat. nam si fortitudo esset, non uitium sed uirtus esset; si autem
uirtus esset, a ceteris uirtutibus tamquam inseparabilibus comiti-
20 bus numquam relinqueretur.

8. Quapropter, cum quaeritur etiam de uitiis, utrum et ipsa
similiter et omnia sint, ubi unum erit, aut nulla sint, ubi unum non
erit, laboriosum est id ostendere propterea, quia uni uirtuti duo
uitia opponi solent, et quod aperte contrarium est et quod specie si-
25 militudinis adumbratur. unde, illa Catilinae quia fortitudo non erat, 2
quae secum uirtutes alias non habebat, facilius uidebatur; quod uero
ignauia fuerit, ubi exercitatio quaslibet grauissimas molestias per-
petiendi atque tolerandi s u p r a   q u a m   c u i q u a m   c r e d i-

---

11 Sallust. Cat. 5, 3   28 Sallust. Cat. 5, 3

1 nature ʒD   2 autem] enim *Eug.cod.Vat.*   mitari iustitia ʒ   3 uind.
se ç   persp.] per specię ℬ *in mg.*   4 naturae *M*p.c.*m2* natura natura *D*
a(*s.l.m2*)natura naturae *A*   5 instantia *M*   8 haec eadem ç   est *A*ʒ*L,Ma.c.m2*
10 sitim] fec̄ ʒ   famen *AMa.c.*   11 poterant ℬ   13 suis et sibi *E ι* et sibi
et suis *cet.*   14 mala—15 erat *om.*ℬ   15 foe(fae, fe)debatur ℬ*A*ʒ*L,Ma.c.m2*
16 nec] non *Eug.cod.Vat.*   17 stultus ʒ   19 tam ʒ*DM*   20 relinqueremur ℬ
21 dum ç   et *s.l.m2A,om.*ʒ*DM*   22 et *Eug.,om.cet.*   *pr.* sunt *D*   24 *pr.* quid ℬ
26 secum] secundum ℬ   esset cum *Aa.r.*ʒ*DM* esset cum secum ç   27 qualibet
ℬʒ*D,Aa.c.m2* quālibet *M*

3 b i l e   e s t fuit, aegre persuaderi potest. sed forte acutius intuentibus ignauia apparet ipsa duritia, quia laborem bonorum studiorum,
quibus uera adquiritur fortitudo, neglexerat. uerumtamen, quia sunt
audaces, qui timidi non sunt, et rursus timidi, a quibus absit audacia,
cum sit utrumque uitium, quoniam, qui uera uirtute fortis est, nec 5
temere audet nec inconsulte timet, cogimur fateri uitia plura esse
uirtutibus.

9. Unde aliquando uitium uitio tollitur, ut amore laudis amor
pecuniae, aliquando unum cedit, ut plura succedant, uelut, qui ebrio-
sus fuit, si modicum bibere tenacitate et ambitione didicerit. pos- 10
sunt itaque uitia cedere etiam uitiis succedentibus, non uirtutibus,
2 et ideo plura sunt. uirtus uero quo una ingressa fuerit, quoniam
secum ceteras ducit, profecto uitia cedent omnia, quaecumque
inerant; non enim omnia inerant, sed aliquando totidem, aliquando
plura paucioribus uel pauciora pluribus succedebant.   15

10. Haec utrum ita se habeant, diligentius inquirendum est.
non enim et ista diuina sententia est, qua dicitur: 'qui unam uirtutem
habuerit, omnes habet eique nulla est, cui una defuerit', sed hominibus hoc uisum est multum quidem ingeniosis, studiosis, otiosis, sed
2 tamen hominibus. ego uero nescio, quem ad modum dicam. non 20
dico uirum, a quo denominata dicitur uirtus, sed etiam mulierem,
quae uiro suo seruat tori fidem, si hoc faciat propter praeceptum
et promissum dei eique primitus sit fidelis, non habere pudicitiam
aut eam nullam uel paruam esse uirtutem — sic et maritum, qui hoc
idem seruat uxori —, et tamen sunt plurimi tales, quorum sine ali- 25
quo peccato esse neminem dixerim, et utique illud qualecumque
3 peccatum ex aliquo uitio uenit. unde pudicitia coniugalis in uiris
feminisque religiosis cum procul dubio uirtus sit — non enim aut
nihil aut uitium est —, non tamen secum habet omnes uirtutes. nam

1 persuadere 𝔓 *Eug.codd.praeterVat.* ē persuadere persuadere ᴣ   3 negle-
gebat 𝔓   4 qui timidi] quid mihi ᴣ   sint 𝔓   a *om.*𝔓*D*   abest ς   6 cogitur ς   8 uitico tollatur ᴣ   9 cedat ᴣ   uelut] uel 𝔓   10 fuerit *AᴣDM*   si *om.*ᴣ
biberet 𝔓ᴣ,*Aa.c.m2Ma.r.* uiueret *D* biberit ς; *add.* et *AᴣDM*   tenacitatem et
ambitionem 𝔓ς   dedicerit ᴣ*D*   11 itaque] etiam *Eug.cod.Vat.*   etiam cedere ς
uitis ᴣ   non uirt. *om.AᴣDM*   13 cedunt *D* cadant ᴣ   quae(cumque *add.s.l.*)*A*
16 habebunt 𝔓   17 una ᴣ   18 habuerint ᴣ   est *Eug* inest *cet.*   19 otiosis
Eug,om.cet.   23 eique] et que ᴣ*D* et quae *Aa.c.m2M*   24 aut̄ ᴣ   eam *Euɡ* iam
s.l.m2A,om.cet. pudicitiam ς   25 idem] ipsum 𝔓 quidem *Eug.cod.Vat.*

si omnes ibi essent, nullum esset uitium; si nullum uitium, nullum
omnino peccatum; quis autem sine aliquo peccato? quis ergo sine
aliquo uitio, id est fomite quodam uel quasi radice peccati cum
clamet, qui super pectus domini discumbebat: s i   d i x e r i m u s,
5 q u i a   p e c c a t u m   n o n   h a b e m u s,   n o s   i p s o s   d e c i-
p i m u s   e t   u e r i t a s   i n   n o b i s   n o n   e s t? neque hoc apud 4
te diutius agendum est, sed propter alios, qui haec forte legerint,
dico. nam tu quidem in eodem ipso opere splendido contra Iouinianum etiam hoc de scripturis sanctis diligenter probasti; ubi etiam
10 ex hac ipsa epistula, cuius uerba sunt, quorum nunc intellectum
requirimus, posuisti, quod scriptum est: i n   m u l t i s   e n i m
o f f e n d i m u s   o m n e s. non enim ait 'offenditis', sed ait 'offendimus', cum Christi loqueretur apostolus, et cum hoc loco dicat: q u i-
c u m q u e   a u t e m   t o t a m   l e g e m   s e r u a u e r i t,   o f f e n-
15 d a t   a u t e m   i n   u n o,   f a c t u s   e s t   o m n i u m   r e u s, ibi
non in uno sed in multis nec quosdam sed omnes dixit offendere.

11. Absit autem, ut quisquam fidelis existimet tot milia seruorum Christi, qui ueraciter dicunt se habere peccatum, ne se ipsos
decipiant et ueritas in eis non sit, nullam habere uirtutem, cum
20 uirtus magna sit sapientia. d i x i t   a u t e m   h o m i n i: e c c e
p i e t a s   e s t   s a p i e n t i a. absit autem, ut dicamus tot ac tantos
fideles et pios homines dei non habere pietatem, quam Graeci uel
εὐσέβειαν uel expressius et plenius θεοσέβειαν uocant. quid autem 2
est pietas nisi dei cultus? et unde ille colitur nisi caritate? caritas
25 enim de corde puro et conscientia bona et fide non ficta magna et
uera uirtus est, quia ipsa est et finis praecepti. merito dicta est fortis

4 cf. Ioh. 13, 25; 21, 20   *I Ioh. 1, 8   8 cf. adu. Iouin. II 2   11 Iac. 3, 2
13 Iac. 2, 10   18 cf. I Ioh. 1, 8   20*Hiob 28, 28   24 cf. 1 Tim. 1, 5   26 cf. Cant. 8, 6

1 si null. uit. om.A₃DM   2 pr. qui ç peccati D; add. est ç   4 supra ₃M
domini om.₃ hominis ℜ   disc. Eug recumbebat (pec— ₃) cet.   6 nez ez ne A
7 ag. est diut. Eug.cod.Vat.   forte hoc ç hoc A₃DM   8 iuuin. ℜ   9 alt. etiam]
eam ℜ   10 intellectu ℜ   12 pr. ait om.ℜ   alt. ait Eug.om.cet.   off. omnes ç
14 autem om.ℜ   aufendat ₃   16 dicit ç   affende ₃   17 exae(e M)sti-
met A,Ma.c.m2   militia AMa.r.,D   19 et] ut ℜ   20 dixit—sap. om.ℜ
autem] add. ipsa sapientia ç   21 autem Eug ergo cet.   toth hac ℜ   22 dei
s.l.m2A   23 eusebian ADM esebian ₃ eusebia ℜ   planius Eug.cod.Vat.   theo-
sebian A₃DM tehosebia ℜ   autem om.₃   24 pietas est ç   ille om.ℜ   25 enim
Eug igitur cet.   26 ipsa—p. 234, 1 pr. quia om.₃   et om.ç   tert. est exp.ℜ

sicut mors, siue quia nemo eam uincit sicut mortem siue quia in
hac uita usque ad mortem est mensura caritatis, sicut dominus ait:
m a i o r e m   h a c   c a r i t a t e m   n e m o   h a b e t ,   q u a m   u t
a n i m a m   s u a m   q u i s   p o n a t   p r o   a m i c i s   s u i s, siue
potius, quia, sicut mors animam auellit a sensibus carnis, sic caritas ₅
3 a concupiscentiis carnalibus. huic subseruit scientia, cum est utilis;
nam sine illa inflat. quod uero illa aedificando inpleuerit, nihil ibi
ista inane, quod inflet, inueniet. utilem porro scientiam definiendo
monstrauit, ubi, cum dixisset: e c c e   p i e t a s   e s t   s a p i e n -
t i a,   continuo   subiunxit: a b s t i n e r e   u e r o   a   m a l i s ₁₀
4 s c i e n t i a   e s t. cur ergo non dicimus, qui hanc uirtutem habet,
habere omnes, cum plenitudo legis sit caritas? an quanto magis est
in homine, tanto magis est uirtute praeditus, quanto autem minus,
tanto minus inest uirtus, quia ipsa est uirtus, et quanto minus inest
uirtus, tanto magis est uitium? ubi ergo illa plena et perfecta fuerit, ₁₅
nihil ex uitio remanebit.

   12. Proinde mihi uidentur Stoici ideo falli, quia proficientem
hominem in sapientia nolunt omnino habere sapientiam, sed tunc
habere, cum in ea fuerit omnino perfectus, non quia illum pro-
uectum negant, sed nisi ex profundo quodam emergendo repente ₂₀
emicet in auras sapientiae liberas, nulla ex parte esse sapientem.
2 sicut enim nihil interest ad hominem praefocandum, utrum aquam
stadiis multis super se habeat altam an unum palmum uel digitum,
sic illos, qui tendunt ad sapientiam, proficere quidem dicunt tamquam ab imo gurgitis surgentes in aërem, sed, nisi totam stultitiam ₂₅

      3 *Ioh. 15, 13   7 cf. I Cor. 8, 1   9 *Hiob 28, 28   12 cf. Rom. 13, 10

      1 eum ʒ   2 sicut] sic ℘   3 hac Mp.r.Eug.codd.nonnulli hanc cet.   4 quis
ponat Eug ponat cet. ponat quis ς   7 illā flat ʒ   uera ʒ   alt. illa om.D
8 inueniat ℘   9 ibi ʒ   sapienti ʒ   11 qui] quid ℘   13 uirtutem ʒ   14 pr. inest
Ap.c.m2Eug est cet.   pr. uirtus] uirtute Aa.c.m2ʒDM uirtus ei uel ei uirtus ς
alt. inest Eug est cet.   15 magis ℘Eug maius ADM minus ʒ   est om.℘   fuerit
Ap.c.m2Eug.codd.praeterVat. erit cet.   16 uitiū ℘   17 ideo ℘Eug,om.cet.
fallunt ʒ   18 hab. omn. AʒDM   sed tunc] sectunt ʒ   19 in om.Eug.cod.Vat.
omn. perf. fuerit ς   fuerint ʒ   profectum ℘ prouentum ʒ   20 negent ʒ
ex] et ʒ   quoddam ʒ   21 emicetur ℘ʒD,AMa.c.m2 enitatur Mp.c.m2   sapientia D   22 interest (inter in ras.) AM est inter ℘ n͞r͞m est ʒ n͞r est D   pre-
foc. (ef in ras.) A preuoc. ℘ prouoc. ʒD,Ma.c.m2   23 an] aut ς   uno palmo ς
uel] aut (au ʒ) AʒDM   digito ς   25 surgentes (—tis ʒ) gurgitis AʒDM   aerę ℘
nisi totam] in isto tam D

uelut opprimentem aquam proficiendo uelut emergendo euaserint,
non habere uirtutem nec esse sapientes, ubi autem euaserint, mox
habere totam nec quicquam stultitiae remanere, unde omnino ullum
peccatum possit existere.

5   13. Haec similitudo, ubi stultitia uelut aqua et sapientia uelut
aër ponitur, ut animus a praefocatione stultitiae tamquam emergens
in sapientiam repente respiret, non mihi uidetur satis accommodata
nostrarum scripturarum auctoritati, sed illa potius, ut uitium uel
stultitia tenebris, luci autem uirtus uel sapientia comparetur,
10 quantum ista similia de corporalibus ad intellegibilia duci possunt.
non itaque sicut de aquis in aërem surgens, ubi earum summum 2
transierit, repente, quantum sufficit, inspiratur, sed sicut de tenebris
in lucem procedens paulatim progrediendo inluminatur. quod donec
plenissime fiat, iam eum tamen dicimus tamquam de abditissima
15 spelunca egredientem uicinia lucis afflatum tanto magis, quanto
magis propinquat egressui, ut illud, quod in eo lucet, sit utique ex
lumine, quo progreditur, illud autem, quod adhuc obscurum est, sit
ex tenebris, unde egreditur. itaque et n o n   i u s t i f i c a b i t u r 3
i n   c o n s p e c t u   dei   o m n i s   u i u e n s   et   tamen   i u s t u s
20 e x   f i d e   u i u i t. et induti sunt sancti iustitia alius magis, alius
minus et nemo hic uiuit sine peccato et hoc alius magis, alius minus;
optimus autem est, qui minimum.

14. Sed quid ago? tamquam oblitus, cui loquar, doctori similis
factus sum, cum proposuerim, quid abs te discere uelim. sed quia
25 de peccatorum parilitate, unde in id, quod agebam, incidit quaestio,
examinandam tibi sententiam meam promere statueram, iam eam

18 Ps. 142, 2   19 *Hab. 2, 4. Rom. 1, 17. Gal. 3, 11. Hebr. 10, 38
20 cf. Hiob 29, 14

1 oppriment $\mathfrak{P}$ emergendum $Aa.c.m2\mathfrak{z}$ 3 totum $Eug.codd.Vat.$ et Des-
noyersii   stultitia $\mathfrak{P}.Ma.c.m2$ nullum $Eug.cod.Vat.$ 5 stultitiae $\mathfrak{P}$ 6 pre-
uocatione $\mathfrak{P}$ 7 in $om.A\mathfrak{z}DM$ sapientiam $Eug.codd.praeterVat.$ —tia cet.   re-
spiceret $AMa.r..\mathfrak{z}D$ accommoda $Eug.codd.praeterVat.$ et unum Par.   8 auctoritate $Eug.codd.plerique$ 9 uel] et ς sapientiae $\mathfrak{P}$ com(n)pararetur $AMc.c.,\mathfrak{z}D$
10 dici $A,\mathfrak{z}p.r.$ 11 summa $\mathfrak{P}$ 13 egrediendo $Eug.cod.Vat.$ 16 egressus sui
(super sui $m2$] sibi id est luci)M 17 quo] eo $\mathfrak{P}$ 20 sancti $om.\mathfrak{z}$ iustitiam $\mathfrak{P}$ magis Eug maius cet.   21 magis $Eug\mathfrak{z}$ maius cet.   22 obtimum $\mathfrak{P}$
23 ago Eug ego cet.   loquor $A\mathfrak{z}DM$ 24 dicere $A\mathfrak{z}D,Ma.c$ $m2,om.\mathfrak{P}$ 25 in
$om.A\mathfrak{z}DM$ id] hic $\mathfrak{z}$

tandem aliquando concludam, quia, etsi uerum est eum, qui habet
unam, omnes habere uirtutes, eum, qui unam non habet, nullam
habere, nec sic peccata sunt paria, quia, ubi uirtus nulla est, nihil
quidem rectum est nec tamen ideo non est prauo prauius distortoque
2 distortius. si autem — quod puto esse uerius sacrisque litteris con- 5
gruentius — ita sunt animae intentiones ut corporis membra, non
quod uideantur locis, sed quod sentiantur affectibus, et aliud inluminatur amplius, aliud minus, aliud omnino caret lumine et tene-
broso inumbratur obstaculo, profecto ita, ut quisque inlustratione
piae caritatis affectus est in alio actu magis, in alio minus, in alio 10
nihil, sic dici potest habere aliam, aliam non habere, aliam magis
3 minusue habere uirtutem. nam et 'maior est in isto caritas quam in
illo' recte possumus dicere et 'aliqua in isto, nulla in illo', quantum
pertinet ad caritatem, quae pietas est, et in ipso uno homine, quod
maiorem habeat pudicitiam quam patientiam et maiorem hodie 15
quam heri, si proficit, et adhuc non habeat continentiam et habeat
non paruam misericordiam.

    15. Et ut generaliter breuiterque conplectar, quam de uirtute
habeo notionem, quod ad recte uiuendum adtinet, uirtus est caritas,
qua id, quod diligendum est, diligitur. haec in aliis maior, in aliis 20
minor, in aliis nulla est, plenissima uero, quae iam non possit augeri,
quam diu hic homo uiuit, in nemine; quam diu autem augeri potest,
2 profecto illud, quod minus est, quam debet, ex uitio est. ex quo uitio
n o n e s t i u s t u s i n t e r r a, q u i f a c i e t b o n u m e t
n o n p e c c a b i t. ex quo uitio n o n i u s t i f i c a b i t u r i n 25
c o n s p e c t u dei o m n i s u i u e n s. propter quod uitium,
si d i x e r i m u s, q u i a p e c c a t u m n o n h a b e m u s,
n o s i p s o s d e c i p i m u s e t u e r i t a s i n n o b i s n o n

24 *Eccle. 7, 21. cf. III Reg. 8, 46   25 Ps. 142, 2   27 *I Ioh. 1, 8

    4 prauo prauius est ς   distortusque ℜ   7 *pr.* quo *A*₃*DM*   9 quisquis ς
10 *tert.* alio] aliquo *A*₃*DM*   11 sic (c *exp.*) *A*   potest dici ℜ   aliam et aliam ς
12 minusue] aliam minusue *A*₃*D* aliamue(ue *m*2)minus *M* aliam minus ς   *alt.*
in *om.*₃   14 pietatis *Aa.c.m*2₃*DM*   16 profecit ℜ   18 brebique ℜ   19 habeam ℜ   20 qua] quia *Ap.c.m*2₃   quo *A*₃   22 homo hic ς   in neminem *A*₃*D*
in nemine est (est *in ras.*) *M* est in nemine ς   23 debet] libet *Eug.codd.praeter*
Vat. et unum Par.   24 faciet *Goldb. sec. LXX* faciat *codd.*   25 peccauit *A*₃*D*
*Eug.cod.Vat.,Ma.c.m*2 peccet *Eug. duo codd.,Mp.c.m*2 (*cf. LXX*)   28 nosmet ς
seducimus ς

e s t. propter quod etiam, quantumlibet profecerimus, necessarium
est nobis dicere: d i m i t t e n o b i s d e b i t a n o s t r a, cum
iam omnia in baptismo dicta, facta, cogitata dimissa sint. uidet 3
itaque, qui recte uidet, ubi et quando et unde speranda sit illa per-
5 fectio, cui non sit quod adici possit. si autem praecepta non essent,
non utique esset, ubi se homo certius inspiceret et uideret, unde auer-
teretur, quo conaretur, quare gratularetur, quid precaretur. magna
est ergo utilitas praeceptorum, si libero arbitrio tantum detur, ut
gratia dei amplius honoretur.

10   16. Quae si ita se habent, unde fit omnium reus, si in uno offendat, qui totam legem seruauerit? an forte, quia p l e n i t u d o
l e g i s c a r i t a s e s t, qua deus proximusque diligitur, in quibus
praeceptis caritatis t o t a l e x p e n d e t e t p r o p h e t a e,
merito fit omnium reus, qui contra illam facit, in qua pendent omnia?
15 nemo autem peccat nisi aduersus illam faciendo, quia 'n o n a d u l- 2
t e r a b i s, n o n h o m i c i d i u m f a c i e s, n o n i u r a-
b e r i s, n o n c o n c u p i s c e s' et, s i q u o d e s t a l i u d
m a n d a t u m, i n h o c s e r m o n e r e c a p i t u l a t u r
i n e o, q u o d d i l i g e s p r o x i m u m t u u m t a m q u a m
20 t e i p s u m'. d i l e c t i o p r o x i m i m a l u m n o n o p e-
r a t u r, p l e n i t u d o a u t e m l e g i s c a r i t a s. nemo 3
autem diligit proximum nisi diligens deum, ut hoc, quantum potest,
proximo inpendat, quem diligit tamquam se ipsum, ut et ille diligat
deum, quem si ipse non diligit, nec se nec proximum diligit. ac per
25 hoc, qui totam legem seruauerit, si in uno offenderit, fit omnium
reus, quia contra caritatem facit, unde tota lex pendet. reus itaque
fit omnium faciendo contra eam, in qua pendent omnia.

2 Matth. 6, 12   10 cf. Iac. 2, 10   11 *Rom. 13, 10   13 *Matth. 22, 40
15 *Rom. 13, 9—10

1 proficeremus *AMa.c.m2*,ʒ*D* proficerimus *Ap.c.m2*   2 demitte ʒ*p.c.*   3 omnium *D*   demissa ʒ   uidet] quid *AʒDM*   4 recta ʒ   unde et quando et
ubi ς   7 quid prec. *om.D*   8 libere ʒ uero ℬ   10 fiet ς   12 qua—carit. *om.*ℬ
14 reus omnium *AʒDM*   illa *AʒD*   pendet ℬ   15 faciende ʒ   16 facis *A*
Ma.c.m2 fais *D*   17 concupiscis ℬ   aliud est ς   19 quod est ς   diliges ℬ*M*
21 legis est ς   22 ut] et ς   23 proximū ʒ   diligat ς   se] te ʒ   illi ʒ
24 ac] hac ℬʒ   27 eam, in qua] praeceptum, in quo *Eug. codd. praeter Va¹.*
pendet ℬ

17. Cur ergo non dicantur paria peccata? an forte quia magis
facit contra caritatem, qui grauius peccat, minus, qui leuius, et hoc
ipso admittit magis et minus, quo fit quidem omnium reus, sed
grauius peccans uel in pluribus peccans magis reus, leuius autem
uel in paucioribus peccans minus reus, tanto maiore scilicet reatu, 5
quanto amplius, tanto minore, quanto minus peccauerit, tamen,
etiam si in uno offenderit, reus omnium, quia contra eam facit, in
2 qua pendent omnia? quae si uera sunt, eo modo et illud absoluitur,
quod ait homo etiam apostolicae gratiae: i n   m u l t i s   e n i m
o f f e n d i m u s   o m n e s. offendimus enim, sed alius grauius, alius 10
leuius. quanto quisque magis minusue peccauerit, tanto in peccato
committendo maior, quanto in diligendo deo et proximo minor et
rursus tanto minor in peccati perpetratione, quanto maior in dei et
proximi dilectione, tanto itaque plenior iniquitatis, quanto inanior
caritatis, et tunc perfectissimus in caritate, quando nihil restat ex 15
infirmitate.

18. Nec sane, quantum arbitror, putandum est leue esse peccatum in personarum acceptione habere fidem domini Iesu Christi,
si illam distantiam sedendi et standi ad honores ecclesiasticos
referamus. quis enim ferat eligi diuitem ad sedem honoris ecclesiae 20
2 contempto paupere instructiore atque sanctiore? si autem de cotidianis consessibus loquitur, quis non hic peccat, si tamen peccat, nisi
cum apud se ipsum intus ita iudicat, ut ei tanto melior, quanto ditior
illo uideatur? hoc enim uidetur significasse dicendo: n o n n e

9 Iac. 3, 2   24 *Iac. 2, 4

1 dicatur 𝔅 iudicantur ₃   3 adm.—quo] quod adm. ς   amittit 𝔅A.Ma.c.m2
ammittat ₃   magis et minus om.A₃DM   magis] maius 𝔅   quo] quod A₃D,
Ma.c. qui 𝔅   quidem fit M   sed] si ₃   4 lebis 𝔅   5 maior 𝔅   7 reus est
o. 𝔅 reus o. est ς fit reus o. Mp.c.m2 erit reus o. Eug.cod.Vat.   fecit A₃D,
Ma.c.m2   8 pendet 𝔅   adsoluit ₃   9 greciae ₃ gratiam 𝔅   10 off. enim] omnes enim off. A₃DM   pr. alius] unus ς   11 maius minusue 𝔅Eug.codd.nonnulli
grauius leuiusue (uel —que) ς   peccato om.𝔅   12 quanto] quan ₃   13 maior
ex inanior ₃   15 perfecti simus M perfecti sumus 𝔅₃D   ex] et ₃   18 domini
nostri 𝔅AEug.codd.Vat.et unus Par.   19 illa ₃   sedenti ₃   et] ac A₃DM
21 contem(ex n)to paupere ₃ contemptore D   22 consensibus AMa.c.m2,₃D quo-
sensibus 𝔅   hinc 𝔅   23 diiudicat 𝔅   24 illa 𝔅 illi AMa.c.m2,₃DEug.cod.Vat.
ille AMp.c.m2.Eug.codd.reliqui   uideatur] esse uid. ς   dicendo om.A₃DM
cum dicit ς

iudicastis apud uosmet ipsos et facti estis iudices cogitationum iniquarum?

19. Lex itaque libertatis lex caritatis est, de qua dicit: si tamen legem perficitis regalem secundum scripturas: 'diliges proximum tuum sicut te ipsum', bene facitis; si autem personas accipitis, peccatum operamini redarguti a lege quasi transgressores. et post illam sententiam ad intel- 2 legendum difficillimam, de qua satis dixi, quod dicendum putaui, eandem legem libertatis commemorans: sic, inquit, loquimini et sic facite sicut per legem libertatis incipientes iudicari. et quoniam, quid paulo ante dixerit, nouit, quoniam in multis offendimus omnes, suggerit dominicam tamquam cotidianam cotidianis etsi leuioribus tamen uulneribus medicinam: iudicium enim, inquit, sine misericordia illi, qui non fecit misericordiam. hinc enim et dominus: dimittite, inquit, et dimitte- 3 tur uobis; date et dabitur uobis. superexultat autem misericordia iudicio; non dictum est: 'uincit misericordia iudicium' — non enim est aduersa iudicio —, sed 'superexultat', quia plures per misericordiam colliguntur, sed qui misericordiam praestiterunt. beati enim misericordes, quia ipsorum miserebitur deus.

20. Et hoc utique iustum est, ut dimittatur eis, quia dimiserunt, et detur eis, quia dederunt. inest quippe deo et misericordia iudicanti et iudicium miseranti, propter quod ei dicitur: misericordiam et iudicium cantabo tibi, domine; nam quisquis

3 Iac. 2, 8—9 10 Iac. 2, 12 13 Iac. 3, 2 15 Iac. 2. 13 17 *Luc. 6, 37—38 18 *Iac. 2, 13 22 *Matth. 5. 7 26 Ps. 100. 1

1 iudicatis *AȝDM* 2 iniq. cog. *ς* 4 perf. leg. *ς* perfecistis *M* perfecisti 𝔓 reg.] legalem 𝔓 5 diligis 𝔓 *Eug. codd. nonnulli* tuum *om. ς* 6 facis 𝔓 accipis 𝔓 7 redarguiti 𝔓 *Aȝ* redargu*te *M* 8 tamquam *AȝDM* 10 sic] si 𝔓 inq. loq. *Eug* loq. inq. *cet.* loquamini inq. *ς* 12 quid] quod 𝔓 14 quotidianis quotidianam *ς* 16 facit *AȝDM* misericordia *D* 17 dimitte 𝔓 *AD* 18 superexaltat *AȝDM Eug. codd. praeter Vat.* (superexsultat) *et unum Par.* (superexaltet) 19 misericordiam *Aa.r.ȝDM* 21 superexaltat *AȝDM Eug. codd. praeter Vat. et unum Par.* 23 ipsis *AȝM* ipsi *D* deus *s.l.m2 A, om. ȝDM* 24 quia—quia] qui—qui 𝔓 25 iudicandi *M* 26 miserandi *M p.c.m2* miserenti *Eug. codd. nonnulli*

uelut nimium iustus iudicium sine misericordia quasi securus expec-
tat, iram iustissimam prouocat, quam timens ille dicit: **n e   i n t r e s**
2 **i n   i u d i c i u m   c u m   s e r u o   t u o.** unde dicitur populo con-
tumaci: **q u i d   u u l t i s   m e c u m   i u d i c i o   c o n t e n d e r e?
c u m   e n i m   r e x   i u s t u s   s e d e r i t   i n   t h r o n o,   q u i s** 5
**g l o r i a b i t u r   c a s t u m   s e   h a b e r e   c o r?   a u t   q u i s
g l o r i a b i t u r   m u n d u m   s e   e s s e   a   p e c c a t o?** quae
igitur spes est, nisi superexultet misericordia iudicio sed erga illos,
qui misericordiam fecerunt ueraciter dicendo: **d i m i t t e   n o b i s,**
s i c u t   e t   n o s   d i m i t t i m u s, et sine murmuratione dando? 10
3 **h i l a r e m   e n i m   d a t o r e m   d i l i g i t   d e u s.** denique
sanctus Iacobus iam ex isto loco de misericordiae operibus loquitur,
ut, quos uehementer illa sententia terruerat, consoletur, cum admonet, quomodo etiam peccata cotidiana, sine quibus hic non
uiuitur, cotidianis remediis expientur, ne homo, qui, cum in uno 15
offenderit, fiat omnium reus, in multis offendendo, quia **i n   m u l t i s**
o f f e n d i m u s   o m n e s, magnum aggerem reatus sui minutatim
collectum ad tribunal tanti iudicis peruehat et eam, quam non fecit,
misericordiam non inueniat, sed potius dimittendo atque donando
mereatur sibi dimitti debita reddique promissa. 20

21. Multa dixi, quibus tibi taedium fortassis inferrem, qui haec,
quae tamen adprobas, non expectas discere, quia ea docere consuesti.
si quid autem est in eis, quantum ad res ipsas pertinet — nam, quali
eloquio explicata sint, non nimis curo —, si quid ergo est in eis, quod
eruditionem offendat tuam, quaeso, ut rescribendo admoneas et 25

2 *Ps. 142, 2   4 Hier. 2, 29   5 *Prou. 20, 8—9   8 cf. *Iac. 2, 13
9 Matth. 6, 12   11 II Cor. 9, 7   13 cf. Iac. 5, 16   16 Iac. 3, 2

2 dixit ç   3 iudicio ℬ*Eug.codd.Vat. et unus Par.*   8 superexultat ℬ —al-
tet (*ex* —tat *A*) *A*₃*DM Eug.codd.praeterVat. et unum Par.*   misericordiam *Aa.c.*
₃*DM Eug.duo codd.*   iudicium ℬç   9 nobis debita nostra *Eug.codd.praeterVat.*
12 iacob ₃   14 quot. pecc. ç   hic non *Eug* non hic *cet.*   16 offenderat ₃
fiat *Eug* sit ₃ fit *cet.*   17 propter magnum ç   18 perueat ℬ perueniat *A*₃*M*
peruenit *D*   19 sed] si *Aa.c.m*2₃   donando *Eug.codd.praeter unum Par.* dando
cet.   20 meretur *D*   debita] peccata ç   reddique] sed idque ₃   22 tamen
quae ç   quae] qui ₃   expecta ℬ   dicere *AMa.c.,*₃*D*   quia *Eug* quod *cet.*
doce ₃   conuesti ₃ consuisti ℬ,*AMa.c.m*2   23 si quid] quit ₃   ad *om.D*
rem ipsam *A*₃*DM*   nam] non ₃   24 eloquia ℬ   nimis] minus *AMa.c.m*2,₃
in eis est *Mp.c.,*ç   est *s.l.m*2*A,om.*₃*D,Ma.c.*   25 tuam off. *M*   scribendo *M*

me corrigere non graueris. infelix est enim, qui non tantos et tam 2
sanctos tuorum studiorum labores et digne honorat et de his domino deo nostro, cuius munere talis es, gratias agit. unde cum
libentius debeam a quolibet discere, quod inutiliter ignoro, quam
5 promptius quoslibet docere, quod scio, quanto iustius hoc abs te
caritatis debitum flagito, cuius doctrina in nomine et adiutorio
domini tantum in Latina lingua ecclesiasticae litterae adiutae sunt,
quantum numquam antea potuerunt! maxime tamen, istam senten- 3
tiam: q u i c u m q u e t o t a m l e g e m s e r u a u e r i t, o f-
10 f e n d a t a u t e m i n u n o, f a c t u s e s t o m n i u m r e u s,
si quo alio modo melius exponi posse nouit dilectio tua, per dominum obsecro, uti nobiscum communicare digneris.

CXXXIII.
AD CTESIPHONTEM.

15   1. Non audacter, ut falso putas, sed amanter studioseque
fecisti, ut nouam mihi ex ueteri mitteres quaestionem, quae ante
litteras tuas plerosque in oriente decepit, ut per simulatam humilitatem superbiam discerent et dicerent cum diabolo: i n c a e l u m
a s c e n d a m, s u p e r s i d e r a c a e l i p o n a m t h r o n u m

9 Iac. 2, 10   18 *Esai. 14, 13—14

1 et tam] etiam *AMa.c.m*2,₃*D*   2 dignissime ℬ   3 nostra ℬ   est ₃
4 discere—quosl. *om.*₃   5 quoslibet (quos *exp.*) *A*   hoc abs te *Eug* ɛbs te
hoc *cet.*   6 huius ℬ   et in adiutorio *Eug.codd.praeterVat. et unum Par.*   7 in
latinam linguam ℬ   eccl. *om.Eug.cod.Vat.*   8 tamen] ergo *Eug.codd.praeter*
Vat. et unum Par.   9 quic. autem *Eug.codd.praeterVat. et unum Par.*   aufendat ₃   11 exponi (*ex* —ne *M*) mel. *A*₃*DM*   tua dil. ç   12 uti *Eug* ut id *cet.*
dign.] *add.* expl epis sci ag ad hier de eo quod script e qui totā lege seruauer *M*

A = *Lugdunensis 602 s. VI (def. initium usque ad p.243, 3 dictum).*
M = *Coloniensis 60 s. IX—X.*
n = *Palatinus lat. 178 s. X.*
ℙ = *Casinensis R. 297 s.XI.*

hieronim ad thesifontem *M* incipit epistola hieronimi ad thesiphontem contra heresim pelagii *n* incipit liber beati ieronimi pbri ad ctesifontem contra eos
qui apathian (*s.l.* hoc est impassibilitatem) praedicant ℙ; *periit titulus unc cum*
initio epistulae in A

16 uetere ℙ

2 meum, ero similis altissimo. quae enim potest alia
maior esse temeritas quam dei sibi non dicam similitudinem sed
aequalitatem uindicare et breui sententia omnium hereticorum
uenena conplecti, quae de philosophorum et maxime Pythagorae et
Zenonis, principis Stoicorum, fonte manarunt? illi enim, quae Graeci 5
appellant πάθη, nos perturbationes possumus dicere, aegritudinem
uidelicet et gaudium, spem et metum, quorum duo praesentia, duo
futura sunt, adserunt extirpari posse de mentibus et nullam fibram
radicemque uitiorum in homine omnino residere meditatione et ad-
3 sidua exercitatione uirtutum. aduersum quos et Peripatetici, qui de 10
Aristotelis fonte descendunt, fortissime disputant et Academici noui,
quos Tullius sequitur, et eorum non dico res — quae nullae sunt — sed
umbras et uota subuertunt. hoc est enim hominem ex homine tollere
et in corpore constitutum esse sine corpore et optare potius quam
docere dicente apostolo: miser ego homo, quis me libe- 15
4 rabit de corpore mortis huius? et quia epistolaris
breuitas non potest omnia conprehendere, strictim tibi uitanda describam. unde et illud Uergilianum est:
hinc metuunt cupiuntque, dolent gaudentque
neque auras 20
dispiciunt clausae tenebris et carcere caeco.
quis enim potest aut non gestire gaudio aut maerore contrahi aut
spe extolli aut timore terreri? quam ob rem et grauissimus poeta
Flaccus scribit in satira:
nam uitiis nemo sine nascitur; optimus ille est, 25
qui minimis urgetur.

13 cf. Cicero de off. III 26   15 *Rom. 7, 24   19 Uergil. Aen. VI 733 sq.
24 Horat. sat. I 3, 68 sq.

1 et ero sim. *M* sim. ero þ   alia pot. esse maior (maior *s.l.*) *M*   2 sibi
dei *n*   3 uendicare *np.c.m2*þ   4 p(h *s.l.m2*)ytagore *M* p(h *s.l.m2*)ithagorae *n*
pitagorę þ   5 illa *n*   6 *ΠΑΘΕ M*   7 gaudium] *add.* et *M*   8 fimbriam *n*
10 aduersus þ   et *om.n*   (peri *s.l.*)patetici *M* peripa(te *s.l.m2*)tici *n*   11 discendunt *n a.c.m2*   achademici *codd.*   noui þ non *M,om.n*   14 *pr.* corpore]
homine ç   *alt.* et *om.M*   15 docere] doꞔere (*s.l.* ł dolere) *M*   homo *om.n*
16 quia *ex* qui *m2 n*   17 discribam *n a.c.m2*   18 uirg. *n*þ   20 neque (ue
eras.)*n* nec ç   21 respiciunt *np.c.m2* despic. *cet.*   22 cum gaudio *M*   merore
codd.   contrahi] non (con *s.l.m2*)trahi *n*   23 spe] *add.* non *s.l.m2n*   timore]
add. non *s.l.m2n*   24 scripsit *Mn*   satyra *Mp.c.n*   25 sine (*s.l.m2*) uitiis
(*ex* uitis) nemo *n*   26 urguetur *Mnp.c.m2*

2. Pulchre quidam nostrorum ait: philosophi, patriarchae hereticorum, ecclesiae puritatem peruersa maculauere doctrina, ut nesciant illud dictum de humana fragilitate: quid gloriatur terra et cinis? praesertim cum idem apostolus
5 dicat: uideo aliam legem in membris meis repugnantem legi mentis meae et ducentem me in captiuitatem et iterum: non enim, quod uolo, hoc ago, sed, quod nolo, illud operor. si, quod non uult, operatur, 2 quomodo stare potest hoc, quod dicitur, posse hominem sine peccato
10 esse, si uelit? qua ratione potest esse, quod uelit, cum apostolus adserat se, quod cupiat, inplere non posse? cumque ab eis quaeramus, qui sint illi, quos absque peccato putent, noua stropha eludere cupiunt ueritatem, se non eos dicere, qui sint uel fuerint, sed qui esse possint. egregii doctores dicunt esse posse, quod num- 3
15 quam fuisse demonstrant dicente scriptura: omne, quod futurum est, iam factum est in priore tempore. neque nunc mihi necesse est ire per singulos sanctorum et quasi in 4 corpore pulcherrimo naeuos quosdam et maculas demonstrare, quod plerique nostrorum simpliciter faciunt, cum paucis sententiolis scrip
20 turarum possint hereticorum et per eos philosophorum argumenta conuinci. quid enim dicit uas electionis? conclusit deus omnia sub peccato, ut omnium misereatur. et in alio loco: omnes enim peccauerunt et indigent gloria dei. Ecclesiastes quoque, per quem se cecinit 5
25 ipsa sapientia, libere protestatur et dicit: non est homo iustus super terram, qui faciat bonum et non peccet, et iterum: si peccauerit populus; non est enim homo, qui non peccet, et: quis gloriabitur castum se habere cor? et: non est mun

1 Tertull. adu. Hermog. c. 8 fin.   cf. id. de praescr. haeret. c. 7   3 *Eccli. 10, 9   5 *Rom. 7, 23   7 *Rom. 7, 19   15 cf. Eccle. 1, 9—10   18 cf. Horat. sat. I 6, 67   21 cf. Act. 9, 15   *Rom. 11, 32   23 *Rom. 3, 23   25 *Eccle. 7, 21   27 *III Reg. 8, 46   28 *Prou. 20, 9   29 *Hiob 14, 4—5

3 de] *hic incipit* Δ   6 in capt.] captiuum *ex* captiuantem *m2n*   8 illud] id ς   10 si uelit *om.M*   pot. illud esse *n*   11 cupit *p.a.*   quae(e)rimus *np.c.m2ς*   12 strofa Δ stropa *n a.c.m2*   16 priore Δ —ri *cet.*   17 neque] nec enim *n*   18 pulcerrimo Δ   19 similiter *M*   23 in *om.M*   etenim *n*   24 ecclesiastis Δ et ecclesiastes *n*   25 est enim ς   27 pop. tuus ς

16*

dus a sorde, nec si unius diei fuerit uita eius.
unde et Dauid: ecce enim in iniquitatibus conceptus sum et in delictis concepit me mater mea
et in alio psalmo: non iustificabitur in conspectu
₆ tuo omnis uiuens. quod testimonium sub nomine pietatis 5
noua argumentatione deludunt. aiunt enim ad conparationem dei
nullum esse perfectum, quasi scriptura hoc dixerit; neque
enim ait: 'non iustificabitur ad conparationem tui omnis
uiuens', sed: non iustificabitur in conspectu
tuo omnis uiuens. quando enim dicit 'in conspectu 10
tuo', hoc intellegi uult, quod etiam, qui hominibus sancti
uidentur, dei scientiae atque notitiae nequaquam sancti sint.
₇ homo enim uidet in facie, deus in corde. sin autem inspiciente deo
et omnia contemplante, quem cordis arcana non fallunt, nullus est
iustus, perspicue ostenditur hereticos non hominem in excelsa 15
sustollere sed dei potentiae derogare; multaque alia, quae si de scripturis sanctis uoluero congregare, non dicam epistulae, sed uoluminis
quoque excedam modum.

3. Nihil noui adserunt, qui in huiusce modi sibi adplaudentes
perfidia simplices quidem indoctosque decipiunt, sed ecclesiasticos 20
uiros, qui in lege dei die ac nocte meditantur, decipere non ualent.
pudeat eos principium et sociorum suorum, qui aiunt posse hominem
sine peccato esse, si uelit — quod Graece dicunt ἀναμάρτητον — et,
quia hoc ecclesiarum per orientem aures ferre non possunt, simulant
se 'sine peccato' quidem dicere, sed ἀναμάρτητον dicere non audere, 25
quasi aliud sit 'absque peccato' et aliud ἀναμάρτητον et non Grae-

---

2 *Ps. 50, 7   4. 9 Ps. 142, 2   13 cf. I Reg. 16, 7   21 cf. Ps. 1, 2

1 fuerit super terram ς   2 Dauid dicit ς   3 peccatis n   5 omnes Δ
omnis homo M   10 dicit enim n   dicitur M   conspecto Δ   11 omnibus n   12 noticiae np.c.m2   sunt n   13 enim om.þ   deus autem ς
si ς   14 arc. Δ,na.c.m2 arch. cet.   15 in excelsum tollere þ   16 scribt. Δ
19 adser.] scribunt n   eiuscemodi (ce in ras.m2)n   applaudentes sibi ς   sibi]
sibi quidem M   appl. Mnp.c.   20 quidem] quosque n   et ind. ς
21 qui—ualent] decipere non ualent, qui meditantur in lege dei die ac nocte n
22 pudeat ergo ς   principum M,np.r.   23 graece Δ gr(a)eci cet.   ANA-
MAPΘΩΛΟN (s.l. anamartolon m2)n   24 quia ex qui n   sim. se] simu-
lantes Δ   25 ANANAPΘΩΛΟN (sic,s.l. anamartolon m2)n   26 aliut Δpassim
absque] sine ς   pr. et om.ς   amarteton (sic) M ANAN(M p.c.m1)APΘΩΛΟN n

cum sermonem, qui apud illos conpositus est, duobus uerbis sermo
Latinus expresserit. si 'absque peccato' dicis et ἀναμάρτητον te 2
dicere diffiteris, damna ergo eos, qui ἀναμάρτητον praedicant. sed
non facis. nosti enim, quid intrinsecus discipulos tuos doceas aliud
5 ore commemorans et aliud celans conscientia, nobisque alienis et
indoctis loqueris per parabolas, tuis autem mysteria confiteris [et
hoc iuxta scripturam te facere iactas, quia dictum est: t u r b i s
I e s u s   i n   p a r a b o l i s   l o q u e b a t u r et ad discipulos in
domo dicit: u o b i s d a t u m e s t s c i r e m y s t e r i a r e g n i
10 c a e l o r u m, i l l i s   a u t e m   n o n   e s t   d a t u m]. sed, ut 3
dicere coeperam, exponam breuiter principum et sociorum tuorum
nomina, ut animaduertas, qualium consortium glorieris. Manicheus
electos suos, quos inter ἀψίδας Platonis in caelestibus conlocat,
dicit omni carere peccato nec, si uelint, posse peccare; ad tanta enim
15 eos uirtutum culmina transcendisse, ut carnis operibus inludant.
Priscillianus in Hispania pars Manichei, de turpitudine cuius te 4
discipuli diligunt plurimum uerbum perfectionis et scientiae sibi
temere uindicantes; soli cum solis clauduntur mulierculis et illud eis
inter coitum amplexusque decantant:
20   t u m   p a t e r   o'm n i p o t e n s f e c u n d i s i m b r i b u s a e t h e r
       c o n i u g i s i n g r e m i u m l a e t a e d e s c e n d i t e t o m n i s
       m a g n u s a l i t m a g n o c o m m i x t u s c o r p o r e f e t u s
qui quidem et partem habent Gnosticae hereseos de Basilidis
inpietate uenientem. unde et uos adseritis eos, qui absque legis sci-
25 entia sint, peccata uitare non posse. quid loquar de Priscilliano, qui 5

5 cf. Matth. 13, 10—17. Marc. 4, 10—12. Luc. 8, 9—10   7 *Matth. 13, 3
9 *Matth. 13, 11   20 Uergil. Georg. II 325—327

1 aput Δ   2 dicis et] dicens *ex* dices *n*   et *s.l.M*   *ANAN(Mp.c.m1)AP-
ΘΩΔΟN n*   dicere te ς   te *om.M*   3 damnas *np.c.*   eos ergo ς   ergo *om.n*
ANAN(Mp.c.m1)APΘΩΔΟN n   4 docueras *n*   6 confit. *om.n*   et—10 datum ς,*om.codd.*; *seclusi additamentum*   11 principum (*non* principium) *hoc qui-*
dem loco (cf. p. 244, 22) praebent codd.   12 nomina] omnia *M*   qualium (*s.l.*
quorum)*M*   consortium Δ —tio *cet.*   gloriaris *Ma.c.*ς   maniceus Δ
13 *ΑΥΙΔΑC Δ ΒΑΨΙΔΑC (B et I s.l.)M ΑPXΑC (s.l.* archas *m2)n*   conl.
Δ coll. *cet.*   16 priscilianus Δ   par *n*   manachei Δ manicheis (*s s.l.)n*
de *s.l.M*   17 plur. *om.M*   tibi ς   18 uendicantes *np.c.m?*   21 laete ΔM
discendit Δ   omnis ΔM —es *np*   22 fetus *np* foetus *M*   23 et *om.*ς   habet *p*
haereseos Δ heresaeos *n*   24 ass. *codd.*   25 sunt ς   loquor ς   priscilia.io Δ

246 Sancti Hieronymi

et saeculi gladio et totius orbis auctoritate damnatus est? Euagrius
Ponticus Hiborita, qui scribit ad uirgines, scribit ad monachos,
scribit ad eam, cuius nomen nigredinis testatur perfidiae tenebras,
edidit librum et sententias περὶ ἀπαϑείας, quam nos 'inpassibili-
tatem' uel 'inperturbationem' possumus dicere, quando numquam 5
animus ulla cogitatione et uitio commouetur et — ut simpliciter
6 dicam — uel saxum uel deus est. huius libros per orientem Graecos
et interpretante discipulo eius Rufino Latinos plerique in occidente
lectitant. qui librum quoque scripsit quasi de monachis multosque
in eo enumerat, qui numquam fuerunt et quos fuisse describit 10
Origenistas et ab episcopis damnatos esse non dubium est, Ammo-
nium uidelicet et Eusebium et Euthymium et ipsum Euagrium, Or
quoque et Isidorum et multos alios, quos enumerare taedium est.
7 et iuxta illud Lucretii:
    ac ueluti pueris absinthia taetra medentes 15
    cum damus, prius ora circum
    inlinimus dulci mellis flauoque liquore,
ita ille unum Iohannem in ipsius libri posuit principio, quem et ca-
tholicum et sanctum fuisse non dubium est, ut per illius occasionem
8 ceteros, quos posuerat hereticos, ecclesiae introduceret. illam autem 20
temeritatem, immo insaniam eius, quis possit digno explicare
sermone, quod librum Sexti Pythagorei, hominis absque Christo
atque ethnici, inmutato nomine Xysti, martyris et Romanae ecclesiae episcopi, praenotauit? in quo iuxta dogma Pythagoricum, qui

3 ad eam—tenebras] = ad Melaniam   15 cf. Lucretius I 935—937

2 hiberita *M* hibionita (hebionita *p.c.m2*)*n* (᾿Ιβωρα fuit oppidum in Ponto,
cf. Procopius, hist. arc. c. 18, p. 119, 7 Haury)   scripsit — scribsit — scribsit *Δ*
monacos *Δa.c.*   4 ΠΕΡΙ ΑΠ ΑΕΕΙΑC *Δ* ΠΕΡΙ ΑΠ ΑΘΙΑC (s.l. periapati-
as) *M* LEPI ANEAC (s.l. Lereaneas) [sic]*m2*)*n*   6 ulla cog. et] nullo perturbationis ς   alt. et om.*n*   8 ruphino *n* Ruffino ς   9 scribit *n*   10 fuerint *n*
discribit *n a.c.*   11 et om.*M*   12 euthim. ꝑ euthem. *ΔM* euthen. *n* Or om.*Δ*
13 hisid. ꝑ h(exp.)esid. *M*   15 ac ueluti s.l.ꝑ   pueris] per ꝑ   absenthia *Ma.c.*
taeaetra (alt. ae eras.) *Δ* tetra cet.   16 damus] dare conantur ex Lucretio ς
ora prius *Mp.c.n* prius oras pocula ex Lucretio ς   circum om.*n*   17 linimus *nꝑ*
contingunt ex Lucretio ς   dulci—liquore] melle liquato uasorum circum *n*
flauoque] fauique *M*   19 fuisse om.*n*   21 digno possit *M*   digno om.*n*
22 Xysti ς   pythagoraei *n* phytagorei *M*   23 adque ethinici *Δ*   xisti *Mn*
Sixti ς   romani *Δ*   24 pytag. ꝑ phytag. *M* Pythagoricorum ς   qui om.*M*

hominem exaequant deo et de eius dicunt esse substantia, multa
de perfectione dicuntur, ut, qui uolumen philosophi nesciunt, sub
martyris nomine bibant de aureo calice Babylonis. denique in ipso 9
uolumine nulla prophetarum, nulla patriarcharum, nulla aposto-
5 lorum, nulla Christi fit mentio, ut episcopum et martyrem sine Christi
fide fuisse contendat. unde et uos plurima contra ecclesiam usurpatis
testimonia. fecerat hoc et in sancti Pamphili martyris nomine, ut
librum primum sex librorum defensionis Origenis Eusebii Caesariensis, quem fuisse Arrianum nemo qui nesciat, unum 'Pamphili'
10 praenotaret, quo scilicet egregia illa quattuor Origenis περὶ ἀρχῶν
uolumina Latinis infunderet auribus. uis adhuc et alium nosse erroris 10
tui principem? doctrina tua Origenis ramusculus est. in eo enim
psalmo, ubi scriptum est — ut de ceteris taceam —: i n s u p e r e t
u s q u e a d n o c t e m e r u d i e r u n t m e r e n e s m e i,
15 adserit uirum sanctum, de quorum uidelicet et tu numero es, cum
ad uirtutum uenerit summitatem, ne in nocte quidem ea pati, quae
hominum sunt, nec cogitatione uitiorum aliqua titillari. nec erube-
scas de societate talium rennuens eorum nomina, quorum blasphemiis
iungeris. Iouiniani secunda quaestio tui ingenii disciplina est. quic-
20 quid illi responsum est, tibi responsum credito. nec fieri potest, ut
diuersus sit eorum exitus, quorum est una sententia.

4. Cum haec se ita habeant, quid uolunt miserae mulierculae
oneratae peccatis, quae circumferuntur omni uento doctrinae
semper discentes et numquam ad scientiam ueritatis peruenientes
25 et ceteri muliercularum socii prurientes auribus et ignorantes, quid
audiant, quid loquantur, qui uetustissimum caenum quasi nouam
suscipiunt temperaturam, qui iuxta Hiezechihel liniunt parietem
absque temperamento, qui superueniente ueritatis pluuia dissipatur?

3 cf. Hier. 51, 7   13 *Ps. 15, 7   22 cf. II Tim. 3, 6—7   25 cf.
II Tim. 4, 3   27 cf. Ezech. 13, 10

1 exaequant (n eras.) M   dicunt (exp., s.l. dicit) M   2 filosophi Δ Ma.c.
sub—p. 249, 6 flectere exciderunt in Δ   3 nom ebibant ꝑ   babylloris (pr.]
exp.) M   5 fit x̄p̄i n   7 pampili n a.c.m2   9 fuisse Arr.] hereticum esse n
nemo est ς   unum] unum nomine M nomine ς   pampili n a.c.; add.
martyris M   11 tui erroris ς   12 tua s.l. M   18 renuens ꝑ   19 secunda—20 illi om. M   20 pr. resp.] responsum (s.l. l responso) M   21 est
s.l. m2 n   22 ita se n   24 et—peru. om. n   27 suscipiant ꝑ   hezechiel n ezechiel M   linunt M, ꝑ a.c.   28 qui] et ς   dissipantur ς

2 Simon Magus heresin condidit Helenae meretricis adiutus auxilio.
Nicolaus Antiochenus, omnium inmunditiarum repertor, choros
duxit femineos. Marcion Romam praemisit mulierem, quae decepta-
rum sibi animos praepararet. Apelles Philumenen suarum comitem
habuit doctrinarum. Montanus, inmundi spiritus praedicator, 5
multas ecclesias per Priscam et Maximillam, nobiles et opulentas
3 feminas, primum auro corrupit, dein heresi polluit. dimittam uetera,
ad uiciniora transcendam. Arrius, ut orbem caperet, sororem principis ante decepit. Donatus, per Africam ut infelices quosque feten-
tibus pollueret aquis, Lucillae opibus adiutus est. in Hispania 10
Agape Elpidium, mulier uirum, caecum caeca duxit in foueam succes-
soremque sui Priscillianum habuit Zoroastris magi studiosissimum
et ex mago episcopum, cui iuncta Galla non gente sed nomine germanam huc illucque currentem alterius et uicinae hereseos reliquit
4 heredem. nunc quoque mysterium iniquitatis operatur; duplex 15
sexus utrumque supplantat, ut illud propheticum cogamur adsumere:
c l a m a u i t   p e r d i x ,   c o n g r e g a u i t ,   q u a e   n o n   p e -
p e r i t , f a c i e n s   d i u i t i a s   s u a s   n o n   c u m   i u d i c i o .
i n   d i m i d i o   d i e r u m   d e r e l i n q u e n t   e u m   e t   n o u i s -
s i m u m   e i u s   e r i t   i n s i p i e n s .   20

5. Illud uero, quod ad decipiendos quosque postea huic sententiae coaptarunt: 'non absque dei gratia', cum prima legentes fronte
decipiat, introspectum et diligentissime uentilatum decipere non
potest. ita enim dei gratiam ponunt, ut non per singula opera
eius nitamur et regamur auxilio, sed ad liberum referunt arbitrium 25
et ad praecepta legis ponentes illud Isaiae: l e g e m   e n i m   i n
a d i u t o r i u m   d e d i t   d e u s , ut in eo deo referendae sint
gratiae, quod tales nos condiderit, qui nostro arbitrio possimus et

11 cf. Matth. 15, 14. Luc. 6, 39   17 *Hier. 17, 11   26 *Esai. 8, 20

1 heresin þ —sim M*n*   2 anthiocenus þ   reppertor (*pr.* p *exp.*) M
3 marchion M   decepturam M*a.c.* deceptorum M*p.c.* decipiendos ç   4 praeparet M*a.c.n*   appelles Mþ   felumenen M philomenen *n*   7 auro *om.n* deinde *n*   8 corrumperet (t *s.l.m2*)*n* deciperet ç   9 affricam *n*   fẹt. *n* foet. þ
11 helpidium þ   uirum *om.*M   10 sui] qui ç   12 cui] cum *n*   germanam
(*alt.* m *del.*)*n*   19 dimidio] medio *n*   derelinquet eas ç   eam M*p.c.*
21 decip.] *add.* homines ç   23 intro inspectum M   25 eius *in mg.*M
ad *om.n*   referantur M praeferant *n*   26 in—deus] deus in adiutorium
posuit ç   26 in *s.l.*þ   28 possumus *n*

eligere bona et uitare mala. et non intellegunt ista dicentes, quod 2
per os eorum intolerabilem blasphemiam diabolus sibilet. si enim in
eo tantum dei est gratia, quod propriae nos condidit uoluntatis et
libero arbitrio contenti sumus, nec ultra eius indigemus auxilio, ne,
5 si indiguerimus, liberum frangatur arbitrium, ergo nequaquam ultra
orare debemus nec illius clementiam precibus flectere, ut accipiamus
cotidie, quod semel acceptum in nostra est potestate. istius modi
homines tollunt orationem et per liberum arbitrium non homines
propriae uoluntatis sed dei potentiae factos esse se iactant, qui
10 nullius ope indiget. tollantur et ieiunia omnisque continentia. quid 3
enim mihi necesse est laborare, ut accipiam per industriam, quod
semel meae factum est potestatis? hoc, quod dico, non est meum
argumentum; unus discipulorum eius, immo iam magister et totius
ductor exercitus et contra apostolum uas perditionis, per soloecis-
15 morum et non — ut sui iactitant — syllogismorum spineta decurrens
sic philosophatur et disputat: 'si nihil ago absque dei auxilio et per sin- 4
gula opera illius est omne, quod gessero, ergo non ego, qui laboro,
sed dei in me auxilium coronabitur frustraque dedit arbitri potestatem, quod inplere non possum, nisi ipse me semper adiuuerit.
20 destruitur enim uoluntas, quae alterius ope indiget. sed liberum
dedit arbitrium deus, quod aliter liberum non erit, nisi fecero, quod
uoluero. ac per hoc aut utor semel potestatem, quae mihi data est,
ut liberum seruetur arbitrium, aut, si alterius ope indigeo, libertas
in me arbitrii destruitur'.
25 6. Qui haec dicit, quam non excedit blasphemiam? quae hereticorum uenena non superat? adserunt se per arbitrii libertatem
nequaquam ultra necessarium habere deum et ignorant scriptum:
quid habes, quod non accepisti? si autem ac-

13 unus disc.] scil. Caelestius?   14 cf. Act. 9, 15   28 I Cor. 4, 7

2 intoller. n   3 tantum ex tamen m2n   dei om.n   7 est in nostra n
8 tollant n   9 se esse ç   se om.M   10 indigeant n indigent ç   et ex etiam
n,om.p   11 per] perdam Mp.c.   12 meum non est ç   13 ex. doctor tot. n
14 doctor Δn   solucismorum Ma.c.m2   15 ut sui] uti ç   ian(n exp.)etant M
sill. Δa.c.,n (ex sil.)   sicut (ut eras.) n   17 eius M   qui ex quod m2n
18 aux. in me cor. n in me cor. aux. ç   19 quod (s.l. 1 cum) M quam ç   possum (s.l. possim) M possumus p   22 aut] ait M ait aut ç   potestate Mnp
24 arbitrii in me ç   destruetur (ex dist— m2Mn) Mnp   25 hoc n   blas-
femiam Δ

cepisti, quid gloriaris, quasi non acceperis?
magnas deo agit gratias, qui per arbitrii libertatem rebellis in deum
2 est! quam nos libenter amplectimur, ita dumtaxat, ut agamus semper
gratias largitori sciamusque nos nihil esse, nisi, quod donauit, in
nobis ipse seruauerit dicente apostolo: non est uolentis 5
neque currentis sed miserentis dei. uelle et cur-
rere meum est, sed ipsum meum sine dei auxilio non erit meum. dicit
enim idem apostolus: deus est, qui operatur in uobis
et uelle et perficere, et saluator in euangelio: pater
meus usque modo operatur et ego operor. 10
3 semper largitor semperque donator est. non mihi sufficit, quod
semel dedit, nisi semper dederit. peto, ut accipiam, et cum accepero,
rursum peto. auarus sum ad accipienda beneficia dei nec ille deficit in dando nec ego satior in accipiendo. quanto plus bibero, tanto
plus sitio. legi enim psalmistae uoce cantari: gustate et 15
uidete, quoniam suauis est dominus. omne, quod
habemus bonum, gustus est domini. cum me putauero ad calcem peruenisse uirtutum, tunc habebo principium. principium enim
sapientiae timor domini, qui expellitur atque destrui-
4 tur caritate. haec est in hominibus sola perfectio, si inperfectos esse 20
se nouerint. et uos, inquit, cum omnia feceritis, di-
cite: serui inutiles sumus: quod debuimus
facere, fecimus. si inutilis est, qui fecit omnia, quid de illo
dicendum est, qui explere non potuit? unde et apostolus ex parte
accepisse et ex parte conprehendisse se dicit et necdum esse per- 25
fectum, praeteritorum obliuisci et in futurum se extendere. qui
semper praeteritorum obliuiscitur et futura desiderat, ostendit se

5 *Rom. 9, 16   8 Phil. 2, 13   9 Ioh. 5, 17   15 Ps. 33, 9   18 *Ps.
110, 10   19 cf. I Ioh. 4, 18   21 *Luc. 17, 10   24 cf. I Cor. 13, 9—12
26 cf. Phil. 3, 12—13

2 ag. deo gr. *M* deo gr. ag. *n*   lib. arb. ç   3 est] non (*s.i.m2*) est *n*
ut *s.l.M*   4 scimus enim *n*   5 nobis semper ipse *n*   reseruauerit þ   6 mise-
rantis *n*   7 sed *om.*þ   dei semper aux. *M*þ   8 est *om.M*   nobis *Mn*   11 do-
minator *n*   12 donauit ç   donauerit ç   13 rursus ç   14 nec—acc. *om.n*
15 psalm. uoce] a psalmista ç   17 domini] d̄n̄s *Δ*   peruenire *n*   18 habebo]
bibo *M*   enim *om.Δ*   20 est in *om.*ç   21 se *s.l.M*þ   22 debemus *n*
24 expleri *n*   25 *alt.* et *om.n*   26 praeteritorumque *n*þ   extendisse *n*

praesentibus non esse contentum. quod autem sursum deorsum 5
iactitant liberum a nobis arbitrium destrui, audiant e contrario eos
arbitrii destruere libertatem, qui male eo abutuntur aduersum beneficium largitoris. quis destruit arbitrium? ille, qui semper agit deo
5 gratias et, quodcumque in suo fluit riuulo, ad fontem refert, an qui
dicit: 'r e c e d e   a   m e ,   q u i a   m u n d u s   s u m; non habeo te
necessarium'. dedisti enim mihi semel arbitrii libertatem, ut faciam,
quod uoluero; quid rursum te ingeris, ut nihil possim facere, nisi tu
in me tua dona conpleueris? fraudulenter praetendis dei gratiam, ut
10 ad conditionem hominis referas et non in singulis operibus auxilium
dei requiras, ne scilicet liberum arbitrium uidearis amittere, et, cum
dei contemnas adminiculum, hominum quaeris auxilia'?

7. Audite, quaeso, audite sacrilegium: 'si', inquit, 'uoluero
curuare digitum, mouere manum, sedere, stare, ambulare, discur-
15 rere, sputa iacere, duobus digitulis narium purgamenta decutere, re-
leuare aluum, urinam digerere, semper mihi auxilium dei erit necessarium?' audi, ingrate, immo sacrilege, apostolum praedicantem: 2
s i u e   m a n d u c a t i s   s i u e   b i b i t i s   s i u e   a l i u d   q u i d
a g i t i s ,   o m n i a   i n   n o m i n e   d o m i n i   a g i t e   et illud
20 I a c o b i :   a g e   n u n c   q u i   d i c i t i s :   h o d i e   e t   c r a s   p r o-
f i c i s c e m u r   i n   i l l a m   c i u i t a t e m   e t   f a c i e m u s
i l l i c   a n n u m   u n u m   e t   n e g o t i e m u r   e t   l u c r e m u r —
q u i   n e s c i t i s   d e   c r a s t i n o ;   q u a e   e s t   e n i m   u i t a
u e s t r a?   a u r a   e n i m   e s t i s   s i u e   u a p o r   p a u l u l u m
25 a p p a r e n s ,   d e i n d e   d i s s i p a t a — p r o   e o ,   q u o d   d e b e-
a t i s   d i c e r e :   s i   d o m i n u s   u o l u e r i t   e t   u i x e r i m u s,
u t   f a c i a m u s   h o c   a u t   i l l u d.   n u n c   a u t e m   e x u l-
t a t i s   i n   s u p e r b i i s   u e s t r i s ;   o m n i s   i s t i u s   m o d i

6 *Esai. 65, 5   18 *I Cor. 10, 31   20 *Iac. 4, 13—16

1 rursum *n*   deorsum *om.M*   2 a *om.M*   audi∗(*s.l.* a *m2*)nt *Δ*   4 liberum (*s.l.*) arb. *M*   deo agit *M*   5 suo] quo (q *eras.*)*n*   fluit riu.] riu. fuit ς
referat (a *exp.*)*M*   8 uolo ҏ   9 gratiam dei *n*   ut] *om. et s.l.* si *M*   10 con-
dicionem ҏ   et] e(*s.l.* u)t *M*   12 quaeras *M*   13 sacrilegum *M*   15 descu-
tere *n*   leuare (*ex* lauare) aluum *n* uel aluum purgare ҏ   16 degerere *M a.c.m2*ҏ
nec. erit ς   19 dei ҏ   age (*s.l.* l agite) *M* ecce *n*   20 quid *Δ*   et] aut ς
22 unum *om.*ҏ   *pr.* et] ut ς   23 enim est ς   24 enim est *M* es᷑ enim ς
25 dein *n a.c.m2*ҏ   dissipati *n* —tur ҏ disputat (*seq.ras. 1—2 litt.*)*M*   debeba-
tis *M*   27 ut fac.] faciemus *M p.c.; add.* aut ς

3 g l o r i a t i o p e s s i m a e s t. iniuriam tibi fieri putas et destrui
arbitrii libertatem, si ad deum semper auctorem recurras, si ex
illius pendeas uoluntate et dicas: o c u l i m e i s e m p e r a d
d o m i n u m, q u o n i a m i p s e e r u e t d e l a q u e o p e d e s
m e o s? unde et audes lingua proferre temeraria unumquemque 5
suo arbitrio regi? si suo regitur arbitrio, ubi est auxilium dei? si
Christo rectore non indiget, quomodo scribit Hieremias: n o n e s t
i n h o m i n e u i a e i u s et: a d o m i n o g r e s s u s h o m i-
n i s d i r i g u n t u r? facilia dicis dei esse mandata et tamen
4 nullum proferre potes, qui uniuersa conpleuerit. responde mihi: fa- 10
cilia sunt an difficilia? si facilia, profer, quis ea inpleuerit et cur
Dauid in psalmo canat: q u i f i n g i s d o l o r e m i n p r a e-
c e p t o et iterum: p r o p t e r u e r b a l a b i o r u m t u o r u m
e g o c u s t o d i u i u i a s d u r a s et dominus in euangelio:
i n t r a t e p e r a n g u s t a m p o r t a m et: d i l i g i t e i n i- 15
m i c o s u e s t r o s et: o r a t e p r o h i s, q u i p e r s e q u u n-
t u r u o s? sin autem difficilia, cur ausus es dicere facilia dei esse
mandata, quae nullus inpleuerit? non intellegis tuas inter se pugnare sententias? aut enim facilia sunt et infinita est multitudo
hominum, qui ea inpleuerint, aut difficilia et temere dixisti esse 20
facile, quod difficile est.

8. Soletis et hoc dicere, aut possibilia esse mandata et recte
a deo data aut inpossibilia et non in his esse culpam, qui accepere
mandata, sed in eo, qui dedit inpossibilia. numquid praecepit mihi
deus, ut essem, quod deus est, ut nihil inter me esset et dominum 25
creatorem, ut maior essem angelorum fastigio, ut haberem, quod
angeli non habent? de illo scriptum est quasi proprium: q u i
p e c c a t u m n o n f e c i t n e c d o l u s i n u e n t u s e s t

3 *Ps. 24, 15   7 *Hier. 10, 23   8 *Prou. 16, 9   12 *Ps. 93, 20   13 Ps.
16, 4   15 Matth. 7, 13   Matth. 5, 44 etc.   16 *Matth. 5, 44   27 *Esai. 53, 9

2 semper ad deum n   3 ad dom. semper n   4 euellit Δ euellet ς
5 quemquem þ quo quę n a.c.   6 arb. suo ς   arb. reg. ς   alt. si] et si M
7 scripsit n   ieremias þ   8 deo nþ   9 dicimus M   esse dei n   dei om.M
praecepta Δ   11 sunt om.n   si fac. om.n   12 laborem Δ   praeceptum Δ
13 uerba ex umbra m2n   16 iis ς   persec. Mnþ   17 sin ex sia Δ si þ   esse
dei M   18 repugnare ς   21 est s.l.m2n   23 accipere Δ,n a.c. acceperi(n s.l.)t M
25 et s.l.Δ   27 qui pecc. proprium n   28 est om.ς

i n o r e e i u s. si hoc et mihi commune cum Christo est, quid ille ₂
habebit proprium? alioquin per se tua sententia destruitur. ὲἱseris
posse hominem esse sine peccato, si uelit, et post grauissimum somnum ad decipiendas rudes animas frustra conaris adiungere: 'non
₅ absque dei gratia'. si enim semel per se homo potest esse sine peccato,
quid necessaria est gratia dei? sin autem sine illius gratia nihil potest
facere, quid necesse fuit dicere posse, quod non potest? 'potest', in- ₃
quit, 'esse sine peccato, potest esse perfectus, si uoluerit'. quis enim
Christianorum non uult esse sine peccato aut quis perfectionem
₁₀ recusat, si sufficit ei uelle et statim sequitur posse, si uelle praecesserit? nullusque Christianorum est, qui nolit esse sine peccato:
omnes ergo sine peccato erunt, quia omnes cupiunt esse absque
peccato. et in hoc ingratis teneberis, ut, qui aut nullum aut rarum
quemque sine peccato proferre potes, omnes absque peccato esse
₁₅ fatearis. 'possibilia', inquit, 'mandata dedit deus'. et quis hoc negat? ₄
sed quomodo haec sit intellegenda sententia, uas electionis apertissime docet; ait enim: q u o d e r a t i n p o s s i b i l e l e g i s,
i n q u o i n f i r m a b a t u r p e r c a r n e m, d e u s f i l i u m
s u u m m i t t e n s i n s i m i l i t u d i n e c a r n i s p e c c a t ı
₂₀ e t d e p e c c a t o c o n d e m n a u i t p e c c a t u m i n c a r n e
et iterum: e x o p e r i b u s l e g i s n o n i u s t i f i c a b i t u r
o m n i s c a r o. quod ne de lege tantum Moysi dictum putes et ₅
non de omnibus mandatis, quae uno legis nomine continentur, idem
apostolus scribit dicens: c o n s e n t i o e n i m l e g i d e i i u x t a
₂₅ i n t e r i o r e m h o m i n e m; u i d e o a u t e m a l i a ɪ l e-
g e m i n m e m b r i s m e i s r e p u g n a n t e m l e g i m e n-
t i s m e a e e t c a p t i u a n t e m m e i n l e g e p e c c a t ı,
q u a e e s t i n m e m b r i s m e i s. m i s e r e g o h o m o,

16 cf. Act. 9, 15   17 *Rom. 8, 3   21 Gal. 2, 16   24 *Rom. 7, 22—25

1 cum Chr. comm. ς   2 habuit ς   alioqui ς   sua n   de(i)struerr M np
3 post] per n   4 non ex si m2n   5 homo per se ς   6 dei gratia M   si p
7 inquis n   11 que om.ς   est om. n   nollit (pr. 1 exp.)n non uelit p
12 quia]quod n; add. utique ς   absque] sine n   13 ingratus (s.l. 1 ingratis M)ΔMp   qui aut] quia M aut (exp.,s.l. quia m2)n   14 quemcuam ;
sine M   esse posse M   15 inquis n   madata n   16 int sit. ς   19 similitudinem ς   20 damnauit n   carne] add. ut iustificatio impleretur in nobis n
22 moysi tantum M   putes om.n   et—mandatis om.p   25 autem]enim M
aliquam (qu eras.).1   28 ergo .1

quis me liberabit de corpore mortis huius?
gratia dei per Iesum Christum, dominum no-
6 strum. cur hoc dixerit, alio sermone demonstrat: scimus
enim, quia lex spiritalis est, ego autem carnalis sum, uenundatus sub peccato. quod enim 5
operor, non cognosco. non enim, quod uolo,
hoc operor, sed, quod odi, illud facio. sin autem, quod nolo, illud facio, consentio legi,
quoniam bona est. nunc autem nequaquam
ego operor illud, sed, quod in me habitat, pec- 10
catum. scio enim, quoniam non habitat in me,
hoc est in carne mea, bonum. uelle enim adiacet mihi, operari autem bonum non inuenio.
non enim, quod uolo bonum, hoc facio, sed,
quod nolo malum, hoc ago. sin autem, quod 15
nolo ego, hoc facio, nequaquam ego operor
illud, sed, quod habitat in me, peccatum.

9. Reclamabis et dices Manicheorum dogma nos sequi et
eorum, qui de diuersis naturis ecclesiae bella concinnant, adseren-
tium malam esse naturam, quae inmutari nullo modo possit. hoc 20
non mihi sed apostolo inputa, qui nouit aliud esse deum, aliud
hominem, aliam carnis fragilitatem, aliam spiritus fortitudinem.
caro enim desiderat contra spiritum et spiri-
tus contra carnem et haec inuicem sibi ad-
uersantur, ut non, quae uolumus, ipsa facia- 25
2 mus. a me numquam audies malam esse naturam, sed, quomodo
sit carnis fragilitas disserenda, ipso, qui scripsit, docente discamus.
interroga eum, quare dixerit: non enim, quod uolo, hoc
operor, sed, quod odi malum, illud facio, quae

---

3 *Rom. 7, 14—20   23 *Gal. 5, 17   28 *Rom. 7, 15 et 19

1 liberauit $\Delta\mathfrak{p}$ 3 cur autem ς dixit M 4 quia] quod n 7 hoc]
illud ς,om.M si $M\mathfrak{p}$ 8 nolo] odi $\mathfrak{p}$ illud] hoc ς 10 ego om.ς habitat
(ex habeat) in me M 11 quoniam] quod ς 13 operari] perficere ς 15 si $M\mathfrak{p}$
16 pr. ego om.ς facio] ago Δ 17 in me hab. M 18 nos] eos $\Delta p.c.m2$ 19 adse-
rent Δ 20 immo(u s.l.m2)tari n et hoc ς 22 hom. esse M esse hom. ς
23 et 24 aduersus M 23 et om.M 24 et om.n 25 quaecumque n
26 malum $M n$ a.c.   27 deserenda $n p.c.m2$ qui n̄ prescripsit $\mathfrak{p}$ 28 quare hoc
dixerit n

necessitas illius inpediat uoluntatem, quae tanta uis odio digna im-
peret facere, ut non, quod uult, sed, quod odit et non uult, facere
conpellatur: respondebit tibi: o homo, tu quis es, qui
respondeas deo? numquid dicit figmentum
5 figulo: quare me fecisti sic? an non habet
potestatem figulus luti de eadem massa aliud
quidem uas facere in honorem, aliud autem
in contumeliam? obice deo fortiorem calumniam, quare, 3
cum adhuc in utero essent Esau et Iacob, dixerit: Iacob dilexi,
10 Esau autem odio habui. accusa eum iniquitatis, cur
Achar, filius Charmi, de Hierichuntina praeda aliqua furatus sit
et tanta milia hominum illius uitio trucidata sint, quam ob rem filii
Heli peccauerint et omnis paene populus extinctus arcaque sit
capta, Dauid peccauit, ut numeraret populum, et cur in toto
15 Istrahel tanta hominum caesa sint milia, et ad extremum — quod solet
nobis obicere contubernalis uester Porphyrius — qua ratione clemens
et misericors deus ab Adam usque ad Moysen et a Moysi usque ad
aduentum Christi passus sit uniuersas gentes perire ignorantia
legis et mandatorum dei. neque enim Britanni, fertilis prouincia 4
20 tyrannorum, et Scythiae gentes omnesque usque ad oceanum per
circuitum barbarae nationes Moysen prophetasque cognouerant.
quid necesse fuit in ultimo uenire tempore et non, priusquam innumerabilis periret hominum multitudo? quam quaestionem beatus
apostolus ad Romanos scribens prudentissime uentilat. ignoras haec
25 et dei concedis scientiae; dignare et ista nescire, quae quaeris. con-

---

3 *Rom. 9, 20—21   9 *Mal. 1, 2—3 et Rom. 9, 13   11 cf. Ios. c. 7
12 cf. I Reg. capp. 2—4   14 cf. II Reg. c. 24   23 cf. Rom. c. 9

1 imperat *n a.c.*   2 et non uult *om.M* et non quod (*del.*) uult *n*   3 tu
om.M   4 figm. fig. dic. *n*   7 autem *om.Mn*   8 fort.] factori (*ex* —re) *M*
9 adhuc cum ς   10 autem *om.n*   11 achar (*cf. LXX*) Δ, *np.c.m2* ael.an *ce'.*
hiericunth. *M* hierechunt. *n* hierecunt. Δ Ierichunt. ς   12 sint] s̄ *M*   13 Eli ς
peccauerunt *n*   14 peccarit *Engelbrecht*   enumeraret ς   15 istrahel Δ israhel *n*
isrl *M* iħl ꝑ Israele ς   sint Δ,*Mp.c.* sunt *cet.*   16 porphirius ꝑ phorphir(i *s.l.*)-
us *n*   17 Moysi] moyse *Mp.c.ς* moysen ꝑ   *alt.* ad *om.n*   19 britanni Δ
britannia (*pr.* n *exp.*) *n* brittania *M*ꝑ   fertiles Δ   20 scythie Δ scythicae *M*
scithicae *n* sciti (*ras. 1—2 litt.*) cae ꝑ Scoticae ς   22 fuit eum ς   uenire
tempore] tempore (*s.l.* incarnari x̄p̄m *add.*) *M*   prius (quam *s.l add.m2*) *n*
24 ignorans *M*ꝑ   25 concedit ꝑ concedens *M*   *alt.* et] et tu *M* igitur et tu ς

5 cede deo potentiam sui, nequaquam te indiget defensore. ego miserabilis, qui tuas expecto contumelias, qui illud semper lego:
g r a t i a   s a l u i   f a c t i   e s t i s   et: b e a t i ,   q u o r u m   r e-
m i s s a e   s u n t   i n i q u i t a t e s   e t   q u o r u m   t e c t a   s u n t
p e c c a t a,   ut de mea fragilitate loquar, noui me multa uelle, 5
quae sancta sunt, et tamen inplere non posse — spiritus enim fortitudo ducit ad uitam, sed carnis fragilitas reducit ad mortem — et audio
dominum commonentem: u i g i l a t e   e t   o r a t e,   n e   i n t r e-
t i s   i n   t e m p t a t i o n e m.   s p i r i t u s   p r o m p t u s,   c a r o
a u t e m   i n f i r m a.   10
   10. Frustra blasphemas et ignorantium auribus ingeris nos
liberum arbitrium condemnare. damnetur ille, qui damnat. ceterum
nos ab eo differimus brutis animalibus, quod liberi arbitrii con-
diti sumus, sed ipsum liberum, ut diximus, arbitrium dei nititur
auxilio illiusque per singula ope indiget, quod uos non uultis, ut, 15
qui semel liberum habet arbitrium, deo adiutore non egeat. liberum
arbitrium dat liberam uoluntatem et non statim ex libero arbitrio
2 facit deum, qui nullius opibus indiget. tu ipse, qui perfectam et
deo aequalem in hominibus iustitiam iactitas et peccatorem esse te
confiteris, responde mihi, uelis an nolis carere peccato. si uis, quare 20
iuxta sententiam tuam non inples, quod desideras? sin autem non
uis, contemptorem te praeceptorum dei esse demonstras. si contemp-
tor es, utique et peccator. si peccator, audi tibi scripturam loquentem: p e c c a t o r i   d i x i t   d e u s: q u a r e   t u   e n a r r a s
i u s t i t i a s   m e a s   e t   a d s u m i s   t e s t a m e n t u m   m e u m 25
p e r   o s   t u u m?   t u   a u t e m   o d i s t i   d i s c i p l i n a m   e t
3 p r o i e c i s t i   u e r b a   m e a   r e t r o r s u m.   uerba dei dum

   3 *Eph. 2, 8   Ps. 31, 1   8 *Matth. 26, 41 etc.   24 *Ps. 49, 16—17

   1 indiget te *n* te indigeat p   defensorem p   2 expecto] excipio *M*
4 iniquitatis *Δ*   6 sancta] facienda ς   7 deducit p ducit ς   9 spir. quidem *n*
promtus *M* prumptus *Δ*; *add.* est *n*   11 blasfemas *Δ*   12 condempnare—
dampnetur—dampnat *n*   13 nos ab] non ex ς   diff. a ς   quod *ex* ut *M*
arbitrii *om.n*   15 uultis] *add.* sed id uultis ς   16 hab. lib. ς   non *exp.M*
18 facit deum] homo facit, sed domini auxilio ς   ope *M*   aequalemque deo, *n*
19 te esse ς te *n*   21 si p   autem *in mg.Δ*   22 contemtorem *M*p   con-
temtor p   23 es, utique] utique est (*s.l.* es *m2*) *M*   si peccator *om.Δ*   tibi
om.M   dicentem *Δ*   25 et] et quare *n*   assumis *Mp.c.*p assumes *Ma.c.* adsumes *Δn*   26 autem] uero ς   27 uerba mea] sermones meos *Δ*

non uis facere, post tergum tuum proicis et nouus apostolus orbi
terrarum facienda et non facienda decernis. sed non est ita, ut
loqueris; aliud in tua mente uersatur. quando enim te dicis peccatorem et posse hominem sine peccato esse, si uelit, illud uis in-
5 tellegi, te quidem sanctum esse et omni carere peccato, sed per
humilitatem peccati nomen adsumere, ut alios potius laudes et
tibi detrahas.

11. Illud quoque argumentum uestrum ferre quis possit?
dicitis his uerbis: 'aliud est esse, aliud esse posse'. esse non est in
10 nostra positum potestate, esse autem posse generaliter dici, quod,
licet alius non fuerit, tamen possit esse, qui esse uoluerit. rogo,
quae est ista argumentatio: posse esse, quod numquam fuit,
posse fieri, quod nullum fecisse testeris, id cuilibet tribuere,
qui an futurus sit ignores, et dare nescio cui, quod in patriarchis,
15 prophetis et apostolis fuisse nequeas adprobare? audi ecclesia- 2
sticam simplicitatem siue rusticitatem aut inperitiam, ut uobis
uidetur. loquere, quod credis; publice praedica, quod secreto discipulis loqueris. qui dicis te habere arbitrii libertatem, quare non
libere, quod sentis, loqueris? aliud audiunt cubiculorum tuorum
20 secreta, aliud nostrorum populi. etenim uulgus indoctum non
potest arcanorum tuorum onera sustentare nec capere solidum
cibum, quod infantiae lacte contentum est. necdum scripsi et 3
comminaris mihi rescriptorum tuorum fulmina, ut scilicet hoc timore perterritus non audeam ora reserare, et non animaduertitis
25 idcirco nos scribere, ut uos respondere cogamini et aperte aliquando
dicere, quod pro tempore, personis et locis uel loquimini uel tacetis.
nolo uobis liberum esse negare, quod semel scripseritis. ecclesiae
uictoria est uos aperte dicere, quod sentitis. aut enim idem respon-
suri estis, quod et nos loquimur, et nequaquam eritis aduersarii sed

21 cf. Hebr. 5, 12

1 pos *Mn*   4 et] nec *n*   6 ass. *M*ꝕ   9 est—posse] est (*s.l.*) esse posse
(*s.l.* aliud esse *add.*)*M*   10 dicit ꝕ   11 alius] aliquis ꝕ   12 fuerit ς   15 pro-
fetis *Δ* in prophetis *n*   et *om.*ς   adpr. *Δn* appr. *cet.*   16 aut] audi ꝕ
17 disc. tuis *n*   18 arb.] liberi arb. *M*   19 eloqueris *M*   20 rostrorum ς
21 archanorum *n*,ꝕ*a.c.*   23 nescriptorum (ne *exp.*)*n*   flumina *n*   24 animad-
uertis *Δa.c.*ꝕ animaduertisti *M* aduertisti *n*   26 discere *M*ꝕ*a.c.*   loquemini *Δ*,
ꝕ*a.c.*   27 scripsistis *M*   ecclesiae uictoria est *om.*ꝕ   28 enim *om.n*

amici, aut, si contraria nostro dogmati dixeritis, in eo uincemus, quod omnes cognoscent ecclesiae, quid sentiatis. sententias uestras prodidisse superasse est. patet prima fronte blasphemia. non necesse habet conuinci, quod sua statim professione blasphemum
4 est. minamini nobis responsionem, quam uitare nullus potest, 5 nisi qui omnino non scribit. unde nostis, quid dicturi simus, ut responsionem paretis? forsitan uestra dicemus et frustra ingenii uestri acuitis stilum. Eunomiani, Arriani et Macedoniani nominibus separati, inpietate concordes nullum nobis laborem faciunt; loquuntur enim, quod sentiunt. sola haec heresis est, quae publice 10 erubescit loqui, quod secreto docere non metuit. magistrorum silentia profert rabies discipulorum. quod audierunt in cubiculis, in tectis praedicant, ut, si placuerit audientibus, quod dixerunt, referatur ad gloriam magistrorum, si displicuerit, culpa sit discipuli,
5 non magistri. ideo creuit uestra heresis et decepistis plurimos 15 maximeque eos, qui adhaerent mulieribus et sciunt se peccare non posse, quia semper docetis, semper negatis, et audire meremini illud propheticum: g l o r i a   i l l i s   i n   p a r t u b u s   e t   p a r t u- r i t i o n i b u s.   d a   i l l i s,   d o m i n e.   q u i d   d a b i s   i l l i s?
6 u u l u a m   s t e r i l e m   e t   u b e r a   a r e n t i a. feruet animus, 20 non possum uerba cohibere. epistolaris angustia non patitur longi operis magnitudinem. nullius in hoc opusculo nomen proprie tangitur; aduersus magistrum peruersi dogmatis locuti sumus. qui iratus fuerit atque rescripserit, suo quasi mus prodetur indicio ampliora in uero certamine uulnera suscepturus. 25

12. Multi anni sunt, quod ab adulescentia usque ad hanc aetatem diuersa scripsi opuscula, semperque habui studium audientibus

12 cf. Luc. 12, 3   18 *Os. 9, 11   19 *Os. 9, 14

1 nostra *na.c.m*2   uincimus *Δ*   3 blasfemia *Δn*   4 sua *om.M*   blasfemum *Δ* blasfemium (i *del.*)*n*   6 qui *ex* quod *M*   scripsit þ   sumus *Mn*
7 forsitam *Δa.c.*   dicimus *Δ,Ma.c.*   8 acuetis ς   eunominiani *Δ*   arriani (*alt.* r *exp.*)*Δ*   et *om.*ς   machedoniani *M*   10 loquntur *n* locuntur *M*þ
11 silentia(u *s.l.*)m *n*   13 auditoribus ς   dixerint *n*   14 magistri *M*   si— mag. *om.M*   17 docetis semper, negatis semper *n*   18 illut profeticum *Δ*
gloriam ς   illius *M,om.*ς   parturionibus *n*   21 *pr.* non] nec ς   epistularis *Δ,þa.c.*   23 aduersum *Δ*   qui si *n*   24 iratus] locutus *n*   quasi mus] quasi unus *Ma.c.* qui sit *n*   26 quo *n*   adulesc. *ex* adulisc. *Δn*   27 habui— *p. 260, 6* ore *exciderunt in Δ*   studio ς

loqui, quod publice in ecclesia didiceram, nec philosophorum argumenta sectari sed apostolorum simplicitati adquiescere sciens illud scriptum: p e r d a m   s a p i e n t i a m   s a p i e n t i u m   e t p r u d e n t i a m   p r u d e n t i u m   r e p r o b a b o   et: f a t u u m
5 d e i   s a p i e n t i u s   e s t   h o m i n i b u s. cum haec ita se habeant, prouoco aduersarios, ut omnes retro chartulas discutiant et, si quid in meo ingeniolo uitii reppererint, proferant in medium. aut enim bona erunt et contradicam eorum calumniae aut reprehen- 2 sibilia et confitebor errorem malens emendare quam perseuerare
10 in prauitate sententiae. et tu ergo, doctor egregie, aut defende, quod locutus es, et sententiarum tuarum acumina adstrue eloquio subsequenti, ne, quando tibi placuerit, neges, quod locutus es, aut, si certe errasti quasi homo, libere confitere et discordantium inter se redde concordiam. in mentem tibi ueniat tunicam saluatoris nec 3
15 a militibus fuisse conscissam. fratrum inter se cernis iurgia et rides atque laetaris, quod alii tuo nomine, alii Christi appellentur. imitare Ionam et dicito: s i   p r o p t e r   m e   e s t   i s t a   t e m p e s t a s, t o l l i t e   m e   e t   m i t t i t e   m e   i n   m a r e. ille humilitate proiectus est in profundum, ut in typum domini gloriosius surgeret;
20 tu superbia ad astra sustolleris, ut de te loquatur Iesus: u i d e b a m   s a t a n a n   q u a s i   f u l g u r   d e   c a e l o   c a d e n t e m.

13. Quod autem in scripturis sanctis iusti appellantur ut Zacharias et Helisabeth, Iob, Iosaphat et Iosias et multi, quorum nominibus sacra scriptura contexta est, quamquam in promisso opere ple-
25 nius — si dominus gratiam dederit — dicturus sim, tamen in praesenti epistula hoc breuiter strinxisse sufficiat, quod iusti appellentur. non

---

3 1 Cor. 1, 19   4 *I Cor. 1, 25   14 cf. Ioh. 19, 24   17 *Ion. 1, 12
20 *Luc. 10, 18

5 est *om.n*   se ita ꝓ   6 ut *ex* et *M*   cartulas *n,ꝑa.c.; add.* ex integro ç 7 reppererunt *na.r.*   11 astrue ꝓ astruae *(alt. a exp.) M*   12 placuerit *om.M* 13 certe *om.*ꝓ   14 mente *n*   tonicam *Mp.c.m2; add.* conscissam *n*   15 conscissam *om.n*   16 appellantur *M*   17 est *om.Mn*   18 *pr.* me *om.Mn*   *alt.* me *om.*ç   19 deiectus ç   gloriosus *n*   resurgeret ç   20 per superbiam *n* *p.c.m2*ꝓ   21 satanam ꝓ   quasi fulgur *om.M*   sicut ç   fulgor *n*   *cad.* de coelo ç   22 multi iusti ç   appellentur ç   ut] et *M*   23 elisabeth *M* elishabet *n*   24 sancta *M*   25 grat. dom. ç   ds *M*   26 perstrinxisse ç   appellantur *n*

17*

2 quod omni uitio careant, sed ex maiori parte uirtutum. denique et
Zacharias silentio condemnatur et Iob suo sermone reprehenditur
et Iosaphat et Iosias, qui iusti absque dubio scripti sunt, fecisse
narrantur, quae domino displicerent. quorum alter inpio auxilium
tulit et correptus est a propheta, alter contra praeceptum domini ex 5
ore Hieremiae occurrit Nechao, regi Aegyptio, et interfectus est, et
tamen uterque iustus appellatur. de ceteris non est huius temporis
scribere; neque enim a me librum [sed epistulam] flagitasti, qui
dictandus ex otio est, et omnes oppositiones eorum Christi auxilio
destruendae. quod nobis sanctarum scripturarum testimoniis adse- 10
3 rendum est, in quibus cotidie credentibus loquitur deus. illudque per
te sanctae atque inlustris domus conciliabulum precor atque com-
moneo, ne per unum aut — ut multum — tres homunculos suscipiant
tantarum faeces hereseon aut — ut parum dicam — infamiam, ut, ubi
primum uirtus et sanctitas laudabatur, ibi praesumptionis diabo- 15
licae et sordidissimae societatis turpitudo uersetur. sciantque se, qui
huiusce modi hominibus opes suggerunt, hereticorum multitudinem
congregare et Christi hostes facere et nutrire aduersarios eius frustraque aliud lingua praetendere, cum manu sentire aliud conpro-
bentur.
　　　　　　　　　　　　　　　　　　　　　　　　　　　　　20

2 cf. Luc. 1, 20—22　　4 cf. III Reg. c. 22　　5 cf. IV Reg. 23, 29.
II Par. 35, 20—25. Hier. c. 22

1 quo *n*　ex *Mn* quod ς,*om.*ϸ　polleant parte uirtutum ϸ parte uirtutum
commendentur ς　2 silentio *om.M*　suo] sub ς　3 scripti] dicti ς　4 domino *om.n*　5 contra *ex* cū *M*　6 ieremiae ϸ　egyptio *n* aegipti ϸ　inter-
emptus *n*　7 appellantur *n*　non est *s.l.M*　8 librum sed epistolam a me *n*
sed epistulam *seclusi*　9 est ex otio ς　oblatrationes ς　10 ads. *Δn* ass. *cet.*
12 atque] et ς　inl. *Δn,Ma.c.* ill. *Mp.c.*ϸ　13 ut *om.M*ϸ　14 feces *M* fecces
(*pr.* c *exp.*)*n*　haereseon *Δ*ϸ heres(i *s.l.*)um *M*　parum] pure *ex* purum *M*
15 presumtionis *M*　16 se *om.*ς　17 suggerent *n*　haer. *Δ*ϸ　18 enutrire ς
19 protendere *M*　manus (s *exp.n*)*Mn*　comprobetur *n*; *add.* explicit ad ctesifontem *Δ* explicit epistola ad thesiphontem *n*

CXXXIV.
AD AUGUSTINUM.

Domino uere sancto et omni mihi affectione uenerabili papae
Augustino Hieronymus in Christo salutem.

5   1. Uirum honorabilem, fratrem meum, filium dignationis tuae,
Orosium presbyterum et sui merito et te iubente suscepi sed incidit tempus difficillimum, quando mihi tacere melius fuit quam
loqui, ita ut nostra studia cessarent et iuxta Appium canina exerceretur facundia. itaque duobus libellis tuis, quos mec romini
10 dedicasti, eruditissimis et omni eloquentiae splendore fulgentibus
ad tempus respondere non potui, non quo quicquam in illis reprehen-
dendum putem, sed quia iuxta beatum apostolum u n u s q u i s-
q u e ı n s u o s e n s u a b u n d e t, a l i u s q u i d e m s i c,
a l i u s a u t e m s i c. certe, quicquid dici potuit et sublimi ingenio 2
15 de scripturarum sanctarum hauriri fontibus, a te positum atque

6 incidit — 262, 10 moriatur] cf. August. epist. CCII A, 3 (IV p. 303, 7 G.)
8 cf. Sallust. Hist. II 37 Dietsch = IV 54 Maurenbrecher. Lactant. Diuin.
Inst. VI 18, 26. Hieron. Epist. 119, 1, 3   12 Rom. 14, 5   13 *1 Cor. 7, 7

ä = Ambrosianus O 210. sup. s. VII.
ℬ = Escorialensis & I. 14 s. VIII—IX.
A = Berolinensis lat. 17 s. IX.
ᵹ = Parisinus lat. 12163 s. IX.
D = Vaticanus lat. 355 + 356 s. IX—X.
M = Coloniensis 60 s. IX—X.
C = Vaticanus lat. 5762 s. X.
B = Berolinensis lat. 18 s. XII.

Haec epistula est inter Augustini epistulas CLXXII (III p. 636 Goldb.);
de titulo cf. adnot. ad epist. LXVII

3 Dom. — aff. et in Chr. sal. om.ADMCB   5 uenerabilem ADMCB
6 pr. et ex e ä   sed] ipse ℬ   7 melius tacere B   8 nostra M   iusta ä
apium B   exercetur AMa.c.m2,DCB   9 fecundia äa.c. facunda Ma.c.m2
nomini meo August. in epist. CCII A, 3 (IV p. 303, 10 G.)   nomine ä Ma.c.m2
10 eruditissimi D —mus C   11 ad tempus om.ADMCB   quod ï et Aug.
epist. CCII A, 3   quiddam ADMCB   12 putem om.ᵹ   beatum om.ç
14 et om. ℬ   sublimi äᵹ et Aug. epist. CCII A, 3 ad sublimi ℬ a*sumi
(sūmo m2) M assumi AD a summi C summo B tam sublimi ex uno cod. Paris.
lat. 1862 s. IX recepit Goldb.   15 de] et (s.l.m2) de A   scripturae (ex
—ra) sanctae (ex —ta) ä sanctarum (s.l.m2) scripturarum B sanctarum eras.
ᵹ, om. ADMC   haurire äa.c. aui C   a] et (del.) a ä   adque äℬC

dissertum est. sed quaeso reuerentiam tuam, parumper patiaris
me tuum laudare ingenium; nos enim inter nos eruditionis causa
disserimus. ceterum aemuli et maxime heretici, si diuersas inter nos
sententias uiderint, de animi calumniabuntur rancore descendere.
3 mihi autem decretum est te amare, suscipere, colere, mirari tuaque 5
dicta quasi mea defendere — certe et in dialogo, quem nuper edidi,
beatitudinis tuae, ut dignum fuerat, recordatus sum — magisque
demus operam, ut perniciosissima heresis de ecclesiis auferatur, quae
semper simulat paenitentiam, ut docendi in ecclesiis habeat facultatem, ne, si aperta se luce prodiderit, foras expulsa moriatur. 10
  2. Sanctae et uenerabiles filiae tuae Eustochium et Paula et genere suo et exhortatione tua digne gradiuntur specialiterque salutant
beatitudinem tuam, omnis quoque fraternitas, quae nobiscum do-
2 mino saluatori seruire conantur. sanctum presbyterum Firmum
anno praeterito ob rem earum Rauennam et inde Africam Sicili- 15
amque direximus, quem putamus iam in Africae partibus commorari. sanctos tuo adhaerentes lateri ut meo obsequio salutes, precor.
litteras quoque meas ad sanctum presbyterum Firmum direxi,
quae si ad te uenerint, ei dirigere non graueris. incolumem te et mei
memorem Christus dominus custodiat, domine uere sancte et bea- 20
tissime papa.

6 cf. dial. adu. Pelag. III 19

  1 disertum *ä,Ba.c.m2*   tuam *s.l.m2 B*   2 me tuum] meum *ä*   causam *AC*
3 deserimus *äa.c.m2* dixerimus *D*   si *in ras.m2 B*   diuersis ҙ   4 animae *M*
5 decretum] de ceterum ҙ statutum *ADMCB*   est *om.*ҙ   te amare] eum (tuum *m2*)re *ä; add.* te ς   suscepere *äa.c.* suspicere *ADC,Mp.c.m2*   coler *Aa.c.m2C*
6 et *s.l.m2A,om.ä*   dialogo] alio loco *AC*   7 tuae beat. *ADMCB*   sum *ex* suum *ä*
magis credemus ₱   8 ecclesia *ADMCB*   9 facultates *ä*   ne] nam *ADMCB*
10 se (*s.l.m2 B*) aperta *ADMCB*   apta ₱   se *om.*₱   foris *D*   morietur
ADMCB   11 *pr.* et] ac ₱*ADMCB*   paula et eusto(*ex a M*)chium *ADMCB*
eustochia ҙ eostocia ₱   12 *alt.* et *om.ä*   grediuntur ҙ gratiantur *ex* grati-
untur *ä*   que *add.m2MB*   13 quae] qui *D* quo *Aa.c.m2C*   14 saluatore ₱
conatur ₱ҙ*B,AMp.c.*   firminum *C*   15 ob *om.*₱   rem mearum *AM* rem
mearunt *D* remeantem ₱   inde in *ADMCB*   16 que] et *D*   dimisimus *ex* dicimus *m2A*   commemorari (me *eras.*)*A* conmanere *ä*   17 sancto *ä,Mp.r.*   tuos ҙ
id herentes *D*   18 queque *D*   ad] per ₱   sanctum *om.*₱   firminum *C*
dirigi ҙ dirige *ä*₱   19 quae—graueris *om.ä*₱ҙ   incolomem *A*   te *om.*ҙ   memorem mei *ä*₱ҙ   20 dominus *om.ä* dominus deus noster ₱ deus noster ҙ   sanctae *A* in sanctae ҙ   et beat.—*p.263,4* amis. *om.ä*   21 papae *D; add.* et subter ҙ

Grandem Latini sermonis in ista prouincia notariorum patimur 3
penuriam et idcirco praeceptis tuis parere non possumus, maxime
in editione Septuaginta, quae asteriscis ueribusque distincta est;
pleraque enim prioris laboris ob fraudem cuiusdam amisimus.

5 ## CXXXV.
EPISTULA INNOCENTII PAPAE AD AURELIUM.

Dilectissimo fratri Aurelio Innocentius.

Piissimum iter ad nos perueniendi tuas affectiones bene conpresbyter noster credidit Hieronymus. conpatimur gregis nostri
10 membro et, quod faciendum duximus uel facere potuimus, sumus
uelociter executi. germanitas tua, frater karissime, citius litteras
memorato reddere festinet.

CXXXVI.
EPISTULA INNOCENTII AD HIERONYMUM.

15 Dilectissimo filio Hieronymo presbytero Innocentius.

Numquam boni aliquid contentionem fecisse in ecclesia testatur 1
apostolus et ideo hereticorum correptiones primas fieri iubet magis
quam diuturna duci conlatione. quae regula dum neglegenter
aspicitur, malum non uitatur, quod cauendum est, sed augetur.
20 tamen, quoniam dolor gemitusque tuus ita uiscera quatit nostra, 2
ut non * * tractandi consulendique sit, primum constantiae tuae

9 cf. I Cor. 12, 26   16 cf. Tit. 3, 9—10

2 penuria 𝔓D   tuis praeceptis 𝔓ʒ   patere D parare ʒ   3 astericis 𝔓B
uersibusque AʒDMC obelibusque 𝔓 uerubusque ς   4 ob fraudem] fraude 𝔓ʒ

ö = Vaticanus lat. 3787 saec. XI.

In Auellana quae dicitur collectione (CSEL uol. XXXV) est haec epistula
XLIV (p. 98 Guenther)

8 piissimam ς   iter ö etiam ς   tuam affectionem ς   9 hieronimus ö
12 reddere ς redire ö

ö = Vaticanus lat. 3787 saec. XI.

In Auellana collectione est haec epist. XLII (p. 96 G.)

15 hieronimo presbitero ö   17 primum ς   18 duci ς   ducis ö
19 accipitur *Baronius* ·20 quatit uiscera ς   21 ut non tractandi ö   *lacunam*
post non *indicauit Guenther, quam sic fere expleuerit*: ut non ⟨exprobrand
tempus sed⟩ tractandi (*aliorum coniecturas recenset idem u. d.*)

adloquor fidem. pro ueritate quisque iniuria aut, ut dicis, periculo percelletur, quia expectet beatitudinem, multis saepe narrasti et tuarum te praedicationum bene memorem commonemus. item excitati tanta malorum scena arripere auctoritatem sedis apostolicae ad omne comprimendum nefas festinauimus, sed, in quem in- 5 surgeremus, nec nomine appellatum legimus nec criminis aliqua 3 ratione taxatum. quod ergo possumus, condolemus. si deposueris autem apertam manifestamque in homines aliquos accusationem, aut iudices conpetentes tribuam aut, si aliquid urgentius sollicitiusque nobis fieri potest, non retardabo, fili dilectissime. tamen epi- 10 scopo fratri meo Iohanni scripsi, ut circumspectius agat, ne quid circa ecclesiam sibi creditam adhuc tale aliquid fiat, quale prouidere et propellere, ne accidat, etiam ipsi sit et postea molestissimum.

CXXXVII.
EPISTULA INNOCENTII AD IOHANNEM. 15

Dilectissimo fratri Iohanni Innocentius.

1 Direptiones, caedes, incendia, omne facinus extremae dementiae generosissimae sanctae uirgines Eustochium et Paula deplorauerunt in locis ecclesiae suae perpetrasse diabolum; nomen enim hominis causamque reticuerunt. quod etsi ambiguum non 20 sit a quo commissum, oportuit tamen custodiam germanitatem tuam gregis illius sollicitius prouidere, ne quid huius modi oriretur, 2 quod cum aliorum periculo tuam lacessit neglegentiam. †amice gregem domini et tales agnas incendio, armis et persecutionibus nudas, debiles post suorum caedes et mortes uix uiuere audiuimus: nihil mouet 25

---

1 libens quisque *Vallarsi*   2 qui *Baronius*   narrasti *Vallarsi* narrastis *ö*
3 tuarum te ς tu aūτe *ö*   item] itaque *Baronius* idem (= iidem) *Engelbrecht*   4 tanta—scena *Caraja* tantā—scenā *ö*   9 solliticiusque *ö*   10 a nobis *Baronius*   redardabo *ö*   13 ne accidat *Guenther* (*qui priorum coniecturas recenset*) ne accidere uel ne accidat *ö*

ö = *Vaticanus lat. 3787 saec. XI.*
In Auellana collectione est haec epistula XLIII (p. 97 G.)

17 facinus ς facimus *ö*   18 eusthochium *ö*   palla *öa.c.*   21 sit *Caraja* sit sed *ö* sit et *Baronius*   custodiam ς custodem *ö* custodire *Caraja, Baronius*   22 et gregis *Caraja* et gregi *Baronius*   23 tua *Caraja, Baronius*   neglegentiam *Guenther* neglegentia *ö*   amice *ö* adice *Hartel* amittere *Caraja* admittere in *Baronius* anxium esse *Engelbrecht*   24 deuiles *ö*

pietatem illam sacerdotii tui de tanta diaboli in te atque in tuos
potestate admissa? in te, inquam; prorsus enim sacerdotis grauita-
tem condemnat tantum nefas in ecclesia fuisse completum. ubi
prouisiones tuae? ubi certe, si casus euenerant, auxilia uel consola-
5 tiones, cum plus se adhuc metuere dicant, quam conqueruntur esse
perpessas? altius censerem, si essent aliquid de hac re mecum
apertius collocutae. uide, frater, antiqui hostis insidias et spiritu 3
boni rectoris peruigila, ut haec, quae ad nos opinione magis quam
accusatione manifesta delata sunt, uel corrigantur uel retundantur,
10 ne ius ecclesiasticum de labefactatis causas eum, qui non defenderit,
praestare conpellat.

CXXXVIII.

AD RIPARIUM.

Domino uere sancto atque omni mihi affectione uenerabili
15 Ripario Hieronymus in Christo salutem.

Christi te aduersum hostes catholicae fidei bella bellare tuis 1
litteris et multorum relatione cognoui uentosque esse contrarios et
in perditionem mutuam fautores esse perditionis, qui defensores
saeculi esse deberent; tamen scias in hanc prouinciam nullis humanis

8 peruigila ut *Caraja* peruigili aut *ö*   10 causis *Caraja*

u = *Ambrosianus H. 59. sup. s. XIII.*
y = *Vallicellianus D. 2 s. XIV.*
v = *Corsinianus 41. G. 18 s. XV.*
φ = *Cantabrigiensis uniuersitatis 409 + 410 s. XV.*
χ = *Vaticanus lat. 368 s. XV.*
b = *Mazarinianus 574 s. XV.*
g = *Parisinus lat. 1891 s. XV.*

titulo caret u ad riparium g hieronimus ad ripparium vχ beati hieronimi
presbiteri ad riparium φ epla beati iheronimi presbiteri ad riparium presbiterum b hieronymus ad riparium exhortatoria ad defendendū (*sic*) ecclesiam et
fidem christi y

14 *salutationem* (domino—salutem) *om.*ς   mihi] in b   15 ⟨fratri⟩ Rip. *Engel-*
brecht   hieronymus yg iheronimus ub hieronimus *cet.*   in xpo · d · salutem y
16 xpi te φg xipe u xpi y xps (*in mg.* xpm *eadem manu*) v chris̄us χ te b
fidei dei uyv   bella *om.*χ   bellari up.c.   et tuis ς   18 fautores φg f.ctores
cet.   19 saeculi] fidei u in hac prouincia ς

auxiliis sed proprie Christi sententia pulsum esse non solum de urbe,
sed de Palaestinae quoque finibus Catilinam nosque dolere uel
plurimum, quod cum Lentulo multi coniurationis socii remanserunt,
2 qui in Ioppe remorantur. nobis autem melius uisum est locum mutare
quam fidei ueritatem aedificiorumque et mansionis amoenitatem 5
amittere quam eorum communione maculari, quibus inpraesentiarum aut cedendum erat aut certe cotidie non lingua sed gladiis
dimicandum. quanta autem passi simus et quomodo excelsa manus
Christi pro nobis in hoste saeuierit, puto te celebri nuntio omnium
3 cognouisse. quaeso ergo te, ut arreptum opus inpleas nec patiaris te 10
praesente non habere Christi ecclesiam defensorem. certe sciat unusquisque, quod uel tibi sufficiat pro uirili parte, quia non uiribus corporis sed caritate animi dimicandum est, quae superari numquam
potest. sancti fratres, qui cum nostra sunt paruitate, plurimum te
salutant. puto autem et sanctum fratrem Alentium diaconum tuae 15
dignationi cuncta narrare fideliter. incolumem te et memorem mei
Christus, dominus noster, tueatur omnipotens, domine uere sancte
et suscipiende frater.

2 Catilinam] Pelagium innuere uidetur

    1 pulsam *y*   2 palestine (—ę *χ*) *yvχ* palesthine *u*   cantilenam *uvχ* can-
telenam *y*   nos quoque *b*   uel *om.φ*g   3 lentilo *b*   4 in ioppe remorantur *φ*g
suo opere moriantur *cet.*   5 -que *φ*g,*om.cet.*   amęn. *χ* amen. *uyvb*   6 eorum]
peruersorum *codd.praeter φ*g   maculam *χ*   7 aud—aud *u*   cedendum *uyb*
credendum *cet.*   non lingua quotidie g   cot. *uyb* quot. *cet.*   gladio *φ*   8 simus *φ*g,*vp.c.* sumus *cet.*   9 hoste *φ*g hostes *cet.* hostem *ς*   celebre *ua.c.* ce-
lebriori *b*   nuntio omnium *φ*g omnium nuntio *uvχ* omni nuntio *y* nuntio *b*
10 ergo] g̍ (= igitur) *u*   te *om.codd.praeter φ*g   acceptum *y*   11 presentem *χ*
ecclesia *uχ*   scit *ς*   12 sufficiat *φ*g suffiē *u* sufficit *cet.*   13 caritate *φ*g cura
te *χ* circa te (*in mg.* uł contra *eadem manu y*) *cet.*   anima *b*   est *om.φ*   qui *y*
15 alentinum *codd.praeter φ*g   dyaconum *b*   16 cūcta (*alt.* c *exp.*) *v*   incolumen *χ*   te *om.y*   18 suscipiende] uere munde *y*   frater] *add.* finis *v*

CXXXIX.
AD APRONIUM.

Nescio, qua temptatione diaboli factum sit, ut tuus labor 1
et sancti Innocentii presbyteri industria et nostrum desiderium ad
5 praesens nequaquam uideatur habere effectum. deo gratias, quod
te sospitem et fidei calore feruentem inter ipsa diaboli tempramenta
cognoui. hoc meum gaudium est, quando in Christo audio filios meos
dimicare; et istum zelum in nos ipse confirmet, cui credimus, ut pro
fide eius sanguinem uoluntarie fundamus. euersam nobilem dcmum 2
10 funditus doleo et tamen, quid in causa sit, scire non potui; neque
enim portitor litterarum nosse se dixit. unde dolere possumus pro
amicis communibus et Christi, qui solus potens et dominus est, et
eius clementiam deprecari, licet ex parte dei mereamur offensam, qui
inimicos domini fouemus. optimum autem facies, si cunctis rebus

u = *Ambrosianus H. 59. sup. s. XIII.*
y = *Vallicellianus D. 2 s. XIV.*
v = *Corsinianus 41. G. 18 s. XV.*
φ = *Cantabrigiensis uniuersitatis 409 + 410 s. XV.*
χ = *Vaticanus lat. 368 s. XV.*
b = *Mazarinianus 574 s. XV.*
g = *Parisinus lat. 1891 s. XV.*
w = *Vaticanus lat. 362 s. XV.*
x = *Barberinus XI. 195 s. XV.*
μ = *Harleianus 3169 s. XV.*
ω = *Parisinus bibl. armamentarii 292 s. XV.*

ad apronium g iheronimus apronio filio salutem u hieronimus apronio filio
vχwω epistola hieronymi ad appronium x epla beati ieronimi ad apronium ω epla
beati iheronimi presbiteri ad āpronium b beati hieronimi presbiteri ad apronum
(*sic*) epistola φ hieronymus ad propanum ut in bono opere et proposito assump-
tis (—us μ) firmiter perseueret et quod sancta loca uisitet exhortatoria yμ

3 tentatione yvφgμ temperatione χ   dyaboli yμω *passim*   ut et vχw
ut et ubx   4 innocenti uvχwx   presbyteri *om.x*   nostrorum w   e habere
uidetur u   uideatur φg uidetur *cet.*   herere yω   affectum χw,*om.*yμω   gratia ς   6 tentamenta diaboli (diaboli *in mg.*g) φg   tentamenta yvφgμ   7 filios
meos audio u   8 credidimus ω   9 uoluntarie yφgμ uoluntate *cet.*   euersa w
ei uersam ω   10 q̄d (= quod) u   sit] et w   11 posse se χ scire se g se rosce x
12 amicitiis yμ   et eius φgω eius uvχbwx et etiam yμ   14 fouemus yφgμ
fouerimus *cet.*   cuntis y

omissis orientem et praecipue sancta loca petas; hic enim quieta
3 sunt omnia. et licet uenena pectoris non amiserint, tamen os inpietatis non audent aperire, sed sunt sicut aspides surdae et obturantes aures suas. sanctos fratres saluto. nostra autem domus
secundum carnales opes hereticorum persecutionibus penitus euersa 5
Christo propitio spiritalibus diuitiis plena est. melius est panem
manducare quam fidem perdere.

3 cf. Ps. 57, 5

1 ōmissis *u*   praecipue *om.x*   loca sancta *ω*   hinc *w*   2 licet] quamquam *yμ*   uenia uel uenena *ω*   4 saluto *yφϱμ* saluta *cet.*   5 ope *ω*   per-
sequut. *uϱ*   6 spiritalibus *uvφϱ* spiritualibus *cet.*   est enim panem *ς*   7 men-
dicare *u*   frangere seu perdere *yμ; add.* finis *v*

CXL.
AD CYPRIANUM PRESBYTERUM DE PSALMO LXXXVIIII.

1. Prius te, Cypriane, presbyterorum studiosissime, esse de illorum numero, super quibus audit Moyses: elige presby-
5 teros, quos tu ipse scis esse presbyteros, tantum epistulis noueram et beati uiri uocabulum consecutum, qui in lege dei die ac nocte meditatur. nunc autem, quia exterioris ₂ quoque hominis nobis inuicem est facta cognitio et post salutationem dulcesque complexus, quibus sibi amicitia copulatur, ut probes ue-
10 rum esse, quod audieram, statim a me postulas, ut difficillimum psalmum, qui apud Graecos et Latinos octogesimus et nonus inscribitur, tibi edisseram, non conposita oratione uerborum plausuque populari, qui solet inperitorum aures decipere atque palpare, sed oratione simplici et ecclesiastici eloquii ueritate, ut scilicet
15 interpretatio nostra non alio interprete indigeat, quod plerisque

4 ?   7 cf. Ps. 1, 1—2

$A =$ *Berolinensis lat. 17 s. IX (continet extremam partem inde a p. 285, 25 si scribatur).*
$Y =$ *Parisinus lat. 1866 s. IX (continet extremam partem inde a p. 285, 25 si scribatur fol. 190ʳ sqq., quam sequitur prior pars inde ab initio usque ad p. 285, 25 exprimit dexteram fol. 196ʳ sqq.)*
$D =$ *Vaticanus lat. 355+356 s. IX—X (continet idem, quod A).*
$C =$ *Vaticanus lat. 5762 s. X (continet idem, quod A).*
$O =$ *Oxoniensis Balliolensis 229 s. XII.*
$ḥ =$ *Parisinus lat. 1875 s. XII.*
$B =$ *Berolinensis lat. 18 s. XII.*

incipit ad ciprianum prbm (pbīm B) de psalmo LXXXVIIII YB hieronimus cypriano prbo de psalmo LXXXVIIII C hieronimus ad cyprianum prīm de psalmo LXXXᵐᵒ VIIII ḥ epistola beati ieronimi presbiteri ad ciprianum presbiterum de psalmo LXXᵑᵒX. IX̊. O de resurrectione carnis hieronimus cypriano pbro. de psalmo. A; *titulo caret D*

3 esse Y et OḥB, om. ς   4 audiuit O   5 esse presb.] dignos esse O   6 et] ut B   uoc. dicerem (s.l.m2) consequutum B   7 in s.l.m2B, om. O   legem O   dñi ḥ   8 hom. quoque O   facta est ς   9 sibi om. O   10 audieras O   11 alt. et om. ḥ   12 uerb. or. ς   oratione B   plaus. pop., qui] plurimorumque sermonum compositione que O

nimium disertis accidere solet, ut maior sit intellegentiae difficultas
in eorum explanationibus quam in his, quae explanare conantur.
3 aggrediar opus difficillimum et sanctarum precum tuarum fultus
auxilio illius uersiculi recordabor: d o m i n u s d a b i t u e r b u m
e u a n g e l i z a n t i b u s u i r t u t e m u l t a.   5
   2. Ac primo sciendum, quod psalmi istius iuxta Hebraicum
titulus sit: o r a t i o M o y s i, u i r i d e i, iuxta Septuaginta:
o r a t i o M o y s i, h o m i n i s d e i. inter hominem autem et
uirum quid sit, sancta scriptura nos doceat. loquitur quinquagenarius
ad Heliam: h o m o d e i, r e x u o c a t t e. cui ille respondit: s i 10
h o m o d e i e g o s u m, d e s c e n d a t i g n i s d e c a e l o
2 e t c o m e d a t t e e t q u i n q u a g i n t a u i r o s t u o s. ad
Timotheum autem apostolus scribit: t u a u t e m, o h o m o
d e i, h a e c f u g e. porro de uiro idem apostolus instruit: u o l o
a u t e m u o s s c i r e, q u o d o m n i s u i r i c a p u t C h r i- 15
s t u s s i t, c a p u t a u t e m m u l i e r i s u i r, c a p u t u e r o
3 C h r i s t i d e u s. iste uir est, qui caput uelare non debet, cum
sit imago et gloria dei, et cotidie orans loquitur: n o s a u t e m
o m n e s r e u e l a t a f a c i e g l o r i a m d o m i n i c o n t e m-
p l a n t e s i n e a n d e m i m a g i n e m t r a n s f o r m a m u r 20
a g l o r i a i n g l o r i a m s i c u t a d o m i n i s p i r i t u. et
in alio loco: d o n e c p e r u e n i a m u s o m n e s i n u i r u m
p e r f e c t u m, i n m e n s u r a m a e t a t i s p l e n i t u d i n i s
4 C h r i s t i. siue igitur uiri siue hominis appellatio sancto uiro com-
petit et ei, qui uidit deum facie ad faciem et salua facta est anima 25
eius, cuius ore creaturam mundi — eorum dumtaxat, quae uisibilia
sunt —, conditionem hominis et omnis retro historiae didicimus

        4 Ps. 67, 12   7 *Ps. 89, 1   8 Ps. 89, 1   10 *IV Reg. 1, 9   *IV Reg.
1, 10   13 I Tim. 6, 11   14 *I Cor. 11, 3   17 cf. I Cor. 11, 7   18 *II Cor.
3, 18   22 *Eph. 4, 13   25 cf. Ex. 33, 11 et Gen. 32, 30

        1 sit om. O   2 explanatione inueniatur O   hiis O   3 uestrarum O   5 uir-
tutē multā Yℏ   6 primo Y primum cet.   hębr. Y ebr. O hebreum ℏB   7 mosi Y
8 mosi Y   9 sit] intersit O, Ba.c.m2   sacra nos scr. O   10 helyam ℏ Eliam ς
13 timot. B tymoth. O   autem] quoque OB   o Y, om. cet.   14 uiro dei ς
17 est uir ℏ   18 dei et gloria B   19 omnes om. O   facie] add. dei O   20 eadem
Y easdem (ς exp.) O   21 a gloria in] ad B   25 per errorem Hier· ea, quae Gen·
32, 30 I a c o b de se dicit, de M o y s e dicta esse affirmat   26 creatura (-re m2) B
creationemque O   27 condic. YO   istoriae Y hystorie B

ueritatem, qui non solum nobis quinque reliquit libros, Genesim,
Exodum, Leuiticum, Numeros et Deuteronomium, sed undecim
quoque psalmos ab octogesimo nono, cuius principium est: domine, refugium factus es nobis, usque ad nonagesi-
5 mum nonum, qui inscribitur: psalmus in confessione.
quod autem in plerisque codicibus nonagesimus octauus habet titu- 5
lum: psalmus Dauid, in Hebraico non tenetur hanc habente
scriptura sancta consuetudinem, ut omnes psalmi, qui, cuius sint,
titulos non habent, his deputentur, quorum in prioribus psalmis
10 nomina continentur.

    3. Quattuor autem psalmi sunt, qui habent 'orationis' titulum:
sextus decimus, qui inscribitur: oratio Dauid et incipit:
exaudi, deus, iustitiam meam, et octogesimus quintus
similiter: oratio Dauid et octogesimus nonus, qui nunc in
15 manibus est: domine, refugium factus es nobis,
et centesimus primus, qui habet titulum: oratio pauperis,
cum anxius fuerit et in conspectu domini
effuderit precem suam. Dauid et pauper, qui, cum diues 2
esset, pauper pro nobis factus est, refertur ad Christum, qui sedit
20 super pullum asinae iuxta Zachariam pauper atque mansuetus.
Moyses autem, per quem dominus legem dedit, cuius ore audiuimus
loquentem deum: faciamus hominem ad imaginem
et similitudinem nostram, statimque infertur: et
fecit deus hominem, ad imaginem dei fecit
25 eum; masculum et feminam fecit illos, ab initio
conditionis hominis usque ad mortem et resurrectionem omnia explicat, qualis creatus sit, quanto uiuat tempore, quid agat in saeculo,

    3 Ps. 89, 1   5 Ps. 99, 1   7 Ps. 98, 1   12 Ps. 16, 1   13 *Ps. 16, 1
14 Ps. 85, 1   15 Ps. 89, 1   16 Ps. 101, 1   18 cf. II Cor. 8, 9   19 cf.
Zach. 9, 9   22 Gen. 1, 26   23 *Gen. 1, 27

    2 numer̄ B numerum ħ   sed in ras. m2B et Y   4 ad om. O   6 XCIX' O
7 ebraico B   ten.] habetur O   10 nomina s.l.O   11 quatuor YOħ   13 deus]
domine O   14 sim. or. Dau.] inclina dne scilicet oratio dauid O inclina, domine ς   15 es] ē B   16 tit. habet ς   17 in consp. dcm.] coram dno ħ   18 pau-
per] add. refertur ad xpm O   19 pro nobis pauper OB   ref. ad Chr. om. O
20 zacariam Oa.c.B   mansuefactus O   21 moses Y   24 ad im. suam, ad
im. dei ς   25 eum] illum O   fecit] creauit O

quem fructum uitae habeat, propter quid laboret, quo ire contendat.
3 et quoniam ipse, qui haec scribit, homo est, sub persona sua de
omni generis humani condicione testatur. sunt autem, qui hunc
psalmum siue orationem ad Israheliticum populum referant: quomodo in solitudine offenderit deum atque conciderit et non meruerit 5
terram repromissionis intrare — proque patribus ingressi sunt filii —
et rursum placatum expectent deum, quod in Christi conpleatur
aduentu.

4. 'Oratio' iuxta grammaticos omnis sermo loquentium est, cuius
etymologian sic exprimunt: 'oratio est oris ratio'. in scripturis autem 10
sanctis difficile orationem iuxta hunc sensum legimus, sed eam, quae
2 ad preces et obsecrationes pertinet. aiunt Hebraei uno psalmorum
uolumine quinque libros contineri: a primo usque ad quadragesimum
et a quadragesimo primo usque ad septuagesimum primum et a
septuagesimo secundo usque ad octogesimum octauum et ab octo- 15
gesimo nono, qui quarti libri initium est et quem nunc disserimus, usque
ad centesimum quintum — in quorum omnium fine duplex 'amen'
positum est, quod Septuaginta transferunt 'fiat, fiat' — et a centesimo sexto usque ad finem instar duodecim prophetarum, qui et
ipsi, cum proprios libellos ediderint, unius uoluminis nomine con- 20
3 tinentur. illud autem, quod paene praeterii asserens inter undecim
Moysi psalmos etiam nonagesimum octauum esse, in quo positum
est: e x a l t a t e d o m i n u m d e u m n o s t r u m e t a d o-
r a t e s c a b e l l u m p e d u m i l l i u s. M o y s e s e t A a r o n
i n s a c e r d o t i b u s e i u s e t S a m u h e l i n h i s, q u i i n- 25
u o c a n t n o m e n i l l i u s, uidetur nostrae sententiae contraire,
quomodo Moysi sit, qui Samuhelem nominet, quem multo post tem-
4 pore fuisse cognoscimus. cuius quaestionis facilis solutio est: prophe-

5 cf. Num. 14, 29—38   23 *Ps. 98, 5—6

4 quomodo] qui *Y p.c.m2*   5 non *s.l.O*   meruit *B*   6 promissionis ς
sint ђ   10 etymologian *Y* e(ę ђ)thimologiam *cet.*   sic *in ras. m2 (fuit* s . . s) *B*
explicant *O*   15 secundo] . I͓ . *O*   octauum] . IX̄ . *O*   20 libros ς nom.
uol. *O*   22 mosi *Y*   et XC. VIIII (*ult.* I *eras.*) *O*   23 uestrum *YB*   24 scab.
sanctum ђ   illius] eius *OB; add.* quoniam sanctum est *B*   moses *Y*   25 samuel *OB*   his] eis *O*   26 illius *Y* eius *cet.*   27 mosi *Y*   samuelem *OB*
multa post (post multa *O*) tempora *O* ђ*B*

tatum esse nomen Samuhelis, qui tanti meriti fuit, ut cum Moyse poneretur in Hieremia: si steterint Moyses et Samuhel iuxta illud exemplum, quando homo dei loquitur in Samaria: altare, altare, haec dicit dominus: 5 ecce filius nascetur domui Dauid, Iosias nomen eius. sciamus quoque errare eos, qui omnes psalmos 5 Dauid arbitrantur et non eorum, quorum nominibus inscripti sunt. unde et hunc psalmum uolunt sub nomine Moysi a Dauid esse compositum, quod scilicet legis dator communem humani generis offen-10 sam et calamitatem et dein expectationem salutis sacro ore describat.

5. *Domine, habitaculum factus es nobis in generatione et generatione.* Septuaginta: domine, refugium factus es nobis in omni generatione 15 et generatione. pro habitatione et refugio in Hebraico 'maon' ponitur, quod magis habitationem quam refugium sonat. narraturus autem tristia et genus deploraturus humanum a laudibus dei incipit, ut, quidquid postea homini accidit aduersorum, non creatoris duritia sed eius, qui creatus est, culpa accidisse uideatur. qui sustinet 2 20 tempestatem, uel petrae uel tecti quaerit refugium; quem hostis persequitur, ad muros urbium confugit; fessus uiator tam sole quam puluere umbrae quaerit solacium; si saeuissima bestia hominis sanguinem sitiat, cupit, utcumque potuerit, praesens uitare discrimen: ita et homo a principio conditionis suae deo utitur ad-25 iutore et, cum illius sit gratiae, quod creatus est, illius misericordiae, quod subsistit et uiuit, nihil boni operis agere potest absque eo, qui ita liberum concessit arbitrium, ut suam per singula opera gratiam non negaret, ne libertas arbitrii redundet ad iniuriam con-

---

2 *Hier. 15, 1   4 *III Reg. 13, 2   12 *Ps. 89, 1   13 *Ps. 89, 1

1 nomen esse ς   samuelis *OB*   mose *Y*   2 ieremia *OB* ihezechele ħ steterit ħ   moses *Y*   samuel *OB*   4 altare *ter O, semel Ba.c.m2*   5 domui *O, om. Yħ B*   8 moyse *Ba.c.* mosi *Y*   9 lator *O*   10 deinde *O*   12 d̄n̄s *B* est *O*   13 generatione et generatione͞ *Y*, ħ*p.c.m2* generationem et generationem *O* g. et g. *B*   14 generatione et generatione͞ *Ya.r.*   15 abitatione *B*   17 tristia *Ya.c.*ħ tristitia *Yp.c.* tristiciam *OB*   depl. genus *O*   22 si] et si *B*   23 cupit] *add.* et nititur ς   poterit *O*   25 illiusque *Yħ, Bp.c.m2*   27 conc. lib. ς gratiam *s.l. Y*   28 redundaret ς

ditoris et ad eius contumaciam, qui ideo liber conditus est, ut
3 absque deo nihil esse se nouerit. quod autem dicit: i n g e n e r a -
t i o n e e t g e n e r a t i o n e, omnia significat tempora et ante
legem et in lege et in euangelii gratia. unde et apostolus dicit:
g r a t i a s a l u i f a c t i e s t i s p e r f i d e m e t h o c n o n 5
e x u o b i s, s e d e x d e i d o n o, et omnes epistulae eius in
salutationis principio non prius pacem habent et sic gratiam, sed
ante gratiam et sic pacem, ut donatis nobis peccatis nostris pacem
domini consequamur.

6. *A n t e q u a m m o n t e s n a s c e r e n t u r e t p a r t u-* 10
r i r e t u r t e r r a e t o r b i s, a s a e c u l o e t u s q u e i n
s a e c u l u m t u e s. Septuaginta: a n t e q u a m m o n t e s
f i r m a r e n t u r e t f i n g e r e t u r t e r r a e t o r b i s, a
s a e c u l o e t u s q u e i n s a e c u l u m t u e s, d e u s. hunc
locum quidam praua distinctione subuertunt, maxime hi, qui ante 15
uolunt fuisse animas, quam homo in sexti diei numero conderetur.
2 ita enim legunt atque distingunt:d o m i n e, r e f u g i u m f a c t u s
e s n o b i s i n g e n e r a t i o n e e t g e n e r a t i o n e, p r i u s-
q u a m m o n t e s f i r m a r e n t u r e t f i n g e r e t u r t e r r a
e t o r b i s, ut scilicet postea consequatur: a s a e c u l o u s- 20
q u e i n s a e c u l u m t u e s, d e u s. ita enim disserunt: si dominus, antequam montes firmarentur et fingeretur terra orbisque
terrarum, refugium fuit hominum, ergo fuerunt animae in caelesti-
3 bus, antequam hominum corpora formarentur. nos autem, ut
proposuimus, lectionem ita debemus distinguere: a n t e q u a m 25
m o n t e s f i r m a r e n t u r e t f i n g e r e t u r t e r r a e t

2 *Ps. 89, 1   5 *Eph. 2, 8   6 cf. Rom. 1, 7; I Cor. 1, 3; II Cor. 1, 2 etc.
10 *Ps. 89, 2   12 *Ps. 89, 2   17 *Ps. 89, 1—2   25 *Ps. 89, 2

1 qui * B   2 se esse O   se s.l.m2 B   dixit ς   generatione et generatione
Y generationem et generationem O   3 et generatione om. Ba.c.m2   4 euuang. Y
6 dono dei ς   8 donatis (s in ras. 2 litt. m2) B   nobis om. O   11 alt. et om. ς
12 tu es] add. deus ς   Sept. — 14 tu es om. O   14 et om. Y   in] ad ħ
15 quidam locum O   dist.] interpretatione O   maxime om. O   hii YOa.r.
uolunt ante O   16 homo] add. fieret et O   17 distinguunt ς   18 in generatione et generatione (—nem Y) Yħ in generationem et gene.ationem B
a generatione in generationem O   19 formarentur O   20 saeculo] add. et O,
sed cf. LXX cod. Vatic. et p. 275, 5. 6   21 in in ras. m2 B ad Y edisse runt
Bp.c.m2   24 firmarentur Ba.c.   26 formarentur O

orbis terrarum, a saeculo usque in saecu-
lum tu es, deus, ut non refugium nostrum fuerit ante conditionem mundi, qui necdum eramus, sed quod deus ab aeterno
usque in aeternum sit semper deus. pro eo enim, quod Latinus inter-
5 pres- posuit: a saeculo usque in saeculum et
Hebraice dicitur 'olam', rectius interpretabimur: 'a sempiterno
usque in sempiternum'. simile quid et in Prouerbiis ex 4
persona sapientiae, qui Christus est, legitur: dominus creauit me initium uiarum suarum in opera sua,
10 ante saeculum fundauit me, in principio,
antequam terram faceret et abyssos, priusquam procederent fontes aquarum, priusquam
montes firmarentur, ante omnes colles gene-
rat me. nullum autem debet uerbum creationis mouere, cum 5
15 in Hebraeo non sit 'creatio', quae dicitur 'bara', sed 'possessio'. ita
enim scriptum est: adonay canani bresith dercho,
quod in lingua nostra exprimitur: 'dominus possedit me initium uiarum suarum'. inter possessionem autem et creationem multa diuersitas est: possessio significat, quod semper filius in patre et pater in
20 filio fuerit, creatio autem eius, qui prius non erat, conditionis exordium. potest iuxta leges tropologiae hoc, quod dicitur: ante- 6
quam montes firmarentur et fingeretur terra
et orbis terrarum, significare, quod, antequam in anima
nostra sublimia dogmata firmarentur et terra corporis nostri
25 fingeretur siue stabiliretur a deo et orbis terrarum — qui Hebraice dicitur 'thebel', Graece significantius dicitur οἰκουμένη, quam
nos 'habitatam' transferre possumus — firmaretur siue stabiliretur, deus nobis semper refugium fuerit. habitata est autem

5 *Ps. 89, 2   8 *Prou. 8, 22—25   17 cf. Prou. 8, 22   21 *Ps. 39, 2

1 saeculo] add. et ђ, sed cf. notam ad p. 274, 20   7 pr. in] ad YB   et] ē
(eras.) et B   8 qui Y, Ba.c.m2 quae cet.   9 initium (ἀρχὴν LXX) Y initio
cet.   suarum] add. et s.l.m2B   10 saecula ς   12 produceret ђ produce-
rentur Y   13 formarentur O   generat (γεννᾷ LXX) Ya.c. generauit cet.
16 adonai Y   canani ς caynan O canan cet.   bresyth O bresit Y   dercho B
derco O dergo Yђ   17 initium YB (cf. l. 9) initio cet.   21 legis ђB   tropo-
logye O tropologiam ђ   22 formarentur O   23 in s.l.Y, om. O   anime nostre O
24 formarentur O   25 fingere*tur O   26 tebel Y   OIKOYMEN ђ oyk(o
s. l.)ymene O   27 formaretur O

18*

anima, non deserta, quae hospitem meretur deum dicente saluatore:
e g o   e t   p a t e r   m e u s   u e n i e m u s   e t   m a n s i o n e m
7 f a c i e m u s   a p u d   e u m. illud autem, quod et Hebraicum
habet et omnes alii interpretes: a n t e q u a m   m o n t e s   n a-
s c e r e n t u r   e t   p a r t u r i r e t u r   t e r r a, manifeste ad tropo- 5
logiam nos trahit. neque enim montes et cetera natiuitatem parturi-
tionemque recipiunt, sed conditionem. ex quo liquido demonstratur sanctos quoque excelsasque uirtutes dei semper misericordia
procreari.

      7. *C o n u e r t e s   h o m i n e m   u s q u e   a d   c o n t r i-* 10
t i o n e m   e t   d i c i s: r e u e r t i m i n i,   f i l i i   A d a m. Septuaginta: n e   a u e r t a s   h o m i n e m   i n   h u m i l i t a t e m,
e t   d i x i s t i: c o n u e r t i m i n i,   f i l i i   h o m i n u m. iuxta
Hebraicum quod dicitur, hoc est: o deus, qui hominem condidisti et
ab initio eius es refugium et habitatio, conuertes eum usque ad con- 15
tritionem; fecisti eum atque plasmasti, ut contereretur in morte et
uas tuum extremo uitae suae tempore frangeretur; cui cum im-
mineat ista condicio, ut ortus intereat et, quamuis longo uixerit
tempore, tamen fine dissoluatur extremo, cotidie ei loqueris per
prophetas: r e u e r t i m i n i,   f i l i i   A d a m, qui uestra culpa 20
2 offendistis deum et de inmortalibus facti estis mortales. prae-
cipientis enim audire noluistis imperium: d e   o m n i   l i g n o,
q u o d   e s t   i n   p a r a d i s o,   c o m e d e s;   d e   l i g n o   a u t e m
s c i e n d i   b o n i   e t   m a l i   n o n   c o m e d e s. i n   q u a-
c u m q u e   e n i m   d i e   g u s t a u e r i s   d e   e o,   m o r t e   m o- 25
3 r i e r i s. porro iuxta id, quod Septuaginta transtulerunt: n e
a u e r t a s   h o m i n e m   i n   h u m i l i t a t e m,   e t   d i x i s t i:
c o n u e r t i m i n i,   f i l i i   h o m i n u m, hunc habet sensum:

     2 *Ioh. 14, 23   4 *Ps. 89, 2   10 *Ps. 89, 3   12 Ps. 89, 3   20 *Ps.
89, 3   22 *Gen. 2, 16—17   26 Ps. 89, 3

     1 anima mea (*eras.*) *O*   meretur habere *O*   2 meus *om. O*   3 apud
eum faciemus *O*   et *s.l.Y, om.*ђ   4 alii *om.* ђ   5 terra* *O*   trophologiam *B*
6 cetera] terra ç   8 sanctas *Y p.c.m2*   quosque (que *s.l.m2*) *O*   11 dices ђ
14 dicitur *Y*ђ dicit *cet.*   16 mortem *Y*   18 condicio *Y*—tio *cet.*   21 offenditis
(tis *in ras. m2B*) *OB*   22 enim *om.Y*   nol. aud. ç   24 scientiae *O*   non]
ne *O*   comedas *OB*   quocumque ç   26 iuxta id] illud ç   id *add. m2B*
27 humilitate *Y*

obsecro, ut hominem, quem ad tuam imaginem et similitudinem
condidisti et tanto eum honore dignatus es, ut de seruo filium
nuncupares, ne eum humilies peccato perpetuo, ne super illum
uigeat antiqua sententia: t e r r a   e s   e t   i n   t e r r a m   i b i s.
5 tu enim nobis paenitentiam permisisti dicens: n o l o   m o r t e m 4
p e c c a t o r i s,   t a n t u m   u t   r e u e r t a t u r   e t   u i u a t;
tu dixisti omnium sanctorum tuorum eloquio: c o n u e r t i m i n i
— siue r e u e r t i m i n i —, filii h o m i n u m, ad clementissimum
patrem, qui occurrit uenientibus et signum, quod suo uitio perdi-
10 derunt, offert et stolam incorruptionis largitur antiquam.
    8. Q u i a   m i l l e   a n n i   i n   o c u l i s   t u i s   u t   d i e s
h e s t e r n a,   q u a e   [p r a e t e r i i t]   t r a n s i i t,   e t   u i g i-
l i a   n o c t u r n a siue i n   n o c t e. qui per prophetas semper nos
ad paenitentiam prouocas dicens: r e u e r t i m i n i,   f i l i i   h o m i-
15 n u m, petimus — ut ante iam dixi —, ne facias hominem sempiterna
humilitate retineri. nec putamus longum esse, quod promittis,
et salutem nobis post tempora multa tribuendam. aeternitati com-
parata breuis est omnium temporum longitudo. in conspectu enim
tuo mille anni quasi una dies reputantur. statimque se ipse repre- 2
20 hendit: male dixi 'unam d'em' et unius diei spatio mille annorum
apud te longitudinem comparari, cum magis debuerim dicere
unius uigiliae spatium instar habere mille annorum prolixitatem.
nox in quattuor uigilias diuiditur, quae singulae trium horarum
spatio subputantur. unde et dominus quarta uigilia ad nauigantes
25 uenit apostolos. sicut igitur una noctis uigilia cito pertransit — maxime uigiliarum labore defessis —, sic et mille annorum spatia apud
te, qui semper es et futurus es et fuisti, pro breuissimo tempore computantur. quodque infert: s i c u t   d i e s   h e s t e r n a,   q u a e 3

---

1 cf. Gen. 1, 26   4 *Gen. 3, 19   5 *Ezech. 33, 11   7 Ps. 89, 3   9 cf.
Luc. 15, 20 et 22   11 *Ps. 89, 4   14 *Ps. 89, 3   19 cf. II Petr. 3, 8   24 cf.
Matth. 14, 25; Marc. 6, 48   28 *Ps. 89, 4

2 tantum ↄ, B p.c. m2   honorare Y ↄ B   3 illum] eum O   5 pro nobis O
paen. perm. *scripsi* pae(poe Y)n. prom. Y ↄ prom. poen. O pacientiam prom. B
6 conuertatur OB   7 tu enim O   9 uicio suo O   perdiderint B   10 aeternam ↄ   11 ante oculos tuos ↄ   ut] uelut Y p.c.   12 praeteriit *seclusi. add.*
uel ϛ   transit YO   et] ut Y et ut ϛ   15 in hum. semp. O   16 nec enim ϛ
putemus B   17 et *om.* ϛ   aet. enim Y   19 reputatur O ↄ   21 comparari O
22 *instar B   24 ad] et B   25 igitur *om.* O   pertransiit ϛ   27 conp. Y

p r a e t e r i i t, iuxta illud apostoli sentiamus, quod scribit ad
Hebraeos: I e s u s C h r i s t u s h e r i e t h o d i e, i p s e e t i n
s e m p i t e r n u m. ego arbitror ex hoc loco et ex epistula, quae
nomine Petri apostoli scribitur, mille annos pro una die solitos appellari, ut scilicet, quia mundus in sex diebus fabricatus est, sex 5
milibus annorum tantum credatur subsistere et postea uenire septenarium numerum et octonarium, in quo uerus exercetur sabbatis-
4 mus et circumcisionis puritas redditur. unde et octo beatitudinibus
bonorum operum praemia promittuntur. scribit autem Petrus hoc
modo: u n u m h o c n e u o s p r a e t e r e a t, d i l e c t i s s i m i, 10
q u i a u n a d i e s a p u d d o m i n u m q u a s i m i l l e
a n n i e t m i l l e a n n i q u a s i u n u s d i e s. n o n m o-
r a t u r d o m i n u s i n p r o m i s s o, ut q u i d a m m o r a m
a e s t i m a n t.
　　9. *P e r c u t i e n t e t e e o s s o m n i u m e r u n t, m a n e* 15
q u a s i h e r b a t r a n s i e n s. m a n e f l o r u i t e t a b i i t,
a d u e s p e r a m c o n t e r e t u r a t q u e s i c c a b i t u r.
Septuaginta: q u a e p r o n i h i l o h a b e n t u r, e o r u m a n n i
e r u n t. m a n e s i c u t h e r b a t r a n s e a t, m a n e f l o r e a t
et t r a n s e a t, u e s p e r e d e c i d a t, i n d u r e t e t a r e- 20
2 s c a t. iuxta Hebraicum hic sensus est: multum conuersioni nostrae
contulit et saluti, quod omnis uita mortalium quasi somnium ita
ueloci morte contracta est, quae in similitudine florum atque faeni
in eodem paene tempore siccatur et deperit. p e r c u t i e n t e,
inquit, t e e o s, id est homines; et illo sermone completo: s t u l t e, 25
h a c n o c t e r e p e t e n t a n i m a m t u a m a t e; q u a e
a u t e m p r a e p a r a s t i, c u i u s e r u n t? omnis humana
3 condicio somnio comparabitur. sicut enim mane uirens herba et

---

　　2 *Hebr. 13, 8　　3 cf. II Petr. 3, 8—9　　7 cf. Hebr. 4, 9　　8 cf. Matth.
5, 3—10　　10 *II Petr. 3, 8—9　　15 *Ps. 89, 5—6　　18 Ps. 89, 5—6　　24 *Ps.
89, 5　　25 *Luc. 12, 20

　　3 ergo ς　　4 inscribitur *Bp.c.m2*ς　　7 excercetur *O*　　10 uos ne ς uos non *O*
11 deum *O*　　12 una ħ　　13 moram (= βϱαδυτῆτα) *scripsi* mora *B* moraɪe *Y* mo-
rari *O*ħ　　14 estimant *O* exaestimant *Y* existimant ħ*B*　　15 te *s.l.m2B,* om.*Y*
18 Sept. *om. O*　　21 iuxta uerbum hebr. *B*　　conuersationi *O*　　22 et *s.l.O*
23 similitudinem *Y*　　foeni *Y* feni *OB*　　24 in *om.* ς　　eodem] *add.* quidem *O*
tempore pene *O*　　poene *Y* pene *OB*　　et] atque ς　　25 te inquit ς　　compl. *Y*
26 ac *YOB*　　a te *om.* ħ　　27 parasti *Y*　　28 conditio *O*ħ*B*

suis floribus uernans delectat oculos contemplantium paulatimque
marcescens amittit pulchritudinem et in faenum, quod conterendum
est, uertitur, ita omnis species hominum uernat in paruulis, floret
in iuuenibus, uiget in perfectae aetatis uiris et repente, dum nescit,
5 incanescit caput, rugatur facies, cutis prius extenta contrahitur et
extremo fine, quod hic dicitur uespera, id est senectute, uix moueri
potest, ita ut non cognoscatur, quis prior fuerit, sed paene in alium
commutetur. quid loquimur de infantiae temporibus usque ad 4
extremam et decrepitam senectutem, cum hoc et languor faciat et
10 inediae ⟨et⟩ maeror, ut uultus prius pulcherrimus feminarum ad
tantam transeat foeditatem, ut amor in odia commutetur? super
hac condicione mortalium et Isaias loquitur: o m n i s   c a r o
f a e n u m   e t   o m n i s   g l o r i a   e i u s   q u a s i   f l o s   f a e n i ,
f a e n u m   a r u i t ,   f l o s   d e c i d i t. iuxta Septuaginta quoque 5
15 similiter explanandum est: omne, quod in saeculo longum uidetur,
apud te, deus, breue est. dies enim et anni, quibus humana uita
contracta est, si comparentur aeternitati, reputabuntur pro nihilo.
sicuti enim herba mane creuit, floruit et siccatur, ad uesperam
indurescit et deperit, ita erit omnis hominum pulchritudo.

20   10. C o n s u m p t i   e n i m   s u m u s   i n   f u r o r e   t u o   e t
i n   i n d i g n a t i o n e   t u a   c o n t u r b a t i   s u m u s. Septuaginta: q u i a   d e f e c i m u s   i n   i r a   t u a   e t   i n   f u r o r e
t u o   t u r b a t i   s u m u s. pro eo, quod nos diximus: t u r b a t i
s u m u s; Symmachus et Aquila transtulerunt: a c c e l e r a u i-
25 m u s; breuitatem autem uitae significat humanae. quodque
intulit: i n   i r a   t u a   e t   i n   f u r o r e   t u o, sententiae dei
ostendit perseuerantiam, cui omnes homines subiacemus, illi uidelicet:
t e r r a   e s   e t   i n   t e r r a m   i b i s. pulchre autem non, ut in Sep- 2
tuaginta continetur, t u r b a t i   s u m u s, sed iuxta Hebraicum
30 a c c e l e r a u i m u s dicitur, ut, quamuis aetas hominum longa

---

12 *Esai. 40, 6—7   20 *Ps. 89, 7   22 Ps. 89, 7   28 *Gen. 3, 19

2 pulcr. OB   foenum O fenum B   3 est s.l.B   5 inc. cap. in mg. Y
6 uespere Y   7 poene Y pene OB   9 et languor hoc ҕ   langor YO   10 et
addidi, om. codd.   meror codd.   11 faed. ҕB fed. O   12 conditicne OҕB
esai (a s.l.) sY   13 foenum YO fenum B   foeni YO feni B   14 foenum OB
15 explicandum ς   18 sicut O   mane herba O   uesperum B uesperamque ς
19 pulcr. B   20 enim om. B   25 uitae s.l.Y   29 cont.] habetur ς

uideatur, tamen comparatione aeternitatis breuis sit. quod et inlustris poeta testatur dicens:

   s e d   f u g i t   i n t e r e a ,   f u g i t   i n r e p a r a b i l e   t e m p u s
et iterum:

   R h a e b e ,   d i u ,   r e s   s i   q u a   d i u   m o r t a l i b u s   u l l a   e s t , 5
   u i x i m u s .

   11. *P o s u i s t i   i n i q u i t a t e s   n o s t r a s   c o r a m   t e ,*
n e g l e g e n t i a s   n o s t r a s   i n   l u c e   u u l t u s   t u i . Septuaginta: p o s u i s t i   i n i q u i t a t e s   n o s t r a s   i n   c o n-
s p e c t u   t u o ,   s a e c u l u m   n o s t r u m   i n   i n l u m i- 10
n a t i o n e   u u l t u s   t u i . ubi nos iuxta Hebraicum et Sym-
machum posuimus: n e g l e g e n t i a s   n o s t r a s, pro quo
Septuaginta s a e c u l u m transtulerunt, in Hebraico scriptum est:
a l o m e n u, quod quinta editio interpretatur: a d u l e s c e n t i a m,
Aquila παϱοϱάσεις et nos in linguam nostram uertere possumus 15
2 'errores' siue 'ignorantias'. unde dicit et in alio loco: d e-
l i c t a   i u u e n t u t i s   m e a e   e t   i g n o r a n t i a s   m e a s
n e   m e m i n e r i s   et iterum: d e l i c t a   q u i s ‘ i n t e l l e g i t?
e t   a b   o c c u l t i s   m e i s   m u n d a   m e ,   d o m i n e ,   e t   a b
a l i e n i s   p a r c e   s e r u o   t u o. aliena enim a nobis sunt uitia, 20
quae saepe uoluntate, interdum ignoratione et errore committimus,
et tamen, cum non sit uoluntas in crimine, error in culpa est.
3 miror autem, cur Septuaginta uoluerint pro adulescentia, neglegentiis
et erroribus siue ignorationibus 'saeculum' dicere, nisi forte eo,
quod in saeculo et in uitae huius tempore uitia committantur. 25
quodque intulit: i n   i n l u m i n a t i o n e siue in l u c e   u u l t u s
t u i, hunc habet sensum: nihil te nostrorum latuit peccatorum,

---

3 Vergil. Georg. III 284   5 Vergil. Aen. X 861 sq.   7*Ps. 89, 8   9 Ps.
89, 8   16 Ps. 24, 7   18 *Ps. 18, 13—14   26 Ps. 89, 8

1 conp. Y comparationi B   5 Rhaebe—*alt.* diu] praebeo iures si quamdiu B
rebe YOϧ   7 nostras *om.* Yϧ   10 tuo *ex* tui B   13 saec. *eras.* Y; *add.* nostrum ς   transt.] *add.* saeculum nostrum pro quo (pro quo *eras.*) Y   14 alo-
menum O   adol. Oϧ, B*p.c.m2*   15 nostram linguam O   16 dicit et] dixit ς
meas *om.* ϧB   19 *pr.* et *om.* OB   meis *om.* O   domine *om.* O   20 a *om.* O
21 quae licet sepe B   ignorantia ϧB   24 eo *om.* ς   25 comitt. B comit. O
27 habet hunc O

secreta quoque nostra tuus oculus inspexit iuxta illud, quod scriptum est: tenebrae non abscondentur a te et: scrutans corda et renes deus et iterum: sicut tenebrae eius, ita et lumen illius; homo enim
5 uidet in facie, deus in corde.

12. *Omnes enim dies nostri transierunt, in furore tuo consumpsimus annos nostros quasi sermonem loquens.* Septuaginta: quoniam dies nostri defecerunt, in ira tua defecimus;
10 anni nostri sicut aranea meditati sunt. bre- 2 uitatem humanae uitae, quae sententiae dei huc usque subiecta est et quam in priori uersiculo somnio comparat dicens: percutiente te eos somnium erunt, nunc sermoni loquentium comparat, ut, quomodo sermo, qui in ore uersatur, dum pro-
15 fertur, intercipitur et esse desistit, sic et omnis uita nostra pertranseat atque desistat et hoc in ira et in furore dei, cui merito subiacemus uiuente in nobis, ut supra diximus, sententia dei. quae sit autem ira et furor dei, crebrius diximus, non quo deus ulciscatur iratus, sed quo patientibus poenas iratus esse uideatur. quod enim
20 in nos ex perturbatione descendit, in illo est ex iudicii ueritate. pro 'sermone loquentis' Septuaginta 'meditationem araneae' trans- 3 tulerunt. quomodo enim loquentis sermo praeteruolat, ita et opus araneae incassum texitur. de quo super persona hereticorum in Isaia scriptum est: telam araneae texunt, quae parua
25 et leuia potest capere animalia, ut muscas, culices et cetera istius modi, a fortioribus autem rumpitur, instar leuium in ecclesia simplicumque, qui eorum decipiuntur erroribus, cum uiros in fidei ueritate robustos non ualeant obtinere.

2 *Ps. 138, 12   3 Ps. 7, 10   *Ps. 138, 12   4 *I Reg. 16, 7   6 *Ps. 89, 9
8 *Ps. 89, 9   12 *Ps. 89, 5   24 *Esai. 59, 5

1 oculus tuus *O*   illud *om. O*   4 illius] eius *O*, ℏ *a.c.*   enim] autem *O*
5 deus autem *O*   6 transierunt et *O, B p.c. m2*   7 consu(ū *B*)mimus *O B*   8 sermone *Y*   9 et in *O*   10 aranea] ara *O*   12 compararat ℏ *p.c.* — rauit *O*
13 eloquentium *O*   17 uigente *B*   18 quo deus] quod *O B*   ulcisc. *add.* in nobis *O*   19 quo] quod *O B*   paenas *Y* penas *B, om.* ℏ   23 super] sub *O*
24 script. est in Is. ς   isaya *B* ysaia *O* esaia *Y*   25 huius *O*   26 simpliciumque *O* ℏ *B*   28 optinere *O*

13. *Dies annorum nostrorum in ipsis sep-*
tuaginta anni, si autem multum, octoginta
anni; et, quod amplius est, labor et dolor.
Septuaginta: d i e s   a n n o r u m   n o s t r o r u m   i n   i p s i s   s e p-
t u a g i n t a   a n n i,   s i   a u t e m   i n   p o t e n t a t i b u s, 5
o c t o g i n t a   a n n i;   e t   a m p l i u s   e o r u m   l a b o r   e t
2 d o l o r. pro eo, quod nos posuimus: i n   i p s i s et in Hebraico
habetur 'bahem', Symmachus significantius transtulit ὁλόϰληροι,
quod magis ad sensum quam ad uerbum transferre possumus
'uniuersi'. quicquid igitur uiuimus et in quo delectabilis est uita 10
mortalium, septuaginta annorum spatio comprehenditur. s i n
a u t e m   m u l t u m et, ut interpretatus est Symmachus, c o n-
t r a   o p i n i o n e m, octoginta anni sunt; quicquid supra fuerit,
morbis et infirmitate transigitur, quae est socia senectutis, cali-
gantibus oculis, dolentibus uel cadentibus durissimis prius dentibus, 15
3 quod plenius diuinus sermo in Ecclesiaste describit: q u a n d o
u e n i u n t   d i e s   m a l i t i a e   e t   i n   q u i b u s   d i c i m u s:
n o n   e s t   n o b i s   u o l u n t a s;   q u a n d o   o b s c u r a t u r
s o l   e t   l u x   e t   l u n a   e t   s t e l l a e   e t   c o n u e r t u n t u r
n u b e s   p o s t   p l u u i a m;   i n   d i e,   q u a   m o u e b u n t u r 20
c u s t o d e s   d o m u s   e t   s u b u e r t u n t u r   u i r i   u i r t u t i s
c e s s a n t q u e   m o l e n t e s,   q u i a   p a u c a e   f a c t a e
s u n t,   e t   o b s c u r a n t u r,   q u a e   u i d e n t   i n   f o r a-
m i n i b u s,   e t   c l a u d u n t u r   i a n u a e   i n   f o r o   i n   i n-
f i r m i t a t e   u o c i s   m o l e n t i s   e t   e x u r g e t   a d   u o c e m 25
a u i s   e t   h u m i l i a n t u r   o m n e s   f i l i a e   c a n t i c i   e t

---

1 *Ps. 89, 10   4 Ps. 89, 10   16 *Eccle. 12, 1—8

---

1 dies — 3 dolor *in mg. inf.* Y   2 sin ς   multo YB   octoginta] LXX B
3 quod *om.* Y   est *om.* B   4 *pr.* LXX *s.l.*Y   6 octuaginta Y   anni et *om.* O
7 Hebraeo ς   8 baen Y baem ς   olokahro ђ AICAOKAHPOI B aiṣaokahroy O
10 uite B   11 conpr. Y   13 octuaginta Y LXXX *ex* LXX *m2*B   sunt
anni O   annis Y   14 senectututis senectus Y   15 cad. uel dol. ђ   prius dur. ς
16 scribit O   quando *om.* ς   17 ueniant Y uenient O   dicemus Y*p.c.*
18 obscurabitur ς   19 et luna et lux ђ et luna OB   conuertentur O   21 sub-
uertentur ς   22 cessabuntque ς   23 obscurabuntur ς   24 claudentur ς
25 et *s.l.*Y, *om.*ђ   exurge B   26 auis] eius O   humiliabuntur ς

quidem ab alto aspicient et pauor in uia
et florebit amygdalum et incrassabitur lo-
custa et scindetur capparis. quoniam abiit
homo in domo aeternitatis suae et gyrabunt
5 in foro, qui plangunt, quoad usque non pul-
setur funiculus argenti et conteratur orna-
mentum auri et confringatur hydria ad fontem et impediatur rota in lacu et conuertatur
puluis in terra, sicut fuit, et spiritus reuer-
10 tatur ad deum, qui dedit eum. uanitas uani-
tatum, dixit Ecclesiastes, uniuersa uanitas.
quae omnia humanae uitae et maxime senectutis miserias compre- 5
hendunt et, quem sensum habeant, in suo loco disseruimus. sunt,
qui istum locum allegorice interpretantes ad sabbati circumcisionis-
15 que mysterium referunt, quod primum requiescamus in lege et postea
uerae circumcisionis in euangelio sacramenta nos teneamt, ad-
monentes et illud: da partem septem et da partem
octo et septuaginta milia atque octoginta milia hominum
multitudines, a quibus templum sub Salomone constructum est.
20 sed quid hoc ad praesentem locum, cui sufficit simplex et pura ex-
planatio, quae non doctrinae gloriam in multiplicatione sermonum
sed legentis debet intellegentiam quaerere?

14. *Quoniam transiuimus cito et auolaui-
mus.* Septuaginta: quoniam superuenit mansue-
25 tudo super nos et corripiemur. pro quo in Graeco
scriptum est παιδευθησόμεθα, quod uerbum ambiguum est et tam
correptionem quam eruditionem doctrinamque significat. quem

13 cf. Hieron. comm. in Eccle. c. 12   17 *Eccle. 11, 2   18 cf. III Reg.
5, 15   23 *Ps. 89, 10   24 *Ps. 89, 10   27 *Hebr. 12, 6, cf. Prou. 3. 12

1 pauor (θάμβος *cod. Alex.*) Y ħ pauores *cet.*   2 amigdalum YOħ
amicdalum *B* amygdalus ς   3 caparis *B*   abibit ς   4 domum (ἐπὶ τὴν γῆν
LXX) Y   girabunt *codd.*   7 hidria Y ydria O   8 lacu (cu in ras. *m2*) *B*
9 terram Y   10 dominum ς   eum] illum O   11 dicit ς   et uniuersa O
omnia ħ   12 conpr. Y   15 referant ħ   quod ad (*eras.*) primum Y   16 am-
monentes YB   17 *pr.* et *s.l.m2 B*   18 atque] et ς   20 pura et simplex O
21 serimonum *B*   23 trans.] *add.* et O   et *s.l.m2O B* uolauimus O   24 mans.
s. nos (πραότης ἐφ' ἡμᾶς *LXX*) O s. nos mans. (super nos *s.l.* Y) YB mans. ħ
26 παιδ. *uarie scriptum in codd.*

284 Sancti Hieronymi

enim diligit dominus, corripit — siue erudit — et fla-
2 gellat omnem filium, quem recipit. quem locum
ita Symmachus transtulit: succidimur enim repente
et auolamus, quinta editio hoc modo: quoniam transiuimus celeriter et dissoluimur. et est sensus: post 5
septuaginta annos — ut multum, octoginta —, quibus hominum
uita transigitur, cum anima fuerit a corpore separata, uento similes
auolamus siue, quia supra herbae uirenti et florum pulchritudini
et ad uesperam siccitati hominem comparat, nunc pro ariditate ue-
sperae succisionem florum ponit. et cum pertransierit, inquit, 10
3 omne, quod uiuimus, subita morte dissoluimur. quod autem dixere
Septuaginta: quia superuenit mansuetudo et corripiemur, hunc habet sensum: post septuaginta annos et octoginta, cum uenerit domini mansuetudo et dies nobis mortis in-
gruerit, non iudicabimur iuxta meritum sed iuxta clementiam et, 15
quae putatur correptio esse, eruditio est atque doctrina. satisque
miramur, quid uoluerint uerbum Hebraicum 'ais' Septuaginta,
Theodotio et sexta editio transferre 'mansuetudinem', cum Aquila,
Symmachus et quinta editio 'festinationem' et 'repente' 'uelociter-
que' transtulerint. 20

15. *Quis nouit fortitudinem irae tuae et
secundum timorem tuum indignationem tuam?*
Septuaginta: quis nouit potestatem irae tuae
et prae timore tuo iram tuam dinumerare?
inter Hebraicum et Septuaginta diuersa distinctio est. Septuaginta 25
enim dinumerationem timori et furori domini copulant, porro
Hebraicum sequenti aptat uersiculo, ut sequatur: ut numeren-
tur dies nostri, sic ostende: et ueniemus corde
2 sapienti. quod breuiter ita nobis disserendum uidetur: quis

---

3 *Ps. 89, 10   4 *Ps. 89, 10   12 *Ps. 89, 10   21 *Ps. 89, 11   23 Ps.
89, 11   27 *Ps. 89, 12

1 et] ac ς   3 succidimus ς   4 aduolamus B   transimus ħ   6 ut *scripsi*
et *YOB* et ut ħ   7 segregata O   8 aduolamus B   quia *ex* qui *m2B*   herbae
supra ħ   pulcr. B   10 ponit florum O   11 dissoluemur Y   Sept. dix. ς
12 quia] quoniam ς   superueniet ς   14 dn̄s B   16 adque *Ya.c.* et ς
17 quod Y   ais] animis O   18 teodotio Y Theodotion ς   19 uelociterque] et
uelociter O celeriterque ς   20 transtulerunt ħ   21 et sec.—23 irae tuae *om. O*
27 aptatur ħ   28 inueniemus O   29 ita] a B

potest nosse, quamdiu ira tua, ex qua timor nascitur humano generi,
perseueret? te docente, qui deus es. itaque obsecro, ut tempus
uitae nostrae indices nobis, quo possimus corde sapienti tuo nos iudicio praeparare. quod autem dicit: q u i s   n o u i t   f o r t i t u -
5 d i n e m — s i u e   p o t e s t a t e m — i r a e   t u a e   e t   s e c u n d u m
t i m o r e m   t u u m   i n d i g n a t i o n e m   t u a m?, ostendit esse
difficile irae timorisque et indignationis dei secretum rationemque
cognoscere. unde et propheta lacrimabiliter deprecatur: d o m i n e, 3
n e   i n   i r a   t u a   a r g u a s   m e   n e q u e   i n   f u r o r e   t u o
10 c o r r i p i a s   m e. non enim corripit, ut interficiat atque disper-
dat, sed ut corrigat et emendet. quam ob rem et in Osee populo
Iudaeorum, cui multum iratus est, dicit se nequaquam irasci nec
uisitare nurus eorum, cum adulterauerint, et per Hiezechiel loquitur ad Hierusalem: i a m   n o n   i r a s c a r   t i b i   e t   z e l u s
15 m e u s   r e c e s s i t   a   t e   et in uerbis Dierum sonat, quando pergit
Israhel aduersum hostes in proelium corde pacifico.

16. *U t   n u m e r e n t u r   d i e s   n o s t r i,   s i c   o s t e n d e:
e t   u e n i e m u s   c o r d e   s a p i e n t i.* Septuaginta: d e x -
t e r a m   t u a m   s i c   n o t a m   f a c   m i h i   e t   e r u d i t o s
20 c o r d e   i n   s a p i e n t i a, quod Aquila, Symmachus et quinta
editio ita uerterunt: d i e s   n o s t r o s   s i c   o s t e n d e,   u t
u e n i a m u s   c o r d e   s a p i e n t i. errorque perspicuus, cur pro
'diebus' Septuaginta 'dexteram' dixerint; 'iamenu' quippe uerbum
compositum est significans 'dies nostros'. quod singulari numero
25 si scribatur, extrema littera, quae appellatur nun, exprimit dexteram,
sicut est illud in nomine Beniamin, qui interpretatur 'filius dexterae'.
sin autem mem habeat, 'diem' uel 'dies' sonat. est autem sensus: 2

---

4 *Ps. 89, 11   8 *Ps. 6, 2   11 cf. Os. 4, 14   14 *Ezech. 16, 42   15 cf.
*I Par. 12, 38   17 *Ps. 89, 12   18 *Ps. 89, 12   21 *Ps. 89, 12   26 cf.
Gen. 35, 18

1 ex] et *B*   2 perseueret] *add.* nisi *Bs.l.m2, ς; interrogandi signum post*
perseueret *posui, post* es *ς*   4 dixit *ς*   9 tuo *om.Y B*   12 Iud. *om.*ħ   13 iezechi-
hel (c *s.l.*) *Y* ihezechiel ħ ezechiel *OB* Ezechielem *ς*   loquitur *om.Y*   16 prae-
lium *Oħ B*   17 nostri *B* anni *cet.*   19 sic] ita *ς*   mihi *om.O*   21 ira] sic *ς*
22 persp.] *add.* est *s.l.* (*postea eras.*) *B, ς*   23 iami *O*   24 quod in *ς*   25 si]
hic incipiunt ADC; titulos codicum AC (*D titulo caret*) *uide supra p. 269*   si]
frater karissime cypriane, scito praenoscens, quia, si (quia si *ex* quasi *m2A*)
ADC   nun] num *D*   26 filii *D*

numerum annorum dierumque nostrorum, quos in hoc saeculo nos
uiuere decreuisti, ostende nobis, ut praeparemus nos aduentui tuo
et contempto errore mortalium ad te pergere festinemus cupiamusque
praesentiam tuam et ad te festinemus corde sapienti. nihil enim
ita decipit humanum genus, quam, dum ignorant spatia uitae suae, 5
longiorem sibi saeculi huius possessionem repromittunt. unde et
illud egregie dictum est: nullum tam senem esse et sic decrepitae
3 senectutis, ut non se adhuc uno plus anno uiuere suspicetur. ad
hunc sensum pertinet et illud, quod dicitur: m e m e n t o m o r t i s
t u a e e t n o n p e c c a b i s. qui enim se recordatur cotidie 10
esse moriturum, contemnit praesentia et ad futura festinat. hoc
est, quod et Dauid in alio loco precatur dicens: n e a u f e r a s
m e i n d i m i d i o d i e r u m m e o r u m, p r i u s q u a m
a b e a m e t n o n s u b s i s t a m. quod ita exponitur: ne eo
tempore facias me mori, quando adhuc me putabam esse uicturum 15
4 et peccata corrigere paenitentia. si enim hoc feceris, inuentus in
delictis meis esse cessabo, non quo spem resurrectionis neget, sed
quod deo se neget posse subsistere, apud quem omnes, qui in uitiis
perseuerauerint, pro nihilo computantur. ubi nos interpretati
sumus: e r u d i t o s c o r d e i n s a p i e n t i a, alii transtulerunt 20
c o m p e d i t o s uerbi ambiguitate decepti. si enim dicas πεπε-
δημένους, compeditos significat.

17. R e u e r t e r e, d o m i n e, u s q u e q u o? e t e x o r a-
b i l i s e s t o s u p e r s e r u o s t u o s. Septuaginta similiter.
quia agimus paenitentiam et scientes uitae nostrae breuitatem 25
ad te corde sapienti cupimus peruenire, et tu, domine, reuertere ad

7 cf. Cicero, Cato M. 24   9 *Eccli. 7, 36 (40)   12 *Ps. 101, 25   13 *Ps.
38, 14   20 Ps. 89, 12   21 *Ps. 89, 12   23 *Ps. 89, 13

1 quos] quibus *O*   2 ostendere *B*   3 contemto *Y*   cupiemusque (que *ex
quae A*) *Aa.c.m2D*   5 decepit *Y* decipi *D*   quam cum ♄ quod dum *O* quam
quod dum *Bp.c.m2* quamuis *D*   spatium ♄   8 senect.] aetatis *C*   ad hunc]
adhuc *C*   9 mortis] diem mortis *O* uirtutis *A*   10 cotidie rec. *O*♄   cott. *A*
quot. ϛ   11 contempnit *codd. praeter D*   et *s.l.m2B*   12 et *om.C*   prec.
loco *C*   non *O*   auferat *D*   13 a me *B*   14 habeam *DB,Oa.c.*   15 put.
me esse uict. *O* put. me uict. *C* me uiuere put. *B*   16 et] ut possim ϛ   enim]
autem ♄   17 cess.] desistam *C*   quo] quod *D*   18 quod] quo *C*♄, *B in ras. m2*
deo *scripsi* eo *AYCO*♄, *Da.c.m2* in eo *Dp.c.m2, om. B (in mg. m2* apud eum)
coram eo ϛ   19 perseuerant *YB*   conp. *AD*   21 πεπαιδευμένους *AYDO—
νοις C—νον B* pepaiacymenoie ♄

nos. peccatis enim nostris longe recesseras et dimiseras nos, ut
ambularemus secundum uoluntatem et cogitationes nostras. quod 2
autem infert u s q u e q u o, illam habet intellegentiam, quam in
duodecimo psalmo diximus: u s q u e q u o, d o m i n e, o b l i u i-
5 s c e r i s m e i n f i n e m? qui enim in angustia constitutus est,
serum ei dei uidetur auxilium et propterea inpensius deprecatur,
ut cito adiutorem dominum sentiat et nequaquam iratum iudicem,
sed placatum.

18. I m p l e n o s m a t u t i n a m i s e r i c o r d i a t u a
10 e t l a u d a b i m u s e t l a e t a b i m u r i n c u n c t i s d i e-
b u s n o s t r i s. Septuaginta: r e p l e t i s u m u s m a n e m i-
s e r i c o r d i a t u a e t e x u l t a u i m u s e t d e l e c t a t i
s u m u s i n o m n i b u s d i e b u s n o s t r i s. in cunctis paene
locis hanc habent Septuaginta consuetudinem, ut, quod apud
15 Hebraeos in futurum ostenditur, hoc illi quasi iam factum et prae-
teritum referant. hic ergo non, ut illi uoluerunt, dicunt se impletos 2
esse matutina misericordia dei atque laetatos — alioquin, si hoc factum erat, quomodo postea deprecantur et dicunt: r e s p i c e i n
s e r u o s t u o s e t i n o p e r a t u a? — sed totum, quod postu-
20 lant, ideo deprecantur, ut mereantur matutinam misericordiam
eius, quam cum fuerint consecuti, laudent eum atque laetentur
in cunctis diebus uitae suae. uidetur autem mihi resurrectionis spem 3
et aeternae uitae praemia deprecari dicens: i m p l e n o s m a t u-
t i n a m i s e r i c o r d i a t u a. quod quidem et uicesimi ⟨primi⟩
25 psalmi titulus sonat, qui proprie ad mysterium domini et ad resurrectionem eius pertinens inscribitur: p r o a s s u m p t i o n e
m a t u t i n a.

4 Ps. 12, 1   9 *Ps. 89, 14   11 *Ps. 89, 14   18 Ps. 89, 16   23 *Ps. 89, 14
26 *Ps. 21, 1

1 a peccatis Y p.c.   2 uol.] duritatem C   3 infertur usque C infestus-
que Da.c.m2   4 legimus ς   5 mei CO   6 uid. dei COB   propt] ideo O
7 dom. adi. O   8 placatum inueniat C   9 imple, domine, nos C   14 quid D
15 ostendit D   et praet. om.O   17 letatus est D   alioqui ς   18 depre(ae A)-
catur AYa.c.m2 deprecat D depraecabuntur (bu del. m2) B   20 ideo] deo D
21 eum] deum ς   22 uidete D uidentur ς   mihi om.D ; add. in C   spe O
23 et om.DCO   uitae aet. ħ   dicentes ς   24 quidem om.O   primi om.
codd., add. ς   26 assumtione Y

19. *Laetifica nos pro diebus, quibus afflixisti nos, et annis, in quibus uidimus mala.*
Septuaginta: laetati sumus pro diebus, quibus
nos humiliasti, annis, quibus uidimus mala.
et Lazarus, quia receperat mala in uita sua, in sinu Abrahae aeterno ₅
quiescit gaudio. mala autem non ea appellat, quae contraria bonis
₂ sunt, sed pro afflictione ponit et angustiis. quibus malis et Sarra
afflixit Agar, ancillam suam, et de quibus in euangelio scribitur:
sufficit diei malitia sua. quanto igitur in hoc saeculo
persecutionibus, paupertate, inimicorum potentia uel morborum ₁₀
cruciatibus fuerimus afflicti, tanto post resurrectionem in futuro
₃ maiora praemia consequemur. pulchre autem non dixit 'sustinuimus mala', sed 'uidimus'. quis est enim homo, qui uiuat
et non uideat mortem? quae non tam ad dissolutionem
corporis referenda est quam ad multitudinem peccatorum, iuxta ₁₅
quam dicitur: anima, quae peccauerit, ipsa morietur.

20. *Appareat apud seruos tuos opus tuum
et gloria tua super filios eorum.* ergo in seruis suis
ipse dominus operatur opus suum nec propria, qui postulat, salute
contentus est, sed quae sit gloria filiorum, id est seruorum dei. ₂₀
₂ filios autem non tam illos, qui de eorum stirpe generati sunt, quam
discipulos debemus accipere, de quibus et Paulus loquebatur:
filioli mei, quos iterum parturio. unde et Iohannes
apostolus secundum merita filiorum suorum profectusque operum
singulorum scribit ad paruulos, scribit ad iuuenes, scribit ad patres. ₂₅

21. *Et sit decor domini dei nostri super nos
et opus manuum nostrarum fac stabile super*

---

1 *Ps. 89, 15　　3 Ps. 89, 15　　5 cf. Luc. 16, 23—25　　8 cf. Gen. 16, 6
9 Matth. 6, 34　　13 *Ps. 88, 49　　16 Ezech. 18, 4　　17 *Ps. 89, 16　　23 Gal.
4, 19　　24 cf. I Ioh. 2, 12—14　　26 *Ps. 89, 17

1 nos affl. *CO*　　2 in *om.* ς　　3 Sept.—4 mala *om. AC*　　5 quia] qui ς
mala sua *YD,Ba.c.*　　habrahe *D* a (ha *B*) braham *YCB*　　6 ea *om.D*　　apellat*O*
contrariae *Aa.c.*　　7 adfl. *A*　　sara *Yɧ,OBp.c.m2*　　8 quibus] quo *D*　　9 igitur
magis ς　　11 adfl. *A*　　12 consequemus *D*　　pulcre ɧ*B*　　13 enim est *C*　　est
s.l.m2 B　　enim *om.O*　　16 quam] quod ɧ　　18 eorum] *add.* Septuaginta:
respice in seruos tuos et in opera tua et dirige filios eorum ς　　19 proprio
AYa.c., DC　　20 quae sit] quaerit *B*　　gloriam *B*　　22 habemus *O*　　25 scribit
patres *D*　　27 tuarum *ADɧ*　　supra *O*

nos et opus manuum nostrarum confirma.
Septuaginta: et sit splendor domini dei nostri
super nos et opera manuum nostrarum dirige
super nos et opus manuum nostrarum dirige.
5 ubi sunt, qui liberi arbitrii sibi potestate plaudentes in eo se putant
dei gratiam consecutos, si habeant potestatem faciendi uel non
faciendi bona siue mala? ecce hic beatus Moyses post resurrectio- 2
nem, quam postulauerat dicens: imple nos matutina
misericordia tua et laudabimus et laetabimur
10 in cunctis diebus nostris, nequaquam surrexisse contentus est se et aeternae uitae praemia consecutum, sed postulat, ut
decor domini dei sui sit super eos, qui surrexerint, et splendeat in
animabus cordibusque sanctorum et opera manuum eorum ipse
dirigat faciatque esse perpetua ipseque confirmet, quicquid in sanctis
15 uidetur boni. sicut enim humilitas deprecantis meretur praemia,
ita superbia confidentis dei auxilio deseretur.

2 Ps. 89, 17   8 *Ps. 89, 14

1 tuarum *AYDħ*   3 nos *om. B*   5 qui] *add.* de *s.l.m2B*   libri *B*   po-
testatē *Y*   putant se *ς*   6 gratiam dei *ħ*   faciendi] *add.* siue *ħ*   7 moyses
beatus *O*   8 nos in *AC*   9 et laet. *s.l.B*   10 surrexisse *del. m2B* se surrexisse *ħ* resurrexisse *O*   contemptus *D*   11 se et *scripsi* s*e*A se *in ras. m2B*
sed *DCOħ* et *Y*   consecutus *O*   sed *om. O*   12 resurrexerint *ACO*   et splen-
deant *Aa.r.* explendeant *D*   13 eorum *s.l.m2B* m(*eras.*)eorum *A*   14 diligat *D*
ipsiquae *Aa.c.* ipsi qui *D*   quidquid *Aa.r.CO*   15 enim *om. D*   16 confi-
tentis *ADC* contempnentis *ħ*   deseritur *O ; add.* explicit ad cyprianum orbm *Y*

CXLI.

AD AUGUSTINUM.

Domino sancto ac beatissimo papae Augustino Hieronymus.

1   Omni quidem tempore beatitudinem tuam eo, quo decet, honore
ueneratus sum et habitantem in te dilexi dominum saluatorem, 5
sed nunc, si fieri potest, cumulo aliquid addimus et plena com-
plemus, ut absque tui nominis mentione ne unam quidem horam
praeterire patiamur, qui contra flantes uentos ardore fidei per-
stitisti maluistique, quantum in te fuit, solus liberari de Sodomis
2 quam cum pereuntibus commorari. scit, quid dicam, prudentia tua. 10
macte uirtute, in orbe celebraris. catholici te conditorem antiquae
rursum fidei uenerantur atque suscipiunt et — quod signum maioris
gloriae est — omnes heretici detestantur et me pari persequuntur

9 cf. Gen. 19, 14

$\mathfrak{P}$ = *Escorialensis & I. 14 s. VIII—IX.*
A = *Berolinensis lat. 17 s. IX.*
$\mathfrak{z}$ = *Parisinus lat. 12163 s. IX.*
D = *Vaticanus lat. 355 + 356 s. IX—X.*
M = *Coloniensis 60 s. IX—X.*
Φ = *Guelferbytanus 4156 s. IX—X.*
C = *Vaticanus lat. 5762 s. X.*
l = *Vaticanus lat. 341 s. X—XI.*
B = *Berolinensis lat. 18 s. XII.*

Haec epistula est inter Augustini epistulas CXCV (pars IV, p. 214 Goldbacher);
de titulo cf. adnot. ad epist. LXVII

3 sancto atque beat. *lB* sancto et beat. $\mathfrak{z}\Phi$ merito honorabili multumque
preferendo $\mathfrak{P}$ papa *Aa.c.m2*   4 omne Φ quod (d *eras. M*) $\mathfrak{P}DM\Phi$ docet $\mathfrak{z}$
6 sed] si $\mathfrak{z}$ comolo Φ add. al. $\mathfrak{P}$ adicimus *lB*   conplemur D   7 ut]
et Φ ita $\mathfrak{z}$ tui *ex* tu $\mathfrak{z}$ mentionem $\mathfrak{z}C$, *ADMa.c.*   ne unam] neunem $\mathfrak{z}$ ne
una $\mathfrak{P}$ quidam Φ hora $\mathfrak{P}\mathfrak{z}$ 8 quia Φ f*lantes C   perstetisti *Aa.c.m2C*
prestitisti $\mathfrak{P}$ prestetisti $\mathfrak{z}$ 9 que *ex* quae A, *om.* Φ solum *A$\mathfrak{z}$DC,Mp.c.*
10 qua $\mathfrak{z}$ pereunt.] *add.* sodomitis $\mathfrak{P}$, *Bs.l.m2*   prudentia*M   11 maste D
in acte Φ a uirtute *Mp.c.m2*   in orbe *om.D*   urbe *Aa.c.m2$\mathfrak{z}$MΦCl*   celebrari D   catholica Φ 12 rursus $\mathfrak{z}$ sursum D   suspiciunt *Mp.c.m2ς*   13 gloria
ee $\mathfrak{z}$ gloria est C est gloriae $\mathfrak{P}\Phi$ te(*s.l.*)detestantur M   pari *s.l.m2M*   per-
sequantur Φ insecuntur $\mathfrak{P}$

odio, ut, quos gladiis nequeant, uoto interficiant. incolumem et mei memorem te Christi domini clementia tueatur, domine uenerande et beatissime papa.

CXLII.

AD AUGUSTINUM.

Multi utroque claudicant pede et ne fractis quidem ceruicibus 1 inclinantur habentes affectum erroris pristini, cum praedicandi eandem non habeant libertatem. sancti fratres, qui cum nostra sunt paruitate, praecipue sanctae et uenerabiles filiae tuae, suppliciter

1 ut] us ᶾ   nequeunt *Ap.c.m2Mp.c.*𝔅*l*   incol.—3 papa] *pro his uerbis praebet* 𝔅 *epist. CXLII non separatam, mutilam et sententiarum ordine turbato, scilicet:* capta hierusalem (*p. 292, 2*)—sempiterna (*p. 292, 5*), multi utroque (*p. 291, 6*)—libertatem (*p. 291, 8*), fratres tuos (*p. 292, 1*)—coronam tuam (*p. 292, 2*)   incolomem *A𝛷* incolumen ᶾ*M ; add.* te *𝛷*   2 x͞pe *C*   domini] dei nostri *𝛷*   tueat. cl. *𝛷*   ueneranda *𝛷*   3 pape *𝛷 ; add. epist. CXLIIa* capta hierusalem (*p. 292, 2*) *usque ad* sempiterna (*p. 292, 5*) *B* item post subscriptionem multi utroque (*epist. CXLII p. 291, 6*)—precor (*p. 292, 2*) *𝛷*

> 𝔅 = *Escorialensis & I. 14 s. VIII—IX (inuerso ordine, ita ut posterior pars* capta—sempiterna *praecedat superiorem).*
>
> *A = Berolinensis lat. 17 s. IX.*
>
> ᶾ = *Parisinus lat. 12163 s. IX.*
>
> *D = Vaticanus lat. 355 + 356 s. IX—X.*
>
> *M = Coloniensis 60 s. IX—X.*
>
> *𝛷 = Guelferbytanus 4156 s. IX—X (continet tantum superiorem partem* multi utroque—precor).
>
> *C = Vaticanus lat. 5762 s. X.*
>
> *l = Vaticanus lat. 341 s. X—XI.*
>
> *B = Berolinensis lat. 18 s. XII (continet tantum posteriorem partem* capta—sempiterna).

Haec epistula est inter Augustini epistulas CXXIII (pars II, p. 745 Goldbacher). ad ipsum *A*ᶾ*DC* ad eundem *M* item post subscriptionem *𝛷, inscriptione carent cet.*

6 multi] Domino sancto ac beatissimo papae Augustino Hieronymus. Multi ς et *om.l*   nec *A*ᶾ*DMC* me *𝛷*   fratris *𝛷*   7 effectum *ACl, om.*𝔅   pristini, cum] pristinum *C*   eadem *𝛷*   8 sancti—salutant *om.*𝔅   9 praecipue—tuae *om.*ᶾ   et] ac *ACl*   uenerabilis *𝛷*

2 te salutant. fratres tuos, dominum meum Alypium et dominum meum Euodium, ut meo nomine salutes, precor coronam tuam. capta Hierusalem tenetur a Nabuchodonosor nec Hieremiae uult audire consilia, quin potius Aegyptum desiderat, ut moriatur in Taphnes et ibi seruitute pereat sempiterna.   5

CXLIII.
AD ALYPIUM ET AUGUSTINUM EPISCOPOS.

Dominis uere sanctis atque omni affectione ac iure uenerandis Alypio et Augustino episcopis Hieronymus in Christo salutem.

1. Sanctus Innocentius presbyter, qui huius sermonis est portitor, 10 anno praeterito quasi nequaquam Africam reuersurus mea ad digna- tionem uestram scripta non sumpsit. tamen deo gratias agimus, quod ita euenit, ut nostrum silentium uestris epistulis uinceretis. 2 mihi enim omnis occasio gratissima est, per quam scribo uestrae reuerentiae testem inuocans deum, quod, si possit fieri, adsumptis 15 alis columbae uestris amplexibus implicarer, semper quidem pro me- rito uirtutum uestrarum sed nunc maxime, quia cooperatoribus et

---

3 cf. Hier. 43, 2 et 7—10

1 te *om. A₃DMCl*   suos *₃a.c.*   Alypium—2 meum *om. ACl*   domnum *Φ* 2 euclium *uel* eudium *Φ*   nomini *Aa.c.m2₃DC* nonomine *Φ*   salutis *Φ*   pre- cor] *hic desinit Φ*   3 anab ac quod onores regem ℬ   4 taphnis *Mp.c.m2* thamnes ℬ taphinis (*pr.* i *del.*) *l* taph *B*   5 ibi seruitute] abires uita te ℬ sempiterna] *add.* explicit epistula sancti hieronimi ad agustinum *M*

A = *Berolinensis lat. 17 s. IX.*
₃ = *Parisinus lat. 12163 s. IX.*
D = *Vaticanus lat. 355 + 356 s. IX—X.*
M = *Coloniensis 60 s. IX—X.*
C = *Vaticanus lat. 5762 s. X.*
l = *Vaticanus lat. 341 s. X—XI.*

Haec epistula est inter Augustini epistulas CCII (pars IV, p. 299 Goldbacher); de titulo cf. adnot. ad epist. LXVII

8 dn̄o *C*   ac] ad *₃*   11 in Africam *ς*   me *C*   13 nostrum *ex* uestrum *m2l*   uinceret *l*   15 posset *Mp.c.l*

auctoribus uobis heresis Caelestina iugulata est, quae ita infecit
corda multorum, ut, cum superatos damnatosque esse se sentiant,
tamen uenena mentium non omittant et, quod solum possunt, nos
oderint, per quos putant se libertatem docendi [hereseos] perdidisse.

5　2. Quod autem quaeritis, utrum rescripserim contra libros
Anniani, pseudodiaconi Celedensis, qui copiosissime pascitur, ut
alienae blasphemiae uerba friuola subministret, sciatis me ipsos
libros in schedulis missos a sancto fratre nostro Eusebio presbytero
suscepisse non ante multum temporis et exinde uel ingruentibus
10 morbis uel dormitione sanctae et uenerabilis filiae uestrae Eustochiae
ita doluisse, ut propemodum contemnendos putarem. in eodem enim
luto haesitat et exceptis uerbis tinnulis atque emendicatis nihil
aliud loquitur. tamen multum egimus, ut, dum epistulae meae 2
respondere conatur, apertius se proderet et blasphemias omnibus
15 patefaceret. quicquid enim in miserabili illa synodo Diospolitana
dixisse se denegat, in hoc opere profitetur; nec grande est ineptissi-
mis naeniis respondere. si autem dominus uitam tribuerit et notariorum habuerimus copiam, paucis lucubratiunculis respondebimus,
non ut conuincamus heresim emortuam, sed ut inperitiam atque
20 blasphemiam nostris sermonibus confutemus. meliusque hoc
faceret sanctitas tua, ne compellamur contra hereticum nostra
laudare. sancti filii communes Albina, Pinianus et Melania pluri- 3
mum uos salutant. has litterulas de sancta Bethleem sancto pres-

11 cf. Terent. Phormio 780

1 actoribus AC　celestiana ȝ celesti an D scelestina AC, Ma.c.m2 scelestis-
sima Mp.c.m2　2 cum s.l.m2A　damnatos quae ȝ　3 om(omm A)ittunt
ADC, Ma.c.lp.c.m2 mittunt la.c.m2 emittunt ȝ　4 docendae lp.c.m2ς hereseos
seclusi (loco Cic. Tusc. disp. V 25, 70 a Goldbachero comparato manifestus soloe-
cismus nequaquam defenditur)　5 quaeratis la.c.m2　rescripserimus ȝ rescripse-
rint A　liberos C　6 aniani AȝMl animi C　celendensis l　parcitur l　7 aliae ȝ
9 ante Mp.c. autem cet.　10 eustachiae Ma.c.m2 eusthocie D eusthochi ȝ eustochii ς　11 doluisse ex docuissent M　12 uerbi stimulis ȝ　13 aegrmus an
agimus incertum C　14 blapsemias C; add. suas ς　15 illa miserabili ς　sy-
dono A　diospolitane (pr. i exp. et e corr. m2 in a) A　16 se om. ȝ　negat l
confitetur ς　17 nemis C nimis ex neniis m2A　20 blasphemiam eius ς blasphemias Aa.c.m2　hoc] ho ȝ　21 tuas(s exp.) A uestra ς　nrm D　22 sanctę
filię Mp.c.m2　picnianus (c exp.) A pianus Ma.c. apinianus ȝ　23 litteras ȝ
betelem ȝ

bytero Innocentio tradidi perferendas. neptis uestra Paula misera-
biliter deprecatur, ut memores eius sitis, et multum uos salutat.
incolumes uos et memores mei Christi, domini nostri, tueatur clementia, domini uere sancti atque omnium affectione uenerabiles patres.

CXLIV.

EPISTULA AUGUSTINI AD OPTATUM, EPISCOPUM MILEUITANUM.

Domino beatissimo sinceriterque carissimo et desiderantissimo
fratri et coepiscopo Optato Augustinus in domino salutem.

1. Per religiosum presbyterum Saturninum tuae uenerationis
litteras sumpsi hoc a me magno studio, quod nondum habeo, flagi-
tantis. sed cur hoc feceris, causam mihi aperuisti, quod scilicet
credas de hac re mihi consulenti iam fuisse responsum. utinam ita
esset! absit, ut te, cuius expectationem auidissimam nouerim,
huius muneris communicatione fraudarem! sed, si quid credis, frater
carissime, quinque ferme anni ecce euoluti sunt, ex quo in orientem
misi librum non praesumptionis sed consultationis meae et adhuc
rescripta non merui, quibus mihi enodaretur haec quaestio, in qua
me cupis ad te certam ferre sententiam. utrumque ergo misissem,
si utrumque haberem.

2. Hoc autem, quod habeo, sine altero, quod nondum habeo, cui-
quam me iam debere mittere uel edere non uidetur, ne ille, qui mihi
fortasse, ut desidero, responsurus est, interrogationem meam dispu-

---

1 dedi ς   nepotis C   2 depcetur ʒ precatur ς   eius—3 memores om.D
uos om.AʒMC   3 dom. n. Iesu Chr. ς   4 omni Mp.r.ς

   Go = Gottvicensis 14 (33) s. XII.
   Eug = Eugippii Excerpta ex operibus S. Augustini p. 1068,
      25—28 Knoell = p. 297, 24—27 huius ed. et p. 1068,
      30—1071, 25 Knoell = p. 302, 20—305, 15 huius ed.

Haec epistula est inter Augustini epistulas CCII A (pars IV, p. 302 Goldbacher).
incipit eiusdem alia epɫa ad eundem scda de ∗ eadem re Go

   8 desideratissimo ς   14 ut te ex uite aut inte Go   15 communicationem ς
19 me om.Goa.c.   ego ς   22 me debere iam Goa.c. debere me iam ς   23 disceptatione ς

tatione operosissima elaboratam sine sua responsione, quae adhuc
desperanda non est, per manus hominum notitiamque diffundi iure
suscenseat idque iactantius quam utilius fecisse me iudicet, quasi
ego potuerim quaerere, quod ille non potuerit enodare, cum forsitan
5 possit idque dum faciat, expectandus sit; magis enim scio, quod
aliis occupatur, quae minime differenda sunt plurisque pendenda.

    3. Quod ut tua quoque sanctitas nouerit, adtende paulisper,
quid mihi alio anno per ⟨per⟩latorem, per quem scripseram, remean-   *
tem scripserit; nam hoc ex eius epistula in istam transtuli: i n-
10 c i d i t, inquit, t e m p u s d i f f i c i l l i m u m, q u a n d o m i h i
t a c e r e m e l i u s f u i t q u a m l o q u i, i t a u t n o s t r a
s t u d i a c e s s a r e n t e t i u x t a A p p i u m c a n i n a   *
e x e r c e r e t u r f a c u n d i a. i t a q u e d u o b u s l i b e l l i s ₂
t u i s, q u o s n o m i n i m e o d e d i c a s t i, e r u d i t i s s i-
15 m i s e t o m n i e l o q u e n t i a e s p l e n d o r e f u l g e n t i-
b u s a d t e m p u s r e s p o n d e r e n o n p o t u i, n o n c u o d
q u i c q u a m i n i l l i s r e p r e h e n d e n d u m p u t e m, s e d
q u i a i u x t a b e a t u m a p o s t o l u m 'u n u s q u i s q u e
i n s u o s e n s u a b u n d e t, a l i u s q u i d e m s i c, a l i u s
20 a u t e m s i c'. c e r t e, q u i c q u i d d i c i p o t u i t e t s u b-
l i m i i n g e n i o d e s c r i p t u r a r u m s a n c t a r u m h a u-
r i r i f o n t i b u s, a t e p o s i t u m a t q u e d i s s e r t u m
e s t. s e d q u a e s o r e u e r e n t i a m t u a m, p a r u m p e r ₃
p a t i a r i s m e t u u m l a u d a r e i n g e n i u m. n o s e n i m
25 i n t e r n o s e r u d i t i o n i s c a u s a d i s s e r i m u s. c e-
t e r u m a e m u l i e t m a x i m e h e r e t i c i, s i d i u e r s a s
i n t e r n o s s e n t e n t i a s u i d e r i n t, d e a n i m i c a-
l u m n i a b u n t u r r a n c o r e d e s c e n d e r e. m i h i a u- ₄
t e m d e c r e t u m e s t t e a m a r e, s u s c i p e r e, c o l e r e,
30 m i r a r i t u a q u e d i c t a q u a s i m e a d e f e n d e r e

---

9—296, 7 = epist. CXXXIV, cap. 1   12 cf. Sallust. hist. fr. II 37 Dietsch
18 Rom. 14, 5   19 *I Cor. 7, 7

    3 susc.] succ. ς   5 exspectandum ς   7 palisper *Goa.c.*   8 quod ς   per
perlatorem *Goldb.* (*cf. locos ab eo citatos*) per latorem *Go*   12 et *ex epist. CXXXIV*
Goldb. ne *Go*   14 meo nomini *epist. CXXXIV*, ς   dedicasti *ex* dedi *Go*   16 quod]
quo *epist. CXXXIV*, ς   18 beatum *om.* ς   19 abundat ς   20 et tam subl.
epist. CXXXIV sec. Goldb.   29 suspicere *uel* te suspicere ς

— certe et in dialogo, quem nuper edidi, beatitudinis tuae, ut dignum fuerat, recordatus
sum — magisque demus operam, ut perniciosissima heresis de ecclesiis auferatur, quae
semper simulat paenitentiam, ut docendi in 5
ecclesiis habeat facultatem, ne, si aperta se
luce prodiderit, foras expulsa moriatur.

4. Cernis nempe, uenerande frater, haec mei carissimi uerba
inquisitioni meae reddita non eam negasse responsionem sed ex-
cusasse de tempore, quod in alia magis urgentia curam cogeretur 10
inpendere. uides etiam, quam beniuolum animum erga me gerat
quidue commoneat, ne scilicet, quod inter nos salua utique caritate
ac sinceritate amicitiae eruditionis causa facimus, calumnientur
2 aemuli et maxime heretici de animi rancore descendere. proinde,
si utrumque opus nostrum, et ubi ego inquisiui et ubi ipse ad in- 15
quisita responderit, homines legerint, quia etiam oportet, ut, si
eadem quaestio secundum eius sententiam sufficienter fuerit explicata, me instructum esse gratias agam, non paruus erit fructus,
cum hoc exierit in notitiam plurimorum, ut minores nostri non
solum sciant, quid de hac re sentire debeant, quae inter nos diligenti 20
disceptatione discussa est, uerum etiam discant exemplo nostro deo
miserante atque propitio, quem ad modum inter carissimos fratres
ita non desit alterna inquisitionis gratia disputatio, ut tamen
maneat inuiolata dilectio.

5. Si autem scriptum meum, ubi res obscurissima tantum 25
modo legitur inquisita, sine illius rescripto, ubi forsitan apparebit
inuentum, emanarit latiusque pergat, perueniat etiam ad illos, qui
comparantes, ut ait apostolus, semet ipsos sibimet ipsis non intellegunt, quo animo a nobis fiat, quod ipsi eo animo facere nesciunt, et
uoluntatem meam erga honorandum pro suis ingentibus meritis 30
dilectissimum amicum non sicut eam uident — quando nec uident —
sed sicut eis libitum est et sicut odio suo dictante suspicantur,
exponent. quod profecto, quantum in nobis est, cauere debemus.

---

1 cf. Hieron. dial. adu. Pelag. III 19   28 cf. II Cor. 10, 12

1 tuae beat. ς   2 ut indignum *Goa.c.*   9 eum *Go*   11 quam *om.Goa.c.*
23 altera *Goa.c.*, ς   gratie *Goa.c.*   27 emanaret *Goa.c.*   que *om.* ς   pergit
Goa.c.   29 quod] quo ς   31 dilectissimumque *Goa.r.*   quando] quomodo ς

6. At si forte, quod per nos innotescere nolumus, etiam inuitis
nobis eis, quibus nolumus, innotuerit, quid restabit nisi aequo
animo habere domini uoluntatem? neque enim hoc scribere ad quemquam deberem, quod semper latere uoluissem. nam si — quod absit —
5 aliquo uel casu uel necessitate numquam ille rescripserit, procul
dubio nostra consultatio, quam ad eum misimus, quandoque mani-
festabitur nec inutilis legentibus erit, quia, etsi non illa inuenient,
quae requirunt, inuenient certe, quem ad modum sint inquirenda
nec temere adfirmanda, quae nesciunt, et secundum ea, quae ibi
10 legerint, consulere etiam ipsi, quos potuerint, studiosa caritate,
non discordiosa contentione curabunt, donec aut id, quod uolunt,
reperiant aut ipsa inquisitione aciem mentis exerceant, ut ulterius
inquirendum non esse cognoscant. nunc tamen, quam diu iam 2
consulti amici nondum est desperanda responsio, edendam non esse
15 consultationem nostram, quantum quidem in nobis est, puto, quod
persuaserim dilectioni tuae, quamquam et ipse non eam solam
poposceris, sed adiunctam etiam eius, quem consului, responsionem
tibi desideraueris mitti, quod utique facerem, si haberem. si autem, 3
ut uerbis tuae sanctitatis utar, quae in tua epistula posuisti, 'sa-
20 pientiae meae lucidam demonstrationem, quam mihi pro merito',
ut scribis, 'uitae meae auctor lucis attribuit', non ipsam dicis consultationem et inquisitionem meam, sed mihi iam eius rei, quam
quaesiui, prouenisse inuentionem putas et ipsam potius poscis ut
mittam, facerem, si ita esset, ut putas. ego enim adhuc, fateor,
25 non inueni, quem ad modum anima et peccatum ex Adam trahat —
unde dubitare fas non est — et ipsa ex Adam non trahatur. quod
mihi diligentius inquirendum quam inconsultius adserendum est.
7. Habent litterae tuae 'nescio quot senes et a doctis sacerdotibus institutos uiros, quos ad tuae modicitatis intellegentiam
30 assertionemque ueritate plenissimam reuocare non poteras', nec
tamen exprimis, quaenam sit assertio tua 'ueritate plenissima', ad
quam senes et a doctis sacerdotibus institutos uiros reuocare non
poteras. si enim hoc tenebant uel tenent hi senes, quod a doctis 2
sacerdotibus acceperunt, quomodo tibi rustica et minus instructa
35 clericorum turba molestias generauerat in his rebus, in quibus

19.28 ex Optati Mileu. epist. ad Augustinum

3 hoc *om.Goa.c.*   7 nec *ex* ne *Go*   9 secundum] dum ς   10 poterint ς
12 exercent *Go*   ut *ex* aut *Go*   17 quem *ex* quam *Go*   18 desiderabaris *Goa.c.*

a doctis sacerdotibus fuerat instituta? si autem senes isti uel turba
clericorum ab eo, quod a doctis sacerdotibus acceperat, sua prauitate
deuiabat, illorum potius auctoritate fuerat corrigenda et a tumultu
3 contentiosissimo comprimenda. sed rursus, cum dicis 'te nouellum
rudemque doctorem tantorum ac talium episcoporum traditiones 5
timuisse corrumpere et conuertere homines in meliorem partem ob
defunctorum iniuriam formidasse', quid das intellegi, nisi quod illi,
quos corrigere cupiebas, doctorum atque magnorum iam defunctorum episcoporum traditiones nolendo deserere nouello rudique
doctori adquiescere recusabant? qua in re de illis interim taceo, 10
tuam uero assertionem, quam dicis esse ueritate plenissimam,
uehementer scire desidero; non ipsam dico sententiam sed eius assertionem.

  8. Inprobari enim abs te eos, qui adfirmant omnes animas
hominum ex illa una, quae protoplasto data est, per generationum 15
successionem propagari atque traduci, sufficienter quidem in
nostram notitiam pertulisti, sed qua ratione quibusue diuinarum
scripturarum testimoniis id falsum esse monstraueris, quia tuae
2 litterae non continent, ignoramus. deinde, quid ipse pro isto, quod
inprobas, teneas, legenti mihi epistulam tuam, et quam fratribus 20
antea Caesariensibus et quam mihi nuperrime direxisti, non euidenter apparet, nisi quod uideo te credere, sicut scribis, 'deum
fecisse homines et facere et facturum esse neque aliquid esse in
caelis aut in terra, quod non ipso constiterit et constet auctore.'
3 hoc sane ita uerum est, ut dubitare hinc nullus debeat. sed adhuc 25
te oportet exprimere, unde faciat animas deus, quas negas ex propagine fieri, utrum aliunde — et si ita est, quidnam illud sit — an
omnino de nihilo. nam illud Origenis et Priscilliani uel si qui alii tale
aliquid sentiunt, quod pro meritis uitae prioris terrena atque mor-
talia contrudantur in corpora, absit, ut sentias. huic quippe opi- 30
nioni prorsus apostolica contradicit auctoritas dicens Esau et Iacob,
antequam nati fuissent, nihil operatos boni seu mali. igitur non
ex toto sed ex parte nobis est tua de hac re nota sententia;

4.22 ex Optati Mileu. epist. ad Augustinum   31 cf. Rom. 9, 11

17 protulisti ç   19 continent quid ignoramus ç   20 legentiq; (?) Goa.r.
21 Caesareensibus ç   30 contrudantur Vallarsius contradantur Go   in (non an,
ut Besselius adfirmat) Go   32 seu] uel ç   33 sen sententia Go

assertio uero eius, id est unde doceatur uerum esse, quod sentis,
nos penitus latet.

9. Propterea petiueram prioribus litteris meis, ut libellum fidei,
quem te scripsisse commemoras eique nescio quem presbyterum
5 fallaciter subscripsisse conquereris, mihi mittere dignareris — quod
etiam nunc peto — et quid testimoniorum diuinorum huic quaestioni
reserandae adhibere potuisti. dicis enim in epistula ad Caesarienses 2
'placuisse uobis, ut omnem ueritatis adprobationem etiam iudices
cognoscerent saeculares, quibus ex communi deprecatione residenti-
10 bus et ad fidem uniuersa rimantibus id diuinitas', ut scribis, 'misericordiae suae infusione largita est, ut maiorem adfirmaticnem pro
suis sensibus assertionemque proferrent, quam uestra circa eos
mediocritas cum ingentium testimoniorum auctoritatibus retenta-
bat.'has ergo 'testimoniorum ingentium auctoritates' ingenti studio
15 scire desidero.

10. Solam quippe unam causam uideris secutus, qua contra-
dictores tuos refelleres, quod scilicet negarent esse opus dei animas
nostras. quod si sentiunt, merito eorum sententia iudicatur esse
damnanda. nam hoc si de ipsis corporibus dicerent, procul dubio
20 fuerant emendandi uel detestandi. quis enim Christianus neget 2
opera dei esse corpora singulorum quorumque nascentium? nec
tamen ea propterea negamus a parentibus gigni, quia fatemur
diuinitus fingi. quando ergo dicitur sic etiam animarum nostrarum
incorporea quaedam sui generis semina et a parentibus trahi et
25 tamen ex eis animas dei opere fieri, ad hoc refutandum non humana
coniectura sed diuina scriptura testis adhibenda est. nam de sanctis 3
libris canonicae auctoritatis potuit uobis testimoniorum suppetere
copia, qua probatur deus animas facere; sed testimoniis talibus hi
redarguuntur, qui opera dei esse singulas quasque animas in homini-
30 bus nascentibus negant, non hi, qui hoc fatentur et tamen eas sicut
corpora deo quidem operante formari sed ex parentum propagatione contendunt. ad hos refellendos tibi diuina testimonia certa
quaerenda sunt aut, si iam inuenisti, nobis, qui nondum inuenimus,
cum impensissime, quantum possumus, inquiramus, mutua dilec-
35 tione mittenda.

8 ex Optati Mileu. epist. ad Caesarienses

5 conqueris *Goa.c.*   6 quid] quidquid *coni. Iac. Martinus*   7 potuistis
Goa.r.   Caesareenses ς   26 de *ex* da *Go*   27 nobis ς   28 *et* 30 hii *Go* ii ς

11. Tua quippe consultatio breuis atque postrema in litteris, quas ad fratres Caesarienses misisti, ita se habet: e x o r o, inquis, ut me, filium uestrum atque discipulum et ad haec mysteria nuper proximeque deo iu- uante uenientem, qua debetis et dignum est 5 et qua prudentes respondere conuenit sacer- dotes, informatione doceatis, utrum magis illa sit tenenda sententia, quae animam di- cit esse de traduce et per occultam quandam originem ordinemque secretum in omne ho- 10 minum genus ceteras animas ex Adae proto- plasti transfusione defluere an potius ea, quam omnes fratres uestri et sacerdotes hic positi retinent et adfirmant, eligenda de- finitio credulitasque retinenda, quae deum 15 auctorem uniuersarum rerum hominumque cunctorum et fuisse et esse et futurum esse 2 testatur et credit. horum igitur duorum, quae consulens proposuisti, uis ut eligatur tibique respondeatur alterutrum, quod fieri deberet ab scientibus, si essent inter se duo ista contraria, ut 20 altero electo consequenter esset alterum respuendum.

12. Nunc autem, si quispiam non alterum e duobus his eligat, sed utrumque uerum esse respondeat, id est et in omne hominum genus ceteras animas ex Adae protoplasti transfusione defluere et nihilo minus deum auctorem uniuersarum rerum hominumque 25 cunctorum et fuisse et esse et futurum esse credat et dicat, quid huic contradicendum esse censes? numquidnam dicturi sumus: 'si ex parentibus animae propagantur, non est deus auctor om- 2 nium rerum, quia non facit animas'? respondebitur enim, si hoc dixerimus: 'ergo, quia corpora ex parentibus propagantur, non 30 est deus auctor omnium rerum, si propter hoc dicendus est non facere corpora.' quis autem neget auctorem humanorum omnium corporum deum, sed illius dicat solius, quod de terra primitus finxit aut certe etiam coniugis ipsius, quia et ipsam de latere eius ipse

2 Optati Mil. epist. ad Caesarienses fragm.

2 caesariensenses *Goa.c.* Caesareenses ς   inquit ς   3 uestrum *ex* tuum *Go* 5 uenientem me (me *exp.*) *Go*   19 que *om.* ς   27 censes *ex* censuus *Go*

formauit, non autem etiam ceterorum, quia ex illis cetera hominum
corpora defluxisse negare non possumus?

13. Ac per hoc, si, aduersus quos tibi est in hac quaestione
conflictus, sic adseuerant animarum ex illius unius deriuatione
5 propaginem, ut eas iam deum negent facere atque formare, insta
eis redarguendis, conuincendis, corrigendis, quantum domino
adiuuante potueris. si autem initia quaedam ex illo uno et deinceps
a parentibus adtrahi et tamen singulas in hominibus singulis adfirmant ab auctore omnium rerum deo creari atque formari, quid
10 eis respondeatur, inquire, de scripturis maxime sanctis, quod non
sit ambiguum nec aliter possit intellegi, aut, si iam inuenisti, ut superius postulaui, dirige et nobis. quod si te adhuc sicut me latet, 2
insta quidem omnibus uiribus eos confutare, qui dicunt animas non
ex opere diuino — quod eos dixisti in epistula tua 'primum inter
15 secretiores fabulas murmurasse, deinde propter hanc sententiam
stultam atque impiam a tuo consortio et ecclesiae seruitio recessisse' — atque aduersus eos omnibus modis defende et tuere, quod
in eadem epistula posuisti, 'deum fecisse animas et facere et facturum esse neque aliquid esse in caelis aut in terra, quod non ipso
20 constiterit aut constet auctore'. hoc enim de omni omnino genere 3
creaturae uerissime atque rectissime creditur, dicitur, defenditur,
comprobatur. deus enim auctor uniuersarum rerum hominumque
cunctorum et fuit et est et futurus est, quod in extrema tua ad
coepiscopos nostros prouinciae Caesariensis consultatione posuisti
25 atque, ut id potius eligerent, exemplo omnium fratrum et consacerdo-
tum, qui sunt apud uos atque id retinent, quodam modo hortatus es.

14. Sed alia quaestio est, ubi quaeritur, utrum omnium animarum et corporum auctor effectorque deus sit, quod ueritas habet,
an aliquid naturarum exoriatur, quod ipse non faciat, quae opinio
30 prorsus erroris est, alia uero, ubi quaeritur, utrum deus animas
humanas ex propagine an sine propagine faciat, quas tamen ab
illo fieri dubitare fas non est. in qua quaestione sobrium te esse
ac uigilantem uolo nec sic animarum propaginem destruas, ut   *
in heresim Pelagianam incautus incurras. nam si humanorum 2

14.18 ex Optati Mileu. epist. ad Caes.   22 cf. p. 300, 15

1 ceter.] exterorum ς   2 corpora *bis Goa.c.*   4 diriuatione *Go*   10 inquire in (*del.*) de *Go*   14 prima ς   20 omnino *ex* humano *Go*   24 Caesare-
ensis ς   26 es] est *Goa.r.*   33 nec] ne ς   34 in *om.* ς

corporum, quorum propagatio est omnibus nota, dicimus tamen deum
uereque dicimus non illius tantum primi hominis coniugumue pri-
morum sed omnium ex illis propagatorum esse creatorem, puto facile
intellegi eos, qui animarum defendunt propaginem, non ex hoc nos
habere uelle destruere, quando deus animas facit, cum et corpora 5
facit, quae de propagine fieri negare non possumus, sed alia do-
cumenta esse quaerenda, quibus hi, qui sentiunt propagari animas,
repellantur, si eos errare ueritas loquitur, de qua re illi magis fuerant,
si fieri posset, interrogandi, propter quorum iniuriam defunctorum,
sicut scribis in epistula, quam mihi posteriorem misisti, in meliorem 10
partem conuertere homines formidabas. hos enim defunctos tales
tantosque et tam doctos episcopos fuisse dixisti, ut eorum traditiones timeres, 'doctor nouellus rudisque, corrumpere' uelle. itaque,
si scire possem, 'tales ac tanti et tam docti' uiri istam de animarum
propagatione sententiam quibus ⟨rationibus⟩ uel testimoniis ad- 15
serebant**********, quam tamen in litteris ad Caesarienses datis
illorum auctoritatem nequaqum respiciens inuentionem nouam
et inauditum dogma esse dixisti, cum profecto, etsi error est, nouum
tamen eum non esse nouerimus sed uetustum et antiquum.

15. Quando autem nos aliquae causae in aliqua quaestione 20
non inmerito dubitare compellunt, non etiam hinc dubitare debemus,
utrum dubitare debeamus. de dubiis quippe rebus sine dubitatione
dubitandum est. uides, quem ad modum apostolus de se ipso
dubitare non dubitet, u t r u m   i n   c o r p o r e   a n   e x t r a
c o r p u s raptus sit in tertium caelum; siue hoc siue illud, n e s c i o, 25
inquit, d e u s   s c i t. cur ergo mihi, quam diu nescio, dubitare non
liceat, utrum anima mea in istam uitam ex propagine an sine propagine uenerit, cum eam utrolibet modo a summo et uero deo factam
esse non dubitem? cur mihi non sit fas dicere: scio animam meam
ex opere dei subsistere et prorsus opus dei esse; siue ex propagine 30
sicut corpus siue extra propaginem sicut illa, quae primo homini data

13.14 cf. p. 298, 4   24 *II Cor. 12, 2—3

2 congiugumue *Goa.c.*   15 quibus rat. uel test. *Goldb.* quibus uel test. *Go*
quibus test. *Besselius* qualibus quibusue test. *uel* qua ratione quibusue test.
Martinus (cf. p. 298, 17)   16 *lacunam indicauit Goldb.*   Caesareenses ç
22 de dubiis *ex* ne duobus *Go*   26 inquit *Eug, om.Go*   cur *Go* cum *Eug*   29 non
sit fas *Eug* fas non sit *Go*

est; n e s c i o, d e u s s c i t? utrum horum uis ut confirmem,   *
possem, si nossem. quod si ipse nosti, en habes me cupidiorem
discere, quod nescio, quam docere, quod scio. si autem nescis sicut 3
ego, ora sicut et ego, ut siue per quemlibet seruum suum sue per se
5 ipsum magister ille nos doceat, qui dixit discipulis suis: n e u e l i t i s
d i c i a b h o m i n i b u s r a b b i; u n u s e s t e n i m m a-
g i s t e r u e s t e r C h r i s t u s, si tamen scit expedire nobis,
ut etiam talia nouerimus, qui nouit non solum, quid doceat, uerum
etiam, quid nobis discere expediat.
10   16. Nam confiteor dilectioni tuae cupiditatem meam: cupio
quidem et hoc scire, quod quaeris, sed multo magis cuperem scire,
si fieri posset, quando praesentetur d e s i d e r a t u s o m n i b u s
g e n t i b u s et quando regnum sanctorum futurum sit, quam
unde in hanc terram uenire coeperim. et tamen illud cum ab illo,
15 qui scit omnia, discipuli sui, nostri apostoli, quaererent, responsum
acceperunt: n o n e s t u e s t r u m s c i r e t e m p o r a, q u a e
p a t e r p o s u i t i n s u a p o t e s t a t e. quid, si et hoc scit non 2
esse nostrum scire, qui profecto scit, quid nobis sit utile scire?
et illud quidem per illum scio non esse nostrum s c i r e t e m p o r a,
20 q u a e p a t e r p o s u i t i n s u a p o t e s t a t e, utrum autem
originem animarum, quam nondum scio, nostrum sit scire, id est
pertineat ad nos id scire, ne hoc quidem scio. nam si saltem hoc
scirem, quod nostrum non sit id scire, non solum adfirmare, quam
diu nescio, uerum etiam quaerere iam desisterem. nunc autem, 3
25 quamuis tam sit obscurum atque profundum, ut plus illic docendi   *
caueam temeritatem, quam discendi habeam cupiditatem, tamen
etiam hoc uolo scire, si possum. et licet multo amplius sit
necessarium, quod ait ille sanctus: n o t u m m i h i f a c, d o-

5 *Matth. 23, 8 et 10   12 *Agg. 2, 8   16 et 19 *Act. 1, 7   28 *Ps. 38, 5

1 utrum] unum *Eug cod. Vat.*   3 scio] nescio *Eug*   4 et *Eug, om.Go*
5 ipse (*del.*) ipsum *Go*   13 sanct. fut. sit *Eug* fut. sit sanct. *Go*   14 in hanc
bis Goa.c.   16 scire tempora *Eug* nosse tempus aut tempora *Go*   17 pater
Eug deus *Go*   in sua posuit *Eug*   18 qui profecto—nostrum scire *om.Eug*
19 nostri *Go*   temp.] sicut et temp. *Eug*   20 in sua posuit *Eug*   potestate]
sequitur iterum quid si—potestate (*sed* nostrum, *non* nostri) *Go* (*exp.*)   21 no-
strum] an *Eug*   22 ne *Eug* nec *Go*   25 atque *Eug* ac *Go*   27 etiam hoc uolo *Go*
et hoc etiam uellem *Eug*   possum *Go* possem *Eug*

m i n e, f i n e m m e u m —non enim ait: 'initium meum'—, utinam
tamen nec initium meum, quod ad istam quaestionem attinet, me
lateret!

17. Uerum de ipso quoque initio meo ingratus doctori meo
non sum, quod animam humanam spiritum esse, non corpus, eum- 5
que rationalem uel intellectualem scio nec eam dei esse naturam
sed potius creaturam aliquatenus mortalem, in quantum in deterius
commutari et a uita dei, cuius participatione beata fit, alienari potest,
et aliquatenus inmortalem, quoniam sensum, quo ei post hanc
2 uitam uel bene uel male sit, amittere non potest. scio etiam non 10
eam pro actibus ante carnem gestis includi in carne meruisse, sed nec
ideo esse in homine s i n e s o r d e p e c c a t i, e t s i u n i u s
d i e i, sicut scriptum est, f u e r i t u i t a e i u s s u p e r t e r -
r a m. ac per hoc scio ex Adam per seriem generationis sine peccato
neminem nasci, unde et paruulis necessarium est per gratiam re- 15
3 generationis in Christo renasci. haec tam multa nec parua de initio
uel origine animarum nostrarum, in quibus plura sunt ad eam
* scientiam pertinentia, quae fide constant, et didicisse me gratulor
et nosse confirmo. quapropter si nescio in origine animarum, utrum
illas deus hominibus ex propagine an sine propagine faciat, quas 20
tamen ab ipso fieri non ambigo, scire quidem et hoc magis eligo
quam nescire, sed, quam diu non possum, melius hinc dubito, quam
uelut certum confirmare aliquid audeo, quod illi rei sit forte con-
* trarium, de qua dubitare forte non debeo.

18. Tu itaque, mi frater bone, quoniam consulis me et uis, ut 25
unum horum definiam, utrum animae ceterae ex illo uno homine
sicut corpora per propaginem an sine propagine sicut illius unius
a creatore singulis singulae fiant —ab ipso enim fieri siue sic siue sic
non negamus —, patere, ut etiam ipse consulam, quomodo inde anima

12 *Hiob 14, 4—5

1 alt. meum—2 meum om. Eug   utinam—2 meum om. ς   2 nec] nunc
Eug codd. interpolati   5 sum] add. in quantum (exp.) Go   eamque Martinus
6 rationalem Eug rationabilem Go   8 paticipiatione (sic, tert. i del. uid.) Go
fit] sit ς   9 quoniam Eug quo Go   10 ammittere Goa.c.   12 etsi] nec si Eug
17 uel de origine Eug   18 constant Eug constat Go   20 an sine prop. om. Eug
23 forte Eug, om. Go   25 ut Eug, om. Go   26 ceterae omnes Eug   28 singulae
om. Eug cod. Vat.   alt. siue Eug seu Go

peccatum originaliter trahat, unde originaliter ipsa non trahitur.
omnes enim animas ex Adam trahere originale peccatum similiter
non negamus, ne in Pelagianam heresim detestabilem detesta-   *
biliter inruamus. si hoc, quod ego interrogo, nec tu scis, sine me 2
5 patienter utrumque nescire, et quod tu interrogas et qucd ego; si
autem iam scis, quod interrogo, cum hoc etiam me docueris, tunc
et illud, quod uis ut respondeam, nihil ibi iam metuens respondebo.
peto ergo, ne suscenseas, quia non potui confirmare, quod quaeris,
sed potui demonstrare, quid quaeras, quod cum inueneris. confir-
10 mare non dubites, quod quaerebas.

19. Et hoc quidem sanctitati tuae scribendum existimaui,
qui propaginem animarum iam quasi certus inprobandam putas.
ceterum si illis, qui hanc adserunt, rescribendum fuisset, fortassis
ostenderem, quem ad modum id, quod se nosse arbitrantur, ignorent
15 et, ne hoc adserere auderent, quanta ratione formidare deberent.   *

20. Sane in rescripto amici, quod huic epistulae inserti, ne te
forte moueat, quod duos libros a me missos commemorauit. quibus
respondere uacuum sibi tempus non fuisse respondit, unus est de
hac quaestione, non ambo; in alio autem aliud ab illo consulendo
20 et pertractando quaesiui. quod uero admonet et hortatur, ut 2
magis demus operam, ut perniciosissima here-
sis de ecclesiis auferatur, illam ipsam Pelagianam
heresim dicit, quam cautissime ut deuites, quantum possum, frater,
admoneo, cum de animarum origine siue cogitas siue iam disputas,
25 ne tibi subrepat esse credendum ullam prorsus animam nisi unius
mediatoris non ex Adam trahere originale peccatum generatione
deuinctum, regeneratione soluendum.

17 cf. p. 261, 9   21 p. 263, 7

3 heresem *Eug*   detestabiliter *Eug, om.Go*   4 incurramus *Eug*   5 *pr.* et
om.Eug   7 metuens] intuens;   11 exist.] putaui *Eug*   12 putas] existimas *Eug*
15 quanta ratione *Eug* quantum *Go*   deberent *ex* deberet *Go* deberent ostenderem *Eug*   19 aliud *Martinus* illud *Go*   25 subrepat *Martinus* subripiat *Go*
27 soluendum] *add.* explicit epla secunda ad optatum episcopum de natura et
origine animae sancti augustini *Go*

CXLV.
AD EXUPERANTIUM DE PAENITENTIA.

1   Inter omnia, quae mihi sancti fratris Quintiliani amicitiae praestiterunt, hoc uel maximum est, quod te mihi ignotum corpore mente sociauit. quis enim non diligat eum, qui sub paludamento 5 et habitu militari agat opera prophetarum et exteriorem hominem aliud promittentem uincat interiore homine, qui conformatus est ad imaginem creatoris? unde et prior ad officium prouoco litterarum et precor, ut mihi occasionem saepius tribuas rescribendi, quo
2 de cetero scribam audacius. illud autem prudentiae tuae breuiter 10 significasse sufficiat, ut memineris apostolicae sententiae: u i n c t u s e s, inquit, u x o r i? ne q u a e r a s s o l u t i o n e m; s o l u t u s e s? ne q u a e r a s u x o r e m, id est alligationem, quae solutioni contraria est. qui igitur seruit officio coniugali, uinctus est; qui
3 uinctus est, seruus est; qui autem solutus est, liber est. cum ergo 15 Christi gaudeas libertate et aliud agas, aliud repromittas ac propemodum in domate constitutus sis, non debes ad tollendam tunicam tecta descendere nec respicere postergum nec aratri semel

7 cf. Gen. 1, 26—27   11 *I Cor. 7, 27   17 cf. Matth. 24, 17—18   18 cf. Luc. 9, 62

𝔄 = *Veronensis rescriptus XV. 13 s. VIII.*
˙A = *Berolinensis lat. 17 s. IX.*
J = *Vindobonensis lat. 934 s. IX.*
Σ = *Turicensis Augiensis 41 s. IX.*
D = *Vaticanus lat. 355 + 356 s. IX—X.*
C = *Vaticanus lat. 5762 s. X.*

ad ex(xs A)uperantium de pae(e A)nitentia 𝔄A ad ex(xs Σa.r.)uperantium JΣDC; *Hieronymi nomen exhibent tituli in* 𝔄 (eiusdem) ADC

3 fratres A   quintiani 𝔄A quintiliane Da.c.   4 maximum (maxi s.l.) Σ 5 mente s.l.J   diligit C   palude(di Σp.c.)mento JΣ   7 interiorē hominē A —rem—nem Σa.r.C —ri—ne 𝔄   formatus DC   9 trib. saep. ς   quod A 10 de s.l.Σ   audicius C   12 inquit (—d 𝔄) 𝔄A, om. cet.   13 uxorem (m del.m2A)𝔄A   15 pr. est] et J est et Σ   tert. est 𝔄A et cet.   16 libertatem DC alius D   propemodo J   17 domatae 𝔄A   18 tecto ς   discendere J   post tergum Σp.c.m2C

arrepti stiuam dimittere, sed, si fieri potest, imitare Ioseph et
Aegyptiae dominae pallium derelinque, ut nudus sequaris dominum saluatorem, qui dicit in euangelio: n i s i   q u i s   t u l e r i t
c r u c e m   s u a m   e t   s e c u t u s   m e   f u e r i t,   n o n   p c t e s t
5 m e u s   e s s e   d i s c i p u l u s. proice sarcinam saeculi, ne quaeras 4
diuitias, quae camelorum prauitatibus conparantur. nudus et leuis
ad caelum uola, ne alas uirtutum tuarum auri deprimant pcndera.
hoc autem dico, non quo te auarum didicerim, sed subintellegam idcirco adhuc militiae operam dare, ut impleas sacculum, quam eua-
10 cuari dominus praecepit. si igitur, qui habent possessiones et
diuitias, iubentur omnia uendere et dare pauperibus et sic sequi saluatorem, dignatio tua aut diues est et debet facere, qucd praeceptum est, aut adhuc tenuis et non debet quaerere, quod eroga-
tura est. certe Christus pro animi uoluntate omnia in acceptum 5
15 refert. nemo apostolis pauperior fuit et nemo tantum pro domino
dereliquit. uidua illa in euangelio paupercula, quae duo minuta misit
in gazophylacium, cunctis praefertur diuitibus, quia totum, quod
habuit, dedit. et tu igitur eroganda non quaeras, sed quaesita iam
tribue, ut fortissimum tirunculum suum Christus agnoscat, ut
20 laetus tibi de longissima regione uenienti occurrat pater, ut stolam
tribuat, ut donet anulum, ut immolet pro te uitulum saginatum,
ut expeditum cum sancto fratre Quintiliano ad nos cito faciat
nauigare. pulsaui amicitiarum fores; si aperueris, nos crebro habebis
hospites.

1 cf. Gen. 39, 12   3 *Luc. 14, 27   6 cf. Matth. 19, 24 etc.   9 cf. Luc.
10, 4   10 cf. Matth. 19, 22 etc.   11 cf. Matth. 19, 21 etc.   16 cf. Marc.
12, 41 –44 etc.   20 cf. Luc. 15, 20—24

1 arepti A   stibam J stipam D stypam (stypham m2) Σ   firi 𝔄
imitari C   iosef 𝔄 iosefe C   2 derelique C derelinquere D relinque J, Σa.c.m2
nutur Aa.c.   3 quis] qui Σa.c.Dp.r.; add. dimiserit omnia et ς   6 cuae om.C
7 euola ς   nec D   8 quod ς   auarum diu (eras.)te Σ   sed] add. quod ς
9 quam DC   euacuare ΣDC   10 praecipit J   12 tua] tam Σ, Aa.c.m2
aud DC   14 in om.A   15 refert] res est D   apostolus D   tantam 𝔄A
16 reliquid Σa.c.   17 gazophilacium J -philatium Σ -filacium D -filatium 𝔄A
19 tyrunculum JΣDC   20 regioni Aa.c.   21 pr. ut s.l.Σ   22 quintiliano A
quintiliane Da.c.   scito D   23 nauicare 𝔄A   pulsarui (r eras., super alt. u
scripsit m2 t postea eras., uoluisse uidetur pulsanti) D   amiciarum Ja.c.
foras J   aparueris Aa.c.m2   24 hospites] add. explicit ad exsuperantium 𝔄
explicit ad exupen (n exp., s.l. r)antium A

20*

CXLVI.
AD EUANGELUM PRESBYTERUM.

1. Legimus in Esaia: **fatuus fatua loquetur.** audio quendam
iu tantam erupisse uaecordiam, ut diacones presbyteris, id est episcopis, anteferret. nam cum apostolus perspicue doceat eosdem 5
esse presbyteros, quos episcopos, quid patitur mensarum et uiduarum minister, ut super eos se tumidus efferat, ad quorum preces
Christi corpus sanguisque conficitur? quaeris auctoritatem? audi
testimonium: **Paulus et Timotheus, serui Christi
Iesu, omnibus sanctis in Christo Iesu, qui** 10
sunt in Philippis, cum episcopis et diaconi-
2 **bus.** uis et aliud exemplum? in Actibus apostolorum ad unius
ecclesiae sacerdotes ita Paulus loquitur: **adtendite uobis
et cuncto gregi, in quo uos spiritus sanctus**

3 *Esai. 32, 6   9 *Phil. 1, 1   13 *Act. 20, 28

_G_ = _Neapolitanus VI. D. 59 s. VII._
𝔄 = _Veronensis rescriptus XV. 13 s. VIII._
_h_ = _Vindobonensis lat. 16 s. VIII—IX._
_J_ = _Vindobonensis lat. 934 s. IX._
_D_ = _Vaticaous lat. 355 + 356 s. IX—X._
_N_ = _Casinensis 295 s. X._
_B_ = _Berolinensis lat. 18 s. XII._

ad euangelum praesbyterum quod prẹsbyter et diaconus differant _G_ ad euangelum prb̄m de ordine sacerdotii 𝔄 ad euangelum prb̄m quomodo prb̄r et diaconus diferant _(sib)_ _h_ ad euangelum de diaconibus _J_ ad euangelium (i _eras._)
qualiter pb̄r et diaconus differant _D_ ad euangelum prb̄m quo pb̄r et diac distet
(_sic_) _N_ ad euugl̄ium (i _eras._) pb̄rm increpans eum quare ē diacones (_ex_—nus)
pb̄ribus (bu _eras._) ante ferret _B_; _Hieronymi nomen exhibent tituli in_ 𝔄 (eiusdem) _hDB_

   3 esayā _N_ hesaia _B_ Isaia ç   fatuus] fatua _J_ fatui _h_   loquetur _G_, 𝔄 (?)
loqụr _h_ loquitur _cet._   quendam] nescio quem _J_   4 tanta _N_   uaec. _G_𝔄_h_ uec.
(uecordia _N_) _cet._   diacones _G_ diacħes _B_ diaconos _cet._   praesbyt. _G_𝔄 _passim_
epis epos (_eras._)_J_   5 praecipue _JB_   6 quos et episcopos _N_   7 supra _B_   eos
se _ex_ esse 𝔄   tumidū _B_ tumide _N_   8 que _add. m2B_   quaeres 𝔄   9 thimo-
theus _GJ_ thimoteus _B_   seruus _D_   iħu x̄pi _GJ_   10 sanctis] _add._ qui sunt _B_
11 in _om.JB_   filippis 𝔄   cum episc.] coepiscopis _h_   diaconis ç   12 uis]
suis _B_   et _om.h_   alium 𝔄_N_

posuit episcopos, ut regeretis ecclesiam domini, quam adquisiuit sanguine suo. ac ne quis ₃ contentiose in una ecclesia plures episcopos fuisse contendat, audi et aliud testimonium, in quo manifestissime conprobatur eundem
5 esse episcopum atque presbyterum: propter hoc reliqui te Cretae, ut, quae deerant, corrigeres et constitueres per ciuitates presbyteros, sicut ego tibi mandaui: si quis est sine crimine, unius uxoris uir, filios habens fideles, non in ac-
10 cusatione luxuriae aut non subditos. oportet enim episcopum sine crimine esse quasi dei dispensatorem. et ad Timotheum: noli neglegere ₄ gratiam, quae tibi data est prophetiae per inpositionem manuum presbyterii. sed et
15 Petrus in prima epistula: presbyteros, inquit, in uobis precor, conpresbyter et testis passionum Christi et futurae gloriae, quae reuelanda est, particeps, regere gregem Christi et inspicere non ex necessitate sed uoluntarie
20 iuxta deum. quod quidem Graece significantius dicitur ἐπισκοπεύοντες, unde et nomen episcopi tractum est. parua tibi ₅ uidentur tantorum uirorum testimonia? clangat tuba euangelica

5 *Tit. 1, 5—7   12 *1 Tim. 4, 14   15 *I Petr. 5, 1—2   22 cf. Marc. 3, 17   cf. Ioh. 13, 23 et 20, 2 et 21, 20

2 adquisibit G𝔄 adquaesiuit J   ac in ras.m2B et h   3 contentiosae GJ, om.h   audi et] audiat h   5 esse s.l.J   hoc inquit 𝔄   relinqui (n eras.) GJ   6 in Creta ς   ea quae J   corregeres h   7 constituas B ordinares h   presb. per ciu. D   sicut et ego GD   8 sine crimine om.J   9 uir] add. sine crime (sic) J   in om.G   occasione B   11 dei om.D   12 timoteum B   13 inquit gratiam 𝔄   gratiam] add. quae in te est J   per prophetiae (alt. e eras.) J   14 manus hJ   pbri h   set N, om.B   15 alt. in m2 in ras. B   16 passionis J   17 et om.J   18 participes J   19 set N uoluntariae 𝔄J ex uoluntate G, Bp.c. ex uoluptate Ba.c.   20 iusta Na.c. secundum h   significantius grece J   21 ΕΠΙCΚΟΠΕΟΥΟΝΤΕC G ΕΠΙCΚΟΝΕΥΟΝΤΕC h ΕΝΙCΚΟΝΕΡΟΝΤΕC J et ΠΚΟΠCΝΟΝΤΕC B episcopeuontes 𝔄 ἐπισκοποῦντες ς; add. id est episcopyontes G id est superintendentes ς   tractum (c in ras. 2 litt. m2) est B tractatum (ta eras. N) est DN trahitur h   22 uideantur (a eras.) N uidetur D   clangat (cl in ras. m2) B clagant Na.c.

filius tonitrui, quem Iesus amauit plurimum, qui de pectore saluatoris doctrinarum fluenta potauit: presbyter Electae dominae et filiis eius, quos ego diligo in ueritate, et in alia epistula: presbyter Gaio carissimo, quem ego diligo in ueritate. quod autem postea 5 unus electus est, qui ceteris praeponeretur, in scismatis remedium factum est, ne unusquisque ad se trahens Christi ecclesiam rumperet. 6 nam et Alexandriae a Marco euangelista usque ad Heraclam et Dionysium episcopos presbyteri semper unum de se electum et in excelsiori gradu conlocatum episcopum nominabant, quomodo si 10 exercitus imperatorem faciat aut diaconi eligant de se, quem industrium nouerint, et archidiaconum uocent. quid enim facit excepta ordinatione episcopus, quod presbyter non facit? nec altera 7 Romanae urbis ecclesia, altera totius orbis aestimanda est. et Galliae et Brittaniae et Africa et Persis et Oriens et India et omnes 15 barbarae nationes unum Christum adorant, unam obseruant regulam ueritatis. si auctoritas quaeritur, orbis maior est urbe. ubicumque fuerit episcopus, siue Romae siue Egubii siue Constantinopoli siue Regii siue Alexandriae siue Tanis, eiusdem meriti, eiusdem et

1 cf. Ioh. 13, 25 et 21, 20　　2 *II Ioh. 1, 1　　4 *III Ioh. 1, 1

1 thonitrui *J*; *add.* i̅h̅es *s.l.m2N*　　Iesus] io̅h̅s (o *eras.*, *s.l.m2* d̅n̅s) *N* amabat *J*　　qui *s.l.m2N*　　peccatore (ca *eras.*) *D*　　salu.] eius *h*　　3 filius *Ja.r.*　　4 et—5 ueritate *om.J*　　et]quod autem (*dei. et s.l.* et *m1*) postea*h*　　6 in *om.J*　　schismatis *GJ* scismaticos (?) *Ba.c.m2*　　7 rump.] *add.* unitatem *h*　　8 a *om.G*　　euangelistam *J*　　ęraclam *N* eraclium *B*　　9 dionisium *codd.*　　p̅b̅ri (*exp.*) pres brū (*s.l.m2*) *N* presbiteris *J* p̅b̅ris *D* ex p̅b̅ris *B*　　semper *om.N*　　de se] esse *DB* ex se *ç*　　et *om.J*　　10 excelsiore *h* celsiori *J*　　coll. *hN*; *add.* quem *B*　　11 diconi *N*　　elegant *hJD*　　industria *Ba.c.*　　12 excepto *N*　　13 faciat *hJB*　　14 eccłe *D*, *Ba.c.m2* eccłaę *J*　　orbis] *add.* eccła *J*　　extimanda *Ja.c.NB* existimanda *ç*　　15 gallia *J*　　brittaniae (e) *𝔄D*, *Na.c.m2* brittanniae *h* (e *del.*) britaniae (e *B*) *G*, *Ba.c.m2* britannie *Bp.c.m2* brittania *J*, *Np.c.m2*　　africae *G*, *ha.c.*　　orientis *h*　　indiae *h* indie *Np.c.* (*sed postea* india *restitutum*)　　16 adorans *J*　　obserbant *𝔄N*　　18 egubii *GB* ecubii *h* egurio *J* eugubii *𝔄* eugebii *D* angubii *N*　　constantinopolii *G* -lis *h* -lim *JB*　　19 regi *B* Rhegii *ç*　　alexandreae *G* -dria *B*　　tanis *G* tānis *D* thanis *𝔄hJN* atenis *B*　　meritis *D*　　eiusdem et sacerdocii *in mg. m2B*　　*alt.* eiusdem] *add.* que *h*　　et] est *GhJ* est et *ç*

sacerdotii. potentia diuitiarum et paupertatis humilitas uel sub-
limiorem uel inferiorem episcopum facit, ceterum omnes apostolorum successores sunt.

2. Sed dices: 'quomodo Romae ad testimonium diaconi presbyter
5 ordinatur?' quid mihi profers unius urbis consuetudinem? quid
paucitatem, de qua ortum est supercilium, in leges ecclesiae uin-
dicas? omne, quod rarum est, plus adpetitur; puleium apud
Indos pipere pretiosius est. diaconos paucitas honorabiles, presbyteros turba contemtibiles facit. ceterum in ecclesia etiam Romae
10 presbyteri sedent et stant diaconi, licet paulatim increbrescentibus
uitiis inter presbyteros absente episcopo sedere diaconum uiderim
et in domesticis conuiuiis benedictiones presbyteris dare. discant, 2
qui hoc faciunt, non se recte facere et audiant apostolos: n o n
e s t   d i g n u m ,   u t   r e l i n q u e n t e s   u e r b u m   d e i
15 m i n i s t r e m u s   m e n s i s.   sciant, quare diaconi constituti
sint, legant Acta apostolorum, recordentur condicionis suae. presbyter et episcopus, aliud aetatis, aliud dignitatis est nomen. unde
ad Timotheum et ad Titum de ordinatione episcopi et diaconis
dicitur, de presbyteris omnino reticetur, quia in episcopo et pres-
20 byter continetur. qui prouehitur, de minori ad maius prouehitur. 3
aut igitur ex presbytero ordinetur diaconus, ut presbyter minor

13 *Act. 6, 2   18 cf. I Tim. 3, 1—13   cf. Tit. 1, 5—9

1 et s.l.m2B   2 inf.] humiliorem B   non facit ç   4 dicens (n eras.) N
dicis GJD   5 proferes J   6 hortum JN   lege 𝔄N   uindicans Na.r. ut dicas h
7 poleium J pulegium D, Bp.c.m2   8 indos (in in ras. m2) B   piper G   diaconi Na.c.m2   paucitas] add. facit s.l.m2N   9 contemt. G𝔄J contept. N con-
tempt. (-uiles D)hDB   etiam in eccl. ç   10 et om.DN   diaconi stant D, om.N
diacones Ja.c.   licet et (et eras.) B   increbrisc. D   11 diaconos h   audi-
erim J   12 benedictionem 𝔄N   dicant Gha.c.   13 facere] add. sciant
(exp. h) hD   et om.h   apostolos om.J   non est] nonne si D   14 rectum
(del.) dignum h   dignum inquit 𝔄   uerbum] domum J   dei om.𝔄N   15 diaconi quare B   diacones N   16 sint (nt in ras. m2) B sunt JD, Na.r.   actus B
recordentur om.h   condicionis suae] cum (s.l. on) diaconis suae (u exp.) h
condit. JB   17 dignitatis bis G   unde] add. et DB   18 ad titum et(et ad ç)
timotheum Dç   thimotheum J thimoteum G timoteum B   diaconi D   19 praes-
byteris uero 𝔄   praesbyter 𝔄 praesbytero G pbro D prbto J   20 pr. prouextur
Ga.c. prohibitur ex prohebitur J   de—alt. prou. om.J   menori 𝔄 minore h
alt. proueitur B   21 minor—presb. om.J

diacono conprobetur, in quem crescit ex paruo, aut si ex diacono ordinatur presbyter, nouerit se lucris minorem, sacerdotio esse maiorem. et ut sciamus traditiones apostolicas sumptas de ueteri testamento: quod Aaron et filii eius atque leuitae in templo fuerunt, hoc sibi episcopi et presbyteri et diaconi in ecclesia uindicent. 5

CXLVII.
AD SABINIANUM DIACONUM COHORTATORIA DE PAENITENTIA.

1. Et Samuhel quondam lugebat Saulem, quia paenituerat dominum, quod unxisset eum regem super Israhel, et Paulus Corin- 10 thios, in quibus audiebatur fornicatio et talis fornicatio, quae nec

9 cf. I Reg. 15, 10—11   10 cf. I Cor. 5, 1

2 ordinetur *G*   nouerit] non erit *G*   minore 𝔄   3 et *om.J*   sumtas 𝔄
4 leuuitae *G, hs.l.*   templo] tempore *J*   5 hoc] *add.* autem *J*   diacones *J* uindicent in ecclesia ς   uendicent *Bp.c.; add.* explicit ad euangelum presbyterum *G*
explicit ad euangelum prebm. quid differt inter prebm et diacm 𝔄

> *Ga = Gandauensis 317 s. VI (continet p. 313, 16 inpaenitens —*
> *p. 315, 11 post et p. 322, 8 domini — p. 324, 2 caluaria).*
> *E = Veronensis XVII. 15 s. VII.*
> *G = Neapolitanus VI. D. 59 s. VII.*
> *η = Petropolitanus I. 13 Quarto s. VII—VIII (continet initium*
> *epistulae usque ad p. 319, 9 peccato).*
> *K = Spinaliensis 68 s. VIII.*
> *A = Berolinensis lat. 17 s. IX.*
> *J = Vindobonensis lat. 934 s. IX.*
> *D = Vaticanus lat. 355 + 356 s. IX—X.*
> *C = Vaticanus lat. 5762 s. X.*
> *Ψ = Augustodunensis 17ᴬ s. X.*
> *B = Berolinensis lat. 18 s. XII.*

ad sauinianum sancti praesbyteri hieronimi cohortatoria de paenitentia *E* ad sabinianum diaconum de paenitentia *G* ad sabinianum diaconum cohortatoria ad p(a)enitentiam *ηΨ* ad sabinianum cohortatoria ad p(a)enitentiam *KB* ad (*om.D*) sabianum (*sic*) diaconum lapsum *AC, D* (diaco) ad sauinianum dia-conum *J, titulo carent fragmenta in Ga; Hieronymi nomen exhibent tituli in EDΨB*

9 et *om. GADCB*   samuel *KDCB*   10 istrahel *K*   chorinthios *η*   11 et talis forn.] talis *Ψ, om.AJDCB*   quae] qualis *ADCB*   nec] ne *EC*

inter gentes quidem, uoce flebili commonebat dicens: n e, c u m
r u r s u s u e n e r o, h u m i l i e t me d e u s a p u d u o s et
l u g e a m m u l t o s ex h i s, q u i a n t e p e c c a u e r u n t
et n o n e g e r u n t p a e n i t e n t i a m s u p e r i n m u n-
5 d i t i a m, q u a m g e s s e r u n t i n i n p u d i c i t i a e f o r-
n i c a t i o n e. si hoc propheta et apostolus nulla ipsi labe ma- 2
culati clementi in cunctos mente faciebant, quanto magis ego, ipse
peccator, in te facere debeo peccatore, quod non uis erigi post ruinam nec oculos ad caelum leuas, sed prodacta patris substantia
10 porcorum siliquis delectaris et superbiae praerupta conscendens
praeceps laberis in profundum! deum uentrem uis habere pro 3
Christo; seruis libidini, gloriaris in confusione tua et quasi pinguis
hostia in mortem propriam saginaris imitarisque eorum uitia, quorum
tormenta non metuis, ignorans, quod bonitas dei ad paenitentiam
15 te hortetur. s e c u n d u m d u r i t i a m a u t e m t u a m et
c o r i n p a e n i t e n s t h e n s a u r i z a s t i b i i r a m in
d i e i r a e. an idcirco induratur iuxta Faraonem cor tuum, quia 4
non statim percuteris et differeris ad poenam diu? et ille dilatus
est et decem plagas non quasi ab irato deo sed quasi a patre com-
20 monente sustinuit, donec in peruersum acta paenitentia populum,
quem dimiserat, per deserta sequeretur et ingredi auderet maria,
per quae uel sola doceri potuit timori habendum eum, cui etiam

1 *II Cor. 12, 21   9 cf. Luc. 15, 13—16   11 cf. Phil. 3, 19   15 *Rom. 2, 5
17 cf. Ex. 4, 21 etc.   19 cf. Ex. cap. 3—14

1 quidem ē J et quidem ADCB   uocem Aa.r.C   2 rursum EE   humi-
let Ga.c.   aput EG   3 lugiam ηADa.c.   4 inmunditia quam Ψ inmunditias
quas ADB inmunditiis quas C   5 in s.l.m2A, om.EJC   7 clemente η   8 deb.
fac. codd. praeter EηB   peccatorem EKDCΨ, Ja.r.   quod] qui ς   9 nec] ne
Ka.c. et ADC   sed] se D   prodita ADC perdita J   10 superbia B   11 la-
baris J labens η   12 seruus η   libidine η   confusione] cone DC carne
Ap.c.m2 carne et confusione ς   13 uitia EGη quitā (q eras.) J uitam cet.
14 metues η   ignoras ηJB   quoniam ηADC   benignitas ADCΨ   15 hortatur B adducit KΨ   autem dur. ς   16 inpaen.] hic incipit prius fragm. in Ga
thensaurizas GaG thensaurizans E tensaurezas Ka.c.m2 thesaurizars J thesau-
rizas cet.   17 iuxta phar. ind. B   phar. AJDCB faraoni ηa.c.   18 pr. et]
sed G   differris KADC differis JΨ, Bp.c.m2   poena Ga   delatus K   19 est
om.E   deo om.ηKΨ   20 sustenuit EKa.c., η   21 demiserat η, Ka.c.   et om.J
22 uel om.KΨ   docere ηKΨ   timore ηKΨ mori D

₅ elementa seruirent. dixerat et ille: n o n n o u i d o m i n u m
n e q u e d i m i t t o I s r a h e l. quem tu imitans loqueris: u i s i o,
q u a m h i c u i d e t, i n d i e s l o n g o s e s t e t i n t e m-
p o r a l o n g a i s t e p r o p h e t a t. propter quod dicit Adonai
dominus: n o n p r o l o n g a b u n t a m p l i u s o m n e s s e r- ₅
m o n e s m e i, q u o s c u m q u e l o q u o r, q u i a l o q u a r
₆ u e r b u m e t f a c i a m. sanctus Dauid de impiis et scelestis —
quorum tu non pars modica sed princeps es —, quod saeculi felicitate
fruerentur et dicerent: q u o m o d o c o g n o u i t d e u s e t s i
e s t s c i e n t i a i n e x c e l s o? e c c e i s t i p e c c a t o r e s ₁₀
e t a b u n d a n t e s i n s a e c u l o o b t i n u e r u n t d i u i-
t i a s, paene lapso pede et fluctuanti uestigio causabatur dicens:
e r g o s i n e c a u s a i u s t i f i c a u i c o r m e u m e t l a u i
₇ i n t e r i n n o c e n t e s m a n u s m e a s. praemiserat enim:
q u i a a e m u l a t u s s u m s u p e r i n i q u a a g e n t e s ₁₅
p a c e m p e c c a t o r u m u i d e n s, q u i a n o n e s t r e-
s p e c t u s i n m o r t e e o r u m e t s o l i d a p l a g a i n
f l a g e l l o e o r u m. i n l a b o r i b u s h o m i n u m n o n
s u n t e t c u m h o m i n i b u s n o n f l a g e l l a b u n t u r.
p r o p t e r e a t e n u i t e o s s u p e r b i a, c i r c u m d a t i ₂₀
s u n t i n i q u i t a t e e t i m p i e t a t e s u a. e g r e d i e t u r
s i c u t e x a d i p e i n i q u i t a s e o r u m; t r a n s i e r u n t
i n a d f e c t u m c o r d i s. c o g i t a u e r u n t e t l o c u t i

---

1 *Ex. 5, 2   2 *Ezech. 12, 27   5 *Ezech. 12, 28   9 *Ps. 72, 11—12
12 cf. Ps. 72, 2   13 Ps. 72, 13   15 *Ps. 72, 3—9

1 seruiunt *GaKADCΨ*   et *ex* e *m2Ga, om. AD* $\overline{dm}$ *G*   2 neque dim.
Isr.] et isrl non dimittam *B*   demitto *EKηa.c.*   istrahel *K*   3 uidit *ηp.c.m2*
tempore *D*   4 profetat *G* prof(ph *Ψ*)etet *KΨ*   dicit] *add.* idem propheta haec
dicit *ADC, B* (haec dicit *in mg. m2*)   dom. adonai *C*   5 prolongabuntur *JC,*
Bp.c.m2   6 *pr.* loquar *EGJΨB*   *alt.* loquar] *sequ. ras. 2 litt. J*   7 et *s.l.m2A*
Dauid] *add.* qui *B*   et de scelestis *GaADC; add.* dicit *CΨ*   8 non tu pars *E*
tu pars non *ς*   es] *add.* doluit *s.l.m2B*   saeculi *om.KΨ*   9 fruentur *Ψ* per-
fruerentur *G*   10 scientia] *sequ. ras. 2 litt.* (et?) *J*   ipsi *ς*   11 habund. *AJDB*
12 labso *EK* lapsu *J* lapsi *Ap.r.* lapse *C*   fluctuante *EGηB*   15 supra *KADΨ*
iniquam *η*   agentes] gentes *Aa.c.m2C*   16 pecc. pac. *J*   pace *G*   17 in morte]
in ore *KΨ*   morti *ex* morte *m2η* morti *ς*   18 flagello *EGη* flagella *cet.*   labore *J*
20 tenet *B*   circumdati] operti *J*   22 sicut] quasi *B*   ex *om.Ga*   iniquitates *D*
23 adfectum (d ̇ *s.l.G*) *GaG* affectum (—tu *ηa.c.m2KD*) *cet.*   loquuti *ηKA*

sunt mala, iniquitatem in excelsum lccuti
sunt. posuerunt in caelum os suum et lingua
eorum pertransiuit super terram.

2. Nonne tibi uidetur de te omnis psalmus esse conpositus?
5 uegeto quippe es corpore et nouus antichristi apostolus, eum in
una notus fueris ciuitate et transgredieris ad aliam, non :ndiges
sumptibus, non plaga forti percuteris et cum hominibus, qui non
sunt ut tu inrationabilia iumenta, corripi non mereris. propterea elatus
es in superbiam et uestimentum tuum est facta luxuria et quasi ex
10 aruina pingui et quodam adipe eructans uerba mortifera non te
respicis esse moriturum nec umquam post expletam libidinem
paenitentia remorderis. transisti in affectum cordis et, ne tibi solus 2
uidearis errare, simulas nefanda de seruis dei nesciens, qɔd iniquitatem in altum loquaris et ponas in caelum os tuum. nec mirum,
15 si a te qualescumque serui domini blasphementur, cum patrem
familias Beelzebul uocauerint patres tui. non est discipulus super magistrum nec seruus super domi-
num. si illi in uiridi ligno tanta fecerunt, tu in me, ligno arido,

---

8 cf. Ps. 48, 13. 21   10 cf. Ps. 72, 7   12 cf. Ps. 72, 7   13 cf. Ps.
72, 8—9   15 cf. Matth. 10, 25   16 *Matth. 10, 24   18 cf. Luc. 23, 31

1 mala—2 sunt *om.Ga*   mala] nequitia *J*   iniquitate *D*   excelso *ηJB*,
Ap.c.m2   loquuti *ηK*   2 caelo *J*, *Ψa.c.*   3 pertransiuit *GaGJ* pertransiet *η*
transiuit *B* pertransiit *cet.*   4 de te] et de *C*, *om.D*   psalmus iste *B* iste psalmus *ç*   esse *om.B*   5 uegito *ηKΨ*   es *om.D*   antexpī *Eηa.c.m2,G*   6 ciu.
not. fueris *B*   et *om. codd. praeter GaADCB*   transgrederis *EGKΨ*, *Bp.c.m2*
alia *KΨ*   7 sumtibus *GaG*   percutieris *η*   cum—ium. *om.η*   8 ıt tu *in
ras. m2B; add.* uelut *ç*   eripi *η*   mireris *C*   9 es *om.η*   supe:bia *AC*
tuum] tibi *J*   est *del. m2B*, *om.ADC*   facta] foeta *uel* faeta *D* fetı *A* fętat
ex feta *m2B*   luxoria *EηJDΨ*, *Aa.c.m2*   10 aruina] sagina (a *s.l.*) ruina *G*
eructuans *KΨ* eructas *J* ructans *G*   11 post] *hic desinit prius fragm. in Ga*
post *bis E* (*corr.*) potest *G*   examplatam *Aa.c.DC* examplicatam *Ap.c.*
12 penitentiam *D*   remordens *G*   affectu *Gη*   solus tibi *J*   13 uidereris
ex uideris *m2A* uidiris *C*   errasse (*pr.* r *s.l.m2A*) *ADC*   de seru. cei nef. *B*
14 inponas *J*   15 dei *ç*   blasphemantur *J*, *Ψa.c.*   16 beelzebul *E* belzebul
ηa.c.m2K beelzebu *G* belzebub *ηp.c.m2* beezebub *D* beelzebub *cet.*   uocauerunt
AD uocauer̄ *B*   17 supra *C*   supra *C*   dom. suum *ηADC*   18 si *o-n.η*   illi
om.G   ligno uiridi *G*   in me in *G*   arido ligno *ADC*

3 quid facturus es? tale quid et in Malachia plebs scandalizata credentium de choro tuo loquitur: d i x e r u n t: u a n u s e s t, q u i
s e r u i t d e o. et q u i d p l u s? q u i a c u s t o d i u i m u s m a n-
d a t a e i u s e t q u o n i a m i u i m u s s u p p l i c a n t e s
a n t e f a c i e m d o m i n i o m n i p o t e n t i s. et n u n c 5
n o s b e a t o s d i c i m u s a l i e n o s. r e a e d i f i c a n t u r
o m n e s, q u i f a c i u n t i n i q u a. a d u e r s a t i s u n t
4 d e o e t s a l u i f a c t i s u n t. quibus postea diem iudicii dominus comminans et, quid inter iustum et iniustum futurum sit,
multo ante praenuntians ait: e t c o n u e r t i m i n i e t u i d e- 10
b i t i s, q u i d s i t i n t e r i u s t u m e t i n i u s t u m e t i n t e r
s e r u i e n t e m d e o e t n o n s e r u i e n t e m.

　　3. Haec tibi ridicula forte uideantur et, qui comoediis et lyricis
scriptoribus et mimis Lentuli delectaris — quamquam ne ista quidem tibi prae nimia cordis hebitudine intellegenda concesserim — 15
prophetarum uerba contemnas; sed respondebit tibi Amos: i n
t r i b u s e t i n q u a t t u o r i m p i e t a t i b u s n o n n e
2 a u e r s a b o r e u m? d i c i t d o m i n u s. quoniam enim
Damascus, Gaza, Tyrus, Idumaei, Ammanitae et Moabitae, Iuda
quoque et Israhel saepe ad se dei uaticinio destinato, ut agerent 20

　　　　2 *Mal. 3, 14—15   10 *Mal. 3, 18   16 *Am. 1, 3

　　　1 es *om.η*   tale quid] aliquid *J*   credendum *G*   2 choro (*ex* coro *K*) *E*
in textu, *GηKJΨ* corde *E in mg.* ore *ADC*, *B* (*ex* corde *m2*)   dix. enim *J*
3 custodibimus *D*   4 eἰ *om.η*   quia *J*   ibimus *GηKJDCΨ*, *ABa.c.m2*
5 d̄i *J*   6 beati *C*   8 d̄n̄o *G*   dom. diem iud. *B*   9 comminatus *AC* -tur *D*
sit fut. *ηKΨ*   facturum *C*   10 renuntians *ADC*   *pr. et om.B*   11 *alt. et om.*
codd. praeter KJΨB   12 d̄m η d̄n̄o *ADC*   *alt.* seru. d̄n̄o *AD*   13 et *om.C*
comediis *GJB* commoediis *A* comoedis *C* commoedis *D* comoedicis *η*   14 nimis
ηA numis *B*   lentulis *ADC* lentulae *η*   nec *AJD*   tibi quidem *AJDC*
15 prae nimia] praemia *Ga.c.ηKΨ*   ebit. *Ka.c.AC* habit. *η* ebet. *D* hebet. *ς*
16 prof. *EGKA*   contepnas *C* contempnas *A* contempnens (*tert.* n *exp.m2*) *B*
contemnes *ς*   sed *om.J*   tibi *om.ADC*   amos et *ADC*   in tribus et in]
ex *J*   17 in *om.Gη*   non *AD*   18 aduersabor *EηKΨB*   19 gaia *K*   iaza *Ψ*
tyros *η*   idomei *η* idumeae *AD* idumaea *C*   moabitas et amanite *J*   ama-
nitae (-e) *EηJ* ammonitae *C* amonitae *B*   Iuda *scripsi* iudas *EGJ*   iud(a)ei
cet.   20 et *om.A*   histrahel (*pr.* h *del.*) *K* israhelite *ηp.c.m2*   distinato *JΨ*

aliquando paenitentiam, audire contempserunt, irae suae, quam
inlaturus est, dominus causas iustissimas praefert dicens: i n t r i-
b u s e t i n q u a t t u o r i m p i e t a t i b u s n o n n e a u e r-
s a b o r e o s? sceleratum est, inquit, mala cogitare: concessi.
5 nequius excogitata uelle perficere: et hoc pro mea misericordia benignus indulsi. numquid et opere peccatum implendum fuit et mea
superbe calcanda clementia? tamen et post factum, quia malo 3
paenitentiam peccatoris quam mortem — n o n e n i m s a n i h a b e n t
o p u s m e d i c o s, s e d m a l e h a b e n t e s —, iacenti manum
10 porrigo et conspersum in sanguine suo, ut propriis fletibus luetur,
exhortor. quodsi nec paenitentiam uult agere et fractc nauigio
tabulam, per quam saluari poterat, non retentat, cogor dicere:
s u p e r t r i b u s e t q u a t t u o r i m p i e t a t i b u s n o n n e
a u e r s a b o r e u m? d i c i t d o m i n u s auersionem aestimans
15 esse pro poena, dum suae peccator relinquitur uoluntati. inde est, 4
quod peccata patrum in tertiam et quartam generationem restituit,
dum non uult statim punire peccantes, sed ignoscens primis extrema
condemnat; alioquin, si protinus scelerum ultor existeret, et multos alios et certe Paulum apostolum ecclesiae non haberent. Hieze- 5
20 chiel propheta, cuius supra fecimus mentionem, dei uerbum ad se
factum referens ait: a p e r i o s t u u m e t m a n d u c a, q u a e

2 *Am. 1, 3   7 cf. Ezech. 33, 11   8 *Matth. 9, 12   13 *Am. 1, 3
16 cf. Ex. 20, 5   21 *Ezech. 2, 8—9

1 contemps(ms G)erant GΨB contempseᵉ (p eras. J) AJ   2 praeʲeret ex
praeferit m2η profert C   3 in om.EGηJCB   non ADC   aduersabor
ηKA   4 eos ex eū B, om.KΨ   cogitare—nequius est (pro ex) s.l.m2A. om.DC
5 excogitata ηKΨ est (s.l.m2A, om.DC) cogitata cet. est male cogitata ς   uellet Ψ   6 indulsit C   impl. pecc. ς   7 superbae Ea.c.ηKJD   8 pecc.
penit. B   peccatores KAa.r.   habent opus EηJB opus habent cet.   9 medicos
GηDC,Aa.r. medicis B medico cet.   manuum D   10 porrigi C   pro r. flet.
ut G ut flet. propr. J   11 exortor GDa.c.JB   nec] ne KΨ nec sie J   uult
agere] uulgare Ka.c.m2Ψ   12 saluare η salutem consequi J   retineat J
13 et in(eras.)quattuor A   imp.] peccatis J   non ADC   14 aduersabor KΨ
eos K   aest.] dicens AD   15 suae] saepe J   uolu(m del. E)ptati Eη
16 in—generationem (ἐπὶ τρίτην καὶ τετάρτην γενεάν cod. Alex.)] in tert(c)ia et
quarta generatione (-ni D) GηKJDCΨ   restituet J   17 extrema EGB postrema cet.   18 alioqui C   protenus Ka.c.Ψ   ult. scel. B   exsisteret (ex -rit
m2η) EηK   et] cum J   19 et om.J   ecclesia Ap.r.   haberet Ap.c.
hiezechiel Eη hiezecihel G hezechihel J ezechihel A ezechiel cet.   20 se om.C

ego dabo tibi. et uidi, inquit, et ecce manus extenta ad me; et in ipsa uolumen libri. et re-
uoluit illud in conspectu meo et in eo scriptum erat a facie et retrorsum lamentum et
6 carmen et uae. prima scriptura ad te pertinet, si tamen 5
uolueris agere paenitentiam post delictum, secunda ad sanctos, qui
ad dei canticum prouocantur — non est enim pulchra lau-
datio in ore peccatoris —, tertia ad tui similes, qui de-
sperantes semet ipsos tradiderunt inmunditiae et fornicationi et
uentri et his, quae infra uentrem sunt, qui putant omnia morte finiri 10
et nihil esse post mortem et dicunt: tempestas si trans-
7 ierit, non ueniet super nos. liber ille, quem propheta
deuorat, omnis series scripturarum est, in quibus et paenitens plan-
gitur et iustus canitur et maledicitur desperanti. nihil ita repugnat
deo quam cor inpaenitens; solum crimen est, quod ueniam consequi 15
non potest. si enim ignoscitur post peccatum, qui peccare desistit,
et ille flectit iudicem, qui rogat, inpaenitens autem omnis ad iracundiam prouocat iudicantem, solum desperationis crimen est,
8 quod mederi nequeat. porro, ut scias dominum cotidie peccatores
ad paenitentiam prouocare, qui si rigidi perstiterint, de clemente 20
eum seuerum et trucem faciunt, audi Esaiae uerba dicentis: et
uocauit, inquit, dominus sabaoth in die illa
fletum et planctum et decaluationem et
accinctionem ciliciorum, ipsi uero fecerunt

---

7 *Eccli. 15, 9   11 *Esai. 28, 15   21 *Esai. 22, 12—13

1 dabo] do *J*   extensa *AJDC*   3 et in eo *om.Kη*   in eo *om.Ψ*   eo]
ipsum *A* (ipso *m2*) *DC*   4 *alt.* et *om.K*   5 prima scripta *C*   6 qui] quia *A*
7 ad] a *η*   est *s.l.m2A*   enim *om.B*   8 ore] opere *K*   tertio *J*   tui] tu *D*
9 trad. se *AD*   *pr.* et *om.η*   11 esse posse post *G*   si temp. *B*   13 omnes
Eηa.c.m2, K   14 disperanti *Ap.c.m2D* desperante *η*   15 deo *s.l.m2K*   inpaen.
est *J*   solum] *add.* hoc *s.l.m2B*   16 si] ei *Bp.c.m2*   enim] *add.* ei *Gς*
17 flectit (*seq. ras. 2 litt.*) *J* flectet *KΨ*   18 disperat. *Ep.c.m2ηKAJDCΨ*
19 medere *η* mediri *ADa.c.m2*   deum *ADC*   cottidi(a)e *GJK*   20 si *s.l.K*
rigide *AC, Da.c.m2*   persteterint *ηp.c.m2Aa.c.m2*   21 faciant *EG*   audies *Ψ*
audiens *K*   eseiae *K* isaiae *C* isayae *B*   22 uocabit *ηC*   dom. sab. *om.A*
sabaoth *om.D* sabbaoth *J*   23 ad fletum *C*   plantum *Ga.c.; add.* magnum *ADC*
decaluatione *D* declamationem *η*   *tert.* et—exult. *om.J*   et acc. *om.KADCΨ*
24 accinctiones *η*

laetitiam et exultationem mactantes uitulos
et immolantes oues, ut comederent carnes
et biberent uinum dicentes: manducemus
et bibamus; cras enim moriemur. post quas uoces 9
5 et perditae mentis audaciam scriptura commemorat loquens:
et reuelata sunt haec in auribus domini
sabaoth: non dimittetur uobis peccatum hoc,
donec moriamini. si enim peccato mortui fuerint, tunc eis
dimittetur peccatum, quod, quamdiu in peccato uixerint, non
10 dimittetur.

4. Parce, quaeso, animae tuae. crede dei futurum esse iudicium,
recordare, a quali episcopo diaconus ordinatus sis. nec mirum
quamuis sanctum hominem tamen in homine eligendo potuisse falli,
cum et deus paeniteat, quod Saul in regem unxerit et de duodecim
15 apostolis Iudas proditor sit repertus et de quondam ordinis tui
hominibus Nicolaus Antiochenus inmunditiarum omnium et Ophi-
tarum hereseos auctor extitisse referatur. non tibi illa nunc replico, 2
quod plures uirgines uiolasse narreris, quod a te nobilium uiolata
matrimonia publico caesa sint gladio, quod per lupanaria inpurus
20 et helluo cucurristi. magna quidem ista sunt pondere suo, sed
fiunt eorum, quae inlaturus sum, conparatione leuiora. rogo, quan-

---

6 *Esai. 22, 14   14 cf. I Reg. 15, 11

3 uinum *om.KΨ*   4 quas] quā *J*   uoces] oues (m *s.l.m2*) *K*   5 et *om.η*
mentis *ex* uocis *B*   commemorans *J*   loq.]dicens *ADCΨ*   6 haec *om.J*   7 dimittitur *E* remittetur *ADC*   hoc pecc. *C*   hoc *om.Ψ*   8 peccatum *η,* morti
Ga.c.m2C   eis *om.J*   9 dimittitur *ηp.c.m2B* demittetur *E, Ka.c.m2* demittitur
ηa.c.m2 dimittietur (e *eras.*) *J* remittetur *ADC*   peccatum *in mg. m2B*   pec-
cato]*hic desinit η*   10 dimittitur *EDB, Kp.c.*   11 dei]*add.* filium *JB* esse *om.J*
iudicem *JB*   12 recordari *D, Ψa.c.m2*   a quali *ex* alicui *m2A* a quo *C*
13 tamen in *om.J*   in *s.l.E*   deligendo *ç* delegendo *KΨ* diligendo *J*   14 et
deus] et deum *E, B in ras.m2* et dominum *G*   in *s.l.B, om.E*   unxit (c *eras.* A)
AD   de] in *ADCB, om.Ψ*   15 sit prod. *ç*   reppertus *GAD*   ord. quondam *J*
16 nicholaus *EKΨB*   antyoch. *A* anthioc. *JD* antioc. *B*   inmundiarum *KΨ*
immundarum *DC*   et *om.J*   ophit. *G* ophet. *E* ofit. *K* orfit. *Ψ* neophit. *JDB*
neofit. *AC*   17 refertur *KΨ*   18 stuprasse *ç*   narraris *B*   noli a te *G*
a te] ante *E*   19 publice *Kp.c.*   sunt *Ka.c.J* s̄ *B*   20 et *ex* t *G, om.J*
elluo *AD*   21 fiunt *in ras. m2B* finis *J*   lebiora *G; add.* si in uirgine sacra
sorore certa *G*

3 tum crimen est, ubi stuprum et adulterium parum est? infelicissime
mortalium, tu speluncam illam, in qua dei filius natus est et u e r i-
t a s d e t e r r a o r t a e s t et terra dedit fructum suum, de
stupro condicturus ingrederis? non times, ne de praesepe infans
uagiat, ne puerpera uirgo te uideat, ne mater domini contempletur? 5
angeli clamant, pastores currunt, stella desuper rutilat, magi adorant, Herodes terretur, Hierosolyma conturbantur et tu cubiculum
4 uirginis uirginem decepturus inrepis? paueo, miser, et tam mente
quam corpore perhorresco ponere tibi uolens ante oculos tuos opus
tuum. tota ecclesia nocturnis uigiliis Christum dominum personabat 10
et in diuersarum gentium linguis unus in laudem dei spiritus concinebat; tu inter ostia quondam praesepis domini, nunc altaris
amatorias epistulas fulciebas, quas postea illa miserabilis quasi flexo
adoratura genu inueniret et legeret; stabas deinceps in choro psal-
lentium et inpudicis nutibus loquebaris.   15

    5. Pro nefas, non possum ultra progredi. singultus prorum-
punt ante quam uerba et indignatione pariter ac dolore in ipso
meatu faucium spiritus coartatur. ubi mare illud eloquentiae
Tullianae? ubi torrens fluuius Demosthenis? nunc, nunc profecto muti essetis ambo et uestra lingua torpesceret. inuenta est 20
res, quam nulla eloquentia explicare queat. repertum est facinus,
quod nec mimus fingere nec scurra ludere nec Atellanus possit

---

2 Ps. 84, 12   3 cf. Ps. 84, 13

1 *pr.* est *ex* erit *m2A*   stuprum *ex* stuperunt *D* istuprom *K* ista promet *Ψ*
adulterum *K*   parum] p̄r̄m̄ *K*   3 horta *D*   de stupro] unde tu pro *J*
4 conditurus *Aa.c.m2JC*   timens *KΨ* time *D*   de *om.KJΨ*   praesepi *DC*
7 territur *D* territus *A*   hierosolima *B* hi(y *A*)erusolyma *AD* hierosoly(i *K*)mae
KJ hierosolimitae *Ψ*   conturbatur *ADC*   8 decept. uirg. *ς*   inrepes *K*
paueo o *AD* paue o *J*   tam—corp.] tota mente cum corp. *ADC* tam (tum *J,om.K*)
tota mente quam corp. *KJΨ*   9 perorresco *AD*   uolo *J*   11 *pr.* in *om.C*
gentilium *J*   laudem *EGK* laudes *J* laudibus *cet.*   concinnebat *A*   12 hostia *B*
quandam *K* quaedam *A* quadam *D*   altarii *Ep.c.*   13 fuciebas *C* faciebas *D*
illi *D*   quasi *om.KΨ*   flexo *ex* flexas *K*   14 et stabas *Ep.c.m2ADC*   coro *G*
16 pror. singultus *ς* lacrimae pror. *KΨ* pror. lacrimae *ADC*   17 dolere *K*
18 coortatur *G*   19 ubi—Demosthenis *om.C*   19 demost. *KAΨB* demonsth. *G*
demonst. *D* demosthenes *E*   nunc nunc *EG* nunc *cet.*   profecti *KΨ* fecto *G*
21 res *ex* rex *D, s.l. G*   nullę (e *A*) loquentia *Aa.c.m2D*   reppertum *AD*
22 minus *Aa.c.m2JC*   atellinus *G* catellanus *Ψ*

effari. moris est in Aegypti et Syriae monasteriis, ut tam uirgo 2
quam uidua, quae deo se uouerint et saeculo renuntiantes omnes
delicias saeculi conculcarint, crinem monasteriorum matribus
offerant desecandum non intecto postea contra apostoli uoluntatem
5 incessurae capite sed ligato pariter ac uelato. nec hoc quisquam
praeter tondentes nouit et tonsas, nisi quod, quia ab omnibus fit,
paene scitur ab omnibus. hoc autem duplicem ob causam ce consuetudine uersum est in naturam, uel quia lauacra non adeunt uel
quia oleum nec capite nec ore norunt, ne paruis animalibus, quae
10 inter incultum crinem gigni solent, et concretis sordibus obruantur.

6. Uideamus igitur, tu, uir bone, inter ista quid feceris. futuro
matrimonio in spelunca illa uenerabili quasi quosdam obsides accipis capillos, sudariola infelicis et cingulum, dotale pignus, re-
portas, iuras ei te nullam similiter amaturum. deinde curris ad
15 pastorum locum et angelorum desuper strepitu concinente in eadem
uerba testaris. nihil dico amplius, quod in oscula rueris, quod
amplexus sis. totum quidem de te credi potest, sed ueneratio praesepis et campi non me sinunt plus credere quam te uoluntate tantum et animo corruisse. miser! nonne, quando in spelunca cum 2
20 uirgine stare coepisti, caligauerunt oculi, lingua torpuit, conciderunt

4 cf. I Cor. 11, 5—15

1 est s.l.m2A   egypti DB aegipti (ex—pto) K aegyptiis A   siriae KΨB
syriis AD   2 qui K   se deo KADCΨ   uouerit Ja.c.m2 uoberi(n s.l.)t G
renunciat ex—ciantes J   3 dilicias Kp.c.m2D delitias Ψ   conculcarent C con-
calcarit J   4 desecundum Aa.c.m2D desecando C   intectū J intexto KΨ
contra] secundum JB   uol. ap. J   5 incessura KΨ   nec] sed nec KΨ ne E
quispiam KADCΨ   6 tundentes AJD   omnibus] hominibus Aa.c.D
7 poene AD   nescitur EBa.c., AD   8 pr. uel] ut J   lauacrum ADC   9 ne
EB, A extra lin. m2, om.Aa.c.m2DC nec cet.   a paruis ADCB   10 cultum KΨ
eutem et ADC, om.J   et om.J   obruantur E op(b J)primantur cet.   11 inter
ista tu uir bone B   quid ex quod m2A   futurā J   13 infecis Ea.c.m2 in-
ficis Ψ   reportans JB deportas KADΨ   14 iurans J   te om.J   amaturam
KJCΨ   15 strep. des. G   strepitu s.l.B (postea eadem manu del.)   concin-
nentē J concinente choro B   16 in osc. rueris] inosculaueris KC, Ψa.c.m2
ruens B   quod eras. B   17 amplexatus sis ç amplexis C   quidem] quis Ψ
18 campi] loci ç   tantum et] et tanto et (eras.) J   19 miser] miror KΨ
nonne om.J   20 caliginauerunt K   oculi tui KADCΨB

brachia, pectus intremuit, nutauit incessus? post apostoli Petri
basilicam, in qua Christi flammeo consecrata est, post crucis et
resurrectionis et ascensionis dominicae sacramenta, in quibus rursum in monasterio se uicturam spoponderat, audes crinem accipere
tecum noctibus dormiturum, quem Christo messuerat in spelunca? 5
3 deinde a uesperi usque mane fenestrae illius adsides et, quia propter
altitudinem haerere uobis comminus non licebat, per funiculum uel
accipis aliquid uel remittis. uide, quanta diligentia dominae fuerit,
ut numquam uirginem nisi in ecclesia uideris et, cum talem uterque
uestrum habuerit uoluntatem, nisi per fenestram nocte facultas 10
4 uobis non fuerit conloquendi. oriebatur tibi, ut postea didici,
sol inuito. exsanguis, marcidulus et pallidus, ut suspicione omni
careres, euangelium Christi quasi diaconus lectitabas. nos pallorem
ieiunii putabamus et exsangue os contra institutum ac morem tuum
quasi confectum uigiliis mirabamur. iam tibi et scalae, per quas 15
deponere miseram, parabantur, iam iter dispositum, decreta
nauigia, condicta dies, fuga animo perpetrata — et ecce angelus, ille
cubiculi Mariae ianitor, cunarum domini custos et infantis Christi
gerulus, coram quo tanta faciebas, ipse te prodidit.

7. O funestos oculos meos! o diem illam omni maledictione 20
dignissimam, in qua epistulas tuas, quas huc usque retinemus,
consternata mente legi! quae ibi turpitudines! quae blanditiae!
quanta de condicto stupro exultatio! hocine diaconum non dicam

1 bracchia *K*　mutauit *C*　2 cruces *Ga.c.* x̄p̄i *A*　3 in mon. rursum se *KΨ*
rursum (su:sum *AC*)se in mon. *ADC*　rursus *G*　4 sponderat *J*　crimen *KJCΨ*
accepere *K* accipere et *AD*　5 dormituram *ADCΨ, Jp.c.Ba.c.m2*—rae *ς*　quam
ADC, Ba.c.m2 quae se *Jp.c.*　miscuerat *J*　6 uesperi *E*— re *cet.*　adsedes *K*
adsedis *J* ad(s *B*)sidens *ADB*　7 nobis *C*　8 uel aliquid *J*　remittes *K*
uide] add. uel *J*　domini *GaKADCΨ ; hic incipit alt. fragm. in Ga*　fuerat *Ga*
9 numquam] add. domi *GaADC*　uideres *EAp.c.m2, KΨ* fueris *Ba.c.*　tale *J*
10 noctem *C*　11 uobis *s.l.rec.m.E*　fuit *J*　12 sol] solus *A* (us *exp.*) *D*　inuito et *G*　exanguis *GC* et sanguis *GaB*　marcidulus *EGJB* marcidus *cet.*　et
EGJB, Ks.l.m2, om. cet.　omnino careris *E*　13 pallore *J*　14 exangue *GDC*
exsanguis *Ba.c.*　contra] secundum *J*　15 mirabantur *Aa.c.C*　16 deponeris
Aa.c.m2D deponereris *KΨ*　misera *KΨ* mi *D*　inter (n *eras.*) *G* non *C*
17 praeparata *EJ* pertractata *GaADC*　angeli *D*　illi *J*　18 infanti *J, Da.c.*
20 dies *J*　illa *J* illum *ς*　21 dignissima *J* dignissimum *ς*　epist. illas tuas *Cς*
22 legi] add. o *E*　turpidines *AJ*　blandit(c *A*)ies *GaAD*　23 de condictu *G* decet
dicto *Aa.c.m2D*　hoccine (*alt.* c *eras.*) *J* hoc in *G* hocne *GaADCB* haeccine *ς*

loqui sed scire potuisse! ubi, miser, ista didicisti, qui in ecclesia te
nutritum esse iactabas? nisi quod in isdem epistulis iuras te numquam pudicum, numquam fuisse diaconum. si negare uolueris,
manus tua te redarguet, ipsi apices proclamabunt. habeto interim
5 lucrum sceleris: non possum tibi ingerere, quae scripsisti.

8. Iaces itaque aduolutus genibus meis: 'heminam', ut tuis uerbis
utar, 'sanguinis' deprecaris et — o te miserum — neglecto iudicio dei
me tantum quasi uindicem times. ignoui, fateor; quid enim tibi
aliud possem facere Christianus? hortatus sum, ut ageres paeni-
10 tentiam et in cilicio et cinere uolutareris, ut solitudinem peteres,
ut uiueres in monasterio, ut dei misericordiam iugibus lacrimis in-
petrares. at tu, bonae spei columen, excetrae stimulis inflammatus 2
factus es mihi in arcum peruersum et contra me conuiciorum sagit-
tas iacis. inimicus tibi factus sum uera dicens. non doleo de ma-
15 ledictis — quis enim nesciat nihil nisi flagitiosum tuo ore laudari? —
hoc plango, quod te ipse non plangis, quod non sentis esse te mortuum, quod quasi gladiator paratus Libitinae in proprium funus

---

6 heminam sanguinis] cf. Theodorum philosophum ap. Senecam de tran-
quill. animi 14, 3   10 cf. Matth. 11, 21; Luc. 10, 13   13 cf. Ps. 77, 57

1 potuisse] *add.* credendum *in mg. m2B*   in] *add.* ex (*eras.*) *K*   te nu-
tritum] ministrum te *B*   2 in *om.J*   hisdem *GaEKJDΨ* eisdem *Cς*   iures
GaK, A (*ex* uiris) iuris *D*   3 numquam *om.GaAD*   4 te *s.l.m2B*   redarguit
GaG   habeo *GaAD*   interim] igitur *GaAD*   5 lucrum *om.J*   ingere *J*
6 pedibus *J*   eminam *Ga* aeminam *KΨ* et minam *DC* de h(i *s.l.*)emina *J* de
ge(r *s.l. add. m2*)mi∗(*supr. ras.* nã *mut. in* ne *m2*) *A* et heminam *ς*   7 utar]
loquar *JB*   deprecaris *om.C*   o *eras.G, om.J*   te *ex* re *m2E*   misero
Ea.c.m2   8 aliud possum tibi *Cς*   9 possim *KΨ* possum *ADC* posset *J*   xрianum
ADC   ageris *ex* egeris *K*   10 *pr.* et] ut *A*   in cinere et cilicio *EΨB* cilicio
et in cinere *GaAD* in cinere et in cilicio *GK*   uolutareris] paeniteris *J*   peteris
ADa.c.   11 uenires *C* tuearis *ex* tueris *m2A*   monasterium *C*   inpetraris *K*
implorares *C*   12 ad *GaK*   excetere (excitare *p.c.m2*) *J* screte *Ga. D* (*inter* s
et c *spat. unius litt.*) secrette *ex* scrette *m2A* sorectae *C*   13 est *AD*   contra]
secundum *J*   me conu.] meam (am *exp.*) uitiorum *A*   14 iactas *ADC* (*Ga?*)
factus sum tibi *Ψ*   tibi *om.AD* (*Ga?*)   sum] es *J*   dolebo *ς*   15 nesciet *AD*
16 *pr.* te] tu *AD* (*Ga?*)   t (*eras.*) non s. esse te moriturum *J* non s. te esse moriturum *B* non te s. esse mortuum *KΨ* te non s. esse (*eras.A, om.DC*) mortuum
GaADC   17 libitinae *Ga, G* (ne *s.* nae *m2*) libidinae (a *del.*) *E* libidine (-ni
m2J) *cet.*

ornaris. amiciris linteis, digitos anulis oneras, dentes puluere teris;
raros in rubenti caluaria digeris capillos, taurina ceruix toris adipeis
3 intumescens nec, quia fracta est, inclinatur. super haec unguentis
flagras, mutas balneas et contra renascentes pilos pugnas; per
forum ac plateas nitidus et politus amator incedis. f a c i e s 5
m e r e t r i c i s   f a c t a   e s t   t i b i,   n e s c i s   e r u b e s c e r e.
conuertere, miser, ad dominum, ut ad te dominus conuertatur;
age paenitentiam, ut et ille agat paenitentiam super omnibus,
quae locutus est, malis, ut faceret tibi.

         9. Quid neglecto uulnere proprio alios niteris infamare? quid 10
me bene tibi et sedule consulentem quasi freneticus morsu laceras?
esto, ego flagitiosus sum, ut uulgo iactitas: saltem mecum age
paenitentiam; criminosus, ut insimulas: imitare lacrimas criminosi.
num mea peccata uirtutes tuae sunt? an malorum tuorum putas
solacium, si multos tui similes habeas? fluant paululum de oculis 15
lacrimae inter sericum et linteamina, quibus tibi uideris fulgidus et
formonsus: intellege te nudum, conscissum, sordidum, mendican-
2 tem. numquam est sera paenitentia. quamuis de Hierosolymis

---

    5 *Hier. 3, 3   7 cf. Zach. 1, 3   8 cf. Hier. 18, 8 . 10   18 cf. Cyprian.
adDemetr. c. 25 (p. 370, 7 sq. H.)   cf. Luc. 10, 30—34

    1 amic.—oneras *om.GaD, A (in mg. inf. m2: ad.* amicteris [et *exp. et s.l.* ci]
lineis. digitos anulis oneras)   amicteris *KJ, Am2a.c.* amicieris *Am2p.c.Ψ* lineis
Am2   oneraris *J*   pulue *Aa.c.m2D*   teres *GaAD, Ea.c.m2*   2 caruariae *B;*
hic desinit alt. fragm. in Ga   degeris *E* digneris *A a.r.C*   thoris *JB*   adipes *D*
3 quia *ex* qua *K; add.* propter libidinem ç   facta *J*   inclinaris *J* incuruatur *B*
unguenta ç   4 fraglas *GA* flagrans *D* fragrans *C*   balnea *JBp.r., C*   contra]
secundos *J*   5 fora *J*   ac] ad *KΨ* et *J*   et] ac *Cç*   polytus *A*   amator
om.J   incides *Ea.c.m2* in celis *D*   7 ad te] a te *C*   dominus] ds *AD*   conuertitur *Aa.c.* conuertetur *D*   8 ut—paenit. *om.J*   et *om.B*   10 *pr.* quid *ex* qui
m2B   neclecto *EDC, Aa.c.m2*   propr. uuln. *KΨ*   alio *C* alienos *J*   infam-
mare *A, Da.c.* inflammare *J*   11 sedulae *AJD* sedulo *GC*   freniticus *E* phre-
neticus *Cç*   laceraris *J*   12 flagitiosum *Ψ*   sim *KDΨB*   iactas *B*   saltim
KΨB, Jp.c.   agere *Aa.c.D*   13 sum crim. *J*   insimulas *EGJ* simulas *cet.*
imitari *D*   crimini *J*   14 num—sunt *om.J*   sint *KDΨ, Aa.c.m2*   15 tui]
tibi *KΨ*   16 sericum (er *in ras. m2) B* siricum *Jp.c.m2* syricum *A*   17 for-
mosus *EADp.c., JCΨB*   intellegas *C*—gam *AD*   nudum] *add.* intellege *G*
add. et *B*   concissum *ΨB*   sordidatum ç; *add.* et *s.l.m2B*   18 hierosolimis
Ka.c.Ψ hyerosolimis *J* hierusolimis *A* herusolymis *D* ierosoly(i *B*)mis *CK*

descenderis et non in itinere uulneratus — unde et Samaritanus
inpositum iumento curandumque ad stabulum referat —, sed mortuus iaceas in sepulchro, tamen et faetentem dominus suscitauit.
imitare saltem caecos illos, propter quos saluator dimittens do-
5 mum suam et hereditatem suam Hiericum uenit sedentibusque in
tenebris et in umbra mortis lux orta est. qui, postquam praeterire
dominum cognouissent, coeperunt clamare dicentes: fili Dauid,
miserere nostri. poteris et tu uidere, si sic clames, si ɜ
accitus ab eo sordida uestimenta proicias. cum conuersus
10 ingemueris, saluus eris et tunc scies, ubi
fueris. tangat modo cicatrices tuas, pertractet luminum quondam
tuorum uestigia. licet ab utero sic genitus sis et in delictis con-
ceperit te mater tua, asperget te hysopo et mundaberis, lauabit
te et super niuem dealbaberis. quid incuruus terrae haeres et totus
15 in caeno es? illa, quam decem et octo annis satanas uinxerat, ₄
postquam a saluatore curata est, caelum erecta suspexit. quod ad
Cain dictum est, tibi dictum puta: peccasti? quiesce. quid
longius recedis a facie dei et habitas in terra Naid? quid totus in salo
fluctuas nec statuis super petram pedes tuos? caue, ne et te Phinees

3 cf. Ioh. 11, 39   4 cf. Matth. 20, 30—34   5 cf. Luc. 1, 79   7 *Matth.
20, 30   9 cf. Marc. 10, 50   *Esai. 30, 15   12 cf. Ps. 50, 7—9   15 cf.
Luc. 13, 11—16   17 *Gen. 4, 7   18 cf. *Gen. 4, 16   19 cf. Ps. 39, 3

1 discenderis J descenderes Ep.c.m2   non E (del. m2) G, Ks.l.m2B (del.
m2) sis ς, om. cet.   uuln.] add. sis s.l.m2B   inde ς   alt. et] te JB, om.C
2 curandum qui KAD   ad ex ab A   referet CΨ   sed] add. et s.l.m2A, add.
si s.l.m2B, add. et si s.l.m.rec.E   3 iaces Ψ   sepulcro GCB   suscitabit
Ep.c.ADB   4 saltim KΨB, Jp.c.   quod Ea.c.m.rec.Aa.c.m2D   5 hiericho Gp.c.m2JDC hyericho A iherico B Iericho ς   sedentibusque tquibus
s.l.Am2) sedentibus A, Ja.c.DC   6 in EAD, Gs.l., om. cet.   est eis ς   8 sic
EG, om.cet.   clamaueris J   10 saluus EGJB tunc saluus cet.   scias J   11 fueris
(fu s.l.) K   modice ADCB   quondam] quod (eras.) J   12 licet] sic K si Ψ
natus JB   concepit KDCΨ, Aa.c.m2 concep B   13 pr. te ex me m2A   tua ex
mea m2A   asparget GJD   alt. te] e K   ysopo AD hyssopo Cς   munda-
ueris EAa.c.m2,D   14 quod J   curuus KAp.c., JB   in terrae (sic) K in terra JΨ
eres AD heris J   15 es EGJB iaces cet.   illa J   octo] VIIII B   sathanas B
uincxerat KΨ, Jp.c.   16 a s.l.EG   aspexit B; add. imitare s.l.m2J   ad] ut
(as.) B   17 est] sit J   quid ex qui A   18 naith Am2, B (ex nato) nain C
19 statues KJD, Aa.c.m2   super EG supra cet.   petra G   pedem tuum ADC
et scripsi de (del.) E, om. cet.   phinees EC finees cet.

cum Madianitide fornicantem siromaste configat. quid, postquam
Thamar uirginem frater et consanguineus polluisti, uersus in Abessalom occidere cupis eum, qui te et rebellantem plangit et mortuum?
5 clamat contra te sanguis Nabuthae et uinea Hiezrahel, hoc est
'seminis dei', quam in hortum uoluptatum et lasciuiae holera con- 5
uertisti; dignam de te ultionem reposcunt. mittitur tibi Helias tormenta et interitum nuntians: incuruare et sacco uestire paulisper;
poterit et de te deus dicere: u i d i s t i, q u i a r e u e r i t u s
e s t A c h a b a f a c i e m e a? n o n s u p e r d u c a m m a l i-
t i a m i n d i e b u s e i u s.   10

10. Sed forte blandiris tibi, quod a tali episcopo diaconus
ordinatus es. iam et supra dixi nec patrem pro filio nec filium pro
parente puniri. a n i m a enim, q u a e p e c c a u e r i t, i p s a
m o r i e t u r. et Samuhel habuit filios, qui recesserunt a timore
dei et abierunt post auaritiam et iniquitatem. et Heli sacerdos sanc- 15
tus fuit, sed habuit filios, qui, ut in Hebraeorum uolumine legimus,
fornicabantur cum mulieribus in tabernaculo dei et in similitudinem
2 tui inpudenter sibi dei ministerium uindicabant. unde et locus

1 cf. Num. 25, 6—8   2 cf. II Reg. 13, 14   3 cf. II Reg. 15, 1—19, 4
4 cf. III Reg. c. 21   5 cf. Onom. s. p. 28. 11; (39, 1); 51, 11   6 cf. III Reg.
21, 17—24   7 cf. III Reg. 21, 27   8 *III Reg. 21, 29   13 Ezech. 18, 4
14 cf. I Reg. 8, 1—5   15 cf. I Reg._2, 12—17, 22—25; 3. 13   18 cf.
I Reg. 4, 11

1 madianitidae K madiam(m eras.)nitide E madianite DC mazyanite A
fornicantem (m del.) E   seromaste KΨ serū asta J seroastę D sero asta A
seiromaste Cç   postquam] plus quam ADB   2 tamar Aa.c.m2B   fratrem C
et om.KΨ uersus es G   in s.l.J   abessalom E absalom C absalon J abes-
salon cet.   3 eum cupis ADC   te om.B   pr. et EGB, om. cet.   rebellante A
reuelante D   4 contra] secundum J   nabutę (-te B) ADB nabuthei J
iezrahel (i, z, r, a in ras. m2) B israhel ADC   5 quam in] et ADC   ortum
Aa.c.m2JDΨB ortus C   uoluntatum KCΨ uoluntatem Aa.c.m2D   et] in
As.l.m2D quae in C, om.Aa.c.m2ç   olera (ex—re K) KCΨB, Aa.c.m2 opera J
conuestisti G   6 de eras. J   te om.J   poscunt JB reposcit ç   elias C
7 nuncians ex nunciatis B   incurbare GJD, Aa.c.m2   saccho (h exp.) E   8 et
de te pot. dic. deus ADC   9 fuerit achab C achab fuerit AD   achab s.l.B
acab E   11 blandiaris J   12 et] ut KADCΨ, om.J   superius ADC   pr. pro
s.l.J   13 parente EKΨ patrem G patre cet.   punire AΨa.c.,C   14 mor.]
punietur J   samuel GKCΨB   15 habierunt DC   16 uoluminibus AD
18 mynisterium dei A   dei om.G

tabernaculi ipse subuersus est et propter uitia sacerdotum dei
sanctuarium destitutum. quamquam et ipse Heli, dum est nimium
lenis in filios, offendit deum; tantumque abest te episcopi tui iustitia
liberari, ut timendum sit, ne propter te de solio suo corruens
5 ὀπισθοτόνῳ pereat insanabili. si Ozas leuites arcam domini. quam
portare ipse debuerat, quasi ruentem sustentare uoluit et percussus
est, quid de te futurum putas, qui stantem arcam domini prae-
cipitare conatus es? quanto episcopus, qui te ordinauit, probabilis 3
est, tanto tu amplius detestandus, qui talem hominem fefellisti.
10 solemus mala domus nostrae scire nouissimi ac liberorum et con-
iugum uitia uicinis cantantibus ignorare. nouerat te omnis Italia,
uniuersi ante altare Christi stare ingemescebant. nec tu tam callidus
eras, ut prudenter tua uitia celares. sic exaestuabas, sic subantem
te et lasciuientem huc atque illuc rapiebat uoluptas, ut quasi quos-
15 dam triumphos palmamque uitiorum de expletis libidinibus sub-
leuares.

11. Denique inter gladios barbari et barbari mariti et mariti
potentis excubias inpudicitiae flamma te rapuit. non timuisti in illa
domo adulterium facere, in qua sine iudice laesus uir se poterat ul-
20 cisci. duceris ad hortulos, ad suburbana pertraheris, tam libere

---

2 cf. I Reg. 3, 11—14　　4 cf. I Reg. 4, 18　　5 cf. II Reg. 6, 6—3

1 et propter uit. sac.] sac. et post uit. *KΨ*　　et *om. J*　　dei] xpi *KJΨB*
2 sanct. *om.KΨ*　　destitum *Aa.c.D*; *add.* est *ADC*　　heli ipse *B*　　ipse *om.J*
eli *Aa.c.m2D*　　dum] *seq. ras.* 2 *litt. J*　　est — 3 te *om.J*　　nimium *om.KΨ*
3 abest] habet *ADC* te abest *Ψ*　　te] ut te ualeat ς, *om.GJB*　　tui] *add.* putas
s.l.m2J　　4 liberare *ADCΨ*　　5 ὀπισθ. *om. AJDC, uarie scribunt cet.*　　insanabilis
si *Ep.c.m2* insanabilis *KADΨ, Ja.c.Ba.c.m2* insanabili *C*　　ozias *GJD* ozyas *AC*
archam *B*　　6 et *om.G*　　7 archam *AB*　　8 quanto magis ς　　ord.] ordinatus
est *J*　　9 est *ex* es *m2A*　　amplius tu *B*　　tu *om.J*　　quia (a *eras.*) *A* quid *D*
hom.] honorem *Ψ*　　10 malas *J*　　nostras *J*　　11 canentibus *ADC*　　omnes
Ea.c.m2A　　12 te stare ante altare xpi stare *C* (*om. alt.* stare ς)　　ingemisc.
KDΨ, Ap.c.m2　　calidus *Aa.c.m2D*　　13 uitia tua *Ψ*　　celaris *KD, Aa.c.m2*
exaestuabas *EG* aestuabas *cet.*　　sudantem *Ka.c.Ap.c.m2Ψ* su*antem (b *eras.*
et a *in ras. m2*) *B* blandientem (entem *s.l.*) *J*　　14 te *s.l.m2J*　　uoluntas *KDΨ*
ut *ex* et *m2E*　　15 palmaque *KΨ*; *add.* inter gladios (*exp.*) *K*　　de expl. lib.
subl.] ageres de expletis *C*　　de *om.J*　　liuid. *E, om.C*　　subleuaris *KD, om.AC*
17 et barbari *om.J*　　18 potentes *Ψa.c.B, om.J*　　flamma] flammatae (tae *eras.*) *E*
20 ortulos *ADB*　　ad suborbana *D, om.AC*

et insane agis, ut absente marito uxorem te putes habere, non adul-
teram. inde per quosdam cuniculos, dum illa tenetur, erumpis,
Romam occultus ingrederis, latitas inter Samnitas latrones et ad
primum mariti nuntium, quod nouus tibi ex Alpibus Hannibal
descendisset, nauigio te credis in tuto. tanta fugae celeritas fuit, 5
ut tempestatem terra duceres tutiorem. uenis utcumque Syriam,
inde te Hierosolymam uelle transcendere et seruiturum domino
polliceris. quis non susciperet eum, qui se monachum promittebat,
praesertim ignorans tragoedias tuas et episcopi tui commendaticias
ad ceteros sacerdotes epistulas legens? at tu, infelix, transfigurabas 10
te in angelum lucis et minister satanae ministrum iustitiae simu-
labas. sub uestitu ouium latebas lupus et post adulterium hominis
adulter Christi esse cupiebas.

    12. Haec idcirco, ut totam tibi scaenam operum tuorum quasi
in breui depingerem tabella et gesta tua ante oculos ponerem, ne 15
misericordiam domini nimiamque clementiam materiam aestimes
delictorum rursum crucifigens tibimet ipsi filium dei et ostentui
habens et non legens illud, quod sequitur: t e r r a e n i m u e n i e n-
t e m s a e p e s u p e r s e b i b e n s i m b r e m e t g e n e r a n s
h e r b a m o p o r t u n a m i l l i s, a q u i b u s c o l i t u r, 20
a c c i p i t b e n e d i c t i o n e m a d e o; p r o f e r e n s a u-
t e m s p i n a s e t t r i b u l o s r e p r o b a e s t e t m a l e-

---

10 cf. II Cor. 11, 14—15   12 cf. Matth. 7, 15   18 *Hebr. 6, 7—8

    1 et insane te *ADC* te (*eras.*) et insane *J*   sane *E*   2 unde *KADCΨ*
3 comam *J*   occultius *J*   habitas *Ψ*   4 quo *KΨ*   annibal *KADΨ*   5 di-
scendisset *JΨ*   nauigium *KΨ*   in tuto (*haec s.l.m2*) in tanto *K*   tuto] tanto *A*
(-tū *m2*) *DCΨ*   tantae *A* (tuae *m2*) *D*   fugae] fuga et *Gp.c.*   celer.] *add.*
necessitas *J*   6 terram *J*   uenis *EG* uenisti *cet.*   siriam *Ψ* siria *D* in Syriam *ς*
7 uelle hierosolymam (hieru- *D* hyero- *J* hyerosolimam *A* hierosolimam *Ψ* iero-
solymam *C* iherosolimam *B*) *codd. praeter EG*   8 pollicebaris *B*   mon. se *C* se
futurum mon. *EGJ* futurum se mon. *B*   9 tragedias *GB*   et om.*AD*   10 at]
ad *K* ac *J*   autem *ADC*   11 minister]ministrum *KAJDCΨ*   sathanae *B*   semi-
nabas *KΨ*   12 hominum *B*   13 Christi om.*J*   14 et haec *AC*   idcirco] *add.*
retuli *CΨ*   dixi *J*   quas *D*   15 tabella pingerem *J*   pingerem *JB*   oculos
tuos *Cς*   16 nimiamque] in misericordiam (misericordem *m2*) quae (a *exp.*) *A*
extimes *G* existimes *ς*   17 temet ipsi *Aa.c.m2DC*   19 se om.*KADΨ*   uiuens
Aa.c.m2DC   generat *J*   21 accipiens *J*   domino *ADC*   22 spinas om.*K*
reprobata *C*   est om.*J*   maledictioni *AJDCB*

dicto proxima, cuius consummatio in conbustionem.

CXLVIII.
AD CELANTIAM.

5   1. Uetus scripturae celebrata sententia est esse pudorem, quo
gloria inuenitur et gratia, et esse rursus pudorem, qui solet parere
peccatum. cuius dicti ueritas quamquam satis ad omnium in-
telligentiam ipsa sui luceat claritate, mihi tamen nescio quomodo
in praesenti causa propius innotuit. prouocatus enim ad scriben- 2

5 cf. Eccli. 4, 25

1 cons.] *add.* fit ς in *s.l.m2A,om.D* conbustione *C* conbustionem est *J*
conbustione est *Ap.c.m2*; *add.* explicit ad sabinianum de paenitentia *E* amen
explicit epistula hieronimi ad sabinianum diaconum de paenitentiam *(sic) G*
explicit ad sabinianum cohortaturia *(sie) K*

> *B = Berolinensis lat. 18 s. XII.*
> *O = Oxoniensis Balliolensis 229 s. XII.*
> *e = Parisinus lat. 1876 s. XII.*
> *v = Sarerucensis 105 s. XII.*
> *z = Vaticanus lat. 360 s. XII—XIII.*
> *a = Sessorianus 32 (Bibl. Nat. Rom. 2093) s. XIII.*
> i^1 = *Vaticanus lat. 344 s. XV.*
> b^1 = *Casanatensis D IV 41 s. XV.*
> a^1 = *Vaticanus lat. 4279 s. XVI.*
> c^1 = *Casanatensis A II 1 s. XVI.*

*Hanc subditiuam epistulam, quam in appendice operum Paulini Nolani edidit
Guil. Hartel (CSEL XXIX 436), praebent integram* cvi^1c^1, *reliqui codd. desinunt
p. 349, 1 uerbis:* reprobetur a domino
　　　　　　　　　　　　　　　　　　　　　　　　　　i
ad celantiam *(hunc titulum deleuit m2 et in mg. adscripsit:* apocpha) *B* decnimus
ad celanam quo modo in coniugio recte et sancte uiuat *O* ieronimus ad cellantiam ne uxor maritum suum dimittat propter religionis causam sine illius consensu
e epistola hieronimi ad cellantiam. ne uxor maritum suum dimittat propter religionis causam sine illius consensu *v* epła beati hieronimi ad celantiam *z* eiusdem
ad celanciam b^1 epła beati ieronimi ad celanciam a^1 epła ihero exhortatoria ad
cellanciam et ne uxor maritum dimittet *(sic)* causa religionis sine illius consensu c^1, *titulo carent* ai^1; *Hieronymi nomen exhibent tituli in* $Oevzb^1$ (eiusdem) a^1c^1

5 sent. cel. *O*   cel. *om.* ec^1 6 inueniatur evc^1 rursum *B* prorsus evc^1
soleat evc^1 8 ipsam a^1 9 proprius $zi^1b^1a^1$ *a.c.*

dum litteris tuis, quae miris hoc a me obsecrationibus flagitabant,
diu, fateor, de responsione dubitaui silentium mihi imperantr
uerecundia. cui tamen fortissime resistebat et uim faciebat precum
tuarum fidelis ambitio pugnabatque acriter cum haesitatione mea
humilitas obsecrantis et magna quadam fidei uiolentia oris claustra 5
pulsabat. cumque sic animum in utroque nutantem cogitatio diuersa .,
3 libraret, paene pudor exclusit officium. sed me illa, quam supra
posui, sapientis sententia armauit ad depellendam inutilem uerecundiam et damnosum silentium resoluendum, cum utique ipsam
scribendi causam tam honestam uiderem esse, tam sanctam, ut 10
peccare me omnino crederem, si tacerem, illud mecum scripturae
reputans: tempus tacendi et tempus loquendi
et iterum: ne retineas uerbum in tempore salutis
et illud beati Petri: parati semper ad satisfactio-
nem omni poscenti uos rationem.   15
    2. Petis namque et sollicite ac uigilanter petis, ut tibi certam
ex scripturis sanctis praefiniamus regulam, ad quam tu ordines cursum uitae tuae et cognita domini uoluntate inter honorem saeculi
et diuitiarum illecebras morum magis diligas suppellectilem atque
ut possis in coniugio constituta non solum coniugi placere sed 20
etiam ei, qui ipsum coniugium indulsit. cui tam sanctae petitioni
tamque pio desiderio non satisfacere quid aliud est quam profectum
2 alterius non amare? parebo igitur precibus tuis teque paratam
ad implendam dei uoluntatem ipsius nitar incitare sententiis.
idem enim uerus omnium dominus ac magister, qui nos et placere 25
sibi iubet et docet, quomodo ei placere possimus. ipse itaque te

12 Eccle. 3, 7   13 *Eccli. 4, 28   14 I Petr. 3, 15   25 cf. Ioh. 13, 13

3 resistebam evc^1 5 quodam modo evc^1 fidei $om.ec^1$ 6 sic] sane evc^1
inter (in c^1) utrumque evc^1 7 uibraret Oa^1 pudoris evc^1 8 sapienti$^s_*O$
sapientie c^1 sapientie̜ (s.l. $\natural$ enter) e   pellendam evc^1 10 esse et c^1 11 omnino me z omnino $om.evc^1$ 12 loquendi et tempus tacendi ec^1 13 nec i^1 in
$om.B$ 15 possenti uos redere rationem b^1 16 uigilanter Bai^1b^1 uiolenter $cet.$
$alt.$ petis] poscis evc^1 17 sanctis $om.ec^1$ tu $om.$ ς 18 et] ut $Ovza^1$ secuti
(sic) honores b^1 honores $b^1a^1\varsigma$ 20 constituta $om.ab^1$ 21 ei $om.ec^1$ ipsum
$om.i^1$ ind. coni. vi^1 indulserit b^1 23 ergo c^1 24 dei $BOza^1$ domini $cet.$
ipsius] iam piis evc^1 25 idem est evc' et omn. dom. et mag. i^1 et $om.b^1$
placere $om.i^1$ 26 et $om.a$ placere ei $\imath^1$ ei $om.ec^1$ possumus $a\imath^1$

informet, ipse te doceat, qui interroganti in euangelio adolescenti,
quid faceret, ut uitam mereretur aeternam, diuina continuo mandata proponit ostendens nobis eius uoluntatem esse faciendam, a
quo speramus et praemia. propter quod alio testatur loco: n o n ₃
₅ o m n i s, q u i d i c i t m i h i: 'd o m i n e, d o m i n e', i n-
t r a b i t i n r e g n u m c a e l o r u m, s e d q u i f a c i t u o-
l u n t a t e m p a t r i s m e i, q u i i n c a e l i s e s t, i p s e
i n t r a b i t i n r e g n u m c a e l o r u m. quo manifeste illud
ostenditur nos non sola dei confessione tanti praemii magnitudinem
₁₀ promereri, nisi fidei iustitiae opera coniuncta sint.

3. Qualis est enim illa confessio, quae sic deum credit, ut eius
pro nihilo ducat imperium? aut ex animo aut uere dicimus: domine, domine, si eius, quem dominum confitemur, praecepta contemnimus? unde ipse in euangelio dicit: q u i d a u t e m u o c a-
₁₅ t i s m e 'd o m i n e, d o m i n e' e t n o n f a c i t i s, q u a e
d i c o? et iterum: p o p u l u s h i c l a b i i s m e h o n o r a t,
c o r a u t e m e o r u m l o n g e e s t a m e. et rursum loqui- ₂
tur per prophetam: f i l i u s h o n o r i f i c a t p a t r e m e t
s e r u u s d o m i n u m s u u m t i m e b i t, e t, s i p a t e r s u m
₂₀ e g o, u b i e s t h o n o r m e u s? e t, s i d o m i n u s e g o
s u m, u b i e s t t i m o r m e u s? ex quo apparet nec honorari
ab eis dominum nec timeri, qui eius praecepta non faciunt. unde ₃
ad Dauid expressius dicitur, qui peccatum admiserat: e t p r o n i-
h i l o d u x i s t i d e u m et ad Heli sermo fit domini: q u i
₂₅ h o n o r i f i c a t m e, h o n o r i f i c a b o e u m; q u i a u t e m
p r o n i h i l o m e h a b e n t, a d n i h i l u m r e d i g e n t u r.

---

1 cf. Matth. 19, 16—22 etc.   4 Matth. 7, 21   14 Luc. 6, 46   16 Matth.
15, 8   18 *Mal. 1, 6   23 *II Reg. 12, 9   24 *I Reg. 2, 30

1 informet et *ev*   que *a*   in eu. int. *B*   interr. *om.v*   2 uit. aet. mer.
ec¹, a a.c. mer. uit. aet. *vi¹*   3 ostendit *evc¹*   uol. eius *z*   5 mihi dicit *a¹*
6 sed—8 cael. *om.ab¹a¹*   8 illud *om.i¹*   10 fidei et *evi¹c¹*   opera iusticiẹ *B*
11 enim est *ev*   illa *om.B*   deo *evc¹*   pro nih. eius *i¹*   12 *pr.* aut] haud *ap.c.m2*;
add. quo *ec¹* quomodo *v*   *alt.* aut] ac *evc¹, om.b¹*   14 in eu. ipse *O*   autem *om.B*
15 *alt.* domine] d̄ *a*   17 eorum] erat *c¹*   19 timebit *in suspicionem uocat*
Engelbrecht timet *Bv*   sum ego (*cf. LXX*) *Oza¹* ego sum *cet., quod in sec. omnes*
praebent   20 ubi—21 sum *om.i¹*   22 dom. *om.ai¹b¹*   non *om.c¹*   unde] et *v*
23 expr. ad dauid *Oeza¹c¹*   peccatum non *i¹*   24 duxistis *a¹*   deum] dominum *eva¹c¹*   hely *Oezc¹*   fit sermo *z*   domini dicens *evi¹c¹*   26 redigintur *ec¹*

4. Et nos securo ac bono animo sumus, qui per singula quaeque
peccata inhonorantes deum clementissimum dominum ad iracundiam
prouocamus eiusque imperia superbissime contemnendo in tantae
maiestatis imus iniuriam? quid enim umquam tam superbum.
quid uero tam ingratum uideri potest quam aduersus eius uiuere 5
uoluntatem, a quo ipsum uiuere acceperis, quam illius praecepta
despicere, qui ideo aliquid imperat, ut causas habeat remunerandi?
neque enim obsequii nostri deus indiget, sed nos illius indigemus
2 imperio. mandata eius d e s i d e r a b i l i a s u p e r a u r u m
e t l a p i d e m p r e t i o s u m n i m i s e t d u l c i o r a s u p e r 10
m e l e t f a u u m, quoniam i n c u s t o d i e n d i s i l l i s
r e t r i b u t i o m u l t a. et ideo nobis irascitur, idcirco magis
illa inmensitas, illa dei bonitas offenditur, quia eum per tanti etiam
praemii detrimenta contemnimus nec solum imperia sed etiam promissa illius pro nihilo ducimus. unde saepe, immo semper illa nobis 15
domini est reuoluenda sententia: s i u i s a d u i t a m u e n i r e, s e r u a
m a n d a t a. hoc enim tota nobiscum lege agitur, hoc prophetae,
hoc apostoli docent, hoc a nobis et uox Christi et sanguis efflagitat,
qui ideo p r o o m n i b u s m o r t u u s e s t, u t, q u i u i u u n t,
i a m n o n s i b i u i u a n t, s e d e i, q u i p r o i l l i s m o r- 20
3 t(u u s e s t. uiuere autem illi non aliud est quam eius praecepta
seruare, quae nobis ille quasi certum quoddam dilectionis suae pignus
seruanda mandauit. s i d i l i g i t i s, inquit, m e, m a n d a t a
m e a s e r u a t e et: q u i h a b e t m a n d a t a m e a e t

9 *Ps. 18, 11　　11 Ps. 18, 12　　16 *Matth. 19, 17　　19 *II Cor. 5, 15
23 Ioh. 14, 15　　24 Ioh. 14, 21

1 ac] et Oza^1　animo ac bono i^1　quaeque] quoque Oa^1; add. dei evc^1
2 pecc.] praecepta evc^1　3 imperium evc^1　4 ini. imus B　5 uero om. Bv　6 accepisti i^1　9 imperii $Ozi^1a^1c^1$　mand.] add. enim $Oevza^1c^1$　illius v　10 nimis]
multum ς　dul$\bar{c}$ B　13 inm. illa] immensa evc^1　dei] cum b^1　eam $i^1a^1c^1$
cum eum ι　per tanti] imperanti b^1　14 determinata c^1　cognouimus uel
contempnimus a　nec] non evc^1　imperata v　15 ducentes ec^1　saepe, immo
semper] semper ev　feruenti animo sepe c^1　illa—sent.] illa dom. est reu. sent. O
nobis reu. est illa dom. sent. v animo (om. c^1) dom. nobis reu. sent. est ec^1　16 est
om. ς　peruenire b^1　17 mandata dei i^1　18 docent hoc ap. B, om. v　ex-
flagitat O flagitat evc^1　19 omnibus] nobis ec^1　est om. ab^1　ut om. c^1　20 illis]
ipsis c^1 eis i^1　21 est aliud vi^1a^1　22 quae] quod v　quoddam certum c^1　lectionis b^1　23 seruandum evc^1　mandauit dicens evi^1c^1　inquit om. $Oeve^1$　24 et]
at Oza^1　qui habet—seruat ea om. Oza^1

seruat ea, ille est, qui diligit me, ac rursus: si
quis diligit me, sermonem meum seruabit et
pater meus diliget eum et ad eum ueniemus
et mansionem apud eum faciemus. qui non
5 diligit me, sermones meos non seruat. grandem 4
uim obtinet uera dilectio et, qui perfecte amatur, totam sibi amantis
uindicat uoluntatem nihilque est imperiosius caritate. nos, si uere
Christum diligimus, si eius nos redemptos sanguine recordamur,
nihil magis uelle, nihil omnino debemus agere, quam quod illum
10 uelle cognoscimus.

5. Duo autem sunt genera mandatorum, in quibus clauditur
tota iustitia: prohibendi unum est, iubendi alterum. ut enim
mala prohibentur, ita praecipiuntur bona. ibi otium imperatur,
hic studium; ibi cohercetur animus, hic incitatur; hic fecisse, hic
15 non fecisse culpabile est. unde propheta dicit: quis est homo,
qui uult uitam et cupit uidere dies bonos?
prohibe linguam tuam a malo et labia tua,
ne loquantur dolum. declina a malo et fac
bonum et beatus apostolus: odientes malum, adhae-
20 rentes bono. hoc itaque duplex diuersumque praeceptum, pro- 2
hibendi scilicet et imperandi, aequo omnibus iure mandatum est.
non uirgo, non uidua, non nupta ab hoc imperio libera est. in
quouis proposito, in quouis gradu aequale peccatum est uel pro-
hibita admittere uel iussa non facere. neque uero eorum te seducat
25 error, qui ex arbitrio suo eligunt, quae potissimum dei mandata
contemnant quaeue quasi uilia ac parua despiciant, nec metuunt.

1 Ioh. 14. 23—24   15 *Ps. 33. 13—15   19 Rom. 12. 9

1 ille—me om.z   est qui] enim b¹   rursus ait euc¹   si om.i¹   2 qui i¹
5 grande b¹   6 quod a   totum c¹   amantis om.O   7 que om.eui¹c   est
om.v   8 eius nos red. eub¹c¹ eius red. nos B uos eius red. i¹ eius red. cet.   9 uelle
homini c¹   agere om.i¹   ipsum i¹   11 claud.] clam dicitur e   12 sicut euc¹
13 otio(o exp.)ū a odium eoni. Vallarsius   operatur BOai¹a¹   14 tert. hic] bi euc¹
quart. hic] illic i¹   15 unde—quis est om.euc¹   unde et ç   16 uult] uelis
euc¹   cupis euc¹   dies uidere i¹c¹   17 labia tua] linguam tuam c¹   19 apostolus ait euc¹   mala a¹   21 aequo] ex quo a¹   22 libera] secura euc¹   25 qui
s.l.B   quae pot. dei] ut euc¹   mandata dei B   26 contemnant] faciant ç
quae uel euc¹ que uere (re eras.) a   ac] uel eu et i¹c¹   despiciunt Beue¹

ne secundum diuinam sententiam minima contemnendo paulatim decidant.

6. Stoicorum quidem est peccatorum tollere differentiam et delicta omnia paria uindicare nec ullum inter scelus et erratum discrimen facere. nos uero, etsi multum inter peccata distare 5 credimus, quia et legimus, tamen satis prodesse ad cautionem 2 dicimus etiam minima timere pro maximis. tanto enim facilius abstinemus a quocumque delicto, quanto illud magis metuimus, nec cito ad maiora progreditur, qui etiam parua formidat. et sane nescio, an possimus leue aliquod peccatum dicere, quod in dei contemptum 10 admittitur. estque ille prudentissimus, qui non tam considerat, quid iussum sit, quam illum, qui iusserit, nec quantitatem imperii, sed imperantis cogitat dignitatem.

7. Aedificanti itaque tibi spiritualem domum non super leui- tatem arenae sed supra soliditatem petrae innocentiae inprimis 15 fundamenta ponantur, supra quae facilius possis arduum culmen iustitiae erigere. maximam enim partem aequitatis impleuit, qui nulli nocuit, beatusque est, qui potest cum sancto Iob dicere: nulli nocui hominum; iuste uixi cum omni- 2 bus. unde audenter ac simpliciter loquebatur ad dominum: 20 quis est, qui iudicetur mecum? id est: quis tuum

---

1 cf. Eccli. 19. 1   14 cf. Matth. 7, 24—27 etc.   19 cf. Hiob 27, 6 21 Hiob 13, 19

1 nec *a*   praesentiam *ab¹a¹* ***sentiam (sententiam *p.c.*) *O* praescientiam *B* 3 est quidem *i'*   4 omnia paria] prauis omnia *ec¹*   uindicare (*s.l. ad* iudicare) *a¹* iudicare *vi¹b¹*   err.] iratum *ec¹* iram *v*   5 discr. facere *om.O* dist. int. pecc. *evc¹* 6 quia] quod *O* qui *za¹*   ad caut. prod. *i¹*   7 timere pro maximis cauere *b¹* pro maximis cauere *i¹*   pro maximis (*s.l. ad* pro summis) *a¹* proximis *z*   8 a quoc. del. *om.c¹*   cumque—illud *om.c*   quanto] quo *vc¹*   magis illud maius *c¹*   10 pos- sumus *ai¹*   aliquod leue *B*   contemptu *Ba.c.m3ev*   11 admittatur *O*   ille *om.evc¹*   quid] quod *v*   12 iustum *Ba*   13 diuinitatem *ec¹*   14 edificante *v* tibi *om.evc¹*   spiritalem *i¹* s̄palem *Ba*   super] supra *evc¹*   lenitatem *Ba* 15 haren(a)e *ev* harere *b¹*   sed *ex* et *a*   supra] super *i¹a¹*   petrae sol. *evc¹* 16 fundamentum ponatur *evc¹*   super *ç*   quae] quam *v* quod *ç*   possis] ualeat messis *evc¹*   iust. culmen surgere *evc¹*   17 maxime *B*   18 que est *om.evc¹* sancto] beato *BO*   19 hominum nocui *ec¹*   20 audacter *vc¹*   ac] et *vi¹a¹*   dom.] eum *evc¹*   21 est ille *ç*   iudicet me *evc¹*   id est quis tuum] conquestum *ev* conquestus *e'*   suum *ab¹*

aduersum me potest implorare iudicium, ut se laesum a me conuincat? purissimae conscientiae est secure canere cum propheta:
perambulabam in innocentia cordis mei, in
medio domus meae, unde idem alibi dicit: non frau-
5 dabit deus bonis eos, qui ambulant in innocentia. itaque malitiam, odium atque inuidiam, quae uel ma- 3
xima uel sola semina sunt nocendi, Christiana a se anima pro-
pellat neque manu tantum aut lingua sed corde quoque custodiat
innocentiam nec modo opere, sed uoto etiam nocere formidet.
10 quantum enim ad peccati rationem pertinet, nocuit et qui nocere
disposuit. multi nostrorum illud absolute atque integre definiunt 4
innocentem, qui ne in eo quidem nulli noceat, quod prodesse desistat.
quod si uerum est, tum demum laetare de innocentiae conscientia,
si, cum potes adiuuare, non desinas; sin uero diuisa inter se ista
15 atque distincta sunt aliudque est non nocere, quod semper potes,
aliud prodesse, cum possis, aliud malum non facere, aliud operari
bonum, illud tibi rursus occurrat non sufficere Christiano, si unam
iustitiae partem impleat, cui utraque praecipitur.

8. Neque enim debemus ad multitudinis exempla respicere,
20 quae nullam morum disciplinam sequens, nullum uiuendi tenens
ordinem non tam ratione ducitur, quam quodam impetu fertur.
nec imitandi nobis illi sunt, qui sub Christiano nomine gentilem

3 Ps. 100, 2   4 *Ps. 83, 12

1 potest impl.] implorabit *B*   ut] et *evc*¹   a me esse *evc*¹   2 secure]
seq. ras. 3—4 litt. B   cum *om.a*   4 meae] tue *a*¹   idem *om.ec*¹   fraudabit
*Oec*¹—uit *cet.*   5 eos deus bonis *vi*¹   bonis *om.BO*   6 inu. od. atque malit. *evc*¹
maxia *O; add.* sunt *c*¹   7 sunt sem. *ec*¹ seminaria *v*   a se] *add.* anima a se *b*¹
prop. anima *i*¹   9 opere modo *ç*   uoto] uoce *ex* uoco *B*   formidat *i*¹   10 et
qui] qui et *c*¹ qui *Oevz*   11 nostr.] nomen *evc*¹   abs. illud *B*   illum *Oza*¹
difiniunt *e* diffiniunt *Ozai*¹*b*¹*a*¹*c*¹   12 innoc. *om.ai*¹*b*¹   nec *evc*¹,*om.i*¹   uulli *a*
ulli *Oç* non ulli *b*¹   noceāt *ap.c.m2*   quo *ec*¹   desistāt *ap.c.m2*   13 est
uerum *vi*¹   14 desinat *B*   sin] si *eva*¹*c*¹   ista *om.evc*¹   15 quod *om.a*
16 malum *om.ec*¹   17 rursum *i*¹*c*¹   occurrit *evc*¹   xpianum *e*   un. part.
iust. *ec*¹ part. un. iust. *vi*¹   18 iust. *del. Hartel*   cui] cum *v*   utrumque
*Bevc*¹   precipiatur *v*   19 debemus *om.ai*¹*b*¹   multitudinem *vc*¹; *add.* debes
s.l.m2a   exempla] hominum malam (mala *e*) *evc*¹   20 quae] qui *ec*¹,*om.v*
nullam—sequens *om.evc*¹   nulla *i*¹   morum *ç* horum *codd.*   tenet *ec*¹,*om.i*¹
21 tam *om.B*   22 uobis *a*   illi *om.ec*¹   sub *om.B*   gentilium *evc*¹

uitam agunt et aliud professione, aliud conuersatione testantur
atque, ut apostolus ait, d e u m   c o n f i t e n t u r   s e   n o s s e,
2 f a c t i s   a u t e m   n e g a n t.   inter Christianum enim atque
gentilem cum fides tum debet etiam uita distinguere et diuersam
religionem per diuersa opera monstrare.   n o l i, ait apostolus, i u- 5
g u m   d u c e r e   c u m   i n f i d e l i b u s.   q u a e   e n i m   p a r t i-
c i p a t i o   i u s t i t i a e   c u m   i n i q u i t a t e   a u t   q u a e
s o c i e t a s   l u c i   a d   t e n e b r a s?   q u a e   a u t e m   c o n-
u e n t i o   C h r i s t i   a d   B e l i a l   a u t   q u a e   p a r s   f i d e l i
c u m   i n f i d e l e?   q u i   a u t e m   c o n s e n s u s   t e m p l o 10
d e i   c u m   i d o l i s?

9. Sit ergo inter nos atque illos maxima separatio. distingua-
tur certo discrimine error et ueritas. illi terrena sapiant, qui caelestia promissa non habent, illi breui huic se uitae totos implicent,
qui aeterna nesciunt, illi peccare non metuant, qui peccatorum 15
impunitatem putant, illi seruiant uitiis, qui non sperant praemia
2 futura uirtutum. nos uero, qui purissima confitemur fide omnem
hominem manifestandum esse ante tribunal Christi, u t   r e c i-
p i a t   u n u s q u i s q u e   p r o p r i a   c o r p o r i s,   p r o u t
g e s s i t,   s i u e   b o n u m   s i u e   m a l u m,   procul esse debe- 20
mus a uitiis. q u i   e n i m   s u n t   C h r i s t i,   c a r n e m   s u a m
c r u c i f i x e r u n t   c u m   u i t i i s   e t   c o n c u p i s c e n t i i s.
nec turbam sequantur errantem, qui se ueritatis discipulos confitentur.

---

2 *Tit. 1, 16   5 *II Cor. 6, 14—16   18 *II Cor. 5, 10   21 Gal. 5, 24

---

2 ait ap. *O*   se confitentur e*i*¹*c*¹   3 enim atque] et *vc*¹   4 gent.] *add.*
uitam agunt (*del.*) α   cum] tum *Oza*¹ non e*vi*¹*c*¹   fides (s *exp.*) α   tum *exp.*α
tantum e*vi*¹*c*¹   debet] *add.* sed e*vi*¹*c*¹   5 nolite e*vi*¹*c*¹   6 part. enim α
7 iust. *om.i*¹   aut quae—Bel. *om.ab*¹   9 fidelis *b*¹   10 infideli *Ovai*¹*b*¹*c*¹   quis *B*
autem *om.i*¹   templi *i*¹   11 dei *om.i*¹   12 sit ergo] si autem e*vc*¹   inter]
in *b*¹   nos] uos *i*¹   atque] et *Bvai*¹*c*¹   distinguitur e*vc*¹ disiungitur *Ba.e.*ς
13 sapiunt *BOvza*¹*c*¹   14 huic se uitae e*v* uitae huic se *c*¹ huic uitae se *cet.*
15 qui et (et *exp.* α) *Ba*   terrena *i*¹   (a)eternam nesciunt uitam e*vc*¹   metuunt
zp.c.   16 seruiunt *zp.c.*   fut. praem. a*i*¹*b*¹   17 uero *om.ec*¹   19 corp. sui *Bvai*¹*c*¹
21 uitiis] *add.* dicente apostolo e*vi*¹*c*¹   enim] autem e*c*¹   xpi sunt *v*ς   23 se-
q(e)untur *Oevza*¹ sequitur *c*¹

10. Duas certe conuersationis uias et distincta in diuersum itinera uiuendi in euangelio saluator ostendit: q u a m, inquit, s p a t i o s a   u i a,   q u a e   d u c i t   a d   m o r t e m,   e t   m u l t i s u n t,   q u i   i n t r a n t   p e r   e a m, et rursum: q u a m   a r t a 5 u i a,   q u a e   d u c i t   a d   u i t a m,   e t   p a u c i   s u n t,   q u i i n u e n i u n t   e a m. uide, quanta inter has uias separatio sit 2 quantumque discrimen. illa ad uitam, haec tendit ad mortem, illa celebratur et teritur a multis, haec uix inuenitur a paucis; illa enim uitiis per consuetudinem quasi decliuior ac mollior et uelut 10 quibusdam amoena floribus uoluptatum facile ad se rapit commeantem multitudinem, haec uero insueto calle uirtutum tristior atque horridior ab his tantum eligitur, quibus non tam delectatio itineris cordi est quam utilitas mansionis. asperam enim nobis et insuauem uirtutum uiam nimia effecit consuetudo uitiorum, quae 15 si in partem alteram transferatur, i n u e n i e t, sicut scriptura dicit, s e m i t a s   i u s t i t i a e   l e u e s. ponamus ergo iam rationem 3 uitae nostrae et, per quam potissimum gradiamur uiam, conscientia teste discamus. omne enim, quod agimus, omne, quod loquimur, aut de lata aut de angusta uia est. si cum paucis angustum iter et 20 subtilem quandam semitam inuenimus, ad uitam tendimus; sin uero multorum comitamur uiam, secundum domini sententiam imus ad mortem.

---

2 *Matth. 7, 13   4 *Matth. 7, 14   15 *Prou. 2, 20

1 conuersionis O diuerso euc^1 2 itinere c^1 salu. in eu. i^1 ost. dicens euc^1 inquit] lata (laeta c^1) et ec^1 3 uia est c^1 5 uia] uia et angusta est ui^1 et angusta uia est cc^1 6 inueniant a^1 separacio inter has uias B 7 que $om.euc^1$ uitam] mortem i^1 haec] ista eu istam c^1 ad mortem tendit euc^1 mortem] uitam i^1 8 celebr. a pluribus euc^1 teritur] tenetur euc^1 9 uitiis] $add.$ quasi $BOzaa^1$ procliuior v 10 commeantium evi^1c^1 12 horr. uidetur euc^1 tantum ab his a diligitur euc^1 13 enim $om. c^1$ nobis $om.$ Bab^1 14 suauem B efficit a facit eva^1c^1 uit. cons. ev 15 non transferatur ev transferas i inueniat ab^1 inuenies i^1 inuenietur ec^1 16 semita euc^1 semitam i^1 leuis euc^1 lenem i^1 iam ergo e rat. iam i^1 rationes b^1 17 et $om.ec^1$ quam] quod $Bp.c.$ potissime a^1 uiam] iter B 18 discimus euc^1 enim $om.ec^1$ quodcumque euc^1 omne quod—lata $om.c^1$ omne quod loquimur $om.e$ 19 si $ui^1, a^1a.c.$ 21 comit.] comitum imus $Lebrun$ comitum comitamur $Hartel$

11. Si igitur odio atque inuidia possidemur, si cupiditati et auaritiae cedimus, si praesentia commoda futuris praeferimus, per spatiosam uiam incedimus; habemus enim ad haec comitem multitudinem et late similium stipamur agminibus. si iracundiae libidinem explere uolumus, si iniuriam uindicare, si maledicenti maledicimus et aduersum inimicum inimico animo sumus, aeque cum plurimis ferimur. si uel adulamur ipsi uel adulantem libenter audimus, si uero gratiam ⟨non⟩ impendimus et magis offendere timemus animos hominum quam non ex animo loqui, de multorum item uia sumus. tot nostri socii, quot extranei ueritatis. at e contrario, si ab his omnibus uitiis extranei sumus, si purum ac liberum praesentamus animum et omni cupiditate calcata solis studemus diuites esse uirtutibus, per angustam uiam nitimur. conuersatio enim ista paucorum est estque perrarum atque difficile idoneos itineris comites reperire. quin etiam multi hac ire se simulant et per diuersa errorum diuerticula ad uiam multitudinis reuertuntur. adeo timendum est, ne, quos duces recti huius itineris habere nos credimus, eos comites habeamus erroris.

12. Si igitur inueniuntur exempla, quae nos per hanc ducant ad uitam et rectum euangelii tramitem teneant, sequenda sunt; sin uero ea uel deficiunt uel deficere putantur, apostolorum forma

5 cf. I Petr. 2, 23

1 ergo ς   cupiditate et(atque e) auaritia evc^1 2 cedimur vc^1 credimus ˉ¹
3 inc. uiam evc^1 hoc i^1 comitum evc^1 4 iracundiam vi^1c^1—dia e   lib.
expl.] expl. si lib. v libidinemque i^1 5 implere i^1 uindicamus ς   remaledicimus c^1 6 aduersus evc^1 simus a^1 pluribus evc^1 7 audiuimus b^1
8 uerum gratia $Bp.c.$ uero gramen $aa.c.$ uerum dicere gratia evc^1 non *addidi*,
om. codd.   impedimus b^1 -mur evc^1; *add.* hominum c^1 tim. hom. an. a^1 an. hom.
tim. i^1b^1 tim. homines evc^1 9 de] domino evc^1 uias imus evc^1 10 nostri
sunt ς   ocii a^1 at *om.*evc^1 11 *pr.* si *om.*v omnibus his a^1 omnibus *om.*Oz
sum. extr. vi^1b^1 extr.] uacui ec^1 praestamus an. evc^1 an. praestamus ς
14 paucorum ista ab^1 *pr.* est *om.*ab^1 perrarum] *add.* est i^1 rarum b^1 idoneos] unius ev et unius c^1 huius itineris evi^1c^1 15 repp. B reperit ab^1 hac]
add. uia v et] ac b^1 16 reu.] diuertuntur a^1 ideo evc^1 ideoque i^1 17 huius
recti i^1 19 hanc] *add.* uiam Ba (*sed cf. lin. 15* hac)   ducunt B   20 ad uitam]
uiam evc^1 uiam ad uitam *Hartel*   21 definiunt ev diffiniunt c^1 definere c^1 definire e   putant evc^1

uniuersis proposita est. clamat uas electionis nosque quasi ad angustum hoc iter conuocans dicit: i m i t a t o r e s   m e i   e s t o t e
s i c u t   e t   e g o   C h r i s t i.   certe — quod est amplius omnibus —
ipsius domini relucescit exemplum, qui in euangelio ait: u e n i t e
5 a d   m e   o m n e s,   q u i   l a b o r a t i s   e t   o n e r a t i   e s t i s,
e t   e g o   u o s   r e q u i e s c e r e   f a c i a m.   t o l l i t e   i u g u m
m e u m   s u p e r   u o s   e t   d i s c i t e   a   m e,   q u i a   m i t i s
s u m   e t   h u m i l i s   c o r d e.   si periculosum est imitari illos, 2
de quibus dubitas an imitandi sint, hunc certe imitari tutissimum
10 est atque eius uestigia insequi, qui dixit: e g o   s u m   u i a,   u e r i-
t a s   e t   u i t a.   numquam enim errat imitatio, quae sequitur
ueritatem. unde et sanctus Iohannes: q u i   d i c i t   s e, inquit, i n
C h r i s t o   m a n e r e,   d e b e t,   s i c u t   i l l e   a m b u l a u i t,
e t   i p s e   a m b u l a r e.   beatus Petrus ait: C h r i s t u s   p r o 3
15 n o b i s   p a s s u s   e s t   u o b i s   r e l i n q u e n s   e x e m p l u m,
u t   s e q u a m i n i   u e s t i g i a   e i u s,   q u i   p e c c a t u m
n o n   f e c i t,   n e c   i n u e n t u s   e s t   d o l u s   i n   o r e   e i u s.
q u i,   c u m   m a l e d i c e r e t u r,   n o n   m a l e d i c e b a t,
c u m   p a t e r e t u r,   n o n   c o m m i n a b a t u r,   t r a d e b a t
20 a u t e m   i u d i c a n t i   s e   i n i u s t e,   q u i   p e c c a t a   n o s t r a
i p s e   p e r t u l i t   i n   c o r p o r e   s u o   s u p e r   l i g n u m,   u t
p e c c a t i s   m o r t u i   i u s t i t i a e   u i u e r e m u s.

13. Cesset omnis excusatio errorum, auferantur peccandi foeda
solacia. nihil omnino agimus, qui nos per multitudinis exempla

1 cf. Act. 9, 15   2 I Cor. 4,16. 11,1   4 *Matth. 11, 28—29   10 *Ioh. 14, 6
12 *I Ioh. 2, 6   14 *I Petr. 2, 21—24

1 cunctis c^1 posita ec^1 elect. paulus evi^1c^1 nos quoque ua^1 nobisque ec^1
hoc iter angustum i^1 2 hac iter c^1 iter hoc v iter hac c conuocat z commeans ec^1
incitans v uocans a; add. et i^1 dicens z 3 sic i^1 omnibus $om.a$ 4 relucet
ei^1c^1 edocet v ait in euangelio c 5 omnes $om.i^1$ honerati BGa 6 uos
req. faciamus a^1 req. faciam uos vi^1 reficiam uos c uos reficiam c^1 tollite—uos
$om.i^1$ 7 et discite a me $om.B$ 8 ill. imit. i^1 10 est $om.ab^1$ sequi vi^1c^1
qui $om.B$ uer. et uita] et uer. Bb^1, a (et $s.l.$)   11 imitatione (imitatio a) qui
$Ozaa^1$ imitator qui b^1 qui ς 12 sanctus] apostolus vi^1, $om.Oza^1$ Iohannes]
add. ait evc^1 add. dicit Ozi^1a^1 inquit $om.evi^1c^1$ 14 et beatus evi^1c^1 xps enim B
15 nobis] uobis $Beab^1$ uobis $om.B$ 17 dol. inu. est ez est inu. dol. v inu. dol.
($add.$ est $s.l.$) O 18 male dixit $i^1p.c.m2$ 20 enim za^1 quia a uestra ai^1
21 pert. ipse a^1 ipse $om.i^1$ 22 uiuamus evi^1c^1 23 foeda pecc. i^1

defendimus et ad consolationem nostri aliena saepe numerantes
uitia deesse nobis dicimus, quos debeamus sequi. ad illius exemplum mittimur, quem omnes fatemur imitandum. atque ideo praecipua tibi cura sit legem nosse diuinam, per quam putes quasi praesentia cernere exempla sanctorum et, quid faciendum, quid uitandum 5
sit, illius consilio discere. maximum enim ad iustitiam auxilium
est implere diuinis eloquiis animum et, quod opere exequi cupias,
2 semper corde meditari. rudi adhuc populo et hominibus ad oboe-
dientiam insuetis per Moysen imperatur a domino, ut in signum
memoriae, qua praecepta domini recordentur, per extremitates 10
uestimentorum fimbrias habeant easque cocco hyacinthini coloris
insigniant, ut etiam casu huc illucue respicientibus oculis mandatorum caelestium memoria nascatur. de quibus fimbriis pharisaei
denotantur a domino, quod eas peruerso usu non ad commonitionem
praeceptorum dei sed ad ostentationem sui habere coeperint, ut 15
scilicet quasi de maioris obseruationis diligentia sancti a populo
iudicarentur.

14. Tibi uero seruanti non iam litterae praecepta sed spiritus
diuinorum mandatorum memoria spiritualiter excolenda est, cui
non tam frequenter recordanda sunt praecepta dei quam semper 20
cogitanda. sint ergo diuinae scripturae semper in manibus et
iugiter mente uoluantur. nec sufficere tibi putes mandata dei

8 cf. Num. 15, 37—40 etc.   14 cf. Matth. 23, 5

1 nostram vi^1 2 sequi deb. c^1 3 mittimus $Bzaa^1$ nitamur e vc^1 tibi
praec. ab^1 praecipue v 4 putes] potes b^1 possis evi^1c^1 5 et om.vi^1 quid
uit. sit] sit quidue uit. evi^1c^1 quidue uit. sit $Hartel$ 6 disce vi^1 maxime ei^1c^1
enim—est om.evi^1c^1 est om.B 8 semper] sed a meditare vi^1 omnibus O
9 ut] et v 10 quae v q (= quot) z extr.] singulas evi^1c^1 11 habentes v
easque] cum ς, om.e v coco za^1 toto Bab^1 tota e torta i^1c^1, om.v iacinthini e
iacintini ab^1a^1 iacinctini cet.   12 signiant b^1 insignia evi^1c^1 huc illucque
casu e c^1 illucue Oza^1 illucque cet.   mand.—19 diuin. om.v 13 farisei B 14 de-
not.] redarguuntur ei^1c^1 usu et O 15 praec.—ostent. om.e c^1 ostentionem i^1
ceperunt ab^1 ce(ce e)perant e i^1c^1 16 maioribus obseruationibus e c^1 dilig. om.e c^1
populis e c^1 18 uero] add. iam a iam seru. non b^1 seruandi i^1 iam] tam
i^1, om.e c^1 precepta littere c^1 19 spalter Ba est] sit i^1 20 domini
è vi^1c^1 21 recogitanda (re exp. e) evi^1c^1 sint $in mg$. B, om.Oza^1 manibus
t uis O 22 in mente ς ne e ιc^1

memoria tenere et operibus obliuisci, sed ideo illa cognosce, ut
facias, quicquid faciendum didiceris. non enim auditores
legis iusti sunt apud deum, sed factores legis
iustificabuntur. latus quidem et immensus diuinae legis 2
5 campus extenditur, qui diuersis testimoniis ueritatis uelut caelestibus quibusdam floribus uernans mira oblectatione legentis animum
pascit ac refouet, quae cognoscere omnia secumque reuoluere
semper ingens ad conseruandam iustitiam beneficium est, sed quasi
ad compendiosum locum quoddam commonitorium illa tibi euan-
10 gelii eligenda sententia est et superscribenda cordi tuo, quae ad
totius iustitiae breuiarium dominico ore profertur: omnia,
quaecumque uultis ut faciant uobis homines,
haec et uos facite illis. cuius praecepti uires exprimens 3
iungit ac dicit: haec est enim lex et prophetae.
15 infinitae namque sunt species partesque iustitiae, quas non modo
stilo persequi sed cogitatione etiam capere difficillimum est, quas
omnes una hac breui sententia comprehendit et latentem hominum
conscientiam secreto animi iudicio aut absoluit aut damnat.

15. Ad omnem igitur actum, ad omne uerbum, ad omnem etiam
20 cogitatum haec sententia retractetur, quae tibi quasi speculum
quoddam paratum et ad manum semper positum qualitatem tuae
uoluntatis ostendat atque etiam uel de iniusto opere coarguat uel
de iusto laetificet. quotienscumque enim talem in alterum habueris
animum, qualem in te ab altero seruari cupis, aequitatis uiam tenes;
25 quotiens uero talis erga alterum fueris, qualem in te uis neminem,
iter iustitiae reliquisti. en totum illud arduum diuinae legis totum- 2

---

2 Rom. 2, 13   11 . 14 *Matth. 7, 12

1 oper.]moribus v cognoscere Et^1c^1 4 quidam O imm. est evc^1 5 qui]
que evc^1 et uelut ec^1 quib. ‹ael. e testibus quib. c^1 7 atque b^1 omnia
semper cogn. vi^1 semper reuoluere ec^1 8 semper $om.vi^1$ 9 locum $om.evc^1$
10 elegenda est sent. a et superscr.—totius] et super astucias v quae super a-
stutius e que superans totius c^1 11 domini evi^1c^1 13 cuius—dicit $om.ç$
uiris e iuris vc^1 expr.—proph. $om.evc^1$ 14 ac] et a $a.c.m2$ est $om.i^1$
15 namque $om.ec^1$ 16 prosequi ea^1c^1 17 breui hac (ac a^1) una Oza^1 ac
$eai^1b^1a^1c^1$ breuis evc^1 19 $pr.$ ad omnem—26 reliquisti $om.evc^1$ auctum B
omne] omnem a 20 per spec. Oza^1 22 ac i^1 iusto i^1 redarguat i^1
23 alterum] altum a 24 ab altero in te i^1 26 dereliquisti $ç$ illud $cm.evc^1$
diu. leg. ard. cvi^1c^1

que difficile, en ob quam dura imperia domino reclamamus et dicimus nos uel difficultate uel impossibilitate mandatorum premi.
nec sufficit, quod iussa non facimus, nisi etiam iubentem iniustum
pronuntiemus, dum ipsum aequitatis auctorem non modo dura et
ardua, sed impossibilia etiam praecepisse conquerimur. o m n i a, 5
inquit, q u a e c u m q u e   u u l t i s   u t   f a c i a n t   u o b i s
3 h o m i n e s,   h a e c   e t   u o s   f a c i t e   i l l i s. coniungi uult
inter nos atque conecti per mutua beneficia caritatem omnesque
homines uicario inter se amore copulari, ut id unoquoque praestante
alteri, quod sibi ab omnibus praestari uelit, tota iustitia et praecep- 10
tum hoc dei communis sit utilitas hominum. et — o miram dei clementiam, o ineffabilem dei benignitatem! — praemium nobis pollicetur, si nos mutuo diligamus, id est, si nobis ea praestemus inuicem,
quorum uicissim indigemus; et nos superbo simul et ingrato animo
eius renitimur uoluntati, cuius etiam imperium beneficium est. 15

16. Nulli umquam omnino detrahas et aliorum uituperatione
te laudabilem uideri uelis, magisque tuam uitam ornare disce quam
alienam carpere. ac semper scripturae memor esto dicentis: n o l i
d i l i g e r e   d e t r a h e r e,   n e   e r a d i c e r i s. pauci admodum
sunt, qui huic uitio renuntient, rarumque inuenias, qui ita inrepre- 20
hensibilem suam uitam exhibere uelit, ut is non libenter re-
prehendat alienam. tantaque huius mali libido mentes hominum
inuasit, ut etiam, qui procul ab aliis uitiis recesserunt, in istud

---

5 *Matth. 7, 12   12 cf. Luc. 6, 35   18 *Prou. 20, 13

1 ob quam] ob quae(e) Ob^1 ob quam causam i^1 inquam cc^1 dura] *add.*
uel que a domini b^1 2 pre(ae)mii $B, a\,a.c.$ 3 nec] non O 5 etiam imposs.
evi^1c^1 6 quaec. inquit c^1 inquit *om.a*   quae B 8 omn.—cop. *om.v*   9 homines *om.O*   10 ius ista $Ba.c.a$ uis ista b^1 uita iusta O iusta za^1 11 hoc] hoc
est ei^1, *om.v*   dei] domini v utilitatis Bb^1 et *om.v*   clementiam domini
(*s.l.* dei i^1) evi^1c^1 *alt.* dei *per errorem Hartel om.*   12 dei *om.eva*^{1} uobis
B, *om.i*^{1} 13 mutuo] inuicem evi^1c^1 *alt.* si *om.v*   nobis *om.i*^{1} 14 superbissimo
evi^1c^1 15 eius *om.a*^{1} etiam *om.Bevi*$^1c^1$ 16 et] nec evi^1c^1 17 uitam
tuam aa^1 ordinare evi^1c^1 18 ac] et evc^1 19 admodum] etenim Oza^1
20 rar̄q; B raroque evi^1c^1 inuenies $Bevi^1c^1$ uit. suam irrepr. ς 21 suam
om.c^1 exibere B exhiberi Ozb^1a^1 uelint evi^1c^1 is] his Ba, *om.evi*$^1e^1$
reprehendant evi^1c^1 22 aliena BOz 23 etiam] et v, *om.b*^{1}

tamen quasi in extremum laqueum diaboli incidant. tu uero ita hoc 2
malum effuge, ut non modo ipsa non detrahas, sed ne alii quidem
detrahenti aliquando credas nec obtrectatori auctoritatem de consensu tuo tribuas eiusque uitium nutrias annuendo. n o l i, inquit
5 scriptura, c o n s e n t a n e u s esse cum derogantibus
a d u e r s u m p r o x i m u m t u u m et non accipias super
i l l u m peccatum et alibi: sepi aures tuas spinis
et noli audire linguam nequam. unde et beatus 3
Dauid diuersas innocentiae species iustitiaeque dinumerans de
10 hac quoque uirtute non tacuit dicendo: et o b p r o b r i u m
non accepit aduersus proximos suos, propter
quod ipse non solum aduersatur, sed etiam persequitur detrahentem. ait enim: d e t r a h e n t e m secreto proximo suo
hunc persequebar. est sane hoc uitium, quod uel in primis 4
15 extingui debeat et ab his, qui se sancte instituere uolunt, prorsus
excludi. nihil enim tam inquietat animam, nihil est, quod ita mo-
bilem mentem ac leuem faciat quam facile totum credere et obtrectatorum uerba temerario assensu mentis sequi. hinc enim
crebrae dissensiones, hinc odia iniusta nascuntur. hoc est, quod 5
20 saepe de amicissimis etiam inimicos facit, dum concordes quidem
sed credulas animas maliloqui lingua dissociat. at contra magna
quies animi magnaque est morum grauitas non temere de quoquam
sinistrum aliquid audire. beatusque est, qui ita se contra hoc

4 ?   7 *Eccli. 28, 28   10 Ps. 14, 3   13 Ps. 100, 5

1 ultimum $i^1p.c.m2$ diab. laq. evi^1c^1 ita mal. hoc a^1 hoc mal. ita $e vi^1c^1$
3 nec] non a obtrectatoribus evi^1c^1 4 tuo $om.\varsigma$ eorumque evc^1 ne eorum ς^1
6 aduersus evi^1c^1 suum i^1 non] ne c^1 accipies vi^1 super] per ei^1c^1
7 illos ei^1c^1 ipsum a 9 innoc. $om.evc^1$ que $om.evc^1$ denumerans O
denunt(c)ians evi^1c^1 11 propterea ς 12 quod et ipse $a^1, om.i^1$ 13 prox.
suo secr. i^1 14 est] et a hoc] tale hoc evc^1 hoc tale i^1 uel quod O quod
evc^1 15 debet b^1 his] eis evi^1c^1 sancte se e   16 excludatur e exclude-
batur c^1 extingui (in mg. al excludi) b^1a^1 pr. nil ab^1 enim $om.c^1$ animum
evi^1c^1 ita mobilem] tā imobilem i^1 17 ac del. v leuem $om. v$ 18 ment.
ass. b^1 19 crebro c^1 hinc] huic a 20 de $om. i^1$ de amicis etiam sepe inimicos i^1 fecit v 21 sed] et evc^1 maleloqui $za.c.m2a^1$ maliloqua ς 22 magnaque est] magna quies evc^1 morum ac evc^1 timere vac^1 de quoquam]
quicquam c quam vc^1 23 sinistri ei^1c^1 aliquid] malique e mali quid c^1 quid i^1

uitium armauit, ut apud eum detrahere nemo audeat. quodsi esset
in nobis haec diligentia, ne passim obtrectatoribus crederemus,
iam omnes detrahere timerent, ne non tam alios quam se ipsos uiles
detrahendo facerent. sed ideo hoc malum celebre est, idcirco in
multis feruet hoc uitium, quia paene ab omnibus libenter auditur. 5

17. Adulatorum quoque assentationes et noxia blandimenta
fallaciae uelut quasdam pestes animae fuge. nihil est, quod tam
facile corrumpat mentes hominum, nihil, quod tam dulci et molli
uulnere animum feriat. unde et sapiens: u e r b a, inquit, a d u l a-
t o r u m   m o l l i a,   f e r i u n t   a u t e m   i n t e r i o r a   u e n- 10
t r i s. et dominus loquitur per prophetam: p o p u l u s   m e u s,
q u i b e a t i f i c a n t u o s, s e d u c u n t u o s e t s e m i t a s
2 p e d u m u e s t r o r u m c o n t u r b a n t. in multis isto maxime
tempore regnat hoc uitium, quodque grauissimum est, humilitatis
ac beniuolentiae loco ducitur. eo fit, ut iam, qui adulari nescit, 15
aut inuidus aut superbus putetur. et sane grande et persubtile
artificium laudare alterum in commendatione sui et decipiendo
animum sibi obligare decepti, quodque hoc maxime uitio agi solet,
fictas laudes certo pretio uendere. quae autem haec tanta est leuitas
animi, quae tanta uanitas relicta propria conscientia alienam 20
opinionem sequi et quidem fictam atque simulatam, rapi uento falsae
laudationis, gaudere ad circumuentionem suam et illusionem pro
3 beneficio accipere? tu ergo, si uere laudabilis esse cupis, laudem

9 *Prou. 26, 22   11 *Esai. 3, 12

1 eum] deum O nemo ei O esset haec in nob. Oab^1 haec esset in nob. v
haec in nob. esset ς 3 ne] nec i^1 non $om.c^1$ semet i^1 detr. $om.v$
4 hoc ideo a^1 ideo i^1 6 quoque] quippe B 7 animae $om.v$ 8 nihil est c^1
tam $om.v$ ac ab^1 9 quidam sapiens i^1 uerba inquit] ait uerba evi^1c^1
10 inferiora i^1 11 popule i^1 12 qui] add. te c^1 beat.] add. me (eras.) a
seducunt uos $om.a^1$ 13 dissipant v maxime isto a^1 14 est grau. evi^1c^1
15 eo] et ita evi^1c^1 iam $om.Oevi^1c^1$ 16 pr. et] est ev subtile evi^1c^1 17 com-
menda($s.l.$ ta e)tionem $evi^1a^1c^1$ 18 sibi animum B animum sibi animum b^1
decepti ($s.l.$ onis) $\mathfrak{z}$ quoque $Bzab^1a^1$, $om.O$ hoc maximo a^1 maxime hoc
evc^1 solet et v 19 ficta laus $BOzab^1$ uendere] et uendi O autem $om.$
evi^1c^1 est tanta leu. a^1 leu. tanta est i^1 21 quidem] quid $\bar{e}$ $Bzaa^1$ fal-
sae] fallatie O, $om.v$ 22 adu(ex o B)lationis Bi^1 ad] atque ec^1 23 laudes b^1
tandem i^1

hominum ne requiras illique tuam praepara conscientiam, q u i e t
i l l u m i n a b i t a b s c o n d i t a t e n e b r a r u m et m a n i-
f e s t a b i t c o n s i l i a c o r d i u m, et t u n c l a u s e r i t
tibi a d e o.

5   18. Sit igitur animus intentus ac uigilans et aduersus peccata
semper armatus, sermo in omnibus moderatus ac parcus et qui
necessitatem magis loquendi indicet quam uoluntatem. ornet prudentiam uerecundia, quodque praecipuum in feminis semper fuit,
cunctas in te uirtutes pudor superet. diu ante considera, quid lo-
10 quendum sit, et adhuc tacens prouide, ne quid dixisse paeniteat.
uerba tua ponderet cogitatio et linguae officium animi libra dispenset. 2
unde scriptura dicit: a r g e n t u m e t a u r u m t u u m c o n f l a
e t u e r b i s t u i s f a c i t o s t a t e r a m e t f r e n o s o r i
t u o r e c t o s e t a t t e n d e, n e f o r t e l a b a r i s l i n g u a.
15 numquam maledictio ex ore tuo procedat, quae ad cumulum beni-
gnitatis iuberis etiam maledicentibus benedicere: m i s e r i c o r d e s,
inquit, h u m i l e s, n o n r e d d e n t e s m a l u m p r o m a l o
n e q u e m a l e d i c t u m p r o m a l e d i c t o s e d e c o n-
t r a r i o b e n e d i c e n t e s.

20   19. Mentiri uero atque iurare lingua tua prorsus ignoret tantus-
que in te sit ueri amor, ut, quicquid dixeris, iuratum putes. de quo
saluator ad discipulos ait: e g o a u t e m d i c o u o b i s n o n
i u r a r e o m n i n o et paulo post: s i t a u t e m s e r m o
u e s t e r: e s t e s t, n o n n o n; q u o d a u t e m h i s a b u n-
25 d a n t i u s e s t, a m a l o e s t. in omni igitur actu omnique

1 I Cor. 4, 5   12 *Eccli. 28, 29—30   16 *I Petr. 3, 8—9   22 Matth.
5, 34   23 Matth. 5, 37

1 ne] non α q. i¹a.c.m2   praep. tuam consc. vi¹ praep. consc. tuam ç
et Ovz, om. cet.   3 tibi erit v erit unicuique Baa.c., O   4 dno e   5 sit] sic i¹
animus igitur O igitur evi¹c¹   ac] et z   6 armatus animus tuus cvi¹c¹   mod.
in omnibus ab¹   ac] et B   7 mag. ind. loq. v loq. mag. ind. i¹   pudicitiam ab¹
8 quodque] que quoddam v que c¹   prae(e)cipue evc¹   9 ante] autem e
10 sit om. α   12 tuum om. i¹   13 pr. et] in e, om. i¹c¹   facite i¹   14 in lingua
evi¹c¹   15 numq.—proced. om. v   maled. ex] malum uerbum de ei¹ uerbum
malum de c¹   17 inquit] add. modesti evi¹c¹   18 sed] et i¹   20 ergo B
et O   21 ueritatis evi¹c¹   iuramentum Bab¹   22 ad disc.] discipulis B
24 alt. non om.c¹   25 pr. est om.α   a s.l.m2a   omnique] atque evi¹c¹

uerbo quieta mens et placida seruetur semperque cogitationi tuae
dei praesentia occurrat. sit humilis animus ac mitis et aduersus
sola uitia erectus; numquam illum aut superbia extollat aut
2 auaritia inflectat aut ira praecipitet. nihil enim quietius, nihil purius,
nihil denique pulchrius ea mente esse debet, quae in dei habita- 5
culum praeparanda est, quem non auro templa fulgentia, non
gemmis altaria distincta delectant, sed anima ornata uirtutibus.
ideo et templum dei sanctorum corda dicuntur affirmante apostolo,
qui ait: s i q u i s t e m p l u m d e i u i o l a u e r i t, d i s p e r d e t
i l l u m d e u s. t e m p l u m e n i m d e i s a n c t u m e s t, 10
q u o d e s t i s u o s.

20. Nihil habeas humilitate praestantius nihilque amabilius;
haec est enim praecipua conseruatrix et quasi custos quaedam uirtutum omnium. nihil est, quod nos ita et hominibus gratos et deo
faciat, quam si uitae merito magni, humilitate infimi simus. propter 15
quod scriptura dicit: q u a n t o m a g n u s e s, t a n t o t e h u-
m i l i a, e t c o r a m d e o i n u e n i e s g r a t i a m et deus
loquitur per prophetam: s u p e r q u e m a l i u m r e q u i e s c a m
n i s i s u p e r h u m i l e m e t q u i e t u m e t t r e m e n-
2 t e m u e r b a m e a? uerum tu eam humilitatem sequere, non 20
quae ostenditur atque simulatur gestu corporis aut fracta uoce
uerborum, sed quae puro affectu cordis exprimitur. aliud est
enim uirtutem habere, aliud uirtutis similitudinem; aliud est
rerum umbram sequi, aliud ueritatem. multo illa deformior est

5 cf. Eph. 2, 22   9 I Cor. 3, 17   16 *Eccli. 3, 20   18 *Esai. 66, 2

1 placita c^1 2 animus tuus i^1 et mitis ac i^1 mitis] mentis b^1
3 aut au. inf. om.evc^1 5 nih. den. pulchr. om.evc^1 6 quam O quae i^1
7 distincta om.v 8 ideo] unde O templa i^1 templi a 9 quis autem e^1
12 nihilque] nihil i^1 13 obseruatrix evi^1c^1 omn. uirt. Oa^1 14 nihilque evi^1c^1
et hom. ita B pr. et] ab i^1 15 magnae humilitatis evi^1 16 tanto
om. $BOevi^1c^1$ humilia te in omnibus $Bevai^1b^1c^1$ 17 dominus evi^1c^1
18 per] ad b^1 20 sermones meos ci^1c^1 uerumtamen eam i^1 nerum tamen e
nerumptamen c^1 ueram tamen v 21 atque] aut c^1 fracta—affectu]
fractura b^1 22 pr. aliud—simil. om.v enim est BOa 23 alt. aliud]
add. enim i^1 24 umbras ei^1c^1 uitatem i^1 uirtutem Bb^1, $a a.c.m2$ def. illa ς
est om.O

superbia, quae sub quibusdam humilitatis signis latet. nescio quo
enim modo turpiora sunt uitia, cum uirtutum specie celantur.
21. Nulli te umquam de generis nobilitate praeponas nec obscuriores quasque et humiliore loco natas te inferiores putes. nescit
5 religio nostra personas nec condiciones hominum sed animos in-
spicit, seruum et nobilem de moribus pronuntiat. sola apud deum
libertas est non seruire peccatis, summa apud eum nobilitas
clarum esse uirtutibus. quid apud deum in uiris nobilius Petro? 2
quid in feminis beata Maria illustrius, quae fabri sponsa describitur?
10 sed illi piscatori et pauperi caelestis regni a Christo creduntur claues,
haec sponsa fabri illius meruit esse mater, a quo ipsae claues
datae sunt. elegit enim· deus ignobilia et contemptibilia
huius mundi, ut potentes ac nobiles ad humilitatem facilius
adduceret. nam et alias frustra sibi aliquis de nobilitate generis 3
15 applaudit, cum uniuersi paris honoris et eiusdem apud deum pretii
sint, qui uno Christi sanguine sunt redempti, nec interest, qua quis
condicione natus sit, cum omnes in Christo aequaliter renascamur.
nam etsi obliuiscimur, quia ex uno omnes generati sumus, saltem
id semper meminisse debemus, quia per unum omnes regeneramur.
20 22. Caue, ne, si ieiunare et abstinere coeperis, te putes esse iam
sanctam. haec enim uirtus adiumentum est, non perfectio sanctitatis. magisque id prouidendum est, ne tibi hoc, quod licita con-

5 cf. Act. 10, 34; Rom. 2, 11; Eph. 6, 9   11 cf. Matth. 16, 19   12 cf.
I Cor. 1, 28   18 cf. Hebr. 2, 11   19 cf. I Petr. 1, 3

1 sub] super i^1 quo enim Bab^1 enim quo $cel.$ 2 cum ($s.l.$ nam) z
quae ς 3 nulli te nunquam b^1 ulli numquam te B neque evi^1c^1 obsc.]
pauperiores evc^1 4 quasque] quasi c^1 et $om.evi^1c^1$ humiliori evc^1 inferiores te ec^1 5 pers. accipere et insp. singulorum cm^1c^1 7 lib. est] lib.
Bab^1 est ($s.l.$) nobilitas v ap. eum (dn $del.$, eum a) Ba, $Oa.c.$ est ap. eum
$Op.c.$ ap. eum est i^1b^1 ap. deum ec^1 ap. deum est v est ap. deum z nob. est
ec^1 8 uirt. esse B Petro] $add.$ qui piscator fuit evi^1c^1, B ($om.$ qui in $mg.$)
$add.$ qui piscator et pauper fuit ς 9 beata] $add.$ et gloriosa O, $add.$ et gloriosa
uirgine za^1 beata maria ill. fuit evc^1 ill. fuit beata maria i^1 quae $cm.Bab^1$
sponsa fabri vi^1 10 sed et illi (et $s.l.m2$) a cael. regni] ecclesie celestis O
donantur evc^1 11 mer. esse mat. ill. evi^1c^1 12 eligit v enim $om. B$ et
cont. $om.i^1$ 13 ac] et c^1 14 abduceret z duceret v 15 eius ab^1 16 sint]
sunt v 17 in Chr. aeq.] inequaliter xpo i^1 renascimur v 19 mem. semper ab^1
20 et abst. $om.B$ et] atque i^1 aut evc^1 iam esse ς esse $om.ab^1$ 21 uirtutis b^1
22 id] ad a quod] cum evi^1c^1 contem(p)nas vi^1

temnis, securitatem quandam illicitorum faciat. quicquid supra
iustitiam offertur deo, non debet impedire iustitiam sed adiuuare.
quid autem prodest tenuari abstinentia corpus, si animus intumescat
superbia? quam laudem merebimur de pallore ieiunii, si inuidia
liuidi simus? quid uirtutis habet uinum non bibere et ira atque 5
2 odio inebriari? tunc, inquam, praeclara est abstinentia, tunc
pulchra atque magnifica castigatio corporis, cum est animus ieiunus
a uitiis. immo, qui probabiliter ac scienter abstinentiae uirtutem
tenent, eo affligunt carnem suam, quo animae frangant superbiam,
ut quasi de quodam fastigio contemptus sui atque arrogantiae 10
descendat ad implendam dei uoluntatem, quae maxime in humilitate perficitur. idcirco a uariis ciborum desideriis mentem retrahunt,
ut totam eius uim occupent in cupiditate uirtutum. iamque minus
ieiuniorum et abstinentiae laborem caro sentit anima esuriente
3 iustitiam. nam et uas electionis, cum castigat corpus suum et in 15
seruitutem redigit, ne aliis praedicans ipse reprobus inueniatur,
non ob solam, ut quidam imperiti putant, hoc efficit castitatem; non
enim huic tantummodo sed omnibus omnino uirtutibus abstinentia
opitulatur. neque magna aut tota apostoli gloria est non fornicari,
sed hoc agit, ut castigatione corporis erudiatur animus, quantoque 20
nihil ex uoluptatibus concupiscit, tanto magis possit de uirtutibus
cogitare, ne perfectionis magister imperfectum in se aliquid ostendat, ne Christi imitator extra praeceptum quicquam ac uoluntatem Christi faciat neue minus exemplo quam uerbo doceat, cumque

15 cf. Act. 9, 15　　cf. I Cor. 9, 27

　　1 supra iust.] pro iustitia evc^1　　2 deo] pro deo $Oza^1, om. B$　　iuuare evi^1c^1
3 enim i^1　　attenuari v　　intumescit ($—sc$ B) Bab^1　　4 de pallore $om.ec^1$
5 sumus $Oeab^1a^1c^1$　　6 odio atque ira v　　7 atque] et O　　ieiuniis z mundus
evc^1　　8 qui] qu̧e ei^1 que c^1 quam v　　abst.—eo $om.ab^1$　　9 tenent ideo v tenentes (s $s.l. B$) $BOza^1$　　carnem $cm.v$　　quod (d $exp.$) a　　frangunt i^1 frangt
$ep.c.$　　10 fastidio O　　11 descendit a $a.c.$ descendant $Oevi^1c^1, a$ $p.c.$　　domini
evi^1c^1　　in hum. max. B　　12 a $om.v$　　retraunt Ba retrahant i^1　　13 uirtutis i^1
14 lab. iei. et abst. sentit caro B　　laborem $om.av^1b^1$　　esurientem c^1　　15 elect.
paulus evi^1c^1　　dum v　　16 inu.] efficiatur ec^1 effi ($exp.$) i^1　　17 ob] ad ς　　im-
perite ab^1　　effecit v facit i^1　　18 omnino $om.evc^1$　　opit. abst. v　　19 gloria]
gratia O　　20 castigationem c^1　　an. erud. v ut erud. an. i^1　　21 nil e　　tan-
toque i^1　　22 al. in se i^1　　23 ac] aut vb^1　　24 Christi $om.ab^1$　　neue—doceat $om.evc^1$

aliis praedicauerit, ipse reprobetur audiatque cum pharisaeis:
d i c u n t e n i m e t n o n f a c i u n t.

23. Apostolici uero et praecepti est et exempli, ut curemus
non conscientiae tantum sed etiam famae. non superfluum et a
5 fructu uacuum gentium magister hoc docet; uult enim etiam ex-
traneos ad fidem homines per fidelium opera proficere, ut religionem
ipsam religionis disciplina commendet. et ideo sicut luminaria
in mundo lucere nos iubet in medio nationis prauae et peruersae,
ut incredulae mentes errantium ex nostrorum actuum lumine igno-
10 rantiae suae tenebras deprehendant. unde et ipse ad Romanos ait: 2
p r o u i d e n t e s b o n a n o n s o l u m c o r a m d e o s e d
e t i a m c o r a m h o m i n i b u s et alibi: s i n e o f f e n-
s i o n e e s t o t e I u d a e i s e t g e n t i b u s e t e c c l e s i a e
d e i, s i c u t e t e g o p e r o m n i a o m n i b u s p l a c e o
15 n o n q u a e r e n s, q u o d m i h i u t i l e' e s t, s e d q u o d
m u l t i s. beatus est, qui tam sancte tamque grauiter disposuit
uitam suam, ut de eo sinistri aliquid ne fingi quidem possit, dum
aduersus obtrectatorum libidinem pugnat meriti magnitudo nec
fingere quisquam ausus est, quod a nullo putat esse credendum.
20 quodsi id assequi difficile atque nimis arduum est, saltem hanc 3
nostrae adhibeamus uitae diligentiam, ne malae mentes occasionem
inueniant detrahendi, ne ex nobis scintilla procedat, per cuam aduersum nos sinistrae famae conflentur. alioquin frustra irascimur
obtrectatoribus nostris, si eis ipsi obtrectandi materias ministramus.
25 si autem nobis diligenter atque sollicite omnia ad honestatem proui-
dentibus cunctisque actibus nostris timorem dei praeferentibus illi
nihilo minus insaniunt, consoletur nos conscientia nostra, quae tunc
maxime tuta est, tunc optime secura est, cum ne occasionem quidem

---

1 cf. I Cor. 9, 27   2 Matth. 23, 3   3 cf. Rom. 12, 17   7 cf. Phil. 2, 15
11 *Rom. 12, 17   12 *I Cor. 10, 32—33

1 reprob. a domino *BOzab¹a¹, qui reliquam epistulae partem omittunt*   3 *pr.*
et *om.i¹*   curemus] habeamus rationem ç   4 *alt.* non *i¹, om. cet.*   5 hoc *i¹, om.*
cet.   etiam enim e*p.c.*   6 perficere *i¹*   ut] et e*c¹*   7 commendat e*²¹*   et
ideo—10 depreh. *om.v*   10 et *i¹, om. cet.*   14 et *i¹, om. cet.*   placebo *i¹*
15 est] sit *i¹*   16 que *om.i¹*   17 nec *v*   20 atque *i¹* ac *cet.*   21 adh. uitae nostrae *vc¹* habeamus uitae nostrae e   22 aduersum *i¹* -sus *cet.*   23 famae flamma
confletur ç   alioqui ç   24 ipsis *i¹*   materiam ç

4 male de se sentiendi dedit. illis enim u a e dicitur per prophetam, qui dicunt, quod bonum est, malum, qui lucem appellant tenebras et, quod dulce est, amarum uocant. nobis ergo saluatoris aptabitur sermo: beati estis, cum uobis maledixerint homines men- 5 tientes. nos modo id agamus, ut male de nobis nemo loqui absque mendacio possit.

24. Ita habeto domus sollicitudinem, ut aliquam tamen uacationem animae tribuas. eligatur tibi oportunus et aliquantulum a familiae strepitu remotus locus, in quem tu uelut in portum 10 quasi ex multa tempestate curarum te recipias et excitatos foris co-
2 gitationum fluctus secreti tranquillitate componas. tantum ibi sit diuinae lectionis studium, tam crebrae orationum uices, tam firma et pressa de futuris cogitatio, ut omnes reliqui temporis occupationes facile hac uacatione compenses. nec hoc ideo dicimus, quo 15 te retrahamus a tuis; immo id agimus, ut ibi discas ibique mediteris, qualem tuis te praebere debeas.

25. Familiam tuam ita rege et confoue, ut te matrem magis tuorum quam dominam uideri uelis, a quibus benignitate potius quam seueritate exige reuerentiam. fidelius et gratius semper obsequium 20 est, quod ab amore, quam quod a metu accipitur. praecipue autem in coniugio uenerabili atque immaculato apostolicae regulae ordo teneatur.

26. Seruetur in primis uiro auctoritas sua totaque a te discat domus, quantum illi honoris debeat. tu dominum illum obsequio 25 tuo, tu magnum illum tua humilitate demonstra tanto ipsa honoratior futura, quanto illum amplius honoraueris. caput enim, ut ait apostolus, mulieris est uir; nec aliunde magis reli-
2 quum corpus ornatur quam ex capitis dignitate. unde idem alibi

1 *Esai. 5, 20   4 *Matth. 5. 11   22 cf. Hebr. 13, 4   27 1 Cor. 11, 3. cf. Eph. 5, 23

1 enim om.ec¹   3 appell.] dicunt c¹   4 apt. salu. v   5 mal. uob. c¹   6 id om.ç 8 ita habeto] et habetur v   soll. dom. ç   9 et om.v   aliquantum ç   11 quasi om.v   12 ibi] tibi i¹c¹   diuinae sit c¹   15 facile om.ec¹   quo] ut v 16 te om.c¹   17 praebere te codd. praeter i¹   18 magis matrem v   19 potius] magis c¹   21 pr. quod om.i¹   accip.] proficiscitur ç   25 quantum—27 futura om.v   dom. illum scripsi illum dom. ç illum codd.   27 quanto i¹ quantum cet.

dicit: m u l i e r e s, s u b d i t a e e s t o t e u i r i s, s i c u t
o p o r t e t i n d o m i n o. sed et beatus Petrus ait: s i m i l i t e r
a u t e m m u l i e r e s s u b d i t a e s i n t u i r i s, u t e t, s i
q u i n o n c r e d u n t u e r b o, p e r m u l i e r u m c o n u e r-
5 s a t i o n e m s i n e u e r b o l u c r i f i a n t. si ergo etiam genti-
libus maritis debetur honor iure coniugii, quanto magis reddendus
est Christianis!

27. Atque ut ostendat, quibus ornamentis etiam uiris iunctae
feminae decorare se debeant, ait: q u a r u m s i t n o n e x t r i n-
10 s e c u s c a p i l l a t u r a a u t c i r c u m d a t i o a u r i a u t
u e s t i m e n t o r u m c u l t u s, s e d q u i a b s c o n d i t u s
c o r d i s e s t h o m o i n i n c o r r u p t i b i l i t a t e q u i e t i
e t m o d e s t i s p i r i t u s, q u i e s t i n c o n s p e c t u d e i
l o c u p l e s. s i c e n i m a l i q u a n d o e t s a n c t a e m u-
15 l i e r e s s p e r a n t e s i n d o m i n o o r n a b a n t s e s u b-
i e c t a e p r o p r i i s u i r i s, s i c u t S a r a o b o e d i e b a t
A b r a h a e d o m i n u m s u u m u o c a n s. haec autem 2
praecipiens non eas iubet squalere sordibus et horrentibus pannorum
assumentis tegi, sed immoderato cultui et nimis exquisito inter-
20 dicit ornatui simplicemque commendat ornatum atque habitum,
de quo et uas electionis ait: s i m i l i t e r a u t e m e t m u l i e r e s
i n h a b i t u o r n a t o c u m u e r e c u n d i a e t s o b r i e t a t e
o r n a n t e s s e n o n i n t o r t i s c r i n i b u s a u t a u r o
a u t m a r g a r i t i s u e l u e s t e p r e t i o s a, s e d, q u o d
25 d e c e t m u l i e r e s, p r o m i t t e n t e s c a s t i t a t e m p e r
o p e r a b o n a.

28. Repperi uero te miro fidei ardore succensam aliquot iam
ante annos continentiam proposuisse et reliquum uitae tuae tempus

1 Col. 3, 18   2 *1 Petr. 3, 1   9 *I Petr. 3, 3—6   21 cf. Act. 9, 15
*1 Tim. 2, 9—10

2 petrus apostolus c^1 4 mulieris i^1 5 lucrefiant c^1 etiam om.v 6 detur i^1 quanto] quam i^1 9 decorare se *scripsi* decorari se vi^1 decorari cc^1
debeant decorari c quarum] aut enim qualis c non sit i^1 11 cui om.i^1
13 ac cc^1 qui] quod e 14 sicut i^1 15 subiectis c^1 17 suum] sum c^1
18 squalore vi^1 19 indumentis v sed] et i^1 cultu c^1 20 commendet i^1
21 *alt.* et om.c 22 ornatae e, om.i^1 23 se om.i^1 24 aut om.i^1 27 mire i^1
mire c^1 aliquos v

pudicitiae consecrasse. magni hoc animi signum et perfectae uirtutis indicium est: renuntiare subito expertae uoluptati, fugere
notas carnis illecebras et calentis adhuc aetatis flammas fidei
2 ardore restinguere. sed illud quoque simul didici, quod me non
mediocriter angit ac stimulat, te uidelicet tantum hoc bonum 5
absque consensu et pacto uiri seruare coepisse, cum huic apostolica
omnino interdicat auctoritas, quae in hac dumtaxat causa non
modo uxorem uiro sed etiam uirum uxoris subiecit potestati.
u x o r, inquit, s u i c o r p o r i s p o t e s t a t e m n o n h a b e t,
s e d u i r. s i m i l i t e r a u t e m e t u i r p o t e s t a t e m n o n 10
3 h a b e t s u i c o r p o r i s, s e d m u l i e r. tu uero quasi oblita
foederis nuptialis pactique huius ac iuris immemor inconsulto uiro
uouisti domino castitatem. sed periculose promittitur, quod adhuc
in alterius potestate est, et nescio, quam sit grata donatio, si unus
offerat rem duorum. multa iam per huiusce modi ignorantiam et 15
audiuimus et uidimus scissa coniugia, quodque recordari piget,
occasione castitatis adulterium perpetratum. nam, dum una pars
4 se etiam a licitis abstinet, altera ad illicita delapsa est. et nescio,
in tali causa quis magis accusari, quis amplius culpari debeat,
utrum ille, qui repulsus a coniuge fornicatur, an illa, quae repellendo 20
a se uirum eum fornicationi quodam modo obiecit. atque, ut super
hac causa, quid ueritas habeat, agnoscas, pauca mihi de diuina auc-
5 toritate ponenda sunt. apostolicae doctrinae regula nec cum Iouiniano aequat continentiae opera nuptiarum nec cum Manicheo
coniugia condemnat. ita uas electionis ac magister gentium inter 25
utrumque temperatus incedit ac medius, ut et remedium incontinentiae indulgeat et ad praemium prouocet continentiam. totus-
que in hac causa eius hic sensus est, ut ex utriusque sententia pro-
ponatur castitas aut certe ab utroque debitum commune soluatur.

9 *I Cor. 7, 4   25 cf. Act. 9, 15. II Tim. 1, 11

1 magnum ec^1 3 calentes i^1 4 amore i^1 quoque $om.i^1$ 5 ac] et c^1
6 seruari i^1 hinc c^1 hoc i^1 7 omnino $om.$ec^1 8 uiro $om.v$ 9 non habet
pot. e   10 et $om.i^1$ alt. uir—sed $om.c^1$ sui corp. non habet e   13 cast.
dom. v 14 grata sit i^1 si] et i^1 17 praeparatum i^1 18 a licitis] ab inlicitis v
19 amplius] magis c^1 21 eum $om.i^1$ quod. m. obicit forn. c^1 obicit ec^1
23 reg. est v nec] ne i^1 24 aequet i^1 cum continentia op. nupt. v continentiam operi nuptiali c^1 nec] ne i^1 26 et $om.i^1$ innocentie v 28 eius] et i^1

29. Sed ipsa iam apostoli uerba ponamus totamque hanc causam a sui principio retractemus. loquitur ad Corinthios: d e q u i- b u s a u t e m s c r i p s i s t i s m i h i, b o n u m e s t h o m i n i m u l i e r e m n o n t a n g e r e. et quamquam hic laudauerit
5 castitatem, tamen, ne aliquibus uideatur prohibere coniug_a, sub- iungit: p r o p t e r f o r n i c a t i o n e m a u t e m u n u s q u i s- q u e s u a m u x o r e m h a b e a t ⟨e t u n a q u a e q u e s u u m u i r u m h a b e a t⟩. u x o r i u i r d e b i t u m r e d d a t, s i m i l i t e r a u t e m e t u x o r u i r o. m u l i e r a u t e m
10 s u i c o r p o r i s p o t e s t a t e m n o n h a b e t, s e d u i r, e t u i r s u i c o r p o r i s p o t e s t a t e m n o n h a b e t, s e d m u l i e r. n o l i t e f r a u d a r e i n u i c e m. ac rursus, ne 2 tanta pro nuptiarum parte dicendo uideretur excludere castitatem, sequitur: n i s i f o r t e e x c o n s e n s u a d t e m p u s, u t
15 u a c e t i s o r a t i o n i. et statim quasi recusat hoc, quod dixit, 'ad tempus', ne non tam perpetuam quam temporalem et breuem continentiam docere uideatur. ait enim: p r o p t e r i n c o n- t i n e n t i a m u e s t r a m; h o c a u t e m d i c o s e c u n d u m i n d u l g e n t i a m, n o n s e c u n d u m i m p e r i u m. unde 3
20 hoc, quod dixit, 'ad tempus' docet meditationem debere fieri castitatis, ut per certa interualla temporum quasi exploratis con- tinentiae suae uiribus sine periculo uterque promittant, quod semper est ab utroque seruandum. quid absolute uelit, manifeste dicit: u o l o a u t e m o m n e s h o m i n e s e s s e s i e u t m e
25 i p s u m, id est in iugi ac perpetua castitate.

30. Uidesne, quam caute, quam prouide, quam sine ullius oc- casione scandali magister firmauerit de castitate sententiam nolens tantum bonum in unius temeritate nutare, quod ligare et confir-

---

2 I Cor. 7, 1   6 *I Cor. 7, 2—5   14 I Cor. 7, 5   17 I Cor. 7, 5—6
24 I Cor. 7, 7

2 loquitur] *add.* enim *i*[1], *add.* autem *c*[1]   7 et unaquaeque suum uirum habeat *add.* ç, *om. codd.*   9 *pr.* autem *om.c*[1]   *alt.* autem *om.ec*[1]   10 pot. sui corporis *i*[1]   12 fraudarie   rursum *c*[1]   15 recuset *ec*[1]   16 et]ac *v*   17 uide- retur *e*   enim *om.ec*[1]   18 dico non *i*[1]   20 fieri debere *c*[1]   22 utrique *i*[1]*c*[1] promittunt *i*[1] promittat *v*   semper ab utroque est seru. *v* ab utroque est seru. semper *c*[1] ab utroque seru.*i*[1]   23 quid autem *i*[1] quid uero ç   uelut *v*   24 om- nes hom.] uos omnes *i*[1]   25 cast. uiuere *i*[1]   27 firmauerat *v*

mare debet consensus amborum? et re uera quid ea castitate
firmius est quidue tutius, quam quae ex duorum coepta sententia
ab utroque uel in commune seruatur nec de se tantum pars altera
sollicita mutuo se ad uirtutis admonet perseuerantiam? hoc enim
sicut alia quoque bona non tantum coepisse sed perfecisse laudandum 5
2 est. iam dudum, ut intellegis, scopuloso difficilique in loco uersatur
oratio nec audet in alterutram declinare partem, dum aequaliter
utrumque formidat, sed ex nostra difficultate tuum agnosce discrimen; malumus enim contristare te forsitan uera dicendo quam
ficta adulatione decipere. duplex, ut uides, malum, aequale et 10
anceps periculum est: ex utroque artaris, ex utroque constringeris.
contemnere omnino uirum atque despicere aperte contra apostoli
sententiam est; prodere uero tanti temporis castitatem et deo non
3 reddere, quod promiseras, timendum atque metuendum est. ut
uulgo dicitur, facile ex amico inimicum facies, cui promissa non 15
reddas. sic enim scriptura dicit: q u o d s i u o t u m u o u e r i s
d o m i n o d e o, n e m o r e r i s r e d d e r e i l l u d, q u i a
q u a e r e n s q u a e r e t i l l u d d o m i n u s d e u s t u u s
a b s t e e t e r i t t i b i i n p e c c a t u m. ait ergo: debitam
honorificentiam uiro exhibe, ut ex utroque domino debitum, quod 20
4 uouisti, reddere possis. de cuius conscientia non diffidimus, si
paululum expectasses: non quod te a bono castitatis retrahamus,
sed huius animum ad castitatis oraculum totis uiribus incitemus,
ut uoluntarium sacrificium offerat deo in odorem suauitatis, ut
exuta mens a cunctis retinaculis mundanis atque corporalibus uolup- 25
tatibus sit et ualeatis plenius inhaerere dominicis praeceptis. quod
tamen, ne quid a nobis negligenter esse dictum arbitreris, diuinarum scripturarum testimoniis edocuimus, sicut etiam apostolus dicit:

---

16 *Deut. 23, 21   24 cf. Eph. 5, 2 etc.

2 sent. est i^1 3 uelut v alt. pars i^1 4 ammonet vc^1 animet i^1
7 oratio $om.i^1$ declinasse i^1 9 maluimus c^1 mallemus vi^1 te contr. i^1
forsan v tibi uera v tua uera i^1 10 decipere v laudare $ec^1, om.i^1$ 13 perdere
$i^1 a.c.m2$ uero] uiro ec^1 14 atque met. $om.v$ 15 ex] de ec^1 facias ec^1
16 reddes $v, i^1 a.c.m2$ sic v sicut $cet.$ uou. uot. v 17 ne] non v 18 quaeret $Engelbrecht$ quaerit $codd.$ tuus $om.vi^1$ 19 et $om.i^1$ tibi] enim i^1 aut
ec^1 at i^1 20 deb. dom. i^1 quo i^1 22 quo e 26 sit $om.vi^1$ et] ut $v, om.i^1$
ualeas v 27 esse $om.v$ 28 edoceamus $i^1 p.c.m2$ sicut] sic v

et erunt duo in carne una; iam non una caro, sed
unus spiritus.

31. Hoc sacramentum magnum est arduumque est iter castitatis,
sed magna sunt praemia uocatque nos dominus in euangelio dicens:
5 uenite, benedicti patris mei, possidete praeparatum uobis regnum ab origine mundi. idem
ipse dominus dicit: uenite ad me omnes, qui laboratis
et onerati estis, et ego uos reficiam. tollite
iugum meum super uos et discite a me, quia
10 mitis sum et humilis corde, et inuenietis requiem animabus uestris; iugum enim meum
suaue est et onus meum leue. dicit enim idem dominus 2
his, qui ad sinistram eius erunt: discedite a me, maledicti,
in ignem aeternum, quem praeparauit pater
15 meus diabolo et angelis eius. nescio uos, ope-
rarii iniquitatis. ibi erit fletus et stridor
dentium. illi utique omnes plangent illique lugebunt, qui ita
se curis uitae praesentis inuoluunt, ut obliuiscantur futuram, quos
somno quodam ignorantiae et malae securitatis oppressos fluctibus
20 domini comprehendet aduentus. unde ipse in euangelio ait: at- 3
tendite uobis, ne forte grauentur corda uestra
in crapula et ebrietate et curis huius uitae,
ne forte superueniat in uos repentina dies
illa; tamquam laqueus enim superueniet in
25 omnes, qui sedent super faciem omnis terrae,
et rursum: uigilate et orate; nescitis enim, quando
tempus sit.

32. Beati sunt, qui ita expectant, ita illum speculantur diem,
ut se ad eum cotidie praeparent, qui non de praeterita sibi iustitia
30 blandientes secundum apostolum per dies singulos in uirtute

---

1 Gen. 2, 24. *I Cor. 6, 16. cf. Eph. 5, 31   2 cf. I Cor. 6, 17   3 cf.
Eph. 5, 32   5 *Matth. 25, 34   7 *Matth. 11, 28—30   13 *Matth. 25, 41
15 *Luc. 13, 27—28   20 *Luc. 21, 34—35   26 Marc. 13, 33   30 cf. II Cor. 4, 16

3 iter est ec^1 8 ref. uos i^1 12 meum $om.c^1$ dicet ec^1 enim $om.ec^1$
13 his] iis v 16 erit ibi v 17 illique] illi ς et v 18 curis se ς presentis
uite v 20 domini] diu i^1 24 loquens c^1 enim $om.i^1$ 28 ita exp. ita $om.v$
29 ad eum $om.ec^1$ iust. sibi v

renouantur. iustitia enim non proderit ei, a qua die iustus esse
desierit, sicut etiam iniquo non nocebit iniquitas sua a die, quo
2 se ab iniquitate conuerterit. nec sanctus ergo securus esse debet,
quamdiu in huius uitae agone uersatur, nec desperare peccator,
qui secundum praedictam prophetae sententiam una die iustum se 5
efficere potest. sed totum, quo tenditur, spatium uitae tuae ut
peragere possis iustitiam, nec de praeterita iustitia confidens
remissior efficiaris, sed, sicut dicit apostolus: p o s t e r i o r a
o b l i u i s c e n s, a d e a a u t e m, q u a e a n t e r i o r a s u n t,
m e e x t e n d e n s a d d e s t i n a t u m p e r s e q u a r b r a- 10
u i u m s u p e r n a e u o c a t i o n i s sciens scriptum esse cordis
3 inspectorem deum. et idcirco satagit, ut animam mundam habeat a
peccato. propter quod scriptum est: o m n i c u s t o d i a s e r u a
c o r t u u m et iterum: d i l i g i t d o m i n u s m u n d a c o r d a,
a c c e p t i a u t e m s u n t e i o m n e s i m m a c u l a t i. 15
idcirco age, ut ordines reliquum tempus uitae tuae sine offensa,
ut possis secure canere cum propheta: p e r a m b u l a b a m i n
i n n o c e n t i a c o r d i s m e i, i n m e d i o d o m u s m e a e
et iterum: i n t r o i b o a d a l t a r e d e i, a d d e u m, q u i
l a e t i f i c a t i u u e n t u t e m m e a m, quia non inchoasse 20
sufficit, sed perfecisse iustitia est.

---

1 cf. Ezech. 18, 26—28   8 *Phil. 3, 13—14   11 cf. Prou. 24, 12
12 cf. Ps. 50, 4   13 Prou. 4, 23   14 *Prou. 22, 11   17 Ps. 100, 2   19 Ps. 42, 4

1 enim iusti v a quo die v a die qua c^1 esse *om.* c^1 5 praed. *om.v*
uno v se eff. iust. e 6 tuae *om.v. add.* est ς 8 sed *om.* i^1 ap.dicit ec^1
10 me] se i^1 persequor v 12 deum] esse deum c^1 ideo i^1 a pecc. hab. v
14 dom. dil. c^1 corda munda ec^1 15 sunt autem ec^1 16 tuae] sue i^1
17 secura ec^1 20 inch. non v

CXLIX.
DISPUTATIO DE SOLLEMPNITATIBUS PASCHAE.

1. De sollempnitatibus et sabbatis et neomeniis quae in lege
a domino praecipiuntur obseruari, tuae karitatis imperio eogente
5 dicturi, quid secundum litteram reprobari uel quid spiritaliter obseruari debeat, prius cogimur amatoribus litterae aduersariisque
ueritatis respondere. quos cum meo iure possim repercutere, magis 2
eos blande leniterque alloquens ad agnitionem ueritatis uenire
cupio, qui, cum radicum amaram corticem ruminare cupiunt, poma
10 expuunt pulueremque auri mirantes formata metalla despiciunt,
quia, etsi secundum litteram legis obseruari cuncta contendunt,
uelamine posito super faciem Moysi spiritus ueritatis luce illuminari
nequeunt. quos, etsi ueritati non adquieuerint, hirci tamen more 3
emissarii humero nostrae patientiae ⟨portare uolumus⟩ parati ad
15 satisfactionem de ea, quae in nobis est, fide ad heremum suae
perditionis et lauare postea uestimenta, ne contagione heretici
sensus polluti remaneant.

2. Nos autem in initio huius opusculi exemplo Hieremiae docti
euellere prius, destruere et postea plantare et aedificare proponimus
20 de scripturis prius ostendere cupientes, quomodo hae feriae domini,
quae praecipiuntur lege seruari, non umbra sed spiritali obseruantia
celebrantur. et si qui inbecillitatis nostrae auctoritatem parui pendere uoluerint, prophetas audiant, qui prouido patrocinio proui-
dentes harum reprobationem euangelii tempore uoce aperta prae-

11 cf. II Cor. 3, 13—16   13 cf. Leu. 16, 20—26   14 cf. I Petr. 3, 15
19 cf. Hier. 1, 10

β = Vaticanus lat. 642 s. XI—XII.

in nomine d̄i patris et filii et sp̄s sc̄i incipit disputatio sc̄i ieronimi de scḻempni-
tatib; paschę β
*Hanc disputationem ex β primus inter epistulas Hieronymi edidit Vallarsius,
ceterum eam Hieronymi non esse ipse fatetur*

3 alt. et om. Vall.   5 litt.] add. quid (exp.)β   7 meo iure Vall. eo in se β
9 amarum Vall.   11 quia] qui Vall.   13 hyrci β   14 portare uolumus
addidi, om.β   16 perdic. β   18 inicio β   24 reprobationum Vall.   aperta
uoce Vall.

dixerunt, immo in eis domino praeloquente: d i e s f e s t o s
u e s t r o s e t n e o m e n i a s e t s a b b a t a o d i t a n i m a
2 m e a. et haec se dominus non mandasse pronuntiat, cum ipsum
in lege haec praecepisse manifestum est. in quibus uerbis quid aliud
ostenditur, ⟨quam⟩ quod cum Christo finis legis aduenerit, ea secundum 5
litteram custodiri non mandauerit? de sacrificiis autem per alium
prophetam loquitur: n o n i n s a c r i f i c i i s t u i s a r g u a m
t e. h o l o c a u s t a a u t e m t u a i n c o n s p e c t u m e o
s u n t s e m p e r, n o n a c c i p i a m d e d o m o t u a u i t u-
l o s n e q u e d e g r e g i b u s t u i s h i r c o s et reliqua usque 10
3 a u t s a n g u i n e m h i r c o r u m p o t a b o. quibus uerbis
apostolus eodem spiritu repletus conueniens ait: n e m o u o s
s e d u c a t i n e s c a a u t i n p o t u a u t i n p a r t e d i e i
f e s t i a u t n e o m e n i a e a u t s a b b a t i, q u o d e s t
u m b r a f u t u r o r u m et reliqua. quibus uerbis luculentissime 15
declarat, ⟨quod⟩ in his siue diebus temporaliter siue escis carnalibus
obseruatis nihil aliud quam uanissimam umbram et erroris sedi-
4 tionem inuenire poterit. et dominus Iesus Christus in euangelio
sabbatum soluere declarauit, cum paralytico praeceperat: t o l l e
g r a b b a t u m t u u m, quod lege prohibitum — uidelicet onera 20
in sabbato portari — manifestum est. soluit et scenopegiam, quando
dicebat: n o n a s c e n d a m a d d i e m f e s t u m h u n c, ac si
dixisset: in hac huius festiuitatis obseruantia honoris mei gloria
non ascendet.

    3. De pascha autem tamquam maximo sacramento salutis 25
nostrae paulo latius aliquid dicturus, etiamsi non est huius temporis
cuncta disserere, prius ostendere uolo, quibus uel quantis rationibus
phase domini custodiri praecipitur. mense primo, Xo die mensis
agnus anniculus inmaculatus segregari et seruari usque ad XIIIIam

---

    1 *Esai. 1, 13—14   5 cf. Rom. 10, 4   7 Ps. 49, 8—9   11 Ps. 49, 13
12 *Col. 2, 16—17   18 cf. Ioh. 5, 1—16   19 Ioh. 5, 8   20 cf. Ex. 20, 10
22 *Ioh. 7, 8   28 cf. Ex. cap. 12

    1 proloquente Vall.   3 pronunciat β   5 quam addidi, om.β   9 non—
uitulos in β omissa esse falso contendit Vall.   10 hyrcos β   11 hyrcorum β
16 quod addidi, om.β   17 nichil β   19 paralitico β   20 honera β   21 sceno-
                                                                    am   am
phegiam β   24 ascendā βa.c.   29 annic. ex agnic. β   usque ad XIIII et in XIIII β
usque ad XIII. et XIV. Vall.

et in XIIIIa a domino per Moysen occidi praecipitur ab uniuerso
coetu filiorum Israhel ad uesperum. quas rationes ipse dominus, 2
uerus agnus, cum ad uesperum pascha progreditur, aliquas permanere
uolens custodiuit, aliquas non seruari cupiens commutauit. qui
5 cum in primo mense secundum praeceptum legis immolari dignatus
est et XIIII. nullo modo praeuenire suae passionis tempora per-
misit, aliqua tamen contra figuram fecisse narrat euangelium, quia,
cum a Iuda traderetur Iudaeis, non Xo die mensis primi tentus est.
et cum sui corporis et sanguinis sacramenta dare in sua uita et di-
10 scipulis suis dignatus fuerit, hoc contra figuram fecisse monstratur,
cum ille agnus, qui in typo Christi pascha occidi praecipitur, assatus
igni cum capite et pedibus et interaneis post suam occisionem con-
sumi a populo mandaretur. hoc autem, ut mihi uidetur, propter 3
duas rationabiles causas dominus fecisse cognoscitur, ne, cum pascha
15 cum discipulis manducaret, nisi postea sacrificium commutasset
dicens: h o c   e s t   c o r p u s   m e u m, sic etiam postea obseruari
debere crederetur. haec autem altera, ut opinor, causa, ut, ⟨cum⟩
corpus domini integrum et suum sanguinem in se continens ante
passionem cernerent, hoc corpore spiritaliter refici crederent, et
20 sic etiam nunc a nobis credi debeat. et hoc etiam intueri debemus, 4
quod non in XIIIIa die ad uesperum, ut lex praecipit, ille a g n u s
d e i,   q u i   t o l l i t   p e c c a t a   m u n d i, et pascha n o s t r u m
i m m o l a t u s   e s t   C h r i s t u s, sed XVa die, in quo manifestum
est diem festum Iudaeorum cum suo sacrificio a domino esse solu-
25 tum. sed quid in hoc intelligere debemus, quod prius figuralis agni 5
carnes comedere et postea sui corporis cibo nostros apostolos reficit
et post Iudaeorum typicum pascha immolatus est Christus? hoc,
ut opinor, non ut ueritas figuram, sed figura ueritatem praecederet,
quia n o n   p r i u s,   q u o d   s p i r i t a l e,   s e d   q u o d   a n i m a l e,
30 d e i n d e,   q u o d   s p i r i t a l e, unde electa et amica sponsa Christi,
uniuersalis ecclesia, anathematizat eos, qui cum Iudaeis in festi-

---

8 cf. Matth. 26, 26—28   16 Matth. 26, 26   21 *Ioh. 1, 29   22 I Cor.
5, 7   27 cf. I Cor. 5, 7   29 *I Cor. 15, 46

1 praec. per M. occ. *Vall.*   6 XIII. *Vall.*   8 $\overline{n}$ $\overset{o}{X}$ β (*minime* X *ex XI*
ut Vall. refert)   11 qui *scripsi* igitur β 12 interaneis *scripsi* interaneas β
interanea *Vall.*   17 cum *addidi*, *om.* β 21 non] nox β 25 figuralt (= figuralis) β figurat *Vall.*   26 comedēre = comederunt   cybo β 28 ueritatem
ex -tes β 30 spiritale unde (*non* animale uxor, *ut Vall. contendit*) etiam β

uitate paschali XIVa celebrari definiunt et sabbata et cetera huius
modi umbralis obseruantiae, et hoc tantum obseruare dignatus est
[quod] dominus, ut in primo mense post XIIIIam diem paschalem
festiuitatem praecedente una sabbatorum celebrari sine ulla ambiguitate censuerit, licet in hoc ueritas ecclesiae orta est, aliis 5
sufficere credentibus, ut non in XIIIIa cum Iudaeis pascha cele-
brarent, alii autem hoc fortiter cauteque custodiant, ut immolati-
onem ueri agni dei, qui tollit peccata mundi, ante XIIIIam celebrare non audeant secundum illud legale praeceptum, quod et dominus ad passionem ueniens minime contempsit: o b s e r u a b i t i s 10
e u m   u s q u e   a d   XIIII a m, quae nunc maxime ecclesia auctori-
6 tatem sedis apostolicae sequens obseruat. sed haec deserentes, quia
non est huius temporis per singula discuti, ad spiritalem intelli-
gentiam mentis aciem commutamus, quibus praecipitur mense
nouorum XIIIIa die mensis paschalis agni carnes comedere, ut 15
nobis nascentibus ob bonorum operum fructus, cum decalogi a
nobis uerba completa fuerint, in euangelii perfectione quaterno
numero consistentes carnes nostri agni in uespere mundi, in quos
finis saeculorum peruenit, non tenebratis cordibus spiritu sancto
noctem nostram illuminante comedamus.   20

    4. De sabbato. VI diebus operari praecipitur, in VIIo autem,
hoc est sabbato, ab omni opere seruili prohibemur. per senarium
autem numerum perfectio operum designatur, quia VI diebus fecit
deus caelum et terram. in sabbato autem omne opus seruile, hoc est
peccatum, operari prohibemur, quia, q u i   f a c i t   p e c c a t u m, 25
s e r u u s   e s t   p e c c a t i, ut, cum in praesenti saeculo perfectionem operum compleuerimus non obdurantes corda nostra, in ueram
requiem, quae contumacibus denegata est, peruenire mereamur
domino per Dauid dicente: s i   i n t r a b u n t   i n   r e q u i e m   m e a m.
2   De quinquagesima. Ab altero die sabbati VII ebdomadas plenas 30
numerare nobis lege praecipitur usque ad alteram diem expletionis

---

    8 cf. Ioh. 1, 29   10 *Ex. 12, 6   18 cf. I Cor. 10, 11   21 cf. Ex. 31,15
Leu. 23, 3   23 cf. Ex. 31, 17   25 Ioh. 8, 34   26 cf. Hebr. 4, 3. 7
29 *Ps. 94, 11   30 cf. Leu. 23, 15—16

    1 difiniunt β   2 modi om.Vall.   3 quod seclusi   7 autem om.Vall.
13 non s.l.β   14 conuertamus Engelbrecht   18 quo Vall.   21 de sabbato
et βVall.   24 d̄s β dominus Vall.   26 peccatū βa.r.   praecenti βa.c.
30 de quinquagesimo ab βVall.

ebdomadae VIIae, id est quinquagesimum diem, in quo primitiae offe-
runtur; quae denumeratio perfectionis plena per septenarium
numerum et quinque decies et X quinquies. in hoc significari puto,
ut per quinquagenarium, qui remissionem in se continet, ⟨et⟩ per kari-
5 tatem, quae septiformi spiritu gratiae superueniente diffusa est in
cordibus nostris, et quinque nostri corporis sensus legi dei subditos
habeamus. quae uerba decalogum in se continent 'et per karitatem', 3
ut dixi, quae c a r i t a s o p e r i t m u l t i t u d i n e m p e c-
c a t o r u m, et sic sacrificium nouum domino ex omnibus habi-
10 tationibus nostris in usum nostri sacerdotis cum pacificis nostris
uictimis cedentes offerimus, si cum domino pacem fecerimus of-
ferentes spiritales hostias acceptabiles deo per Iesum Christum,
qui panes primitiarum terrae nostrae etsi fermentatos tamen sibi
consecratos comedit sibi pontifex, qui caelum penetrans possit
15 compati infirmitatibus nostris, et, cum apud patrem aduocatum
habeamus eum, opera, quae fermento fragilitatis nostrae fermentata
in usum huius sacerdotis manu orationis eleuata cedent, per uiscera
misericordiae deuorat, quae odorem suauitatis deo praebent, sed
magis indulgentiam exigunt.
20   5. De scenopegia et in fine anni solaris. Apud Hebraeos item
VIIo mense, quando congregantur fructus in horrea siue in cellaria,
tunc sollempnia celebrare lege praeceptum est, id est primo die
tubarum, Xa die expiationum celebrare debere sabbata et a quinta
decima die per dies VII, usquedum finiantur, VIIIuo tabernacu-
25 lorum feriae esse praecipiuntur. his autem fortasse significare 2
potest, ut, quia nos in fine saeculi trinae inuocationis sacramento
simus consecrati, tuba praedicationis euangelii fidem et aspersionem

4 cf. Leu. 25, 10   5 cf. Rom. 5, 5   7 cf. Gal. 5, 14   8 I Petr. 4, 8
9 cf. Leu. 23, 16—17. 19—20   11 cf. I Petr. 2, 5   13 cf. Leu. 23, 17. 20
14 cf. Hebr. 4, 14—15   15 cf. I Ioh. 2, 1   17 cf. Col. 3, 12   18 cf. Leu. 23, 18
21 cf. Ex. 23, 16. Leu. 23, 39   22 cf. Leu. 23, 24   23 cf. Leu. 23, 27
cf. Leu. 23, 39   27 cf. I Petr. 1, 2

3 significari Engelbrecht —re β   4 et addidit Engelbrecht, om. β   4 et 7 karitatem, sed 8 caritas β   7 quae uerba] scil. 'et per karitatem'   8 ut dixi] scil.
lin. 4   13 primic. β   16 eum Engelbrecht cum βVall.   20 scenophegia
βVall.   solaris apud sine interpunctione Vall.   item scripsi idem β   23 expiationum scripsi expletionum β   a om. Vall.   25 significari Engelbrecht
27 consecrati (ti in ras. m2) β

sanguinis Iesu Christi, in qua uera propitiatio est, finito legis tempore dicere non cessemus et congregatis bonorum operum fructibus ab omni opere malo quieti per septiformis spiritus gratiam persecutione sustentata in octauae beatitudinis numerum peruenire mereamur. quod tamen per ieiunii et orationis laborem fieri non 5 est dubium, quia et affligi animas lege praecipitur.

6. De neomeniis. In neomenia bucinare tuba praecipitur, id est noua luna, quia, qui in lumine scientiae inluminatus est, praedicare aliis cessare non debet, quod Paulus scientiae Christi fulgore illuminatus obseruare minime contempsit praedicans in synagogis 10 Iudaeorum.

2   De sacrificiis pauca dicere decreueram, quae, cum hostiae ueri pontificis in se figuram continent, a nobis etiam domino spiritaliter offerri debent. per uitulum enim labor noster, per ouem innocentia, per hircum mortificatio fornicariae uoluptatis, per capram, 15 quae in sublimi pastu pascitur, uita theorica, per arietem uis praedicationis, quae agnos bono pastori generat, per turturem castitas solitariae mentis nemini praeter Christum iunctae, per columbam perspicacia intuitus sacramentorum, per panem soliditas praeceptorum, per similam sinceritas uitae, per uinum et sal ueritas praedi- 20
3 cationis, per oleum fomenta karitatis intelliguntur. quae omnia siue festa siue sacrificia in uno loco celebrari et offerri lex iubet, quia tunc omnia prosunt, cum in unitate ecclesiae sine ullo scismatis errore peraguntur. haec pauca in abysso multa legis praecepta disserens hanc sorbitiunculam diuiti pauper, peregrinus ciui praebere 25 non timui, quia p e r f e c t a   d i l e c t i o   f o r a s   m i t t i t   t i-m o r e m, credens etiam hoc, o uenerabilis papa, quod plus ualet

1 I Ioh. 2, 2   3 cf. II Tim. 4, 18   cf. Matth. 5, 10   6 cf. Leu. 23, 27
7 cf. Ps. 80, 4   24 cf. Ps. 35, 7   26 *I Ioh. 4, 18

1 qua β quo Vall.   propic. β   2 cessemus Engelbrecht —amus β   3 quieti β quiete Vall.   4 sustentata β substenta Vall.   8 in lumine] inluminatione Engelbrecht   inl., sed 10 ill. β   11 Iudaeorum. De sacrificiis om.Vall., qui postea lacunam neglegentia sua ortam coniectura supplere uoluit   14 innocentiā β   15 hyrcum β   16 pastu om.Vall.   uis scripsi autem β fecunditas 'aut certe quid simile' coni. Vall.   17 turturem castitas praebet codex, non uirtutem castitatis, ut Vall. refert, cuius coniectura non differt a codicis lectione   19 perspicatia β   24 legus βa.c.   deserens β   25 sorbic. β   cibi β   26 quia om.Vall.

obedientia cum fide quam facultas humani ingenii. haes autem 4
et a te postulata et a me dicta sunt propter eos, qui, cum in super-
ficie Christiani uideantur, per Iudaici sensus impietatem corpus
Christi ecclesiam suis scismatibus scindere non metuunt. haec sub
5 breuitate transcurrimus, quae si per omnia tractarentur, grande
uolumen poscerent, quod non huius temporis otium exigit. ora pro
me, uenerabilis papa.

CL.

Epistulae Procopii Gazaei ad Hieronymum, non Stridonensem,
10 *sed alium quendam Aegyptium saeculo posteriorem, Graece scriptae*
uersionem Latinam cur in hanc editionem non receperim, non est quod
exponam. nihilo minus numerum editionis Vallarsianae non deleui.

CLI.

AD RIPARIUM.

15   Domno uere sancto et suscipiendo fratri Ripario Hieronymus.

1. Fortiter te contra hereticos dimicasse et domini uicisse
certamina multorum aduenientium relatione cognoui. non solum
enim Gallias et Italiam, sed et Palaestinae urbem celeberrimam
suis fraudibus periuriisque maculant habentes patronum et con-
20 sortem magistri sui, quem dominus Iesus interfecit spiritu oris
sui et omnibus reliquit exemplum, quam periculosum sit catholicae fidei resistere et ecclesiae cupere fundamenta subuertere.

6 n̄ (= non) *praebet codex, non* in, *ut Vall. refert, qui pro* in *huius legere uult*
maioris   7 papa] *add.* explicit disputatio de sollepnitatibus β

20 cf. II Thess. 2, 8

℘ = *Escorialensis & I 14 s. VIII—IX.*
e¹ = *Escorialensis & I 4 s. XII.*

Hanc epistulam primus ed̄idit D. D. de Bruyne, Revue Bénédictine XXVII (1910)
p. 3 (= Br.)

15 dompno e¹   iheronimus *codd.*   16 uicisse] *add.* sentencia e¹   17 adue-
nientia ℘   18 gallias ℘ galliam sed e¹   19 consortes e¹   20 interiiciet e¹
spiritus ℘   21 reliquid *codd.*   22 eglesie ℘

2. Tua autem sanctitas ubinam sit futura uel utrum adhuc in urbe uersetur, scire non possum. ut saltim rara scriptio per annos singulos non pereat, sed coeptas in Christo amicitias mutuis epistulis frequentemus: nos sanctae ⟨ac⟩ uenerabilis uirginis Christi Eustochiae repentina dormitio admodum contristauit 5 et paene conuersationis nostrae mutauit statum, dum quoque, quae uolumus, multa non possumus et mentis ardorem superat inbecillitas senectutis.

3. Sancti fratres, qui mecum sunt, plurimum te salutant. sanctum filium meum Theonem diaconem commendo dignationi 10 tuae et quaeso, ut mihi super omni conuersatione et statu tuo uel. ubi disponas uiuere, familiaria scripta transmittas. incolumem ⟨te⟩ et memorem mei Christi, dei nostri, tueatur clementia, domne uere sancte et suscipiende frater.

CLII.   15

AD RIPARIUM.

Domno uere sancto et multum suscipiendo et desiderando fratri Ripario Hieronymus.

Multum mihi gaudii praestitit sancti et uenerabilis Innocenti presbyteri aduentus, quod et tuas mihi litteras tradidit et te 20 fidei calore feruentem etiam suis sermonibus indicauit. de furore autem Iuliani et sociorum eius Pelagiique naeniis et garrulitate Celestii magnopere non cures, quorum alter propria uerbositate

---

1 tua *Br.* tu *codd.*   2 saltem *Br.*   4 frequentemus *Br.* — mur *codd.* ac *add. Br., om. codd.*   5 eustocie *codd.* Eustochii *Br.*   contristabit 𝔅 6 poene e^1 mutabit 𝔅 permutauit e^1 quoque *om.* e^1, *hic desinit* 𝔅   10 diachonem e^1 dignationis e^1 11 statu tuo *Br.* statuto e^1 13 te *add.Br., om.*e^1

𝔅 = *Escorialensis & I 14 s. VIII—IX.*
e^1 = *Escorialensis & I 4 s. XII.*

Hanc epistulam primus edidit D. D. de Bruyne, Revue Bénédictine XXVII (1910) p. 3—4 (= Br.)

17 dompno e^1 desiderando et suscipiendo e^1 18 iheronimus *codd.* 19 uenerabilis] *add.* uiri e^1 Innocentii *Br.*   21 indicabit 𝔅   furore] futuro e^1 22 pellagiique e^1 23 Celestii *Br.* celestini 𝔅 celestis in e^1 magno opere e^1

blasphemat, alius emendicatis uerbis loquitur. nec eorum scriptis, 2
quae ignoro, moueor, cum sciam uoluntatem quidem blasphemiae pessimam, sed uires prudentiae et eloquentiae non habere
praecipueque sanctarum scripturarum notitiam, quae sunt fidei
5 firmamentum et ius ecclesiastici fori auctoritasque maiorum.
tamen, si scripserint et in meas aliquid peruenerit manus, ut non
superbe loquar, sed sim par insaniae eorum, omnia elucubrata
uolumina eadem uerbositate et una forsitam lucubratiuncula et
dictatione confutanda reor. quod autem ad scribendum cohor- 3
10 taris, graue asello uetulo imponis onus. nos enim et acumen ingenii et uires corporis penitus deseruerunt, quas adsidua morborum debilitate perdidimus. incolumem te et mei memorem
Christi, dei nostri, tueatur clementia, domne uere sancte et
multum desiderande frater.

15   CLIII.

                    AD BONIFATIUM.

Beatissimo papae Bonifatio Hieronymus.

Quantum gaudii super ordinatione pontificatus tui sancto 1
Innocentio presbytero et nuntium et litteras tuae beatitudinis
20 perferente susceperim, ambigere non potest tua reuerentia, cum
olim mutuo iungamur affectu et ante coeperimus nos amare
quam nosse interiorque homo ita sibi coniunctus sit, ut ex-

---

1 emendatis *e*[1]   2 mobeor 𝔓   sciam] *add.* non *e*[1]   4 noticia *e*[1]   5 et
ius *Br.* eius *codd.*   eglesiastice 𝔓   fori] fieri *e*[1]   7 superue 𝔓   elugubrata *e*[1],
post uerbositate *transponi uult Engelbrecht*   8 uerbositatem 𝔓   una] humana *e*[1]
forsitan *Br.* foram *e*[1]   lugubratiucula (*sic*) *e*[1] lucubraticula 𝔓   9 dictionem 𝔓
confutanda *Br.* — dam *codd.*   quohortaris 𝔓 coartaris *e*[1]   10 asello *om. e*[1]
honus *e*[1]   accumen *e*[1]   11 poenitus *e*[1]   deserunt 𝔓   assidua *e*[1] acsidue 𝔓
moruorum 𝔓   12 deuilitate 𝔓 debilitatem *e*[1]   incolomem 𝔓   mei]
nomen *e*[1]   13 clementiam 𝔓

𝔓 = *Escorialensis* & *I 14 s. VIII—IX.*

Hanc epistulam primus edidit D. D. de Bruyne, Revue Bénédictine XXVII (1910)
p. 4—5 (= Br.)

17 iheronimus 𝔓   18 gaudiis 𝔓   20 referentia 𝔓

2 terioris hominis damna non sentiat. haec sola res dolorem nostrum super dormitione sanctae ac uenerabilis uirginis Christi Eustochiae mitigauit, nisi quod et in hoc tristitia non minor sit, quod tanto nobiscum priuata sit gaudio. quo enim illa, si hoc in corpore constituta audire meruisset, gestisset gaudio, quibus precibus et gratiarum actione Christi clementiam flagitasset, quod sanctum ac uenerabilem parentem suum apostolicae 3 cathedrae successorem esse didicisset! infans Paula, quae in tuis nutrita est manibus, quasi pignus sanctae ac uenerabilis memoriae Laetae nostris est inposita ceruicibus; quod onus utrum ferre 10 ualeamus, domini est scire, quem futura non fallunt, in nobisque nihil opis est praeter sanctam uoluntatem, quae non rerum 4 effectu sed desiderio animi conprobatur. obsecro reuerentiam tuam, ut quasi ad tuos semper adscribas et nos proprie super profectu et honore reuerentiae ⟨tuae⟩ gaudere cognoscas. certe 15 sanctus ac uenerabilis Innocentius presbyter beatitudini tuae poterit indicare, quantum in ipso maerore gaudii ceperimus et quomodo, si fieri posset, tuis cuperemus haerere conplexibus.

[Item.]

5   Propria manu quod scribo, beatitudini tuae scribo. sentiant 20 heretici inimicum te esse perfidiei et oderint, ut a catholicis plus ameris, et executor atque conpletor sis sententiae praecessorum tuorum nec patiaris in episcopali nomine hereticorum patronos atque consortes.

1 haec] ec ℬ   2 hac uenerabili ℬ   3 eustocie ℬ Eustochii *Br.*   mitigabit ℬ   4 tanta ℬ   quo *Br.* quod ℬ   5 gestisse ℬ   7 ac] hac ℬ 9 quasi *scripsi* qui ℬ, *deleuit Br.*   ac] hac ℬ   12 opis *Engelbrecht* operis *Br.* oris ℬ   13 effecto ℬ   14 tuos ⟨nos⟩ *Engelbrecht*   15 tuae *add. Br.,* om. ℬ 17 ipsi ℬ   19 item *a librario additum esse uidit Br.*   21 hoderint ℬ   22 adque ℬ   sis *Br.* si ℬ   24 adque ℬ

CLIV.

AD DONATUM.

Domno sancto et multum suscipiendo Donato Hieronymus.

1. Scriptum est: multa flagella peccatorum,
5 quae nos et merito sustinuisse et sustinere testamur, dummodo
proficiant in futuram salutem. hereticorum autem pectora non
posse purgari ego testis sum, cui decretum est numquam paenitentiae eorum credere. ad hoc enim simulant caritatem, ut,
quos per inimicitias occidere non potuerunt, per fictas amici-
10 tias interficiant. pectora eorum plena sunt uenenis et — secundum quod optime locutus es — 'nec Aethiops mutare pellem
nec pardus uarietates suas.' tamen credimus in Christi miseri- ₂
cordiam, quod domnus meus sanctus et uenerabilis episcopus
Bonifatius eradicet eos spiritu Christi, cui debemus ignoscere,
15 si in principiis suis offert caritatem et per clementiam suam
et mansuetudinem seruare conatur, qui tamen numquam curandi
sunt. uere dicam, quod sentio: in his hereticis illud exercendum est Dauiticum: in matutinis interficiebam
omnes peccatores terrae. delendi sunt, spiritaliter
20 occidendi, immo Christi mucrone truncandi, qui non possunt
per emplastra et blandas curationes recipere sanitatem.

2. Sanctae et uenerabilis domnae Eustochiae nos uehementer dormitio contristauit, quam in ipso confessionis ardore
sciatis spiritum reddidisse, libentiusque habuit et rem famili-

---

4 *Ps. 31, 10   11 cf. Hier. 13, 23   18 *Ps. 100, 8

𝔓 = *Escorialensis & I 14 s. VIII—IX.*
o¹ = *Escorialensis a II 3 s. X.*

*Hanc epistulam post P. G. Antolin, qui solo codice o¹ usus esi, ex utroque codice
edidit D. D. de Bruyne, Revue Bénédictine XXVII (1910) p. 5—6 (= Br.)*

6 proficiant] *add.* et o¹   7 decretum] creditum o¹   9 per fectas inimi
(ci *s. l.*) tias o¹   10 interficient 𝔓   11 obtime *codd.*   etiopis 𝔓; *add* potest *Br.*   12 pardos 𝔓   18 dabiticum 𝔓 Dauidicum *Br.*   20 non *om.* o¹
21 blanda scrutationes 𝔓   22 eustocie *codd.* Eustochii *Br.*   ueemen—er 𝔓
23 contristabit 𝔓   pso 𝔓

arem et domum suam dimittere et honorata exilia sustinere quam hereticorum conmunione maculari.

3. Sanctum filium meum Mercatorem ut meo obsequio salutes precor et moneas, ut ostendat ardorem fidei et detestetur eos, qui suspicione aliqua Pelagianae hereseos maculati sunt. 5 praecipueque obsecro, ut sanctos filios meos Marcum, Ianuarium, Primum, Restitutum, Traianum, omnes conmilitones in domino salutes, quorum aliena perditio fuit causa salutis. ego autem et maerore et longa aetate confectus et frequentibus morbis fractus uix in haec pauca uerba prorupi.   10

8 cf. Phil. 1, 28

1 honorata exilia *Engelbrecht* onera et exilia *Br.* honeratu ex alia *codd.* 3 ut] et *o*¹   4 hostendat *codd.*   6 marchum ℞   ianarium ℞ ianuarianum *o*¹ 7 restitum *o*¹   8 perdictio *o*¹   autem *om. o*¹   9 morbi *o*¹   factus *codd.*